Jürgen Hegemann

Einkommensteuer intensiv

Jürgen Hegemann

Einkommensteuer intensiv

Veranlagungszeitraum 2008 und 2009

2. Auflage

GABLER

Bibliografische Information der Deutschen Nationalbibliothek
Die Deutsche Nationalbibliothek verzeichnet diese Publikation in der Deutschen Nationalbibliografie; detaillierte bibliografische Daten sind im Internet über <http://dnb.d-nb.de> abrufbar.

1. Auflage 2008
2. Auflage 2009

Lektorat: RA Andreas Funk

Gabler ist Teil der Fachverlagsgruppe Springer Science+Business Media.
www.gabler.de

Umschlaggestaltung: KünkelLopka Medienentwicklung, Heidelberg
Druck und buchbinderische Verarbeitung: Krips b.v., Meppel
Gedruckt auf säurefreiem und chlorfrei gebleichtem Papier
Printed in the Netherlands

ISBN 978-3-8349-1586-3

Vorwort

„Yes we can!" Dieser amerikanische Slogan elektrisiert die Welt. „Jedes Jahr auf's Neue". Das ist die Wirklichkeit hinsichtlich der Bearbeitung der Einkommensteuerveranlagungen 2008 und 2009.

Viele Steuergesetzänderungen geben unter anderem Beratungspotenzial für die tägliche Praxis. Verursacht durch:

- Jahressteuergesetz 2009
- Gesetz zur Umsetzung steuerrechtlicher Regelungen des Maßnahmenpaktes „Beschäftigungssicherung durch Wachstumsstärkung"
- Gesetz zur Förderung von Familien und haushaltsnahen Dienstleistungen - Familienleistungsgesetz – (= FamLeistG)
- Steuerbürokratieabbaugesetz
- Eigenheimrentengesetz
- Pflegezeitgesetz (PflegeZG)

sowie den Gesetzentwürfen

- Drittes Mittelstandsentlastungsgesetz
- Mitarbeiterkapitalbeteiligungsgesetz
- Gesetz zur verbesserten Berücksichtigung von Vorsorgeaufwendungen

Dazu gesellen sich die neuste BFH-Rechtsprechung und Verwaltungsanweisungen, beispielsweise

- Dienstwagenbesteuerung oder auch
- Entfernungspauschale

Das Jahressteuergesetz 2009 führt zur Abschaffung des vom BFH entwickelten **Korrekturpostens** für nachträgliche Einlagen, die ein negatives Kapitalkonto glattstellen. Diese gute kreative Schöpfung der Judikatur hat eine Regelungslücke geschlossen. Der Steuergesetzgeber folgt einem bis dato anzuwendenden Nichtanwendungserlass. Der Berater muss einen Korrekturposten für die Vergangenheit weiterhin ermitteln, um die Auswirkung der Verlustabzugsbeschränkung (§ 15a EStG) einzudämmen. Für Einlagen ab dem 1.1.2009 erfolgt ein „Einfrieren" bis zum Veräußerungs- oder Aufgabetag.

Zur „Beschäftigungssicherung durch Wachstumsstärkung" wird die **degressive Abschreibung** für einen zweijährigen Zeitraum wieder eingeführt. Die Anwendungsregeln der **GWG** und des **Sammelpostens**, ausführlich erklärt durch die Änderung der Einkommensteuerrichtlinie, begleiten die Wiedereinführung.

Auch die Wertgrenzen des **Investitionsabzugsbetrages** und der **Sonderabschreibung** (§ 7g EStG) werden um je 100.000 € angehoben, um die Wirtschaft zu entlasten.

Die Abzugsfähigkeit von **Handwerkerrechnungen** als Steuerermäßigung für Aufwendungen des privaten inländischen oder europäischen Haushalts werden von bisher 600 € auf jetzt 1.200 € erhöht. Begleitet wird diese Erhöhung im Rahmen des Familienleistungsgesetz durch weitere Änderungen betreffend: Erhöhung der Kinderförderung, Neustrukturierung der Kinderbetreuungskosten (§ 9c EStG) und der Anpassungen der haushaltsnahen Aufwendungen. Hier insbesondere die Zusammenführung einzelner Steuerermäßigungen (= sonstige haushaltsnahe Dienstleistungen, Pflegeleistungen und sozialversicherungspflichtige Beschäftigungsverhältnisse) zu einem Höchstbetrag von 4.000 €.

Am Ende dieser vielen Arbeitshilfen haben wir für Sie die Änderungen in den Einkommensteuerformularen 2008 ausgearbeitet. Wir hoffen Ihnen damit eine gute Unterstützung bei der täglichen Arbeit erstellt zu haben.

Titisee, 26.1.2009

Jürgen Hegemann

Inhaltsübersicht

Bearbeiterverzeichnis

Die **Steuerberatungskanzlei Jürgen Hegemann**, Jägerstr. 15, Titisee-Neustadt ist seit vielen Jahren in der Lehre und für zahlreiche Steuerberaterkammern und Steuerberaterverbände als Referententeam tätig.

Das Team **zeitstaerken.de** berät mittelständische Unternehmen und andere Berufskollegen. Neben der klassischen Steuerberatung (Finanz- und Lohnbuchhaltung und Erstellung von Jahresabschlüssen und anderen Gewinnermittlungen sowie Steuererklärungen aller Art) sind die folgende Themen Arbeitsschwerpunkte:

- Altersvorsorgeberatung
- Umwandlungen oder Einbringungen von Unternehmen
- Vorweggenommene Erbfolge

Herr Dipl. Bw. (FH) **Hegemann,** Steuerberater, ist seit 2000 Steuerberater, Referent und als Autor vielfacher Fachaufsätze und Publikationen bekannt. Seit dem Jahr 2007 leitet er neben der Steuerberatungskanzlei das Institut für Aus- und Fortbildung *zeitstaerken.de* in Titisee.

Das **Institut zeitstaerken.de** ist insbesondere für das Lern- und Gedächtnisprogramm „*Lernen, Lösen und Punkten*" bekannt geworden, welches von vielen Steuerberateranwärtern und Steuerfachwirtanwärtern als modernes Trainings- und Vorbereitungsprogramm auf die Prüfung geschätzt wird.

Frau Dipl. Biol. **Moll**, Steuerfachwirtin, ist seit September 2007 als Assistentin in der Steuerberatungskanzlei Jürgen Hegemann sowie im Institut für Aus- und Fortbildung *zeitstaerken.de* in Titisee tätig.

Frau **Lemler** und Frau **Löffler** sind im Team *zeitstaerken.de* u. a. auch für das Layout verantwortlich.

Titisee, den 26. Januar 2009 — Ihr Team *zeitstaerken.de* / StB Jürgen Hegemann

§ 1 Alle Steuerpflichtigen

VZ 2008

A. Vorweggenommene Werbungskosten eines weder unbeschränkt noch beschränkt Steuerpflichtigen

(FG München vom 27.7.2007, 8 K 3952/05, rkr., EFG 2007, 1677; § 9 EStG)

I. Ausgangssituation

Eine im Ausland ansässige natürliche Person, die weder unbeschränkt noch beschränkt Steuerpflichtig ist, hat Ausgaben zur Erzielung künftiger Einnahmen im Inland. Die (un-)beschränkte Steuerpflicht tritt erst im darauffolgenden Veranlagungszeitraum ein. Das Finanzamt lehnt die beantragte Veranlagung und die darauffolgende gesonderte Feststellung des verbleibenden Verlustvortrags mit der Begründung ab, dass *keine* Steuerpflicht im Inland vorliegt. 1

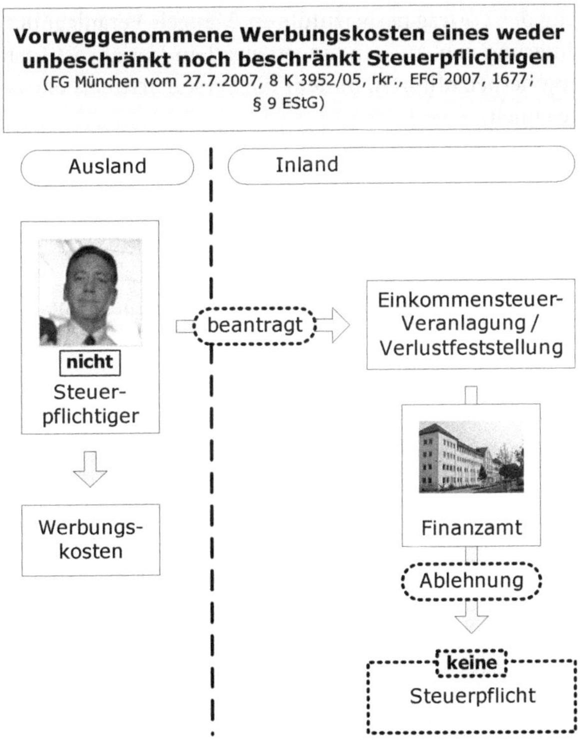

1

II. Besteuerungsproblem

2 1. Ist eine Einkommensteuererklärung für die gesonderte Verlustfeststellung notwendig?
2. Können die Verluste ohne gesonderte Feststellung in einem späteren Veranlagungszeitraum verwendet werden?

III. Auffassung des Finanzgerichts

3 Da die Person im Veranlagungszeitraum der Ausgaben nach *keiner* gesetzlichen Regelung Einkommensteuerpflichtig ist, darf auch *keine* Veranlagung erfolgen.

Hinweis:

Der Einkommensteuerbescheid ist Grundlagenbescheid[1] für die gesonderte Feststellung des vortragsfähigen Verlustes.[2]

Da die Einkommensteuerveranlagung *nicht* durchgeführt werden kann, ist (auch) *keine* gesonderte Verlustfeststellung möglich. *Dennoch* sind die Aufwendungen dem Grunde nach als vorweggenommene Werbungskosten zu qualifizieren.

Hinweis:

Aus dem Prinzip der Netto-Belastung müssen sich somit die vorweggenommenen Werbungskosten auswirken, soweit der Steuerpflichtige mit positiven Einkünften der deutschen Einkommensteuer unterliegt!

4 Grundsätzlich ist in dem VZ der Aufwands-/Verlustentstehung zu entscheiden und mittels gesonderter Verlustfeststellung der Vortrag herbeizuführen. Mangels Veranlagungs- oder Feststellungsverfahren über die Saldierung von Aufwendungen aus dem Vorjahr ist (damit) in dem VZ eine Einkommensminderung herbeizuführen, in dem die Person erstmals entsprechende verrechenbare positive Einkünfte erzielt.[3]

Hinweis:

Die Steuergesetzänderungen (JStG 2007) hinsichtlich der Verluste aus privaten Veräußerungsgeschäften wirken sich nicht auf die vorweggenommenen Werbungskosten aus nichtselbständiger Arbeit aus!

Entsprechend dem Netto-Prinzip des deutschen Einkommensteuerrechts müssen die Werbungskosten die Steuerlast mindern.[4]

1 § 171 Abs. 10 AO.

2 BFH vom 31.7.1996, XI R 4/96, BFH/NV 1997, 180; BFH vom 9.5.2001, XI R 25/99, BFH/NV 2001, 1627; § 10d Abs. 4 Satz 1 EStG.

3 *Analoge Anwendung*: BFH vom 22.9.2004, IX R 21/04, BStBl. II 2007, 158; BFH vom 27.6.2006, IX R 50/05, BFH/NV 2006,1836.
Hinweis: Die BFH-Rechtsprechung ist zu den Verlusten aus privaten Veräußerungsgeschäften ergangen. Durch das JStG 2007 wurde diese BFH-Rechtsprechung bereits wieder kassiert.

4 Roth in HHR, Verlag Dr. Otto Schmidt KG, ESt-Kommentar zu § 49, Rz. 53, „Vorweg oder nachträglich entstandene Ausgaben".

B. Anerkennung des abgekürzten Vertragswegs

(BMF-Schreiben vom 7.7.2008, IV C 1 - S 2211/07/10007, BStBl. I 2008, 717; BFH vom 15.1.2008, IX R 45/07, BFH/NV 2008, 664; § 9 EStG)

I. Einleitung

Der BFH hat den abgekürzten Vertragsweg als Sonderform des Drittaufwandes im Bereich der Betriebsausgaben und Werbungskosten entwickelt. Den ursprünglichen Nichtanwendungserlass[5] hat die Finanzverwaltung nunmehr fallen gelassen. Der abgekürzte Vertragsweg ist anwendbar. 5

5 BMF-Schreiben vom 9.8.2006, IV C 3 - S 2211 - 21/06, BStBl. I 2006, 492.

1

II. Ausgangssituation

6 Der Steuerpflichtige S wohnt am Titisee und hat im Jahr 2005 ein Vermietungsobjekt im Wege der vorweggenommen Erbfolge von seinen Eltern geschenkt bekommen. Im Jahr 2007 stirbt die langjährige Mieterin. Vor der Neuvermietung muss die Immobilie renoviert werden. Die Mutter M des Steuerpflichtigen kümmert sich um die Renovierungen vor Ort. M beauftragt nach Rücksprache mit S die Handwerker und überwacht die Leistungen. Nachdem M die an sie gerichteten Rechnungen kontrolliert hatte, überwies M die Beträge an die Handwerker in Höhe von 6.000 €. Eine Erstattung der Aufwendungen verlangte M von ihrem Sohn *nicht*.

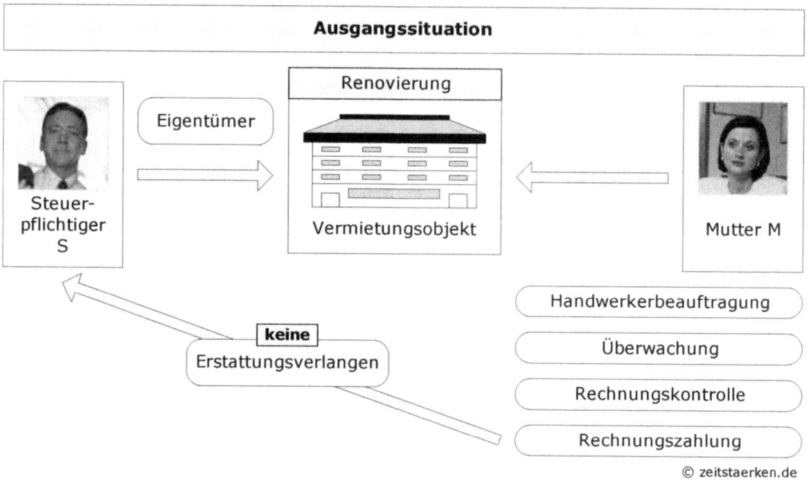

III. Besteuerungsproblem

7 Kann S die Handwerkeraufwendungen als Werbungskosten geltend machen?

IV. Auffassung des BFH

8 Der BFH hat entschieden, dass in den Fällen, in denen ein Dritter dem Steuerpflichtigen die geldliche Bezahlung von Werbungskosten zuwendet, eine Minderung des Einkommens möglich ist. Die Aufwendungen müssen mit einer Einkunftsart in wirtschaftlichem Zusammenhang stehen.

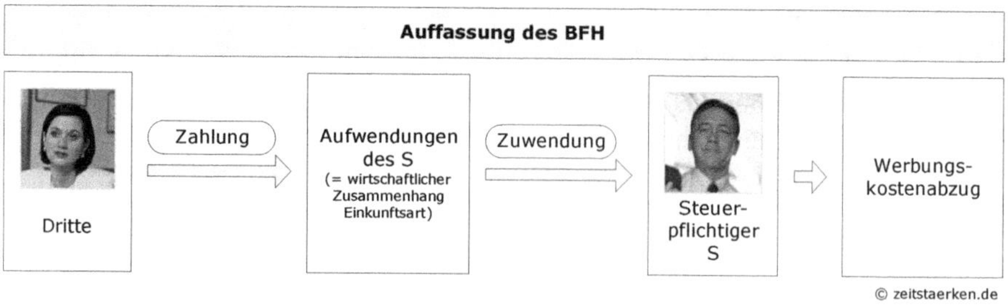

Voraussetzungen des abgekürzten Vertragswegs sind

- Beauftragung von einem Dritten im eigenen Namen
- im Interesse des Steuerpflichtigen abgeschlossener Werkvertrag

  und
- der Dritte dem Steuerpflichtigen den Betrag zuwendet

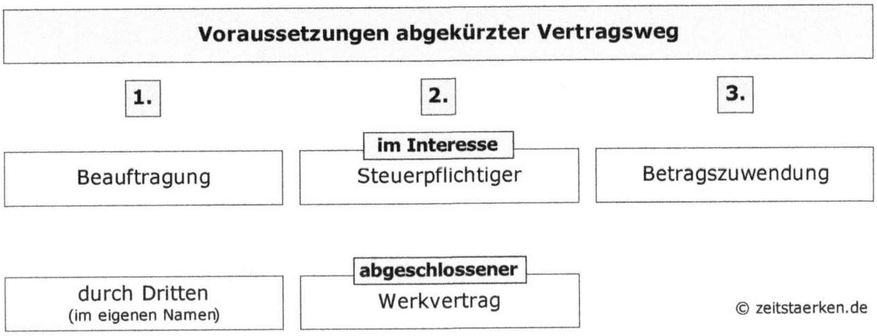

Hinweis:

Der Dritte wendet nach dem Zuwendungsgedanken dem Steuerpflichtigen den Geldbetrag zu, indem der Dritte den in dessen Interesse geleisteten Betrag ***nicht*** *zurückfordert und so das Vermögen des Steuerpflichtigen vermehrt. Aus dieser Mehrung heraus werden dann die Aufwendungen bezahlt. Die tatsächliche Bezahlung übernimmt sodann der Dritte wieder für den geldlich Beschenkten.*

Der Steuerpflichtige bestreitet mit dem derart zugewandten Betrag eigenen Aufwand.[6] Die Mittelherkunft für die Werbungskosten ist unerheblich. Somit sind die Prinzipien der persönlichen Leistungsfähigkeit erfüllt.[7] 9

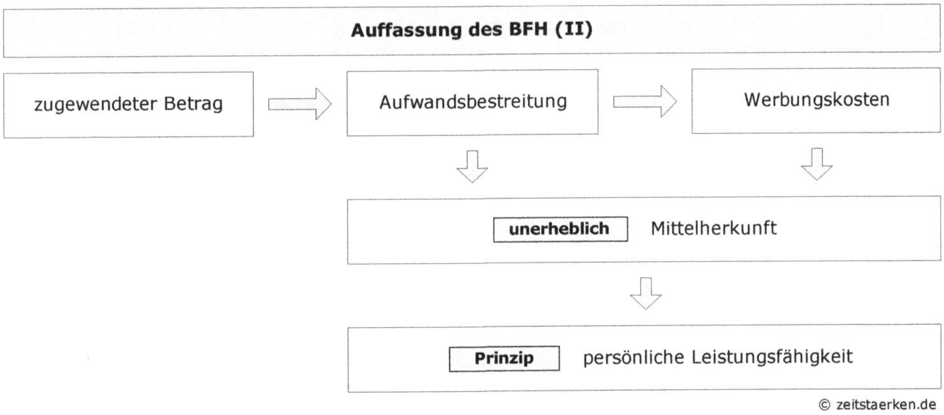

Hinweis:

Damit teilt der abgekürzte Vertragsweg das Schicksal des abgekürzten Zahlungswegs.

6 FG Baden-Württemberg vom 6.3.2007, 4 K 280/06, EFG 2007, 832, rkr.
7 BFH vom 15.11.2005, IX R 25/03, BSBtl. II 2006, 623.

V. Auffassung der Finanzverwaltung

10 Der Nichtanwendungserlass wurde aufgegeben. Der abgekürzte Vertragsweg wird für Betriebsausgaben und Werbungskosten angewendet.

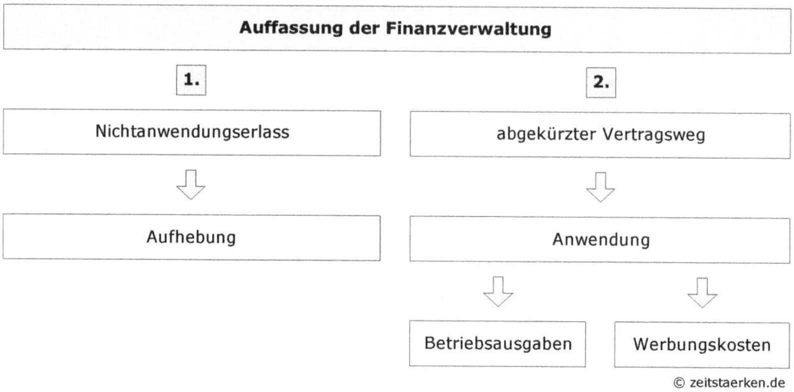

VI. Lösung in der Ausgangssituation

11 Der im Interesse des S geleistete Betrag wird von der Mutter *nicht* zurück gefordert. Die Mutter hat S den Geldbetrag somit im Wege des abgekürzten Vertragsweges zugewendet. Durch die Leistungszahlung bestreitet S eigenen Aufwand, wodurch die Leistungsfähigkeit gemindert wird. S kann die von der Mutter gezahlten Aufwendungen als Werbungskosten bei seiner Einkommensteuererklärung geltend machen.

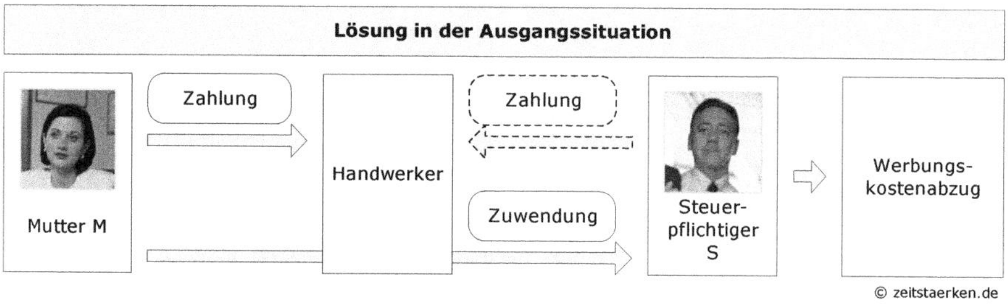

VII. Beratungshinweis

12 In der täglichen Praxis ist damit zukünftig zu unterscheiden:

- Drittaufwand (= abgekürzter Zahlungsweg)

  Ein Dritter zahlt Aufwendungen. Es werden dem Steuerpflichtigen Aufwendungen zugewendet. Hier sind der Zahlende (= Dritter) und der Leistungsempfänger (= Steuerpflichtiger) unterschiedliche Personen.[8] Auftraggeber und Schuldner sind identisch (= Steuerpflichtiger)

8 Kracht in „BMF folgt der Rechtsprechung: Drittaufwand ist bei Werkverträgen absetzbar“, Mbp 2008, 158 ff.

1

- abgekürzter Vertragsweg

  Dem Steuerpflichtigen wird ein Geldbetrag zugewendet, indem dieser im Interesse des Steuerpflichtigen bezahlt wird. Hier sind sowohl Zahlender und Leistungsempfänger als auch Auftraggeber und Schuldner identische Personen (= Dritter).

Die Regeln des abgekürzten Vertragswegs sind auch für Betriebsausgaben anzuwenden. Da aller- 13
dings die ausgestellte Rechnung auf dem Namen des Dritten (= Nicht-Unternehmer) lautet und *nicht* auf den Unternehmer, ist ein Vorsteuerabzug *nicht* möglich.

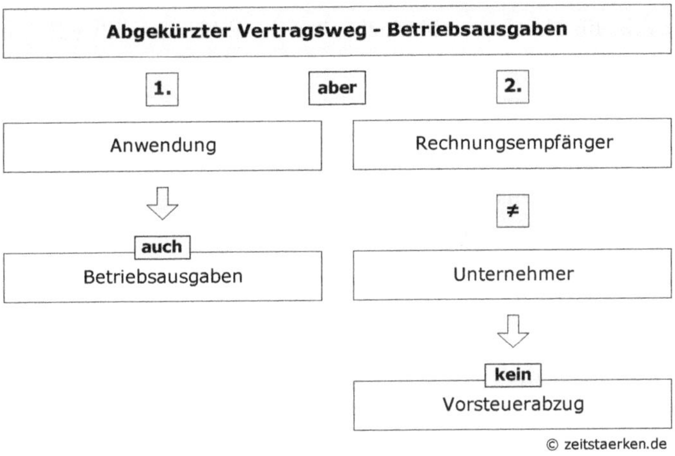

Einfacher sieht es bei Bargeschäften des täglichen Lebens aus. Hier werden weder strenge Kriterien angelegt noch eine Unterscheidung zwischen abgekürztem Zahlungs- und Vertragsweg getroffen. Bei Alltagsgeschäften ist die leistende Person gleichgültig.

Beispiel:

Die Mutter kauft für ihren Sohn im Baumarkt Tapeten, damit der Sohn die Büroräume renovieren kann.

1

Lösung:

Hier liegt ein Alltagsgeschäft vor, sodass die Betriebsausgaben abzugsfähig sind. Sofern eine Kleinbetragsrechnung vorliegt, gelingt auch der Vorsteuerabzug.

VIII. Praxishinweis

14 Der abgekürzte Vertragsweg ist *nicht* anzuwenden[9], bei

- Kreditverbindlichkeiten
- anderen Dauerschuldverhältnissen (z. B. Miet- und Pachtverträge)
- Sonderausgaben[10]

  und
- außergewöhnlichen Belastungen

C. Nicht-Vererblichkeit eines Verlustes

(BMF-Schreiben vom 24.7.2008, IV C 4 - S 2225/07/0006, BStBl. I 2008, 809; BFH vom 17.12.2007, GrS 2/04, BStBl. II 2008, 608; § 10d EStG)

I. Einleitung

15 Bisher vertraten sowohl der BFH als auch das BMF die Auffassung, dass ein *nicht* genutzter Verlust vererblich ist, wenn der Erbe wirtschaftlich belastet ist. An einer wirtschaftlichen Belastung fehlt es, wenn der Erbe für Nachlassverbindlichkeiten des Erblassers entweder gar nicht *oder* nur beschränkt haftet.

Sowohl der BFH als auch das dem Verfahren[11] beigetretene BMF änderten ihre Auffassung dahingehend, dass ein *nicht* genutzter Verlust auch dann *nicht* vererblich ist, wenn der Erbe wirtschaftlich belastet ist (= **Änderung der Rechtsprechung**). Die Auffassungsänderung wurde damit begründet, dass die Einkommensteuer als Personensteuer auf die Leistungsfähigkeit des Steuerpflichtigen abstellt und somit *nicht* über den Tod hinaus auf den Erben übergehen kann.

II. Anwendungsregelung

16 Aus Gründen der Rechtssicherheit hat der BFH[12] eine Anwendung der bisherigen Rechtsprechung bis einschließlich dem Tag der Veröffentlichung der Entscheidung (= *12.3.2008*) angeordnet. Das BMF hat darüber hinaus eine Anwendung der bisherigen Rechtsprechung bis zum Ablauf des Tages der Veröffentlichung der Entscheidung im Bundessteuerblatt[13] (= **18.8.2008**) zugesagt. Somit **verlängert sich die Anwendbarkeit** der begünstigenden früheren Rechtsprechung.

---

9 BFH vom 24.2.2000; IV R 75/98, BStBl. II 2000, 314; BMF-Schreiben vom 7.7.2008, IV C 1 - S 2211/07/10007, BStBl. I 2008, 717.

10 Bei zusammenveranlagten Ehegatten ist der Zahlende unerheblich; R 10.1 EStR.

11 BFH vom 17.12.2007, GrS 2/04, DStR 2008, 545.

12 BFH vom 17.12.2007, GrS 2/04, DStR 2008, 545.

13 BFH vom 17.12.2004, GrS 2/04, BStBl. II 2008, 608.

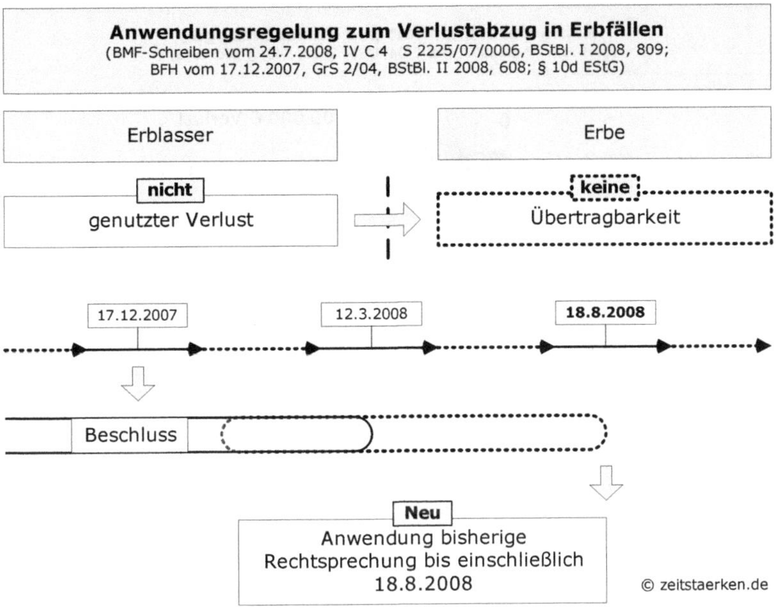

III. Ausgangssituation

Der Steuerpflichtige S ist bilanzierender Landwirt und hat seinen land- und forstwirtschaftlichen Betrieb im VZ 2003 von seinem verstorbenen Vater geerbt. Der Erbteil von S am sonstigen Vermögen betrug 10 %. Die restlichen Erbteile entfielen auf seine Mutter in Höhe von 50 % und seine vier Geschwister in Höhe von je 10 %. In den Veranlagungszeiträumen vor dem Tode hatte der Erblasser Verluste in Höhe von insgesamt 100.000 € erlitten, von denen der Erblasser lediglich 16.000 € abziehen konnte. S machte bei seinen Einkommensteuererklärungen für die VZ 2003 bis VZ 2006 die bei der Besteuerung seines Vaters *nicht* ausgeglichenen Verluste in Höhe von 84.000 € als Verlustabzug geltend. Das Finanzamt erkannte einen Verlustabzug nur in Höhe von 10 % der Verluste vom Gesamtbetrag der Einkünfte an. 17

Keine Vererblichkeit des Verlustabzugs
(BFH vom 17.12.2007, GrS 2/04, DStR 2008, 545; § 10d EStG)

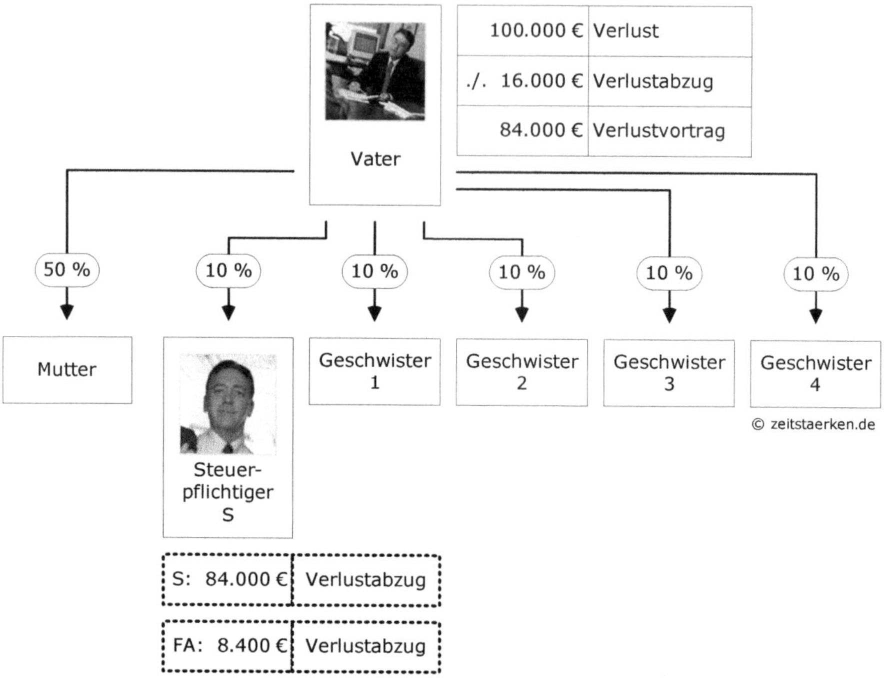

IV. Besteuerungsproblem

18 Kann der Erbe einen vom Erblasser nicht ausgenutzten Verlust bei seiner eigenen Einkommensteuerveranlagung geltend machen?

V. Ergebnis des BFH

1. Bisherige Auffassung des BFH

19 Der BFH[14] hat bisher den Verlustvortrag des Erblassers als vererblich angesehen. Der BFH begründete seine bisherige Auffassung mit dem Rechtsinstitut der Gesamtrechtsnachfolge, welche auch für den Verlustabzug anzuwenden ist.[15] Der Erbe trete bürgerlich rechtlich in vollem Umfange in die Rechtstellung des Erblassers ein.[16]

14 BFH vom 25.4.1974, VIII R 61/69, n. v.; BFH vom 13.11.1979, VIII R 193/77, BStBl. II 1980, 188; BFH vom 16.5.2001, I R 76/99, BStBl. II 2002, 487.
15 BFH vom 15.3.1962, IV 167177/60, HFR 1963, 8.
16 § 1922 BGB.

2. Auffassung der Finanzverwaltung

Die Finanzverwaltung hat bisher die Vererblichkeit von Verlusten auf den Erben akzeptiert, sofern der Erbe **wirtschaftlich belastet** ist.[17] An einer wirtschaftlichen Belastung fehlt es, wenn der Erbe für Nachlassverbindlichkeiten des Erblassers entweder gar nicht *oder* nur beschränkt haftet. 20

Hinweis:

Durch Beitritt im Vorlageverfahren beendete die Finanzverwaltung die bisherige Auffassung und versagte der gebilligten Rechtsprechung des BFH eine weitere Anwendung.

*Bei der Person des Erblassers und der des Erben handle es sich um verschiedene Rechtsobjekte. Die Einkommensteuer sei als Personensteuer ausgestaltet und stelle auf die Leistungsfähigkeit des einzelnen Steuerpflichtigen ab. In Folge dessen könne die „Leistungsfähigkeit des Erblassers nicht über dessen Tod hinaus fortgesetzt" und damit **nicht** auf den Erben übertragen werden.*

Hinweis		
Finanzverwaltung	⇨	Auffassungsänderung
	neu	
Erblasser / Erbe	⇨	**verschiedene** Rechtsobjekte
Einkommensteuer	⇨	Personensteuer
Steuerpflicht (objektiv)	⇨	**persönliche** Leistungsfähigkeit
Übertragbarkeit über den Tod hinaus	⇨	nein
Vererblichkeit des Verlustabzugs	⇨	nein

VI. Lösung im Fall

Der große Senat des BFH verneint die Vererblichkeit des Verlustabzuges. Insoweit geht der vom Erblasser *nicht* ausgenutzte Verlustvortrag *nicht* auf die Erben über. 21

Hinweis:

*Ein Übergang des Verlustvortrages auf den Erben könne **weder** auf zivilrechtliche **noch** auf steuerrechtliche Vorschriften und Prinzipien gestützt werden:*

- *Der **Verlustabzug**[18] **ermöglicht ausschließlich eine interperiodische Verrechnung** von Verlusten. Eine interpersonelle Verrechnung von Verlusten zwischen Erblasser und Erben ist aus dem Gesetzeswortlaut **nicht** zu entnehmen.*

17 H 10d „Verlustabzug im Erbfall" EStH; BMF-Schreiben vom 26.7.2002, BStBl. I 2002, 667.
18 § 10d EStG.

1

- *Die Einkommensteuer ist eine Personensteuer und besteuert die Leistungsfähigkeit der einzelnen natürlichen Personen. Die persönliche Steuerpflicht erstreckt sich auf die Lebenszeit einer Person. Die persönliche Steuerpflicht endet mit Ihrem Tod. Insoweit erfasst die Einkommensteuer* ***die individuelle Leistungsfähigkeit****.*
- *Abziehbar ist nach Maßgabe des sog. Kostentragungsprinzips nur der vom Steuerpflichtigen selbst erbrachte Aufwand. Auf eine nach diesen Maßstäben unzulässige Abziehbarkeit von* ***Drittaufwand*** *liefe es indessen im wirtschaftlichen Ergebnis hinaus, wenn der Erbe die aus Aufwandsüberschüssen des Erblassers resultierenden Verlustvorträge bei der Ermittlung seiner eigenen Einkünfte abziehen könnte.*
- *Die vom Erblasser erzielten negativen Einkünfte und seine Verbindlichkeiten sind* ***strickt voneinander zu unterscheiden*** *und* ***getrennt zu beurteilen****.* ***Negative Einkünfte*** *verkörpern unlösbar mit der Person des Einkünfte-Beziehers verbundene Besteuerungsgrundlagen.*[19] ***Schulden*** *sind hingegen im Grundsatz verkehrsfähige negative Wirtschaftsgüter.*[20]
- *Der Buchwertzwang für unentgeltliche Übertragungen von Betrieben, Teilbetrieben und Mitunternehmeranteilen*[21] *stellt ausnahmsweise eine* ***interpersonelle Übertragung*** *von stillen Reserven auf den Rechtsnachfolger dar. Diese Übertragungsmöglichkeit steht aber im Widerstreit zur personalen Struktur des Einkommensteuerrechts (= Grundsatz der Individualbeteuerung). Diese strengen objekt- und einkunftsquellenbezogene Konzeption rechtfertigt* ***keine*** *Verlustübertragung auf den Erben.*

VII. Übergangsregelung

22 Aus Gründen der Rechtssicherheit und des Vertrauensschutzes zu Gunsten von betroffenen Steuerpflichtigen ist die geänderte Rechtsprechung *erst* für alle Erbfälle anzuwenden, die nach Ablauf des Tages der Veröffentlichung - **12.3.2008** - eingetreten sind.

Hinweis:

Insoweit ist für die tägliche Praxis in Alt-/Neu-Erbfällen zu unterscheiden.

Hinweis:

Der BFH hat die Vererblichkeit eines Verlustabzugs als gewohnheitsrecht abgelehnt, weil seit 1962 eine Vielzahl von „anerkannten Autoren der einschlägigen Literatur" Kritik an dieser Rechtsauffassung veröffentlich haben.

Die neue BFH-Rechtsprechung zur **Nicht-Vererblichkeit des Verlustabzugs** ist somit erst mit Wirkung für die Zukunft anzuwenden.

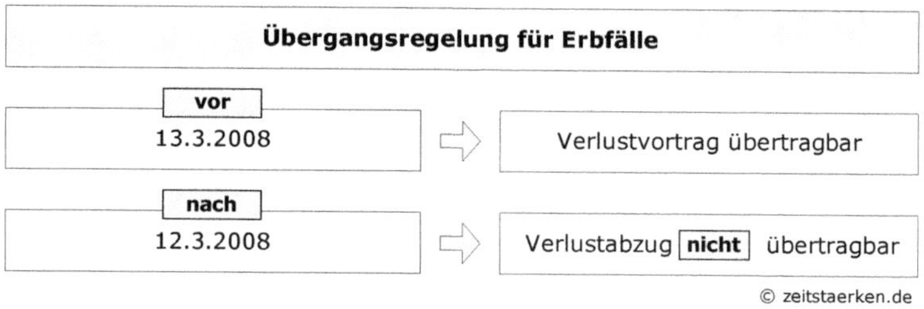

19 § 157 Abs. 2 i. V. m. § 179 i. V. m. § 180 Abs. 1 Nr. 2 AO.
20 § 414 ff. BGB; § 1967 Abs. 1 BGB.
21 § 6 Abs. 3 EStG.

VIII. Beratungshinweis

1

In der täglichen Praxis ist künftig verstärkt zu Beraten, dass *nicht* ausgenutzte Verlustvorträge zu 23
Lebzeiten oder spätestens im Todesfall vom Steuerpflichtigen selbst genutzt werden können. Insbesondere wird zu prüfen sein, in wie weit im Rahmen einer geplanten Unternehmensnachfolge die Verlustvorträge durch Aufdeckung der stillen Reserven kompensiert werden können:

- Einbringung eines Betriebes in einen Personen- oder Kapitalgesellschaft zum Zwischenwert oder zum Gemeinenwert[22].
- Teilentgeltliche Betriebsübertragung aufgrund von Abstandszahlungen oder Übernahme von Privatschulden des Vaters sowie Ausgleichszahlungen an Geschwistern.

Hinweis:

Beim Vater entsteht ein (anteiliger) Veräußerungsgewinn, soweit dass (Teil-) Entgelt sein Kapitalkonto zum Übertragungsstichtag übersteigt. Den Veräußerungsgewinn saldiert der Vater mit seinen Verlustvorträgen.

- Schenkung des Betriebes gegen wiederkehrende Leistungen

  Soweit ein Betrieb gegen wiederkehrende Leistungen (= Versorgungsrente) unentgeltlich auf den Sohn übertragen wird, können die sonstigen Bezüge[23] mit den Verlustvorträgen[24] verrechnet werden.

Hinweis:

Der Sohn kann die wiederkehrende Leistungen als Sonderausgaben (= Vollbetragsprinzip)[25] geltend machen.

Beratungshinweis			
Übertragungsgegenleistung bei Betrieben, Teilbetrieben und Mietunternehmeranteilen			
1. Gruppe		2. Gruppe	3. Gruppe
■ Abstandszahlung ■ Gleichstellungsgeld (Geschwister) ■ Privatschuldübernahme		■ Versorgungsrente	■ Vorbehaltsnießbrauch ■ Wohnrecht
teilentgeltlich		unentgeltlich	
A **über** Kapitalkto.	B **bis** Kapitalkto.	**keine** Gegenleistung	
Veräußerungsgewinn/-verl.	**kein** Veräußerungsgewinn/-verlust		
AK	Buchwert		

22 § 24 Abs. 2 UmwStG; § 20 Abs. 2 UmwStG.
23 § 22 Nr. 1b EStG.
24 § 10d EStG.
25 § 10 Abs. 1 Nr. 1a EStG.

1

VZ 2009

D. Neue Grenzen für die Festsetzung der Einkommensteuer-Vorauszahlung

(JStG 2009 vom 19.12.2008, BGBl. I 2794; § 37 Abs. 5 EStG)

I. Neue Schwellenwerte

24 Die Anhebung der Grenzen für die Festsetzung der Einkommensteuer-Vorauszahlungen ist von praktischer Bedeutung.[26] Die neuen Grenzen stellen eine **Heraufsetzung der Schwellenwerte** dar.

Neue Grenzen für die Festsetzung der Einkommensteuer-Vorauszahlungen		
	bisheriger Betrag	neuer Betrag
Vorauszahlungen sind festzusetzen, wenn diese im Kalenderjahr mindestens ... betragen	200 €	400 €
und wenn diese für einen Vorauszahlungszeitpunkt mindestens ... beträgt	50 €	100 €
Nachträgliche Erhöhung einer Vorauszahlung nach Ablauf des Veranlagungszeitraums, wenn diese mindestens ... beträgt	2.500 €	5.000 €

II. Zeitliche Anwendung

25 Die Änderungen sind ab dem Veranlagungszeitraum 2009 anzuwenden.[27]

26 § 37 Abs. 5 EStG.
27 § 52 Abs. 1 EStG.

E. Verlustvortrag aus Stillhalterprämien bleibt abzugsfähig

(JStG 2009 vom 19.12.2008, BGBl. I 2008, 2794 ff.; § 22 Nr. 3 Sätze 5 und 6 EStG)

I. Einleitung

Die Einnahmen aus Stillhaltergeschäften rechnen ab dem 1.1.2009 zu den Einnahmen aus Kapitalvermögen.[28] Bisher waren die Gewinne bzw. Verluste aus Stillhaltergeschäften sonstige Einkünfte.[29] 26

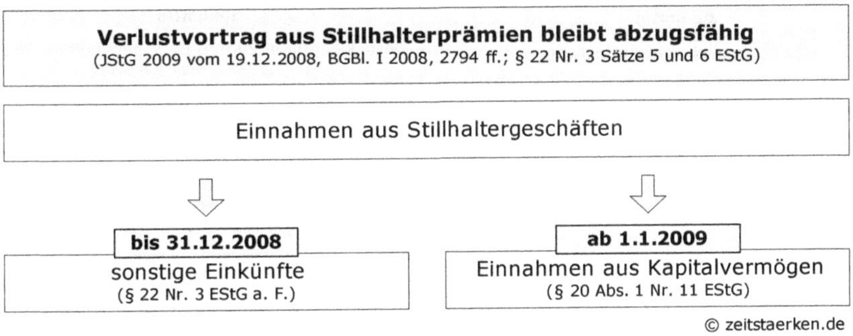

II. Verlustvortrag im Systemwechsel

Bisher konnte es dazu kommen, dass Verluste aus Stillhaltergeschäften[30] <u>*nicht*</u> mehr bis zum 31.12.2008 ausgeglichen werden konnten und somit für die Zukunft steuerrechtlich unberücksichtigt blieben. Das Jahressteuergesetz 2009 beinhaltet jetzt eine **Übergangsregelung** um **Altverluste** aus Stillhaltergeschäften übergangsweise - **für 5 Jahre** - mit positiven Einnahmen aus neuen Stillhaltergeschäften[31] zu verrechnen.[32] Die erweiterte Verlustverrechnung (= besonderer Verlustverrechnungskreis der privaten Stillhaltergeschäfte) ist **letztmalig für den Veranlagungszeitraum 2013** anzuwenden.[33] 27

Hinweis:

Danach können noch bestehende Verlustvorträge (nur noch) mit „alten Einnahmen aus privaten Stillhaltergeschäften" saldiert werden.[34]

28 § 20 Abs. 1 Nr. 11 EStG.
29 § 22 Nr. 3 EStG a. F.
30 § 22 Nr. 3 EStG.
31 § 20 Abs. 1 Nr. 11 EStG.
32 § 22 Nr. 3 Sätze 5 und 6 EStG.
33 § 52a Abs. 10a EStG.
34 Hier darf doch wohl angemerkt sein, dass dieser Fall nur bei nachträglicher Aufdeckung von Einnahmen eintreten wird.

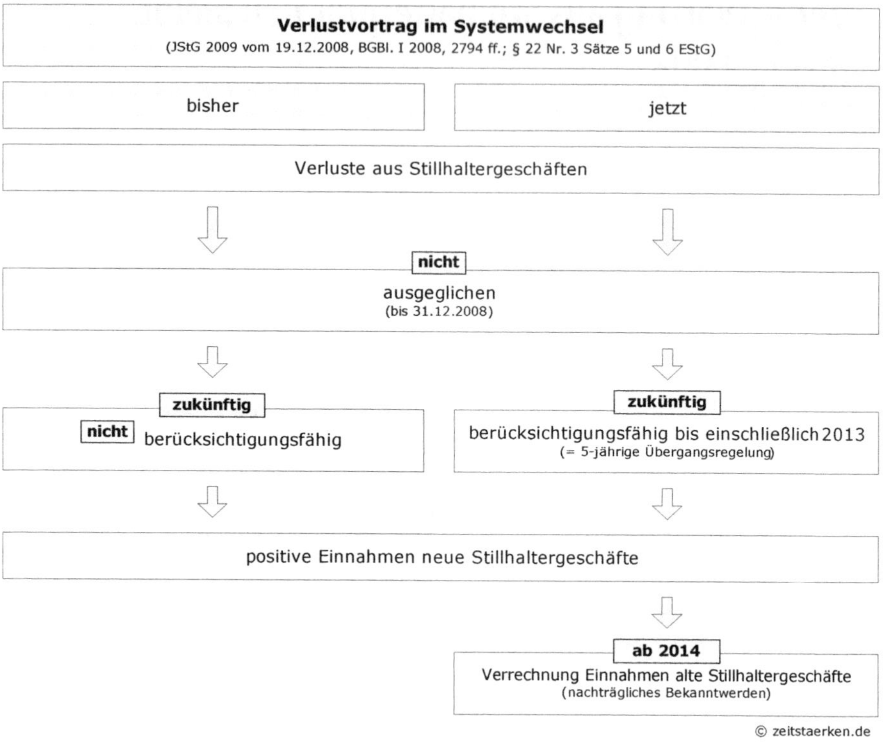

III. Zeitliche Anwendung

28 Die neue erweiterte Verlustverrechnungsvorschrift[35] ist erstmals auf nach dem 31.12.2008 zufließende Stillhalterprämien anzuwenden.

Hinweis:

Insoweit wechselt ein Verlustvortrag vom privaten Veräußerungsgeschäft in die Einkünfte aus Kapitalvermögen und kann weiterhin - längstens auf 5 Jahre - abgezogen werden.

35 § 22 Nr. 3 Sätze 5 und 6 i. V. m. § 52a Abs. 10a EStG i. V. m. § 20 Abs. 1 Nr. 11 EStG i. V. m. § 52a Abs. 9 EStG.

VZ 2011

1

F. Gesetz zur Modernisierung und Entbürokratisierung des Steuerverfahrens (Steuerbürokratieabbaugesetz)

(Gesetz zur Modernisierung und Entbürokratisierung des Steuerverfahrens (= Steuerbürokratieabbaugesetz), BGBl. I 2008, 2850 ff.; Melchior in „Steuerbürokratieabbaugesetz", DStR 2008, Nr. 31, VI ff.; Ahrens/Löser in „Geplante Abschaffung der zusammenfassenden Rechnung bei elektronischer Übermittlung von Rechnungen im EDI-Verfahren", DB 2008, 1771 ff.; Steuerbürokratieabbaugesetz)

I. Einleitung

Mit dem Steuerbürokratieabbaugesetz ist die elektronische Übermittlung von Steuererklärungen (= Einkommen-, Körperschaft- und Gewerbesteuererklärung sowie die gesonderte und einheitliche Feststellung) und Gewinnermittlungen (= Steuerbilanz und Einnahmen-Überschuss-Rechnung) ab dem Jahr 2011 eingeführt worden. 29

Betroffen sind Steuerpflichtige, die Gewinneinkünfte (= Einkünfte aus Land- und Forstwirtschaft, Gewerbebetrieb und selbständiger Arbeit) erzielen. Weiterhin sind die Grenzen der Umsatzsteuer- und Lohnsteueranmeldungen angehoben worden.

Die parallele Prüfung des Finanzamtes und der Rentenversicherungsträger wird ermöglicht und die Erweiterung der Vorläufigkeitsvermerke auf „einfache anhängige BFH-Verfahren" ist eingeführt. Die nachstehenden Ausführungen fassen das Manteländerungsgesetz zusammen.

II. Alle Steuerpflichtige

Soweit der Steuerpflichtige *nur* Gewinneinkünfte[36] erzielt, ist die Einkommensteuererklärung *nur noch* auf dem elektronischen Wege abzugeben.[37] 30

Hinweis:

Diese elektronische Einkommensteuererklärung muss mit einer qualifizierten elektronischen Signatur übermittelt werden.[38]

Hinweis:

Die Finanzbehörde kann zur Vermeidung unbilliger Härten auf eine elektronische Übermittlung verzichten![39]

36 § 2 Abs. 1 Satz 1 Nr. 1 bis Nr. 3 EStG.
37 § 25 Abs. 4 Satz 1 1. HS EStG.
38 § 150 Abs. 7 Satz 1 AO.
39 § 25 Abs. 4 Satz 2 EStG.

1

Eine **freiwillige Abgabe**[40] **der elektronischen Einkommensteuererklärung besteht bei:**

- geringfügigen Gewinneinkünften (= Antragsveranlagung)[41]

  und

- andere Antragsveranlagungen[42]

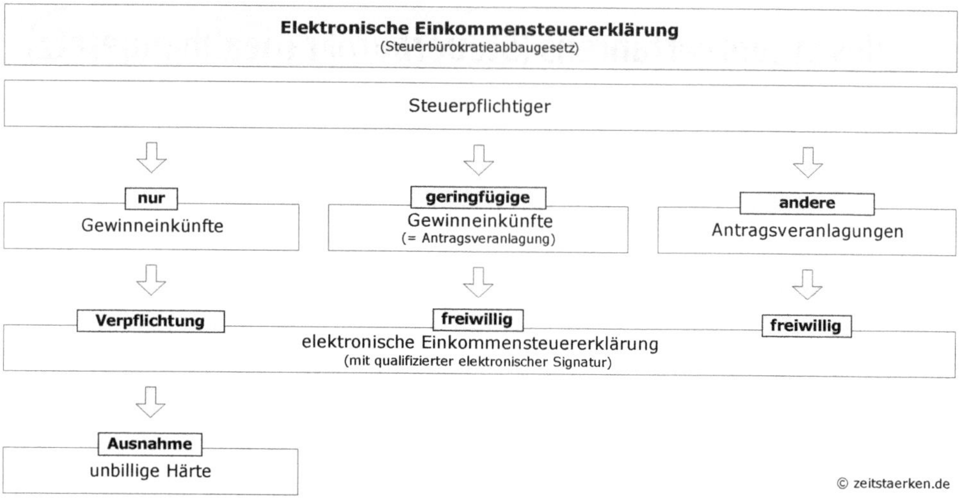

III. Änderungen für Unternehmen

31 Unternehmen müssen **ab dem VZ 2011** (= Wirtschaftsjahre, die nach dem 31.12.2010 beginnen) sämtliche Steuererklärungen standardmäßig elektronisch an die Finanzbehörden übermitteln.[43] Die Finanzämter sollen allerdings in Einzelfällen zur Vermeidung „unbilliger Härten" auf eine elektronische Übermittlung verzichten können.[44]

Die Unternehmen müssen mit folgenden **weiteren Änderungen** rechnen:

- Auch die Inhalte der (Steuer-) **Bilanz und der Gewinn- und Verlustrechnung**[45] sind künftig elektronisch zu übermitteln.[46] Der genaue Umfang der übermittelten Daten wird noch durch eine Rechtsverordnung festgelegt. Im Gegenzug entfällt die Pflicht zur Einreichung umfangreicher Papiere, soweit eine elektronische Übermittlung tatsächlich stattgefunden hat.[47] Dies gilt auch, wenn freiwillig Bücher geführt und Abschlüsse erstellt werden.

40 § 25 Abs. 4 Satz 1 2. HS EStG; BT-Drucks. 60/10188 vom 2.9.2008, Steuerbürokratieabbaugesetz, B. Besonderer Teil, zu Nummer 4 (§ 25 Abs. 4 neu).

41 § 46 Abs. 2 Nr. 8 EStG.

42 § 46 Abs. 2 Nr. 2 bis Nr. 7 EStG.

43 § 52 Abs. 15a i. V. m. § 5b EStG.

44 § 5b Abs. 2 Satz 1 EStG.

45 Für beginnende Gewinnermittlungen nach dem 31.12.2010 also Wirtschaftsjahr = Kalenderjahr = 2011; § 52 Abs. 15b EStG i. V. m. § 84 Abs. 3d EStDV.

46 § 5b Abs. 1 Satz 1 EStG; Die Finanzverwaltung kann zur Vermeidung unbilliger Härten auf die elektronische Übermittlung verzichten, § 5b Abs. 2 EStG.

47 § 60 Abs. 1 Satz 1 i. V. m. § 84 Abs. 3d EStDV.

1

Hinweis:

Soweit eine Handelsbilanz aufgestellt wird, müssen die Bilanzansätze oder Beträge durch Zusätze oder Anmerkungen den steuerrechtlichen Vorschriften angepasst werden.[48]

Dieselbe elektronische Einreichungsverpflichtung besteht bei Aufstellung einer Eröffnungsbi- 32
lanz.[49] Dasselbe gilt für die Überleitungsbilanz.

Hinweis:

Ungeklärt ist, ob eine Verpflichtung zur elektronischen Ermittlung von Übertragungs- oder Übernahme- bzw. Einbringungsbilanzen besteht?

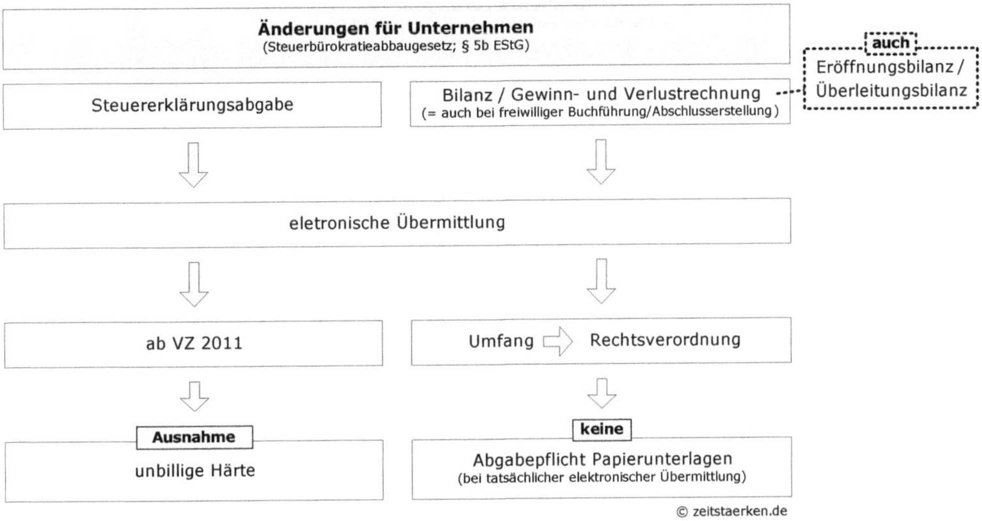

- Der bisher übliche Papier-Fragebogen für neu gegründete Unternehmen ist entfallen.

  Die Verpflichtung, anlässlich der Aufnahme der selbständigen Tätigkeit Auskunft über steuerrelevante, rechtliche und tatsächliche Verhältnisse zu erteilen, ist auf elektronischem Wege zu erfüllen (= **elektronischer steuerrechtlicher Erfassungsbogen**).[50] Der Datensatz muss mit einer qualifizierten elektronischen Signatur versehen werden. Eine Rechtsverordnung wird weitere Details klären.

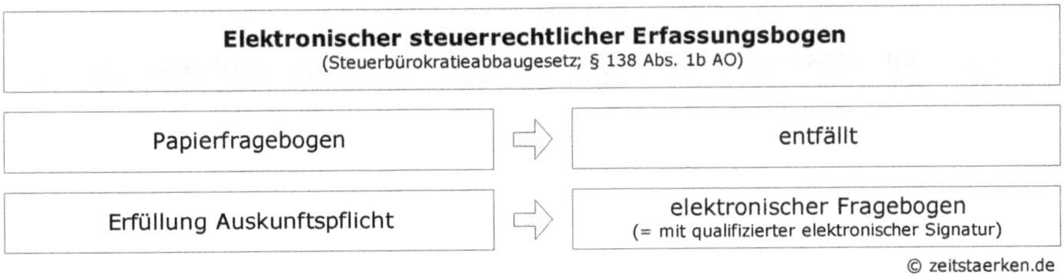

48 § 5b Abs. 1 Satz 2 EStG.
49 § 5b Abs. 1 Satz 4 EStG.
50 § 138 Abs. 1b AO.

1

- Außerdem können die Finanzverwaltung und die Rentenversicherungsträger in Zukunft ihre **Außenprüfungen** bei Arbeitgebern gleichzeitig vornehmen, um den damit verbundenen Aufwand zu reduzieren (= Verlangen des Arbeitgebers).[51]/[52] Der Arbeitgeber soll bei Verlangen einer gemeinsamen Prüfung dieses durch formlosen Antrag beim Betriebsstättenfinanzamt beantragen.[53] Ein Rechtsanspruch auf zeitgleiche Prüfung besteht *nicht*.[54]

Hinweis:

Der Beginn der Zusammenlegung wird durch ein „Startschreiben (= BMF-Schreiben)" bekannt gegeben.[55]

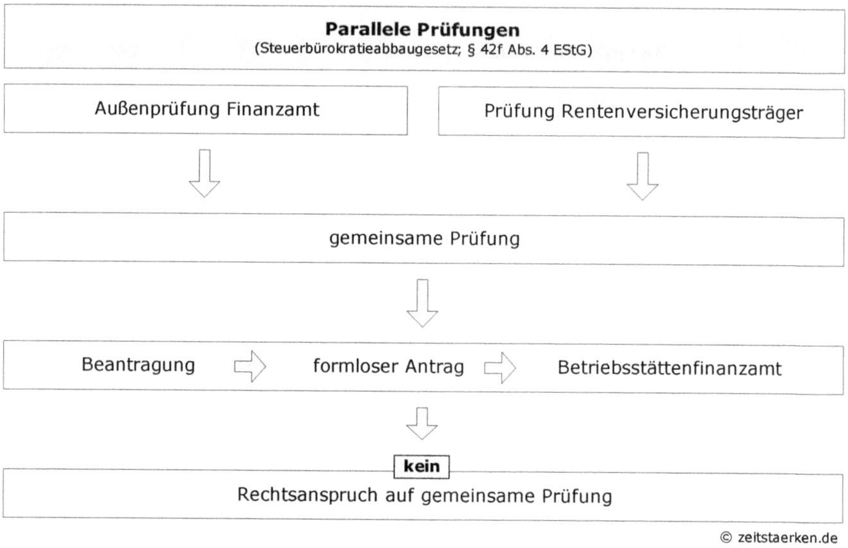

- Die Schwellenwerte für monatlich abzugebende **Umsatzsteuer-Voranmeldungen** sind angehoben worden:

Grenzwerte für Umsatzsteuer-Voranmeldungen
(Steuerbürokratieabbaugesetz; § 41a Abs. 2 EStG)

	bisher	neu
monatliche Abgabe	6.136 €	7.500 €
vierteljährliche Abgabe	512 €	1.000 €

51 § 42f Abs. 4 EStG. i. V. m. § 28p SGB IV.
52 Die Prüfungen werden *nicht* zusammen durchgeführt und auch *nicht* vereinheitlicht. Auch die Rechtsbehelfe bleiben weiterhin verselbständigt; BR-Drucks. 547/08 vom 8.8.2008, Steuerbürokratieabbaugesetz, Begründung, Zu Nr. 7 (§ 42f Abs. 4 neu), 29.
53 BR-Drucks. 547/08 vom 8.8.2008, Steuerbürokratieabbaugesetz, Begründung, Zu Nr. 7 (§ 42f Abs. 4 neu), 28.
54 BR-Drucks. 547/08 vom 8.8.2008, Steuerbürokratieabbaugesetz, Begründung, Zu Nr. 7 (§ 42f Abs. 4 neu), 28.
55 BR-Drucks. 547/08 vom 8.8.2008, Steuerbürokratieabbaugesetz, Begründung, Zu Nr. 7 (§ 42f Abs. 4 neu), 29.

- Die Schwellenwerte für die **Lohnsteueranmeldung** ab den Lohnsteueranmeldungszeiträumen 2009 sind ebenfalls angehoben worden:

Grenzwerte für Lohnsteuer-Anmeldungen
(Steuerbürokratieabbaugesetz)

	bisher	neu (ab 2009)
monatliche Abgabe	3.000 €	4.000 €
vierteljährliche Abgabe	800 €	1.000 €

© zeitstaerken.de

- Die umsatzsteuerrechtlichen Informationspflichten der Unternehmer sind reduziert worden. Bei steuerfreien Leistungen an andere Unternehmer oder an staatliche Stellen sind *keine* Rechnungen mehr zu erteilen.[56] Außerdem sind bei der elektronischen Übermittlung von Rechnungen künftig *keine* Sammelrechnung mehr mitzuschicken.[57]

Hinweis:

Die Ausgestaltung eines „ordnungsgemäßen" EDI-Verfahrens ist noch ungeklärt.[58]

Hinweis: zeitliche Anwendung

*Die **Abschaffung** einer Rechnung für steuerfreie Lieferungen und sonstiger Leistungen sowie der Sammelrechnung sollen anzuwenden sein, wenn der **Umsatz nach dem 31.12.2008** ausgeführt worden ist.*[59]

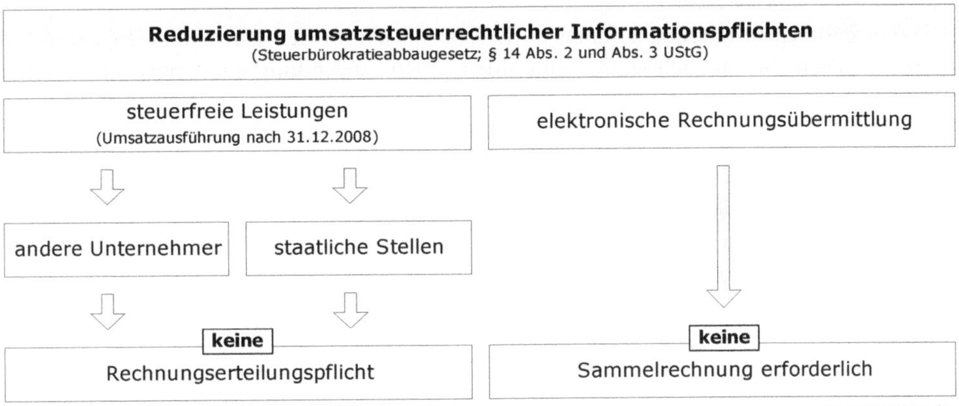

© zeitstaerken.de

56 § 14 Abs. 2 Satz 1 Nr. 2 Satz 2 UStG.
57 § 14 Abs. 3 Nr. 2 UStG.
58 Ahrens/Löser in „Geplante Abschaffung der zusammenfassenden Rechnung bei elektronischer Übermittlung von Rechnungen im EDI-Verfahren", DB 2008, 1771 ff.
59 § 27 Abs. 15 UStG.

- Die Körperschaftsteuererklärung und die Erklärung zur Festsetzung des Gewerbesteuermessbetrages sowie die Zerlegungserklärung sind ebenfalls auf elektronischem Wege ab dem VZ 2011 / EZ 2011 zu übermitteln (= **elektronische Erklärungspflicht**).[60]

  Die gleichen Anforderungen und Regeln gelten für die Abgabe der gesonderten und einheitlichen Feststellung der Besteuerungsgrundlagen bei Gewinneinkünften.[61]

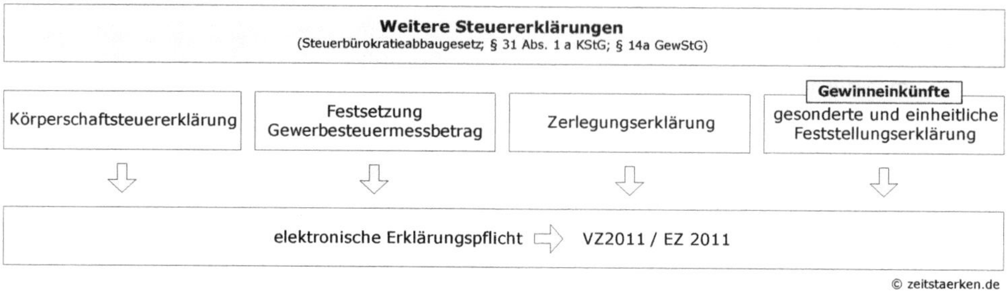

- Die **Auszahlung** des (verbleibenden) **Körperschaftsteuerguthabens** erfolgt bei einem Gesamtbetrag bis einschließlich 1.000 € in einer Summe.[62] Die Auszahlung erfolgt erstmalig am 30.9.2008.[63]

IV. Änderungen für Arbeitnehmer

33 Auch für Arbeitnehmer soll das elektronische Erklärungsverfahren Schritt für Schritt eingeführt werden. Zuerst sind die folgenden Unterlagen nur noch elektronisch beim Finanzamt einzurechen:

- <u>Spendenbescheinigungen[64]:</u>

  Die Zuwendungsbestätigung können auch elektronisch an den Zuwendenden übermittelt werden.[65] Dafür bevollmächtigt der Zuwendende den Zuwendungsempfänger mit gleichzeitiger Mitteilung seine Identifikationsnummer[66]. Die Vollmacht kann nur mit Wirkung für die Zukunft widerrufen werden. Zugleich ist ein Ausdruck hiervon auszuhändigen oder elektronisch bereitzustellen.

- <u>Bescheinigungen über vermögenswirksame Leistungen:</u>

  Die Daten der Anlage VL zur Beantragung der Arbeitnehmer-Sparzulage werden in elektronischer Form übermittelt.[67] Die Regelungen und Ausnahmen erfolgen in einer Rechtsverordnung.

  <u>*und*</u>

60 § 31 Abs. 1a i. V. m. § 34 Abs. 13a Satz 2 KStG [= Veranlagungszeiträume ab 2011]; § 14a i. V. m. § 36 Abs. 9b GewStG [= Erhebungszeiträume an 2011].
61 § 181 Abs. 2a AO i. V. m. Art. 97 § 10a EGAO [= Feststellungszeiträume ab 2011].
62 § 37 Abs. 5 Satz 6 KStG.
63 <u>*Billigkeitsregelung*</u>: BMF-Schreiben vom 21.7.2008, IV C 7 - S 2861/07/10001, BStBl. I 2008, 741.
64 § 50 Abs. 1 EStDV; ab dem VZ 2009, § 84 Abs. 1 EStDV.
65 Der Datensatz ist bis zum 28.2. des Folgejahres der Spende zu übermitteln.
66 § 139b AO.
67 § 15 Abs. 1 5. VermBG; Anwendung einen Tag nach der Verkündung des Steuerbürokratieabbaugesetz im Bundesgesetzblatt, Art. 17 Satz 4 1. Altern. i. V. m. Art. 5 Steuerbürokratieabbaugesetz.

- <u>Bescheinigungen über „Riester-Verträge“[68]:</u>

  Der (zusätzliche) Sonderausgabenabzug setzt eine elektronische Bescheinigung voraus.[69] Dazu muss der Begünstigte spätestens bis zum Ablauf des zweiten auf das Beitragsjahr folgenden Jahres schriftlich eingewilligt haben. Die Bevollmächtigung des Anbieters im Rahmen des Dauerzulageverfahrens[70] gilt als Erteilung der Einwilligung. Die Papierbescheinigung entfällt.

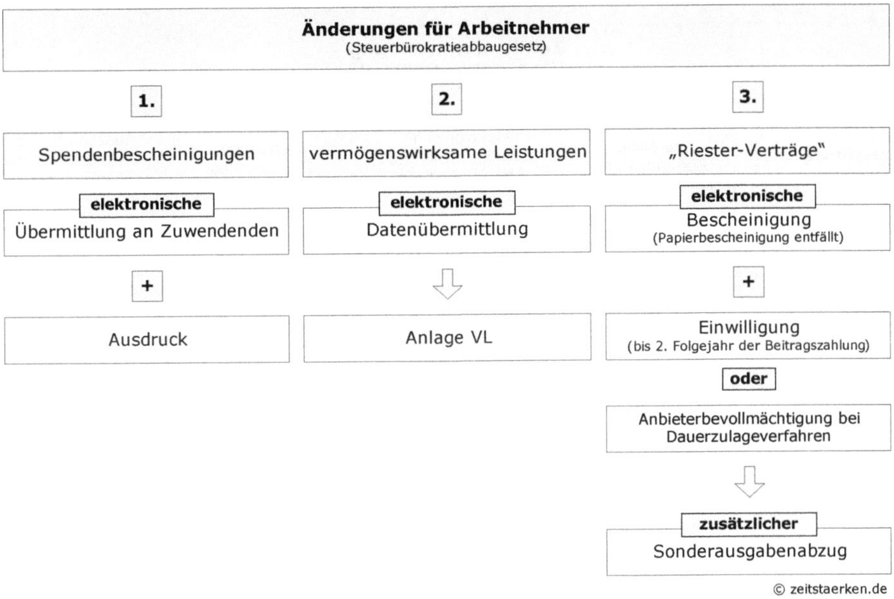

V. Zeitliche Anwendung

Das Steuerbürokratieabbaugesetz soll grundsätzlich am 1.1.2009 in Kraft treten.[71] 34

Folgende Sonderregelungen sind vorgesehen:

- Die Möglichkeit des Arbeitgebers, dass die (steuerrechtliche) Außenprüfung und (sozialversicherungsrechtliche) Prüfung durch die Träger der Rentenversicherung gleichzeitig stattfindet, tritt ab dem 1.1.2010 in Kraft.[72]
- Am Tag nach der Verkündung des Steuerbürokratieabbaugesetz treten in Kraft:
  - die Ermächtigung zur elektronischen Versendung der Vermögensbildungsbescheinigun[73]/[74]

    <u>und</u>
  - die Zerlegung des Zinsabschlags[75] tritt bereits im VZ 2009 in Kraft[76]

68 § 10a Abs. 5 Sätze 4 ff. EStG.
69 = materielles Tatbestandsvoraussetzung; § 10a Abs. 2a EStG.
70 § 89 Abs. 1a EStG.
71 Art. 13 Satz 1 Steuerbürokratieabbaugesetz.
72 Art. 13 Satz 4 Steuerbürokratieabbaugesetz.
73 § 15 Abs. 1 Sätze 2 bis 4 5. VermBG n. F.
74 Art 17 Satz 4 1. Altern. i. V. m. Art. 5 Steuerbürokratieabbaugesetz.
75 § 12 Abs. 4 ZerlG n. F.
76 Art. 17 Satz 1 i. V. m. Art. 12 Steuerbürokratieabbaugesetz.

1

- Mit Wirkung zum 1.1.2008 treten in Kraft:
  - Die Auszahlung[77] des (verbleibenden) Körperschaftsteuerguthabens erfolgt bei einem Gesamtbetrag bis einschließlich 1.000 € in einer Summe[78]

    und
  - Diese Auszahlung hat *keine* ändernde Auswirkung auf die Festsetzungsverjährung[79]/[80]

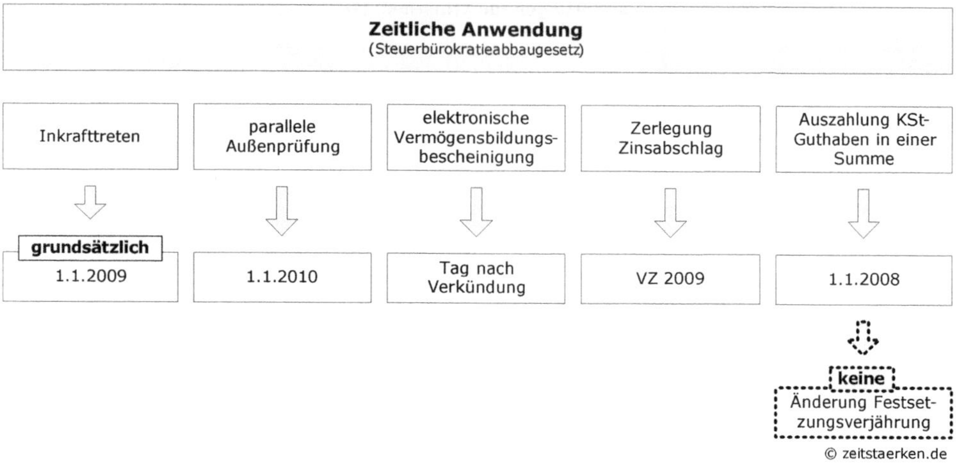

77 § 37 Abs. 5 Satz 6 KStG.
78 Art. 17 Satz 2 1. Altern. i. V. m. Art. 6 Nr. 2 Buchst. b Steuerbürokratieabbaugesetz.
79 § 37 Abs. 5 Satz 7 KStG.
80 Art 17 Satz 2 1. Altern. i. V. m. Art. 6 Nr. 3 Steuerbürokratieabbaugesetz.

§ 2 Sonderausgaben

VZ 2007

A. Anwendungsschreiben zu steuerbegünstigten Zwecken

(BMF-Schreiben vom 18.12.2008, IV C 4 - F 2223/07/0020, Lexinform 5231843; § 10b EStG)

I. Einleitung

Durch das Gesetz zur weiteren Stärkung des bürgerschaftlichen Engagements[1] wurde das Spendenrecht *rückwirkend* zum 1.1.2007 geändert. Die Neuregelungen gelten für Zuwendungen, die nach dem 31.12.2006 geleistet wurden.[2] Für Zuwendungen, die im Veranlagungszeitraum 2007 geleistet wurden, kann der Steuerpflichtige **auf Antrag** den Spendenabzug[3] in der Fassung bis 31.12.2006 geltend machen.[4] Das BMF hat für Zuwendungen für steuerbegünstigte Zwecke[5] ab dem Veranlagungszeitraum 2007 wie folgt Stellung genommen.[6] 1

II. Großspenden

Die bisherige **Großspendenregelung** besagte, dass Einzelzuwendungen von mindestens 25.565 € im Rahmen der Höchstsätze im Jahr der Zuwendung, im vorangegangenen Jahr und in den fünf folgenden Veranlagungszeiträumen abzuziehen waren.[7] Die alte Fassung des Spendenabzugs gilt für einen verbleibenden Großspendenvortrag zum 31.12.2006 fort, d. h. mit Anwendung der alten Höchstbeträge und der zeitlichen Begrenzung.[8] 2

Hinweis:

Dies bedeutet, dass bei vorhandenen Großspenden gegebenenfalls noch für fünf Veranlagungszeiträume altes Recht neben neuem Recht anzuwenden ist.[9]

Beantragt der Steuerpflichtige für im Veranlagungszeitraum 2007 geleistete Spenden die Anwendung des alten Spendenabzugs[10], dann ist für diese Spenden auch der zeitlich begrenzte Großspendenvortrag nach altem Recht anzuwenden.[11]

1 Gesetz zur weiteren Stärkung des bürgerschaftlichen Engagements vom 10.10.2007, BGBl. I 2007, 2332, BStBl. I 2007 815.
2 § 52 Abs. 24d Satz 2 EStG.
3 § 10b Abs. 1 EStG a. F.
4 § 52 Abs. 24d Satz 2 und 3 EStG.
5 § 10b EStG,
6 BMF-Schreiben vom 18.12.2008, IV C 4 - S 2223/07/0020, Lexinform 5231843.
7 § 10b Abs. 4 EStG a. F.
8 BMF-Schreiben vom 18.12.2008, a. a. O., „1. Großspenden" Abs. 2 Satz 1.
9 BMF-Schreiben vom 18.12.2008, a. a. O., „1. Großspenden" Abs. 2 Satz 2.
10 § 10b EStG a. F.
11 BMF-Schreiben vom 18.12.2008, a. a. O. , „1. Großspenden" Abs. 3.

Hinweis:

Es ist zu beachten, dass bei der Abzugsreihenfolge der zeitlich begrenzte Altvortrag von verbleibenden Großspenden mit entsprechender Anwendung der Höchstbeträge Vorrang hat.[12]

III. Zuwendungen an Stiftungen

3 Die Zuwendungen an Stiftungen wurden vereinfacht. Seit dem 1.1.2007 genügt für die Unterscheidung der Spenden ob es sich um eine Zuwendung in den Vermögensstock einer Stiftung handelt oder nicht.[13] Der Höchstbetrag der Zuwendungen an Stiftungen in Höhe von 20.450 € ist entfallen. Wie für alle anderen Zuwendungen gelten die Höchstbeträge von

- 20 % des Gesamtbetrages der Einkünfte

  oder
- 4 ‰ der Summer der gesamten Umsätze und der im Kalenderjahr aufgewendeten Löhne und Gehälter.[14]

Der Steuerpflichtige kann für die Berücksichtigung der Spende diese beliebig aufteilen und wählen, welcher Teil im allgemeinen Spendenabzug[15] und welcher als Vermögensstockspende[16] berücksichtigt wird.

Hinweis:

Auch für Zuwendungen an Stiftungen kann auf ***Antrag*** *der alte Spendenabzug*[17] *in Anspruch genommen werden.*[18]

IV. Vermögensstockspenden

4 Spenden in den Vermögensstock bereits bestehender Stiftungen sind ebenfalls begünstigt (= **Zustiftungen**).[19] Eine Spende in den Vermögensstock einer Stiftung kann innerhalb eines Zeitraums von zehn Jahren vom Spender *beliebig* auf die einzelnen Jahre des 10jährigen-Abzugszeitraums verteilt werden.[20]

Hinweis:

Für die Berücksichtigung als Vermögensstockspende[21] *ist* ***zwingend*** *ein* ***Antrag*** *erforderlich.*[22] ***Ohne*** *Antrag erfolgt die Berücksichtigung im Rahmen des allgemeinen Spendenabzugs*[23].

Der Höchstbetrag für eine Vermögensstockspende beträgt in einem Zeitraum von zehn Jahren 1.000.000 €.[24]

12 BMF-Schreiben vom 18.12.2008, a. a. O., „1. Großspenden" Abs. 4.
13 BMF-Schreiben vom 18.12.2008, a. a. O., „2. Zuwendungen an Stiftungen" Abs. 1 Satz 2.
14 BMF-Schreiben vom 18.12.2008, a. a. O., „2. Zuwendungen an Stiftungen" Abs. 1 Satz 3.
15 § 10b Abs. 1 EStG.
16 § 10b Abs. 1a EStG.
17 § 10b Abs. 1 EStG a. F.
18 BMF-Schreiben vom 18.12.2008, a. a. O., „2. Zuwendungen an Stiftungen" Abs. 2.
19 BMF-Schreiben vom 18.12.2008, a. a. O., „3. Vermögensstockspenden" Abs. 2 Satz 3.
20 § 10b Abs. 1a EStG.
21 § 10b Abs. 1a EStG.
22 BMF-Schreiben vom 18.12.2008, a. a. O., „3. Vermögensstockspenden" Abs. 1 Satz 1
23 § 10b Abs. 1 EStG.
24 § 10b Abs. 1a Satz 1 EStG.

Hinweis:

Der Höchstbetrag bezieht sich auf den gesamten 10jährigen-Abzugszeitraum und kann der Höhe nach ***nur einmal*** *in diesem Zeitraum in Anspruch genommen werden.*[25]

Im Antrag zur Berücksichtigung als Vermögensstockspende muss der Steuerpflichtige beantragen 5
in welcher Höhe

- die Zuwendung als Vermögensstockspende behandelt werden soll

  und

- im entsprechenden Zeitraum eine Berücksichtigung erfolgen soll.[26]

Hinweis:

Innerhalb des 10jährigen-Abzugszeitraums ist ein Wechsel zwischen der Berücksichtigung als Vermögensstockspende[27] *und Zuwendung für steuerbegünstigte Zwecke*[28] ***nicht*** *zulässig.*[29]

Wurde bereits vor dem Veranlagungszeitraum 2007 eine Vermögensstockspende geleistet, beginnt 6
der 10jährige-Abzugszeitraum[30] entsprechend früher.[31] Mehrere Spenden in den Vermögensstock einer Stiftung einer Person innerhalb eines Veranlagungszeitraums sind zusammen zu fassen.[32]

Hinweis:

Mit jeder neuen Spende in den Vermögensstock einer Stiftung beginnt ein neuer 10jähriger-Abzugszeitraum.[33]

Beispiel: Mehrere Vermögensstockspenden

Im VZ 2005 hat S eine Zuwendung in Höhe von 300.000 € in den Vermögensstock einer neu gegründeten Stiftung geleistet.

Antragsgemäß wurde diese mit je 100.000 € im VZ 2005 und 2006 abgezogen.[34]

Im Jahr 2007 leistet S eine Spende in den Vermögensstock einer Stiftung in Höhe von 1.200.000 €.

S beantragt von der Spende im Jahr 2007 die Berücksichtigung von 900.000 € als Vermögensstockspende[35].

Für den VZ 2007 beantragt S insgesamt einen Abzugsbetrag für Vermögensstockspenden in Höhe von (100.000 € + 700.000 € =) 800.000 €.

Die verbleibenden (900.000 € ./. 700.000 € =) 200.000 € möchte S im Rahmen des 10-jährigen-Abzugszeitraums in späteren Veranlagungszeiträumen geltend machen.

Lösung:

Der verbleibende Betrag in Höhe (1.200.000 € ./. 900.000 € =) 300.000 € der Zuwendung an die Stiftung fallen unter den allgemeinen Spendenabzug[36]. Es ergeben sich zwei 10jährige-Abzugszeiträume:

25 § 10b Abs. 1a Satz 2 EStG.
26 BMF-Schreiben vom 18.12.2008, a. a. O., „3. Vermögensstockspenden" Abs. 2 Satz 1.
27 § 10b Abs. 1a EStG.
28 § 10b Abs. 1 EStG.
29 BMF-Schreiben vom 18.12.2008, a. a. O., „3. Vermögensstockspenden" Abs. 2 Satz 5.
30 § 10b Abs. 1a Satz 1 EStG.
31 BMF-Schreiben vom 18.12.2008, a. a. O., „3. Vermögensstockspenden" Abs. 3 Satz 2.
32 BMF-Schreiben vom 18.12.2008, a. a. O., „3. Vermögensstockspenden" Abs. 3 Satz 4.
33 BMF-Schreiben vom 18.12.2008, a. a. O., „3. Vermögensstockspenden" Abs. 3 Satz 3.
34 § 10b Abs. 1a Satz 1 EStG a. F.
35 § 10b Abs. 1a EStG.
36 § 10b Abs. 1 EStG.

- Der **erste 10jährige-Abzugszeitraum** beginnt im VZ 2005 und endet im VZ 2014.

  Der Höchstbetrag in Höhe von 1.000.000 € ist für die Jahre 2008 bis 2014 ausgeschöpft:
  - VZ 2005 100.000 €
  - VZ 2006 100.000 €
  - VZ 2007 800.000 €
- Mit der Spende in den Vermögensstock einer Stiftung im VZ 2007 beginnt der **zweite 10jährige-Abzugszeitraum**, welcher bis zum VZ 2016 dauert. Für diesen Zeitraum steht ein Abzugsvolumen von 1.000.000 € zur Verfügung. Durch die Inanspruchnahme von 800.000 € im VZ 2007 wurden diese bereits verbraucht. Im VZ 2015 und/oder 2016 können die verbleibenden 200.000 € auf Antrag als Vermögensstockspende geltend gemacht werden:
  - VZ 2015 und/oder 2016 (1.000.000 € ./. 800.000 €) 200.000 €

Stellt S *keinen* Antrag zum Abzug der verbleibenden Vermögensstockspenden, so gehen diese zum 31.12.2016 in den allgemeinen unbefristeten Spendenvortrag[37] über.

V. Zuwendungsvortrag

7 Für den Zuwendungsvortrag sind die folgenden Unterscheidungen vorzunehmen:[38]

- **Vortrag von Vermögensstockspenden**

  Vermögensstockspenden, die *nicht* innerhalb des 10jährigen-Abzugszeitraums verbraucht wurden, gehen in den allgemeinen unbefristeten Spendenvortrag über. Die Vorträge von Vermögensstockspenden sind für jeden Ehegatten getrennt festzustellen.
- **Großspendenvortrag**

  Für Großspenden gilt ein Übergangszeitraum von maximal sechs Jahren. Somit kann sich die Feststellung eines **befristeten** Großspendenvortrags nach altem Recht ergeben. Verbleibt nach Ablauf der fünf Vortragsjahre ein Restbetrag der Großspende, so geht dieser **verloren**. Ein Übergang in den allgemeinen unbefristeten Spendenvortrag ist *nicht* vorgesehen.
- **allgemeiner unbefristeter Spendenvortrag**

  In den allgemeinen unbefristeten Spendenvortrag werden die abziehbaren Zuwendungen aufgenommen, die
  - die Höchstbeträge im Veranlagungszeitraum der Zuwendung überschreiten

    oder
  - den Gesamtbetrag der Einkünfte vermindert um Vorsorgeaufwendungen[39], Vorsorgepauschale[40] und Verlustabzug[41] übersteigen

    und
  - *nicht* dem Vortrag von Vermögensstockspenden bzw. dem Großspendenvortrag zu zuordnen sind.

37 § 10b Abs. 1 EStG.
38 BMF-Schreiben vom 18.12.2008, a. a. O., „4. Zuwendungsvortrag".
39 § 10 Abs. 3, 4 und 4a EStG.
40 § 10c EStG.
41 § 10d EStG.

Hinweis:

Der am Schluss eines Veranlagungszeitraums verbleibende Spendenvortrag ist für die verschiedenen Vorträge gesondert festzustellen:[42]

- *Vortrag von Vermögensstockspenden*
- *Großspendenvortrag*

und

- *allgemeiner unbefristeter Spendenvortrag*

VI. Übergang von altem in neues Recht

Die neuen Regelungen für Zuwendungen für steuerbegünstigte Zwecke[43] gelten **rückwirkend ab dem 1.1.2007**. Wählt der Steuerpflichtige für den Veranlagungszeitraum die Anwendung des alten Spendenrechts[44], so gilt dies *einheitlich* für den **gesamten Spendenabzug** im Jahr 2007.[45] 8

VII. Haftungsregelung

Die Haftung des Zuwendungsbescheinigungsausstellers wurde von 40 % auf 30 % des zugewendeten Betrags abgesenkt.[46] Der maßgebliche Zeitpunkt für die Haftungsreduzierung ist der Zeitpunkt der **Haftungsinanspruchnahme**, somit der Zeitpunkt der Bekanntgabe des Haftungsbescheides.[47] Somit ist *nicht* entscheidend für welchen Veranlagungszeitraum die Haftungsinanspruchnahme erfolgt.[48] 9

B. Ergänzung zum Spendenabzug

(JStG 2009 vom 19.12.2008, BGBl. I 2008, 2794; § 10b Abs. 1 Satz 2 EStG; § 10 Abs. 4 Satz 4 EStG)

I. Einleitung

Mit dem Jahressteuergesetz 2009 ergeben sich die folgenden **Ergänzungen zum Spendenabzug**: 10

- Abziehbarkeit von Mitgliedsbeiträgen an sog. Kulturfördervereine[49]

  und

- vorrangige Haftungsschuldnerschaft des Zuwendungsempfängers bei unrichtigen Zuwendungsbestätigungen[50]

42 BMF-Schreiben vom 18.12.2008, a. a. O., „4. Zuwendungsvortrag" Abs. 4.
43 § 10d Abs. 1 und 1a EStG.
44 § 10b Abs. 1 EStG i. V. m. § 52 Abs. 24d Satz 3 EStG.
45 BMF-Schreiben vom 18.12.2008, a. a. O., „5. Übergang von altem in neues Recht" Abs. 2.
46 § 10b Abs. 4 EStG.
47 BMF-Schreiben vom 18.12.2008, a. a. O., „6. Haftungsregelung" Satz 1.
48 BMF-Schreiben vom 18.12.2008, a. a. O., „6. Haftungsregelung" Satz 2.
49 § 10b Abs. 1 Satz 2 EStG.
50 § 10b Abs. 4 Satz 4 EStG.

II. Mitgliedsbeiträge an Kulturfördervereine

11 **Mitgliedsbeiträge** an sog. **Kulturfördervereine**[51] sind selbst dann als Sonderausgaben abziehbar, wenn auf Grund der Satzung der Körperschaft oder deren tatsächlichen Geschäftsführung den Mitgliedern Vergünstigungen gewährt werden wie z. B.:

- Jahresgaben
- verbilligter Eintritt
- Veranstaltungen für Mitglieder

Da sich die Ergänzung des Gesetzestextes lediglich um eine Klarstellung handelt, ist die Änderung auf **nach dem 31.12.2006 geleistete Mitgliedsbeiträge** anzuwenden.[52]

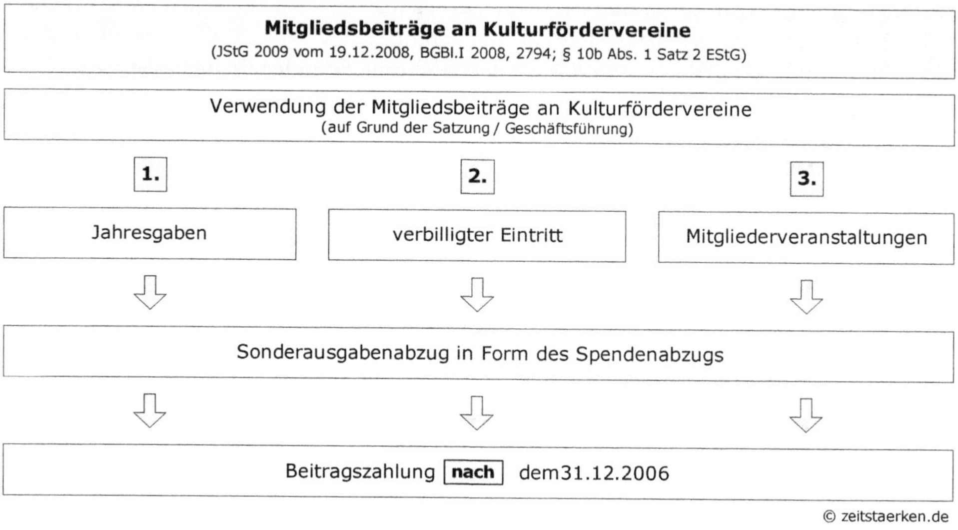

III. Vorrangige Haftungsschuldnerschaft des Zuwendungsempfängers

12 Werden Spenden und Mitgliedsbeiträge *nicht* zu den in den Zuwendungsbestätigungen angegeben steuerbegünstigten Zwecken verwendet, haftet der Veranlasser für die entgangene Steuer pauschal mit 30 % des zugewendeten und fehlverwendeten Betrags (= **Spendenhaftung**).

Haftungsschuldner sind als Gesamtschuldner:

- der Zuwendungsempfänger

  und auch

- die für ihn handelnde natürliche Person

51 Körperschaften, die Kunst und Kultur fördern; § 52 Abs. 2 Nr. 5 AO.
52 § 52 Abs. 24d EStG.

Nach bisheriger Regelung konnten nach Ausüben des pflichtgemäßen Auswahlermessens beide Gesamtschuldner gleichzeitig oder auch vorrangig die natürliche Person in Anspruch genommen werden. Da durch diese gleichrangige Haftungsschuldnerschaft viele bürgerschaftlich interessierte Personen sich davon abhalten ließen, verantwortungsvollere Aufgaben wie z. B. Vereinsvorstand zu übernehmen, wird nunmehr eine **Reihenfolge der Inanspruchnahme** der Gesamtschuldner gesetzlich festgelegt.

Hinweis:

Vorrangig haftet zukünftig der Zuwendungsempfänger[53].

Die handelnde Person wird *nur* in Anspruch genommen, wenn die in Anspruchnahme des Vereins erfolglos ist (= **Subsidiarität der handelnden Person**).[54] Die Änderung ist erstmals für den **Veranlagungszeitraum 2009** anzuwenden.[55] 13

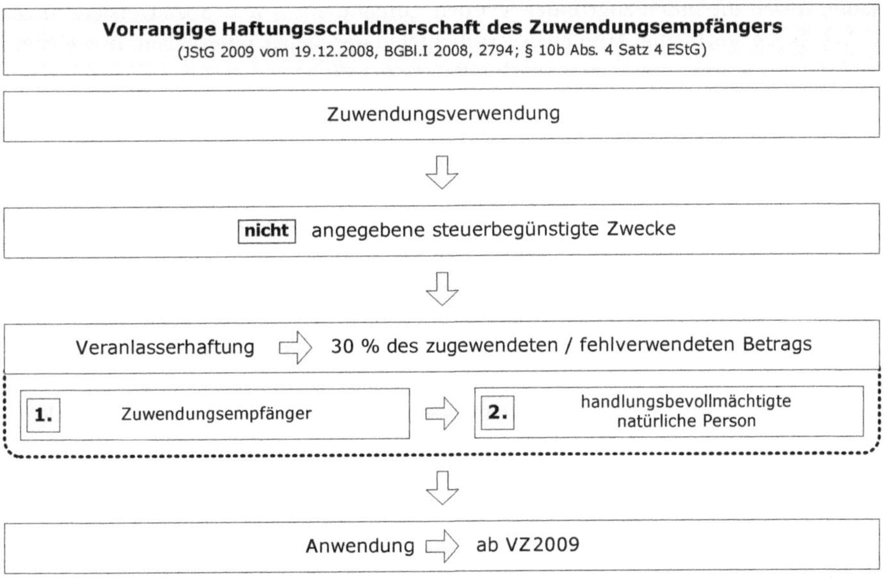

© zeitstaerken.de

IV. Bewertung von Sachzuwendungen

Bei zugewendeten Wirtschaftsgütern, die vor der Zuwendung keinem Betriebsvermögen zuzurechnen waren, bemisst sich der Wert der Zuwendung nach dem gemeinen Wert, wenn dessen Veräußerung im Zeitpunkt der Zuwendung keinen Besteuerungstatbestand erfüllen würde.[56] In allen anderen Fällen dürfen die fortgeführten Anschaffungs- und Herstellungskosten nur dann überschritten werden, soweit eine Gewinnrealisierung stattgefunden hat.[57] 14

53 z. B. der Verein.
54 Der Haftungsanspruch also weder durch Zahlung, Aufrechnung, Erlass oder Verjährung erloschen ist noch Vollstreckungsmaßnahmen gegen Ihn zum Erfolg führen.
55 § 52 Abs. 1 EStG.
56 § 10b Abs. 3 Satz 3 EStG.
57 § 10b Abs. 3 Satz 4 EStG.

VZ 2008

C. Schuldrechtlicher Versorgungsausgleich bei Ehegatten

(OFD-Verfügung Frankfurt vom 3.6.2008, S 2221 a A - 4 - St 218, Lexinform: 0174075; § 10 Abs. 1 Nr. 1b EStG)

I. Einleitung

15 Ab dem VZ 2008 gibt es einen eigenständigen Abzugstatbestand als Sonderausgaben für Leistungen auf Grund eines schuldrechtlichen Versorgungsausgleichs.[58] Diese Leistungen sind danach abzugsfähig, soweit die ihnen zugrundeliegenden Einnahmen (= z. B. Sozialversicherungsrente, Pension, Werkspension) beim Ausgleichsverpflichteten der Steuer unterliegen. In gleicher Höhe muss der Leistungsempfänger sonstige Einkünfte versteuern.[59]

II. „Ausgleichsrente"

16 Bei einer Ehescheidung werden in der Regel die in der Ehezeit begründeten Versorgungsanwartschaften der Ehegatten ausgeglichen und übertragen. In den Fällen des schuldrechtlichen Versorgungsausgleichs[60] werden die Versorgungsanwartschaften dagegen ausnahmsweise tatsächlich untereinander ausgeglichen. Der ausgleichsverpflichtete Ehegatte zahlt dazu in der Regel eine Geldrente an den berechtigten Ehegatten, welche die Differenz zwischen den Altersbezügen ausgleicht (= „**Ausgleichsrente**"). Die Zahlung beginnt frühestens, wenn der ausgleichspflichtige Ehegatte eine Versorgung erlangt hat, d. h. eine Sozialversicherungsrente, Pension, Werkspension usw. bezieht.[61] Diese sogenannte Ausgleichsrente erfüllt ab dem VZ 2008 den eigenständigen Abzugs- und Besteuerungstatbestand.

Beispiel:

A erhält eine Leibrente[62] in Höhe von 12.000 € jährlich, die mit einem Ertragsanteil von 20 % besteuert wird. A zahlt eine Ausgleichsrente an B in Höhe von 2.000 € jährlich.

Lösung:

A kann (20 % von 2.000 € =) 400 € als Sonderausgaben[63] abziehen. B muss diesen Betrag versteuern.[64] Würde es sich bei den Altersbezügen des A dagegen um eine steuerpflichtige Betriebsrente[65] handeln, wäre bei A und B jeweils der volle Betrag von 2.000 € anzusetzen. Wird die Ausgleichsrente nach dem Tod des Verpflichteten gemäß des Gesetzes[66] zur Regelung von Härten im Versorgungsausgleich von dem Träger der auszugleichenden Versorgung verlängert (weil

58 § 10 Abs. 1 Nr. 1b EStG.
59 § 22 Nr. 1c EStG.
60 § 1587f BGB.
61 § 1587g Abs. 1 Satz 2 BGB.
62 § 22 Nr. 1 Satz 3 Buchst. a Doppelbuchst. bb EStG.
63 § 10 Abs. 1 Nr. 1b EStG.
64 § 22 Nr. 1c EStG.
65 § 19 EStG.
66 Gesetz zur Regelung von Härten im Versorgungsausgleich, § 3a.

der Berechtigte bei fortbestehender Ehe einen Anspruch auf Hinterbliebenenversorgung gehabt hätte), erfolgt die Besteuerung beim Berechtigten nicht mehr auf Grund eines schuldrechtlichen Versorgungsausgleichs [67], sondern nach dem Ertragsanteil[68] bzw. als betriebliche Altersvorsorge[69].

D. Änderung bei der Rürup-Rente

(OFD Münster vom 7.3.2008, Kurzinfo ESt 23/2006, NWB DokID: MAAAC-74395; § 10 Abs. 1 Nr. 2 Buchst. b EStG)

I. Einleitung

Die Finanzverwaltung hat mit einer Überarbeitung des Anwendungserlasses zum Alterseinkünftegesetz auf die Änderungen insbesondere bei der Abzugsfähigkeit von Vorsorgeaufwendungen durch das JStG 2007 und dem JStG 2008 reagiert. Weiterhin sind als gesetzliche Voraussetzungen vertragliche Vereinbarungen erforderlich, in dem die Ansprüche aus dem Rürup-Vertrag: 17

- *nicht* vererblich,
- *nicht* übertragbar,
- *nicht* beleihbar,
- *nicht* veräußerbar

  und
- *nicht* kapitalisierbar.

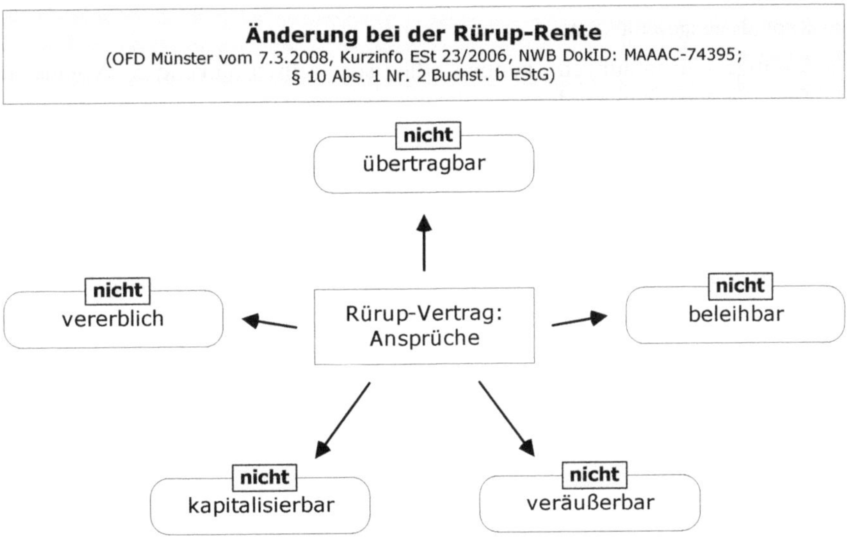

67 § 22 Nr. 1c EStG.
68 § 22 Nr. 1 Satz 3 Buchst. a Doppelbuchst. bb EStG.
69 § 22 Nr. 5 EStG.

II. Neue Auslegung

2

18 Der bisher geforderte Zusatz „im Vertrag muss eine nachträgliche Änderung dieser Voraussetzung ausgeschlossen sein“ ist entfallen.

Hinweis:

*Dieser Inhaltsausschluss ist gesetzlich **nicht** festgelegt.*

Die bisherige Verwaltungsauffassung, dass es sich hierbei um *kein* konstitutives Merkmal für das Vorliegen einer Basisrente handelt und somit diese zusätzliche Voraussetzung *nicht* zu prüfen ist, wird hiermit bestätigt.

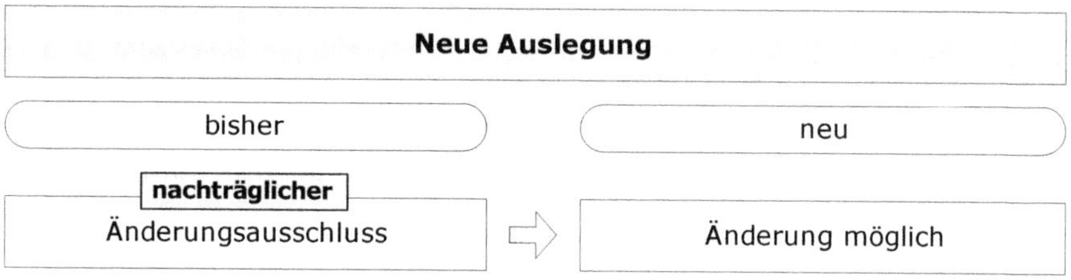

III. Praxishinweis

19 U. E. ist somit wie folgt in der täglichen Praxis zu verfahren:

- Eine nachträgliche Änderung von Rürup-Verträgen ist weiterhin bezüglich des bereits eingezahlten Kapitals ausgeschlossen.
- Für zukünftige Einzahlungen können die sog. einschränkenden Voraussetzungen (= „No-Goes“) aufgehoben werden.

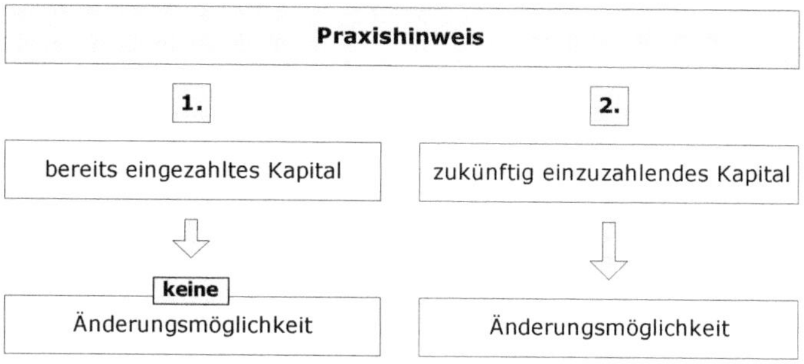

Hinweis:

Daraus folgt, dass das Einzahlungskapital sich sowohl in der Einzahlungs- als auch Auszahlungsphase aufsplittet:

- *Soweit in der Einzahlungsphase steuerabzugsfähige Beiträge geleistet werden, erfolgt eine volle Steuerpflicht in der Auszahlungsphase.*
- *Soweit die Beiträge **nicht** mehr der Erdienung einer Basisrente dienen und somit die Abzugsfähigkeit ausgeschlossen ist, ist eine Besteuerung in der Auszahlungsphase nur noch mit dem Ertragsanteil (= Zinsanteil) durchzuführen.*

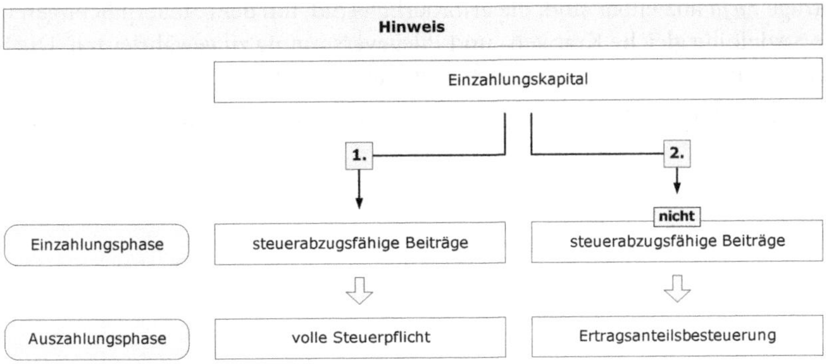

E. Beschränkung des Sonderausgabenabzugs für private Krankenversicherungsbeiträge - verfassungswidrig -

(BVerfG vom 13.2.2008, 2 BvL 1/06, DStR 2008, 604; § 10 EStG)

I. Ausgangssituation

Die Eheleute S und T sind verheiratet und haben sechs Kinder. Der Ehemann ist selbständiger 20
Rechtsanwalt[70] und die Ehefrau ist *nicht* berufstätig. Sämtliche Familienmitglieder sind privat Kranken- und Pflegeversichert. S bezahlte im VZ 18.000 € an Beiträgen. Das Finanzamt berücksichtigte nur Sonderausgaben in Höhe des gesetzlichen Höchstbetrages[71] von rd. 9.915 €.

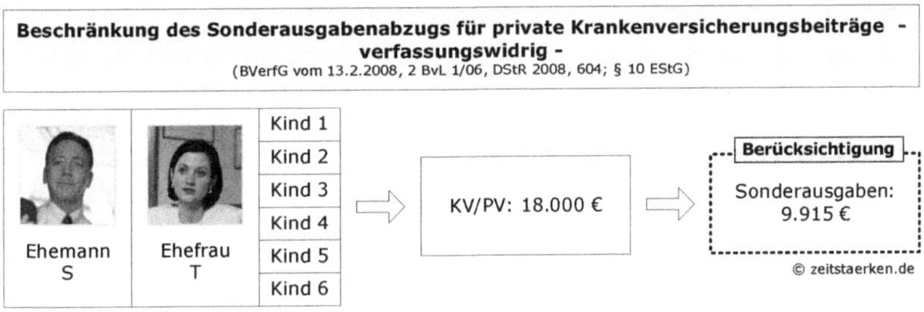

II. Besteuerungsproblem

Ist die Abzugsbegrenzung von Beiträgen zu Krankenversicherung verfassungsgemäß? 21

III. Ergebnis des BVerfG

Die Regelungen zum Sonderausgabenabzug bezüglich der Beiträge zu privaten Krankenversicherung und Pflegeversicherung sind mit dem Grundgesetz **unvereinbar**. Unvereinbarkeit liegt dann 22

70 § 18 Abs. 1 Nr. 1 EStG.
71 § 10 Abs. 3 EStG a. F.

vor, soweit die Beiträge *nicht* abziehbar sind, die erforderlich sind, um dem Steuerpflichtigen und seiner Familie eine Sozialhilfe gleiche Kranken- und Pflegeversorgung zu gewährleisten. Die bisherige Abzugsbeschränkung ist bis zum 31.12.2009 weiter anwendbar.

Der Gesetzgeber ist verpflichtet, spätestens mit Wirkung zum 1.1.2010 eine Neuregelung ins EStG aufzunehmen.

Hinweis:

Unterbleibt eine Neuregelung des Sonderausgabenabzugs, sind ab VZ 2010 die Beiträge zu einer privaten Kranken- und Pflegeversicherung voll abziehbar.

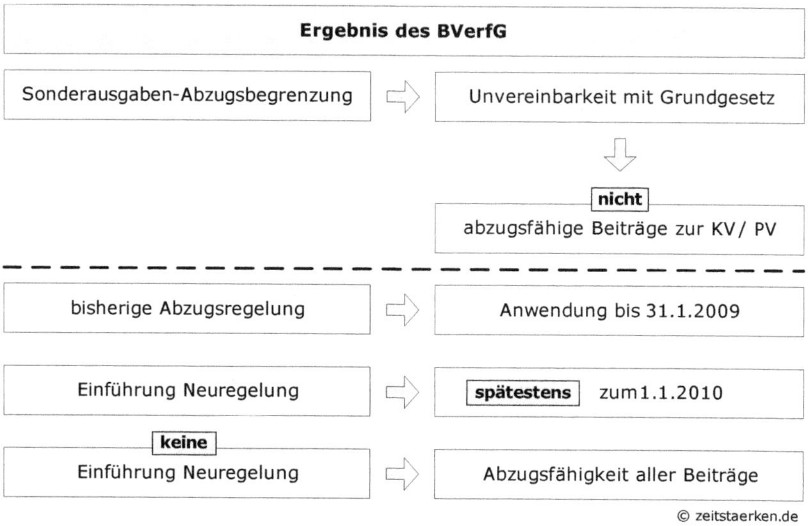

IV. Praxishinweis

23 Die Finanzverwaltung erlässt die Einkommensteuerfestsetzungen seit Beginn des Kalenderjahres 2006 mit einem entsprechenden Vorläufigkeitsvermerk.[72]

Hinweis:

Ein Einspruch ist ***nicht*** *erforderlich.*

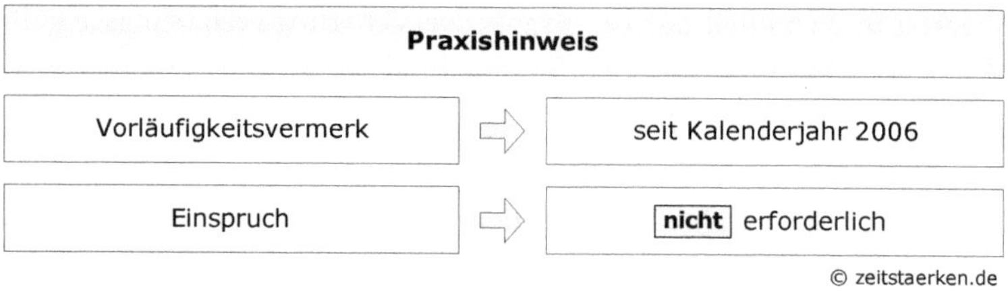

72 BMF-Schreiben vom 16.2.2006, BStBl. I 2006, 214; Nr. 1; BMF- Schreiben vom 10.3.2008, DStR 2008, 561, Nr. 2.

V. Beratungshinweis

Die Verfassungswidrigkeit betrifft *nicht* nur den Sonderausgabenabzug für den VZ 1997 sondern auch auf die nachfolgenden Fassungen. Insoweit sind die Abzugsbeträge in der geschaffenen Version des Alterseinkünftegesetzes[73] in Höhe von 2.400 € (= ungekürzt) sowie 1.500 € (= gekürzt) mit dem Grundgesetz unvereinbar. 24

Hinweis:

Bei der Neuordnung des Abzugs von Sonderausgaben ist klarzustellen, welcher Anteil eines Höchstbetrags ausschließlich oder vorrangig für existenznotwendige Kranken- und Pflegeversicherungsbeiträge zur Verfügung steht.

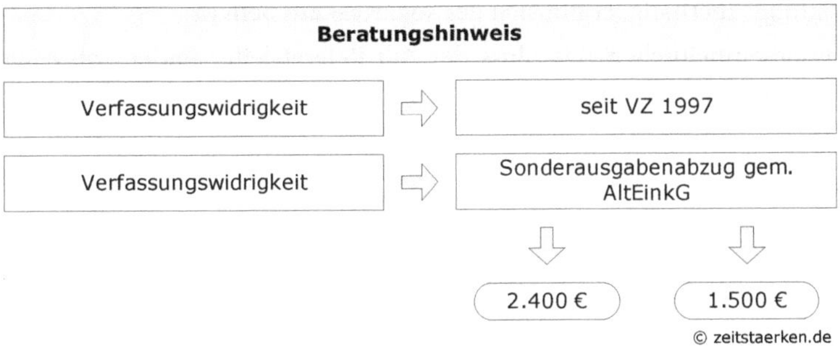

Hinweis:

Zwischenzeitlich liegt ein erster Entwurf über das Gesetz zur verbesserten steuerlichen Berücksichtigung von Vorsorgeaufwendungen vor, den Sie unter § 11 „Sonstige Änderungen" finden.

F. Folgen der Erstattung von Sonderausgaben in einem späteren Veranlagungszeitraum

(Oberfinanzdirektion Frankfurt am Main vom 6.7.2005, S-2221 A - 8 - St II 2.08, DStZ 2005, 684;§ 10 EStG)

I. Erstattung aufgrund einer tatsächlichen Überzahlung

Ist im Jahr der Erstattung von Sonderausgaben ein Ausgleich mit gleichartigen Aufwendungen 25

- *nicht* möglich

  oder
- *nicht* in vollem Umfang möglich

so ist der Sonderausgabenabzug des Jahres der Verausgabung insoweit um eine nachträgliche Erstattung zu mindern.[74] Diese Rechtsgrundsätze sind in allen noch offenen Fällen anzuwenden und beziehen sich auf alle Arten von Sonderausgaben. Gleichartige Aufwendungen in diesem

73 § 10 Abs. 1 Nr. 3 Buchst. a i. V. m. § 10 Abs. 4 EStG.
74 § 175 Abs. 1 Satz 1 Nr. 2 AO; BMF-Schreiben vom 11.7.2002, IV C 4 - S 2221 - 191/02, BStBl I 2002, 667.

Sinne sind die übrigen Sonderausgaben[75], *nicht* aber die Kennzahl im Vordruck. Somit sind also zunächst z. B. Erstattungen zu Haftpflichtversicherungen auch mit Zahlungen für Krankenversicherungen des gleichen Veranlagungszeitraums zu verrechnen, bevor ein Übererstattungsbetrag mit entsprechenden Zahlungen eines Vorjahres zu verrechnen ist.

26 Übererstattungen ergeben sich insbesondere im Bereich der **Kirchensteuer**. In diesen Fällen ist zunächst zu ermitteln, für welche Jahre die Erstattung erfolgte und in welchen Jahren die nunmehr erstattete Kirchensteuer gezahlt wurde. Ein Aufgriff der Fälle erfolgt jedoch erst bei einem Erstattungsüberhang von **mehr als 200 €**.[76]

Kann der Erstattungsüberhang im Rahmen einer Änderung wegen eines rückwirkenden Ereignisses[77] durchgeführten Änderungsfestsetzung des Jahres der Verausgabung *nicht* vollständig berücksichtigt werden, weil das zu kürzende Kirchensteuervolumen geringer ist als der in Abzug zu bringende Erstattungsüberhang, ergibt sich der sog. **Kaskadeneffekt**.

Nach einem bundeseinheitlichen Beschluss der AO-Referatsleiter findet - abweichend von der Bezugsverfügung - auch in derartigen Fällen die Änderung wegen eines rückwirkenden Ereignisses[78] Anwendung.

27 **Beispiel: Kaskadeneffekt I**

Bei der Veranlagung 2004 des Steuerpflichtigen. beträgt die gezahlte Kirchensteuer 4.000 €. Die erstattete Kirchensteuer beträgt 6.000 €. Die erstattete Kirchensteuer besteht ausschließlich aus Kirchensteuer für den VZ 2002, die auch in 2002 gezahlt wurde; insgesamt 9.000 €.

Aufgrund einer Verrechnung mit einer in 2002 erfolgten Kirchensteuererstattung aus 2001 in Höhe von 8.000 € wurden jedoch im VZ 2002 als Sonderausgaben berücksichtigt (9.000 € ./. 8.000 € =) 1.000 €.

Lösung:

Im VZ 2004 mindert der Erstattungsbetrag von 6.000 € aus Praktikabilitätsgründen die dort gezahlte Kirchensteuer von 4.000 € auf 0 €. Der verbleibende Erstattungsüberhang von (6.000 € ./. 4.000 € =) 2.000 € ist in das Jahr der Zahlung, also in den VZ 2002 zurückzutragen.

Der Rücktrag dient der Berücksichtigung der endgültigen wirtschaftlichen Belastung und hat insoweit **Vorrang** vor einer im Rücktragsjahr 2002 aus Praktikabilitätsgründen erfolgten Verrechnung.

Die im VZ 2002 gezahlte Kirchensteuer in Höhe von 9.000 € ist daher vorrangig um den aus dem VZ 2004 stammenden Rücktrag von 2.000 € und erst hiernach um die aus dem VZ 2001 stammende Kirchensteuererstattung von 8.000 € bis auf max. 0 € zu verrechnen.

Die Verrechnung führt dabei zu einem erstmaligen Erstattungs*überhang* im VZ 2002 von (9.000 € ./. 2.000 € = 7.000 € ./. 8.000 € =) 1.000 € *nicht* verrechenbarer Kirchensteuererstattung aus dem VZ 2001.

Der Steuerpflichtige ist somit in Bezug auf die im VZ 2001 gezahlte Kirchensteuer rückwirkend in Höhe von 1.000 € wirtschaftlich *nicht* belastet. Der Erstattungsüberhang ist daher in den VZ 2001 zurückzutragen (Kaskadeneffekt).

Die Einkommensteuerbescheide für die VZ 2002 und 2001 sind aufgrund eines rückwirkenden Ereignisses[79] mit der Maßgabe zu ändern, dass die bisher als Sonderausgaben berücksichtigten Beträge jeweils um 1.000 € zu mindern sind.

Wurde im VZ 2001 gezahlte Kirchensteuer bereits mit erstatteter Kirchensteuer aus einem Vorjahr verrechnet, ergibt sich hieraus ggf. ein weiterer Kaskadeneffekt.

75 § 10 EStG.
76 Nichtaufgriffsgrenze; BMF vom 3.4.2003, O-2252 A - 20 St II 2.09.
77 § 175 Abs. 1 Satz 1 Nr. 2 AO.
78 § 175 Abs. 1 Satz 1 Nr. 2 AO.
79 § 175 Abs. 1 Satz 1 Nr. 2 AO.

Beispiel: Kaskadeneffekt II 28

Bei der Veranlagung 2004 des Steuerpflichtigen S beträgt die im VZ 2004 gezahlte Kirchensteuer insgesamt 10.000 €. Die erstattete Kirchensteuer beträgt insgesamt (22.500 € für 2003 und 7.500 € für 2002 =) 30.000 €. Für das Jahr 2003 wurden Kirchensteuervorauszahlungen geleistet in Höhe von 30.000 €. Für das Jahr 2002 wurden Vorauszahlungen geleistet in Höhe von 10.000 €.

Lösung:

Im Jahr 2004 mindert der Erstattungsbetrag die dort gezahlte Kirchensteuer (10.000 € ./. 10.000 € =) 0 €. Der verbleibende Erstattungsüberhang von (30.000 € ./. 10.000 € =) 20.000 € ist aus Vereinfachungsgründen zunächst in das jüngste Zahlungsjahr - hier VZ 2003 - zurückzutragen. Er mindert die im VZ 2003 gezahlte Kirchensteuer von 30.000 € auf (30.000 € ./. 20.000 € =) 10.000 € und ist damit vollständig verbraucht, so dass ein weiterer Rücktrag in den VZ 2002 *nicht* in Betracht kommt.

Die Änderung des Einkommensteuerbescheids erfolgt aufgrund eines rückwirkenden Ereignisses.[80]

Beantragt S bei Erstattungsüberhängen, die sich aus mehreren Jahren zusammensetzen, eine abweichende - weil für ihn günstigere – Form des Rücktrags, kann dies durch anteilige Aufteilung des Erstattungsüberhangs und Korrektur im jeweiligen Zahlungsjahr erreicht werden. Hierzu ist die Übererstattung den einzelnen Jahren zuzuordnen, auf die sie entfällt.

Die Übererstattung beträgt 2/3 (= 20.000 € / 30.000 €) der im Jahr 2004 erstatteten Kirchensteuer.

Demnach entfällt die Übererstattung

auf das Jahr 2003 in Höhe von (2/3 von 22.500 € =)	15.000 €
auf das Jahr 2002 in Höhe von (2/3 von 7.500 € =)	5.000 €

Der Einkommensteuerbescheid 2003 ist, soweit er bereits bestandskräftig ist, aufgrund des rückwirkenden Ereignisses[81] zu ändern. Dabei ist der Betrag in der Kennzahl für die Kirchensteuererstattung um den Übererstattungsbetrag zu erhöhen 15.000 €. Entsprechend erfolgt die Änderung für den VZ 2002. Hier ist die Kennzahl für die Kirchensteuererstattung um den Übererstattungsbetrag zu erhöhen 5.000 €.

Erstattungen in Euro, die auf einen Veranlagungszeitraum vor 2002 (= DM-Jahr) entfallen, sind für Zwecke der Verrechnung mit dem amtlichen Kurs in DM umzurechnen (1 € = 1,95583 DM). Bei den Änderungen aufgrund des rückwirkenden Ereignisses[82] wird vom BMF gebeten, auf den besonderen Zinslauf[83] zu achten. Das Jahr in dem das rückwirkende Ereignis eingetreten ist, ist das Erstattungsjahr. Die Festsetzungsfrist beginnt mit Ablauf des Erstattungsjahres.[84]

II. Erstattung aufgrund rechtsgrundlos erfolgter Zahlungen

Die oben dargestellten Fälle der Erstattung aufgrund einer tatsächlichen Überzahlung der Kirchensteuerschuld (z. B. zu hoch festgesetzte Vorauszahlungen oder Kirchensteuer-Kappung) sind zu unterscheiden von **rechtsgrundlos** erfolgten Zahlungen, die der Steuerpflichtige geleistet hat, obwohl er *kein* Mitglied einer hebeberechtigten Kirche ist. 29

Beispiel: rechtsgrundlos gezahlte Kirchensteuer

Der Steuerpflichtige S tritt mit Wirkung zum 1.2.2002 aus der Kirche aus. Sein Arbeitgeber behält Kirchensteuer für das gesamte Kalenderjahr 2002 ein in Höhe von 3.600 €.

80 § 175 Abs. 1 Satz 1 Nr. 2 AO.
81 § 175 Abs. 1 Satz 1 Nr. 2 AO.
82 § 175 Abs. 1 Satz 1 Nr. 2 AO.
83 § 233a Abs. 2a AO.
84 § 175 Abs. 1 Satz 2 AO.

Lösung:

Für die Zeit, in der *keine* Kirchenmitgliedschaft bestand (Februar bis Dezember 2002) erfolgten die Kirchensteuerzahlungen *ohne* Rechtsgrund. S war durch diese Zahlungen *nicht* endgültig wirtschaftlich belastet, weil ein Erstattungsanspruch bestand. Ist im Zeitpunkt der Zahlung bereits abzusehen oder kann abgesehen werden, dass der Steuerpflichtige *nicht* endgültig wirtschaftlich belastet ist, kann der Steuerpflichtige die Aufwendungen *nicht* als Sonderausgaben ansetzen.

Als gezahlte Kirchensteuer für den Sonderausgabenabzug[85] können somit im Jahr 2002 nur Aufwendungen für die Dauer der Kirchenzugehörigkeit in Höhe von (1/12 von 3.600 € =)[86] 300 € berücksichtigt werden. Die sich bei der Veranlagung 2002 ergebende Kirchensteuererstattung führt *nicht* zu einer nachträglichen Korrektur des Sonderausgabenabzugs aufgrund eines rückwirkenden Ereignisses[87], da bereits die tatsächliche wirtschaftliche Belastung bei der Veranlagung berücksichtigt wurde.

G. AG-Anteile bei weiterbeschäftigten Rentnern

(LfSt Bayern vom 10.11.2008, S 2221.1.1-6/4 St32/33, § 10 EStG)

I. Einleitung

30 Bei der Ermittlung der abzugsfähigen Altersvorsorgeaufwendungen wird zu den eigenen Beiträgen des Steuerpflichtigen[88] der steuerfreie Arbeitgeberanteil zur gesetzlichen Rentenversicherung[89] hinzugerechnet.[90] Der sich insoweit ergebende Betrag wird dann mit dem in der Übergangsphase jeweils geltenden Prozentsatz[91] angesetzt; anschließend wird der steuerfreie Arbeitgeberanteil zur gesetzlichen Rentenversicherung in Abzug gebracht.

II. Beiträge für weiterbeschäftigte Rentner

31 In diesem Zusammenhang ist die Frage gestellt worden, wie der bei der Beschäftigung eines Beziehers einer Altersrente aus der gesetzlichen Rentenversicherung von einem Arbeitgeber zu zahlende Rentenversicherungsbeitrag[92] steuerrechtlich zu berücksichtigen ist. Bei diesem Arbeitgeberbeitrag handelt es sich um eine Zahlung, zu der der Arbeitgeber aus Gründen der Gleichbehandlung verpflichtet ist. Der Pauschalbeitrag dient auch dazu, Wettbewerbsverzerrungen vorzubeugen, indem auch bei aufgrund ihres Alters versicherungsfreien Beschäftigten der Arbeitgeberanteil zur gesetzlichen Rentenversicherung erhoben wird. Es soll vermieden werden, dass es für den Arbeitgeber - unter dem Gesichtspunkt der Zahlung von Rentenversicherungsbeiträgen - günstiger ist, einen Bezieher einer Altersrente zu beschäftigen. Der beschäftigte Rentner hat aus der Beitragszahlung des Arbeitgebers *keine* rentenrechtlichen Vorteile.

85 § 10 Abs. 1 Nr. 4 EStG.
86 § 5 Abs. 3 Kirchensteuergesetz.
87 § 175 Abs. 1 Satz 1 Nr. 2 AO.
88 § 10 Abs. 1 Nr. 2 Buchst. a und Buchst. b EStG.
89 § 3 Nr. 62 EStG.
90 § 10 Abs. 1 Nr. 2 Satz 2 EStG.
91 § 10 Abs. 3 Satz 4 EStG.
92 § 172 Abs. 1 Nr. 3 SGB VI.

III. Keine Berücksichtigung bei Ermittlung der Sonderausgaben

2

Der vom Arbeitgeber zu entrichtende Beitrag[93] zur gesetzlichen Rentenversicherung ist *kein* steuerfreier Arbeitgeberanteil[94], da der Beitrag *nicht* für die Zukunftssicherung des Arbeitnehmers geleistet wird.[95] Dies entspricht auch der Rechtsprechung des BFH[96] zur Kürzung des Vorwegabzugs. Hierzu hat der BFH ausgeführt, dass der Arbeitslohn, für den im Rahmen eines geringfügigen Beschäftigungsverhältnisses vom Arbeitgeber ein Pauschalbeitrag zur Rentenversicherung geleistet wurde, *nicht* für die Kürzung des Vorwegabzugs heranzuziehen ist, da die geleisteten Arbeitgeberbeiträge *keine* Auswirkungen auf den Umfang der dem Arbeitnehmer zustehenden Rentenansprüche haben. Insoweit werden die Pauschalbeiträge *nicht* für die Zukunftssicherung des Arbeitnehmers geleistet. 32

Der Vorwegabzug ist *nicht* zu kürzen, wenn der Arbeitgeber für den Steuerpflichtigen zwar Beiträge zur Rentenversicherung abführt, der Steuerpflichtige hieraus aber keine Ansprüche erwirbt.[97] Der in Rede stehende Beitrag ist beim Arbeitnehmer - auch wenn die Steuerbefreiung[98] nicht anzuwenden ist - *kein* steuerpflichtiger Arbeitslohn, da er dem Arbeitnehmer nicht zufließt.

Aus dieser Einordnung des vom Arbeitgeber geleisteten Beitrags[99] ergibt sich, dass dieser bei der Ermittlung der abziehbaren Altersvorsorgeaufwendungen weder hinzuzurechnen[100] ist, noch die anzusetzenden Vorsorgeaufwendungen mindert[101].

Hinweis:

Für pauschale Arbeitgeberbeiträge im Rahmen einer geringfügigen Beschäftigung[102] eines weiterbeschäftigten Rentners gelten die vorab dargestellten Ausführungen analog.

H. Änderung beim Schulgeld-Sonderausgabenabzug

(Jahressteuergesetz (JStG 2009) vom 19.12.2008, BGBl. I, 2008, 2794; § 10 Abs. 1 Nr. 9 i. V. m. § 52 Abs. 24b Satz 4 EStG)

I. Einleitung

Eltern können **30 % des Entgelts für den Schulbesuch** ihres Kindes als Sonderausgabe[103] absetzen, wenn sie für das Kind einen Kindergeldanspruch haben. *Voraussetzung* ist, dass es sich bei der Schule um eine staatlich genehmigte oder nach Landesrecht erlaubte Ersatz- oder Ergänzungsschule handelt. Der begrenzte Sonderausgabenabzug kommt regelmäßig *erst mit dem* 33

93 § 172 Abs. 1 Nr. 3 SGB VI.
94 § 3 Nr. 62 EStG.
95 BMF-Schreiben vom 22.8.2008, IV C 5 – S 2370/08/10002, Tz. 13a, BStBl. I S. 872.
96 BFH vom 8.11.2006, X R 9/06, BFH/NV 2007, 432.
97 BFH vom 14.12.2005, XI R 25/04, BFH/NV 2006, 1073.
98 § 3 Nr. 62 EStG.
99 § 172 Abs. 1 Nr. 3 SGB VI.
100 § 10 Abs 1 Nr. 2 Satz 2 EStG.
101 § 10 Abs. 3 Satz 5 EStG; § 10 Abs. 3 Satz 4 EStG.
102 § 172 Abs. 3, 3a SGB VI; 15% bzw. 5%.
103 § 10 Abs. 1 Nr. 9 EStG.

Beginn der öffentlich-rechtlichen Schulpflicht und der Möglichkeit des Zugangs zu öffentlichen Schulen einschließlich öffentlicher Vorschulen in Betracht.[104] In seinen **Entscheidungen** hat der **EuGH**[105] entschieden, dass Deutschland mit der einschränkenden Anwendung des Schulgeld-Sonderausgabenabzugs gegen den Vertrag über die Europäischen Gemeinschaften verstoße.

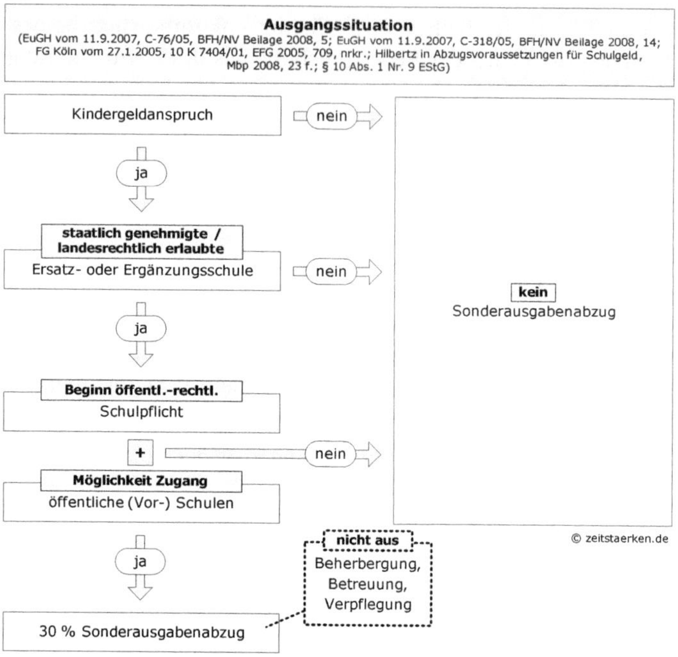

34 Mit den genannten Schulen (= **begünstigte Schulen**) knüpft der Gesetzgeber an schulrechtliche Begriffe an, die durch Grundgesetz[106] vorgeprägt und in den Gesetzen der Bundesländer konkretisiert sind. Die **Beschränkung** auf die bezeichneten Schultypen zeigt, dass *nicht* alle Privatschulen gefördert werden sollen, sondern nur solche, die bestimmte staatliche Anforderungen erfüllen und dadurch in besonderer Weise staatliche Unterstützung bedürfen[107]:

- Ersatzschulen[108]
- nach Landesrecht erlaubte Ersatzschulen[109]

  und/oder

104 BFH vom 16.11.2005, XI R 79/03, BStBl. II 2006, 377.
105 EuGH vom 11.9.2007, C-76/05, BFH/NV Beilage 2008, 5; EuGH vom 11.9.2007, C-318/05, BFH/NV Beilage 2008, 14; FG Köln vom 27.1.2005, 10 K 7404/01, EFG 2005, 709, nrkr.; Hilbertz in „Abzugsvoraussetzungen für Schulgeld", MBp 2008
106 Art. 7 Abs. 4 GG.
107 Vgl. FG Rheinland-Pfalz vom 11.7.2007, 2 K 1741/06, EFG 2007, 1943, rkr.
108 Hilbertz: „Ersatzschulen sind nach ständiger Rechtsprechung des BVerfG Schulen, die nach dem mit ihrer Errichtung verfolgten Gesamtzweck als Ersatz für eine in dem jeweiligen Bundesland vorhandene oder grundsätzlich vorgesehene öffentliche Schule dienen sollen. Deren Genehmigung setzt voraus, dass sie hinsichtlich ihrer Lehrziele, Einrichtungen und der wissenschaftlichen Ausbildung ihrer Lehrkräfte nicht hinter öffentlichen Schulen zurückstehen und eine Sonderung der Schüler nach den Besitzverhältnissen der Eltern nicht gefördert wird.", a. a. O., MBp 2008, 23 f.
109 Hilbertz: „Nach Landesrecht erlaubte Ersatzschulen sind Schulen, welche die Voraussetzungen des Art. 7 Abs. 4 GG deswegen nicht erfüllen, weil eine vergleichbare Schule in dem jeweiligen Bundesland weder vorhanden noch vorgesehen ist, die aber dennoch nach dem Landesrecht als Ersatzschulen eigener Art genehmigt werden können.", a. a. O., MBp 2008, 23 f.

- Ergänzungsschulen[110]

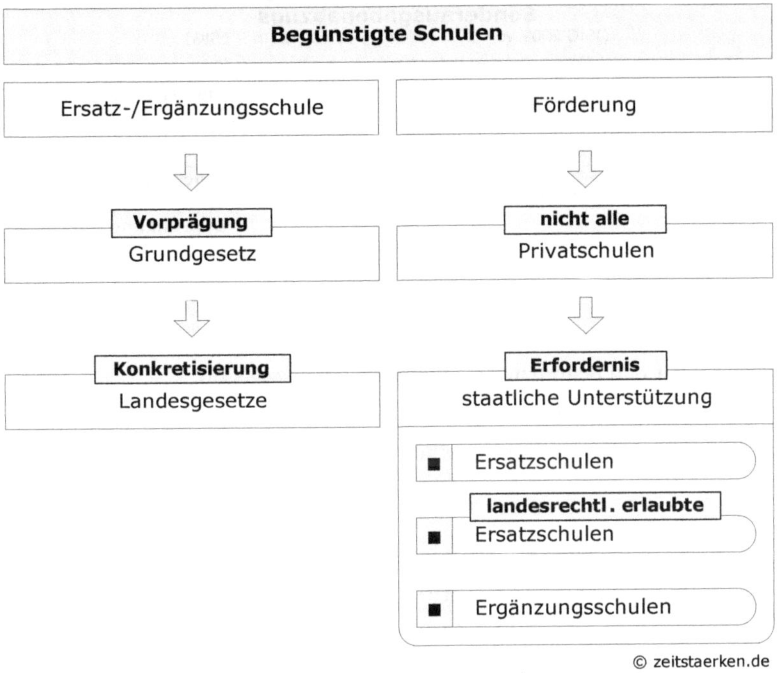

II. Steuergesetzänderung

Künftig werden alle Schulgeldzahlungen an überwiegend privat finanzierte Schulen innerhalb des EU-/EWR-Raums gleich behandelt. Der Sonderausgabenabzug findet dabei folgende **Begrenzung**[111]: 35

- 30 % des Entgelts
- bis zu einem Höchstbetrag in Höhe von 5.000 €

110 Hilbertz: „Ergänzungsschulen sind inländische Schulen, die keine Ersatzschulen sind. Sie bedürfen im Gegensatz zu Ersatzschulen keiner Genehmigung und müssen lediglich die Aufnahme des Betriebs anzeigen. Die Anerkennung als Ergänzungsschule bedeutet, dass der Schule eine nicht bereits mit einer Genehmigung oder Erlaubnis verbundene Rechtsposition eingeräumt wird. Die Anerkennung hat zur Folge, dass die Schule mit Außenwirkung den Bildungsgrad ihrer Schüler feststellen oder die Befugnis zur Führung einer Berufsbezeichnung erteilen darf. D. h., es handelt sich um eine Schule, die hoheitliche Befugnisse ausübt, die ihr allein aus dem privatrechtlichen Status nicht zukommen, sondern vom Hoheitsträger verliehen werden. Schulgeld für den Besuch von Ergänzungsschulen ist nur begünstigt, wenn es sich um eine nach Landesrecht anerkannte allgemeinbildende Ergänzungsschule handelt.“, a. a. O., MBp 2008, 23 f.

111 § 10 Abs. 1 Nr. 9 Satz 1 EStG.

2

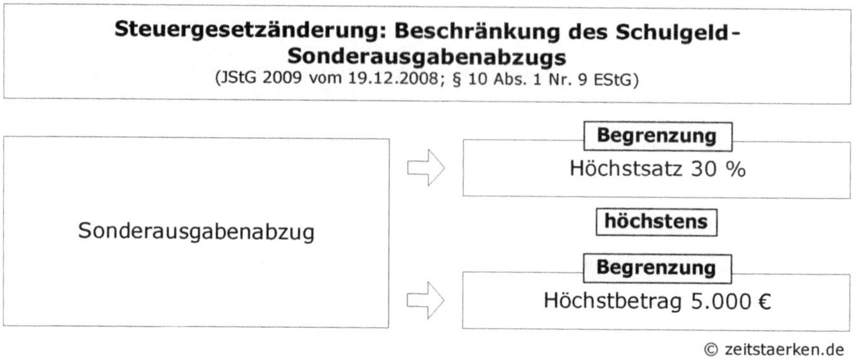

36 **Voraussetzungen**[112] für den begrenzten Sonderausgabenabzug sind:

- Der Steuerpflichtige muss einen Anspruch auf Kinderfreibetrag[113] oder Kindergeld haben.
- Die Schule im Inland, in der Europäischen Union oder im europäischen Wirtschaftsraum belegen ist.

  und
- Der inländische oder europäische[114] Schulabschluss ist durch das zuständige inländische Ministerium eines Bundeslandes anerkannt[115].

Hinweis:

*Der Besuch einer **Deutschen Schule im Ausland** steht dem Besuch einer solchen Schule gleich, unabhängig von ihrer Belegenheit.*[116]

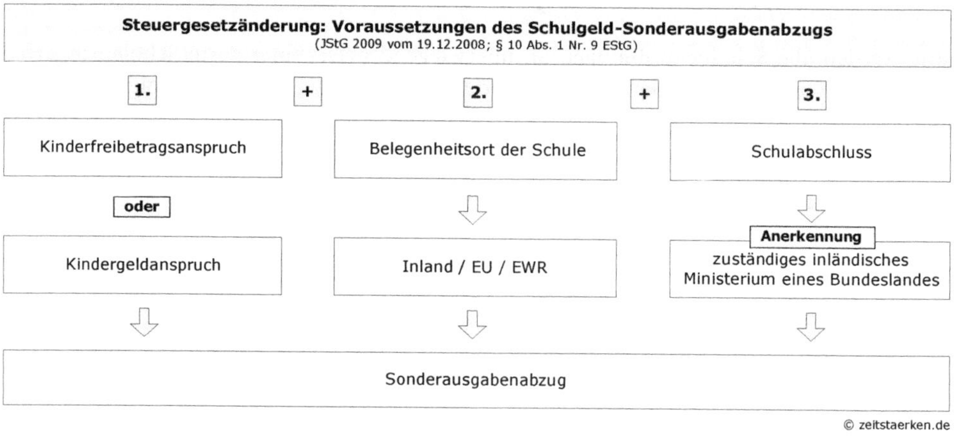

112 § 10 Abs. 1 Nr. 9 Satz 2 EStG.
113 § 32 Abs. 6 EStG.
114 EU-/EWR-Raum
115 *Alternativ:* Kultusministerkonferenz der Länder anerkannten allgemein bildenden Schulabschluss oder einer inländischen Zeugnisanerkenntnisstelle.
116 § 10 Abs. 1 Nr. 9 Satz 3 EStG.

Hinweis:

*Der Höchstbetrag wird für **jedes Kind** je Elternpaar **nur einmal** gewährt. Die Verteilung bei getrennter oder Einzelveranlagung ist gesetzlich <u>nicht</u> geregelt.*

Beispiel: Neues Schulgeld 37

Der Steuerpflichtige S zahlt für sein 23-jähriges Kind Schulgeld in Höhe von 10.000 € im VZ 2008. Das Einkommen und die Bezüge des Kindes unterschreiten die Grenze in Höhe von 7.680 €. Das Kind besucht eine Schule in Paris. Der Schulabschluss ist vom Kultusministerium Baden-Württemberg anerkannt.

Lösung:

Das Schulgeld ist aufgrund des anerkannten Schulabschlusses als Sonderausgabeabzugsfähig abzugsfähig:

Abzugsfähigkeit des Schulgeldes		
Aufwendungen		10.000 €
Höchstbetrag = VZ	2008	5.000 €
Abzugsbetrag		3.000 €
anteilger Abzug		30%
Sonderausgabenabzug		3.000 €

***<u>Nicht</u>* abzugsfähig** sind die Aufwendungen / Entgelte[117] für: 38

- Beherbergung
- Betreuung

  <u>und</u>
- Verpflegung

Auch *<u>nicht</u>* begünstigt sind Zahlungen an beispielsweise: Hochschulen, Fachhochschulen, Nachhilfeinstituten oder Musikschulen.

III. Zeitliche Anwendung

Die Neuregelung des Schulgeld-Sonderausgabenabzugs ist mit Wirkung vom **1.1.2008** in Kraft getreten.[118] 39

Hinweis:

Diese Gesetzesanpassung im VZ 2008 wird aufgrund der Gemeinschaftswidrigkeit der Altregelung erforderlich und ist als unechte Rückwirkung innerhalb des VZ zulässig.

117 § 10 Abs. 1 Nr. 9 Satz 1 EStG.
118 § 52 Abs. 24b Satz 1 EStG.

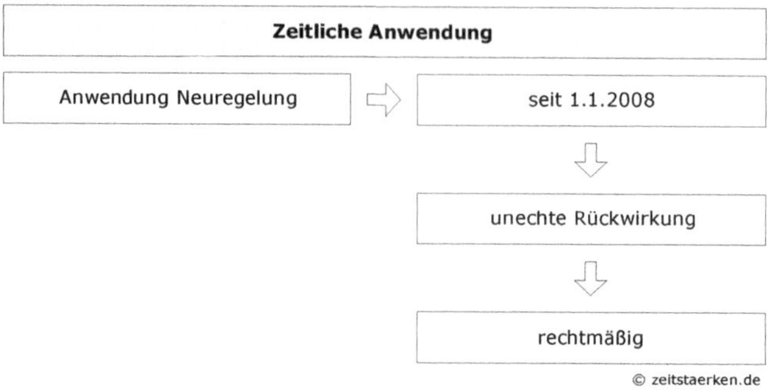

Hinweis:

Die im Referentenentwurf[119] noch enthaltene ratierliche Abschmelzung des Schulgeld-Sonderausgabenabzugs wurde nicht umhesetzt.

Schuldgeldzahlungen **vor VZ 2008** können mit 30 % des Entgelts *aber ohne* Höchstbetrag bereits abzugsfähig sein, wenn die Schule in freier Trägerschaft oder überwiegend privat finanziert ist.[120]

IV. Praxishinweis

40 Im Hinblick auf die gesetzliche Neuregelung des Schulgeld-Sonderausgabenabzugs sollten ablehnende Einkommensteuerfestsetzungen für VZ einschließlich 2007 mittels **Einspruch** weiterhin offen gehalten werden. Es ist *nicht* ersichtlich, warum die Gemeinschaftswidrigkeit *nicht* dazu führt, dass für sämtliche VZ der europäische Schulgeld-Sonderausgabenabzug Anwendung findet. Der Steuergesetzgeber plant, dass in **allen noch offenen Steuerfestsetzungen für die VZ bis einschließlich 2007** die Abzugsfähigkeit europäischen Schulgelds durch das JStG 2009 möglich ist.[121]

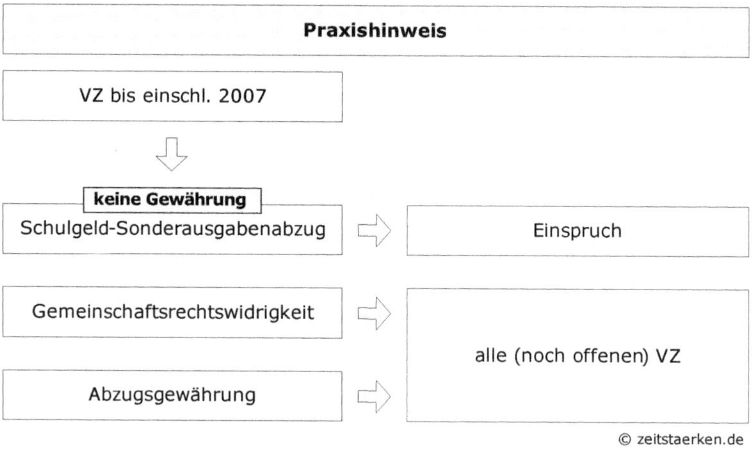

119 Referentenentwurf eines Jahressteuergesetzes 2009 vom 28.4.2008, § 52 Abs. 24b EStG.
120 Siehe weitere Tatbestandsvoraussetzungen, § 52 Abs. 24b Satz 2 EStG.
121 § 52 Abs. 24b Satz 4 EStG.

zeitstaerken.de • Jürgen Hegemann • Steuerberater

29.01.2009

Dokument2

Einspruch gegen die [Einkommensteuer, Kirchensteuer und den Solidaritätszuschlag ????]

Mandant / Anschrift

Steuernummer:

Einspruch gegen die Versagung des Sonderausgabenabzugs für Schulgeld ausländischer Schulen

Sehr geehrte Damen und Herren,

namens und im Auftrage legen wir hiermit für den o. a. Steuerpflichtigen

Einspruch

gegen den [Einkommensteuer-, Kirchensteuer- und Solidaritätszuschlagsbescheid des VZ ???? / der VZ ???? - ????] ein.

Die Begrenzung des Sonderausgabenabzugs auf Schulgeld, das an deutsche Ersatz- und Ergänzungsschulen gezahlt wird ist europarechtswidrig.

Auch die Versagung der Abzugsfähigkeit europäische Schulgelder verstößt gegen das Gemeinschaftsrecht.

Der EuGH hat in zwei Urteilen (vom 11.9.2007, C-76/05, BFH/NV Beilage 2008, 5 und vom 11.9.2007, C-318/05, BFH/NV Beilage 2008, 14) entschieden, dass die Zahlung von Schulgeld an mit Ersatz- und Ergänzungsschulen vergleichbare Einrichtungen im Ausland gezahltes Schulgeld ebenfalls als Sonderausgabe abzugsfähig ist.

Die Steuergesetzänderung durch das JStG 2009 zeigt die Anpassungsbedürftigkeit und ermöglicht die Anwendung in allen noch offen Fällen (§ 52 Abs. 24b Satz 4 EStG).

Wir beantragen den Abzug der ordnungsgemäß nachgewiesenen Schuldgelder, da der Schulabschluss vom Kultusministerium eines Bundeslandes anerkannt wird.

Wir beantragen die Aussetzung der Vollziehung für den Teilbetrag [in Höhe von ????? €].

Weiterhin beantragen wir soweit erforderlich Vollstreckungsaufschub.

Für weitere Rückfragen stehen wir Ihnen gerne zur Verfügung.

Mit freundlichen Grüßen

DIPLOM BETRIEBSWIRT (FH)

JÜRGEN HEGEMANN

STEUERBERATER

I. Ermittlung der zumutbaren Belastung bei getrennter Veranlagung

2

(FG Mecklenburg-Vorpommern vom 2.1.2008, 3 V 120/07, DStRE 2008, 131; FG München vom 8.11.2006, 9 K 3675/04, EFG 2007, 1776, nrkr.; Revision: BFH III R 18/07; § 33 EStG)

I. Ausgangssituation

41 Der Steuerpflichtige S ist verheiratet mit T. Seit dem 1.4.05 leben die Ehegatten getrennt voneinander. S und T haben zwei gemeinsame Kinder. Für den Veranlagungszeitraum 05 beantragen beide Ehegatten die getrennte Veranlagung. T beantragt in ihrer Einkommensteuererklärung die entstandenen Aufwendungen für Krankheits- und Scheidungskosten in Form außergewöhnlicher Belastungen[122] steuermindern zu berücksichtigen. T hatte für sich eine zumutbare Belastung[123] in Höhe vom 3 % ermittelt. Das Finanzamt ermittelte die zumutbare Belastung für außergewöhnliche Belastungen mit 4 %.

II. Besteuerungsproblem

42 Werden bei der getrennten Veranlagung von Ehegatten für die Ermittlung der zumutbaren Belastung die Einkünfte beider Ehegatten berücksichtigt?

III. Auffassung des Finanzgerichts

1. Ermittlung der zumutbaren Belastung

43 Die zumutbare Belastung ermittelt sich bei getrennter Veranlagung gleichermaßen wie bei einer Zusammenveranlagung, d. h. die Einkünfte der Ehegatten werden zusammengerechnet für die Ermittlung des für die Ermittlung des Prozentsatzes der zumutbaren Belastung maßgebenden Gesamtbetrags der Einkünfte[124] die nach Abzug der zumutbaren Belastung berücksichtigungsfähigen außergewöhnlichen Belastungen werden grundsätzlich je zur Hälfte bei beiden Ehegatten berücksichtigt, wenn die Ehegatten nicht gemeinsam eine andere Aufteilung beantragen.[125]

2. Keine verfassungsrechtlichen Bedenken

44 Die Tatsache, dass für einzeln zur Einkommensteuer veranlagte Steuerpflichtige die zumutbare Belastung nur anhand deren Einkünfte ermittelt wird, führt bei getrennt veranlagten Eheleuten *nicht* zu einer Benachteiligung.[126] Die Regelung kann zu einer klaren Begünstigung der Ehegatten führen, wenn Aufwendungen des einen Ehegatten, die sich bei diesen steuerrechtlich nicht auswir-

122 § 33 EStG.
123 § 33 Abs. 3 Nr. 1 EStG.
124 § 26a Abs. 2 Satz 1, § 26b und § 33 Abs. 3 Satz 1 EStG.
125 § 26a Abs. 2 Satz 1 EStG.
126 BFH vom 24.1.1958, VI 9/56 S, BStBl. III 1958, 77.

ken, bei dem anderen Ehegatten berücksichtigt werden. Denn die Ehegatten können gemeinsam eine beliebige Aufteilung der Berücksichtigung der außergewöhnlichen Belastung beantragen.

Gegen die verfassungsrechtlichen Bedenken spricht auch, dass für Ehegatten gegenüber Ledigen eine gesetzliche Benachteiligung hinzunehmen ist, wenn die allgemeine Tendenz des Gesetze auf Gleichbehandlung ausgeht und die Ehegatten teilweise begünstigt und teilweise benachteiligt werden, die gesetzliche Regelung sich aber vorteilhaft oder zumindest neutral auswirkt.[127]

Das Grundgesetz[128] besagt auch *nicht*, dass Ehegatten einkommensteuerrechtlich in jeder Hinsicht wie fremde Einzelpersonen behandelt werden müssten, wenn dies günstiger sei.[129] So ist es für die steuerrechtliche Behandlung von außergewöhnlichen Belastungen grundsätzlich unerheblich, ob die Ehegatten zusammen oder getrennt veranlagt werden.[130]

IV. Lösung in der Ausgangssituation

Für die Berechnung der außergewöhnlichen Belastungen der T werden die Einkünfte des mit ihr getrennt zur Einkommensteuer veranlagten Ehegatten S berücksichtigt. Somit ergibt sich eine zumutbare Belastung in Höhe von 4 % des Gesamtbetrags der Einkünfte. 45

V. Praxishinweis

Das FG Baden-Württemberg[131] hat entschieden, dass bei der Ermittlung der außergewöhnlichen Belastung im Fall der Unterhaltsleistungen an eine gesetzlich unterhaltsberechtigte Person für die Ermittlung der zumutbaren Eigenbelastung bei getrennter Veranlagung nur der Gesamtbetrag der Einkünfte des gesetzlich Unterhaltsverpflichteten heranzuziehen ist. Diese Abweichung von der Einheitstheorie wird damit begründet, dass die Aufwendungen höchst personen- und nicht ehebezogen sind. Für diese Aufwendungen wird die Trennungstheorie angewendet. 46

127 BVerfG vom 25.1.1972, 1 BvL 30/69, BStBl. II 1972, 325, m. w. N.
128 Artikel 6 Abs. 1 GG.
129 BFH vom 24.1.1958, VI 9/56 S, BStBl. III 1958, 77.
130 BFH vom 28.6.1963, VI 39/62, Juris; BFH vom 28.11.1988, GrS 1/87, BStBl. II 1989, 164.
131 FG Baden-Württemberg vom 24.9.2007, 6 K 83/07, EFG 2008, 792; *Revision*: BFH III R 20/08.

§ 3 Steuerfreie Einnahmen

alle noch offenen Fälle

A. Anwendungsschreiben zu steuerfreien Einnahmen aus ehrenamtlicher Tätigkeit

(BMF-Schreiben vom 25.11.2008, IV C 4 – S 2121/07/0010, BStBl. I 2008, 985; § 3 EStG)

I. Einleitung

1 Seit dem 1.1.2007 sind Einnahmen aus nebenberuflicher ehrenamtlicher Tätigkeit im Dienst oder Auftrag einer inländischen juristischen Person des öffentlichen Rechts oder einer gemeinnützigen Körperschaft bis zu maximal 500 € im Jahr steuerfrei.[1]

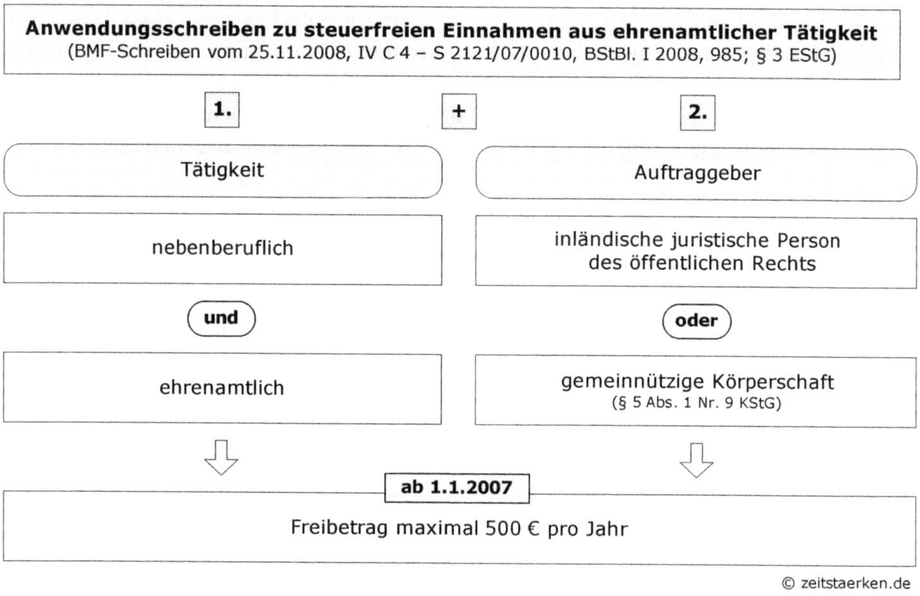

1 § 3 Nr. 26a EStG.

II. Begünstigte Tätigkeiten

Die Steuerbefreiung ist _nicht_ auf bestimmte Tätigkeiten im gemeinnützigen Bereich beschränkt.[2] 2
Sie muss allerdings bei steuerbegünstigten Körperschaften für deren ideellen Bereich einschließlich der Zweckbetriebe ausgeübt werden.[3]

Begünstigt sind u. a. die Tätigkeiten:

- des Vorstands
- des Kassierer
- der Bürokräfte
- des Reinigungspersonals
- des Platzwartes
- des Aufsichtspersonals
- der Betreuer und Assistenzbetreuer[4]

Nicht begünstigt sind Tätigkeiten:

- eines Amateursportlers[5]
- in einem steuerpflichtigen wirtschaftlichen Geschäftsbetrieb

  und
- bei der Vermögensverwaltung[6]

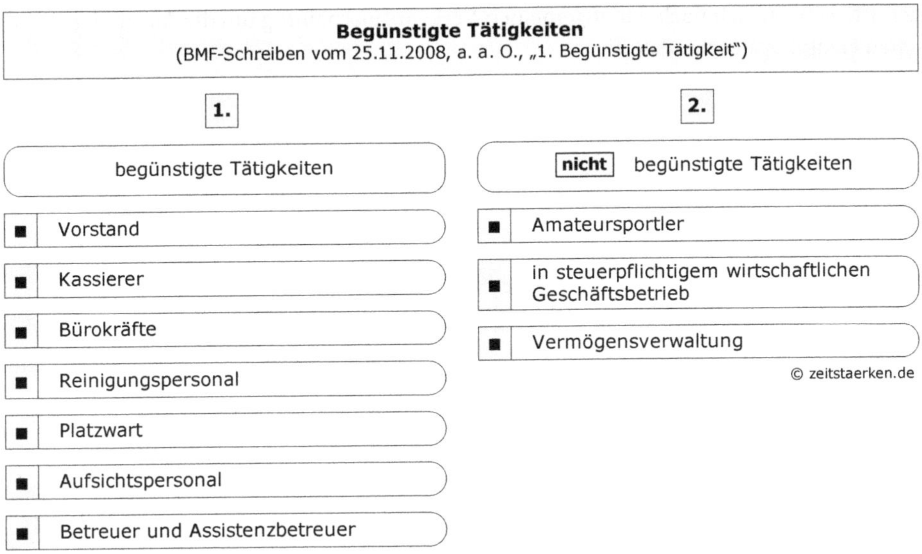

2 BMF-Schreiben vom 25.11.2008, a. a. O., „1. Begünstigte Tätigkeit" Satz 1.
3 BMF-Schreiben vom 25.11.2008, a. a. O., „1. Begünstigte Tätigkeit" Satz 3.
4 Im Sinne des Betreuungsrechts.
5 BMF-Schreiben vom 25.11.2008, a. a. O., „1. Begünstigte Tätigkeit" Satz 2.
6 BMF-Schreiben vom 25.11.2008, a. a. O., „1. Begünstigte Tätigkeit" Satz 5.

III. Nebenberuflichkeit

3 Nebenberuflichkeit ist gegeben, wenn die ausgeübte Tätigkeit *nicht mehr* als **ein Drittel** der Arbeitszeit eines vergleichbaren Vollzeiterwerbs in Anspruch nimmt.[7] Der Vergleich erfolgt kalenderjahrbezogen.

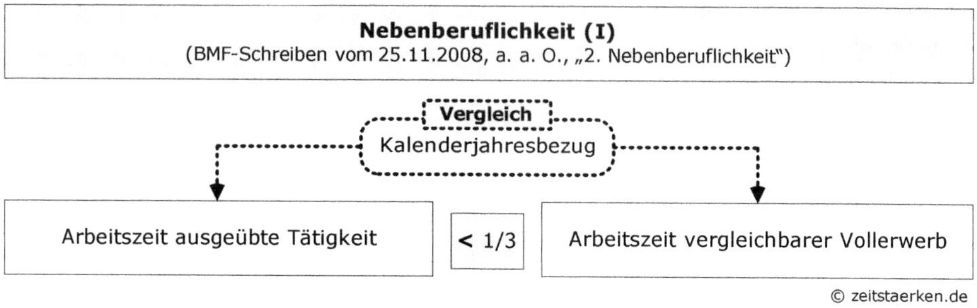

Hinweis:

*Auch Personen[8], die **keinen** Hauptberuf ausüben, können nebenberuflich tätig sein![9]*

4 Bei Ausübung mehrerer **verschiedenartiger** Tätigkeiten[10], erfolgt die Beurteilung der Nebenberuflichkeit für jede Tätigkeit für sich getrennt.[11] Mehrere **gleichartige** Tätigkeiten werden zusammengefasst, wenn es sich nach der allgemeinen Verkehrsanschauung um die Ausübung eines einheitlichen Hauptberufes handelt.[12]

Hinweis:

*Ist die Tätigkeit als Teil des Hauptberufes anzusehen, liegt **keine** Nebenberuflichkeit vor![13]*

7 BMF-Schreiben vom 25.11.2008, a. a. O., „2. Nebenberuflichkeit" Satz 1.
8 Z. B. Hausfrauen, Vermieter, Studenten, Rentner oder Arbeitslose.
9 BMF-Schreiben vom 25.11.2008, a. a. O., „2. Nebenberuflichkeit" Satz 2.
10 Im Sinne des § 3 Nr. 26 oder Nr. 26a EStG.
11 BMF-Schreiben vom 25.11.2008, a. a. O., „2. Nebenberuflichkeit" Satz 3.
12 BMF-Schreiben vom 25.11.2008, a. a. O., „2. Nebenberuflichkeit" Satz 4.
13 BMF-Schreiben vom 25.11.2008, a. a. O., „2. Nebenberuflichkeit" Satz 5.

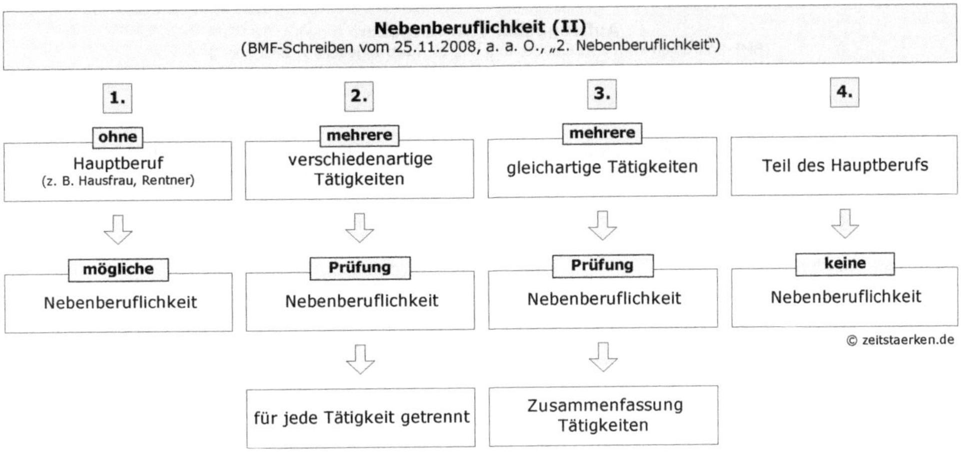

IV. Auftraggeber / Arbeitgeber

Für die Freibetragsgewährung muss die Tätigkeit zwingend[14] im Dienst oder im Auftrag erfolgen für 5

- eine inländischen juristischen Person des öffentlichen Rechts[15], wie z. B.:
  - Bund
  - Länder
  - Gemeinden und Gemeindeverbände
  - Industrie- und Handelskammern
  - Handwerkskammern
  - Rechtsanwalts-, Steuerberater-, Wirtschaftsprüferkammern
  - Ärztekammern
  - Universitäten
  - Sozialversicherungsträger

  oder
- eine Einrichtung[16], die ausschließlich und unmittelbar gemeinnützigen, mildtätigen oder kirchlichen Zwecken[17] dient[18]
  - Körperschaften
  - Personenvereinigungen
  - Stiftungen
  - Vermögensmassen

14 BMF-Schreiben vom 25.11.2008, a. a. O., „3. Arbeitgeber/Auftraggeber" Abs. 1 Satz 1.
15 BMF-Schreiben vom 25.11.2008, a. a. O., „3. Arbeitgeber/Auftraggeber" Abs. 1 Satz 2.
16 § 5 Abs. 1 Nr. 9 KStG.
17 §§ 51 bis 68 AO.
18 BMF-Schreiben vom 25.11.2008, a. a. O., „3. Arbeitgeber/Auftraggeber" Abs. 1 Satz 3.

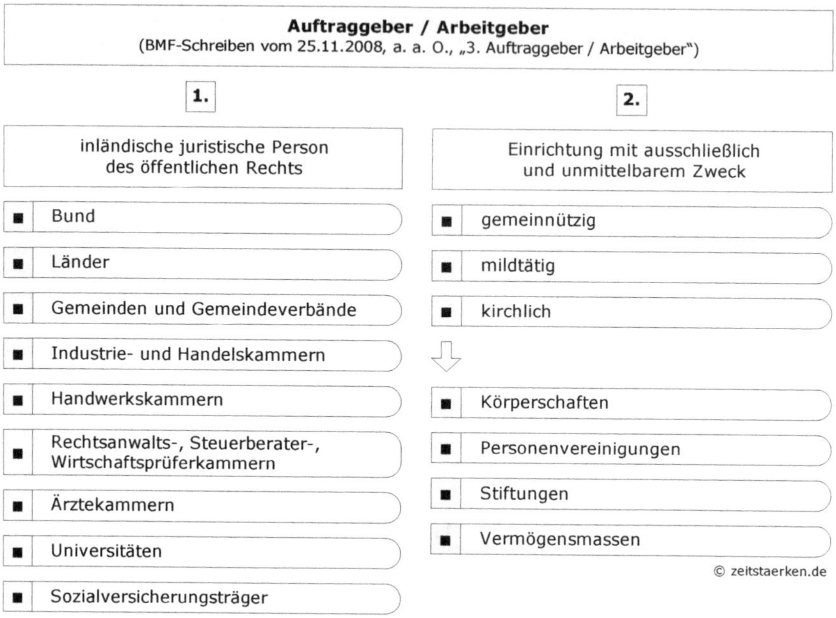

Hinweis:

Nicht begünstigt sind die Tätigkeiten für

- *Berufsverbände*[19]

oder

- *Parteien*[20]

Hinweis:

Rechtliche Betreuer *handeln aufgrund der rechtlichen und tatsächlichen Ausgestaltung des Vormundschafts- und Betreuungswesens im Dienst oder im Auftrag einer juristischen Person des öffentlichen Rechts.*[21]

V. Förderung gemeinnütziger, mildtätiger und kirchlicher Zwecke

6 Auch wenn die ausgeübte Tätigkeit der selbstlosen Förderung begünstigter Zwecke nur **mittelbar** zugute kommt, ist der Freibetrag anzuwenden.[22] Bei Tätigkeiten für die Erfüllung von Satzungszwecken einer steuerbegünstigten[23] juristischen Person ist davon auszugehen, dass die Tätigkeit auch der Förderung der steuerbegünstigten Zwecke dient.[24] Das gilt auch, wenn die nebenberuf-

19 Arbeitgeberverband, Gewerkschaften.
20 BMF-Schreiben vom 25.11.2008, a. a. O., „3. Arbeitgeber/Auftraggeber" Abs. 1 Satz 4.
21 BMF-Schreiben vom 25.11.2008, a. a. O., „3. Arbeitgeber/Auftraggeber" Abs. 2.
22 BMF-Schreiben vom 25.11.2008, a. a. O., „4. Förderung gemeinnütziger, mildtätiger und kirchlicher Zwecke" Abs. 1.
23 Wegen Förderung gemeinnütziger, mildtätiger oder kirchlicher Zwecke.
24 BMF-Schreiben vom 25.11.2008, a. a. O., „4. Förderung gemeinnütziger, mildtätiger und kirchlicher Zwecke" Abs. 2 Satz 1.

liche Tätigkeit in einem Zweckbetrieb[25] ausgeübt wird.[26] Auch die Tätigkeit für eine juristische Person des öffentlichen Rechts kann der Förderung begünstigter Zwecke dienen.[27]

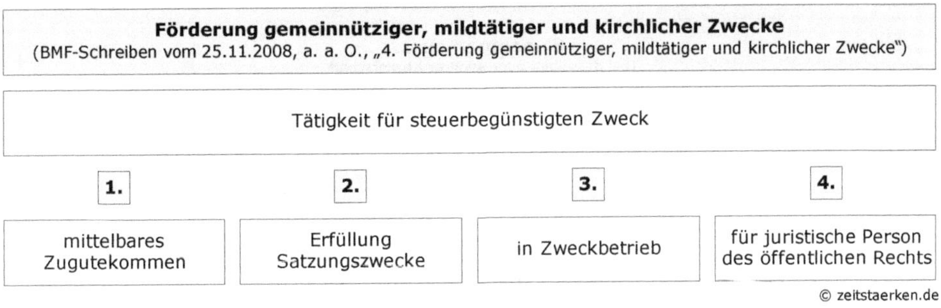

VI. Konkurrenz zu anderen Steuerbefreiungen

Die Freibetragsgewährung scheidet aus, wenn für Einnahmen aus **derselben Tätigkeit** bereits andere Steuerbefreiungen gewährt werden[28], wie z. B.: 7

- Aufwandsentschädigungen aus öffentlichen Kassen[29]

  oder

- Übungsleiterfreibetrag[30]

Hinweis:

Dabei kommt es nicht auf die tatsächliche Gewährung oder Inanspruchnahme an! Für die Versagung der Steuerbefreiung genügt die Gewährung ***dem Grunde nach!***[31]

Wird eine Tätigkeit neben einer solchen ausgeübt, für die die Steuerbefreiung für Aufwandsentschädigung aus öffentlichen Kassen oder der Übungsleiterfreibetrag gewährt wird, kann die Steuerbefreiung für die ehrenamtliche Tätigkeit nur in Anspruch genommen werden, wenn

- die Tätigkeiten voneinander trennbar sind,
- gesondert vergütet werden,
- die getroffenen Vereinbarungen eindeutig sind

  und

- durchgeführt werden.[32]

Dies gilt für Tätigkeiten, die nebeneinander bei einer anderen oder derselben Körperschaft ausgeübt werden. 8

25 §§ 65 bis 68 AO.
26 BMF-Schreiben vom 25.11.2008, a. a. O., „4. Förderung gemeinnütziger, mildtätiger und kirchlicher Zwecke" Abs. 2 Satz 2.
27 BMF-Schreiben vom 25.11.2008, a. a. O., „4. Förderung gemeinnütziger, mildtätiger und kirchlicher Zwecke" Abs. 3 Satz 1.
28 BMF-Schreiben vom 25.11.2008, a. a. O., „5. Nach § 3 Nr. 12 oder 26 EStG begünstigte Tätigkeiten" Satz 1.
29 § 3 Nr. 12 EStG.
30 § 3 Nr. 26 EStG.
31 BMF-Schreiben vom 25.11.2008, a. a. O., „5. Nach § 3 Nr. 12 oder 26 EStG begünstigte Tätigkeiten" Satz 1.
32 BMF-Schreiben vom 25.11.2008, a. a. O., „5. Nach § 3 Nr. 12 oder 26 EStG begünstigte Tätigkeiten" Satz 3.

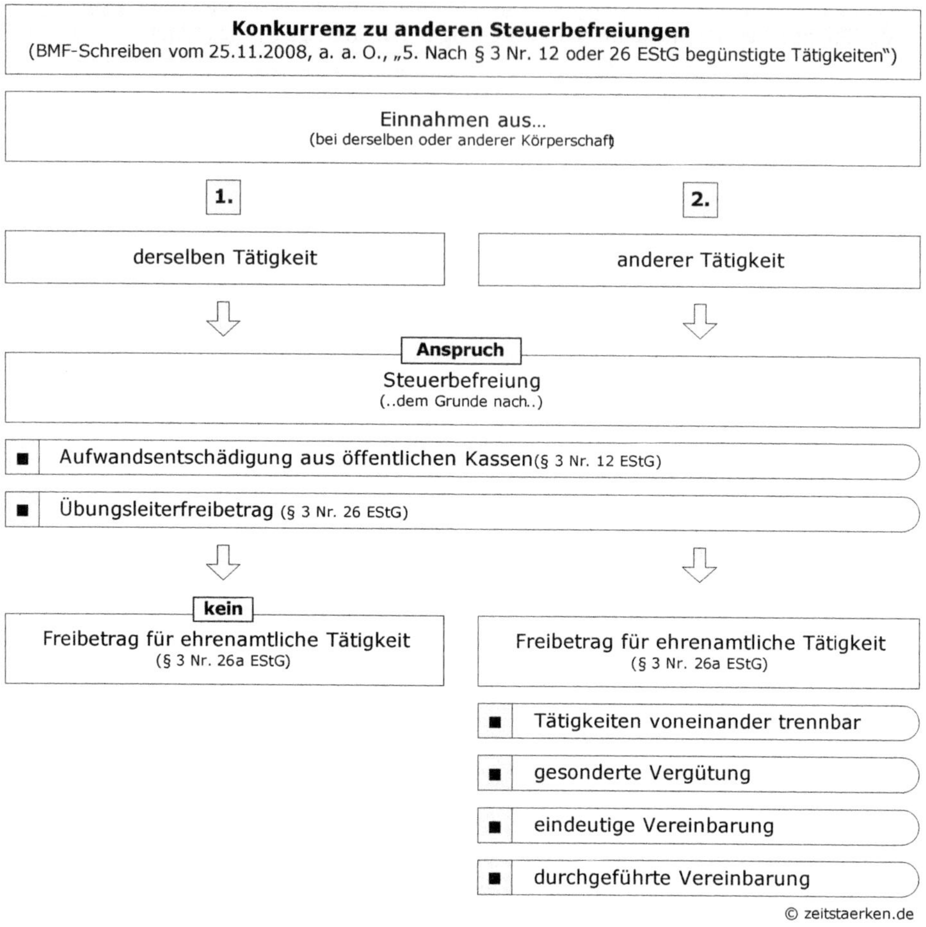

Hinweis:

*Die Einsatz- und Bereitschaftsdienstzeiten der Rettungssanitäter und Ersthelfer sind als einheitliche Tätigkeiten zu behandeln und somit **insgesamt** mit dem Übungsleiterpauschbetrag[33] begünstigt.[34]*

Hinweis:

Ein Versichertenältester führt Tätigkeiten der Hoheitsverwaltung aus.[35] Hierfür greift die Steuerbefreiung für Aufwandsentschädigungen aus öffentlichen Kassen.[36]

33 § 3 Nr. 26 EStG.
34 BMF-Schreiben vom 25.11.2008, a. a. O., „5. Nach § 3 Nr. 12 oder 26 EStG begünstigte Tätigkeiten" Satz 4
35 BMF-Schreiben vom 25.11.2008, a. a. O., „5. Nach § 3 Nr. 12 oder 26 EStG begünstigte Tätigkeiten" Satz 2.
36 § 3 Nr. 12 Satz 2 EStG.

VII. Verschiedenartige Tätigkeiten

Eine verschiedenartige Tätigkeit liegt vor, wenn für einen Teil der Tätigkeit die Steuerbefreiung gilt und für den anderen Teil der Tätigkeit *keine* weitere Steuerbefreiungsvorschrift[37] anzuwenden ist. Die Freibetragsgewährung erfolgt nur für den entsprechend begünstigten Anteil, wenn Einnahmen für verschiedenartige Tätigkeiten erzielt werden.[38] 9

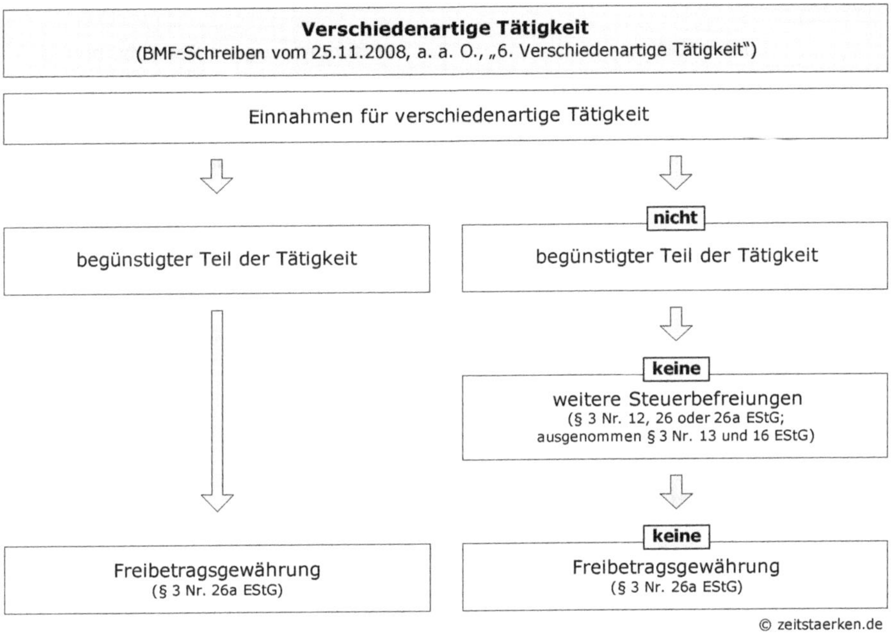

Hinweis:

Hiervon unberührt ist die Steuerfreiheit von Reise-, Umzugskostenvergütungen und Trennungsgeldern[39].

VIII. Höchstbetrag

Der Freibetrag für ehrenamtliche Tätigkeiten ist ein **Jahresbetrag.**[40] Auch bei Ausübung mehrerer begünstigter Tätigkeiten, wird der Freibetrag nur **einmal** gewährt.[41] Es erfolgt *keine* zeitanteilige Aufteilung![42] Die Steuerbefreiung ist **personenbezogen**, d. h. *jeder* Ehegatte kann den Freibetrag in Höhe von maximal 500 € für sich in Anspruch nehmen.[43] Eine **Übertragung** eines nicht verbrauchten Freibetrags auf den anderen Ehegatten ist *nicht* möglich.[44] 10

37 § 3 Nr. 12, 26 oder 26a EStG.
38 BMF-Schreiben vom 25.11.2008, a. a. O., „6. Verschiedenartige Tätigkeit" Satz 1.
39 § 3 Nr. 13 und 16 EStG.
40 BMF-Schreiben vom 25.11.2008, a. a. O., „7. Höchstbetrag" Abs. 1 Satz 1.
41 BMF-Schreiben vom 25.11.2008, a. a. O., „7. Höchstbetrag" Abs. 1 Satz 2.
42 BMF-Schreiben vom 25.11.2008, a. a. O., „7. Höchstbetrag" Abs. 1 Satz 3.
43 BMF-Schreiben vom 25.11.2008, a. a. O., „7. Höchstbetrag" Abs. 2 Satz 1 und 2.
44 BMF-Schreiben vom 25.11.2008, a. a. O., „7. Höchstbetrag" Abs. 2 Satz 3.

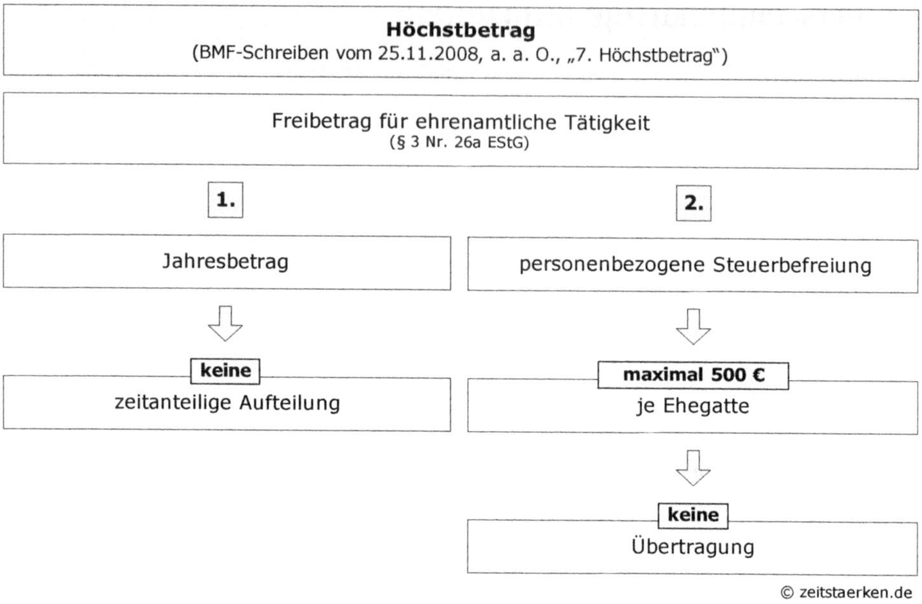

IX. Gefährdung der Gemeinnützigkeit

11 Gemeinnützige Körperschaften müssen bei der Zahlung von Vergütungen an die Vorstandsmitglieder Folgendes beachten:

- unschädliche Zahlungen

  Sieht die Satzung *keine* ehrenamtliche oder unentgeltliche Tätigkeit des Vorstands vor, so sind Zahlungen an diesen unschädlich, wenn diese *nicht* unangemessen hoch[45] sind.[46]

- schädliche Zahlungen

  Sieht die Satzung die ehrenamtliche (unentgeltliche) Tätigkeit des Vorstands vor, so verstößt die Körperschaft bei Zahlung von Vergütungen an Vorstandsmitglieder gegen das Gebot der Verwendung sämtlicher Mittel für steuerbegünstigte satzungsmäßige Zwecke[47].[48] Tatsächlicher oder pauschaler Auslagenersatz für Aufwendungen ist unschädlich.[49] Nicht jedoch pauschaler Auslagenersatz, der auch Zeitaufwand abdeckt![50]

45 § 55 Abs. 1 Nr. 3 AO.
46 BMF-Schreiben vom 25.11.2008, a. a. O., „8. Ehrenamtlicher Vorstand" Abs. 2.
47 § 55 Abs. 1 Nr. 1 AO.
48 BMF-Schreiben vom 25.11.2008, a. a. O., „8. Ehrenamtlicher Vorstand" Abs. 1 Satz 1.
49 BMF-Schreiben vom 25.11.2008, a. a. O., „8. Ehrenamtlicher Vorstand" Abs. 1 Satz 2 und 3 HS 1.
50 BMF-Schreiben vom 25.11.2008, a. a. O., „8. Ehrenamtlicher Vorstand" Abs. 1 Satz 3 HS 2.

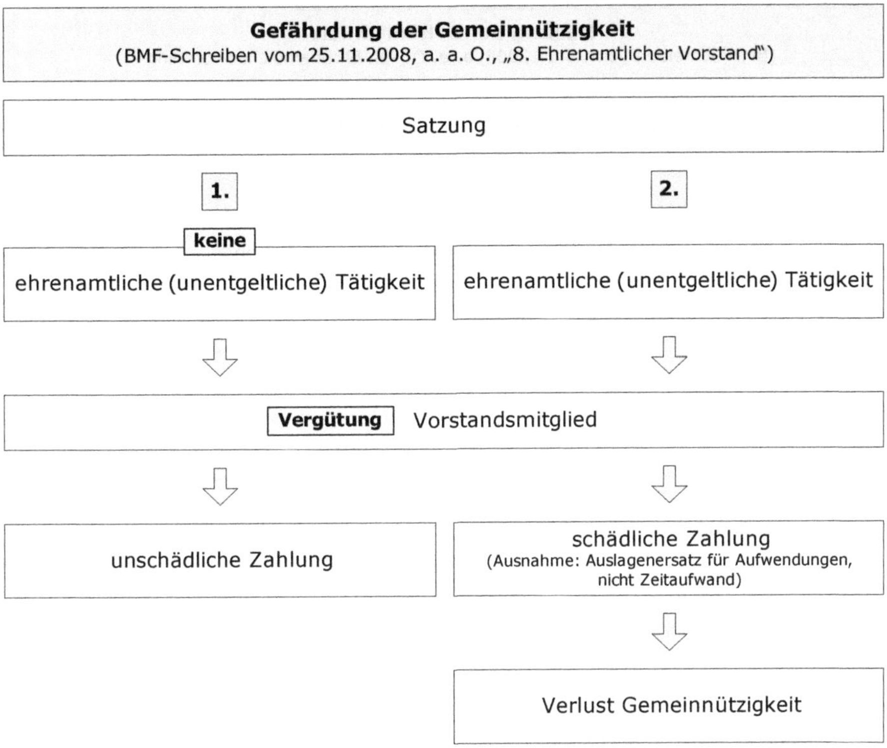

© zeitstaerken.de

- Heilung der Schädlichkeit

  Erfolgten aufgrund der Einführung des Freibetrags für ehrenamtliche Tätigkeiten in der Zeit vom 10.10.2007[51] bis 25.11.2008[52] pauschale Zahlungen an Vorstandsmitglieder bis zur Höhe von 500 € im Jahr, obwohl die Satzung eine ehrenamtliche oder unentgeltliche Tätigkeit des Vorstands vorsieht, ist von einer Schädlichkeit für die Gemeinnützigkeit abzusehen, wenn

  - die Zahlungen nicht unangemessen hoch[53] waren,
  - die Mitgliederversammlung bis zum 31.3.2009 eine Satzungsänderung beschließt, in der die Bezahlung von Vorstandsmitgliedern vorgesehen ist.[54]

51 Inkrafttreten des Freibetrags für ehrenamtliche Tätigkeit.
52 Datum des BMF-Schreibens.
53 § 55 Abs. 1 Nr. 3 AO.
54 BMF-Schreiben vom 25.11.2008, a. a. O., „8. Ehrenamtlicher Vorstand" Abs. 3.

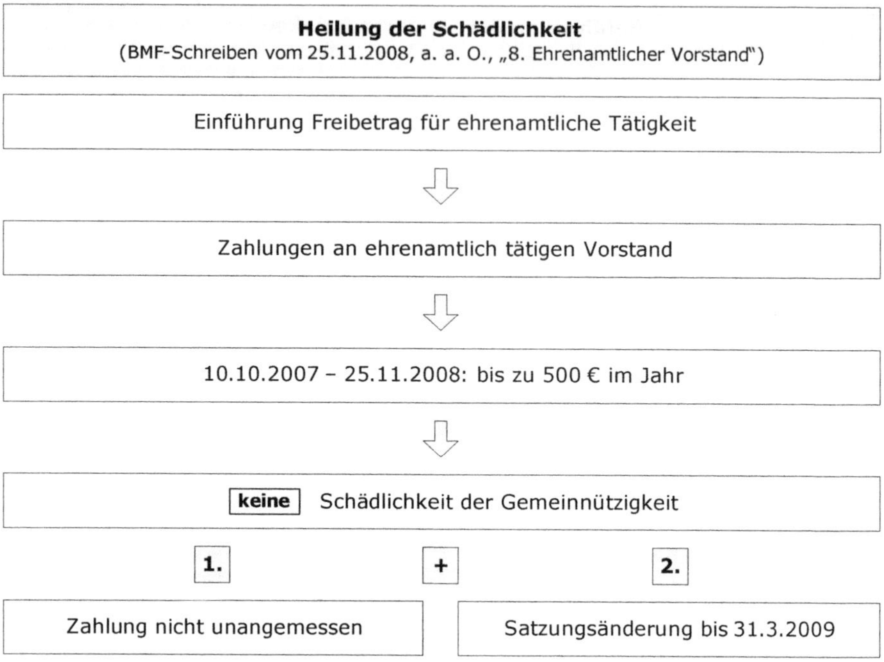

© zeitstaerken.de

X. Werbungskosten- und Betriebsausgabenabzug

12 Werbungskosten- und Betriebsausgaben, die mit den steuerfreien Einnahmen für ehrenamtliche Tätigkeit in Zusammenhang stehen, können nur dann abgezogen werden, wenn sowohl die Einnahmen *als auch* die Ausgaben aus der ehrenamtlichen Tätigkeit jeweils den Freibetrag übersteigen.[55]

XI. Reihenfolge der Gewährung

13 ■ Arbeitnehmer

Bei Arbeitnehmern ist **zuerst** der Arbeitsnehmer-Pauschbetrag zu gewähren, wenn dieser nicht durch andere Dienstverhältnisse aufgezehrt wurde.[56] Für die übersteigenden Einnahmen ist der Freibetrag für ehrenamtliche Tätigkeiten zu gewähren.

14 ■ sonstige Einkünfte

Bei der Prüfung der Freigrenze bei den sonstigen Einkünften[57] in Höhe von 256 € pro Jahr, ist der Freibetrag für ehrenamtliche Tätigkeiten[58] **zuerst** zu berücksichtigen.

55 BMF-Schreiben vom 25.11.2008, a. a. O., „9. Werbungskosten- bzw. Betriebsausgabenabzug" Abs. 1 Satz 1.
56 BMF-Schreiben vom 25.11.2008, a. a. O., „9. Werbungskosten- bzw. Betriebsausgabenabzug" Abs. 1 Satz 2.
57 § 22 Nr. 3 EStG.
58 § 3 Nr. 26a EStG.

- Weitere anwendbare Steuerbefreiungsvorschriften 15

Sind neben dem Freibetrag für ehrenamtliche Tätigkeit noch andere Steuerbefreiungsvorschriften[59] anwendbar, so sind die Vorschriften in der Reihenfolge anzuwenden, die am **günstigsten** für den Steuerpflichtigen ist.[60]

3

Beispiel: sonstige Einkünfte

Der nebenberuflich tätige rechtliche Betreuer B erhält für die Betreuung von zwei Personen jeweils die Entschädigungspauschale[61] von 323 €, insgesamt 646 € im Kalenderjahr.

Lösung:

Bei der Ermittlung der Einkünfte wird der Freibetrag für ehrenamtliche Tätigkeiten in Höhe von 500 € in Abzug gebracht, da ein rechtlicher Betreuer im Auftrag einer juristischen Person des öffentlichen Rechts tätig ist. Die verbleibenden Einkünfte betragen 146 € und liegen somit unter der Freigrenze für sonstige Einkünfte[62] in Höhe von 256 € pro Jahr. B muss die Einkünfte aus der Betreuungstätigkeit *nicht* versteuern.

XII. Lohnsteuerverfahren

Beim Lohnsteuerabzug ist *keine* zeitanteilige Aufteilung des Freibetrags vorzunehmen.[63] Dies gilt auch, wenn feststeht, dass das Dienstverhältnis *nicht* das ganze Kalenderjahr über besteht.[64] In diesem Fall muss der Arbeitnehmer dem Arbeitgeber jedoch **schriftlich** bestätigen, dass der Freibetrag nicht bereits durch ein anderes Dienst- oder Auftragsverhältnis verbraucht wurde oder wird.[65] 16

XIII. Rückspende

Die **Rückspende** der steuerfrei ausgezahlten Aufwandsentschädigung oder Vergütung an die begünstigte Körperschaft ist **zulässig**.[66] 17

Hierbei sind die Grundsätze[67] zur Anerkennung von Aufwandsspenden zu beachten:[68]

- Vorlage eines schriftlichen Vertrags über den Anspruch auf Aufwandsentschädigung oder Vergütung.
- Der Vertragsabschluss muss vor Tätigkeitsbeginn erfolgen.
- Die Gewährung der Aufwandsentschädigung / Zahlung muss ohne Verzichtsbedingung erfolgen.
- Der tatsächliche Geldfluss zwischen Zuwendungsempfänger und Zuwendendem ist entbehrlich.

59 Z. B. Steuerfreiheit Reise-, Umzugskostenvergütungen, Trennungsgelder, § 3 Nr. 13 und 16 EStG.
60 BMF-Schreiben vom 25.11.2008, a. a. O., „6. Verschiedenartige Tätigkeit" Satz 2 HS 2.

61 § 1835a BGB.
62 § 22 Nr. 3 EStG.
63 BMF-Schreiben vom 25.11.2008, a. a. O., „10. Lohnsteuerverfahren" Satz 1.
64 BMF-Schreiben vom 25.11.2008, a. a. O., „10. Lohnsteuerverfahren" Satz 2.
65 BMF-Schreiben vom 25.11.2008, a. a. O., „10. Lohnsteuerverfahren" Satz 3.
66 BMF-Schreiben vom 25.11.2008, a. a. O., „11. Rückspende" Satz 1.
67 BMF-Schreiben vom 7.6.1999, IV C 4 – S 2223 – 111/99, BStBl. I 1999, 591.
68 BMF-Schreiben vom 25.11.2008, a. a. O., „11. Rückspende" Satz 2.

- Es handelt sich auch ohne Zahlungsfluss um eine *Geldspende*, keine Aufwandsspende.
- Die Höhe der Zuwendung entspricht der Höhe des vereinbarten Erstattungsanspruchs. Ein zu hoher Ersatzanspruch führt beim Zuwendungsempfänger zum Verlust der Gemeinnützigkeit.[69]

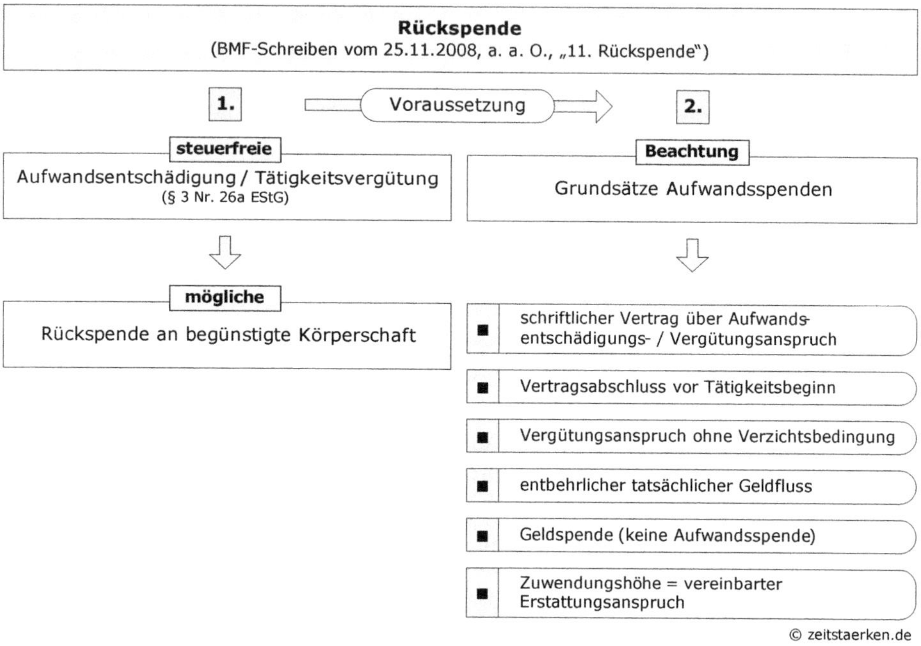

B. Werbungskostenabzug bei nebenberuflichen Übungsleitern

(FG Berlin-Brandenburg vom 5.12.2007, 7 K 3121/05 B, EFG 2008, 1535, rkr.; § 3 Nr. 26 EStG)

I. Ausgangssituation

18 S ist nebenberuflich als Mannschaftssporttrainer tätig. Aus dieser Tätigkeit erzielte S Einnahmen in Höhe von 1.500 €, denen Ausgaben in Höhe von 3.400 € gegenüber standen. S machte in der Einkommensteuererklärung einen **Verlust aus der Übungsleitertätigkeit** in Höhe von 1.900 € geltend. Das Finanzamt lehnte den Verlustabzug ab, da die Einnahmen *nicht* den Freibetrag[70] in Höhe von 2.100 € übersteigen.

69 § 55 Abs. 1 Nr. 3 AO.
70 § 3 Nr. 26 EStG.

II. Besteuerungsproblem

Ist ein Verlust aus nebenberuflicher Übungsleitertätigkeit bis zur Höhe des Freibetrages (2.100 €) 19
nicht abzugsfähig?

III. Ergebnis des BFH

Einnahmen aus nebenberuflicher Tätigkeit als Übungsleiter usw. sind bis 2.100 € im Kalenderjahr 20
steuerfrei.[71] Übersteigen die Einnahmen den Freibetrag, dürfen die damit zusammenhängenden Ausgaben nur in soweit als Betriebsausgaben oder Werbungskosten abgezogen werden, als die Ausgaben die steuerfreien Einnahmen übersteigen.[72]

Hinweis:

Die Steuerbefreiung für nebenberufliche Tätigkeit entspricht in ihrer Wirkung einer Betriebsausgaben- oder Werbungskostenpauschale.

Übersteigen die Werbungskosten bzw. Betriebsausgaben, die durch die begünstigten nebenberufliche Tätigkeit verursacht sind, die Einnahmen aus dieser Tätigkeit, so besteht *kein* Ausschlussgrund den Verlust *nicht* geltend machen zu können.

Hinweis:

*Die Steuerbefreiung hat **nicht** den Zweck, Ausgaben, die die Einnahmen übersteigen, vom Abzug auszuschließen.*

Folgende **Aufwandsabzugsbeschränkungen** sind zu befolgen: 21

- Zusammenhang mit steuerfreien Einnahmen[73]

  Ausgaben sind, soweit diese mit steuerfreien Einnahmen in unmittelbarem wirtschaftlichem Zusammenhang stehen, *nicht* als Betriebsausgaben oder Werbungskosten abzugsfähig.

  - Fallgruppe 1:

    Ist die Erzielung von Einnahmen generell und im ganzen steuerfrei, so sind sämtliche Ausgaben *nicht* abzugsfähig.

  - Fallgruppe 2:

    Werden Ausgaben steuerfrei ersetzt, so ist in Höhe der Erstattung eine Nichtabzugsfähigkeit der Ausgaben gegeben.

- Steuerbefreiung für nebenberufliche Tätigkeiten[74]

  Die Vorschrift ist nach seinem systematischen Ansatz der Fallgruppe 2 zuzuordnen. Insoweit sind Ausgaben *nicht* abzugsfähig, wenn die Steuerbefreiung greift. Soweit die Steuerbefreiung *keine* Anwendung findet, kommt es auch *nicht* zur Reduzierung des Ausgabenabzugs.

71 § 3 Nr. 26 Satz 1 EStG.
72 § 3 Nr. 26 Satz 2 EStG.
73 § 3c EStG.
74 § 3 Nr. 26 EStG.

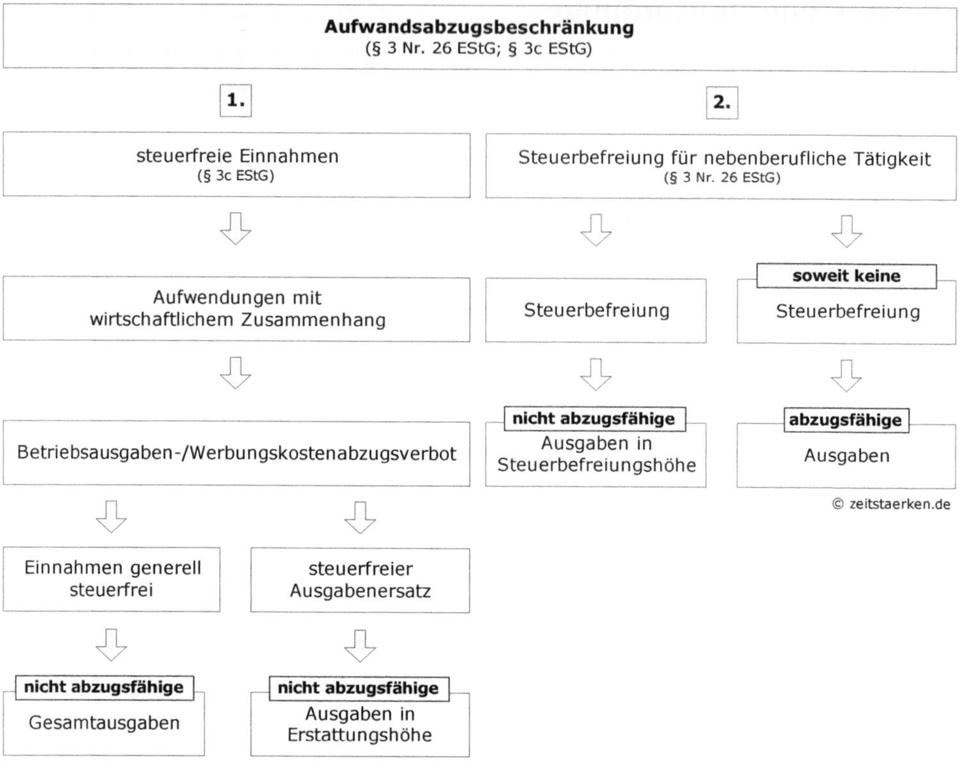

IV. Lösung in der Ausgangssituation

22 S kann die Ausgaben, soweit die Ausgaben seine Einnahmen übersteigen, in voller Höhe geltend machen. In Höhe von (1.500 € ./. 3.400 € =) ./. 1.900 € Verlust.

Hinweis:

*Die Finanzverwaltung hat trotz Zulassung das Revisionsverfahren **nicht** eröffnet. Es ist davon auszugehen, dass die Finanzverwaltung die im FG-Urteil vertretene Auffassung akzeptiert.*

VZ 2008

C. Steuerfreiheit für gesundheitsfördernde Maßnahmen des Arbeitgebers

3

(JStG 2009 vom 19.12.2008, BGBl. I 2008 2794 ff.; § 3 Nr. 34 EStG)

I. Einleitung

Die Bundesregierung hat sich folgende gesundheitspolitischen Ziele gesetzt: 23

- Verbesserung des allgemeinen Gesundheitszustandes

  und

- die betriebliche Gesundheitsförderung

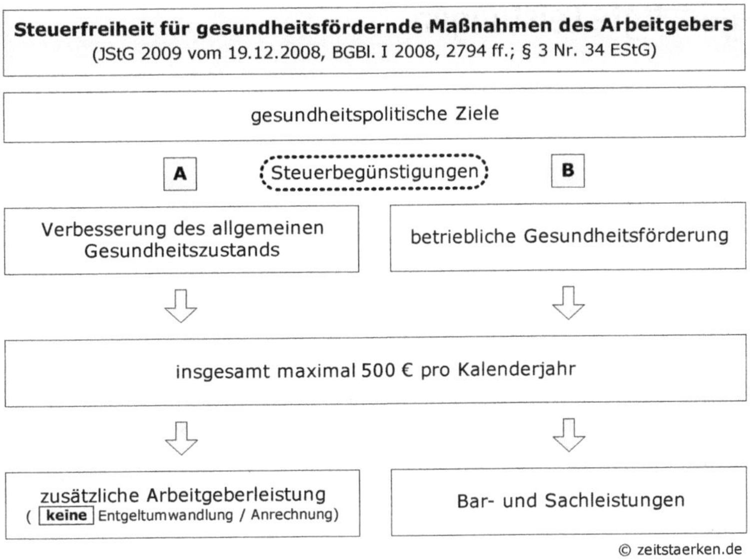

II. Steuerbefreiung

Um die Bereitschaft des Arbeitgebers zu erhöhen, seinen Arbeitnehmern Dienstleistungen zur Verbesserung des allgemeinen Gesundheitszustandes sowie zur betrieblichen Gesundheitsförderung anzubieten, ist eine Steuerbefreiung für gesundheitsfördernde Maßnahmen des Arbeitgebers eingeführt worden.[75] Demnach sind zusätzlich zum ohnehin geschuldeten Arbeitslohn erbrachte Leistungen des Arbeitgebers **steuerfrei**, soweit diese **500 € im Kalenderjahr** *nicht* übersteigen.[76] 24

75 § 3 Nr. 34 EStG.
76 § 3 Nr. 34 EStG.

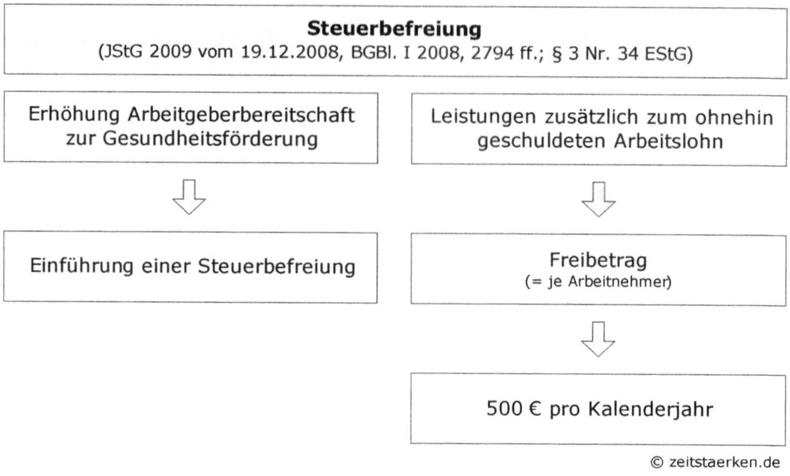

III. Begünstigte Leistungen

25 Die von der Steuerbefreiung begünstigten Leistungen müssen den Anforderungen des SGB V[77] genügen hinsichtlich:

- Qualität
- Zweckbindung

  und
- Zielgerichtetheit

26 Laut Sozialgesetzbuch sind die folgenden Handlungsfelder genannt:

- Verbesserung des allgemeinen Gesundheitszustandes (Primärprävention):
  - Bewegungsgewohnheiten (Reduzierung von Bewegungsmangel, Vorbeugung und Reduzierung spezieller gesundheitlicher Risiken durch verhaltens- und gesundheitsorientierte Bewegungsprogramme)
  - Ernährung (Vermeidung von Mangel- und Fehlernährung, Vermeidung und Reduktion von Übergewicht)
  - Stressbewältigung und Entspannung (Förderung individueller Kompetenzen der Belastungsverarbeitung zur Vermeidung stressbedingter Gesundheitsrisiken)
  - Suchtmittelkonsum (Förderung des Nichtrauchens, gesundheitsgerechter Umgang mit Alkohol, Reduzierung des Alkoholkonsums)
- betriebliche Gesundheitsförderung:
  - Arbeitsbedingte körperliche Belastung (Vorbeugung und Reduzierung arbeitsbedingter Belastungen des Bewegungsapparates)
  - gesundheitsgerechte betriebliche Gemeinschaftsverpflegung (Ausrichtung der Betriebsverpflegungsangebote an Ernährungsrichtlinien und Bedürfnisse der Beschäftigten, Schulung des Küchenpersonals, Informations- und Motivationskampagnen)

77 §§ 20 und 20a SGB V.

- psychosoziale Belastung, Stress (Förderung individueller Kompetenzen der Stressbewältigung am Arbeitsplatz, Gesundheitsgerechte Mitarbeiterführung)
- Suchtmittelkonsum (rauchfrei im Betrieb, Nüchternheit am Arbeitsplatz)

Hinweis:

Unter die Steuerbefreiung fallen auch Barleistungen (= Zuschüsse) des Arbeitgebers an seine Arbeitnehmer, die diese für extern durchgeführte Maßnahmen aufwenden.

Hinweis:

Die Übernahme bzw. Zuschusszahlung von Mitgliedsbeiträgen an Sportvereine und Fitnessstudios sind ***nicht*** *steuerbefreit.*

Steuerbefreit sind *jedoch* Zuschüsse des Arbeitgebers, die für Maßnahmen gewährt werden, die 27
Fitnessstudios oder Sportvereine anbieten und die den fachlichen Anforderungen des Leitfadens Prävention der Krankenkassen gerecht werden.

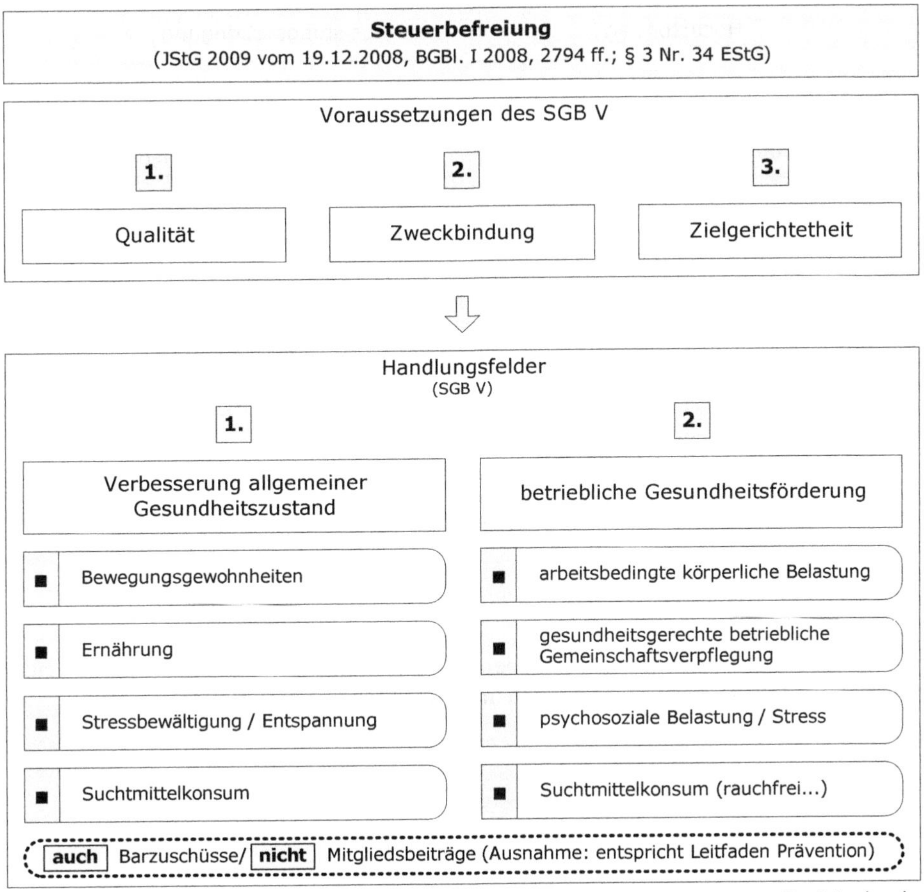

© zeitstaerken.de

IV. Steuerbefreiung der Höhe nach

28 Die Steuerbefeiung ist auf einen jährlichen Höchstbetrag von 500 € je Arbeitnehmer beschränkt. Die Leistungen müssen zusätzlich zum ohnehin geschuldeten Arbeitslohn geleistet werden (= **zusätzliche Arbeitgeberleistung**). Mit dieser Regelung wird gewährleistet werden, dass die Steuerbefreiung allein ihrer Zweckbestimmung zugutekommt.

Hinweis:

*__Nicht__ **steuerbefreit** sind Leistungen, die unter Anrechnung auf den vereinbarten Arbeitslohn oder durch Umwandlung des vereinbarten Arbeitslohns erbracht werden.*

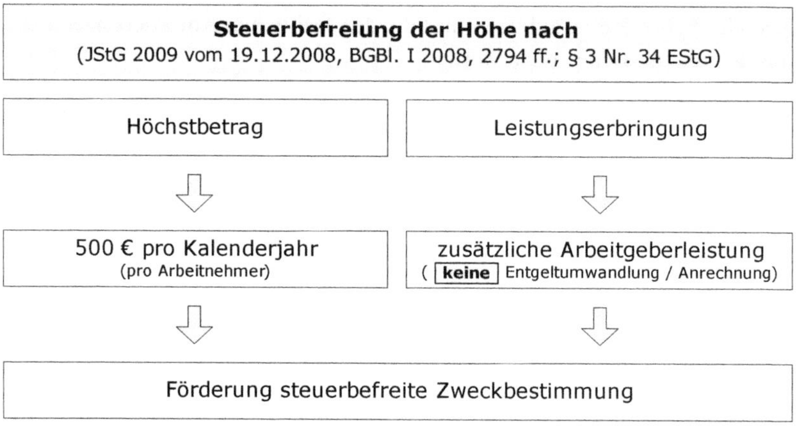

V. Zeitliche Anwendung

29 Die Vorschrift ist erstmals für Leistungen des Arbeitgebers im Kalenderjahr 2008 anzuwenden.[78]

VI. Praxishinweis

30 Die Spitzenverbände der Krankenkassen haben einen gemeinsamen und einheitlichen Leitfaden zur Umsetzung von „Prävention i. S. d. §§ 20 und 20a SBGV“ veröffentlicht.[79]

78 § 52 Abs. 4c EStG.
79 www.gkv-spitzenverband.de/upload/Leitfaden_2008_150908_2761.pdf.

VZ 2009

D. Steuerfreie Einnahmen einer Gastfamilie

3

(BMF-Schreiben vom 17.12.2008, IV C 3 - S 2342/07/0001, Lexinform Nr. 5231765, § 3 Nr. 9 EStG)

Durch das Kinderförderungsgesetz[80] wurden die steuerfreien Einnahmen[81] neu gefasst. 31
Steuerfrei sind nunmehr

- bei Kindertagespflege
  - die Erstattungen für Beiträge zu einer Unfallversicherung[82]

    sowie
  - die hälftigen Erstattungen zur Alterssicherung[83]

    und
  - die hälftigen Erstattungen zu einer angemessenen Kranken- und Pflegeversicherung[84]

  und
- bei Bereitschaftspflege
  - Erstattungen zur Unfallversicherung

    und
  - Erstattungen zur Altersvorsorge[85]

Die Erstattungen werden vom Träger der Jugendhilfe geleistet. Die neue Regelung tritt am Tag nach der Verkündung des Kinderförderungsgesetzes in Kraft.[86] 32

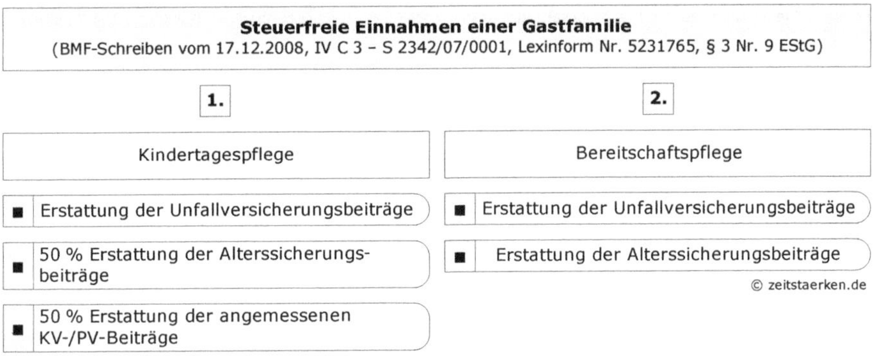

80 Kinderförderungsgesetz vom 10.12.2008, BGBl. I 2008, 2403.
81 § 3 Nr. 9 EStG.
82 § 23 Abs. 2 Satz 1 Nr. 3 SGB VIII.
83 § 23 Abs. 2 Satz 1 Nr. 3 SGB VIII.
84 § 23 Abs. 2 Satz 1 Nr. 4 SGB VIII.
85 § 39 Abs. 4 Satz 2 SGB VIII.
86 Kinderförderungsgesetz vom 10.12.2008, BGBl. I 2008 2403, Artikel 10 Abs. 1.

§ 4 Einkünfte aus Gewerbebetrieb/selbständiger Tätigkeit/Betriebsveräußerung

VZ 2007

A. Übergangsregelungen von der Ansparabschreibung zum Investitionsabzugsbetrag bei Freiberuflern

(Wendt in „Investitionsabzugsbetrag und Sonderabschreibung nach dem neu gefassten § 7g EStG 2008", FR 2008, 598; Röhrig in „Neuregelung zu den Investitionsabzugsbeträgen und Sonderabschreibungen", EStB 2008, 113; § 7g EStG)

I. Ausgangssituation

1 Der Steuerpflichtige S ist Steuerberater und ermittelt den Gewinn durch Einnahmen-Überschuss-Rechnung. Im VZ 2007 beträgt der Gewinn vor Nutzung von Ansparabschreibungen oder Investitionsabzugsbeträgen 145.000 €. S plant im VZ 2008 einen neuen PKW für 40.000 € netto anzuschaffen.

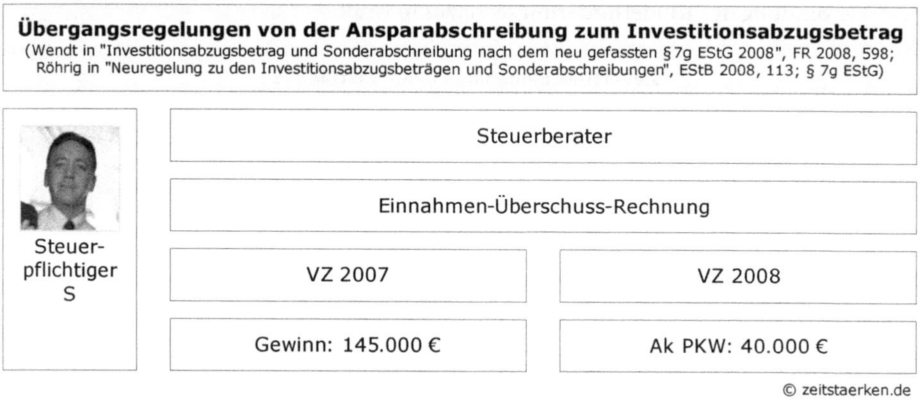

II. Besteuerungsproblem

2 Welcher Rechtsstand ist anzuwenden? Ist die Bildung eines begünstigenden Investitionsabzugsbetrags oder einer Ansparabschreibung möglich?

III. Übergangsregelung

Die Regelung über den Investitionsabzugsbetrag ist bereits für das Wirtschaftsjahr anzuwenden, 3
das nach dem 17.8.2007 endet.[1] Somit sind die meisten Gewerbetreibenden mit dem Wirtschaftsjahr 2007[2] sowie Land- und Forstwirte mit dem Wirtschaftsjahr 2007/2008 betroffen. Problematisch ist die Tatsache, dass freiberuflich tätige Steuerpflichtige, die den Gewinn durch Einnahmen-Überschuss-Rechnung ermitteln, *kein* Wirtschaftsjahr haben, sondern den Gewinn nach dem **Kalenderjahr**[3] ermitteln. Somit ist die Anwendung des Investitionsabzugsbetrags für freiberuflich tätige Steuerpflichtige erst ab dem VZ 2008 möglich.[4]

Hinweis:

*Die OFD Rheinland[5] ist **nicht** dieser Auffassung, wenngleich auch dieses Problem erkannt wurde. Es ist deshalb damit zu rechnen, dass sich die Finanzverwaltung der Auffassung der OFD Rheinland anschließt und die Anwendung der Altregelung auch bei am 31.12.2008 endenden Gewinnermittlungszeiträumen von Freiberuflern **nicht** anerkennt.*

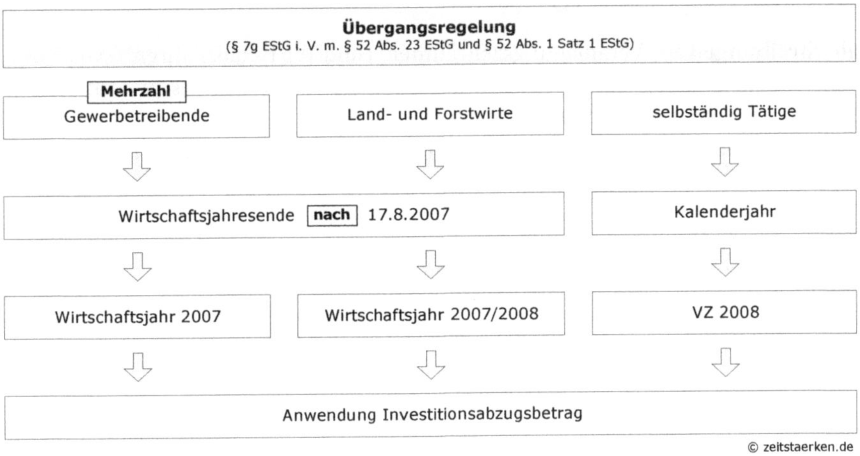

IV. Lösung in der Ausgangssituation

Da für S die Regelung über den Investitionsabzugsbetrag im VZ 2007 noch *keine* Wirkung entfal- 4
tet, kann S in Höhe von (40.000 € x 40 % =) 16.000 € eine den Gewinn mindernde Ansparabschreibung[6] bilden. Die durch das Unternehmensteuerreformgesetz 2008 eingeführte Gewinngrenze[7] und die Betriebsvermögensgrenze[8] für die Anwendung des Investitionsabzugsbetrags muss S im VZ 2007 ebenfalls *nicht* berücksichtigen.

1 § 52 Abs. 23 Satz 1 EStG.
2 Wirtschaftsjahr = Kalenderjahr.
3 Umkehrschluss aus § 4a EStG (= *keine* Nennung von Freiberuflern); Umkehrschluss aus § 52 Abs. 23 EStG (= Bezug auf das Wirtschaftsjahr); § 2 Abs. 7 Sätze 1 und 2 EStG (= Einkommensteuer ist eine (Kalender-) Jahressteuer).
4 § 52 Abs. 1 Satz 1 EStG.
5 OFD Rheinland vom 27.6.2008, Kurzinformation 35/2008.
6 § 7g Abs. 3 i. V. m. Abs. 2 Nr. 1 Buchst. a 2. HS EStG a. F.
7 § 7g Abs. 1 Satz 2 Nr. 1 Buchst. c EStG.
8 § 7g Abs. 1 Satz 2 Nr. 1 Buchst. a EStG

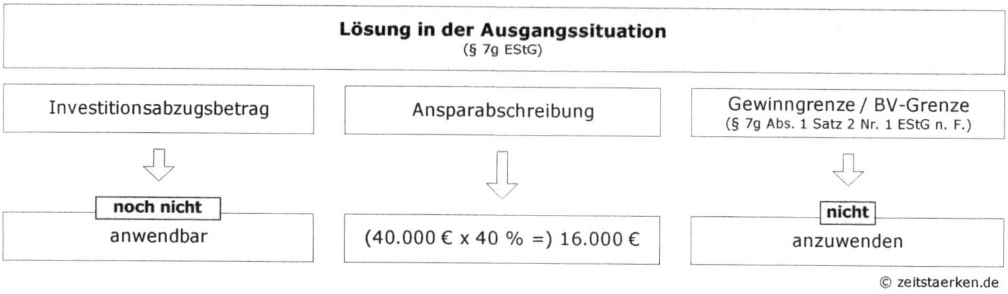

V. Praxishinweis

1. Weiteranwendung des alten Rechts

5 **Ansparabschreibungen** aus Veranlagungszeiträumen[9] (und Wirtschaftsjahren[10]) vor Anwendung des Investitionsabzugsbetrags bleiben auch während der Anwendung des Investitionsabzugsbetrags bestehen; müssen also *nicht* außerordentlich aufgelöst werden.[11] Die bei Bildung der Ansparabschreibung maßgeblichen **Investitionszeiträume**[12] sind nach Auslaufen der Altregelung[13] weiter anwendbar.[14]

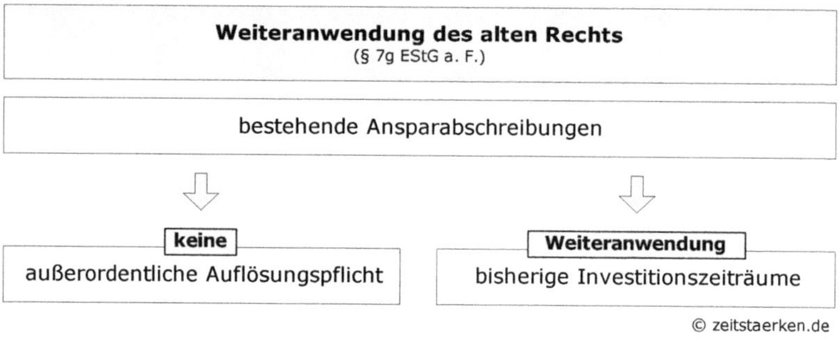

2. Anwendung des neuen Rechts

6 **Investitionsabzugsbeträge** können nur dann gebildet werden, wenn in Anspruch genommene Ansparabschreibungen (und Investitionsabzugsbeträge) die Summe von 200.000 € *nicht* übersteigen.[15] Ab 2008 angeschaffte oder hergestellte Wirtschaftsgüter müssen, auch wenn für diese

9 = bei freiberuflich tätigen Steuerpflichtigen die den Gewinn durch Einnahmen-Überschuss-Rechnung ermitteln.
10 = bei Gewerbetreibenden, Land- und Forstwirten. Aber auch bei freiberuflich tätigen Steuerpflichtigen, den Gewinn durch Betriebsvermögensvergleich ermitteln.
11 § 52 Abs. 23 Satz 3 EStG.
12 2 Jahre bei Nicht-Existenzgründern (§ 7g Abs. 3 Satz 2 EStG a. F.); 5 Jahre bei Existenzgründern (§ 7g Abs. 7 Satz 1 Nr. 1 EStG a. F.).
13 § 7g EStG a. F.
14 § 52 Abs. 23 Satz 3 EStG.
15 § 7g Abs. 1 Satz 3 EStG n. F. i. V. m. § 52 Abs. 23 Satz 4 EStG.

Wirtschaftsgüter eine Ansparabschreibung nach altem Recht gebildet wurde, die Nutzungs- und Verbleibensvoraussetzungen für die Anwendung der **Sonderabschreibung** nach neuem Recht erfüllen.[16]

3. Musterrechtsbehelf

zeitstaerken.de • Jürgen Hegemann • Steuerberater

09.09.2008

Dokument3

Einspruch gegen die Einkommensteuer, Kirchensteuer und den Solidaritätszuschlag 2007

Mandant / Anschrift
Steuernummer:

Einspruch gegen die Verwehrung des Abzugs von Ansparabschreibungen bei freiberuflich tätigen Steuerpflichtigen im VZ 2007

Sehr geehrte Damen und Herren,

namens und im Auftrage legen wir hiermit für den o.a. Steuerpflichtigen

Einspruch

gegen den Einkommensteuer-, Kirchensteuer- und Solidaritätszuschlagsbescheid des VZ 2007 ein.

Im Gegensatz zu land- und fortswirtschaftlich oder gewerbebetrieblich tätigen Steuerpflichtigen haben Steuerpflichtige mit Einkünften aus selbständiger Arbeit *kein* Wirtschaftsjahr (Umkehrschluss aus § 4a EStG (= *keine* Nennung von Freiberuflern); Umkehrschluss aus § 52 Abs. 23 EStG (= Bezug auf das Wirtschaftsjahr).

Gewinnermittlungszeitraum bei „Freiberuflern" ist (außer in den Fällen des freiwilligen Bestandvergleichs) das Kalenderjahr (§ 2 Abs. 7 Sätze 1 und 2 EStG (= Einkommensteuer ist eine (Kalender-) Jahressteuer).

Insofern ist eine Anwendung des § 7g EStG i. d. F. d. Unternehmensteuerreformgesetzes 2008 vom 14.8.2007 (BGBl. I 2007, 1912) in diesen Fällen ab dem 17.8.2008 *nicht* Möglich.

Es ist die allgemeine Anwendungsregelung anzuwenden, nach der die Regelung über Investitionsabzugsbeträge erstmals ab dem VZ 2008 zur Anwendung kommt (§ 52 Abs. 1 Satz 1 EStG).

Wir beantragen somit die ausschließliche Anwendung der Rechtslage vor dem 18.8.2008 (= § 7g EStG a. F).

Weiterhin beantragen wir soweit erforderlich Vollstreckungsaufschub.

RB-Nr.: RB StG 0001 0007 2007 0001

16 § 7g Abs. 5 i. V. m. Abs. 6 EStG.

VZ 2008

B. Wiederaufleben von SBV bei Beendigung der mitunternehmerischen Betriebsaufspaltung

(BFH vom 30.8.2007, IV R 50/05, DStR 2007, 2201; § 15 EStG)

I. Ausgangssituation

7 Zwischen der X-GmbH & Co. KG und der Y-Grundstücksverwaltungs-GbR besteht aufgrund Gesellschafterindentität eine mitunternehmerische Betriebsaufspaltung. Das Betriebsgebäude und der zugehörige Grund und Boden standen im Eigentum der GbR. Aufgrund *alter* BFH-Rechtsprechung und Auffassung der Finanzverwaltung behandelte die X-GmbH & Co. KG das Betriebsgrundstück als Sonderbetriebsvermögen.

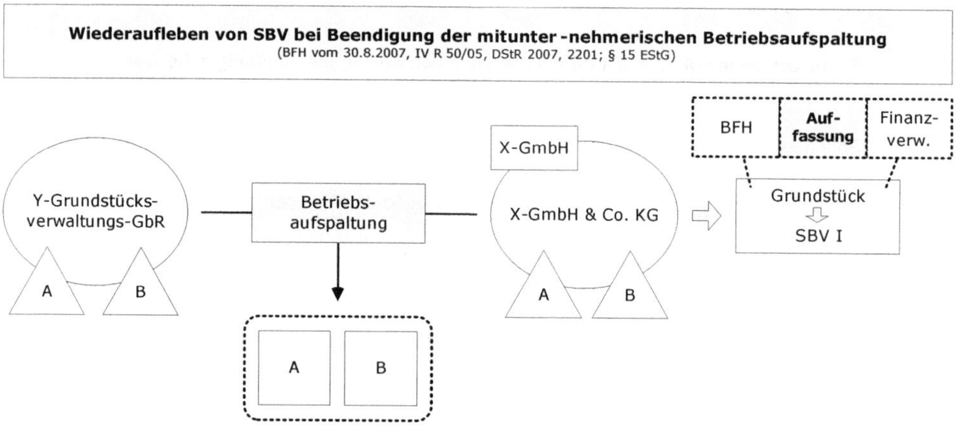

Am 1.6.02 wurde über das Vermögen der X-GmbH & Co. KG das Insolvenzverfahren eröffnet. Am 1.7.03 wurde das Insolvenzverfahren mangels Masse eingestellt. Am 1.5.04 erfolgte die Löschung der X-GmbH & Co. KG. Im Rahmen einer Außenprüfung kam der Prüfer zu dem Ergebnis, dass das Grundstück mit Einstellung des Insolvenzverfahrens entnommen worden sei. Darauf hin erließ das Finanzamt einen geänderten Gewinnfeststellungsbescheid, in dem nunmehr der Entnahmegewinn erfasst wurde.

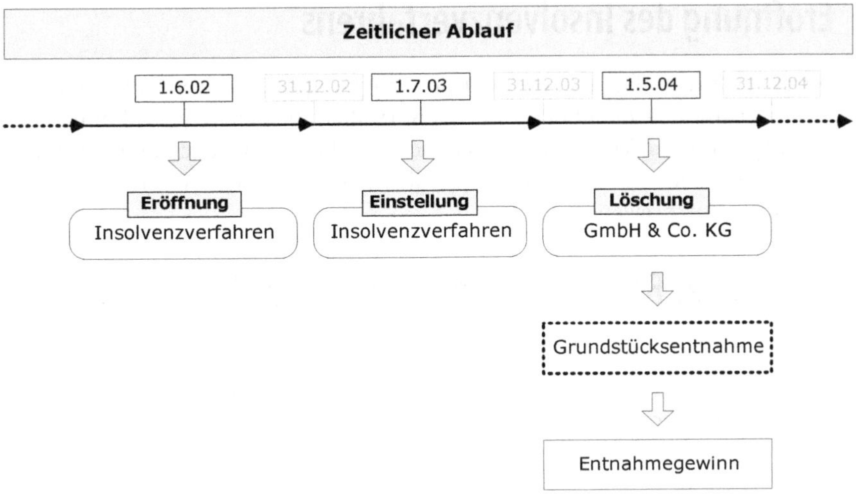

II. Besteuerungsproblem

Lebt bei Beendigung einer mitunternehmerischen Betriebsaufspaltung die Eigenschaft des Wirtschaftsgutes als Sonderbetriebsvermögen wieder auf? 8

III. Ergebnis des BFH

1. Betriebsaufspaltung

Aufgrund der unstrittig vorliegenden personellen und sachlichen Verflechtung der Y-GbR und der X-GmbH & Co. KG liegt eine mitunternehmerische Betriebsaufspaltung vor. 9

2. Bilanzierungskonkurrenz

Folge der Betriebsaufspaltung war, dass das Betriebsgrundstück als Betriebsvermögen der Y-GbR bilanziert werden muss (= Lösung der Bilanzierungskonkurrenz bei mitunternehmerischer Betriebsaufspaltung[17]). 10

Hinweis:

Die X-GmbH & Co. KG hatte - wohl auf der Grundlage der früher anders lautenden Rechtssprechung[18] - das Grundstück weiterhin - zu unrecht - als Sonderbetriebsvermögen ihrer Gesellschafter bilanziert.

17 BFH vom 23.4.1996, VIII R 13/95, BStBl. II 1998, 325; BFH vom 18.8.2005, IV R 59/04, BStBl. II 2005, 830.
18 BFH vom 25.4.1985, IV R 36/82, BStBl. II 1985, 622.

3. Eröffnung des Insolvenzverfahrens

11 Der BFH bestätigt seine Auffassung, dass mit der Eröffnung des Insolvenzverfahrens die Verfügungs- und Verwertungsmacht auf den Insolvenzverwalter übergeht. Die Eröffnung bewirkt somit ein Ende der personellen Verflechtung, weil die sowohl Besitz- als auch Betriebsunternehmen beherrschenden Personen oder Personengruppe ihren geschäftlichen Willen in der Betriebsgesellschaft *nicht mehr* durchsetzen können.[19]

4. Folgen der Beendigung der Betriebsaufspaltung

12 Das Ende der Betriebsaufspaltung hat für die Besitzgesellschaft eine **Betriebsaufgabe** zur Folge. Ohne Zweifel erfüllt eine Besitzgesellschaft in der Rechtform einer GbR (= bestehend nur aus einem bebauten Grundstück) für sich gesehen *nicht* die Voraussetzung einer Mitunternehmerschaft[20].

Hinweis:

Erst aufgrund einer Steuer verschärfenden Fiktion in Anlehnung an das Rechtsinstitut der echten Betriebsaufspaltung wird die GbR zum Gewerbebetrieb umqualifiziert.

Dies hat zur Folge, dass die Besitzgesellschaft beim Fortfall der Voraussetzungen der mitunternehmerischen Betriebsaufspaltung gewinnrealisierend zur Vermögensverwaltenden GbR „mutiert".[21]

5. Ausnahme von der Betriebsaufgabe

13 Die Betriebsaufgabe der Besitzgesellschaft tritt *nicht* ein:

- Bei Erfüllung der Voraussetzungen einer Betriebsverpachtung im Ganzen[22]

  oder

- das überlassene Wirtschaftsgut die Voraussetzungen eines Wirtschaftsgutes des Sonderbetriebsvermögens erfüllt[23]

In der Ausgangssituation lagen die Voraussetzungen einer Betriebsverpachtung im Ganzen *nicht* vor, da die Y-GbR unstreitig ausschließlich vermögensverwaltend tätig war und *keine* eigenen gewerblichen Einkünfte erzielte. Das Betriebsgrundstück erfüllt alle Voraussetzungen, um ein Wirtschaftsgut des Sonderbetriebsvermögens I darzustellen, denn es steht im Eigentum mehrerer Mitunternehmer der X-GmbH & Co. KG und ist dazu bestimmt der X-GmbH & Co. KG zu dienen.

19 BFH vom 6.3.1997, XI R 2/96, BStBl. II 1997, 460.
20 § 15 Abs. 1 Satz 1 Nr. 2 EStG.
21 § 21 EStG.
22 BFH vom 14.3.2006, VIII R 80/03, BStBl. II 2006, 591.
23 BFH vom 19.10.2000 IV R 73/99, BStBl. II 2001, 335.

6. Wegfall der Bilanzierungskonkurrenz

Mit Wegfall der Bilanzierungskonkurrenz lebt die Eigenschaft als Sonderbetriebsvermögen wieder auf.[24] Das Wirtschaftsgut Betriebsgrundstück ist von demselben Augenblick an als Sonderbetriebsvermögen bei der Betriebsgesellschaft zu bilanzieren.[25] 14

Hinweis:

*Voraussetzung für das **Wiederaufleben der Sonderbetriebsvermögenseigenschaft** ist allerdings, dass die Betriebsgesellschaft in diesem Augenblick noch einen Betrieb unterhält und nicht ebenfalls ihren Betrieb aufgegeben hat.*

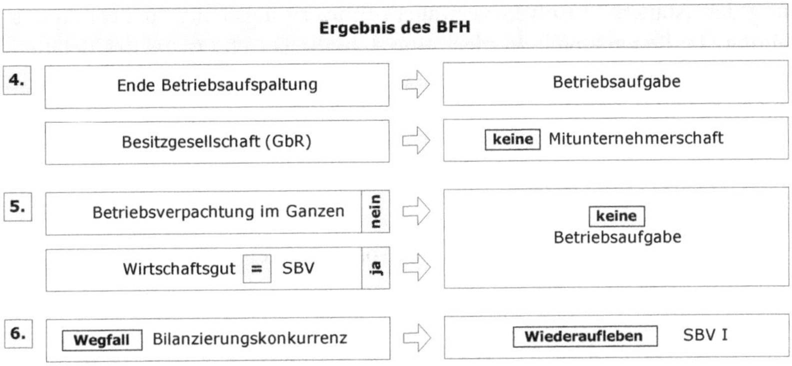

IV. Lösung in der Ausgangssituation

Mangels Feststellungen des FG[26] sind *keine* Ergebnisse getroffen worden. 15

Folgende Ergebnisalternativen sind vorstellbar:

- Bis zur Versteigerung des Inventars unterhielt die X-GmbH & Co. KG noch einen Gewerbebetrieb. Insoweit wurde das Betriebsgrundstück mit Eröffnung des Insolvenzverfahrens zunächst (wieder) Sonderbetriebsvermögen.
- Die Sonderbetriebsvermögenseigenschaft kann im (nachhinein) wieder dadurch verloren gegangen sein, dass das Betriebsgrundstück entweder entnommen wurde oder die X-GmbH & Co. KG eine Betriebsaufgabe vollzogen hat. Dazu bedarf es der Einstellung sämtlicher betrieblicher Aktivitäten.
- Das Betriebsgrundstück könnte an einen Dritten weiter vermietet worden sein:
  - Soweit das Betriebsgrundstück anschließend von der X-GmbH & Co. KG vermietet wurde, kann eine Betriebsverpachtung im Ganzen vorliegen.
  - Soweit die Y-GbR das Grundstück selbst unmittelbar an einen Dritten vermietet hat, läge eine Betriebsaufgabe der X-GmbH & Co. KG vor. Insoweit muss eine Aufdeckung des Entnahmegewinns erfolgen.

24 Lediglich in Folge der Grundsätze über die Lösung der Bilanzierungskonkurrenz zwischen Betriebs- und Besitzgesellschaft kommt die Eigenschaft als Sonderbetriebsvermögen während des Bestehens der Betriebsaufspaltung *nicht* zum tragen.

25 BFH vom 24.2.2005, IV R 12/03, BStBl. II 2006, 361.

26 Niedersächsisches FG vom 12.8.2003, 8 K 116/02 (keine Fundstelle).

V. Praxishinweis

1. Insolvenzverwalter

16 Bei der Eröffnung des Insolvenzverfahrens wird unterschieden zwischen:

- „starkem" vorläufigen Insolvenzverwalter

  oder

- „schwachem" vorläufigen Insolvenzverwalter

Die Bestellung des „starken" Insolvenzverwalters führt zwangsläufig zu Beendigung einer Betriebsaufspaltung, da die personelle Verflechtung d. h. die Durchsetzung des Betätigungswillens beendet wird. Die Bestellung des „schwachen" Insolvenzverwalters führt *nicht* in jedem Fall zur Beendigung der (mitunternehmerischen) Betriebsaufspaltung.[27]

2. Umqualifizierung

17 Die Umqualifizierung von Betriebsvermögen in Sonderbetriebsvermögen erfolgt steuerneutral. *Analoge Anwendung:* § 6 Abs. 5 Satz 2 EStG.

3. Vermeidung der Aufdeckung der stillen Reserven

18 Soweit Besitzgesellschaften in der Rechtsform einer GbR, OHG oder KG geführt werden kann durch rechtzeitige Aufnahme einer GmbH als alleinige persönlich haftende Gesellschafterin formwechselnd in eine GmbH & Co. KG die Aufdeckung der stillen Reserven vermieden werden. Der Formwechsel führt zur Gründung einer gewerblich geprägten Personengesellschaft.[28] Ist das Besitzunternehmen ein Einzelunternehmen und deshalb zwingend Sonderbetriebsvermögen[29], sollte diese steuerneutral in eine (Ein-Personen-)GmbH & Co. KG eingebracht werden.[30]

27 Vergleiche Bauschatz in Festschrift Korn; Bauschatz in „Gestaltung und Abwehr im Steuerrecht" Stollfuß Verlag, Bonn, 2005, 801.
28 § 15 Abs. 3 Nr. 2 EStG.
29 In diesem Fall ist keine Lösung der Bilanzierungskonkurrenz mangels vorliegen notwendig.
30 § 6 Abs. 5 Satz 3 Nr. 2 EStG.

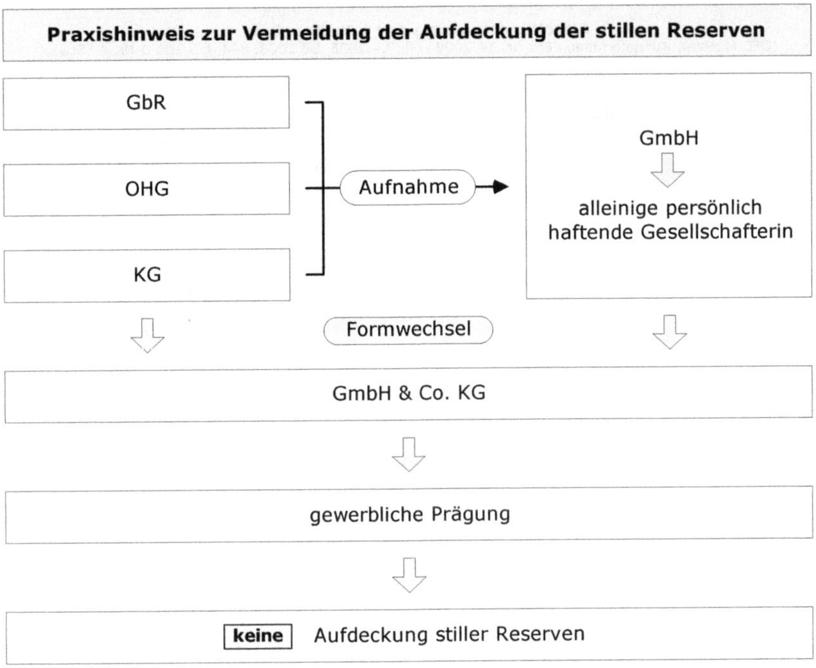

C. Abgeltungswirkung der 1 %-Regelung

(OFD Münster, Kurzinformation ESt Nr. 14/2008 vom 9.4.2008, DB 2008, 844, § 6 Abs. 1 Nr. 4 EStG)

I. Ausgangssituation

Der Steuerpflichtige S nutzte seinen für seine gewerbliche Tätigkeit genutzten Pkw zu 49 % der 19
Gesamtfahrleistung für seine nichtselbständige Tätigkeit für Fahrten zwischen Wohnung und Arbeitsstätte. S machte die Entfernungspauschale[31] als Werbungskosten bei den Einkünften aus nichtselbständiger Arbeit geltend[32]. Die private Nutzung des Pkw hatte S nach der 1 %-Regelung[33] erfasst. Das Finanzamt erfasste neben der 1 %-Regelung eine zusätzliche Privatentnahme in Höhe von 49 % der Pkw-Gesamtkosten gewinnerhöhend. Die Auffassung des Finanzamtes wurde vom BFH bestätigt.[34]

31 § 9 Abs. 1 Satz 3 Nr. 4 EStG a. F.
32 § 19 EStG).
33 § 6 Abs. 1 Nr. 4 Satz 2 EStG.
34 BFH vom 26.4.2006, X R 35/05, BStBl. II 2007, 445.

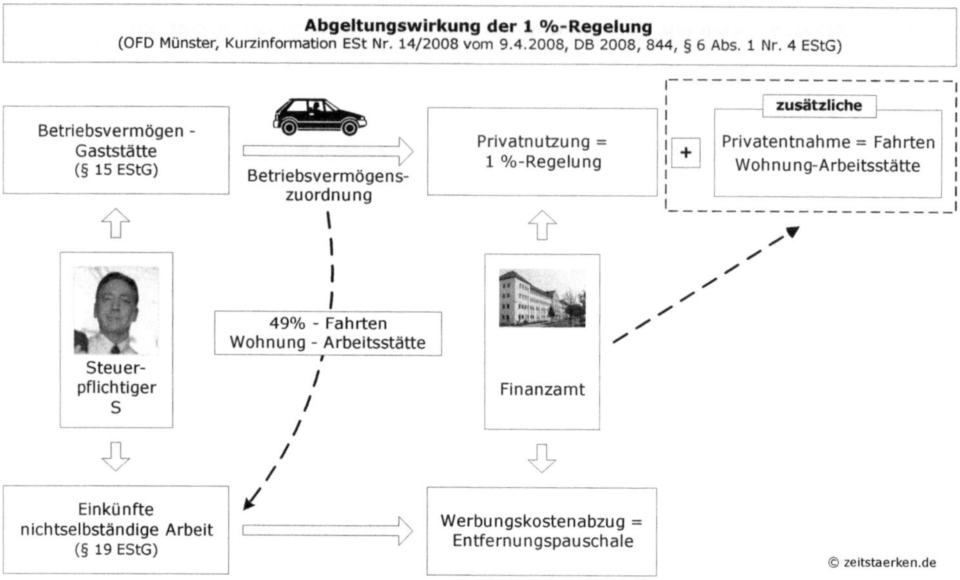

II. Besteuerungsproblem

20 Ist die Nutzung eines betrieblichen Kraftfahrzeugs zur Erzielung von Überschusseinkünften durch die Bewertung der privaten Nutzung nach der 1 %-Regelung[35] abgegolten oder nicht?

III. Ergebnis des BFH

21 Die 1 %-Regelung erfasst nur die Nutzungsentnahme für private Fahrten.[36] Wird das Fahrzeug für andere Einkunftsarten verwendet, führt dies zu weiteren Nutzungsentnahmen.[37] Die Bewertung der Nutzungsentnahme erfolgt mit den anteiligen Selbstkosten.[38]

35 § 6 Abs. 1 Nr. 4 Satz 2 f. EStG.
36 § 6 Abs. 1 Nr. 4 Satz 2 EStG.
37 BFH vom 26.4.2006, X R 35/05, BStBl. II 2007, 445.
38 BFH vom 26.10.1987, GrS 2/86, BStBl. II 1988, 348.

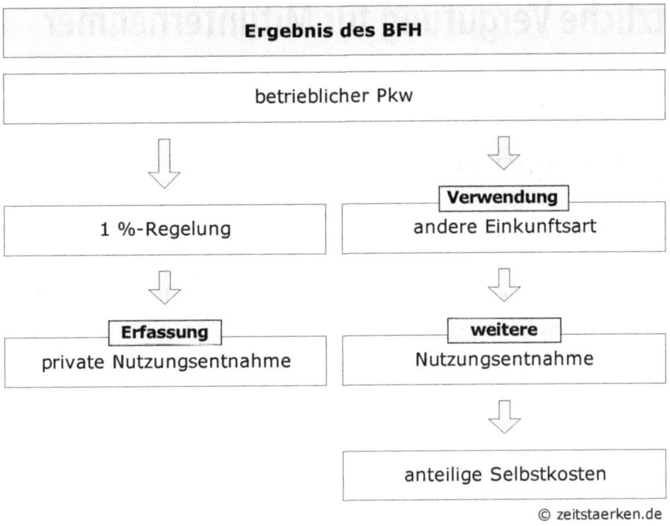

Bei Verwendung für weitere Gewinneinkünfte[39] entsteht bei dieser eine gewinnmindernde Aufwandseinlage, bei Verwendung für Überschusseinkünfte[40] entstehen Werbungskosten[41].

IV. Ergebnis der Finanzverwaltung

Ab dem Veranlagungszeitraum 2007 wendet die Finanzverwaltung das BFH-Urteil an. Aus Vereinfachungsgründen wird auf die weitere Nutzungsentnahme verzichtet, soweit diese Aufwendungen bei keinen anderen Einkunftsarten geltend gemacht werden 22

V. Lösung in der Ausgangssituation

Soweit S die Entfernungspauschale bei den Einkünften aus nichtselbständiger Tätigkeit geltend macht, erfolgt eine Nutzungsentnahme bei den Einkünften aus Gewerbebetrieb in Höhe von 49 % der Selbstkosten. Soweit S auf die Geltendmachung der Entfernungspauschale verzichtet, erfolgt keine Berücksichtigung der Nutzungsentnahme bei den Einkünften aus Gewerbebetrieb. 23

39 § 2 Abs. 2 Nr. 1 EStG.
40 § 2 Abs. 2 Nr. 2 EStG.
41 § 9 EStG.

D. Zusätzliche Vergütung für Mitunternehmer

(BFH vom 24.1.2008, IV R 87/06, BStBl. II 2008, 428; § 15 Abs. 1 Nr. 2 EStG)

I. Ausgangssituation

24 Die Mitunternehmer A und B betreiben eine sog. Arbeitsgemeinschaft (= ARGE). A erhielt für die kaufmännische Geschäftsführung eine Tätigkeitsvergütung in Höhe von 0,8 % des Umsatzes. Für die technische Geschäftsführung erhielten beide Mitunternehmer eine weitere Vergütung in Höhe von ebenfalls 0,8 % des Umsatzes. Die verbleibenden Erträge mussten die anderen betrieblichen Aufwendungen abdecken und wurden sodann auf den als Forderung ausgewiesenen Gesellschafterverrechnungskonten für zukünftige Entnahmen aktiviert.

Jeweils am Ende der folgenden Jahre wurde zur „Abdeckung von zusätzlichen Geschäftskosten" eine zusätzliche Vergütung vereinbart. Die zusätzliche Vergütung wurde bei der Mitunternehmerschaft als Aufwand und beim empfangenden Gesellschafter als Sonderbetriebseinnahme erfasst.

Nach einer Betriebsprüfung erzielte die Mitunternehmerschaft in der Hauptbilanz einen Verlust in Höhe von 1. Mio €, welcher bei den Gesellschaftern zu negativen Kapitalkonten führte. Nunmehr beantragten die Mitunternehmer, dass die zusätzliche Vergütung steuerrechtlich aufgrund der nachträglich abgeschlossenen Vereinbarung *nicht* anerkannt werden könnten. Die Auszahlungen müssen vielmehr als Entnahmen der Gesellschafter behandelt werden. Bei einer Änderung der zusätzlichen Vergütung entstehen im Sonderbetriebsvermögen *keine* steuerpflichtigen Einnahmen.

Das Finanzamt lehnte den Änderungsantrag ab.

II. Besteuerungsproblem

25 Es ist fraglich, ob die nachträglich vereinbarte Vergütung als Sonderbetriebseinnahme oder Entnahme zu qualifizieren ist?

III. Ergebnis des BFH

1. Sonderbetriebseinnahmen

26 Als Sondervergütungen[42] sind nur solche Vergütungen anzusehen, die als Gegenleistung für die kaufmännische und technische Geschäftsführung anzusehen sind.[43]

Eine Sonderbetriebseinnahme ist *nicht* gegeben, weil

- sich der Umfang der erbrachten Leistungen *nicht* erhöht hat

  und

- weil das ursprünglich vereinbarte Leistungsentgelt *nachträglich nicht* als unangemessen niedrig anzusehen ist

42 § 15 Abs. 1 Nr. 2 Satz 1 EStG.
43 BFH vom 28.3.2000, VIII R 13/99, BStBl. II 2000, 612.

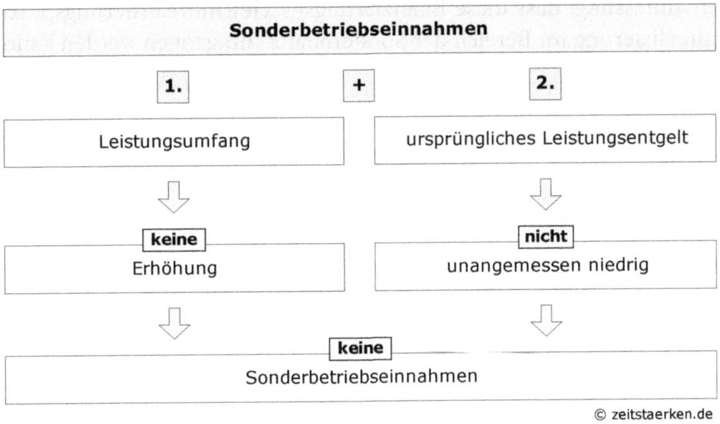

2. Teilgewinnrealisierung bei langfristiger Fertigung

Die Gesellschafter bezweckten mit der Behandlung der zusätzlichen Vergütung eine Teilgewinn- 27
realisierung, die ansonsten mangels Abnahme durch die Auftraggeberin handelsrechtlich unzulässig gewesen wäre. Der bilanzsteuerrechtliche Hintergrund ist die Teilgewinnrealisierung vor Auftragsabnahme.

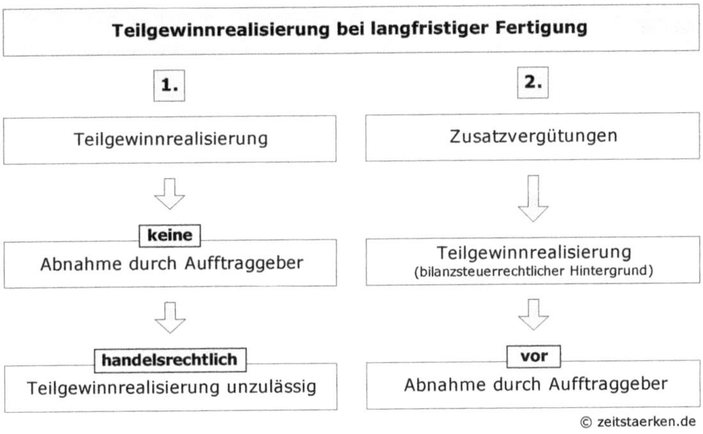

Hinweis:

Eine Teilgewinnrealisierung vor der endgültigen Abnahme kommt __nur__ dann in Betracht, wenn

- *das Gesamtwerk in abgrenzbare Teilleistungen zerlegt werden kann*
- *eine Teilabnahme vertraglich vorgesehen ist*

__und__

eine Teilabnahme auch erfolgt ist[44]

44 BFH vom 5.5.1976, I R 121/74, BStBl. II 1976, 541; BFH vom 7.9.2005, VIII R 1/03, BStBl. II 2006, 298.

Der BFH ist der Auffassung, dass diese Bilanzierungs- / Gewinnrealisierungspraxis *nicht* durch eine „Teilgewinnrealisierung im Bereich der Sonderbilanz" umgangen werden kann.

Hinweis:

*Die Anerkennung der rückwirkenden Vereinbarung ist **nicht** deswegen ausgeschlossen, weil gegen den Grundsatz des Rückwirkungsverbots verstoßen wurde. Der Beschluss war bis zum Ende des Wirtschaftsjahres, aber noch innerhalb des laufenden Veranlagungszeitraums getroffen worden und somit anzuerkennen.*[45]

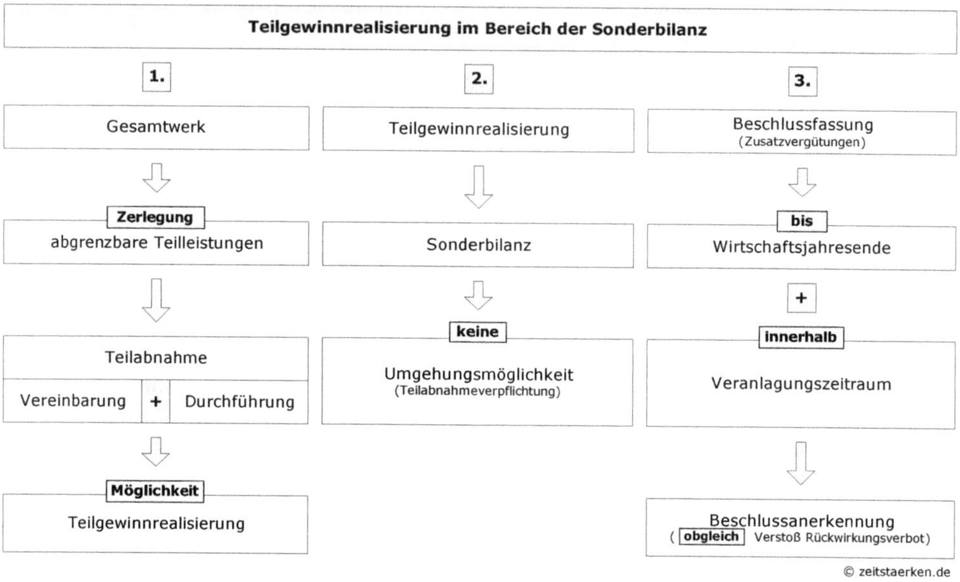

IV. Lösung in der Ausgangssituation

28 Mangels Leistungserbringung sind die Voraussetzungen für einen Aufwand / Betriebsausgabenabzug in der Hauptbilanz der Mitunternehmerschaft *nicht* gegeben. Es handelt sich bei den Zusatzvergütungen somit um Entnahmen. Dem Änderungsantrag ist statt zu geben.

E. Kindertages- und Kindervollzeitpflege

(Rechenbeispiel „Tagespflege" des BMF, www.bundesfinanzministerium.de; Gragert/Wiechert in „Kindertages- und Kindervollzeitpflege", NWB 2009, 128; § 18 EStG)

I. Einleitung

29 Die zur Kindervollzeit- und Kindertagespflege seit Ende der 80iger/Anfang der 90iger bestehenden Verwaltungsanweisungen wurden grundlegend überarbeitet und durch neue BMF-Schrei-

45 BFH vom 31.7.1963, I 164/62 U, BStBl. III 1963, 440.

ben[46] ersetzt. Auf Grund der im Jahr 2007 mehrfach geänderten Verwaltungsauffassung sind jedoch einige Neuregelungen bereits ab dem Jahr 2008 anzuwenden. Hervorzuheben sind dabei:

- Die bei der Vollzeitpflege gezahlten Pflegegelder bleiben auch in Zukunft in voller Höhe steuerfrei[47].
- Ab dem VZ 2009 sind bei der Tagespflege sämtliche Einnahmen für die Betreuungstätigkeit einschließlich der bislang steuerfreien Gelder von öffentlicher Seite von der Tagespflegeperson im Rahmen ihrer Einkünfte aus freiberuflicher Tätigkeit[48] zu versteuern. Erzielt die Pflegeperson steuerpflichtige Einkünfte muss sie den Gewinn grundsätzlich durch Einnahme-Überschuss-Rechnung[49] ermitteln. Hierfür ist der von der Finanzverwaltung amtlich vorgeschriebene Vordruck (= Anlage EÜR) zu verwenden.[50]

  und

- Auf Grund der Schwierigkeit im Bereich der Betriebsausgaben betrieblich veranlasste Aufwendungen von privaten Aufwendungen zu trennen ist aus Vereinfachungsgründen alternativ zum Abzug der tatsächlichen Betriebsausgaben der Ansatz einer Betriebsausgabenpauschale zulässig. Dies gilt aber nur, wenn die Betreuung des Kindes im Haushalt der Tagesmutter oder in von der Tagesmutter eigens für die Betreuung angemieteten Räumen stattfindet.

  Die Betriebsausgabenpauschale bei der Tagespflege beträgt pro Kind und Monat seit dem 1.1.1988 246 € bzw. ab dem 1.1.2009 300 €. Liegt nur ein Teilzeitpflegeverhältnis - Betreuungszeit von weniger als acht Stunden pro Tag pro Kind - vor, ist die Betriebsausgabenpauschale nur *zeitanteilig* zu gewähren.

4

II. Steuerpflichtige Einnahmen

Seit dem 1.1.2009 ist im Bereich der Tagespflege für die Frage der Steuerpflicht von Einnahmen die Unterscheidung nach der Herkunft der Mittel unbeachtlich.[51] Nunmehr sind sämtliche Zahlungen, unabhängig ob von privater oder öffentlicher Seite, als steuerpflichtige Betriebseinnahmen zu behandeln. Zu den Betriebseinnahmen zählen sämtliche Geldleistungen, die die Tagespflegeperson für die Ausübung ihrer Tätigkeit erhält. Dies gilt unabhängig davon, ob die Zahlungen aus öffentlichen Kassen[52] oder von privater Seite[53] stammen. 30

Hinweis:

Diese geänderte Verwaltungsauffassung ist aus Vertrauensschutzgründen erst ab dem VZ 2009 anzuwenden. Eine Nacherklärung bisher nicht steuerpflichtiger Betriebseinnahmen entfällt.

Es ist noch darauf zu achten, dass zu den steuerpflichtigen Betriebseinnahmen *auch* die von der öffentlichen Hand erstatteten Aufwendungen für Beiträge zu einer Unfallversicherung sowie die zur Hälfte übernommenen Kosten für eine angemessene Alterssicherung gehören (= alte Auffassung der Finanzverwaltung).

46 BMF-Schreiben vom 17.12.2007, IV C 3- S-2342 /07/0001, BStBl. I 2008, 17.
47 § 3 Nr. 11 EStG.
48 § 18 EStG.
49 § 4 Abs. 3 EStG.
50 § 60 Abs. 4 EStDV.
51 BMF-Schreiben vom 17.12.2007, a. a. O.
52 z. B. Land, Kommune vertreten durch Träger der Jugendhilfe, Jugendamt.
53 = Elternbeitrag.

Hinweis:

Durch das Kinderförderungsgesetz[54] wurde eine Steuerbefreiungsvorschrift für diese Erstattungen eingeführt.[55] Das BMF-Schreiben ist in diesem Punkt bereits wieder überholt! Auf Grund des Inkrafttretens am Tag nach der Verkündung (16.12.2008) ist diese neue Steuerbefreiungsvorschrift für den gesamten VZ 2009 bereits anzuwenden.

III. Betriebsausgaben

31 Hinsichtlich des Betriebsausgabenabzugs existiert weiterhin ein **Wahlrecht**. Die Pflegeperson kann entweder die tatsächlichen Kosten im einzelnen nachweisen oder aber die Betriebsausgabenpauschalen anwenden.

Hinweis:

Auf Grund der kompletten Steuerpflicht der Einnahmen ist die Betriebsausgabenpauschale nicht mehr zu kürzen.[56]

Aufwendungen, die im unmittelbaren wirtschaftlichen Zusammenhang mit der Ausübung der Betreuungstätigkeit stehen sind als Betriebsausgaben abzugsfähig.[57] Zu den bei der Tagespflege anfallenden Betriebsausgaben gehören typischerweise Aufwendungen für[58]:

- Nahrungsmittel
- Ausstattungsgegenstände/Mobiliar
- Beschäftigungsmaterialien (= z. B. Spielzeug, usw.)
- Fachliteratur
- Hygieneartikel
- Miete und Betriebskosten der zur Kinderbetreuung genutzten Räumlichkeiten
- Fahrtkosten

  oder
- Kosten, die Tagespflegepersonen im Rahmen der Betreuung der Kinder für die Freizeitgestaltung entstehen.
- usw.

Hinweis:

*Soweit Beiträge für Versicherungen entrichtet werden, sind sie nur insoweit abzugsfähig, wie sie **nicht** von öffentlicher Seite (Jugendhilfe) erstattet werden.[59]*

IV. Betriebsausgabenpauschale

32 Die Finanzverwaltung lässt auch zukünftig aus Vereinfachungsgründen anstelle der nachgewiesenen Einzelkosten den Abzug einer Betriebsausgabenpauschale in Höhe von 300 € je Kind und Monat bei einer Betreuungszeit von mindestens acht Stunde/Tag zu. Bei einer Betreuungszeit von weniger als acht Stunden ist die Betriebsausgabenpauschale wie bisher zeitanteilig zu kürzen.

54 Kinderförderungsgesetz vom 15.12.2008, BGBl. I 2008, 2403 ff.
55 § 3 Nr. 9 EStG.
56 Keine Anwendung: § 3c Abs. 1 EStG.
57 § 4 Abs. 4 EStG.
58 BMF-Schreiben vom 17.12.2007, a. a. O.
59 § 3c Abs. 1 i. V. m. § 3 Nr. 9 EStG.

Hinweis:

*Eine anteilige Kürzung nach dem Maßstab des Mahlzeitenaufwands ist ab dem 1.1.2009 **nicht** mehr möglich.*

Folgende Beispiele zur Kürzung der Betriebsausgabenpauschale sind in der täglichen Praxis anzuwenden: 33

- Betreuungszeit sieben Stunden pro Tag, fünf Tage die Woche: 262,50 €
- Betreuungszeit sechs Stunden pro Tag, fünf Tage die Woche: 225,00 €
- Betreuungszeit fünf Stunden pro Tag, fünf Tage die Woche: 187,50 €
- Betreuungszeit vier Stunden pro Tag, fünf Tage die Woche: 150,00 €
- Betreuungszeit vier Stunden pro Tag, vier Tage die Woche: 120,00 €

Folgende Beispiele sollen die Anwendung verdeutlichen.

Beispiel:

Eine Tagespflegeperson betreut in 2009 ganzjährig drei Kinder an jeweils fünf Tagen pro Woche. Die Betreuungszeit beträgt bei Kind 1 acht Stunden, bei Kind 2 zehn Stunden und bei Kind drei sechs Stunden.

Lösung:

Für Kind 1 und Kind 2 kann die Tagespflegeperson eine Betriebskostenpauschale von jeweils 300 € pro Monat berücksichtigen. Das entspricht einer Gesamt-Betriebskostenpauschale in Höhe von 7.200 €. Für Kind 3 ist die Betriebskostenpauschale zeitanteilig zu kürzen. Diese beträgt (300 € x 6/8 =) 225 € pro Monat, das entspricht einem Jahresbetrag in Höhe von 2.700 €.

Beispiel:

Eine Tagespflegeperson betreut in 2009 ganzjährig Kind 1 an fünf Tagen pro Woche. Die Betreuungszeit beträgt dabei acht Stunden. Kind 2 wird nur für drei Tage in der Woche betreut. Hier entspricht die Betreuungszeit vier Stunden.

Lösung:

Für Kind 1 kann die Tagespflegeperson eine Pauschale in Höhe von 300 € pro Monat als Betriebsausgabenpauschale abziehen, das entspricht einem Jahresbetrag in Höhe von 3.600 €. Für Kind 2 ist die Betriebskostenpauschale zeitanteilig zu kürzen. Diese Beträgt bei einer Fünf-Tage Arbeitswoche anteilig (300 € x 3/5 =) 180 €. Weiterhin ist die Betriebskostenpauschale auf Grund der geringeren Betreuungszeit zu kürzen. Diese Beträgt abschließend daher (180 € 4/8 =) 90 € pro Monat, das entspricht einem Jahresbetrag von 1.080 €.

Beispiel:

Die Tagespflegeperson betreut ganztätig drei Kinder im gesamten VZ 2009 und erhält dafür Einnahmen in Höhe von 500 € pro Kind und Monat. Sie ist nicht verheiratet und hat keine weiteren Einkünfte.

Lösung:

Die steuerpflichtigen Einnahmen betragen (3 x 500 € x 12 =) 18.000 €. Die Betriebskostenpauschale beträgt (3 x 300 € x 12 =) 10.800 €. Die steuerpflichtigen Einkünfte aus freiberuflicher Tätigkeit betragen 7.200 €. Der im VZ 2009 (noch) gültige Grundfreibetrag beträgt 7.664 €.

V. Zusammenfassung

34 Das nachstehende Schaubild stellt eine Zusammenfassung der steuerrechtlichen Behandlung von Pflegegeldern ab dem 1.1.2009 dar.

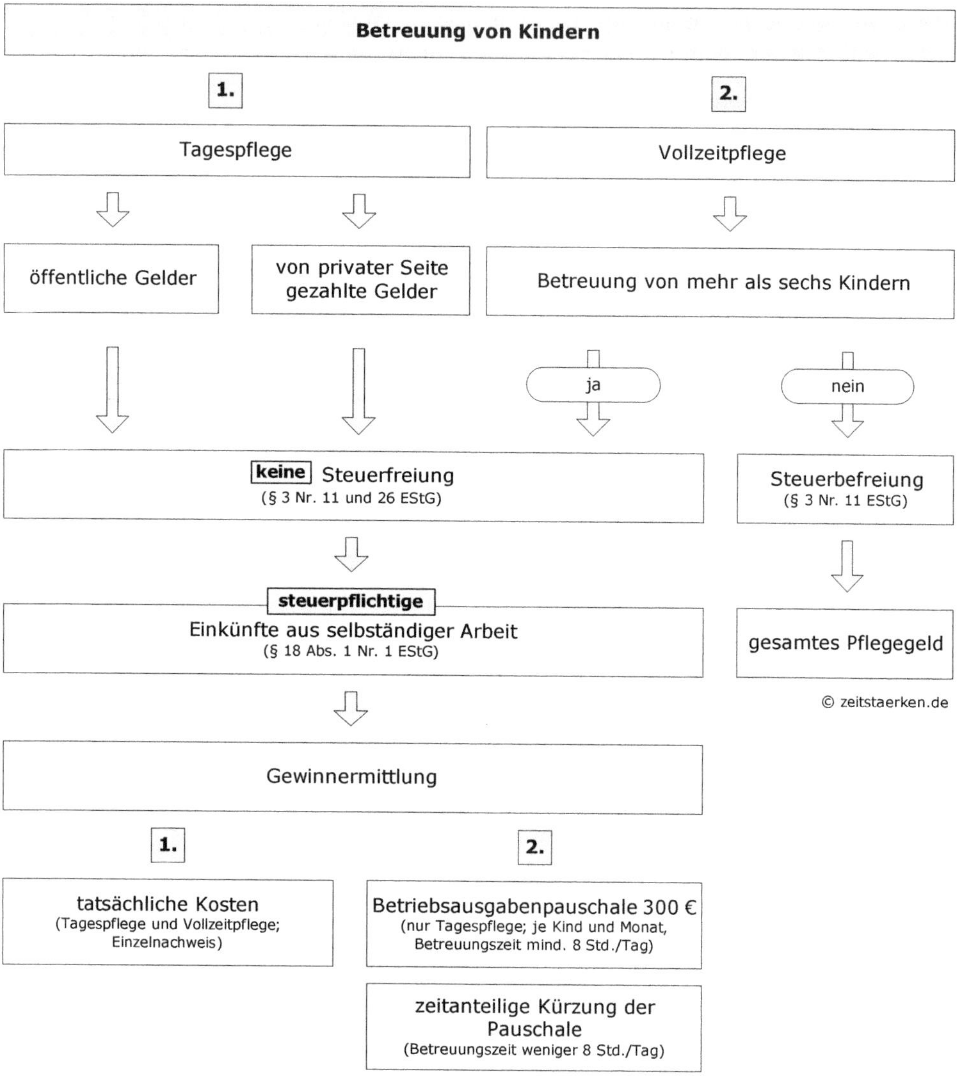

VI. Tabellarische Gegenüberstellung

35 Nachfolgend - entnommen aus Gragert/Wichert[60] - sind die einzelnen Veranlagungszeiträume 2007, 2008 und 2009 gegenübergestellt.

60 Gragert/Wichert in „Kindertages- und Kindervollzeitpflege", NWB 2009, 128 ff.

Betriebsausgabenpauschale			
	Betriebsausgabenpauschale pro Kind und Monat		
	bis VZ 2007	bis VZ 2008	bis VZ 2009
Tagespflege	246 €	246 €	300 €
Vollzeitpflege	384 €	<u>*keine*</u> Betriebsausgabenpauschale	<u>*keine*</u> Betriebsausgabenpauschale
Wochenpflege fünf Tage sechs Tage	 297 € 328 €	<u>*keine*</u> Betriebsausgabenpauschale	<u>*keine*</u> Betriebsausgabenpauschale

F. Übernachtungskosten bei Auslandsgeschäftsreisen

(OFD Frankfurt a. M. Verfügung vom 3.6.2008, S 2228A-7-St, 210, DB 2008, 2109; § 4 Abs. 4 EStG)

Zu der Frage, ob für Übernachtungskosten bei Auslandsgeschäftsreisen weiterhin eine Pauscha- 36
le[61] als Betriebsausgabe berücksichtigt werden kann, gilt nach einer Entscheidung der obersten Finanzbehörden des Bundes und der Länder Folgendes: Für die Berücksichtigung von Übernachtungskosten bei Auslandsgeschäftsreisen als Betriebsausgaben ist die Regelung der Lohnsteuerrichtlinie[62] entsprechend anzuwenden. Dementsprechend sind nur die **tatsächlichen Übernachtungskosten** als Betriebsausgabe zu berücksichtigen.

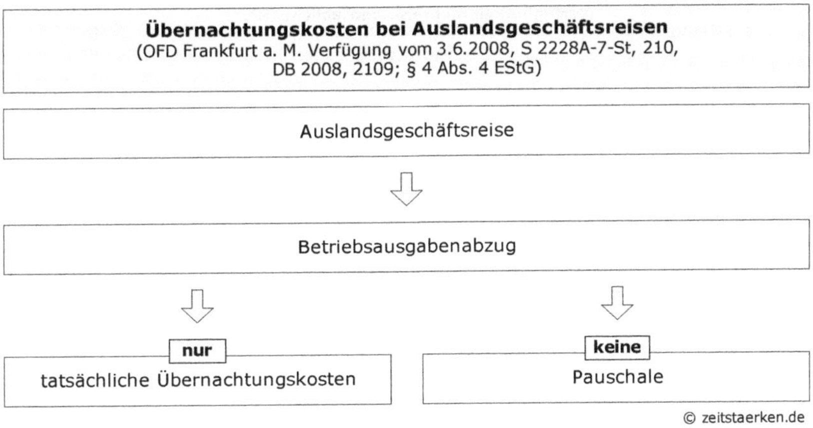

61 BMF-Schreiben vom 9.11.2004, IV C 5 - S 2353 - 108/04/IV B 2 - S 2145 - 4/04, BStBl. I 2004, 1052.
62 R 9.7 Abs. 2 LStR 2008.

G. Verfügbarkeit mehrerer betrieblicher Kfz

*(FG Münster vom 29.4.2008, 6 K 2405/07 E, U, EFG 2008, 1275, nrkr.; **Revision:** BFH VIII R 24/08; § 6 Abs. 1 Nr. 4 EStG)*

I. Ausgangssituation

37 Der selbstständig tätige Versicherungsmakler V wird zusammen mit seiner Ehefrau zur Einkommensteuer veranlagt. In den Veranlagungszeiträumen 01 bis 03 waren dem Betrieb des V drei Fahrzeuge als Betriebsvermögen zugeordnet:

- BMW 750i (1.1.01 bis 31.3.03)
- Porsche 911 Carrera (1.4.02 bis 31.12.03)
- Porsche Cayenne S (1.3.03 bis 31.12.03)

V nutzte sämtliche Fahrzeuge auch für private Zwecke. Für *keines* der Fahrzeuge führte V ein Fahrtenbuch. Im Privatvermögen befand sich ein BMW Mini Cooper, der ausschließlich von der Ehefrau genutzt wurde.

Im Rahmen einer Betriebsprüfung ermittelte das Finanzamt für alle drei im Betriebsvermögen des V befindlichen Fahrzeuge den privaten Nutzungsanteil auf der Grundlage der 1 %-Regelung[63]. Die Ehefrau des V gab eine eidesstattliche Versicherung ab, dass sie *keines* der betrieblichen Fahrzeuge genutzt habe. V vertrat die Auffassung, dass die Verwaltungsanweisung[64] anzuwenden sei und somit die Nutzungswertbesteuerung nur auf das Fahrzeug mit dem höchsten Bruttolistenneupreis anzuwenden sei.

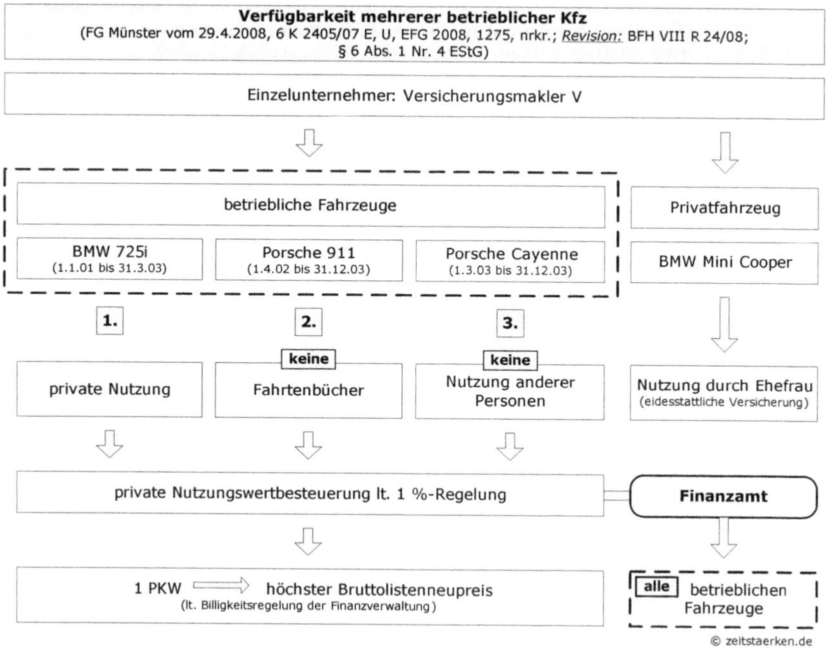

63 § 6 Abs. 1 Nr. 4 Satz 2 EStG.

64 BMF-Schreiben vom 21.1.2001, IV A 6 - S 2177 - 1/02, BStBl. I 2002, 148, Rz. 9.

II. Besteuerungsproblem

Ist bei mehreren betrieblichen Fahrzeugen, die für private Zwecke genutzt werden, die Nutzungswertbesteuerung für jedes Fahrzeug durchzuführen? 38

III. Grundsätze der Nutzungswertbesteuerung

Für die private Nutzung eines Kfz muss für jeden Kalendermonat 1 % des inländischen Bruttolistenpreises zum Zeitpunkt der Erstzulassung zuzüglich der Sonderausstattungen und einschließlich der Umsatzsteuer angesetzt werden.[65] Von dieser so genannten **1 %-Regelung** kann nur abgewichen werden, wenn der Steuerpflichtige ein ordnungsgemäßes Fahrtenbuch führt und anhand dessen die private Nutzung nach den tatsächlich entfallenden Aufwendungen ermittelt.[66] Bei der 1 %-Regelung handelt es sich um eine **widerlegbare Typisierung**, die der Vereinfachung dient und weder dem Grunde noch der Höhe nach verfassungsrechtlichen Bedenken begegnet.[67] 39

IV. Billigkeitsregelung der Finanzverwaltung

Kann der Unternehmer glaubhaft machen, dass die betrieblichen Fahrzeuge tatsächlich *nicht* durch Personen, die zu seiner Privatsphäre gehören, genutzt werden, kann von dem Grundsatz, dass für jedes betriebliche Fahrzeug die pauschale Nutzungsbesteuerung[68] nach der 1 %-Regelung durchzuführen ist, abgewichen werden.[69] Nach dieser **Billigkeitsregelung** soll für die pauschale Nutzungswertbesteuerung von allen vom Unternehmer privat mit genutzten Fahrzeugen nur das Fahrzeug mit dem höchsten Bruttolistenneupreis zugrunde gelegt werden (= sog. „Junggesellenklausel"[70]). 40

65 § 6 Abs. 1 Nr. 4 Satz 2 EStG.
66 § 6 Abs. 1 Nr. 4 Satz 3 EStG.
67 BFH vom 24.2.2000, III R 59/98, BStBl. II 2000, 773; BFH vom 13.2.2003, X R 23/01, BStBl. II 2003, 472; BFH vom 7.11.2006, VI R 19/05, BStBl. II 2007, 116; BFH vom 14.5.1999, VI B 258/98, BFH/NV 1999, 1330; BFH vom 11.7.2005, X B 11/05, BFH/NV 2005, 1801; BFH vom 18.10.2007, VIII B 212/06, BFH/NV 2008, 210.
68 § 6 Abs. 1 Nr. 4 Satz 2 EStG.
69 BMF-Schreiben vom 21.1.2002, IV A 6 - S 2177-1/02, BStBl. I 2002, 148.
70 RiFG Hoffmann, Anmerkung zum FG Münster vom 29.4.2008, 6 K 2405/07 E.

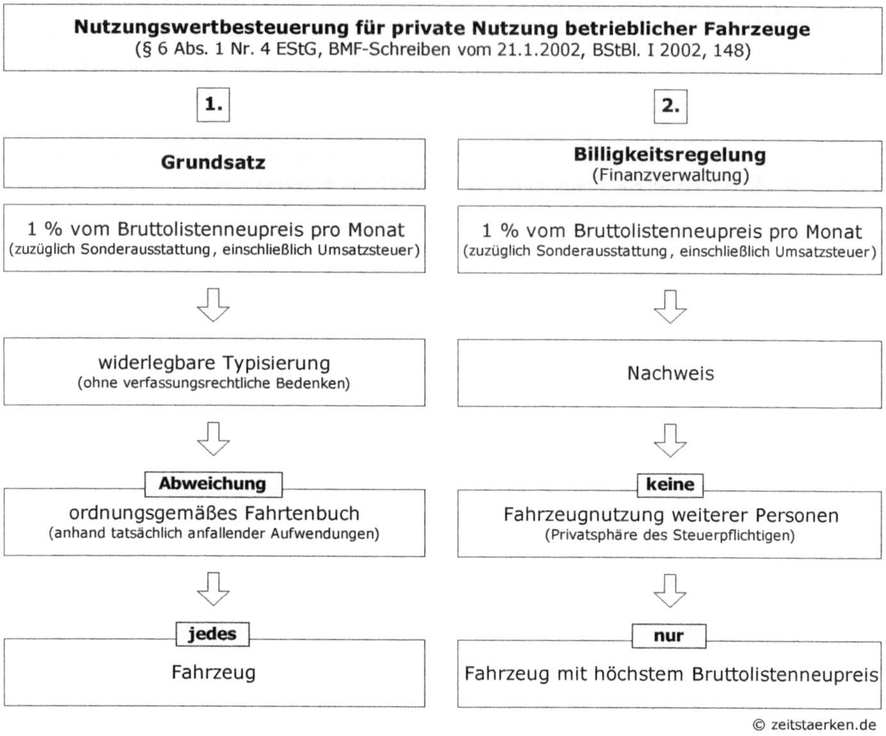

V. Auffassung des Finanzgerichts

1. Nutzungswertbesteuerung für alle privat mit genutzten Fahrzeuge

41 Die pauschale Nutzungswertbesteuerung[71] ist grundsätzlich für jeden betrieblichen Pkw, der auch privat genutzt wird, nach der 1 %-Regelung durchzuführen, wenn der Steuerpflichtige für keines der Fahrzeuge ein Fahrtenbuch führt. Die 1 %-Regelung ist für jedes einzelne zum Betriebsvermögen eines Unternehmens gehörende Fahrzeug isoliert anzuwenden.[72] Dem Steuerpflichtigen steht auch für jedes einzelne Fahrzeug ein Wahlrecht zwischen der Anwendung der 1 %-Regelung und dem Führen eines Fahrtenbuches zu.[73] Die bloße Möglichkeit der Auswahl eines zur jeweiligen Gelegenheit passenden Fahrzeugs, stellt einen zu versteuernden Nutzungsvorteil dar.

Hinweis:

Dass eine Person zu einem Zeitpunkt immer nur ein Fahrzeug tatsächlich nutzten kann, bleibt insofern unberücksichtigt, da für alle Fahrzeuge auch dann Aufwendungen anfallen, wenn diese nicht gefahren werden.

71 § 6 Abs. 1 Nr. 4 Satz 2 EStG.
72 FG München vom 7.12.2004, 2 K 3137/03, EFG 2005, 685.
73 BFH vom 3.8.2000, III R 2/00, BStBl. II 2001, 332.

2. Keine Bindungswirkung der Billigkeitsregelung

Die Billigkeitsregelung der Finanzverwaltung[74], dass die private Nutzungswertbesteuerung nur für das Fahrzeug mit dem höchsten Bruttolistenneupreis durchzuführen ist, ist *nicht* am Gesetz ausgerichtet. Eine Bindung des Finanzgerichts an Verwaltungsvorschriften besteht mangels Rechtsnormqualität *nicht*. Die Finanzgerichte sind nur dem Gesetz im Sinne einer Rechtsnorm unterworfen.[75] 42

Ebenso entfaltet die Billigkeitsregelung *keine* sog. **Selbstbindung** der Verwaltung[76], da die Regelung nicht im Einklang mit dem Gesetz steht.[77] Ein Rechtsanspruch, nach der Maßgabe der allgemeinen Verwaltungsanweisungen besteuert zu werden, besteht *nur* dann, wenn die konkrete Billigkeitsregelung im Einklang mit dem Gesetz steht.[78]

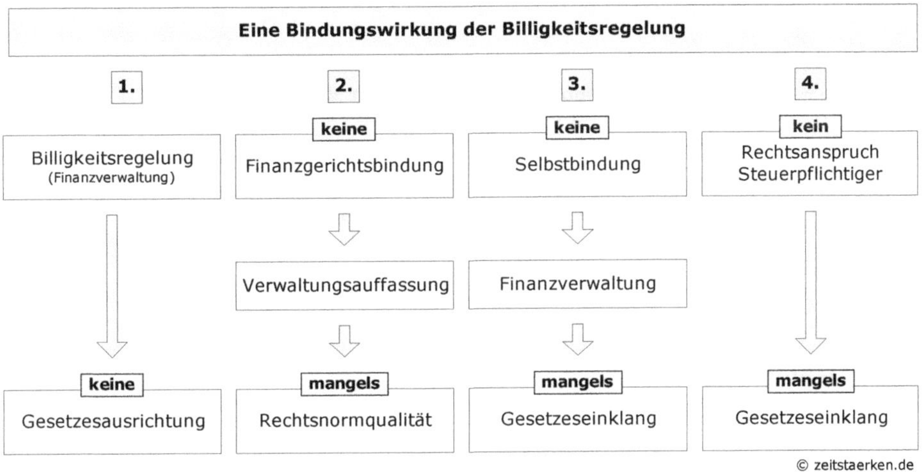

Hinweis:

Die Billigkeitsregelung zur privaten Nutzungswertbesteuerung bei mehreren Fahrzeugen entspricht nicht der gesetzlichen Regelung[79]. Die gesetzliche Regelung stellt nämlich gerade nicht darauf ab, ob die betrieblichen Fahrzeuge nur durch den Steuerpflichtigen allein oder auch durch andere Personen aus dem privaten Umfeld des Steuerpflichtigen genutzt werden.

VI. Lösung in der Ausgangssituation

Da V für die drei betrieblichen Fahrzeuge, die privat mit genutzt wurden, *keine* ordnungsgemäßen Fahrtenbücher geführt hat, muss V für jedes der Fahrzeuge die private Nutzungswertbesteuerung mittels der 1 %-Regelung bei seiner Gewinnermittlung ansetzen. 43

74 BMF-Schreiben vom 21.1.2001, IV A 6 - S 2177 - 1/02, BStBl. I 2002, 148, Rz. 9.
75 § 4 AO; Artikel 20 Abs. 3, Artikel 97 GG.
76 Art. 3 Abs. 1 GG.
77 BFH vom 14.3.2007, XI R 59/04, BFH/NV 2007, 1838.
78 BFH vom 23.4.1991, VIII R 61/87, BStBl. II 1991, 752; BFH vom 19.5.2005, III R 29/03, BStBl. II 2005, 77; BFH vom 14.3.2007, XI R 59/04, BFH/NV 2007, 1838.
79 § 6 Abs. 1 Nr. 4 Satz 2 EStG.

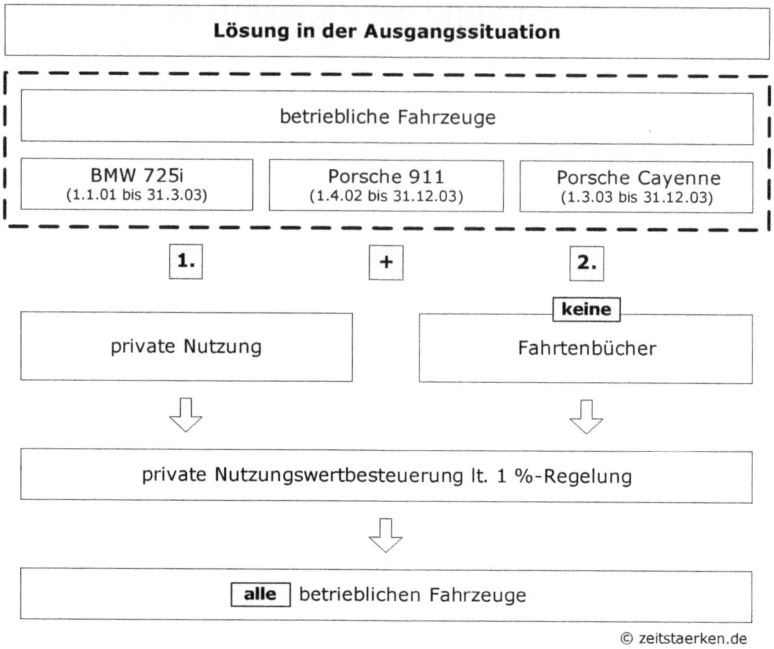

VII. Praxishinweis

1. Höhere pauschale Nutzungswertbesteuerung

44 Sollte der BFH im Rahmen des Revisionsverfahrens[80] die Auffassung des Finanzgerichts bejahen, müssen Einzelunternehmer, die sich bisher auf die günstige Billigkeitsregelung[81] der Verwaltung stützen konnten, mit erheblich höheren pauschalen Nutzungswertbesteuerungen[82] rechnen.

2. Rechtsanspruch auf Kostendeckelung

45 Anders sieht der Rechtsanspruch auf Anwendung der Verwaltungsauffassung bei der sog. „Kostendeckelung" aus. Die Kostendeckelung sieht vor, dass der pauschale Nutzungswert auf die für den Pkw angefallenen Gesamtaufwendungen begrenzt wird.[83] Hier besteht für den Steuerpflichtigen ein Rechtsanspruch auf die Anwendung dieser Regelung, weil die Kostendeckelung mit dem Grundsatz der Besteuerung nach der wirtschaftlichen Leistungsfähigkeit korrespondiert und somit nicht den gesetzlichen Rahmen verlässt[84]

80 *Revision*: BFH VIII R 24/08.
81 BMF-Schreiben vom 21.1.2002, IV A 6 - S 2177 - 1/02, BStBl. I 2002, 148, Rz. 9.
82 § 6 Abs. 1 Nr. 4 Satz 2 EStG.
83 BMF-Schreiben vom 21.1.2002, IV A 6 – S 2177 – 1/02, BStBl. I 2002, 148, Rz. 14.
84 BFH vom 14.3.2007, XI R 59/04, BFH/NV 2007, 1838.

3. Unentgeltliche Wertabgabe

Die nicht unternehmerische Nutzung eines dem Unternehmen zugeordneten Fahrzeugs ist als unentgeltliche Wertabgabe der Umsatzsteuer zu unterwerfen.[85] Die Bemessungsgrundlage sind die zum vollen oder teilweisen Vorsteuerabzug berechtigenden Kosten.[86] Werden mehrere dem Unternehmen zugeordnete Fahrzeuge für nicht unternehmerische Zwecke genutzt, so ist für jedes nicht unternehmerische Fahrzeug die unentgeltliche Wertabgabe zu besteuern[87]. 46

4. Firmenfahrzeug eines Gesellschafter/Geschäftsführer

Der Grundsatz, dass bei der privaten Nutzung mehrerer betrieblicher Fahrzeuge für jedes der Fahrzeuge die private Nutzungswertbesteuerung[88] vorgenommen werden muss, gilt auch für den alleinigen GmbH-Gesellschafter-Geschäftsführer, der zugleich ein Einzelunternehmen betreibt.[89] Für das dem Einzelunternehmen zugeordnete Fahrzeug, das privat mitbenutzt wird, ist die unentgeltliche Wertabgabe[90] zu versteuern. Und ebenso ist die entgeltliche Leistung[91] in Form der Überlassung des Firmenfahrzeugs der GmbH an den Geschäftsführer zur privaten Nutzung zu versteuern. 47

H. GWG und Sammelposten

(R 6.13 EStÄR 2008; § 6 Abs. 2a EStG)

I. Selbständig nutzungsfähige Wirtschaftsgüter des Anlagevermögens

Für die Entscheidung, ob ein Wirtschaftsgut des Anlagevermögens selbständig nutzungsfähig ist, ist es *maßgeblich* auf die **betriebliche Zweckbestimmung** des Wirtschaftsgutes abzustellen. Dabei ist die Frage der **selbständigen Nutzungsfähigkeit** eines Wirtschaftsgutes *nur* zu klären, wenn solche Wirtschaftsgüter angeschafft werden, die in einem Betrieb *zusammen mit anderen Wirtschaftsgütern* genutzt werden. Ein Wirtschaftsgut des Anlagevermögens ist einer selbständigen Nutzung *nicht* fähig, wenn 48

- das Wirtschaftgut nach seiner betrieblichen Zweckbestimmung nur zusammen mit anderen Wirtschaftsgütern des Anlagevermögens genutzt werden kann
- das Wirtschaftsgut mit den anderen Wirtschaftsgütern des Anlagevermögens in einen ausschließlich betrieblichen Nutzungszusammenhang steht. D. h. die angeschafften Wirtschaftgüter treten nach außen hin als einheitliches Ganzes in Erscheinung. Die Überprüfung des einheitlichen Ganzes erfolgt:

85 § 1 Abs. 1 Nr. 1 i. V. m. § 3 Abs. 9a Nr. 1 UStG.
86 § 10 Abs. 4 Satz 1 Nr. 2 UStG.
87 FG Rheinland-Pfalz vom 2.9.2008, 6 K 2322/06, EFG 2008, 1750, rkr.
88 § 6 Abs. 1 Nr. 4 Satz 2 EStG.
89 FG Rheinland-Pfalz vom 2.9.2008, 6 K 2322/06, EFG 2008, 1750, rkr.
90 § 3 Abs. 9a UStG.
91 § 1 Abs. 1 Nr. 1 UStG.

  - nach der Festigkeit der Verbindung
  - der technischen Gestaltung

    und
  - Dauerhaftigkeit dieser Voraussetzungen

und
- das angeschaffte Wirtschaftsgut ist mit den anderen Wirtschaftsgütern des Anlagevermögens technisch abgestimmt

4

Beispiel:

Der Gewerbetreibende G erwirbt folgende Wirtschaftsgüter:

Computerprozessor	in Höhe von	600 €
Bildschirm	in Höhe von	150 €
Drucker	in Höhe von	250 €
Scanner	in Höhe von	150 €

Lösung:

Es ist fraglich, ob die vier angeschafften Wirtschaftsgüter des Anlagevermögens selbständig nutzungsfähig sind. Nach der betrieblichen Zweckbestimmung erwirbt G die vier Wirtschaftsgüter um Sie als einheitliches Ganzes und auf Grund ihrer technischen Ausstattung auf Dauer wie ein einheitliches Wirtschaftsgut zu nutzen. U. E. liegen *nicht* selbständig nutzungsfähige Wirtschaftsgüter vor, sodass die Anschaffungskosten zusammen zu addieren sind und somit die Wertgrenze von GWG und Sammelposten überschreiten (= 1.150 €).

II. Getrennte Wirtschaftsgüter

49
- Dagegen bleiben Wirtschaftsgüter, die zwar in einen betrieblichen Nutzungszusammenhang mit anderen Wirtschaftsgütern eingefügt und technisch aufeinander abgestimmt sind, *dennoch* selbständig nutzungsfähig, wenn sie nach ihrer betrieblichen Zweckbestimmung *auch ohne* die anderen Wirtschaftsgüter im Betrieb genutzt werden können (z. B. Müllbehälter eines Müllabfuhrunternehmens, Multifunktionsgerät, Mobil-Toiletten).
- Auch Wirtschaftsgüter, die nach ihrer betrieblichen Zweckbestimmung nur mit anderen Wirtschaftsgütern genutzt werden können, sind selbständig nutzungsfähig, wenn sie *nicht* in einen Nutzungszusammenhang eingefügt sind, sodass die zusammen nutzbaren Wirtschaftsgüter des Betriebes nach außen *nicht* als ein einheitliches Ganzes in Erscheinung treten (z. B. Bestecke[92], Trivialprogramme, Videokassetten).
- Selbständig nutzungsfähig sind ferner Wirtschaftsgüter, die nach ihrer betrieblichen Zweckbestimmung nur zusammen mit anderen Wirtschaftgütern genutzt werden können, technisch mit diesen Wirtschaftsgütern aber *nicht* abgestimmt sind (z. B. Paletten, Einrichtungsgegenstände).

92 Handelsbilanz = Festwert; Steuerbilanz = GWG.

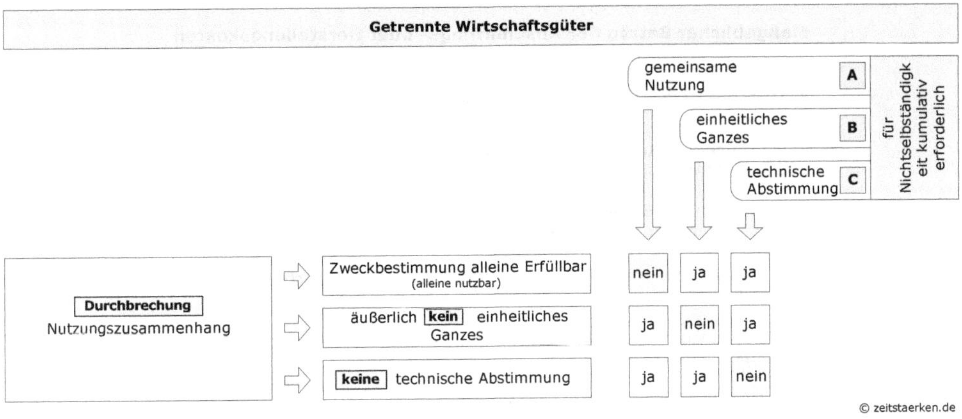

4

III. Weitere Anwendungshinweise

1. Maßgeblicher Betrag der Anschaffungs- oder Herstellungskosten

Bei der Prüfung, ob die Anschaffungs- oder Herstellungskosten für das einzelne Wirtschaftsgut 50
150 € oder 1.000 € *nicht* übersteigen, sind die folgenden Regeln zu beachten:

- wenn von den Anschaffungs- oder Herstellungskosten des Wirtschaftsgutes eine Rücklage zur Übertragung stiller Reserven[93] abgesetzt worden ist, von den um die Rücklage geminderten
- wenn die Anschaffungs- oder Herstellungskosten um den optionalen gedeckelten Betriebsausgabenabzug[94] nach der Nutzung des Investitionsabzugsbetrags gewinnmindernd herabgesetzt wurden, von den geminderten
- wenn das Wirtschaftsgut mit einem erfolgsneutral behandelten Zuschuss aus öffentlichen oder privaten Mitteln[95] angeschafft oder hergestellt worden ist, von den um den Zuschuss gekürzten

  und
- wenn von den Anschaffungs- oder Herstellungskosten des Wirtschaftsgutes eine Rücklage für Ersatzbeschaffung[96] abgesetzt worden ist, von den um diesen Betrag gekürzten Anschaffungs- oder Herstellungskosten auszugehen.

93 § 6b oder § 6c EStG.
94 § 7g Abs. 2 Satz 2 EStG.
95 R 6.5 EStR.
96 R 6.6 EStR.

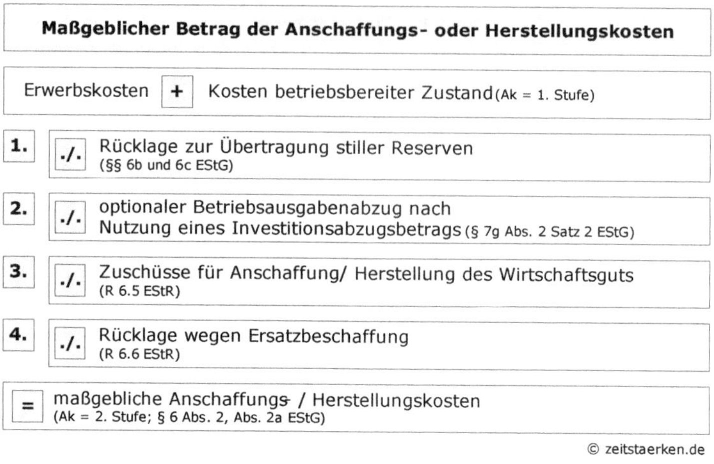

2. Zuordnungszeitpunkt bei Herstellung von Wirtschaftsgütern

51 Stellt ein Steuerpflichtiger ein selbständig bewertungsfähiges und selbständig nutzungsfähiges Wirtschaftsgut aus erworbenen Wirtschaftsgütern her, muss die GWG-Sofortabschreibung[97] oder die Einstellung in den Sammelposten[98] in dem Wirtschaftsjahr erfolgen, in dem das Wirtschaftsgut fertig gestellt worden ist.

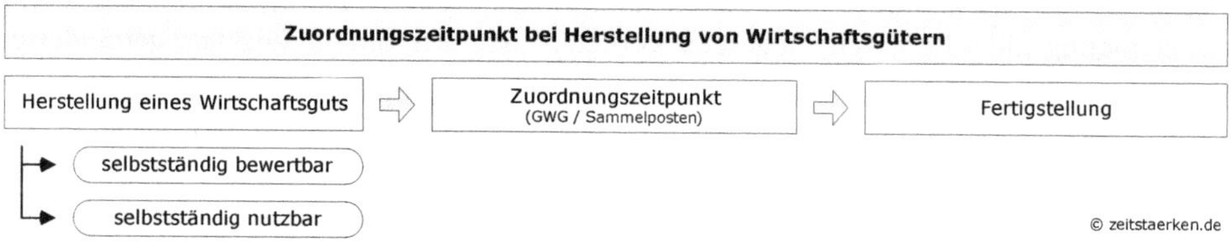

3. Behandlung nachträglicher Anschaffungs- oder Herstellungskosten bei GWG

52 Wurden die Anschaffungs- oder Herstellungskosten eines Wirtschaftsguts als geringwertiges Wirtschaftsgut[99] im Jahr der Anschaffung oder Herstellung in voller Höhe als Betriebsausgaben abgesetzt[100], sind in *späteren Wirtschaftsjahren* nachträgliche Anschaffungs- oder Herstellungskosten im Jahr ihrer Entstehung ebenfalls in **voller Höhe als Betriebsausgaben** zu behandeln. Dies gilt *unabhängig* davon, ob sie zusammen mit den ursprünglichen Anschaffungs- oder Herstellungskosten den Betrag von 1.000 € übersteigen.

97 § 6 Abs. 2 EStG.
98 § 6 Abs. 2a EStG.
99 § 6 Abs. 2 EStG.
100 GWG-Sofortabschreibung.

4. Nachträgliche Anschaffungs- und Herstellungskosten bei Wirtschaftsgütern des Sammelpostens

Hinweis:

Die Finanzverwaltung ist der Auffassung:

Ein Sammelposten[101] ist ***kein*** *Wirtschaftsgut sondern eine* ***Rechengröße (?)****, und damit beispielsweise einer Teilwertabschreibung* ***nicht*** *zugänglich.*

Für jedes Wirtschaftsjahr, in dem Anlagegüter eines Sammelpostens angeschafft, hergestellt oder 53
in das Betriebsvermögen eingelegt werden, ist ein gesonderter Sammelposten zu bilden. **Nachträgliche Anschaffungs- oder Herstellungskosten** erhöhen den Sammelposten des Wirtschaftsjahres, in dem die Aufwendungen entstehen. Dies gilt *unabhängig* davon, ob sie zusammen mit den ursprünglichen Anschaffungs- oder Herstellungskosten den Betrag von 1.000 € übersteigen.

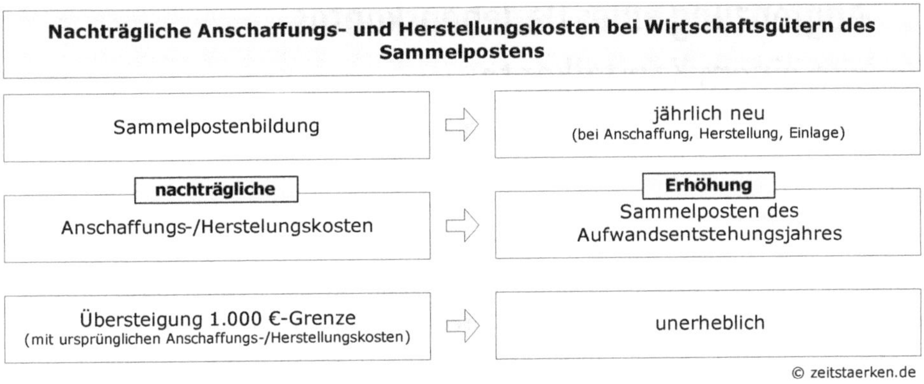

5. Unveränderbarkeit des Sammelpostens

Ein Sammelposten wird *nicht* dadurch vermindert, dass ein oder mehrere darin erfasste Wirt- 54
schaftsgüter durch Veräußerung oder Entnahme oder auf Grund höherer Gewalt[102] aus dem Betriebsvermögen des Steuerpflichtigen ausscheiden. Dies gilt auch für Wirtschaftsgüter, die zusammen mit einem Teilbetrieb übertragen[103], in ein anderes Betriebsvermögen überführt[104] oder übertragen oder zusammen mit einem Teilbetrieb in eine Kapital- oder Personengesellschaft eingebracht[105] werden.

101 § 6 Abs. 2a EStG.
102 R 6.6 Abs. 2 EStR.
103 § 6 Abs. 3 EStG.
104 § 6 Abs. 5 EStG.
105 §§ 20, 24 UmwStG.

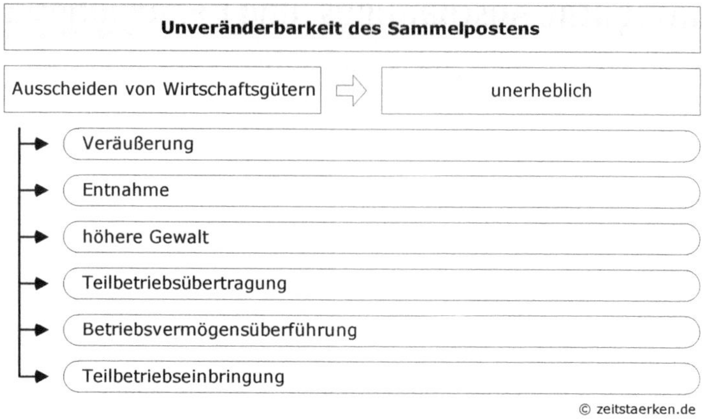

I. Abgrenzung eines Darlehenskontos von einem Kapitalkonto

(BFH vom 15.5.2008, IV R 46/05, DB 2008, 1834; § 15a EStG)

I. Ausgangssituation

55 Der Steuerpflichtige S ist an einer X-GmbH & Co. KG mit 50 % und einer Einlage in Höhe von 125.000 € beteiligt. Nach den Regelungen des Gesellschaftsvertrages führt die KG ein Kapitalkonto I als Festkapitalkonto, ein Darlehenskonto für jeden Gesellschafter, Rücklagenkonten sowie Verlustvortragskonten.

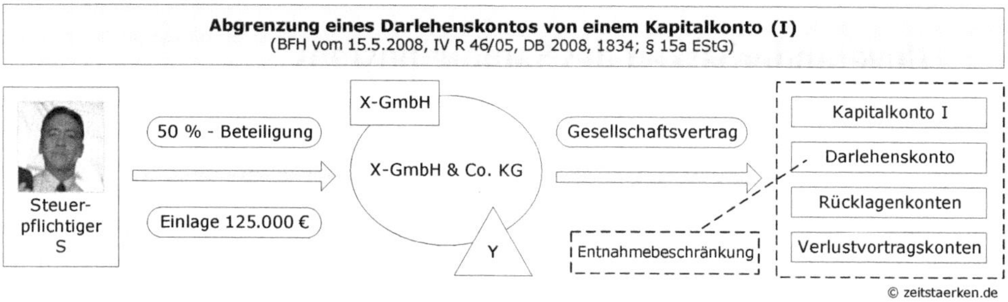

Der Gesellschaftsvertrag enthält hierzu im Einzelnen folgende Regelungen über die Entwicklung dieser Konten:

„§ 3 Gesellschafter und Einlagen der Gesellschafter

(...)

4. Die Einlage jedes Kommanditisten (...) wird auf einem Kapitalkonto I verbucht, das unverändert bleibt (...)

5. Daneben wird für jeden Gesellschafter ein Darlehenskonto geführt. Auf ihm werden nach näherer Maßgabe der §§ 7 und 8 Gewinnanteile sowie Entnahmen verbucht.

6. Die Einlagen auf den Kapitalkonten und auf den Rücklagenkonten sind nicht verzinslich. Die Gesellschafterdarlehen sind zugunsten und zulasten des jeweiligen Gesellschafters jährlich mit 2% über dem Diskontsatz der Deutschen Bundesbank zu verzinsen. (...)

§ 7 Gewinn- und Verlustbeteiligung

1. Von dem in dem Jahresabschluss gem. § 6 Abs. 1 ausgewiesenen Jahresüberschuss wird im Rahmen der Feststellung des Jahresabschlusses ein von der Gesellschafterversammlung zu bestimmender Teil von maximal 30% in die gesamthänderisch gebundene offene Rücklage eingestellt.

   Dieses gilt nicht, sofern Verlustvortragskonten bestehen oder die Kommanditeinlagen nicht voll geleistet sind.

2. Von dem danach verbleibenden Jahresüberschuss erhält die GmbH einen Anteil von 2% vorab.

3. An dem restlichen Gewinn nehmen die Kommanditisten im Verhältnis ihrer geleisteten Einlagen teil. Die Gewinnanteile der Kommanditisten dienen zunächst zum Ausgleich etwa vorhandener Verlustvortragskonten. Im Übrigen werden den Kommanditisten die Gewinnanteile auf den Darlehenskonten gutgeschrieben.

4. Ein Verlust wird auf die Kommanditisten im Verhältnis der geleisteten Einlagen verteilt. Die persönlich haftende Gesellschafterin nimmt an einem Verlust mit 2% vorab teil.

§ 8 Entnahmen

1. Entnahmen zulasten der Kommanditeinlagen sind nicht zulässig.

2. Von einem Guthaben auf den Darlehenskonten kann jeder Gesellschafter entnehmen:

b. die auf den Darlehenskonten gutgeschriebenen Zinsen

c. diejenigen Beträge, die er zur Aufbringung von Steuern und sonstigen öffentlichen Abgaben auf sein in der Gesellschaft gebundenes Vermögen und dessen Erträge benötigt.

   Im Übrigen entscheidet die Gesellschafterversammlung mit einfacher Mehrheit über weitere Entnahmen.

§ 15 Abfindung und Ausscheiden der Gesellschafter

(...)

2. Der ausscheidende Gesellschafter erhält das sich aus der Summe oder dem Saldo seiner Konten (Kapitalkonto und Darlehenskonto abzüglich eines evtl. anteiligen Verlustvortrags) ergebende Abfindungsguthaben, das zu erhöhen ist um seinen Anteil an den Rücklagen.“

56 Die Bilanz der KG auf den 31.12.01 wies einen Posten „Verlustvortragskonten der Kommanditisten" in Höhe von 280.000 € aus. Dieser Posten wurde im Jahr 02 infolge eines Gesellschafterbeschlusses vom 30.7.01 durch Belastung der Darlehenskonten der Gesellschafter neutralisiert und war folglich in der Bilanz auf den 31.12.02 mit einem Wert von 0 € enthalten. Nachdem das Jahr 03 zu einem (geringen) Gewinn geführt hatte, waren in den Bilanzen auf den 31.12.04 und 31.12.05 wieder Aktivposten unter der Bezeichnung „Nicht durch Vermögenseinlagen gedeckter Verlustanteil" enthalten. Im Jahr 04 gaben die Gesellschafter - unter anderem auch S - Darlehen in Höhe von jeweils 100.000 €.

In der Handelsbilanz wurden diese Beträge den „Darlehenskonten" zugerechnet, in den Erläuterungen jedoch separat auf einen Unterposten „Sonderdarlehen" geführt. Die KG erklärte nunmehr für den Gesellschafter S einen Verlust aus Gewerbebetrieb für 04, welcher durch die Sonderbetriebseinnahmen von S verbraucht wurde. Das Finanzamt erließ einen Bescheid „zur Feststellung von Besteuerungsgrundlagen in den Fällen des § 15a EStG", in dem es die Saldierung des Verlustanteils mit den Sonderbetriebseinnahmen *nicht* zuließ.

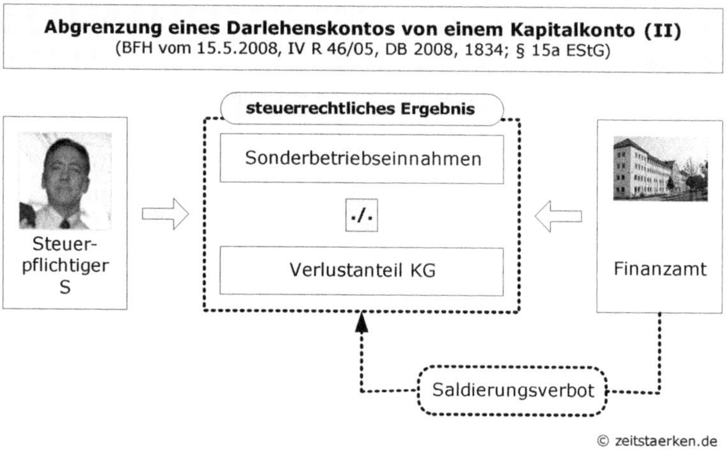

II. Besteuerungsproblem

57 Welche Abgrenzungskriterien sind für das Vorhandensein eines Kapitalkontos zu beachten?

III. Ergebnis des BFH

1. Grundsätze der Verlustabzugsbeschränkung

58 Der Anteil eines Kommanditisten am Verlust einer KG darf weder mit anderen Einkünften aus Gewerbebetrieb noch mit Einkünften aus anderen Einkunftsarten ausgeglichen werden, soweit ein negatives Kapitalkonto des Kommanditisten entsteht oder sich erhöht.[106]

106 § 15a Abs. 1 Satz 1 EStG.

Hinweis:

__Kapitalkonto__ für die Verlustabzugsbeschränkung ist das Kapitalkonto in der Steuerbilanz der KG zuzüglich dem Mehr- oder Minderkapitalkonto aus der für einen Gesellschafter geführten Ergänzungsbilanz.

Die zum Sonderbetriebsvermögen der Gesellschafter gehörenden Darlehensforderungen gegen die Gesellschaft sind (grundsätzlich) *nicht* in das Kapitalkonto[107] einzubeziehen.[108]

Hinweis:

Die Abgrenzung der Konten richtet sich dabei __nicht__ nach ihrer Bezeichnung.[109]

4

Führt eine KG für die Kommanditisten mehrere Konten[110] mit verschiedenen Bezeichnungen, ist vielmehr anhand des **Gesellschaftsvertrages** zu ermitteln, welche zivilrechtliche Rechtsnatur diese Konten haben, d. h. ob die Konten Eigenkapital oder Forderungen und Schulden ausweisen.[111] 59

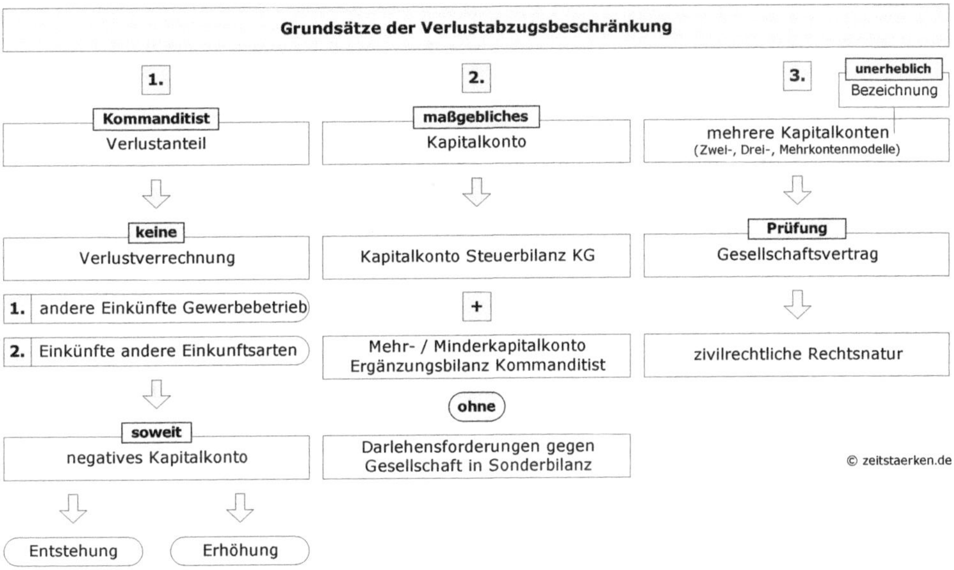

2. Kapitalkonto

Ein **Kapitalkonto** wird in der Regel dann angenommen, wenn auf dem Konto auch *Verluste* verbucht werden, die auf diese Weise stehengebliebene Gewinne aufzehren können. 60

Hinweis:

Denn mit dem Begriff des Darlehens ist eine Verlustbeteiligung des Gläubigers grundsätzlich unvereinbar.[112]

107 § 15a EStG.
108 Wacker in Schmidt, EStG-Komm., 27. Anfl. 2008, § 15a, Rdnr. 83.
109 BFH vom 27.6.1996, IV R 80/95, BStBl. II 1997, 36.
110 Zwei-, Drei- oder Mehrkontenmodelle; = Unterkonten.
111 BFH vom 3.2.1988, I R 394/83, BStBl. II 1988, 551; BFH vom 27.6.1996, IV R 80/95, a. a. O.; BMF-Schreiben vom 30.5.1997, IV B 2-S2241a - 51/93, BStBl. I 1997, 627.
112 BFH vom 27.6.1996, IV R 80/95, a. a. O.; BMF-Schreiben vom 30.5.1997, IV B 2 - S2241a - 51/93, a. a. O.

3. Berücksichtigung der Darlehenskonten bei der Berechnung des Abfindungsguthabens

61 Für die Einordnung der „Darlehenskonten" als Kapitalkonto spricht jedoch die gesellschaftsvertragliche Vereinbarung der Berechnung des **Abfindungsguthabens**. Das Abfindungsguthaben ermittelt sich nämlich aus der Summe „Kapitalkonto und Darlehenskonto abzüglich eines eventuellen anteiligen Verlustvortrages", zuzüglich dem Anteil an den Rücklagen.

Im Rahmen der Berechnung des Abfindungsguthabens kommt es mithin zu einer abschließenden Verrechnung der, den Kommanditisten zugerechneten, Verluste mit den auf den Darlehenskonten ausgewiesenen Beträgen.

Hinweis:

*Wird ein Konto im Rahmen der Berechnung des Abfindungsguthabens in die Verrechnung der Verluste einbezogen, so spricht das auch dann für seinen **Kapitalkontencharakter**, wenn es für die laufende Verrechnung mit Verlusten nicht vorgesehen ist!*

4. Behandlung von Rücklagenkonten

Hinweis:

*Das zeigt sich beispielsweise (auch) in der Qualifizierung von **Rücklagenkonten**, denen in einem solchen Fall stets **Kapitalkontencharakter** zuerkannt wird.*[113]

62 Allerdings weisen Rücklagenkonten die Besonderheit auf, dass von diesen *keine* Entnahmen vorgenommen werden können.

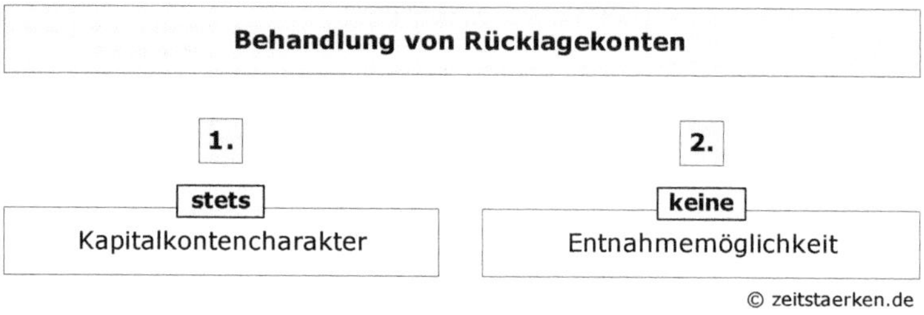

Bei einem Konto, von dem nicht laufend, sondern nur bei Berechnung des Abfindungsguthabens Verluste verrechnet werden, könnte für die Qualifizierung als Eigenkapital als weitere Voraussetzung das Verbot aller Entnahmen hergeleitet werde.[114] Der erkennende Senat ist allerdings der Auffassung dass der Kapitalkontencharakter der „Darlehenskonten" in der Ausgangssituation *nicht* hieran scheitern werde.

113 Carlé/Bauschatz in „Die durch Kapitalkonten abgebildete Beteiligung an einer Personengesellschaft im Gesellschafts- und Steuerrecht", FR 2002, 1153; Ley in „Rechtsnatur und Abgrenzung aktivischer Gesellschafterkonten", DStR 2003, 957;

114 *ähnliche Auffassung:* BFH vom 7.4.2005, IV R 24/03, BStBl. II 2005, 598 zu „Finanzplandarlehen".

5. Auswirkungen von Verzinsung oder fehlender Verzinsung für die Kontenabgrenzung

Wird das Konto gewinnunabhängig verzinst, so stellt dies ein Indiz dafür dar, dass das Konto 63
„**Fremdkapital**" ausweist. [115] Fehlt eine Verzinsung bezüglich des Kontos ist von Eigenkapital auszugehen.[116]

Hinweis:

*Ist die Verzinsung von einem Gewinn der Personengesellschaft abhängig, so spricht das jedenfalls **nicht** dagegen, dass es sich um Eigenkapital handelt.*[117]

Eine solche gewinnabhängige Verzinsung des Kapitalanteils ist handelsrechtlich ausdrücklich vorgesehen.[118]

Hinweis:

*Das Indiz „Gewinnunabhängige Verzinsung spricht für Fremdkapital" ist **dann keine** zwangsläufige Schlussfolgerung, wenn auf dem gleichen Konto auch Verluste der Gesellschaft verbucht werden.*[119]

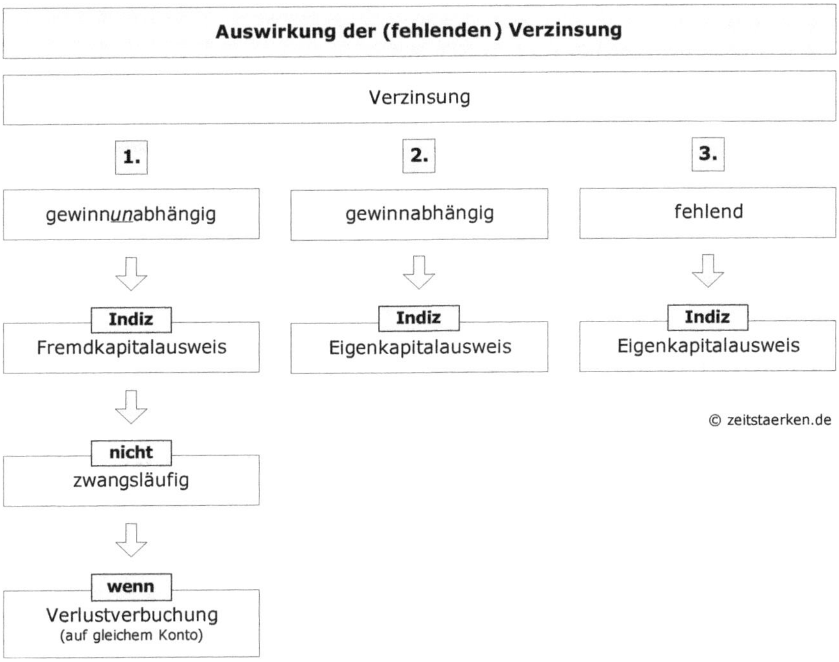

115 BGH vom 21.5.1952, II ZR 114/51, DB 1952, 486.
116 BGH vom 9.12.1996, II ZR 341/95, DStR 1997, 505.
117 BFH vom 22.8.1990, I R 119/86, BStBl. II 1991, 415.
118 § 168 Abs. 1 i. V. m. § 121 Abs. 1 HGB.
119 = Kapitalkonto II im Rahmen des sog. Zwei-Konten-Modells; BFH vom 3.11.1993, II R 96/91, BStBl. II 1994, 88.

IV. Lösung in der Ausgangssituation

64 In der Ausgangssituation liegt das sog. Vier-Konten-Modell[120] vor. Aufgrund dieses Modells kommt der gewinnunabhängigen Verzinsung ein weniger gewichtiges Argument als der Teilnahme am Abfindungsguthaben bei. Insoweit ist der BFH von einem steuerrechtlichen Eigenkapitalkonto ausgegangen und in soweit wurde das Verlustausgleichsvolumen erhöht.

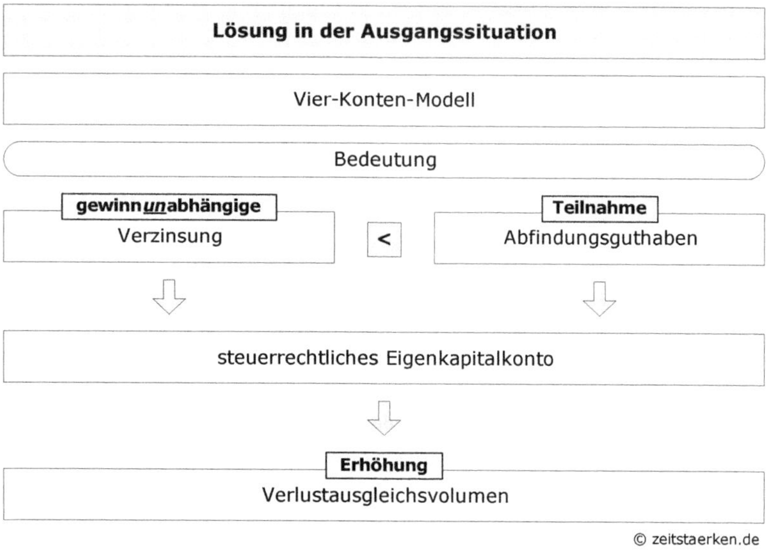

Entscheidend ist, dass der Gesellschafter nur Entnahmen über die Zinsen und Steuerentnahmen vornehmen durfte. Darüber hinaus gehende Entnahmen bedürfen der Zustimmung der Gesellschafterversammlung.

V. Praxishinweis

65 In der täglichen Praxis bedeutet dies nunmehr, dass

- üblicherweise beim „Vier-Konten-Modell" das Darlehenskonto (bzw. Verrechnungskonto) gesellschaftsrechtliches Fremdkapital darstellt und insoweit das Verlustausgleichsvolumen *nicht* erhöht.

  Es sei denn

- ausnahmsweise ist beim „Vier-Konten-Modell" das Darlehenskonto (bzw. Verrechnungskonto) auch gesellschaftsrechtliches Eigenkapital und damit eine Erhöhung des Verlustausgleichspotentials, wenn nebeneinander für dieses Konto **Entnahmebeschränkungen** bestehen und **Verluste** im Fall des Ausscheidens oder der Auflösung der Gesellschaft mit dem Konto verrechnet werden.

120 Ley in „Zur steuerrechtlichen Behandlung der Gesellschafterkapitalkonten sowie der Forderungen und Verbindlichkeiten zwischen einer gewerblichen Personengesellschaft und ihren Gesellschaftern", KÖSDI 1994, 9972.

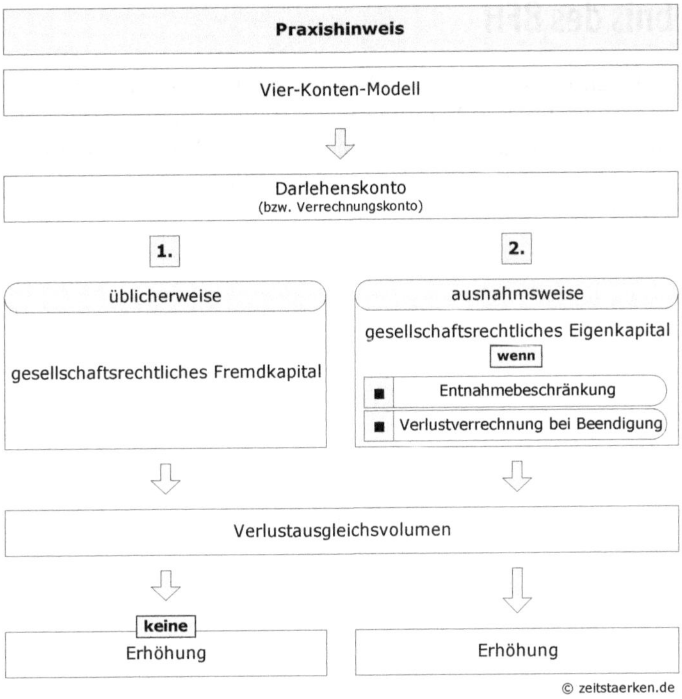

J. Korrekturposten auch bei atypisch stillen Gesellschaftern

(BFH vom 20.9.2007, IV R 10/07, BFH/NV 2008, 271; § 15a EStG)

I. Ausgangssituation

Im Jahr 2000 wird das Einzelunternehmen der Steuerpflichtigen S, an dem auch der Steuerpflichtige A als atypisch stiller Gesellschafter beteiligt ist, in eine GbR umgewandelt. Am 11.12.2001 wurde die GbR wieder in ein Einzelunternehmen mit atypisch stiller Beteiligung des A umgewandelt. A Leistet im Jahr 2001 eine Einlage in Höhe von 145.100 € um sein negatives Kapitalkonto in Höhe von ./. 48.800 € auszugleichen. Das Kapitalkonto wies nach der Einlage einen positiven Saldo von 14.600 € aus. 66

Der Verlustanteil von A belief sich auf 81.700 €. Trotz der Einlage veränderte sich der verrechenbare Verlust von A in Höhe von 38.000 € *nicht*. A tätigte im Jahr 2002 Einlagen in Höhe von 13.700 €. Im Jahr 2002 beträgt der Verlustanteil des A 74.400 €.

II. Besteuerungsproblem

Ist für die Einlagen des A ein Korrekturposten zu bilden? 67

III. Ergebnis des BFH

68 Einlagen, die zum Ausgleich eines negativen Kapitalkontos geleistet und im Wirtschaftsjahr der Einlage _nicht_ durch ausgleichsfähige Verluste verbraucht werden, führen grundsätzlich zum Ansatz eines Korrekturpostens. Dass die erweiterte Abzugsfähigkeit von Verlusten durch eine im Handelsregister eingetragene Hafteinlage bei atypisch stillen Gesellschaftern _nicht_ möglich ist, beeinflusst die Bildung des Korrekturpostens _nicht_.

Hinweis:

Der BFH weitet die Anwendbarkeit der Regelung auf den Begriff „Mitunternehmer" aus. Demnach soll die Regelung für alle Personen Anwendung finden, die als „Mitunternehmer" (= [Mit-] Unternehmerrisiko und [Mit-] Unternehmerinitiative) zu qualifizieren sind.

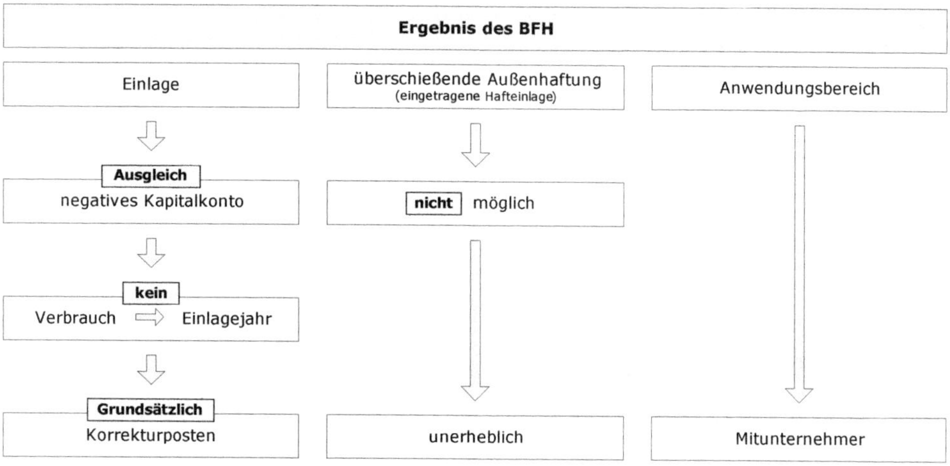

Hinweis:

Stichtag für die Anwendung der Verlustverrechnungsbeschränkung ist stets der letzte Tag eines Wirtschaftsjahres. Die Verlustverrechnungsbeschränkung ist folglich auf jede Person anzuwenden, die am Ende eines Wirtschaftsjahres ein Mitunternehmer ist. Die Anwendung wirkt sich auf den gesamten Wirtschaftsjahreszeitraum aus, auch wenn die Gesellschafterstellung in Teilen dieses Zeitraums eine andere war.

IV. Lösung in der Ausgangssituation

69 - **Wirtschaftsjahr 2001**:

  Die Glattstellung des negativen Kapitalkontos in Höhe von 48.800 € führt zur Bildung des Korrekturpostens. Der (Rest-)Einlagenbetrag in Höhe von (145.100 € ./. 48.800 € =) 96.300 € stellt eine zeitkongruente Einlage dar und steht für die Verlustsaldierung vollständig zur Verfügung. In Höhe von 81.700 € ist der zugewiesene Verlust aufgrund des Verbrauchs der zeitkongruenten Einlage abzugsfähig.

- **Wirtschaftsjahr 2002**: 70

  In Höhe des positiven Anfangskapitals in Höhe von 14.600 € und der zeitkongruenten Einlage in Höhe von 13.700 € liegt ein sofort saldierungsfähiger Verlust in Höhe von (14.600 € + 13.700 € =) 28.300 € vor. Der verbleibende Verlust in Höhe (./. 74.400 € + 28.300 € =) ./. 46.100 € kann durch den **Verbrauch des Korrekturpostens** ausgeglichen werden. Der verbleibende Korrekturposten wird weiter fortgeschrieben in Höhe von (48.800 € ./. 46.100 € =) 2.700 €.

2001	Kapitalkonto	Hafteinlage	ausgleichsfähiger Verlust	verrechenbarer Verlust	Korrekturposten
WJ-Beginn	-48.800			38.000	
+ Einlagen	145.100				48.800
./. Entnahmen					
+ Gewinn					
./. Verlust	-81.700		81.700		
WJ-Ende	14.600				
überschießende Außenhaftung					
Korrekturposten					
Saldo WJ-Ende			81.700	38.000	48.800

2002	Kapitalkonto	Hafteinlage	ausgleichsfähiger Verlust	verrechenbarer Verlust	Korrekturposten
WJ-Beginn	14.600		14.600	38.000	48.800
+ Einlagen	13.700		13.700		
./. Entnahmen					
+ Gewinn					
./. Verlust	-74.400		46.100		-46.100
WJ-Ende	-46.100				
überschießende Außenhaftung					
Korrekturposten					
Saldo WJ-Ende			74.400	38.000	2.700

K. Abschaffung des Korrekturpostens für Einlagen bei beschränkter Haftung

(JStG 2009 vom 19.12.2008, BGBl. I 2008, 2794 ff.; § 15a Abs. 1 und Abs. 2 i. V. m. § 52 Abs. 33 Satz 6 EStG)

I. Einleitung

Der BFH[121] hat für **Einlagen** hinsichtlich der Verlustabzugsbeschränkung[122] entschieden: 71

- Wird die Einlage im Verlustjahr getätigt, ist in Höhe der Einlage ein wirtschaftlicher Kapitalverbrauch eingetreten und somit der Verlust abzugsfähig bzw. saldierungsfähig (= **zeitkongruente Einlage**).
- Wird die Einlage nach dem Verlustentstehungsjahr getätigt, kommt es zu *keiner* Umqualifizierung eines festgestellten verrechenbaren Verlustes der Vorjahre (= **nachgelagerten Einlage**).
  - *Soweit* durch die Einlage ein positives Kapitalkonto entsteht, ist in dieser Höhe ein **Verlustabzugsvolumen** entstanden (= **vorgezogene Einlage**).
  - *Soweit* ein negatives Kapitalkonto zurückgeführt wird, ist ein **Korrekturposten** zu bilden.[123] Der Korrekturposten wird grundsätzlich durch *zukünftige* Verluste in den Folgejah-

121 BFH vom 14.10.2003, VIII R 32/01, BStBl. II 2004, 359.
122 § 15a EStG.
123 BFH vom 26.6.2007, IV R 28/06; BFH/NV 2007, 1982.

ren verbraucht.[124] Die Schaffung des Korrekturpostens (= Vornahme von nachträglichen Einlagen) sorgt damit für ein **zukünftig nutzbares Verlustausgleichsvolumen**. Der Verlust ist in Höhe des Korrekturposten*verbrauchs* dann abzugsfähig bzw. saldierungsfähig. Der Verlust war (auch) aufgrund des Korrekturpostens abzugsfähig, wenn ein negatives Kapitalkonto entstanden oder sich erhöht hat.

- Der **Korrekturposten** wird in einer Schattenrechnung gebildet, weiterentwickelt und verbraucht. Eine gesonderte Feststellung erfolgt *nicht*.

Hinweis:

Die Finanzverwaltung[125] hat den Korrekturposten grundsätzlich anerkannt!

72 Soweit andere Beteiligungsformen oder Einkunftsarten ebenfalls die Grundsätze der Verlustabzugsbeschränkung für Gesellschafter mit beschränkter Haftung anwenden, ist der Korrekturposten ebenfalls zu bilden.[126]

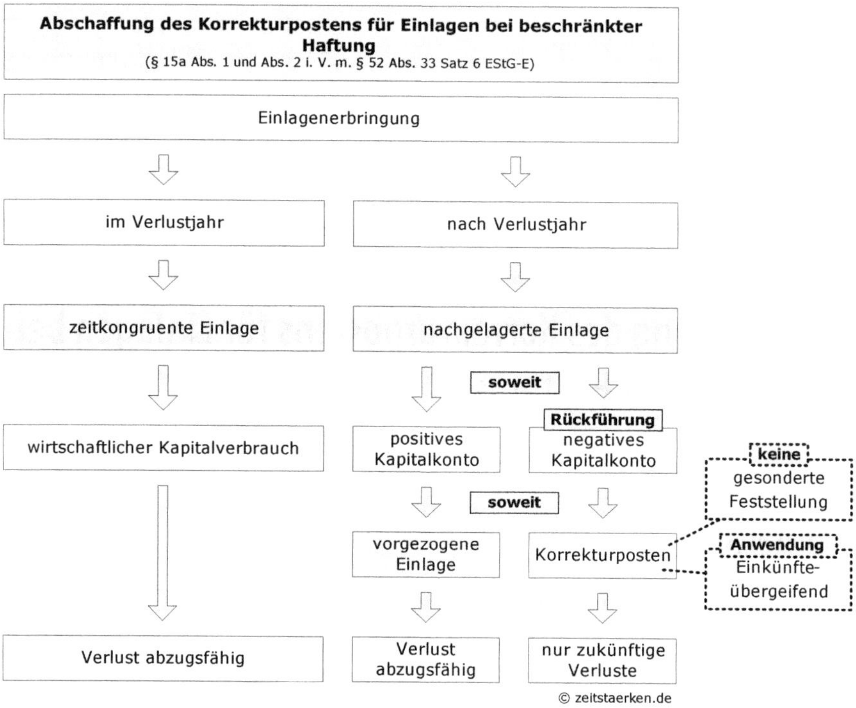

73 **Beispiel: Bildung des Korrekturpostens**

Im Jahr 2000 wird das Einzelunternehmen der Steuerpflichtigen S, an dem auch der Steuerpflichtige A als atypisch stiller Gesellschafter beteiligt ist, in eine GbR umgewandelt. Am 11.12.2001 wurde die GbR wieder in ein Einzelunternehmen

124 Die Verluste waren bis zur Korrekturposten-Rechtsprechung nur abzugsfähig, wenn das Kapitalkonto durch vorgezogene Einlagen einen positiven Stand auswies. Die Konten-Glattstellung (= Rückführung auf Null) wirkte sich erst bei Beendigung (= Verkauf oder Aufgabe) der Mitunternehmersteuer aus.

125 BMF-Schreiben vom 19.11.2007, IV B 2 - S 2241-a/07/0004, DB 2007, 2620.

126 BFH vom 20.9.2007, IV R 10/07, BFH/NV 2008, 271; § 18 Abs. 4 Satz 2 EStG; § 20 Abs. 1 Nr. 4 Satz 2 EStG; § 21 Abs. 1 Satz 2 EStG.

mit atypisch stiller Beteiligung des A umgewandelt. A Leistet im Jahr 2001 eine Einlage in Höhe von 145.100 € um sein negatives Kapitalkonto in Höhe von ./. 48.800 € auszugleichen. Das Kapitalkonto wies nach der Einlage einen positiven Saldo von 14.600 € aus. Der Verlustanteil von A belief sich auf 81.700 €. Trotz der Einlage veränderte sich der verrechenbare Verlust von A in Höhe von 38.000 € *nicht*. A tätigte im Jahr 2002 Einlagen in Höhe von 13.700 €. Im Jahr 2002 beträgt der Verlustanteil des A 74.400 €.

Lösung:

- Wirtschaftsjahr 2001:

Die Glattstellung des negativen Kapitalkontos in Höhe von 48.800 € führt zur Bildung des Korrekturpostens. Der (Rest-) Einlagenbetrag in Höhe von (145.100 € ./. 48.800 € =) 96.300 € stellt eine zeitkongruente Einlage dar und steht für die Verlustsaldierung vollständig zur Verfügung. In Höhe von 81.700 € ist der zugewiesene Verlust aufgrund des Verbrauchs der zeitkongruenten Einlage abzugsfähig.

- Wirtschaftsjahr 2002:

In Höhe des positiven Anfangskapitals in Höhe von 14.600 € und der zeitkongruenten Einlage in Höhe von 13.700 € liegt ein sofort saldierungsfähiger Verlust in Höhe von (14.600 € + 13.700 € =) 28.300 € vor. Der verbleibende Verlust in Höhe (./. 74.400 € + 28.300 € =) ./. 46.100 € kann durch den **Verbrauch des Korrekturpostens** ausgeglichen werden. Der verbleibende Korrekturposten wird weiter fortgeschrieben in Höhe von (48.800 € ./. 46.100 € =) 2.700 €.

2001	Kapitalkonto	Hafteinlage	ausgleichsfähiger Verlust	verrechenbarer Verlust	Korrekturposten
WJ-Beginn	-48.800			38.000	
+ Einlagen	145.100				48.800
./. Entnahmen					
+ Gewinn					
./. Verlust	-81.700		81.700		
WJ-Ende	14.600				
überschießende Außenhaftung					
Korrekturposten					
Saldo WJ-Ende			81.700	38.000	48.800

2002	Kapitalkonto	Hafteinlage	ausgleichsfähiger Verlust	verrechenbarer Verlust	Korrekturposten
WJ-Beginn	14.600		14.600	38.000	48.800
+ Einlagen	13.700		13.700		
./. Entnahmen					
+ Gewinn					
./. Verlust	-74.400		46.100		-46.100
WJ-Ende	-46.100				
überschießende Außenhaftung					
Korrekturposten					
Saldo WJ-Ende			74.400	38.000	2.700

II. Steuergesetzänderung

Der Steuergesetzgeber kassiert die BFH-Rechtsprechung zur Bildung eines Korrekturpostens und 74
die damit einhergehende zukünftige Abzugsfähigkeit eines Verlustanteils.

Nachträgliche Einlagen führen *nicht* zu[127]:

- nachträglichen Ausgleichs- oder Abzugsfähigkeit eines vorhandenen verrechenbaren Verlustes (*Hinweis: bisherige Gesetzeslage*[128])
- Ausgleichs- oder Abzugsfähigkeit eines Verlustanteils eines zukünftigen Wirtschaftsjahres (*Hinweis: Untersagung der Korrekturpostenbildung*)

127 § 15a Abs. 1a Satz 1 EStG.
128 § 15 Abs. 2 EStG.

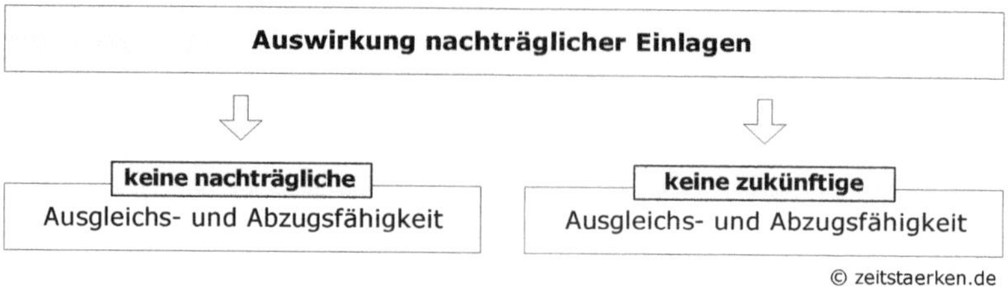

75 **Nachträgliche Einlagen** sind[129] Einlagen, die nach Ablauf eines Wirtschaftsjahres geleistet werden, in dem

- ein *nicht* ausgleichs- oder abzugsfähiger Verlust entstanden

  oder

- ein Gewinn (fiktiv) zugerechnet worden ist

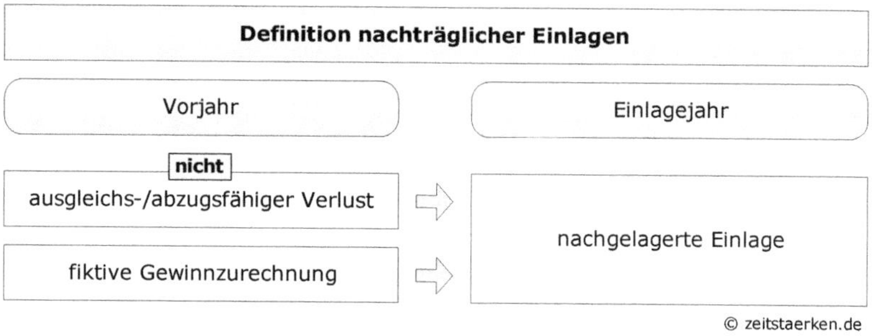

76 Die spätere Nutzung der nachträglich - wirtschaftlich aber bereits verbrauchten - Einlagen und die Verlustabzugsfähigkeit (= Umqualifizierung von verrechenbaren Verlusten in ausgleichsfähige Verluste) wird wie folgt geregelt:

- *Soweit* Verlustanteile aufgrund eines Entstehens oder Erhöhung eines negativen Kapitalkontos verrechenbar[130] sind, mindern diese **(nur) Gewinne**, die in späteren Wirtschaftsjahren zufließen.[131]
- Der verrechenbare Verlust wird **„verspätet erweitert abzugsfähig"** durch die nachträglichen Einlagen:
  - *nach Abzug* von einem Veräußerungs- oder Aufgabegewinn *verbleibt*[132]
  - *im Zeitpunkt* der Veräußerung oder Aufgabe des *gesamten* Mitunternehmeranteils
  - *bis* zur Höhe der nachträglichen Einlagen[133]

77 **Beispiel: verspätete erweiterte Abzugsfähigkeit der nachträglichen Einlagen**

Der Mitunternehmer M hat einen verrechenbaren Verlustanteil zum 31.12.2007 in Höhe von ./. 210.000 €. Das negative Kapitalkonto zum 31.12.2007 entspricht dem gesondert festgestellten verrechenbaren Verlust. Für das Wirtschaftsjahr 2008 erhält M einen Gewinnanteil in Höhe von 10.000 €.

129 § 15a Abs. 1a Satz 2 EStG.
130 § 15a Abs. 1 EStG; § 15a Abs. 1a EStG.
131 § 15a Abs. 2 Satz 1 EStG.
132 § 52 Abs. 33 Satz 3 EStG.
133 § 15a Abs. 1a EStG.

Zum 1.1.2009 veräußert M seinen Mitunternehmeranteil:

- werthaltig in Höhe von (= relative Gewinnchancen) 1 €
- werthaltig in Höhe von 25.000 €
- werthaltig in Höhe von 100.000 €

Um den Verlustanteil der Wirtschaftsjahre bis VZ 2008 abzudecken, tätigte M nachträglich Einlagen im Wirtschaftsjahr 2008 in Höhe von 25.000 €. Vereinfachend werden weitere Einlagen und Entnahmen des Gesellschafters außer Acht gelassen.

Lösung:

Bis zum Verkaufstag 1.1.2009 weisen das negative Kapitalkonto (175.000 €) und der gesonderte Feststellungsbescheid über den verrechenbaren Verlust (200.000 €) eine Differenz genau in der Höhe der nachträglichen Einlagen (25.000 €) aus.

- 1 €-Zahlung und Kapitalkontenübernahme

  In Höhe des bisher *nicht* verbrauchten anteiligen (verrechenbaren) Verlustanteils in Höhe von 24.999 € werden die nachträglichen Einlagen zur Umqualifzierung in ausgleichsfähige Verluste herangezogen. Damit wird dem wirtschaftlichen Verbrauch der nachträglichen Einlagen Rechnung getragen.

- 25.000 € Verkaufspreis und Kapitalkontenübernahme

  Der Mitunternehmer kann die nachträglichen Einlagen *nicht* mehr entnehmen und lässt sich diese bezahlen. Insoweit qualifizieren sich die Einlagen in einen Verkaufspreisbestandteil um. Dieser (anteilige) Verkaufspreisbestandteil wird durch den abzugsfähigen Verlust - ehemals verrechenbarer Verlust - im Verkaufsakt (mit)abgedeckt.

- 100.000 € Verkaufspreis und Kapitalkontenübernahme

  Soweit der Kaufpreis die nachträglichen Einlagen übersteigt, werden diese ebenfalls durch den umqualifizierten - ehemals verrechenbaren jetzt ausgleichsfähigen - Verlustanteil anteilig abgedeckt. Der Verkaufspreis in Höhe von 100.000 € unterliegt daraufhin nur einer ggf. begünstigten Besteuerung[134] in Höhe von 75.000 €. Man könnte auch sagen: „Die nachträglichen Einlagen in Höhe von 25.000 € werden vom Verkaufspreis steuerneutral abgezogen!"

Auswirkungen von nachträglichen Einlagen

			Fall a)	Fall b)	Fall c)
	I. Kapitalkontenentwicklung:				
	Kapitalkonto	31.12.2007	-210.000	-210.000	-210.000
+	nachträgliche Einlage	2008	25.000	25.000	25.000
±	Gewinn	2008	10.000	10.000	10.000
=	Kapitalkonto	31.12.2008	-175.000	-175.000	-175.000
	II. Ermittlung der nachträglichen Einlagen				
	nachträgliche Einlagen	31.12.2008	25.000	25.000	25.000
	III. Ermittlung des letztmaligen verrechenbaren Verlustes				
	verrechenbarer Verlust	31.12.2007	-210.000	-210.000	-210.000
±	Verbrauch durch Gewinn	2008	10.000	10.000	10.000
=	verrechenbarer Verlust	31.12.2008	-200.000	-200.000	-200.000
	IV. Ermittlung des Veräußerungsergebnisses				
	zusätzliches Entgelt		*1*	*25.000*	*100.000*
±	Übernahme negat. Kapitalkonto		175.000	175.000	175.000
=	(Gesamt-)Veräußerungspreis		*175.001*	*200.000*	*275.000*
./.	Buchwert (= Anschaffungskosten auf die Beteiligung / anteiligen Wirtschaftsgüter)		0	0	0
=	Veräußerungsgewinn (1. Stufe)		175.001	200.000	275.000
./.	abzugsfähiger Verlust (= Umqualifizierung)		-200.000	-200.000	-200.000
=	Veräußerungsgewinn (2. Stufe)		-24.999	0	75.000
	bisher nicht verbrauchter Verlustanteil		-24.999		
./.	nachträgliche Einlagen (maximal in Höhe des verrechenbaren Verlustes)		-24.999		
=	**verlorengegangener Verlustanteil**		**0**		

134 § 16 Abs. 4 EStG, § 34 Abs. 1 EStG; § 34 Abs. 3 EStG.

III. Zeitliche Anwendung

78 Der neue „verspätete" Einlagenverbrauch im Zeitpunkt der Beendigung der Mitunternehmerstellung ist auf nachträgliche Einlagen abzuwenden, die nach dem Tag der Verkündung des JStG 2009 getätigt werden.[135]

IV. Beratungshinweis

79 Da bereits tatsächlich getätigte Einlagen - wirtschaftliche Verfügungsmacht obliegt der Gesellschaft - bis zum Verkündungstag noch einen Korrekturposten auslösen, sollte geprüft werden, inwieweit im VZ 2008 noch Einlage geleistet werden sollen.

Beispiel: Letztmalige Nutzung des Korrekturpostens

Der Mitunternehmer M hat zum 31.12.2007 ein negatives Kapitalkonto in Höhe 100.000 €, welches aufgrund eines Verlustes entstanden ist. Für zukünftige Wirtschaftsjahre werden ebenfalls aufgrund hoher Investitionen Verlustanteile erwartet:

- Wirtschaftsjahr 2008 ./. 75.000 €
- Wirtschaftsjahr 2009 ./. 125.000 €

Es auch damit zu rechnen, dass die Bank weitere Einlagen zur Erhöhung der Eigenkapitalquote fordert.

Lösung:

Soweit M *vor* der Verkündung des JStG 2009 eine nachträgliche Einlage in Höhe von 200.000 € tätigt, sind die Verluste ausgleichsfähig. Diese nachträgliche Einlage führt zur Bildung des Korrekturpostens und damit zur späteren Ausgleichsfähig von Verlusten durch dessen Verbrauch. Dabei ist es nach bisherigem Rechtsstand unerheblich, dass es sich um Verlustanteile handelt, welche nach Verkündung des JStG 2009 entstanden sind. Die zeitliche Anwendungsvorschrift zielt auf die nachträglichen Einlagen ab.

Hinweis:

*Soweit die nachträglichen Einlagen **nach** der Verkündung des JStG 2009 getätigt werden, mindern diese - nur noch - andere Einkünfte, wenn ein übersteigender verrechenbarer Verlust beim Gesellschafter M verbleibt.*

V. Offene Fragen

80 Folgende weitere Anwendungsfragen werden durch die Gesetzesbegründung *nicht* geklärt:

- Vorweggenommene Erbfolge

  Die vorweggenommene Erbfolge kann in zwei Fällen vollzogen werden:

  - Übertragung des *gesamten* Mitunternehmeranteils zuzüglich Ergänzungs- und/oder Sonderbilanzen
    - Soweit die stillen Reserven einschließlich einem originären Firmenwert das negative Kapitalkonto abdecken, erfolgt eine zwingende Buchwertübertragung.[136] Der Beschenkte tritt in das unveränderte negative Kapitalkonto ein, *ohne* dass das vom Schen-

135 § 52 Abs. 33 Satz 6 EStG.
136 § 6 Abs. 3 EStG.

ker nicht ausgeglichene negative Kapitalkonto einen fiktiven Veräußerungsgewinn[137] auslöst.[138] Mangels Beschränkung geht der gesondert festgestellte verrechenbare Verlust auf den Beschenkten über.

Hinweis:

Insoweit erfolgt eine Besserstellung gegenüber dem Erben (vgl. Nicht-Vererblichkeit von Verlusten).[139]

- Soweit das negative Kapitalkonto die stillen Reserven einschließlich einem originärer Firmenwert übersteigt und der Gesellschaftsanteil aber trotzdem als werthaltig anzusehen ist, findet der Buchwertzwang **nur insoweit**[140] statt, als die stillen Reserven das negative Kapitalkonto abdecken. Der nicht „abgedeckte (Teil-)Betrag" führt zu einem (anteiligen) Veräußerungsgewinn beim Schenker.[141]

Hinweis:

Dem Übernehmer des Mitunternehmeranteils wird ***kein*** *„Erwerbsverlust" zugerechnet.[142] Vielmehr wird der „Erwerbsverlust" in folgenden Alternativen nutzbar gemacht:*

- *aktiver Ausgleichsposten in einer Ergänzungsbilanz*
- *Merkposten zur Verrechnung mit künftigen Gewinnanteilen*

- Soweit das negative Kapitalkonto die stillen Reserven einschließlich einem originären Firmenwert übersteigt, und der Gesellschaftsanteil wertlos ist[143], erfolgt kein steuerrechtlicher Eintritt in die Mitunternehmerstellung des Schenkers. Im Gegenteil. Der Schenker hat den Mitunternehmeranteil aufgegeben und muss das negative, nicht abgedeckte Kapitalkonto vollständig als fiktiven Veräußerungsgewinn versteuern.[144] Der Gesellschaftsanteilsübernehmer bildet reflexartig in voller Höhe einen Ausgleichsposten/Merkposten.

oder

- Übertragung eines Mitunternehmer**teil**anteils

  Sowohl der verrechenbare Verlustanteil als auch die Summe der nachträglichen Einlagen verbleiben u. E. beim zurückbehaltenen Mitunternehmeranteil. Eine Aufsplittung und anteilige Mitübertragung - mangels ausdrücklicher gesetzlicher Regelungen - erfolgt nicht.

- Erbfolge 81

  Zivilrechtlich tritt der qualifizierte Erbe oder die Erbengemeinschaft in das vorhandene - positive oder negative - Kapitalkonto ein. Es ist auch möglich, dass das Kapitalkonto den verbleibenden Gesellschaftern gegen einen Abfindungsanspruch anwächst.[145] Steuerrechtlich gilt

137 § 16 i. V. m. § 52 Abs. 33 Satz 3 EStG.
138 Korn/Heißenberg in Korn, Komm zum EStG, zu § 15a EStG, Rdnr. 100 m. w. N.
139 BFH vom 17.12.2007, GrS 2/04, DStR 2008, 545.
140 Zur vollständigen Aufdeckung eines fiktiven Veräußerungsgewinn und vollständigen Einstellung in eine Ergänzungsbilanz/Merkposten vgl. Bitz in L/B/P, § 15a EStG, Rn. 57.
141 § 52 Abs. 33 Satz 3 EStG.
142 § 52 Abs. 33 Satz 4 EStG.
143 Die Möglichkeit einer Gewinnchance reicht für einen werthaltigen Mitunternehmeranteil aus; BFH vom 10.3.1998, VIII R 76/96, BStBl. II 1999, 269; Korn/Heißenberg in Korn, Komm zum EStG, zu § 15a EStG, Rdnr. 101 m. w. N.
144 § 52 Abs. 33 Satz 3 EStG.
145 Insoweit wächst den verbleibenden Gesellschaftern auch der verrechenbare Verlustanteil an; § 52 Abs. 33 Satz 4 EStG. Der Erblasser muss dann einen fiktiven (ggf. begünstigten) Veräußerungsgewinn versteuern, § 52 Abs. 33 Satz 3 EStG.

für Erbfälle nach dem 12.3.2008 nach BFH-Rechtsprechung[146] die **Nichtvererblichkeit von Verlustvorträgen**. Insoweit können sich nachträgliche Einlagen auch nur beim Verstorbenen (= Erblasser) in Höhe seines übersteigenden verrechenbaren Verlustes auswirken. In Höhe der nachträglichen Einlagen werden somit im Todesjahr andere Einkunftsarten des Verstorbenen gemindert. Soweit _keine_ übersteigenden verrechenbaren Verluste vorhanden sind, gehen die nachträglichen Einlagen für eine Verlustabzugsanwendung verloren und auf den Kapitalkontenübernehmer ebenfalls über.

4

Hinweis:

U. E. gehen die nachträglichen Einlagen über, da diese entgegen eines Verlustvortrages ***nicht*** *an der persönlichen Leistungsfähigkeit sondern an das Gesellschaftsrecht anknüpfen. Eine interpersonelle Übertragung ist gesellschaftsrechtlich durch die Kapitalkontenübernahme u. E. sogar ausdrückliches Ziel.*

82 - Verkauf des Mitunternehmeranteils

  Beim Verkauf des Mitunternehmeranteils sind wiederum zwei Fälle zu unterscheiden:

  - anteiliger Verkauf eines Mitunternehmer**teil**anteils

    Der Verkaufserlös stellt einen laufenden Gewinn dar. Der laufende Gewinn kann zur Umqualifizierung des verrechenbaren in einen abzugsfähigen Verlust verwendet werden.[147] Die nachträglichen Einlagen können _nicht_ - auch nicht anteilig in Höhe der verkauften Beteiligungsquote - zur Verlustnutzung verwendet werden, da die Neuregelung nur bei Verkauf des gesamten Mitunternehmeranteils eine „erweiterte Verlustabzugsfähigkeit aufgrund nachträglicher Einlagen“ vorsieht.[148]

    oder

  - Verkauf des gesamten Mitunternehmer**teil**anteils

    Verrechenbare Verluste, welche nach Abzug eines Veräußerungsgewinns weiterhin „ungenutzt“ verbleiben, werden bis zur Höhe der nachträglichen Einlagen ausgleichsfähig.[149] Soweit der verbleibende verrechenbare Verlust den Veräußerungsgewinn und die nachträglichen Einlagen übersteigt, geht dieser unter _oder_ auf die anderen verbleibenden _oder_ neu eintretenden Mitunternehmer über.

L. Sachzuwendungspauschalierung – Zeitpunkt der Wahlrechtsausübung

(SenFin. Berlin, Erlass vom 15.9.2008, III B - S 2334 - 4/2008; § 37b EStG)

83 Mit der Sachzuwendungspauschalierung[150] wurde eine Regelung in das Einkommensteuergesetz eingefügt, die es dem zuwendenden Steuerpflichtigen ermöglicht, die Einkommensteuer auf Sachzuwendungen an Arbeitnehmer oder Nichtarbeitnehmer mit einem Steuersatz von 30 % pauschal zu übernehmen und abzuführen. Zur Anwendung dieser Regelung wird auf das BMF-Schreiben[151] verwiesen.

146 BFH vom 17.12.2007, GrS 2/04, DStR 2008, 545.
147 § 15a Abs. 2 EStG; § 15a Abs. 2 EStG.
148 § 15a Abs. 2 Satz 2 EStG.
149 § 15a Abs. 2 Satz 2 EStG.
150 § 37b EStG.
151 BMF-Schreiben vom 29.4.2008, BStBl. I 2008, 566; DB 2008 S. 1009.

Die Sachzuwendungspauschalierung[152] ist erstmals auf Zuwendungen anzuwenden, die nach dem 31.12.2006 gewährt werden.[153] Hierzu wurde die Frage erörtert, zu welchem Zeitpunkt das Wahlrecht zur Pauschalierung der Einkommensteuer bei Sachzuwendungen[154] ausgeübt werden kann:

- Für Wirtschaftsjahre, die nach dem 30.6.2008 enden, ist das Wahlrecht spätestens bis zum 28.2. des Folgejahrs zu treffen.[155]
- Für Wirtschaftsjahre, die vor dem 1.7.2008 enden, wurde aber hinsichtlich der Übergangsregelung[156] im BMF-Schreiben[157] kein eindeutiger Zeitpunkt benannt, zu dem das Wahlrecht ausgeübt werden kann.

Nach Abstimmung auf Bund-Länder-Ebene kann für die im Zeitraum vom 1.1.2008 bis 30.6.2008 getätigten Zuwendungen von einer Frist bis 28.2.2009 ausgegangen werden. Diese Frist soll wegen der Veröffentlichung des BMF-Schreibens in 2008 auch für in 2007 getätigte Zuwendungen gelten.

M. Begünstigte Betriebsveräußerung trotz Beratervertrag

(BFH vom 17.7.2008, X R 40/07, DStR 2008, 2254; § 16 EStG)

I. Ausgangssituation

Der Steuerpflichtige S verkaufte seinen Gewerbsbetrieb an einen Mitarbeiter, nachdem ihm die Rentenanstalt eine Rente wegen Berufsunfähigkeit bewilligt hatte. Der Käufer war „ein typischer Techniker" mit schwächen im kaufmännischen Bereich und im Marketing. Deshalb schlossen der Veräußerer und der Käufer zeitgleich einen Beratervertrag ab. Inhalt des Beratungsvertrages war, dass der Veräußerer in allen grundsätzlichen Fragen der Unternehmensführung und Akquisition beratend zur Seite stand. Als Vergütung war ein Honorar von jährlich 22.500 € zuzüglich Umsatzsteuer vereinbart. Ferner sollte der Antragssteller ein unabhängiges Honorar in Höhe von 5 % des Mehrumsatzes gegenüber den Jahren des Abschluss 2007 von geschätzt 275.000 € erhalten. 84

Das Finanzamt gewährte für den Veräußerungsgewinn weder den Veräußerungsfreibetrag[158] noch behandelte es den Veräußerungsgewinn als außerordentliche Einkünfte[159].

II. Besteuerungsproblem

Ist eine begünstigte Betriebsveräußerung trotz Beratervertrag des Veräußerers steuerrechtlich zulässig? 85

152 § 37b EStG.
153 Rdnr. 38.
154 § 37b EStG.
155 Rdnr. 8.
156 Rdnr. 39.
157 BMF-Schreiben vom 29.4.2008, BStBl. I 2008, 566; DB 2008 S. 1009.
158 § 16 Abs. 4 EStG.
159 § 34 Abs. 2 Nr. 1 EStG.

III. Ergebnis des BFH

1. Begünstigte Betriebsveräußerung

86 Eine Veräußerung bzw. die Aufgabe eines Betriebs, Teilbetriebs oder Mitunternehmeranteils ist *zweifach* steuerbegünstigt. Für den Veräußerungs- bzw. Aufgabegewinn gilt:

- Bei Vollendung des 55. Lebensjahres *und keinem* vorherigem Verbrauch des Veräußerungsfreibetrages eine Freistellung in Höhe von max. 45.000 €
- Ein ermäßigter Steuersatz bei Vollendung des 55. Lebensjahrs
  - entweder in Form der Fünftelregelung[160]

    oder
  - in Form „des durchschnittlichen Steuersatzes unter Berücksichtigung eines Mindeststeuersatzes in Höhe von 15 %"[161]

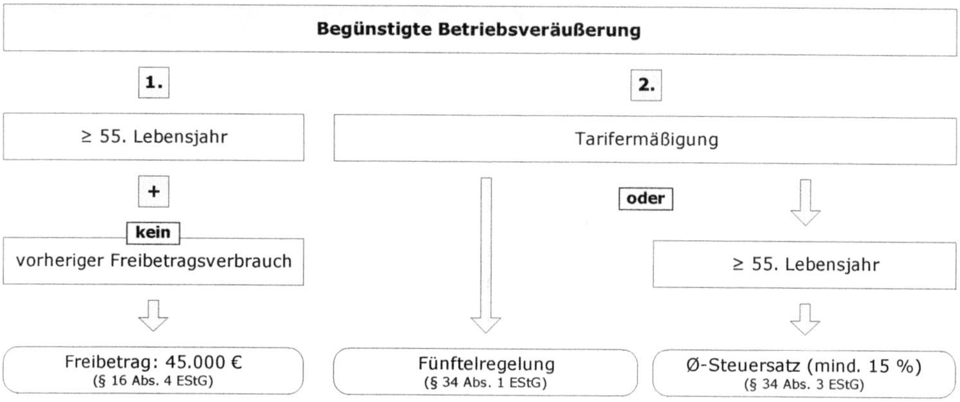

2. Tätigkeit im Auftrag des Erwerbers

87 Entscheidend für das Vorliegen eines begünstigten Veräußerungsgewinnes kann nur sein, dass der Veräußerer die wesentlichen wirtschaftlichen Grundlagen definitiv an den Erwerber übertragen hat. Soweit der Veräußerer diese Grundlagen weiterhin auf eigene Rechnung nutzt, liegt keine qualifizierte Veräußerung vor. Eine begünstigte Veräußerung ist anzunehmen, wenn der Erwerber *zivilrechtlich* und *wirtschaftlich* in der Lage ist, diese Beziehungen zu verwerten. Das ist der Fall, wenn der Erwerber die Kunden auf eigene Rechnung betreut. Beschäftigt der Erwerber den bisherigen Betriebsinhaber noch in *nicht*selbständiger Stellung *oder* als selbständiger Berater, so bestehen *keine* Rechtsbeziehungen des Veräußerers mehr zu den bisherigen Kunden. Vielmehr schließt der Erwerber die Kundenverträge, führt allein in Rechtsbeziehungen zu den Kunden und besitzt auch allein den Entgeltsanspruch. Damit verfügt der Erwerber zivilrechtlich und wirtschaftlich über die Vorteile aus dem Kundenstamm. Der bisherige Betriebsinhaber hat in solchen

160 § 34 Abs. 1 EStG.
161 § 34 Abs. 3 EStG.

Fällen den Mandantenstamm *definitiv* an den Erwerber veräußert. Ist der Veräußerer weiterhin auf Rechnung und im Namen des Erwerbers auch nach der Veräußerung für den Erwerber tätig, steht das einem tarifbegünstigten Veräußerungsgewinn *nicht* entgegen.[162]

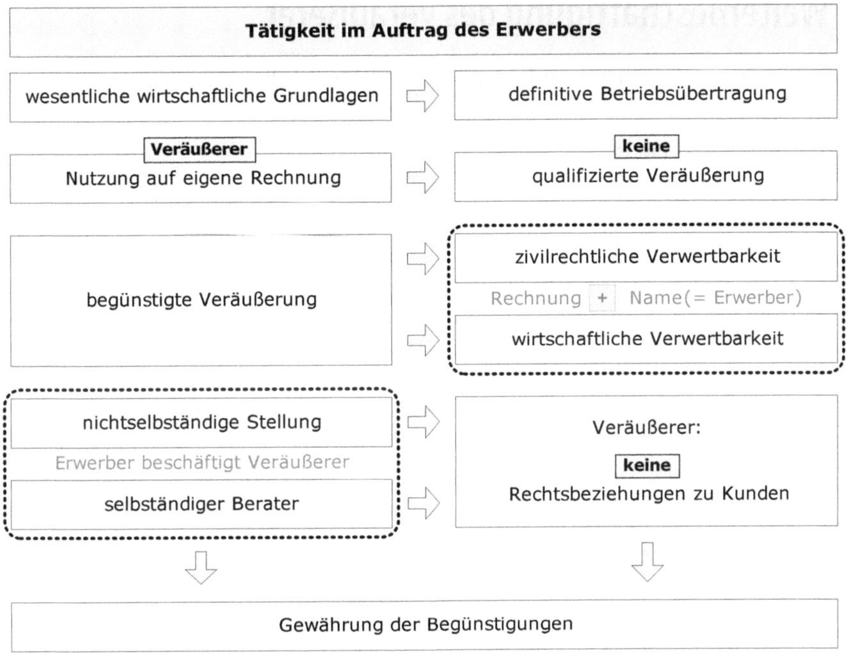

4

IV. Lösung in der Ausgangssituation

S erfüllte folgende Voraussetzungen: 88

- reine beratende Tätigkeit
- Tätigkeit auf Rechnung und im Namen des Erwerbers
- Übertragung sämtlicher zivilrechtlicher und wirtschaftlicher Vorteile aus dem Unternehmen
- reiner Vergütungsanspruch gegenüber dem Erwerber

Aufgrund der Erfüllung der o. a. vier Kriterien liegt eine qualitative Betriebsveräußerung im Ganzen[163] vor. Die Begünstigungen sind zu gewähren.

162 BFH vom 18.5.1994, I R 109/93, BStBl. II 1994, 925.
163 § 16 Abs. 1 Satz 1 Nr. 1 EStG.

V. Praxishinweis

1. Weiterbeschäftigung des Veräußerer

89 Die Finanzverwaltung vertritt folgende Auffassung[164] hinsichtlich der Weiterbeschäftigung des Veräußerers als sog. freier Mitarbeiter oder als Arbeitnehmer:

- freiberuflicher Mitarbeiter:
  - Wesentliche Änderungen hinsichtlich des Arbeitsplatzes und der zu bearbeitenden Fälle als Gegenstand der Tätigkeit sind zu überprüfen.

Hinweis:

*Soweit die Tätigkeit **keine** Übereinstimmung mit der ursprünglichen Tätigkeit ausweist, ist ein begünstigter Veräußerungsgewinn gegeben.*

  - Soweit *keine* Änderungen für den Veräußerer eintreten, weist die freiberufliche Mitarbeit nur so viele Parallelen zu früheren selbständigen Tätigkeit als Inhaber auf, dass *nicht* von einer Einstellung der Tätigkeit ausgegangen werden kann. Ein begünstigter Veräußerungsgewinn kann *nicht* gewährt werden.
- nichtselbständig tätiger Mitarbeiter:

  Der Veräußerer hat keine vermögensmäßigen Rücklagen zurückbehalten und sein Tätigkeitsumfang ist klar abgegrenzt von der ehemaligen selbständigen Tätigkeit. Es liegt ein begünstigter Veräußerungsgewinn vor.

164 OFD-Verfügung Düsseldorf vom 28.9.1988, S-2290 A - St 111, DB 1989, 555.

2. Freiberufliche Praxis

Mit der nun vorliegenden Rechtssprechung zur Betriebsaufgabe eines Gewerbebetriebs hat der BFH die Grundsätze seiner Rechtssprechung zur Übertragung einer freiberuflichen Praxis.[165] Bei der Veräußerung einer freiberuflichen Praxis[166], ist eine begünstigte Besteuerung des Veräußerungsgewinns auch dann gegeben, wenn der Veräußerer - selbständig oder nichtselbständig - im Auftrag und für Rechnung des Erwerbers tätig wird. Ein begünstigter Veräußerungsgewinn liegt auch vor, wenn bei der Veräußerung einer freiberuflichen Praxis einzelne Mandate zurückbehalten werden, auf die in den letzten drei Jahren weniger als 10 % der gesamten Einnahmen entfielen.[167] 90

Hinweis:

Der BFH hat die Frage, ob diese Rechtssprechung auch auf die Veräußerung eines Gewerbebetriebs übertragbar ist offen gelassen.[168]

N. Rückstellungsverbote erhöhen den Veräußerungsgewinn nicht

(BFH vom 17.10.2007, I R 61/06, BStBl. II 2008, 555; § 16 EStG)

I. Ausgangssituation

Die X-GmbH hatte in ihrer Handelsbilanz folgende Rückstellungen gebildet: 91

- für drohende Verluste 2.700.000 €
- für Zuwendungen bei Dienstjubiläen 700.000 €

In der Steuerbilanz wurden diese Rückstellungen auf Grund des Passivierungsverbots[169] *nicht* berücksichtigt. Im Jahr 01 übernahm die Y-GmbH den gesamten Betrieb der X-GmbH zu den folgenden Konditionen:

- Übernahme aller Verpflichtungen
- Kaufpreis in Höhe des handelsrechtlichen Buchwerts zuzüglich 2.000.000 € für die stillen Reserven

Die X-GmbH ermittelte einen Veräußerungsverlust von 1.400.000 €. Das Finanzamt berücksichtigte dagegen einen Veräußerungsgewinn in Höhe von 2.000.000 €.

II. Besteuerungsproblem

Sind bei der Berechnung des Gewinns aus einer Betriebsveräußerung die vom Erwerber übernommenen betrieblichen Verbindlichkeiten, die in der Steuerbilanz nicht passiviert wurden, gewinnerhöhend dem Veräußerungspreis hinzuzurechnen? 92

165 BFH vom 29.6.1994, I R 105/83, BFH/NV 1995, 109.
166 § 18 Abs. 3 EStG.
167 BFH vom 18.5.1994, I R 109/93, BStBl. II 1994, 925.
168 BFH vom 17.7.2008, X R 40/07, DStR 2008, 2254.
169 § 5 Abs. 4 und Abs. 4a EStG.

III. Auffassung des BFH

93 Ein Betriebsveräußerungsgewinn ist der Betrag, um den der Veräußerungspreis nach Abzug von angefallenen Veräußerungskosten den Wert des Betriebsvermögens übersteigt.[170] Nach steuerbilanziellen Grundsätzen ist der Wert des Betriebsvermögens grundsätzlich identisch mit dessen Buchwert in der letzten Schlussbilanz. Der Wert berücksichtigt damit auch die vom Erwerber übernommenen Schulden, wenn diese in der Schlussbilanz berücksichtigt sind. Die Nettomethode besagt, dass die übernommenen Schulden dann den Veräußerungspreis nicht erhöhen dürfen.[171] Auf Grund des steuerrechtlichen Passivierungsverbotes der Rückstellungen[172] werden handelsrechtlich gebildete Rückstellungen bei der steuerrechtlichen Bemessung des Wertes des Betriebsvermögens *nicht* vermögensmindernd berücksichtigt.

Die Rückstellungsverbote besagen jedoch nicht, dass die betreffenden Verluste auch im Falle ihrer tatsächlichen Realisierung nicht steuerwirksam werden sollen. Im Fall einer handelsrechtlichen Buchwertübernahme bei der Veräußerung des Betriebes, werden durch die Schuldübernahme (= Rückstellungen) des Erwerbers, der Kaufpreis entsprechend gemindert. Somit wurden für den Veräußerer die Verluste tatsächlich realisiert.

IV. Lösung in der Ausgangssituation

94 Da die Y-GmbH den Betrieb der X-GmbH zum handelsrechtlichen Buchwert zuzüglich 2.000.000 € übernahm, ist in dem Kaufpreis die Übernahme der Verbindlichkeiten berücksichtigt. Somit darf der Wert der Verbindlichkeiten den Veräußerungspreis nicht erhöhen. Der Veräußerungsverlust beträgt zutreffend 1.400.000 €.

O. Nachträgliche Anschaffungskosten trotz Sanierungsprivileg

(BFH vom 19.8.2008, IX R 63/05, BHF/NV 2008, 2101; § 17 Abs. 2 EStG)

I. Ausgangssituation

95 Mit Bilanzstichtag 31.12.1999 weist die X-GmbH eine angespannte Vermögens-, Finanz- und Ertragslage aus (= Jahresfehlbetrag 1999 ./. 102.070 €). Der Steuerpflichtige S wurde zum 3.3.2000 als Gesellschafter X-GmbH aufgenommen. Im Hinblick auf die schlechte Liquiditätslage gewährte S ein Darlehen in Höhe von 75.000 €[173]. Im Jahr 2000 geriet die X-GmbH weiter in die Krise. Zum Bilanzstichtag 31.12.2000 ergibt sich ein „nicht durch Eigenkapital gedeckter Fehlbetrag“ in Höhe von 289.627 €. Die Verbindlichkeiten gegenüber den Gesellschaftern sind in Höhe von 408.560 € bilanziert.

Mit Datum vom 29.5.2001 gewährt S ein weiteres zinsloses Kurzfristdarlehen in Höhe von 5.000 €. Am 11.11.2001 wurde eine Verzichtsvereinbarung hinsichtlich des Darlehens von S in Höhe von

170 § 16 Abs. 2 Satz 1 EStG.
171 BFH vom 26.3.1991, VIII R 315/84, BStBl. II 1992, 472; BFH vom 21.3.2002, IV R 1/01, BStBl. II 2002, 519.
172 § 5 Abs. 4 und Abs. 4a EStG.
173 = Rückzahlung am 1.1.2002; Zinssatz 12,5 %.

80.000 € geschlossen. Letztendlich wurden die Anteile an der X-GmbH auf einen neuen Gesellschafter übertragen. Um die Übertragung zu ermöglichen wurde auf sämtliche Gesellschafterdarlehen in Höhe von 537.372 € verzichtet (= Rückzahlungsanspruch und die Zinsen aus den Darlehen; 11.11.2001). Der Steuerpflichtige S veräußerte seine Beteiligung zum Kaufpreis von 1 € am 15.11.2001 und erfasste die hingegebenen aber verlustig stehenden Gesellschafterdarlehen in Höhe von 80.000 € als nachträgliche Anschaffungskosten[174].

Das Finanzamt erkannte die nachträglichen Anschaffungskosten *nicht* an, weil für die bestehenden oder neugewährten Kredite eines Darlehensgebers, der in der Krise der Gesellschaft Gesellschaftsanteile zum Zwecke der Überwindung der Krise erwirbt, die Regeln über den Eigenkapitalersatz *nicht* zur Anwendung kommen (= Sanierungsprivileg).[175] Im Ergebnis werden damit Kredite eines Gesellschafters, die wegen ihres Insolvenzabwendenden Charakters eigentlich immer als „kapitalersetzend" angesehen werden müssen, vom Anwendungsbereich des Kapitalersatzrechts[176] ausgenommen.

II. Besteuerungsproblem

Ob diese zivilrechtliche Rechtsfolge des sog. Sanierungsprivilegs[177] auch Auswirkung auf die steuerrechtliche Berücksichtigung eines Verlustes von Gesellschafterdarlehen im Rahmen der nachträglichen Anschaffungskosten auslöst, ist umstritten. 96

III. Ergebnis des BFH

1. Veräußerungs-/Auflösungsverlust

Ein Veräußerungs-/Auflösungsverlust[178] ist der Betrag, um den die im Zusammenhang mit der Auflösung der Gesellschaft vom Steuerpflichtigen persönlich getragenen Kosten[179] sowie seine Anschaffungskosten[180] den gemeinen Wert des dem Steuerpflichtigen zugeteilten oder zurückgezahlten Vermögens der Kapitalgesellschaft übersteigen.[181] 97

Anschaffungskosten sind Aufwendungen, die geleistet werden, um einen Vermögensgegenstand zu erwerben. Dazu gehören *auch* die nachträglichen Anschaffungskosten.[182] Zu den **nachträglichen Anschaffungskosten** gehören:

- (verdeckte) Einlagen
- nachträgliche Aufwendungen auf die Beteiligung

  Nachträgliche Aufwendungen sind anzusetzen, wenn

  - die Aufwendungen durch das Gesellschaftsverhältnis veranlasst sind

174 § 17 Abs. 2 EStG.
175 § 32a Abs. 3 Satz 3 GmbHG.
176 §§ 32a, 32b GmbHG.
177 § 32a Abs. 3 Satz 3 GmbHG.
178 § 17 Abs. 1, Abs. 2 und Abs. 4 EStG.
179 = Entsprechend den Veräußerungskosten gem. § 17 Abs. 2 Satz 1 EStG.
180 § 255 Abs. 1 Satz 1 HGB.
181 BFH vom 12.12.2000, VIII R 22/92, BStBl. II 2001, 385.
182 § 255 Abs. 1 HGB.

und

- weder Werbungskosten bei den Einkünften aus Kapitalvermögen noch Veräußerungskosten sind.

  Das ist bei einem Darlehen des Gesellschafters an die Kapitalgesellschaft der Fall, wenn und soweit das Darlehen das Eigenkapital ersetzt[183], weil der Gesellschafter das Darlehen in einem Zeitpunkt gewährt, in dem ein Gesellschafter als ordentlicher Kaufmann Eigenkapital zugeführt hätte.[184]

Finanzierungsmaßnahmen führen mithin zu nachträglichen Anschaffungskosten, wenn die Finanzierungsmaßnahme als Ersatz für Eigenkapital zu betrachten und deshalb wie Eigenkapital gebunden ist (= **funktionales Eigenkapital**).[185]

2. Sanierungsprivileg

98 Gesellschafterdarlehen, die in den Anwendungsbereich des sog. Sanierungsprivilegs[186] fallen, sind steuerrechtlich umstritten.

Hinweis:

*Die Finanzverwaltung ist der Auffassung, dass der Verlust eines Darlehens bei Anwendung des Sanierungsprivilegs **nicht** zu nachträglichen Anschaffungskosten auf die Beteiligung führt.*[187]

Tilgungs- und Zinszahlungen auf Sanierungsprivilegdarlehen unterliegen *keiner* Auszahlungssperre, die Forderungen sind *nicht* nachrangig. Nach Sinn und Zweck des Sanierungsprivilegs ist der Ansatz als nachträgliche Anschaffungskosten *trotzdem nicht* ausgeschlossen.

Hinweis:

Der Zweck des Sanierungsprivilegs als Sonderregelung ist es, Anreize zu bieten, GmbHs Risikokapital zur Verfügung zu stellen und sich an Sanierungen zu beteiligen.[188]

Dieser Zweck würde unterlaufen, wenn der sanierungskapitalgebende Gesellschafter gegenüber anderen Gesellschaftern steuerrechtlich benachteiligt würde.[189]

183 § 32a Abs. 1 GmbHG.
184 BFH vom 4.3.2008, IX R 80/06, BStBl. II 2008, 577; BFH vom 4.3.2008, IX R 78/06, BStBl. II 2008, 575.
185 BFH vom 2.10.1984, VIII R 36/83, BStBl. II 1985, 320.
186 § 32a Abs. 3 Satz 3 GmbHG.
187 OFD-Verfügung Kiel, FR 2000, 161; OFD-Verfügung Düsseldorf vom 5.11.2005, DB 2002, 2409.
188 BT-Drucks. 13/10038 vom 4.3.1998, zu § 32a GmbH-Gesetz, S. 28; Lutter/Hommelhoff, GmbH-Gesetz, 16. Aufl., §§ 32a/b Rz. 79.
189 BFH vom 19.8.2008, IX R 63/05, BFH/NV 2008, 2801.

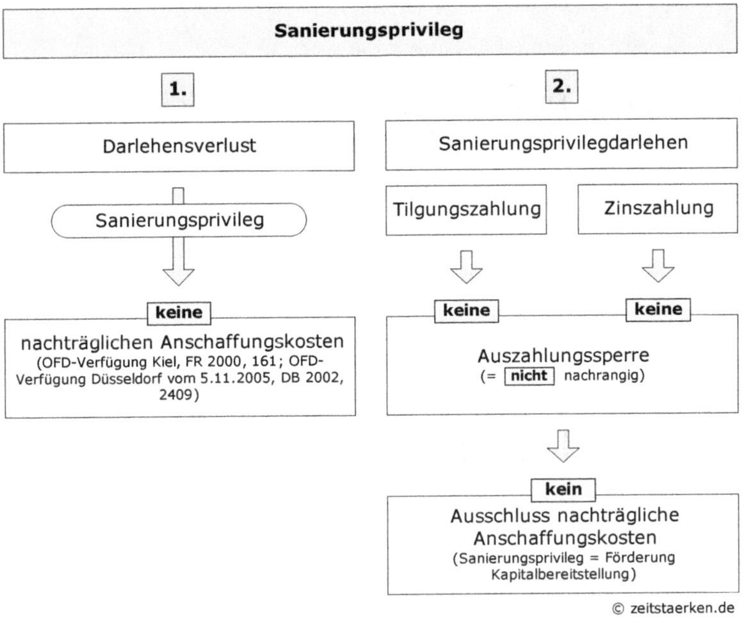

IV. Lösung in der Ausgangssituation

Da die Anwendung des Sanierungsprivilegs den Ansatz von Darlehensverlusten als nachträgliche Anschaffungskosten *nicht (mehr) ausschließt*, kann S die 80.000 € bei der Ermittlung des Veräußerungsverlustes / Auflösungsverlustes ansetzen. Beide Teil-Darlehen wurden in Zeiten der Kreditunwürdigkeit der GmbH und damit in der Krise gewährt. Ein ordentlicher Kaufmann hätte das Risiko einer Kreditgewährung *nicht* übernommen und in soweit ist ein durch das Gesellschaftsverhältnis veranlasster Vorgang gegeben.[190] 99

Hinweis:

Unerheblich ist, dass der Rückzahlungsanspruch aus dem Darlehen im Verzichtszeitpunkt ***nicht mehr*** *werthaltig war. Denn die Höhe der Anschaffungskosten bestimmt sich nach dem Zeitpunkt der Darlehensgewährung in der Krise der GmbH (= Darlehen in der Krise = Nennbetrag).*[191]

V. Praxishinweis

Aufgrund des MoMiG sind in der Insolvenz der GmbH / UG (haftungsbeschränkt) nunmehr alle Gesellschafterdarlehen als nachrangige Forderungen - also wie Eigenkapital - zu behandeln.[192] 100

190 BFH vom 13.7.1999, VIII R 31/98, BStBl. II 1999, 724.
191 BFH vom 24.4.1997, VIII R 16/94, BStBl. II 1999, 339, BMF-Schreiben vom 8.6.1999, IV C , 2 - S 2244 - 12/99, BStBl. I 1999, 545, Punkt a, Hingabe des Darlehens in der Krise.
192 § 39 Abs. 1 Nr. 8 InsO.

Hinweis:

*Für klein- und sanierungsbeteiligte Gesellschafter gilt die Nachrangigkeit **nicht**.*[193]

Bis zur Klärung der steuerrechtlichen Situation kann es sich empfehlen, der Kapitalgesellschaft anstelle von Gesellschafterdarlehen **offene Einlagen** zu gewähren.[194]

Hinweis:

Diese Vorgehensweise beinhaltet folgende Auswirkungen:

- *Der Gesellschafter erhält somit **keine** voll steuerpflichtigen Zinsen.*
- *Bei verlorenem Kapitalzuschuss ist ein Anteil von 60 %[195] als nachträgliche Anschaffungskosten auf die Beteiligung gesichert[196].*

VI. Zusätzliches Haftungsrisiko

101 Der BFH hat folgende Überlegung in seinem Urteil „Sanierungsprivileg" *nicht* geprüft und damit wohl ausgeschlossen. Nach Auffassung des RiFG Dr. Hoffmann[197] überzeugen ihn die Begründungen *nicht*. Zu Beachten ist, dass nach der bisherigen Rechtsprechung des BFH im Ergebnis *nur* dann nachträgliche Anschaffungskosten vorliegen, wenn[198]

- sich der Gesellschafter aufgrund des eigenkapitalersetzenden Charakters seines Darlehens einem **zusätzlichen Haftungsrisiko** ausgesetzt hat

  und

- aus diesem Grund seine Darlehensforderung verliert.

Denn nur dieses zusätzliche Haftungsrisiko *rechtfertigt* es, den Verlust eines eigenkapitalersetzenden Darlehens anders zu Beurteilen als den Verlust eines „normalen" Darlehens.[199] Bei Sanierungsdarlehen[200] **fehlt** nun aber dieses Haftungsrisiko. Der Sanierungsgesellschafter muss aufgrund des zivilrechtlichen Sanierungsprivilegs gerade *nicht* damit rechnen, dass seine Gesellschafterdarlehen den Rechtsfolgen des Kapitalersatzrechts unterfallen werden.

Hinweis:

Zivilrechtlich steht der Sanierungsgesellschafter dann mit jedem anderen „normalen" Darlehensgeber gleich.

Hinweis:

Will man nun trotzdem aufgrund dieser zivilrechtlichen Ausgangslage den Verlust von Sanierungsdarlehen als nachträgliche Anschaffungskosten auf die Beteiligung berücksichtigen, so muss ein stückweit von dem bisherigen Begründungsansatz des BFH für nachträgliche Anschaffungskosten abgerückt werden.

193 § 39 Abs. 4 Satz 1 i. V. m. Abs. 5 InsO.
194 § 272 Abs. 2 Nr. 4 HGB.
195 Umkehrschluss-Teileinkünfteverfahren gem. § 3 Nr. 40 EStG ab VZ 2009.
196 § 17 Abs. 2 i. V. m. Abs. 4 EStG.
197 Kommentar zu: FG vom 17.10.2005, 11 K 2558/04 E, EFG 2006, 110; *Revision*: BFH vom 19.8.2008, IX R 63/05, BFH/NV 2008, 2101.
198 BFH vom 6.7.1999, VIII R 9/98, BStBl. II 1999, 817.
199 Vgl. Gschwendtner, DStR 1999, Beiheft dazu Heft 32, 6.
200 § 32a Abs. 3 Satz 3 GmbHG.

P. „Business angels“

(Gesetz zur Modernisierung der Rahmenbedingungen für Kapitalbeteiligungen (MoRaKG) vom 12.8.2008, BGBl. I 2008, 1672 ff.; Hörster in „Bundesrat stimmt MoRaKG zu - Änderungen gegenüber dem Regierungsentwurf“, NWB, Fach 2, 9839 ff.; § 17 EStG)

I. Einleitung

Durch MoRaKG wurde eine lex speciales zum Veräußerungstatbestand privater Anteile an einer Kapitalgesellschaft[201] umgesetzt (= Freibetrag für Gewinne aus der Veräußerung von Anteilen an Zielgesellschaften[202] - **„Business angels“**). **Business angels** im Sinne dieser Regelung sind laut der Gesetzbegründung vermögende, unternehmerisch denkende und handelnde Personen, die sich mit Kapital, know-how und ihrem persönlichen Netzwerk in Zielunternehmen einbringen. Der begünstigte Personenkreis wird mittelbar bestimmt über 102 4

- Beteiligungshöhe

  und

- Beteiligungsdauer

II. Voraussetzungen des erhöhten Veräußerungsfreibetrages

Business angels müssen folgende **Voraussetzungen** erfüllen: 103

- Gewinn aus der Veräußerung von Anteilen an einer Kapitalgesellschaft[203]
- Beteiligung des Veräußerers innerhalb der letzten 5 Jahre ab Kapital der Gesellschaft unmittelbar oder mittelbar zu mindestens 1 %.
- Entstehung des Veräußerungsgewinns aus der Veräußerung an Anteilen an einer Zielgesellschaft[204]. Es muss sich folglich um eine *nicht* börsennotierte Kapitalgesellschaft handeln, die im Zeitpunkt des Erwerbs der Beteiligung durch den Steuerpflichtigen:
  - nicht länger als 10 Jahre besteht

    und

  - Eigenkapital von max. 20. Mio. € aufweist
- Beteiligung des Veräußerers zum Zeitpunkt der Veräußerung innerhalb der letzten 5 Jahre unmittelbar zu *mindestens* 3 %, *höchstens* jedoch zu 25 % an dieser Zielgesellschaft.
- Bestehen der Beteiligung längstens 10 Jahre im Zeitpunkt der Veräußerung.

201 § 17 Abs. 3 EStG.
202 § 20 WKBG.
203 § 17 Abs. 2 EStG.
204 § 2 Abs. 3 WKBE.

Voraussetzungen des erhöhten Veräußerungsfreibetrags
(Gesetz zur Modernisierung der Rahmenbedingungen für Kapitalbeteiligungen (MoRaKG) vom 12.8.2008, BGBl. I 2008, 1672 ff.; Hörster in "Bundesrat stimmt MoRaKG zu - Änderungen gegenüber dem Regierungsentwurf", NWB, Fach 2, 9839 ff.)

1. Veräußerungsgewinn aus Kapitalgesellschaftsanteilen

2. Kapitalbeteiligung in den 5 Vorjahren ≥ 1 % (mittelbar / unmittelbar)

3. Zielgesellschaft

Tatbestände im Erwerbszeitpunkt

- **1.** Existenz ≤ 10 Jahre
- **+**
- **2.** Eigenkapital ≤ 20 Mio. €

4. Zielgesellschaftsbeteiligung in den 5 Vorjahren ≥ 3 % **aber** ≤ 25 %

5. Beteiligungsbestand im Veräußerungszeitpunkt ≤ 10 Jahre

104 Sind diese Voraussetzungen sämtlich Erfüllt, kann der **erhöhte Veräußerungsfreibetrag**[205] gewährt werden. Der erhöhte Veräußerungsfreibetrag lässt sich wie folgt Charakterisieren:

- Der Veräußerungsgewinn wird nur zur Einkommensteuer herangezogen, soweit der Veräußerungsgewinn den Teil von **200.000 €** entsprechend der Beteilungsquote übersteigt (= **[anteiliger] Veräußerungsfreibetrag**).
- Der Veräußerungsfreibetrag wird nur **entsprechend der Beteiligungshöhe** gewährt.
- Die **Beteiligungshöchstgrenze** beträgt **25 %**.
- Der **maximale Veräußerungsfreibetrag** beträgt somit (200.000 € x 25 % =) **50.000 €**.
- Der Veräußerungsfreibetrag ermäßigt sich um den Betrag, um den der Veräußerungsgewinn den Teil von 800.000 € übersteigt, der dem veräußerten Anteil an der Kapitalgesellschaft entspricht (= **[anteilige] Veräußerungsfreigrenze**[206]).

205 § 20 WKBG.
206 § 20 Satz 3 WKBG.

Erhöhter Veräußerungsfreibetrag

(Gesetz zur Modernisierung der Rahmenbedingungen für Kapitalbeteiligungen (MoRaKG) vom 12.8.2008, BGBl. I 2008, 1672 ff.; Hörster in "Bundesrat stimmt MoRaKG zu - Änderungen gegenüber dem Regierungsentwurf", NWB, Fach 2, 9839 ff.)

1. Schritt

Veräußerungsfreibetrag 200.000 €
x Beteiligungsquote (max. 25 %)
anteiliger Veräußerungsfreibetrag

2. Schritt

Abschmelzungsfreigrenze 800.000 €
x Beteiligungsquote (max. 25 %)
anteilige Abschmelzungsfreigrenze

3. Schritt

Veräußerungsgewinn
./. anteilige Veräußerungsfreigrenze
Abschmelzungsbetrag

4. Schritt

anteiliger Veräußerungsfreibetrag
./. Abschmelzungsbetrag
verbleibender anteiliger Veräußerungsfreibetrag

5. Schritt

Veräußerungsgewinn
./. verbleibender ant. Veräußerungsfreibetrag
steuerpflichtiger Betrag

4

Hinweis:

*Da der Höchstbetrag **beteiligungsbezogen** ist, kann ein Steuerpflichtiger bei Veräußerung mehrerer Beteiligung an **verschiedenen** Zielunternehmen den Freibetrag in einem Veranlagungszeitraum auch **mehrfach** in Anspruch nehmen.*

Beispiel: 105

Der Steuerpflichtige S ist seit drei Jahren an einer Zielgesellschaft (GmbH) zu 15 % beteiligt. S veräußert sämtliche Anteile. Sein Veräußerungsgewinn nach Abzug des steuerfreien Gewinnanteils[207] beträgt 130.000 €.

Lösung:

Der **Veräußerungsfreibetrag** errechnet sich wie folgt:

Schritt 1:	Ermittlung des anteileigen Veräußerungsfreibetrags[208]:	
	15 % von 200.000 € =	30.000 €
Schritt 2:	Ermittlung der anteiligen Veräußerungsfreigrenze[209]:	
	15 % von 800.000 € =	120.000 €
Schritt 3:	Ermittlung des übersteigenden Betrags:	
	Veräußerungsgewinn	130.000 €
	./. anteilige Veräußerungsfreigrenze	./. 120.000 €
	Abschmelzungsbetrag	10.000 €

207 § 3 Nr. 40 EStG; vgl. R 17 Abs. 9 EStR.
208 § 20 Satz 1 WKBG.
209 § 20 Satz 3 WKBG.

Schritt 4:	Ermittlung des verbleibenden Veräußerungsfreibetrages:	
	anteiliger Veräußerungsfreibetrag[210]	30.000 €
	./. Abschmelzungsbetrag[211]	./. 10.000 €
	Verbleibender anteiliger Veräußerungsfreibetrag	20.000 €
Schritt 5:	Der verbleibende steuerpflichtige Gewinn beträgt	
	(130.000 € ./. 20.000 €=)	110.000 €

4

III. Zeitliche Anwendung

106 Dieser (neue) besondere Veräußerungsfreibetrag ist erstmals auf Veräußerungen von Anteilen an Zielgesellschaften **nach dem 31.12.2007** anzuwenden.[212]

Q. Eigenkapitalersetzende Darlehen nach MoMiG

(Gesetz zur Modernisierung des GmbH-Rechts und zur Bekämpfung von Missbräuchen (MoMiG) vom 23.10.2008, BGBl. I 2008, 2026; Hölzle in „Nachträgliche Anschaffungskosten auf Kapitalbeteiligungen in der Fassung des RegE-MoMiG", DStR 2007, 1185 ff.; RiBFH Groh in „Unternehmenssteuerreform 2008/MoMiG 2008: Neuerungen bei § 17 EStG", FR 2008, 264 ff.; Demuth in „Gesellschafterforderungen im Ertragsteuerrecht – Entstehung, Verzinsung, Verzicht", KÖSDI 2008, 16177 ff.; Fuhrmann in „Praxisrelevante Hinweise zum neuen GmbH-Recht nach MoMiG", KÖSDI 2008, 16224 ff.)

I. (bisher) nachträgliche Anschaffungskosten

107 Nach geltendem Recht werden Darlehen, die ein Gesellschafter einer GmbH zu einem Zeitpunkt gewährt, in dem sich die Gesellschaft in der Krise befindet, wie Eigenkapital behandelt.[213] Im Insolvenzverfahren ist der Anspruch auf Darlehensrückgewähr nachrangig zu behandeln. Für die Bewertung der nachträglichen Anschaffungskosten war es entscheidend, welche Darlehensart gegeben war:

- „stehengelassenes" Darlehen = gemeiner Wert
- Finanzplandarlehen = Nennwert
- krisenbestimmtes Darlehen = Nennwert

  <u>oder</u>
- Darlehensgewährung in der Krise = Nennwert

210 § 20 Satz 1 WKBG.
211 § 20 Satz 3 WKBG.
212 § 20 Satz 4 WKBG.
213 § 32a Abs. 1 und Abs. 3 Satz 1 GmbHG.

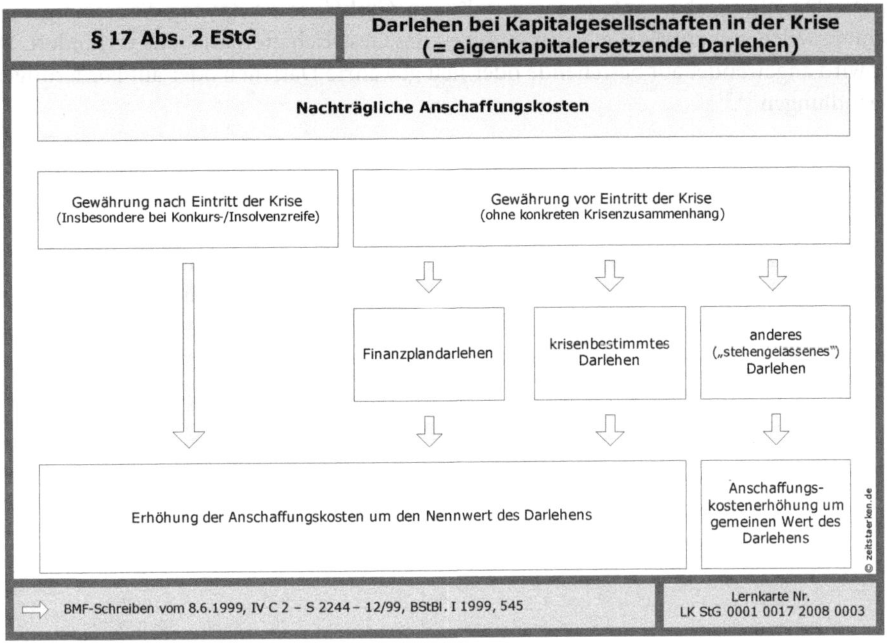

Hinweis:

Für Bürgschaften wendete die Finanzverwaltung die gleichen Grundsätze an.[214]

II. (neue) Regeln für Gesellschafterdarlehen

Nach der neuen Konzeption gibt es *keine* kapitalersetzenden Darlehen mehr. 108

Hinweis:

Die Unterscheidung zwischen einem „normalen" oder einem „kapitalersetzenden" Gesellschafterdarlehen fällt weg!

Sog. **Gesellschafterdarlehen** sind grundsätzlich seit dem 1.11.2008 **nachrangig**.[215] Diese Regelung *gilt auch* für Gesellschaften, die weder eine natürliche Person noch eine Gesellschaft als persönlich haftenden Gesellschafter haben, bei der ein persönlich haftender Gesellschafter einer natürliche Person ist (= z. B. GmbH; GmbH & Co. KG; UG (haftungsbeschränkt) & Co. KG).[216]

Keine **Nachrangigkeit** besteht, wenn die folgenden Voraussetzungen erfüllt sind (= **Kleinbeteiligungsprivileg**[217]):

- nicht geschäftsführender Gesellschaft

  und

- Beteiligung von ≤ 10 %

214 H 17 Abs. 5 „Bürgschaft" EStH.
215 § 39 Abs. 1 Nr. 5 InsO
216 § 39 Abs. 4 Satz 1 InsO.
217 § 39 Abs. 5 InsO.

Erwirbt ein Darlehensgeber Anteile an einer Krisen-GmbH, so ist das sog. **Sanierungsprivileg** zu beachten, welches ebenfalls die Nachrangigkeit des Gesellschafterdarlehens verhindert. Dieses Privileg wird angewendet auf bestehende oder neu gewährte Darlehen oder auf Forderungen aus Rechtshandlungen[218].[219]

Hinweis:

Zahlungen im Vorfeld einer Insolvenz sind innerhalb des Ein-Jahres-Zeitraums anfechtbar.[220]

109 Werden Anteile zum Zweck der Sanierung der Gesellschaft bei drohender oder eingetretener Zahlungsunfähigkeit sowie Überschuldung erworben, führt dies bis zur nachhaltigen Sanierung *nicht* zur Nachrangigkeit auf seine Gesellschafterforderungen aus bestehenden oder neu gewährten Darlehen/Forderungen[221] (= **Sanierungsprivileg**).[222]

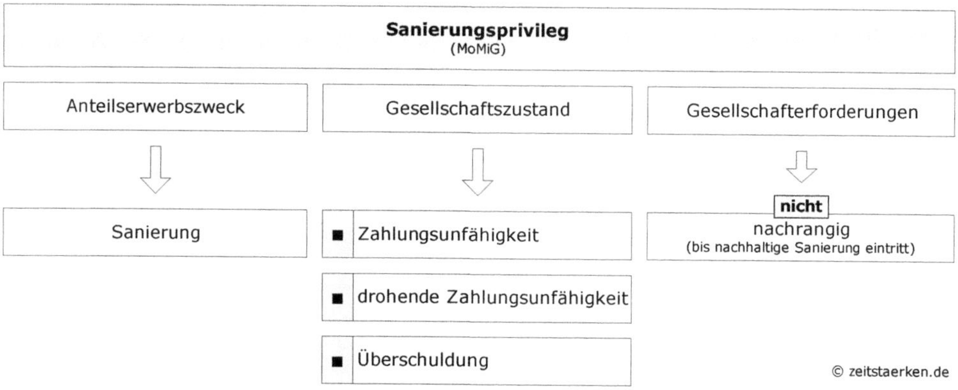

Die künftige insolvenzrechtliche Verstrickung von Gesellschafterdarlehen und deren Nachrangigkeit beruht (dann immer) auf das **Gesellschaftsverhältnis**. Ein schuldrechtliches Darlehen kann bei einer Krise abgezogen werden; das „krisenbestimmte“ Gesellschafterdarlehen *nicht*. Insoweit sind die gewährten Gesellschafterdarlehen immer **krisenbestimmt**.[223] Der Ausfall eines Gesellschaftsdarlehens wird weiterhin als **nachträgliche Anschaffungskosten** auf seine Beteiligung gewertet werden müssen. Die nachträglichen Anschaffungskosten sind (dann auch immer) mit dem **Nennwert** zu bewerten.[224]/[225]

218 = entsprechen einem Gesellschafterdarlehen.
219 § 39 Abs. 4 Satz 2 InsO.
220 § 135 InsO.
221 = Rechtshandlungen die einem Darlehen wirtschaftlich entsprechen.
222 § 39 Abs. 4 Satz 2 InsO.
223 *Sozusagen*: von der Gewährung bis zur aufschiebend bedingten Insolvenz.
224 Demuth in „Gesellschafterforderungen im Ertragsteuerrecht – Entstehung, Verzinsung, Verzicht“, KÖSDI 2008, 16177 ff.
225 RiBFH Groh in „Unternehmenssteuerreform 2008/MoMiG 2008: Neuerungen bei § 17 EStG“, FR 2008, 264 ff.; Hölzle in „Nachträgliche Anschaffungskosten auf Kapitalbeteiligungen in der Fassung des RegE-MoMiG“, DStR 2007, 1185 ff.

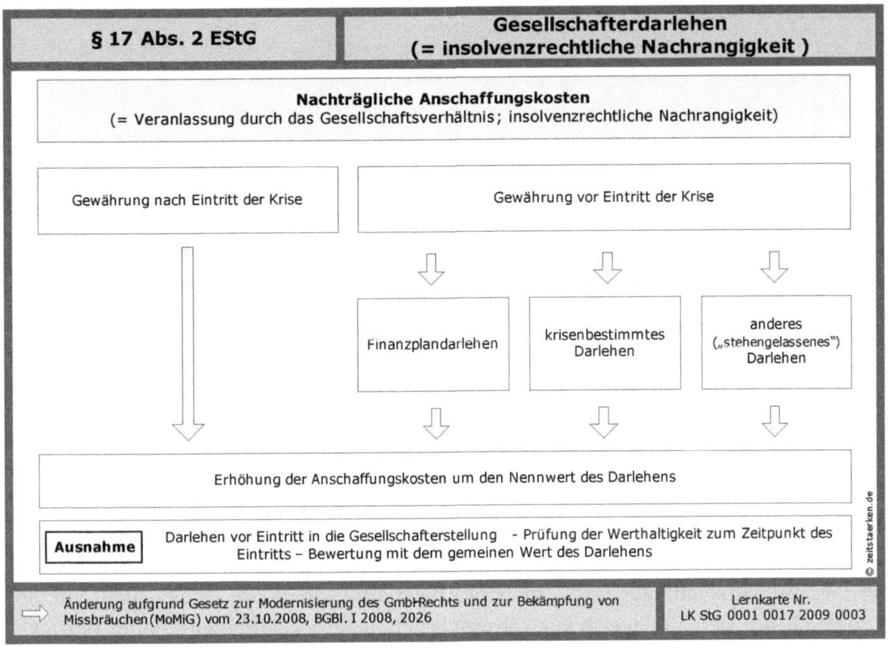

Hinweis: Bewertung mit dem gemeinen Wert

Die Bewertung mit dem gemeinen Wert kann trotzdem in der täglichen Praxis noch auftreten. Nämlich in den folgenden Fällen:

- *Darlehen vor dem Gesellschafterstatus:*

  Der Steuerpflichtige gibt einer GmbH/GmbH & Co. KG ein Darlehen (= schuldrechtlicher Charakter) ohne gleichzeitig Gesellschafter zu sein. Nach Eintritt der Krise wird der Steuerpflichtige dann Gesellschafter der Krisen-GmbH/GmbH & Co. KG. Das Gesellschafterdarlehen hat nunmehr insolvenzrechtlichen Charakter. Im Zeitpunkt des Eintritts kann das zuvor gewährte (Fremd-) Darlehen an Wert verloren haben, so dass das (Gesellschafter-) Darlehen unterhalb des Nennwerts (= gemeiner Wert) als nachträgliche Anschaffungskosten zu bewerten ist.

- *Darlehen beim Kleinbeteiligungsprivileg :*

  *Der Gesellschafter ist **nicht** Geschäftsführer und mit **nicht mehr** als 10 % beteiligt (= Kleinbeteiligungsprivileg).*[226] *Hierbei wird die gesellschaftsrechtliche Veranlassung und damit nachträgliche Anschaffungskosten angezweifelt.*[227] *Soweit **keine** gesellschaftsrechtliche Veranlassung*[228] *gegeben ist, können damit auch **keine** nachträglichen Anschaffungskosten auf die Beteiligung entstehen.*

226 § 39 Abs. 5 InsO.

227 OFD-Verfügung Kiel, FR 2000, 161 ff.; OFD-Verfügung Düsseldorf vom 5.11.2002, S-2244 – 55 – St 122 - K, DB 2002, 2409; RiBFH Groh in „Unternehmenssteuerreform 2008/MoMiG 2008: Neuerungen bei § 17 EStG", FR 2008, 264 ff.; Weber-Grellet in Schmidt EStG-Komm., 27. Aufl., 2008, C. H. Beck Verlag, zu § 17, Rdnr. 172; *andere Auffassung*: FG Düsseldorf vom 17.10.2005, 11 K 2558/04, EFG 2006, 110; *Revision*: BFH Az. VIII R 66/05, IX R 63/05.

228 Sodann liegt nur ein schuldrechtliche Anspruchsgrundlage vor, welche nicht zu nachträglichen Anschaffungskosten auf die Beteiligung führen kann; RiBFH Gschwendtner in „Darlehensverluste eines wesentlich an einer Kapitalgesellschaft beteiligten Gesellschafters in der Rechtsprechung des BFH", DStR 1999, Beihefter zu Heft 32/1999.

- *Darlehen Sanierungsprivileg:*

  *Der Gesellschafter, welcher vorab der Gesellschaft ein Darlehen gewährt hat, erwirbt aus Gründen der Sanierung Anteile (= Sanierungsprivileg).[229] Der BFH[230] hat den Darlehensverlust als nachträgliche Anschaffungskosten zugelassen, da dieses dem Sinn und Zweck des Sanierungsprivilegs entspricht und der sanierungswillige neue Gesellschafter einem Alt-Gesellschafter **nicht** schlechter gestellt werden soll.*

110 Soweit in der täglichen Praxis eine Überschuldungsprüfung[231] ansteht, muss weiterhin bei jedem (Gesellschafter-) Darlehen geprüft werden, ob ein **ausdrücklicher Rangrücktritt** vereinbart wurde.[232] Insolvenzrechtlich ist eine nachrangige Berücksichtigung im Insolvenzverfahren erforderlich, insoweit werden sich die inhaltlichen Aspekte von Rangrücktritterklärungen verändern.[233] Folgende Formulierungen waren bisher anwendbar:

- **einfacher Rangrücktritt**:

  „Die Gläubigerin tritt mit ihren Forderungen in Höhe von ... hinter die Forderungen aller anderen Gläubiger in der Weise zurück, dass ihre Forderungen nur zu Lasten von Bilanzgewinnen, aus einem Liquidationsüberschuss oder aus dem die sonstigen Verbindlichkeiten der Schuldnerin übersteigenden Vermögen bedient zu werden brauchen."

- **qualifizierter Rangrücktritt**:

  „Der Gesellschafter wolle wegen der genannten Forderungen erst nach Befriedigung sämtlicher Gesellschaftsgläubiger und - bis zur Abwendung der Krise - auch nicht vor, sondern nur zugleich mit den Einlagerückgewähransprüchen seiner Mitgesellschafter berücksichtigt werden, also so behandelt werden, als handele es sich bei seiner Gesellschafterleistung um statutarisches Kapital.“

- **neuer Rangrücktritt**:

  „Der Gesellschafter trete hinsichtlich der genannten (Gesellschafter-) Forderung(en) vom ??.??.???? in Höhe von (insgesamt) ?? € erst nach Befriedigung sämtlicher Gesellschaftsgläubiger im Insolvenzverfahren hinter die in § 39 Abs. 1 Nr. 1 bis Nr. 5 InsO zurück.“

Hinweis:

Soweit der Forderungsbetrag nicht konkretisiert wird, ist der gesamte Betrag durch den Rangrücktritt erfasst. Soweit eine Aufteilung erwünscht wird, muss eine Betragsnennung erfolgen.

Hinweis:

*Zukünftig wird eine **ausdrückliche Rangrücktrittserklärung** verlangt[234], um eine Überschuldung abzuwenden.[235] Ob damit eine gesellschaftsrechtliche Veranlassung auch für Darlehen bei Kleinbeteiligungs- oder Sanierungsprivileg vorliegt, bleibt der Rechtsprechung vorbehalten. U. E. ist damit eine gesellschaftsrechtliche Veranlassung nachgewiesen, welche zu nachträglichen Anschaffungskosten führt.[236] Der Wert ist von den Umständen abhängig, welche im Zeitpunkt des Rangrücktritts vorliegen. Ein Anfechtungsrecht[237] besteht hierbei allerdings **nicht**.*

229 § 39 Abs. 4 Satz 2 InsO.
230 BFH vom 19.8.2008, IX R 63/05, BFH/NV 2008, 2101.
231 § 39 Abs. 1 Nr. 5 InsO.
232 § 19 Abs. 2 InsO
233 BT-Drucks. 16/9737 vom 24.6.2008, 106; Fuhrmann in „Praxisrelevante Hinweise zum neuen GmbH-Recht nach MoMiG“, KÖSDI 2008, 16224 ff.
234 Die insolvenzrechtliche Nachrangigkeit tritt trotzdem ein!
235 § 19 Abs. 2 InsO.
236 *Bejahend wohl*: RiBFH Groh in „Unternehmenssteuerreform 2008/MoMiG 2008: Neuerungen bei § 17 EStG“, FR 2008, 264 ff.
237 § 135 InsO; RiBFH Groh in „Unternehmenssteuerreform 2008/MoMiG 2008: Neuerungen bei § 17 EStG“, FR 2008, 264 ff.

U. E. muss auch hier die ***Bewertung*** *mit dem gemeinen Wert erfolgen:*

- *Die Darlehenshingabe und die Rangrücktrittserklärung erfolgen zeitgleich (= Privilegsfall). Hierbei entspricht der gemeine Wert dem Nennwert des Darlehens*
- *Die Rangrücktrittserklärung erfolgt nach Eintritt der Krise (= Privilegsfall). Es ist davon auszugehen, dass hier ein gesunkener gemeiner Wert vorliegt.*

Das folgende Schaubild stellt eine Zusammenfassung der Gesellschafterdarlehen in der täglichen Praxis dar: 111

Gesellschafterdarlehen			
	Art des Darlehens	Qualifizierung	Höhe der Anschaffungkosten
1.	Krisendarlehen	Nachrangigkeit	Nennwert
2.	„stehengelassenes" Darlehen	Nachrangigkeit	Nennwert
3.	krisenbestimmtes Darlehen	Nachrangigkeit	Nennwert
4.	Finanzplandarlehen	Nachrangigkeit	Nennwert
5.	Darlehen bei Kleinbeteiligungsprivileg	**keine** Nachrangigkeit	**kein** Abzug **?**
6.	Darlehen bei Sanierungsprivileg	**keine** Nachrangigkeit	Nennwert (BFH vom 19.8.2008, IX R 63/05, BFH/NV 2008, 2101; Krisendarlehen)
7.	Darlehen mit ausdrücklichen zeitgleichem Rangrücktritt (Privilegsfall)	Nachrangigkeit	Nennwert
8.	ausdrücklichen zeitgleichem Rangrücktritt nach Kriseneintritt (Privilegsfall)	Nachrangigkeit	gemeiner Wert (= Rangrücktrittszeitpunkt)
9.	nach Anteilsveräußerung stehengelassenes Darlehen	**keine** Nachrangigkeit	**kein** Abzug
10.	vor Anteilserwerb (≤ 10 %) hingegebenes Darlehen	**keine** Nachrangigkeit	**kein** Abzug
11.	vor Anteilserwerb (> 10 %) hingegebenes Darlehen	Nachrangigkeit	gemeiner Wert (= Eintrittszeitpunkt)
12.	Gesellschafterdarlehen an englische Limited	Nachrangigkeit	Nennwert

III. Zeitliche Anwendung

Die neuen Regeln für die Gesellschafterdarlehen[238] sind anzuwenden, wenn die Insolvenzeröffnung und Darlehensgewährung **nach dem 1.11.2008** stattfindet. 112

238 § 135 InsO.

Hinweis: „alte Gesellschafterdarlehen in alten Insolvenzverfahren"

Auf Insolvenzverfahren, welche am 1.11.2008 eröffnet worden sind, sind die bis dahin "alten" geltenden eigenkapitalersetzenden Regeln anzuwenden.[239]

Hinweis: „alte Gesellschafterdarlehen in neuen Insolvenzverfahren"

Soweit die Gesellschafterdarlehen __vor__ dem 1.11.2008 hingegeben wurden und die Insolvenzeröffnung __nach__ dem 1.11.2008 erfolgt, sind die alten Regeln der Insolvenzordnung anzuwenden, soweit die Rechtshandlungen nach dem bisherigem Recht der Anfechtung entzogen oder in geringerem Umfang unterworfen sind.[240]

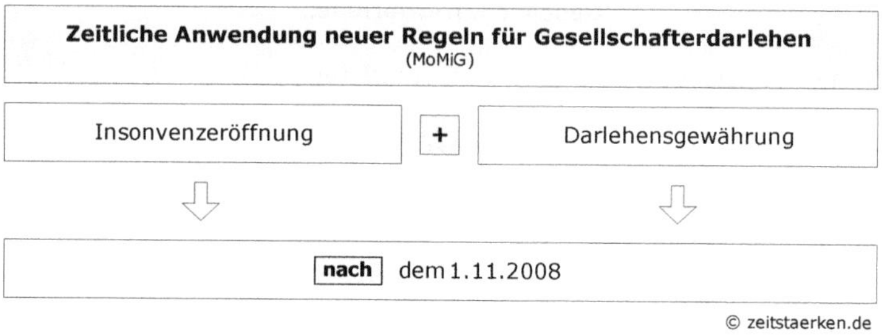

VZ 2009

R. Wiedereinführung der degressiven AfA

(Gesetz zur Umsetzung steuerrechtlicher Regelungen des Maßnahmenpaktes „Beschäftigungssicherung durch Wachstumsstärkung", BGBl. I 2008, 2896 f.)

113 Die degressive AfA[241]/[242] wird wieder eingeführt. Für bewegliche Wirtschaftsgüter des Anlagevermögens, die *__nach__* dem 31.12.2008 *__und__* *__vor__* dem 1.1.2011 angeschafft oder hergestellt werden, ist eine degressive Abschreibung möglich.[243] Der Abschreibungssatz beträgt höchstens das 2,5fache vom linearen Abschreibungssatz, jedoch maximal 25 %.[244] Ein Übergang von der degressiven zur linearen Abschreibung ist möglich.[245] Die lineare AfA bemisst sich nach dem verbliebenen Restwert des Wirtschaftsguts und der verbliebenen Restnutzungsdauer.[246]

Hinweis:

Bei Anwendung der degressiven AfA sind Absetzungen für außergewöhnliche technische oder wirtschaftliche Abnutzung __nicht__ zulässig.[247]

239 Art. 103d Satz 1 in der Fassung des MoMiG, BGBl. I 2008, 2026.
240 Art. 103d Satz 2 in der Fassung des MoMiG, BGBl. I 2008, 2026.
241 § 7 Abs. 2 und 3 EStG a. F.; § 52 Abs. 21a Satz 3 EStG.
242 *__Ersatzlose Streichung__*: Unternehmensteuerreformgesetz 2008 vom 14.8.2007, BGBl. I 2008, 1912.
243 § 7 Abs. 2 Satz 1 EStG.
244 § 7 Abs. 2 Satz 2 2. HS EStG.
245 § 7 Abs. 3 Satz 1 EStG.
246 § 7 Abs. 3 Satz 2 EStG.
247 § 7 Abs. 2 Satz 3 EStG.

Hinweis:

*Der Übergang von der linearen zur degressiven AfA ist **nicht** zulässig.*[248]

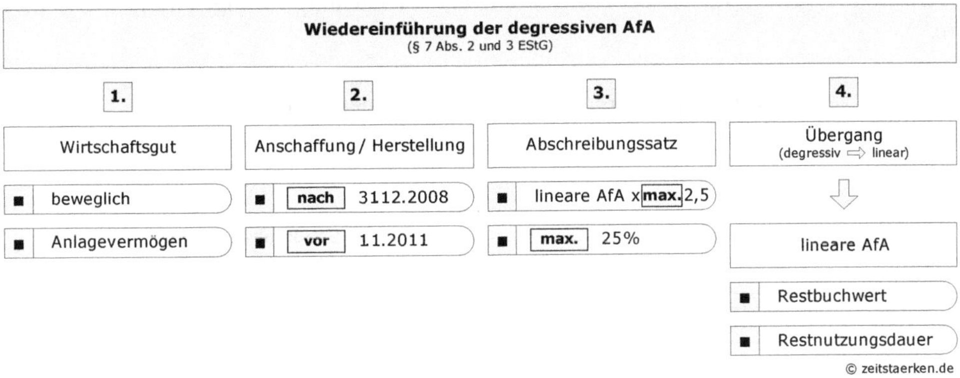

S. Erweiterung der Sonderabschreibungen für kleine und mittlere Betriebe

(Gesetz zur Umsetzung steuerrechtlicher Regelungen des Maßnahmenpaktes „Beschäftigungssicherung durch Wachstumsstärkung", BGBl. I 2008, 2896 f.)

Die Grenzbeträge zur Anwendung des **Investitionsabzugsbetrags**[249] **für kleine und mittlere Be-** 114
triebe werden für Wirtschaftsjahre, die *nach* dem 31.12.2008 *und vor* dem 1.1.2011 **enden**, wie folgt geändert:

Grenze	bisher	neu
Betriebsvermögen bei Betriebsvermögensvergleich[250]	235.000 €	335.000 €
(Ersatz-) Wirtschaftswert	125.000 €	175.000 €
Gewinn bei Einnahme-Überschuss-Rechnern[251] (*ohne* Berücksichtigung von Investitionsabzugsbeträgen)[252]	100.000 €	200.000 €

Hinweis:

*Das Gesetz[253] ändert **nicht** den Gesetzeswortlaut des § 7g EStG bezüglich der maßgeblichen Grenzen. Die veränderte Anwendung wird in die Anwendungsvorschriften[254] aufgenommen, sodass **nur aus den Anwendungsvorschriften** die geänderten Grenzbeträge ersichtlich sind!*

248 § 7 Abs. 3 Satz 2 EStG.
249 § 7g Abs. 1 Satz 2 Nr. 1 EStG.
250 § 4 Abs. 1 EStG / § 5 EStG.
251 § 4 Abs. 3 EStG.
252 § 52 Abs. 23 Satz 5 EStG.
253 Entwurf eines Gesetzes zur Umsetzung steuerrechtlicher Regelungen des Maßnahmenpaktes „Beschäftigungssicherung durch Wachstumsstärkung", BT-Drucks. 16/10930 vom 13.11.2008.
254 § 52 Abs. 23 Sätze 5 ff. EStG.

115 Weiterhin wird als Voraussetzung für die Anwendung der **Sonderabschreibung im VZ 2009** bestimmt, dass die neuen Größenmerkmale für das Vorjahr 2008 anzuwenden sind.[255] Diese Voraussetzung gilt für Wirtschaftsgüter, die *nach* dem 31.12.2008 *und vor* dem 1.1.2011 angeschafft bzw. hergestellt werden, für die der Anschaffung bzw. Herstellung **vorangehenden** Wirtschaftsjahre.[256]

Erhöhung der Grenzbeträge für die Sonderabschreibung
(§ 7g Abs. 5 und 6 EStG)

1. Größenmerkmale
(§ 7g Abs. 1 EStG i. V. m. § 52 Abs. 23 Sätze 5 ff. EStG)

Wirtschaftsjahres**ende** 1.1.2009-31.12.2010

Grenze	bisher	neu
Betriebsvermögen	235.000 €	335.000 €
(Ersatz-) Wirtschaftswert	125.000 €	175.000 €
Gewinn Einnahme-Überschuss-Rechnung (ohne Investitionsabzugsbetrag)	100.000 €	200.000 €

2. Sonderabschreibung
(§ 7g Abs. 5 und 6 EStG)

Wirtschaftsgutanschaffung 1.1.2009-31.12.2010

⇩

Prüfung
Größenmerkmalerfüllung im Vorjahr
(Anwendung neue Größenmerkmale)

⇩

Inanspruchnahme Sonderabschreibung
(neben linearer / degressiver AfA)

116 **Beispiel: Einhaltung der Größenmerkmale**

Der Steuerpflichtige S ist bilanzierender Einzelunternehmer[257] und hat zum 31.12.2008 ein Betriebsvermögen in Höhe von 245.000 €. Im VZ 2009 erwirbt S einen LKW mit Anschaffungskosten in Höhe von netto 90.000 €. S nutzt den LKW unzweifelhaft ausschließlich betrieblich.

Lösung:

Bei dem LKW handelt es sich um ein bewegliches Wirtschaftsgut des Anlagevermögens, welches ausschließlich betrieblich genutzt wird.

- VZ 2008 -

Die Bildung eines Investitionsabzugsbetrags ist wegen der Überschreitung des Größenmerkmals Betriebsvermögen (245.000 € > 235.000 €) *nicht* zulässig.[258]

- VZ 2009 -

S kann aufgrund der Einhaltung der **neuen** Größenmerkmale für den VZ 2008 (= Prüfungswirtschaftsjahr) im VZ 2009 (= Anschaffungswirtschaftsjahr) für die Anschaffung des Lkw eine den Gewinn mindernde Sonderabschreibung in Anspruch nehmen in Höhe von (90.000 € x 20 % =) 18.000 €.

255 § 52 Abs. 23 Sätze 5 ff. EStG.
256 § 52 Abs. 23 Sätze 5 ff. EStG.
257 § 5 Abs. 1 EStG.
258 Umkehrschluss aus § 7g Abs. 1 Satz 2 Nr. 1 Buchst. a EStG.

Hinweis:

Klarstellend wurde hinzugefügt, dass die Sonderabschreibung neben der linearen bzw. degressiven AfA in Anspruch genommen werden kann.[259]

259 § 7g Abs. 5 EStG.

§ 5 Einkünfte aus nichtselbständiger Arbeit

VZ 2007

A. Entfernungspauschale ist verfassungswidrig

(BVerfG vom 9.12.2008, 2 BvL 1/07, Lexinform 0588778; BMF-Newsletter vom 9.12.2008, Nr. 65/2008; § 9 EStG)

I. Einleitung

1 Seit dem 1.1.2007 sind die Fahrten zwischen Wohnung und regelmäßiger Arbeitsstätte *keine* Werbungskosten[1] bzw. Betriebsausgaben[2] mehr. In Härtefällen konnten die Fahrten zwischen Wohnung und Arbeitsstätte *wie* Werbungskosten geltend gemacht werden. Härtefälle waren demnach die erhöhten Aufwendungen für Fahrten ab dem 21. Entfernungskilometer pro Arbeitstag.

II. Entscheidung des Bundesverfassungsgerichts

2 Das **Bundesverfassungsgericht**[3] hat nun entschieden, dass die Entfernungspauschale in der Fassung ab dem 1.1.2007 gegen das Grundgesetz verstößt. Die Begründung des Gerichts lautet, dass die Abschaffung der Entfernungspauschale ab dem 1. Entfernungskilometer mangels verfassungsrechtlich tragfähiger Begründung *nicht* mit den Anforderungen des allgemeinen Gleichheitsgrundsatzes[4] vereinbar sei und somit verfassungswidrig ist.

Der Gesetzgeber wurde zugleich verpflichtet, die verfassungswidrigen Regelungen zur Entfernungspauschale[5] rückwirkend ab dem 1.1.2007 neu zu regeln. Bis zur Neuregelung ist die bisherige Regelung zu den Fahrten zwischen Wohnung und Arbeitsstätte mit der Maßgabe anzuwenden, dass die Beschränkungen „erhöhter" Aufwand und „ab dem 21. Entfernungskilometer" entfallen. Mit dieser Entscheidung können wieder die gesamten Entfernungskilometer zwischen Wohnung und Arbeitsstätte mit der Entfernungspauschale von 0,30 € geltend gemacht werden.

Hinweis:

*Und das **rückwirkend** ab dem 1.1.2007!*

1 § 9 Abs. 2 Satz 1 1. Altern. EStG.
2 § 4 Abs. 5a EStG.
3 BVerfG vom 9.12.2008, 2 BvL 01/07, Lexinform 0588778
4 Art. 3 Abs. 1 GG.
5 § 9 Abs. 2 Satz 1 und 2 EStG.

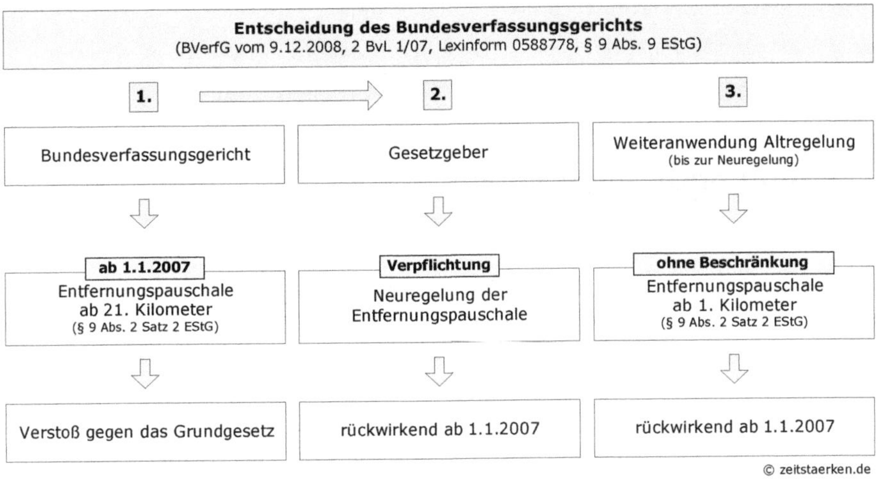

III. Reaktion des BMF

Das Bundesfinanzministerium[6] hat *sofort* mit einer Stellungnahme reagiert: 3

- **Ab dem 1.1.2009** gilt automatisch wieder die bis zum 31.12.2006 geltende Entfernungspauschale mit 0,30 € pro einfachem Entfernungskilometer – und das ab dem 1. Kilometer.
- Da die Einkommensteuerbescheide 2007 mit einem Vorläufigkeitsvermerk zur Pendlerpauschale versehen sind, erfolgt die **Änderung** der Einkommensteuerveranlagungen nunmehr **von Amts wegen**.
- Die **Rückzahlungen** der Einkommensteuererstattungen erfolgen möglichst bereits *innerhalb* der **ersten drei Monate** des Jahres 2009.
- Eine **Neuregelung** der Entfernungspauschale ab Veranlagungszeitraum 2010 bleibt abzuwarten.

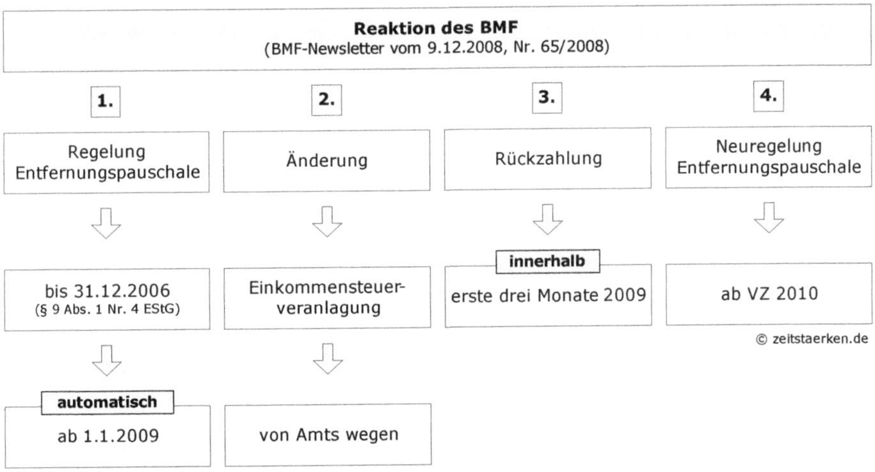

6 BMF-Newsletter vom 9.12.2008, Nr. 65/2008.

Hinweis:

Die Bundesregierung wird angesichts der aktuellen wirtschaftlichen Lage ***keine*** *Maßnahmen zur Gegenfinanzierung der mit dem Urteil zu erwartenden Steuerausfälle von ca. 7,5 Mrd. € ergreifen.*

IV. Handlungsempfehlungen

4 ▪ Einkommensteuerveranlagung 2007

Wurde die Einkommensteuererklärung 2007 bereits veranlagt, so wurde der Einkommensteuerbescheid mit einem Vorläufigkeitsvermerk[7] bezüglich der Entfernungspauschale versehen. Die Berichtigung erfolgt in diesem Fall von Amts wegen, da die Ungewissheit mit der Entscheidung des Bundesverfassungsgerichts beseitigt wurde.

Alle Steuerpflichtigen, die im Vertrauen auf die Rechtmäßigkeit der neuen Entfernungspauschale ab dem 20. Entfernungskilometer *keine* Angaben zur Entfernung zwischen Wohnung und Arbeitsstätte bei der Einkommensteuererklärung 2007 gemacht haben, können dies nun nachträglich dem Finanzamt mitteilen (siehe Musteränderungsantrag von *zeitstaerken.de*). Es erfolgt dann eine Änderung der Einkommensteuerfestsetzung von Amts wegen!

5 ▪ Einkommensteuerveranlagung 2008

In der Einkommensteuererklärung kann wieder die volle Entfernung für Fahrten zwischen Wohnung und Arbeitsstätte angesetzt werde.

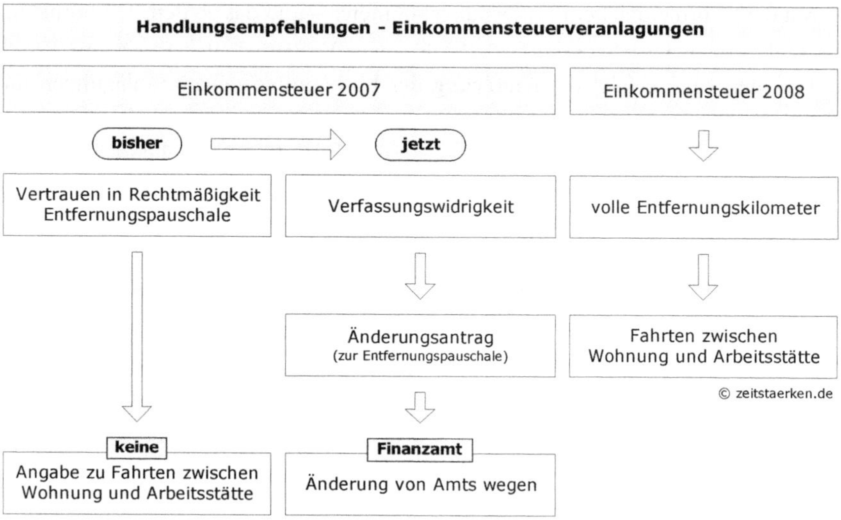

6 ▪ Freibetrag auf der Lohnsteuerkarte

- Erfolgte für das Jahr **2008** bereits die Freibetragseintragung auf der Lohnsteuerkarte unter der Berücksichtigung der ungekürzten Entfernungspauschale, ist nunmehr insofern mit *keiner* Steuernachzahlung zu rechnen.
- Für das Jahr **2009** kann für die Eintragung eines Freibetrags auf der Lohnsteuerkarte nun wieder die ungekürzte Entfernungspauschale herangezogen werden.

7 § 165 AO.

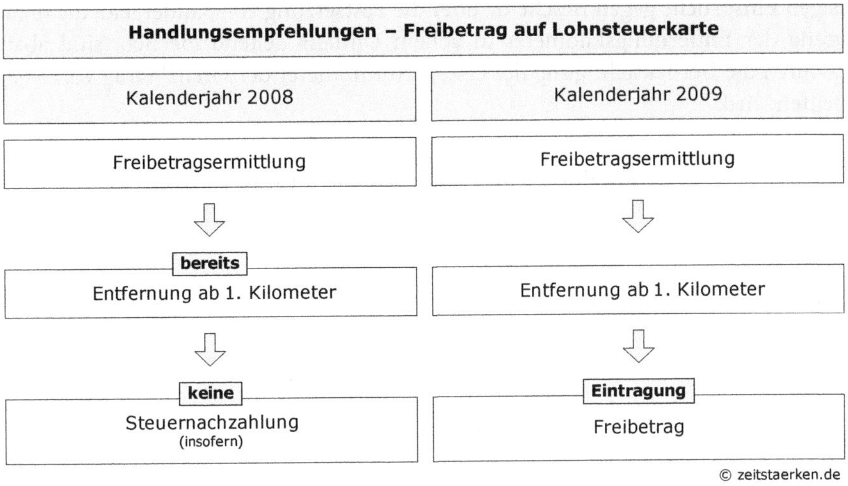

- Gewinnermittlungen 7
  - Für den **Veranlagungszeitraum 2007** sollte die Berücksichtigung der Entfernungspauschale ab dem 1. Entfernungskilometer **beantragt** werden, da eine automatische Anpassung durch die Finanzverwaltung *nicht* erfolgen kann.
  - Für den **Veranlagungszeitraum 2008** erfolgt die Berücksichtigung der Entfernungspauschale ab dem 1. Entfernungskilometer bereits bei der Erstellung der Bilanz oder Einnahmenüberschussrechnung.

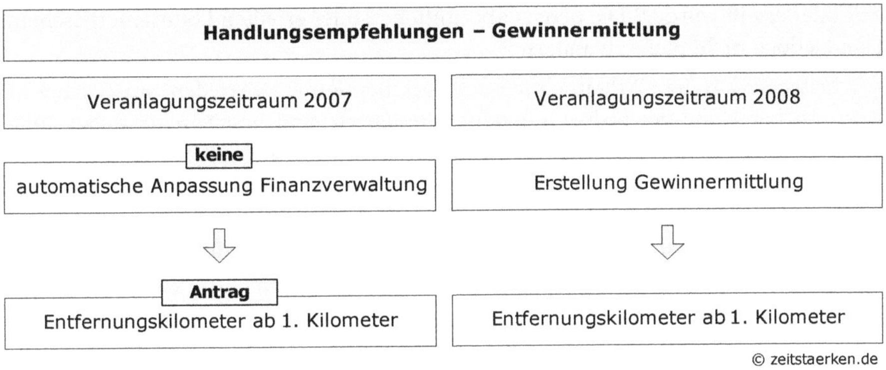

- Kindergeld 8

  Durch die Anwendung der Entfernungspauschale ab dem 1. Entfernungskilometer können volljährige Kinder, die sich in Berufsausbildung befinden, unter die schädliche Einkommensgrenze von 7.680 €[8] fallen. In der Konsequenz haben die Eltern Anspruch auf Kindergeld[9]. Eine Änderung erfolgt von Amts wegen, da alle Kindergeldfestsetzungen seit Beginn des Jahres 2008 mit einem Vorläufigkeitsvermerk[10] versehen waren.

8 § 32 Abs. 4 Satz 2 EStG.
9 § 62, § 63 EStG.
10 Bundeszentralamt für Steuern, St II 2 – S 2471 – 313/2007, BStBl. I 2008, 278.

Zulässigen Einsprüche gegen Bescheide über die Festsetzung von Kindergeld, die die Berücksichtigung der Entfernungskilometer in vollem Umfang geltend machen, sind abzuhelfen, sofern durch die Berücksichtigung der ersten 20 Kilometer der Grenzbetrag von 7.680 € unterschritten wird.[11]

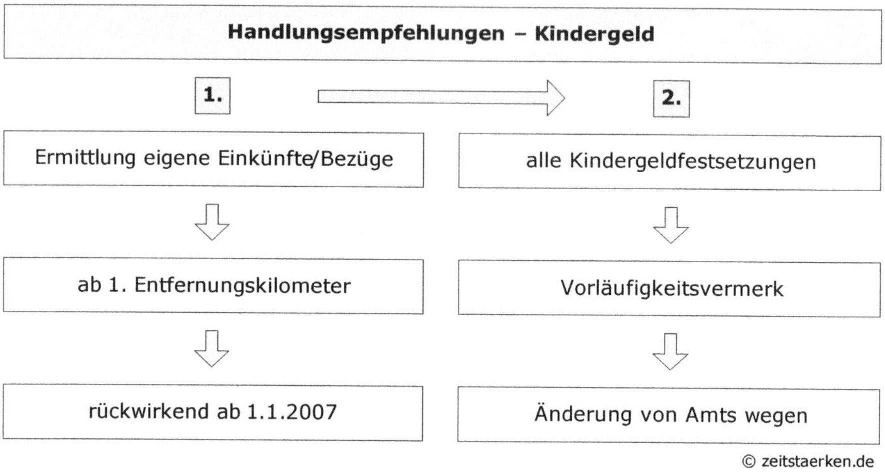

9 Fahrtkostenzuschüsse

Die **Pauschalbesteuerung**[12] **der Fahrtkostenzuschüsse** ab dem ersten Entfernungskilometer durch den Arbeitgeber ist **rückwirkend** ab dem 1.1.2007 möglich.[13] Die Pauschalierung ist auch möglich, wenn für die Jahre 2007 und 2008 bereits eine Lohnsteuerbescheinigung[14] übermittelt oder erteilt wurde.[15] Die bereits übermittelten oder erteilten Lohnsteuerbescheinigungen sind jedoch nicht mehr zu ändern.[16]

Der Arbeitgeber hat dem Arbeitnehmer eine Bescheinigung zu erteilen, aus welcher hervorgeht in welcher Höhe der bisher individuell besteuerte und bescheinigte Arbeitslohn jetzt der Pauschalbesteuerung durch den Arbeitgeber unterworfen wurde.[17] Die **Spitzenvertreter der Sozialversicherungsträger**[18] haben mitgeteilt, dass die Verfassungswidrigkeit der Entfernungspauschale nicht automatisch zu einer Erstattung der auf die Fahrtkostenzuschüsse für die ersten 20 Kilometer entfallenden Sozialversicherungsbeiträge führt.

Die Beiträge werden erst dann zu unrechtmäßigen Betragszahlungen, wenn der Arbeitgeber die Pauschalierung ab dem ersten Entfernungskilometer auch tatsächlich durchführt. Erst nach der durchgeführten Pauschalierung zählt der Fahrtkostenzuschuss nicht mehr zum Arbeitsentgelt und die darauf entfallenden Beitragszahlungen können erstattet werden. Für die Erstattung ist eine Verrechnung zulässig, wenn zwischenzeitlich *keine* entgeltabhängigen Leistungen[19] durch die Sozialversicherung gewährt wurden:

11 Bundeszentralamt für Steuern, St II 2 – S 0338 – 2/2008, Lexinform 5231769.
12 § 40 Abs. 2 Satz 2 EStG.
13 BMF-Schreiben vom 30.12.2008, IV C 5 – S 2351/08/10005, Lexinform 5231848.
14 § 41b EStG.
15 BMF-Schreiben vom 30.12.2008, a. a. O.
16 § 41c Abs. 3 Satz 1 EStG; BMF-Schreiben vom 30.12.2008, a. a. O.
17 BMF-Schreiben vom 30.12.2008, a. a. O.
18 Sozialversicherungsträger, Pressemitteilung vom 12.12.2008, Lexinform 0174888.
19 Z. B. Krankengeld.

- Korrekturen bis einschließlich Dezember 2008 im laufenden Beitragsnachweis 10
- Korrekturen ab Januar 2009 für Zeiten bis 31.12.2008 in einem Korrektur-Beitragsnachweis

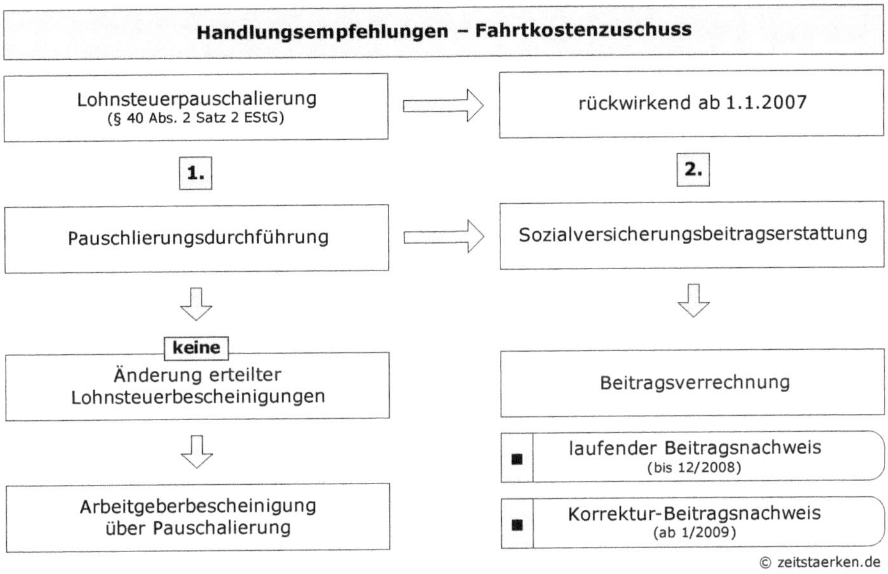

V. Praxishinweis

Da der Gesetzgeber zu einer gesetzlichen Neuregelung ab dem 1.1.2007 verpflichtet ist, ergehen zukünftig sämtliche Einkommensteuerbescheide und Bescheide über gesonderte (und ggf. einheitliche) Feststellung von Einkünften ab 2007 vorläufig[20]/[21]. 11

> *„Die Festsetzung der Einkommensteuer/Feststellung von Einkünften ist gemäß § 165 Abs. 1Satz 1 Nr. 2 AO im Hinblick auf die durch Urteil des Bundesverfassungsgerichts vom 9. Dezember 2008 – Az. 2 BvL 1/07, 2/07, 1/08 und 2/08 - angeordnete Verpflichtung zur gesetzlichen Neuregelung der steuerlichen Berücksichtigung von Aufwendungen für die Wege zwischen Wohnung und Arbeitsstätte/Betriebsstätte vorläufig. Sollte aufgrund der gesetzlichen Neuregelung dieser Steuerbescheid/Feststellungsbescheid aufzuheben oder zu ändern sein, wird die Aufhebung oder Änderung von Amts wegen vorgenommen; ein Einspruch ist insoweit nicht erforderlich."*

Hinweis:

Bei einer rückwirkenden Neuregelung zur Entfernungspauschale besteht somit für den Gesetzgeber die Möglichkeit die Bescheide noch zu ändern.

20 § 165 Abs. 1 Satz 2 Nr. 2 AO.
21 BMF-Schreiben vom 15.12.2008, IV A 3 – S 0338/07/10010-02, www.bundesfinanzministerium.de.

VI. Musteränderungsantrag

12.01.2009

ZS 10001 - 2008-12-09 - 0041 - Pendlerpauschale - Änderungsantrag .doc

Änderung der Bescheide vom [????] für Einkommensteuer, Kirchensteuer und den Solidaritätszuschlag 2007

Mandant / Anschrift

Steuernummer:

Entfernungspauschale für Fahrten zwischen Wohnung und Arbeitsstätte

Sehr geehrte Damen und Herren,

das Bundesverfassungsgericht hat entschieden, dass die Regelung über die Entfernungspauschale ab dem 1.1.2007 verfassungswidrig ist (BVerfG vom 9.12.2008, 2 BvL 1/07).

Bei Erstellung der Einkommensteuererklärung 2007 haben wir auf die Richtigkeit der Änderung der Entfernungspauschale vertraut und *keine* Angaben zu den Fahrten zwischen Wohnung und Arbeitsstätte gemacht, da die einfache Entfernung 20 Kilometer *nicht* überschritt.

Aufgrund der **Verfassungswidrigkeit** beantragen wir, für die Ermittlung der Einkommensteuer 2007, die Fahrten zwischen Wohnung und Arbeitsstätte mit [?? Entfernungskilometer] an [??? Arbeitstagen] zu berücksichtigen.

Für weitere Rückfragen stehen wir Ihnen gerne zur Verfügung.

Mit freundlichen Grüßen

DIPLOM BETRIEBSWIRT (FH)
JÜRGEN HEGEMANN
STEUERBERATER

VZ 2008

B. Vom Arbeitgeber übernommene Geldbuße ist Arbeitslohn

(BFH vom 22.7.2008, VI R 47/06, BFH/NV 2009, 60; § 19 EStG)

5

I. Ausgangssituation

Der GmbH-Gesellschafter G ist zu 20 % an der B-GmbH beteiligt und als Geschäftsführer tätig. Aufgrund des Verstoßes gegen das Lebensmittelrecht, durch die Umetikettierung von Waren, wurde gegen G von der Kreisverwaltung eine Geldbuße[22] zuzüglich Verfahrenskosten in Höhe von 17.000 € festgesetzt. Außerdem wurde ein gegen G eingeleitetes Strafverfahren gegen Auflage einer Zahlung in Höhe von 62.000 € eingestellt. Die Geldbuße und die Auflage in Höhe von insgesamt 79.000 € wurde von der B-GmbH bezahlt. 12

Eine Berücksichtigung als Arbeitslohn bei G erfolgte nicht. Aufgrund einer Kontrollmitteilung berücksichtigte das zuständige Finanzamt bei der Einkommensteuererklärung des G die Zahlungen der B-GmbH als Arbeitslohn und somit als Einkünfte aus nichtselbstständiger Arbeit[23].

II. Besteuerungsproblem

Stellen die vom Arbeitgeber gezahlte Geldbuße und Geldauflage Arbeitslohn dar? 13

III. Auffassung des BFH

Zum Arbeitslohn gehören Bezüge und Vorteile, die für eine Beschäftigung im öffentlichen oder privaten Dienst gewährt werden. Demgegenüber stellen Zahlungen, die keinen Entlohnungscharakter haben, sondern Begleiterscheinungen betriebsfunktionaler Zielsetzungen sind, keinen Arbeitslohn dar. Überwiegend eigenbetriebliches Interesse liegt vor, wenn der verfolgte betriebliche Zweck im Vordergrund steht. 14

Hinweis:

Tritt das Interesse des Arbeitnehmers gegenüber denen des Arbeitgebers in den Hintergrund, kann eine Lohnzuwendung verneint werden.

Ein nicht ganz überwiegend eigenbetriebliches Interesse des Arbeitgebers liegt dann vor, wenn daneben ein nicht unerhebliches Interesse des Arbeitnehmers gegeben ist. Die Vorteilsgewährung führt dann zu Arbeitslohn.[24]

22 § 17 OWiG.
23 § 19 EStG.
24 BFH vom 11.4.2006, VI R 60/02, BStBl. II 2006, 691 m. w. N.; BFH vom 28.7.2007, VI R 64/06, BStBl. II 2007, 892; BFH vom 17.1.2008, VI R 26/06, BStBl. II 2008, 387.

Zwar begründet die im Rahmen der Geschäftsführertätigkeit für den Arbeitgeber begangenen Taten grundsätzlich ein eigenbetriebliches Interesse des Arbeitgeber an der Übernahme der gegen den Arbeitnehmer verhängten Geldbuße bzw. -auflage, gleichzeitig besteht jedoch ein nicht unerhebliches Interesse des Arbeitnehmers durch die entstehende Entlastung bei Übernahme der Zahlungen durch den Arbeitgeber. Je höher aus Sicht des Arbeitnehmers die Bereicherung anzusehen ist, desto geringer zählt das aus Sicht des Arbeitgebers vorhandene eigenbetriebliche Interesse.[25]

IV. Lösung in der Ausgangssituation

15 Die Höhe der vom Arbeitgeber übernommenen Geldbuße und Geldauflage lässt das vorhandene eigenbetriebliche Interesse der B-GmbH im Vergleich zur Bereicherung des G in den Hintergrund treten.

Somit haben die übernommenen Zahlungen Entlohnungscharakter und stellen Arbeitslohn dar.

V. Praxishinweis

16 Geldbußen und Geldauflagen, die Folgen schuldhafter Handlungen im Rahmen der beruflichen Aufgabenerfüllung sind, und somit durch den Beruf veranlasst sind, sind vom Werbungskostenabzug ausgeschlossen.[26] Geldbußen gehören zu den *nicht* abzugsfähigen Betriebsausgaben[27] und somit sinngemäß zu den *nicht* abzugsfähigen Werbungskosten[28]. Die von einem Amtsgericht festgesetzten Geldauflagen sind nicht abzugsfähig, soweit die Auflage *nicht* lediglich der Wiedergutmachung des durch die Tat verursachten Schadens dient.[29]

C. Steuerfreiheit von Aufstockungsbeträgen bei Überstunden

(FG Niedersachsen vom 14.6.2007, 11 K 541/06, rkr., EFG 2007, 694; § 3 EStG)

I. Ausgangssituation

17 Eine Schule als Arbeitgeber schloss mit ihrem Arbeitnehmer, einem Lehrer, einen Altersteilzeitvertrag, in der die Wochenarbeitszeit von 21 Stunden auf 10,5 Stunden reduziert, und ein Aufstockungsbetrag nach dem Altersteilzeitgesetz in Höhe von 20 % des Altersteilzeitgehalts vereinbart wurde. Diese Vereinbarung galt bis zum 31.6.2007. Im Juni 2007 vollendete der Arbeitnehmer sein 61. Lebensjahr, was zum Eintritt in die gesetzliche Altersrente berechtigte. Aufgrund des hohen Arbeitsaufkommens arbeitete der Arbeitnehmer aber fortan nicht 10,5, sondern 12,5 Stunden pro Woche.

25 BFH vom 11.4.2006, VI R 60/02, BStBl. II 2006, 691.
26 BFH vom 18.10.2007, VI R 42/04, BStBl. II 2008, 223.
27 § 4 Abs. 5 Satz 1 Nr. 8 Satz 1 EStG.
28 § 9 Abs. 5 EStG.
29 § 12 Nr. 4 EStG.

Die Finanzverwaltung nimmt an, dass es sich bei dem Altersteilzeitmodell nicht um ein begünstigtes nach dem Altersteilzeitgesetz handelt und der Aufstockungsbetrag somit lohnsteuerpflichtig[30] ist. Lohnsteuerpflicht wird damit begründet, dass die Wochenarbeitszeit tatsächlich nicht auf 50 % sondern lediglich auf rd. 60 % reduziert wurde.

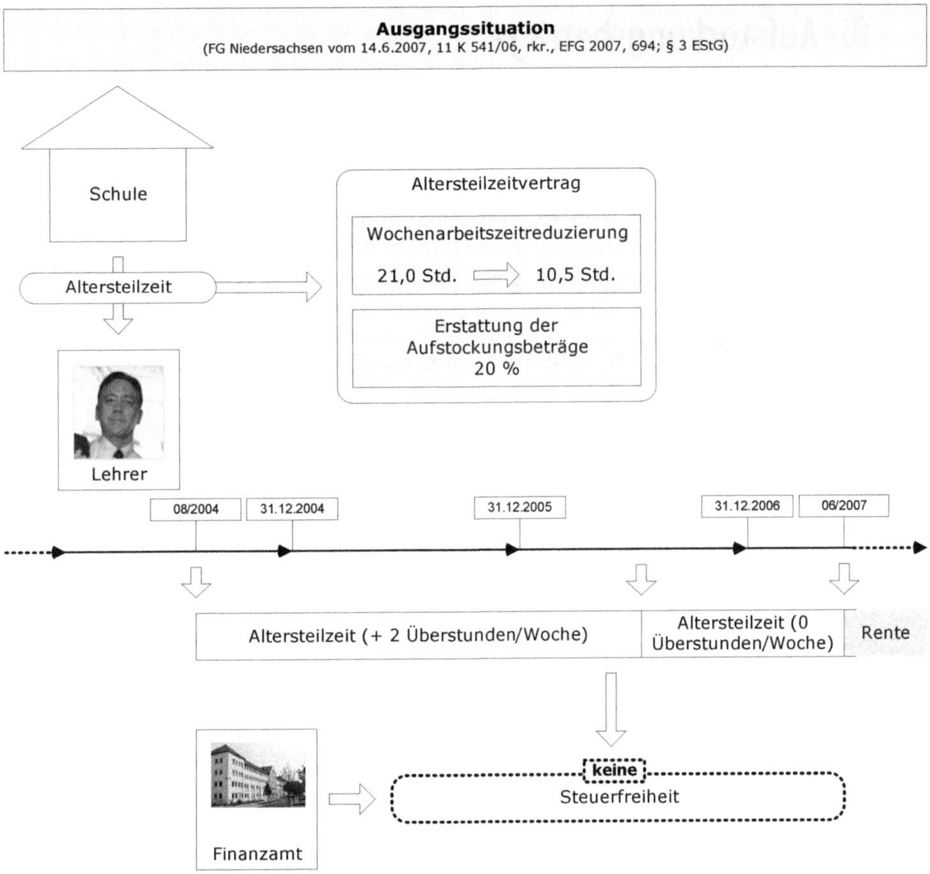

II. Besteuerungsproblem

Tritt durch die betriebsbedingte Mehrarbeit die Steuerpflicht für die Aufstockungsbeträge ein? 18

30 *Keine* Anwendung: § 3 Nr. 28 EStG.

III. Ergebnis des Finanzgerichts

1. Voraussetzung der Steuerbefreiung für Aufstockungsbeträge

19 Das Finanzgericht sieht in der wöchentlichen Mehrarbeit *keinen* Grund für die Steuerpflicht des Aufstockungsbetrags.

Für die Steuerfreiheit der Aufstockungsbeträge müssen zwei Voraussetzungen erfüllt sein:

1. Aufstockung des Altersteilzeit-Arbeitsentgelts um mindestens 20 % (= Aufstockungsbetrag)[31]

und

2. vertragliche Arbeitszeitreduzierung um 50 %.

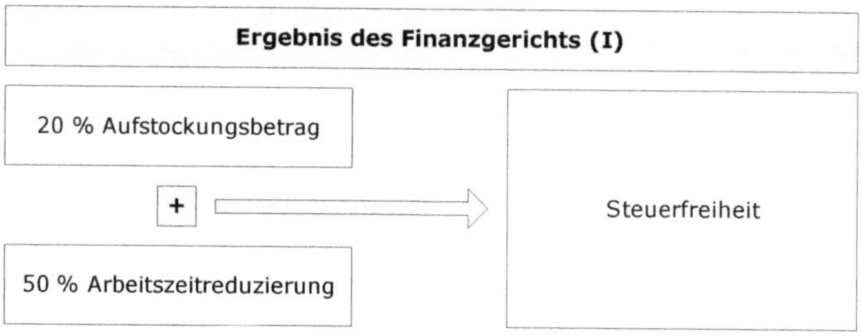

Hinweis:

*Bei der zweiten Tatbestandsvoraussetzung handelt es sich **nicht** um eine direkte gesetzliche Voraussetzung. Dieser Tatbestand ist lediglich in den Lohnsteuerrichtlinien[32] und in der Literatur verankert, den das Finanzgericht übernommen hat. Es handelt sich um eine indirekte Voraussetzung, die den berechtigten Personenkreis, nicht aber den Anspruch auf Aufstockungsbetrag festlegt.*

2. Ruhen/Erlöschen des Erstattungsanspruchs auf den Aufstockungsbetrag

20 Für die Steuerfreiheit ist es somit (auch) erforderlich, dass die Arbeitszeit um 50 % reduziert wird. Das Altersteilzeitgesetz sieht vor, dass der Anspruch auf Erstattung der Aufstockungsbeträge durch die Bundesagentur für Arbeit[33] erst dann ruht oder erlöscht, wenn der Arbeitnehmer

- selbständig tätig ist

  oder

- Mehrarbeit leistet

  und

31 § 3 Abs. 1 Satz 1 Nr. 1 Buchst. a ATG.
32 R 18 LStR.
33 § 4 ATG.

- diese Tätigkeiten den Umfang einer geringfügigen Beschäftigung (nach sozialversicherungsrechtlichen Grundsätzen) überschreiten.[34]

Hinweis:

Das Ruhen des Erstattungsanspruchs ändert jedoch nichts an der Steuerfreiheit der Aufstockungsbeträge![35]

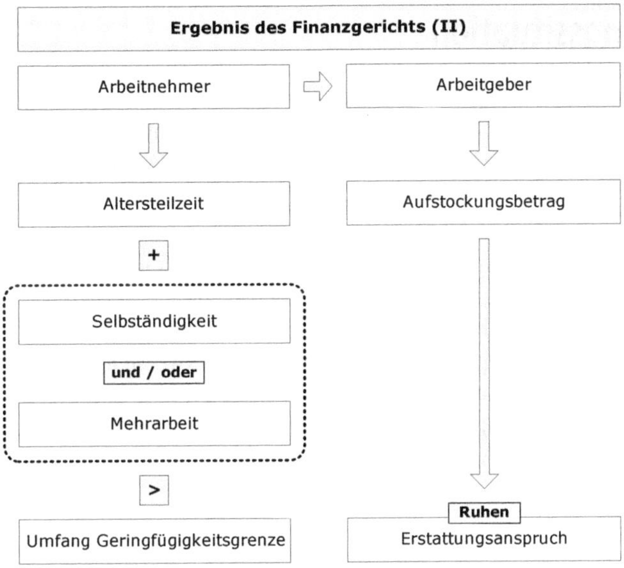

5

Hinweis:

Eine Beschäftigung ist sozialversicherungsrechtlich als geringfügig[36] *einzustufen, wenn*

- *das Arbeitsentgelt für diese Beschäftigung regelmäßig* ***nicht*** *mehr als 400 € pro Monat beträgt,*

oder

- *die Beschäftigung*
  - *im Kalenderjahr auf längstens 2 Monate oder 50 Arbeitstage begrenzt ist*

  und

  - ***nicht*** *berufsmäßig ausgeübt wird*

Da es sich jedoch *nicht* um eine schädliche Mehrarbeit handelt, und diese durch das Altersteilzeitgesetz ausdrücklich zugelassen ist, ruht der Erstattungsanspruch *nicht*. Die Zusammenrechnung der Stunden aus Altersteilzeit und Mehrarbeit erfolgt nur wenn die Annahme besteht, dass die Mehrarbeit nur zum Schein vereinbart wurde. 21

Hinweis:

Da ebenfalls ***kein*** *Missbrauch der Regelung zur Erlangung zivil- oder steuerrechtlicher Vorteile zu erkennen ist (Einstellung eines weiteren Mitarbeiters), kann auch auf diesem Weg* ***keine*** *Begründung für eine Steuerpflicht erlangt werden.*

34 § 5 ATG.
35 R 18 LStR 2005.
36 § 8 SGB IV

D. Keine regelmäßige Arbeitsstätte bei längerfristiger vorübergehender beruflicher Bildungsmaßnahme

(BFH vom 10.4.2008, VI R 66/05, HaufeIndex: 2002101, § 4 Abs. 5 EStG)

I. Ausgangssituation

22 Der Steuerpflichtige S erzielt als technischer Angestellter Einkünfte aus nichtselbständiger Arbeit. Neben seiner Vollzeitbeschäftigung nahm S an einer Bildungsmaßnahme an der Berufsschule teil. Die Bildungsmaßnahme dauerte vom 1.8.2000 bis Ende Juli 2004. Die Berufsschule besuchte S an drei Tagen pro Woche, wovon an einem Tag die Abwesenheitsdauer von der Wohnung mehr als 8 Stunden betrug.

S machte in seiner Einkommensteuererklärung 2003 Aufwendungen für die Bildungsmaßnahme in Höhe von 2.672 € als Werbungskosten geltend. Hiervon entfielen 2.480 € (106 Tage x 78 Kilometer x 0,30 €) auf Fahrtkosten nach reisekostenrechtlichen Grundsätzen sowie 192 € (32 Tage x 6 €) für Mehraufwendungen für Verpflegung. Das Finanzamt berücksichtigte für die Fahrtkosten lediglich die Entfernungspauschale in Höhe von 1.612 € mit der Begründung, dass die Bildungseinrichtung eine weitere regelmäßige Arbeitsstätte[37] darstellt. Die Mehraufwendungen für Verpflegung ließ das Finanzamt außer Ansatz mit der Begründung, dass der Dreimonatszeitraum bereits abgelaufen sei.

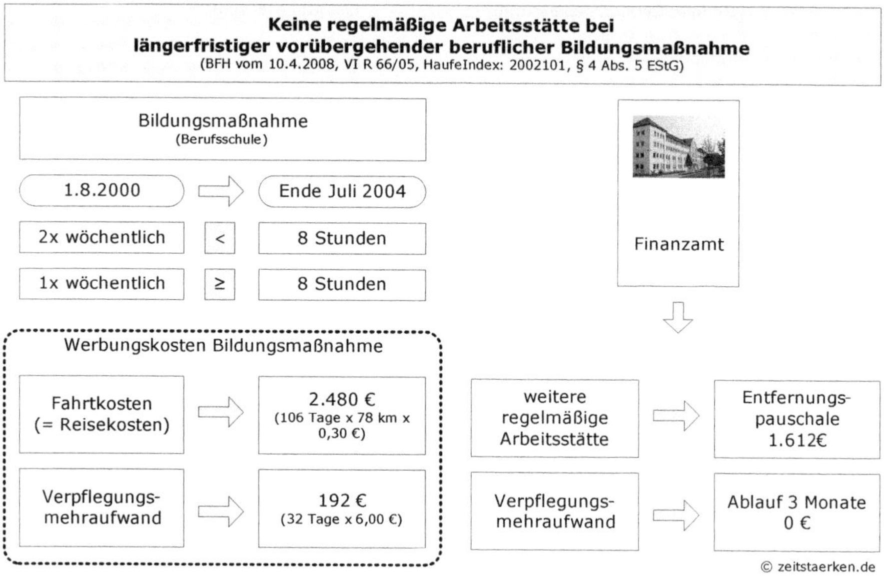

37 § 9 Abs. 1 Satz 3 Nr. 4 EStG a. F.

II. Besteuerungsproblem

Wird bei einem vollbeschäftigten Arbeitnehmer der Veranstaltungsort einer längerfristigen, vorübergehenden beruflichen Bildungsmaßnahme zu einer weiteren regelmäßigen Arbeitsstätte[38]? 23

III. Ergebnis des BFH

Aufwendungen für eine beruflich veranlasste Bildungsmaßnahme können Werbungskosten sein.[39] 24
Als Werbungskosten sind sämtliche Aufwendungen abziehbar, die im Zusammenhang mit der beruflichen Bildungsmaßnahme stehen. Hierzu gehören auch die Fahrtkosten zur auswärtigen Tätigkeitsstätte, welche grundsätzlich in tatsächlicher Höhe zu berücksichtigen sind.[40]/[41]

Eine **Auswärtstätigkeit** liegt vor, wenn der Arbeitnehmer **vorübergehend** außerhalb seiner Wohnung und regelmäßigen Arbeitsstätte beruflich tätig wird.[42] Die **regelmäßige Arbeitsstätte** ist der ortsgebundene Mittelpunkt der **dauerhaft** angelegten beruflichen Tätigkeit des Arbeitnehmers.[43] Eine Bildungseinrichtung wird auch *nicht* mit Ablauf von drei Monaten zur regelmäßigen Arbeitsstätte.[44]

Eine Auswärtstätigkeit liegt auch dann vor, wenn diese **längerfristig vorübergehend** an derselben Tätigkeitsstätte ausgeübt wird.[45] Bei einer zeitlich befristeten bzw. *nicht* auf Dauer ausgelegten Bildungsmaßnahme entsteht bei einem vollbeschäftigten Arbeitnehmer *keine* weitere regelmäßige Arbeitsstätte. Somit ist eine Einschränkung der Abziehbarkeit beruflich veranlasster Fahrtkosten im Rahmen der Entfernungspauschale[46] *nicht* gerechtfertigt.[47]

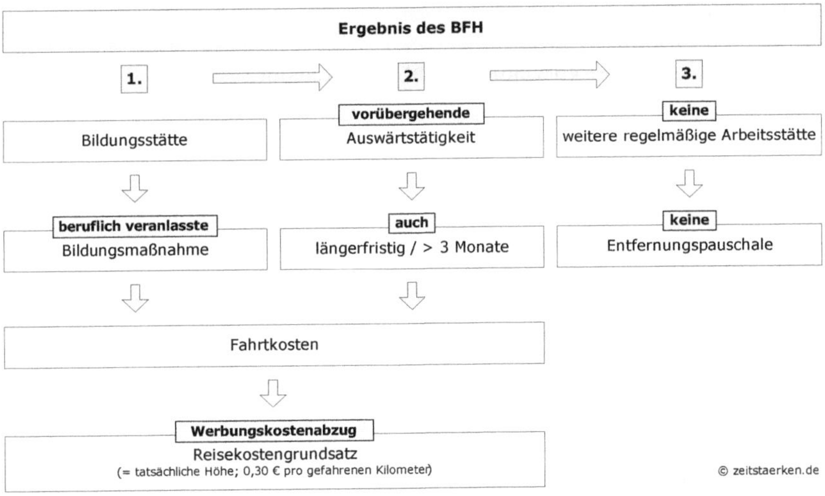

38 § 9 Abs. 1 Satz 3 Nr. 4 EStG a. F.
39 § 9 Abs. 1 Satz 1 EStG.
40 § 9 Abs. 1 Satz 1 EStG.
41 Vorlagebeschluss vom 10.1.2008, VI R 17/07, BStBl. II 2008, 234.
42 R 37 Abs. 3 Satz 2 LStR a. F.; R 9.4 Abs. 2 Satz 1 LStR 2008.
43 R 37 Abs. 2 Satz 1 LStR a. F.; R 9.4 Abs. 3 Satz 1 LStR 2008.
44 BFH vom 19.12.2005, VI R 30/05, BStBl. II 2006, 378.
45 § 4 Abs. 5 Satz 1 Nr. 5 Satz 5 EStG.
46 § 9 Abs. 1 Satz 3 Nr. 4 EStG a. F.
47 FG Münster vom 27.8.2002, 1 K 5930/01 E, EFG 2002, 1588.

IV. Ergebnis in der Ausgangssituation

25 Die ausgeübte Fortbildungsmaßnahme des S erstreckte sich zwar über vier Jahre und war somit längerfristig. Da die Fortbildungsmaßnahme jedoch nur vorübergehend und *nicht* auf Dauer ausgelegt war, ist die Berufsschule *nicht* als weitere regelmäßige Arbeitsstätte anzusehen. Somit sind die Fahrtkosten nach reisekostenrechtlichen Grundsätzen in tatsächlicher Höhe von 2.480 € zu berücksichtigen. Da die Berufsschule dreimal wöchentlich aufgesucht wurde, liegt dieselbe Auswärtstätigkeit vor.[48] Bei derselben Auswärtstätigkeit beschränkt sich der Abzug der Verpflegungsmehraufwendungen auf die ersten drei Monate.[49] Die Dreimonatsfrist war bereits im Jahr 2000 abgelaufen. Somit ist *kein* Abzug von Verpflegungsmehraufwendungen möglich.

V. Praxishinweis

26 Bei einer Bildungsmaßnahme mit Vollzeitunterricht (Vollstudium) können die an eine regelmäßige Arbeitsstätte anknüpfenden Rechtsfolgen[50], wie z. B. Ansatz der Fahrtkosten nur im Rahmen der Entfernungspauschale, zum Zuge kommen.[51]

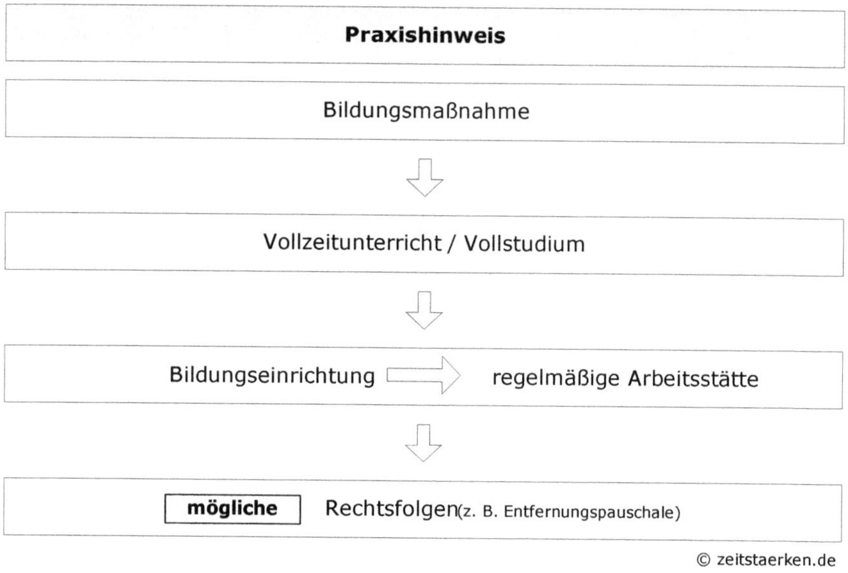

Hinweis:

*Dies gilt jedoch dann **nicht**, wenn ein Arbeitnehmer **neben** seiner Vollbeschäftigung mit regelmäßiger Arbeitsstätte eine zeitlich befristete Bildungsmaßnahme an einem anderen Ort absolviert.*

48 Umkehrschluss aus R 39 Abs. 4 Satz 1 2 HS LStR a. F. bzw. R 9.6 Abs. 4 Satz 1 2 HS LStR 2008.
49 § 4 Abs. 5 Satz 1 Nr. 5 Satz 5 EStG i. V. m. § 9 Abs. 5 EStG.
50 § 9 Abs. 1 Satz 3 Nr. 4 EStG a.F. bzw. § 4 Abs. 5 Satz 1 Nr. 6 EStG.
51 BFH vom 22.7.2003, VI R 190/97, BStBl. II 2004, 886.

E. Prägung der Dienstwagenbesteuerung durch die tatsächlichen Nutzungsverhältnisse

(BFH vom 4.4.2008, VI R 68/05, DStR 2008, 1182; § 9 EStG)

I. Ausgangssituation

Der Arbeitgeber A überlässt seinem Arbeitnehmer S einen PKW sowohl für betriebliche als auch für private Fahrten und für Fahrten zwischen Wohnung und Arbeitsstätte. S wohnt 118 km von seiner Arbeitsstätte entfernt. Davon legt S 3 km zwischen Wohnung und einem Bahnhof mit dem überlassenen PKW und die übrigen 115 km bis zur Arbeitsstätte mit dem Zug zurück. 27

A unterwirft bei der Lohnabrechnung nur die tatsächlich mit dem überlassenen PKW zurückgelegte Strecke von 3 km als Zuschlag zur 1 %-Regelung als geldwerten Vorteil der Lohnsteuer. In einer Lohnsteuer-Außenprüfung vertritt das Finanzamt die Auffassung, dass es bei der Ermittlung des geldwerten Vorteils einzig auf die objektive Möglichkeit zur Nutzung des PKW zu Fahrten zwischen Wohnung und Arbeitsstätte ankommt und berechnet den geldwerten Vorteil somit aus der gesamten Entfernung von 118 km.

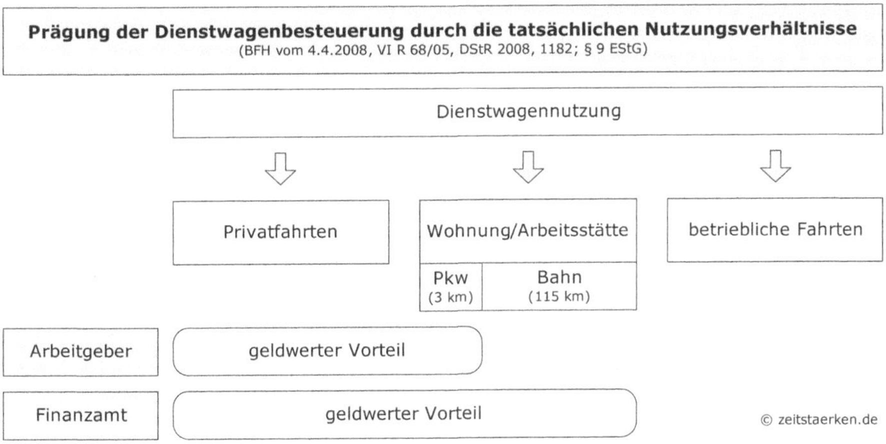

II. Besteuerungsproblem

Ist ein geringerer Wertansatz für den geldwerten Vorteil möglich, wenn das überlassene Fahrzeug *nicht* für die gesamte Entfernung zwischen Wohnung und Arbeitsstätte verwendet wird? 28

III. Auffassung des BFH

1. Arbeitslohn

29 Zum Arbeitslohn gehören alle geldwerten Vorteile, die für eine Beschäftigung gewährt werden.[52] Zu den geldwerten Vorteilen gehört auch die unentgeltliche bzw. verbilligte Überlassung eines Dienstwagens durch den Arbeitgeber.[53]

Die Bewertung des geldwerten Vorteils aus der Überlassung eines Dienstwagens ermittelt sich wie folgt:

- Privatnutzung:

  Für jeden Kalendermonat 1 % des inländischen Listenpreises im Zeitpunkt der Erstzulassung zuzüglich der Kosten für Sonderausstattungen einschließlich der Umsatzsteuer (= 1 %-Regelung).[54]

- Fahrten zwischen Wohnung und Arbeitsstätte:

  Für jeden Kalendermonat 0,03 % des inländischen Listenpreises im Zeitpunkt der Erstzulassung zuzüglich der Kosten für Sonderausstattungen einschließlich der Umsatzsteuer für jeden Kilometer der Entfernung zwischen Wohnung und Arbeitsstätte.[55]

Hinweis:

Der Zuschlag in Höhe von 0,03 % wird nur berechnet, wenn das Fahrzeug für Fahrten zwischen Wohnung und Arbeitsstätte genutzt werden kann.

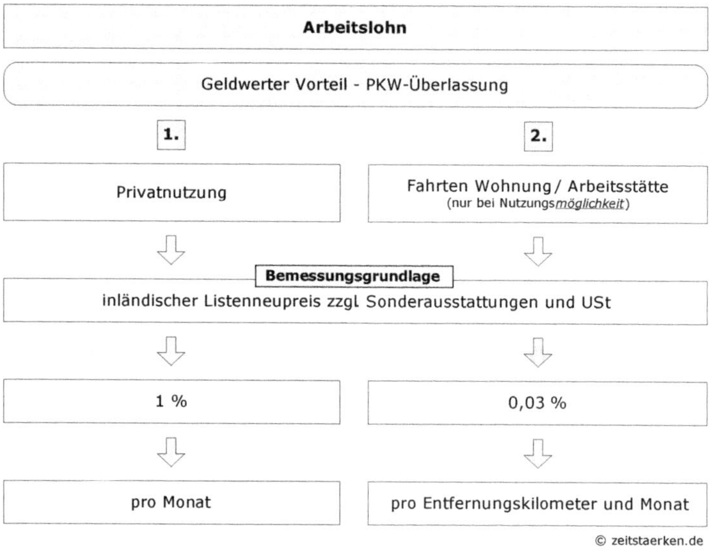

52 § 19 Abs. 1 Satz 1 Nr. 1 i. V. m. § 8 Abs. 1 EStG.
53 BFH vom 6.11.2001, VI R 62/96, BStBl. II 2002, 370; BFH vom 7.11.2006, VI R 95/04, BStBl. II 2007, 269.
54 § 8 Abs. 2 Satz 2 EStG.
55 § 8 Abs. 2 Satz 3 EStG.

2. Geldwerter Vorteil für Fahrten zwischen Wohnung und Arbeitsstätte

Der BFH sieht es als unrichtig an, dass, allein aufgrund der objektiven Möglichkeit die gesamte Strecke mit dem überlassenen Fahrzeug zurückzulegen, der geldwerte Vorteil aus der gesamten Entfernung zwischen Wohnung und Arbeitsstätte zu berechnen ist. Da der Zuschlag einen Ausgleich für abgezogene, aber tatsächlich *nicht* entstandene Erwerbsaufwendungen (= Werbungskosten) bei Fahrten zwischen Wohnung und Arbeitsstätte darstellt, ist der Zuschlag nur auf die Entfernung zwischen Wohnung und Arbeitsstätte zu erheben, die tatsächlich mit dem Fahrzeug zurückgelegt wird. Der Zuschlag dient dazu, den überschießenden Werbungskostenabzug des Arbeitnehmers zu kompensieren.[56] 30

Beispiel:

Der ledige Arbeitnehmer AN erhält von seinem Arbeitgeber AG einen Dienstwagen zur betrieblichen und privaten Nutzung unentgeltlich überlassen. Der Bruttolistenpreis des Dienstwagens beträgt 20.000 €. AN erhält ein monatliches Gehalt von 3.000 €. AN verwendet das Fahrzeug auch zu Fahrten zwischen Wohnung und Arbeitsstätte. Die Entfernung zwischen Wohnung und Arbeitsstätte beträgt 45 km.

Lösung:

Gehalt (jährlich = 12 x 3.000 € =)		36.000 €
Geldwerter Vorteil des AN		
1. 1 %-Regelung:[57]		
20.000 € x 1 % x 12 Monate =	+	2.400 €
USt bereits enthalten! (2.400 € = Bruttowert[58])	+	0 €
2. Zuschlag für Fahrten Wohnung / Arbeitsstätte:[59]		
20.000 € x 0,03 % x 45 km x 12 Monate =	+	3.240 €
USt bereits enthalten! (3.240 € = Bruttowert[60])	+	0 €
Steuerpflichtiger Bruttoarbeitslohn		41.640 €
./. Werbungskosten für Fahrten zwischen Wohnung und Arbeitsstätte[61]		
45 km x 0,30 € x 230 Tage =	./.	3.105 €
Einkünfte aus nichtselbständiger Arbeit[62]		38.535 €

Der Arbeitnehmer kann die Pauschale für Wege zwischen Wohnung und Arbeitsstätte bei seiner Einkommensteuerveranlagung in Abzug bringen, obwohl der Arbeitnehmer aufgrund der Fahrzeugüberlassung keinerlei Aufwendungen zu tragen hatte. Der Zuschlag für Fahrten zwischen Wohnung und Arbeitsstätte wirkt sich wie ein Korrekturposten aus und „berichtigt" die durch den Arbeitnehmer abziehbaren Werbungskosten für die Entfernung zwischen Wohnung und Arbeitsstätte.

56 § 9 Abs. 1 Satz 3 Nr. 4 EStG a. F.
57 § 8 Abs. 2 Satz 2 EStG i. V. m. § 6 Abs. 1 Nr. 4 Satz 2 EStG.
58 § 3 Abs. 12 Satz 2 UStG i. V. m. § 10 Abs. 2 Satz 2 UStG und § 10 Abs. 1 Satz 1 UStG.
59 § 8 Abs. 2 Satz 3 EStG.
60 § 3 Abs. 12 Satz 2 UStG i. V. m. § 10 Abs. 2 Satz 2 UStG und § 10 Abs. 1 Satz 1 UStG.
61 § 9 Abs. 1 Satz 3 Nr. 4 EStG a. F.
62 § 19 EStG.

Der Arbeitgeber hat somit den Zuschlag von 0,03 % *nur* für den Teil der Entfernung zwischen Wohnung und Arbeitsstätte der Lohnbesteuerung zu unterwerfen, der tatsächlich mit dem überlassenen Dienstwagen zurückgelegt wurde.

3. Anscheinsbeweis

31 Der Anschein der Nutzung des Fahrzeugs zu Fahrten zwischen Wohnung und Arbeitsstätte genügt, um für die gesamte Entfernung den Zuschlag von 0,03 % der Lohnsteuer zu unterwerfen.[63] Der Anscheinsbeweis kann jedoch entkräftet werden, indem S eine auf seinen Namen ausgestellte Jahreskarte für die Bahnverbindung zwischen dem Bahnhof und seiner Arbeitsstätte vorlegt.

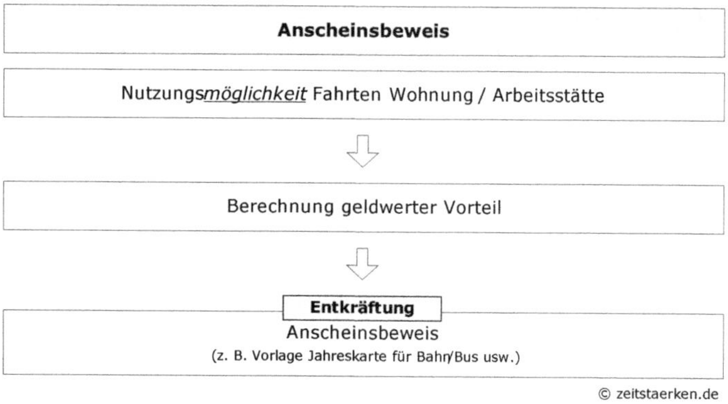

IV. Ergebnis in der Ausgangssituation

32 Der Zuschlag zum geldwerten Vorteil aus der 1 %-Regelung in Höhe von 0,03 % je Entfernungskilometer ist lediglich auf die tatsächlich mit dem überlassenen Fahrzeug zurückgelegte Entfernung (= 3 km) zwischen Wohnung und Arbeitsstätte zu berechnen. Eine auf S ausgestellte Jahresfahrkarte der Bahn, kann den Anscheinsbeweis der Nutzung des Dienstwagens für die Gesamtstrecke entkräften.

V. Praxishinweis

33 Die Lohnsteuerrichtlinien 2008[64] ordnen die Berechnung des Zuschlags auf die gesamte Entfernung zwischen Wohnung und Arbeitsstätte an. Im Falle einer Lohnsteuerprüfung sollte mit der neuen BFH-Rechtsprechung argumentiert werden.

63 § 8 Abs. 2 Satz 2 EStG auch anwendbar auf § 8 Abs. 2 Satz 3 EStG; FG Schleswig-Holstein vom 1.12.2006, 1 K 81/04, NV.

64 H 8.1 Abs.9, 10, „Park and ride" LStR 2008.

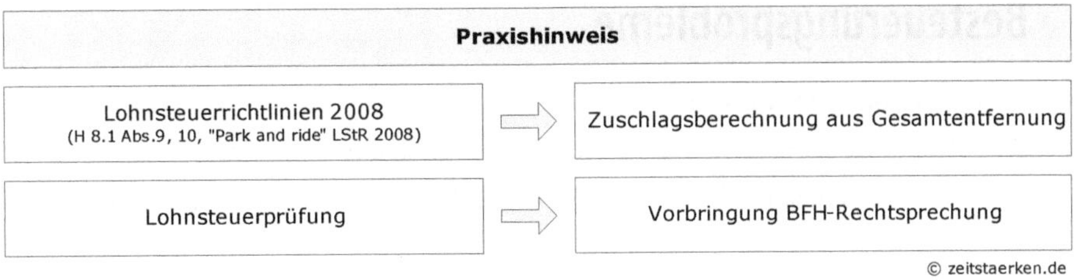

F. Betriebssitz als regelmäßige Arbeitsstätte

5

(BFH vom 4.4.2008, VI R 85/04, HaufeIndex: 2002103, § 9 EStG)

I. Ausgangssituation

Der Steuerpflichtige S bezog Einkünfte aus nichtselbständiger Arbeit[65]. Für die im Rahmen der nichtselbständigen Tätigkeit durchzuführenden Kundenbesuche wurde S von seinem Arbeitgeber ein Dienstwagen zur Verfügung gestellt. Diesen Dienstwagen durfte S auch für private Fahrten und für Fahrten zwischen Wohnung und Arbeitsstätte nutzen. An mindestens einem Arbeitstag pro Woche suchte S den Sitz der Geschäftsführung seines Arbeitgebers auf. Der Arbeitgeber des S berücksichtigte bei der Ermittlung des Arbeitslohns den geldwerten Vorteil[66] aus der Nutzung des Dienstwagens für private Fahrten (= 1 %-Regelung). Im Rahmen einer Lohnsteuer-Außenprüfung sah das Finanzamt die Fahrten des S zum Sitz der Geschäftsführung des Arbeitgebers als Fahrten zwischen Wohnung und Arbeitsstätte[67] an, für die ein weiterer geldwerter Vorteil in Höhe von 0,03 % des Listenpreises pro Monat und Entfernungskilometer anzusetzen sind. 34

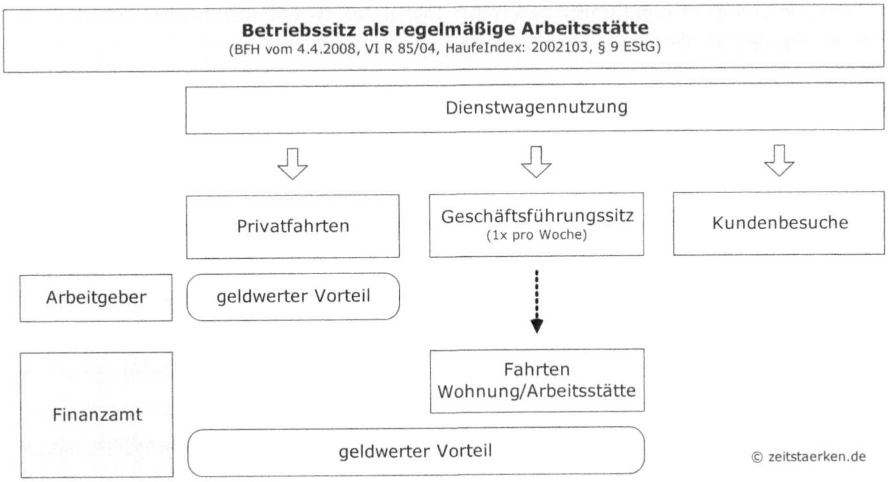

65 § 19 EStG.
66 § 8 Abs. 1 Satz 2 EStG.
67 § 8 Abs. 2 Satz 3 EStG.

II. Besteuerungsprobleme

35 Es ergeben sich zwei Besteuerungsprobleme:

- Hat S am Betriebssitz seines Arbeitgebers eine regelmäßige Arbeitsstätte?[68]
- Ist der pauschale Zuschlag in Höhe von 0,03 % des Bruttolistenneupreises anzuwenden?

III. Ergebnis des BFH

1. Arbeitslohn

36 Zum Arbeitslohn gehören alle geldwerten Vorteile, die für eine Beschäftigung gewährt werden.[69] Zu den geldwerten Vorteilen gehört auch die unentgeltliche bzw. verbilligte Überlassung eines Dienstwagens durch den Arbeitgeber.[70]

2. Regelmäßige Arbeitsstätte

37 Eine regelmäßige Arbeitsstätte ist jede ortsfeste dauerhafte betriebliche Einrichtung des Arbeitgebers, der der Arbeitnehmer zugeordnet ist und die er *nicht* nur gelegentlich, sondern mit einer gewissen Nachhaltigkeit, d. h. fortdauernd und immer wieder aufsucht.[71] Die Intensität und Dauer der ausgeübten beruflichen Tätigkeit am Betriebssitz des Arbeitgebers ist für die Beurteilung als regelmäßige Arbeitsstätte *nicht* von Bedeutung.[72] Entscheidend ist, das der Betriebssitz durch das wiederholte Aufsuchen des Arbeitnehmers eine zentrale Bedeutung gegenüber den weiteren Tätigkeitsorten erlangt.[73]

Eine regelmäßige Arbeitsstätte ist auch anzunehmen, wenn der Arbeitnehmer Fahrten zum Betriebssitz des Arbeitgebers regelmäßig an einem Tag in der Woche durchführt, um dort Aufträge entgegen zu nehmen, abzurechnen und Bericht zu erstatten.[74]

68 § 8 Abs. 2 Satz 3 EStG.
69 § 19 Abs. 1 Satz 1 Nr. 1 i. V. m. § 8 Abs. 1 EStG.
70 BFH vom 6.11.2001, VI R 62/96, BStBl. II 2002, 370; BFH vom 7.11.2006, VI R 95/04, BStBl. II 2007, 269.
71 BFH vom 5.8.2008, VI R 40/03, BStBl. II 2004, 1074; BFH vom 11.5.2005, VI R 25/04, BStBl. II 2005, 791; BFH vom 11.5.2005, VI R 16/04, BStBl. II 2005, 789.
72 BFH vom 2.2.1994, VI R 109/89, BStBl. II 1994, 422; BMF-Schreiben vom 26.10.2005, IV C 5 - S 2353 - 211/05, BStBl. I 2005, 960.
73 BFH vom 11.5.2005, VI R 15/04, BStBl. II 2005, 788.
74 BFH vom 30.8.1988, VI R 40/85, BFH/NV 1989, 221; BFH vom 11.5.2005, VI R 15/04, BStBl. II 2005, 788; R 9.4 Abs. 3 Satz 4 LStR 2008.

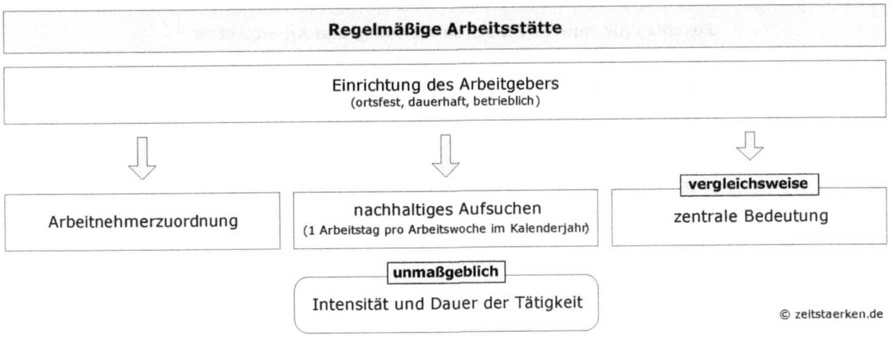

3. Zuschlag für Fahrten zwischen Wohnung und Arbeitsstätte

Die Finanzgerichte und die Finanzverwaltung vertreten die Auffassung, dass der Umfang der tatsächlichen Nutzung des Dienstwagens für die Berechnung des Zuschlages in Höhe von 0,03 % des Listenpreises für Fahrten zwischen Wohnung und Arbeitsstätte unerheblich sei.[75] Dies wird damit begründet, dass es allein darauf ankomme, ob der Arbeitnehmer die **objektive Möglichkeit** habe, den Dienstwagen auch für Fahrten zwischen Wohnung und Arbeitsstätte zu nutzen.[76] 38

Abweichend von der Verwaltungsauffassung hat der BFH nun entschieden, dass der Zuschlag in Höhe von 0,03 % des Listenpreises[77] *nur dann* vorzunehmen ist, wenn der Arbeitnehmer den Dienstwagen auch *tatsächlich* für Fahrten zwischen Wohnung und Arbeitsstätte genutzt hat. Da der Zuschlag ein Korrekturposten zum pauschalen Werbungskostenabzug[78] ist, ist für die Ermittlung des Zuschlages in gleicher Weise wie für den pauschalen Werbungskostenabzug auf die tatsächliche Nutzung des Dienstwagens für die Fahrten zwischen Wohnung und Arbeitsstätte abzustellen.[79]

Dem Zuschlag in Höhe von 0,03 % des Listenpreises[80] für jeden Kilometer der Entfernung zwischen Wohnung und Arbeitsstätte liegt die typisierende Annahme zu Grunde, dass der Dienstwagen monatlich an 15 Tagen für Fahrten zwischen Wohnung und Arbeitsstätte genutzt wird.[81] Die Bewertung der Nutzung des Dienstwagens für nur einzelne Fahrten zwischen Wohnung und Arbeitsstätte ist mit 0,002 % des Listenneupreises[82] je Entfernungskilometer vorzunehmen.[83]

Hinweis:

Dies entspricht der Regelung zur Bewertung der Nutzung des Dienstwagens für Familienheimfahrten im Rahmen der doppelten Haushaltsführung.

75 H 8.1 Abs. 9 und 10 „Fahrten zwischen Wohnung und regelmäßiger Arbeitsstätte bei pauschaler Nutzungswertermittlung" LStH 2008.
76 FG vom 28.4.2004, 1 K 3214/01 E, EFG 2005, 775; FG München vom 15.4.2005, 8 K 2890/03, EFG 2006, 958; Hessisches FG vom 26.3.2007, 11 K 1844/05, EFG 2007, 1327.
77 § 8 Abs. 2 Satz 3 EStG.
78 § 9 Abs. 1 Satz 3 Nr. 4 EStG a. F.
79 BFH vom 4.4.2008, VI R 68/05, HaufeIndex: 2002102.
80 § 8 Abs. 2 Satz 3 EStG.
81 BT-Drucks. 13/1686, Seite 8.
82 § 6 Abs. 1 Nr. 4 Satz 2 EStG.
83 Thomas, DStR 1995, 1859; Wacker, NWB, Fach 3, 10119.

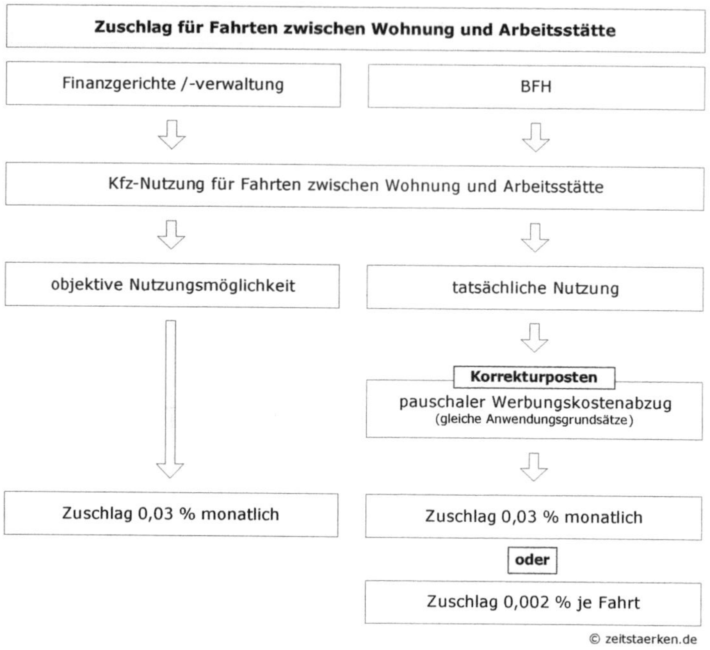

IV. Lösung in der Ausgangssituation

39 S hat am Betriebssitz des Arbeitgebers eine regelmäßige Arbeitsstätte, da er den Betriebssitz regelmäßig an mindestens einem Arbeitstag pro Woche aufsucht. Durch die Nutzung des Dienstwagens für Fahrten zwischen Wohnung und regelmäßiger Arbeitsstätte einmal pro Woche, erhält S einen geldwerten Vorteil gewährt. Die Bewertung des geldwerten Vorteils erfolgt bei nur einer Fahrt pro Woche zwischen Wohnung und regelmäßiger Arbeitsstätte mit 0,002 % des Listenpreises je Entfernungskilometer.[84]

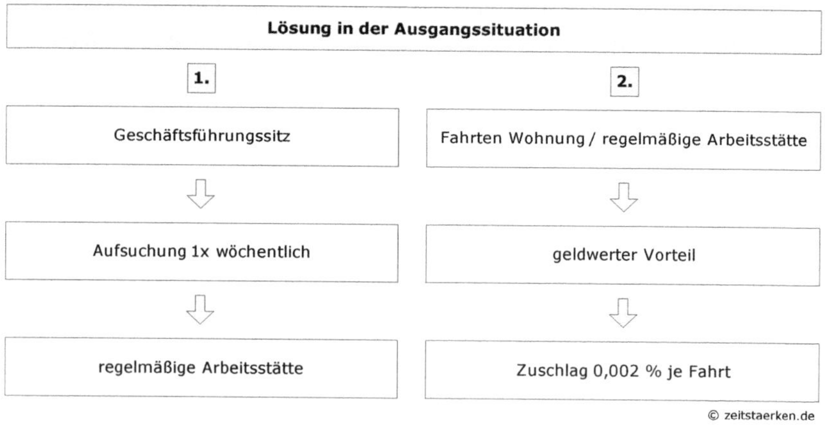

84 § 8 Abs. 2 Satz 5 EStG.

G. Nichtanwendungserlass Dienstwagenbesteuerung

(BMF-Schreiben vom 23.10.2008, IV C 5 – S 2334/08/10010, ESt-Kartei NW § 8, § 8 Abs. 2 EStG)

I. Einleitung

Wird ein Dienstwagen auch für Fahrten zwischen Wohnung und Arbeitsstätte zur Verfügung gestellt und wird der geldwerte Vorteil für die private Nutzung nach der 1 %-Regelmethode besteuert, so erhöht sich der geldwerte Vorteil monatlich um 0,03 % des Listenneupreises für jeden Entfernungskilometer zwischen Wohnung und Arbeitsstätte.[85] 40

Der Bundesfinanzhof kam zur Frage der Besteuerung von Dienstwagen bei der Überlassung für Fahrten zwischen Wohnung und Arbeitstätte zu folgenden Urteilen:

- Der Zuschlag von 0,03 % kommt nur zur Anwendung, wenn das Fahrzeug auch tatsächlich für Fahrten zwischen Wohnung und Arbeitsstätte genutzt wird.[86]
- Wird der Dienstwagen nur für eine Teilstrecke genutzt, beschränkt sich der Zuschlag auf diese Teilstrecke.[87]
- Wird der Dienstwagen nur einmal wöchentlich für Fahrten zwischen Wohnung und Arbeitsstätte genutzt, so berechnet sich der Zuschlag nach der Anzahl der tatsächlich durchgeführten Fahrten mit einer Einzelbewertung der Fahrten mit 0,002 % des Listenpreises je Entfernungskilometer.[88]

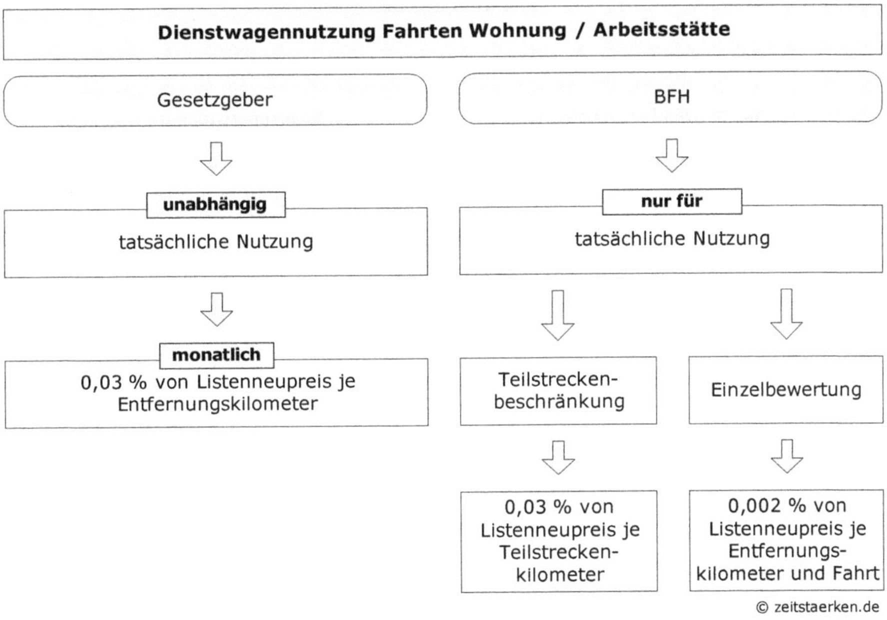

85 § 8 Abs. 2 Satz 3 EStG.
86 BFH vom 4.4.2008, VI R 68/05, DStR 2008, 1182; BFH vom 4.4.2008, VI R 85/04, BFH/NV 2008, 1237.
87 BFH vom 4.4.2008, VI R 68/05, DStR 2008, 1182.
88 BFH vom 4.4.2008, VI R 85/04, BFH/NV 2008, 1237.

II. Der BMF reagiert mit ...

1. ... Nichtanwendungserlass!

41 Das BMF hat auf diese Entscheidungen des BFH nun mit einem Nichtanwendungserlass über den entschiedenen Fall hinaus reagiert. Als Argument hierfür wird aufgeführt, dass es für die Anwendung des Zuschlages[89] von 0,03 % allein auf die objektive Möglichkeit des Arbeitnehmers ankäme, den Dienstwagen für Fahrten zwischen Wohnung und Arbeitsstätte zu verwenden. Der Zuschlag sei eine Typisierung, die der Vereinfachung des Besteuerungsverfahrens dient.

2. ... Billigkeitsregelung

42 Nutzt der Arbeitnehmer den Dienstwagen nur für eine Teilstrecke, so ist bei der Ermittlung des pauschalen Nutzungswertes die gesamte Entfernung zugrunde zu legen. Ein Nutzungswert auf die tatsächlich zurückgelegte Teilstrecke kommt nur in Betracht, wenn das Fahrzeug nur für diese Teilstrecke zur Verfügung gestellt wurde. Der Arbeitgeber hat die Einhaltung seines Verbots zu überwachen.[90] Aus Billigkeitsgründen kann der pauschale Nutzungswert dann auf die tatsächlich zurückgelegte Teilstrecke angewendet werden, wenn für die restliche Teilstrecke beispielsweise eine auf den Arbeitnehmer ausgestellte Jahres-Bahnfahrkarte vorgelegt wird.

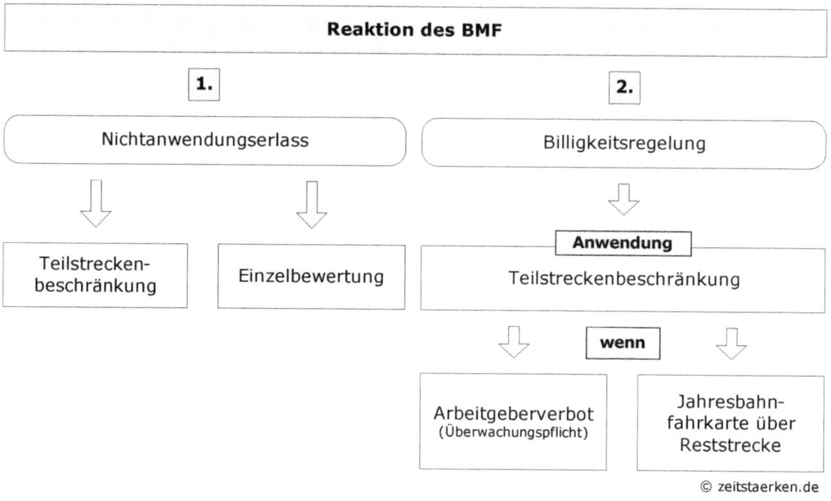

III. Praxishinweis

43 Mit diesem Nichtanwendungserlass ist auch weiterhin der Rechtsbehelfsweg für eine vom pauschalen Besteuerungsverfahren abweichende Besteuerung der Dienstwagennutzung für Fahrten zwischen Wohnung und Arbeitsstätte notwendig.

89 § 8 Abs. 2 Satz 3 EStG.
90 BMF-Schreiben vom 28.5.1996, IV B 6 - S 2334 - 173/96, BStBl. I 1996, 654.

IV. Musterrechtsbehelf

23.10.2008

Dokument4

Einspruch gegen die [Einkommensteuer, Kirchensteuer und den Solidaritätszuschlag ???? [Lohnsteuerermäßigungsantrag 2007]

Mandant / Anschrift
Steuernummer:

Besteuerung des geldwerten Vorteils für die Nutzung des Dienstwagens für Fahrten zwischen Wohnung und Arbeitsstätte

Sehr geehrte Damen und Herren,

namens und im Auftrage legen wir für den o.a. Steuerpflichtigen

Einspruch

gegen den [Einkommensteuer-, Kirchensteuer- und Solidaritätszuschlagsbescheid des VZ ???? / der VZ ???? - ????] ein.

Der vom Arbeitgeber für Fahrten zwischen Wohnung und Arbeitsstätte zur Verfügung gestellte Dienstwagen wird nachweislich nur [einmal pro Woche] für die Fahrten zwischen Wohnung und Arbeitsstätte genutzt. Der Zuschlag von 0,03 % zur 1 %-Regelung ist ein Korrekturposten zum Abzug der Entfernungspauschale (§ 9 Abs. 2 Satz 2 EStG; siehe auch BFH vom 4.4.2008, VI R 68/05, DStR 2008, 1182). Die Bewertung der Nutzung des Dienstwagens für nur einzelne Fahrten zwischen Wohnung und Arbeitsstätte ist mit 0,002 % des Listenneupreises (§ 6 Abs. 1 Nr. 4 Satz 2 EStG) je Entfernungskilometer vorzunehmen (BFH vom 4.4.2008, VI R 85/04, BFH/NV 2008, 1237).

Wir beantragen den geldwerten Vorteil für die Fahrten zwischen Wohnung und Arbeitsstätte mit 0,002 % von [Listenneupreis] für [Anzahl] Fahrten, d. h. mit [Betrag] anzusetzen.

Wir beantragen das Ruhen des Verfahrens und die Aussetzung der Vollziehung für den rechtswidrigen Teilbetrag [in Höhe von ????? €].

Weiterhin beantragen wir soweit erforderlich Vollstreckungsaufschub.

Für weitere Rückfragen stehen wir Ihnen gerne zur Verfügung.

Mit freundlichen Grüßen

RB-Nr.: RB StG 0001 0008 2008 0001

H. Echte Barlohnumwandlung bei anzuerkennendem Ehegattenarbeitsverhältnis

(BFH vom 10.6.2008, VIII R 68/06, BFH/NV 2008, 2091; § 4 Abs. 4 EStG)

I. Ausgangssituation

44 S und T betreiben eine Steuerberatungs- und Wirtschaftsprüfungssozietät. Die GbR beschäftigte neben 20 anderen Angestellten auch die beiden Ehefrauen G und I der jeweils hälftig beteiligten Sozien. Die arbeitsvertraglichen Rechte und Pflichten der Ehegattenarbeitsverhältnisse sowie deren Durchführung entsprach dem vereinbarten und hielt dem Fremdvergleich stand. Mit Ergänzungsvertrag vereinbarte die als Bürohilfe tätige G mit der Sozietät einen Teil des Barlohns in einen Anspruch auf Versicherungsschutz durch Leistungen in eine Direktversicherung[91] umzuwandeln und diese Beiträge pauschal zu versteuern.[92] Nach einer Lohnsteueraußenprüfung ging das Finanzamt von einer Überversorgung der G infolge der Prämienzahlung aus.

Das Finanzamt kürzte den Betriebsausgabenabzug nach folgender Berechnung:

Bruttoarbeitslohn	8.520 €
hiervon 30 %	2.556 €
Gesamtbeiträge zur Rentenversicherung	1.730 €
verbleiben	826 €
Direktversicherungsbeiträge	1.704 €
Differenz = Kürzung der Betriebsausgaben[93]	878 €

II. Besteuerungsproblem

45
1. Streitig ist, ob Aufwendungen für eine Direktversicherung, die im Rahmen eines Ehegattenarbeitsverhältnisses geleistet wurden, in vollem Umfang als Betriebsausgaben zu berücksichtigen sind?
2. Ist der Betriebsausgabenabzug wegen Überversorgung der Berechtigten teilweise ausgeschlossen?

III. Ergebnis des FG

46 Das FG Baden Württemberg[94] ist der Auffassung, dass

- ein Ehegattenarbeitsverhältnis sich auch daran messen lassen muss, ob die einzelnen Lohnbestandteile in ihrem Verhältnis zueinander in etwa dem entsprechen, was bei der Entlohnung familienfremder Arbeitnehmer betriebsintern üblich sei.
- die Aufwendung *nur insoweit* abgezogen werden könnte, als die Aufwendungen dazu dienten, Versorgungslücken zu schließen.

91 § 1 Abs. 2 Satz 1 des Gesetzes zur Verbesserung der betrieblichen Altersversorgung.
92 § 40b EStG.
93 § 4 Abs. 4 EStG.
94 FG Baden Württemberg vom 16.5.2006, IV K 282/02, EFG 2007, 660, nrkr; *Revision*: BFH vom 10.6.2008, VIII R 68/06, a. a. O.

- die Obergrenze einer angemessen Altersversorgung bei 75 % der letzten Aktivbezüge liege. Wegen der Schwierigkeiten einer Schätzung sowohl der letzten Bezüge als auch der zu erwartenden Sozialversicherungsrente wird auf die vom Arbeitgeber während der aktiven Tätigkeit des Ehepartners tatsächlich erbrachten Prämienleistungen abgestellt.
- von der Prüfung einer möglichen Überversorgung abgesehen werden könne, wenn die laufenden Aufwendungen für die Altersvorsorge 30 % des Arbeitslohns *nicht* übersteigen.

  Als laufende Aufwendungen für die Altersvorsorgung sind anzusetzen:
  - Arbeitgeber und Arbeitnehmeranteile zur gesetzlichen Sozialversicherung
  - feiwillige Arbeitgeberleistung für Zwecke der Altersversorgung

    und
  - Zuführungen zu einer Pensionsrückstellung

Das FG Baden-Württemberg bestätigte die Auffassung des Finanzamtes, dass die geltend gemachten Aufwendungen nur zum Teil zum Betriebsausgabenabzug zugelassen sind, da die laufenden Prämienaufwendungen und die Gesamtbeiträge zur Rentenversicherung jeweils über 30 % des steuerpflichtigen Arbeitslohns liegen. 47

IV. Auffassung des Steuerpflichtigen

Die Ehefrau des Sozius ist folgender Auffassung: 48

- Nach der Feststellung der Überschreitung der 30 %-Grenze wurde *keine* weitere Prüfung der Angemessenheit der Rentenbezüge im Verhältnis zu den letzten aktiv Bezügen durchgeführt (= Prüfung 75 %-Grenze). Den Umfang der ohne Direktversicherung anzunehmenden Versorgungslücke wurde *nicht* ermittelt.
- Unzutreffend sei, dass der Arbeitgeberanteil zur Sozialversicherung den der Versorgung des Arbeitnehmer-Ehegatten dingenden Aufwendungen hinzugerechnet wird, obwohl dieser Anteil *keine* Leistung an den Arbeitnehmer sei und sich *nicht* auf die Rentenhöhe auswirke (?).
- Die entwickelten Grundsätze zur Überversorgung finden *keine* Anwendung, wenn die zusätzliche betriebliche Altersversorgung aus einer Barlohnumwandlung stamme (!).

V. Ergebnis des BFH

Die Aufwendungen für die Alterssicherung dürfen *nicht* auf privaten Erwägungen beruhen. Ob dies der Fall ist, ergibt eine Gesamtwürdigung der betrieblichen Verhältnisse. 49

Erforderlich sind:[95]

- eine ernsthaft gewollte Verpflichtung
- eine eindeutige Vereinbarung

  und
- Erfüllung des Fremdvergleichsgrundsatzes (= Vereinbarung und Höhe)[96]

---

95 BFH vom 28.7.1983, IV R 103/82, BStBl. II 1984, 60.

96 BFH vom 18.12.1990, VIII R 290/82, BStBl. II 1991, 391; BMF-Schreiben vom 1.12.1992, IV B 2 - S -2144 – 76/92, BStBl. I 1992, 729, Rdnr. 2.

Hinweis:

Dieselben Rechtsgrundsätze gelten ***auch*** *bei Arbeitsverhältnissen zwischen einer Personengesellschaft und dem Ehegatten eines Gesellschafters[97], wenn der Gesellschafter die Gesellschaft beherrscht[98].*

50 Da der Ehemann der Arbeitnehmerin / Ehefrau G nur zu 50 % an der Sozietät beteiligt war, beherrschte der Ehemann diese *nicht*.[99] In wie weit die Sozien im Rahmen einer Anwendung der Personengruppentheorie zusammen zu rechnen sind, weil sie gleich gerichtete Interesse haben, müsste grundsätzlich finanzgerichtlich noch geklärt werden.

Eine Zurückverweisung an das FG ist *nicht* geboten, weil aus anderen Gründen die Abzugsfähigkeit der Betriebsausgaben vorliegt.

Die **Anerkennung** muss aus folgenden Gründen erfolgen:

- steuerrechtliche Anerkennung des Arbeitsverhältnisses
- bereits bestehender Lohnanspruch aus diesem Arbeitsverhältnis

  und
- Umwandlung des bestehenden Lohnanspruchs in eine Direktversicherung

51 Die betriebliche Veranlassung der Prämienzahlung erfolgt dann bereits aus dem Umstand, dass die Aufwendungen des Arbeitgebers für dieselbe und *weiterhin* nur seinem Betrieb dienende Gegenleistung[100] weiter im Ganzen unverändert bleibt.[101]

Hinweis:

In der Nutzung gesetzlicher Möglichkeiten einer teilweisen Umwandlung des steuerrechtlich angemessenen Arbeitslohns in Beiträge zu einer Direktversicherung, kann ***keine*** *ungewöhnliche oder unangemessene Umgestaltung dieses Arbeitsverhältnisses gesehen werden.*

Insoweit ist die **echte Barlohnumwandlung** steuerrechtlich anzuerkennen.

97 BFH vom 24.11.1982, I R 42/80, BStBl. II 1983, 405.
98 BFH vom 25.7.1995, VIII R 38/93, BStBl. II 1996, 153.
99 BFH vom 15.12.1988, IV R 29/86, BStBl. II 1989, 500.
100 = die zur Verfügungsstellung der Arbeitskraft des Arbeitnehmers.
101 BFH vom 5.2.1987, IV R 198/84, BStBl. II 1987, 557; BFH vom 11.9.1987, III R 267/83, BFH/NV 1988, 225.

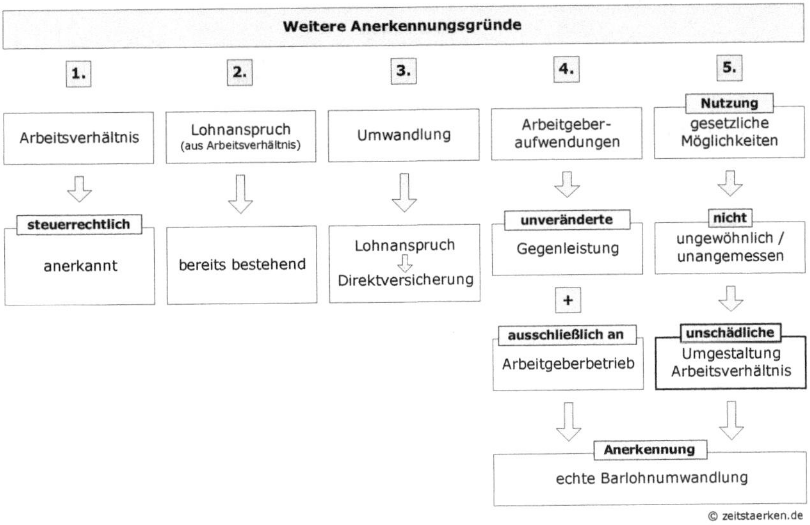

VI. Lösung in der Ausgangssituation

Der Betriebsausgabenabzug ist im vollem Antragsumfang zu zulassen, weil: 52

- das Ehegattenarbeitsverhältnis steuerrechtlich anzuerkennen ist

  und

- eine echte Barlohnumwandlung vorliegt

VII. Praxishinweis

Die von der Rechtssprechung entwickelten Kriterien zur Prüfung der betrieblichen Altersvorsorgung von Ehegatten sind *keine* gesetzlichen Tatbestandsmerkmale. Ihre Heranziehung kann immer nur den Zweck verfolgen, in Zweifelsfällen anhand bestimmter indizieller Umstände und Größen die Abgrenzung des privaten vom betrieblichen Aufwand zu ermöglichen. Steht aber aufgrund echter Barlohnumwandlung fest, dass die betrieblich ausgestaltete Alterssicherung durch den Leistungsaustausch im Arbeitsverhältnis verursacht ist und der Grund *nicht* im Privatbereich der Vertragsparteien zu suchen ist, liegt unstreitig Arbeitslohn vor und damit Betriebsausgaben. 53

Hinweis:

Gegen die zusätzliche Prüfung einer Überversorgung spricht im Falle der echten Barlohnumwandlung zu dem, dass die betriebliche Altersvorsorgung aus eigenen Gehaltsanteilen des Begünstigten gespeist oder aufgebaut wird.[102]

Hinweis:

Offengelassen hat der BFH, ob in diesem Fall nach der errechneten Überschreitung der 30 %-Grenze auch noch eine Überversorgung am Maßstab einer Grenze von 75 % der letzten aktiven Bezüge zu prüfen ist, wenn eine Gehaltserhöhung zur Finanzierung der Direktversicherung vorliegt.

102 BFH vom 15.9.2004, I R 62/03, BStBl. II 2005, 176.

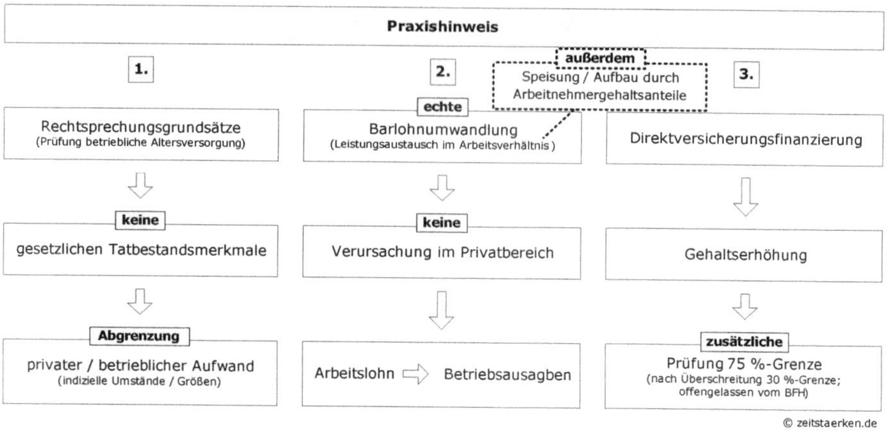

VIII. Abgrenzungsfälle

54 Folgende Abgrenzungsfälle sind für die Praxis zu beachten:

- zusätzlich zum Arbeitslohn erbrachte Versicherungsbeiträge[103]
- Umwandlung einer anstehenden Gehaltserhöhung[104]

Hinweis:

U. E. ist in diesen beiden Fällen die 30 %-Grenze zu prüfen!

IX. Rechtsprechungsänderung

55 Der BFH gibt seine „alte Rechtsprechung[105] auf. Die Einschränkung der betrieblichen Veranlassung bei Umwandlung von Barlohn in Direktversicherungsprämien wird **aufgegeben**. Die Prüfung einer Überversorgung ist zukünftig entbehrlich.

Hinweis:

Die Finanzverwaltung muss ebenfalls überprüfen, ob sie ihre Auffassung zur Anerkennung nur bei Vermeidung einer Überversorgung aufrecht hält.[106]

103 BFH vom 10.11.1982, I R 135/80, BStBl. II 1983, 173.
104 BFH vom 11.9.1987, III R 267/38, BFH/NV 1988, 225.
105 BFH vom 16.5.1995, XI R 87/93, BStBl. II 1995, 873.
106 H 4b „Arbeitnehmer-Ehegatte Überversorgung“ EStH.

I. Berücksichtigung von Sachbezügen bei der Ausgabe von Benzingutscheinen

(OFD-Verfügung Hannover vom 24.4.2008, S 2334 - 281 StO 212, HaufeIndex: 2002454; § 8 Abs. 2 EStG)

I. Einleitung

Tankt ein Arbeitnehmer seinen privaten PKW auf Kosten des Arbeitgebers, stellt sich die Frage, ob es sich handelt um 56

- Einnahmen[107] in Form eines Sachbezugs[108]

  Handelt es sich um einen Sachbezug, ist die Freigrenze in Höhe von kalendermonatlich 44 € anwendbar.[109]/[110]

  oder

- Gewährung von Barlohn

  Ist die Gewährung von Kraftstoff als Barlohn zu qualifizieren, erfolgt eine ungeminderte Besteuerung des Wertzuflusses.[111]

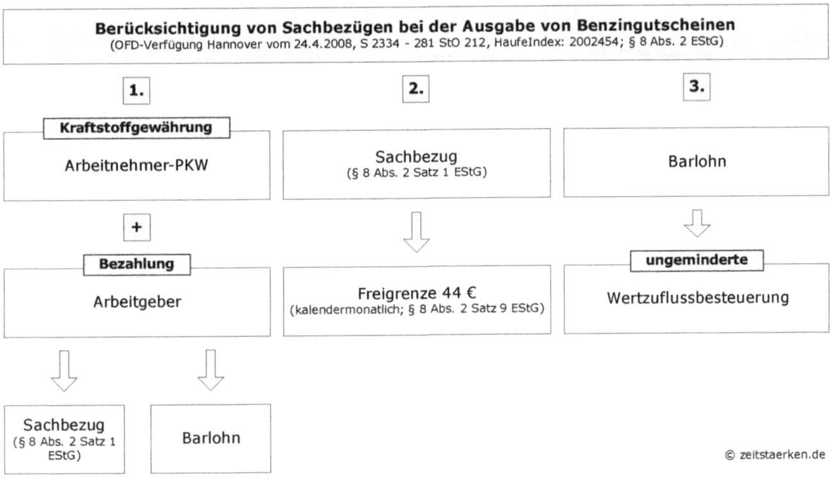

II. Anwendungsbeispiele

Die **einheitliche Behandlung von Sachbezügen** im Zusammenhang mit der Ausgabe von Benzingutscheinen wurde von Bund und Ländern anhand der nachfolgenden Beispiele erörtert und festgelegt: 57

107 § 8 EStG.
108 § 8 Abs. 2 Satz 1 EStG.
109 § 8 Abs. 2 Satz 9 EStG.
110 Voraussetzung für die Anwendung der Freigrenze ist, dass der Arbeitgeber den Kraftstoff nicht selbst herstellt oder vertreibt; § 8 Abs. 3 EStG.
111 Umkehrschluss aus § 8 Abs. 2 EStG.

58 **Beispiel: Gutscheine und Tankstelle mit Rahmenvertrag**

Der Arbeitgeber A erstellt auf eigenem Briefpapier Benzingutscheine, die A an seine Arbeitnehmer ausgibt. Auf dem Gutschein sind Art und Menge des Kraftstoffs genau bezeichnet. Der Arbeitnehmer löst diesen Gutschein bei der auf dem Gutschein bezeichneten Tankstelle ein. Mit dieser Tankstelle hat der Arbeitgeber eine Rahmenvereinbarung über die Einlösung von Kraftstoffgutscheinen abgeschlossen. Laut dieser Vereinbarung erfolgt die Abrechnung über die eingelösten Gutscheine mittels einer in der Tankstelle verbleibenden Kundenkarte des Arbeitgebers.[112]

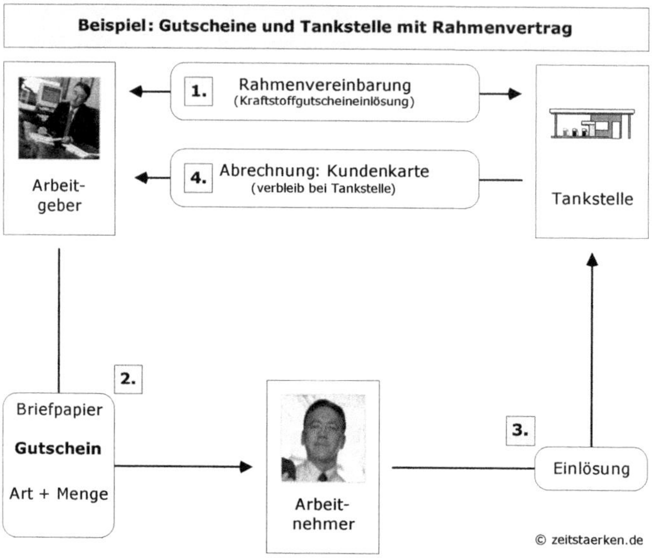

Lösung:

Bei dem Beispielsfall liegen die Voraussetzungen für die Annahme eines Sachbezugs und der Berücksichtigung der 44 €-Freigrenze[113] vor.

- Anweisung:

  Händigt jemand eine Urkunde (= Gutschein), in der er einen anderen anweist, Geld, Wertpapiere oder andere vertretbare Sachen (= Benzin) an einen Dritten zu leisten, dem Dritten aus, so handelt es sich insoweit zivilrechtlich um eine Anweisung[114]. In diesem Fall steht der Beurteilung eines Warengutscheins als Sachbezug *nicht* entgegen, dass der Arbeitgeber (= Anweisender) *nicht* einen vom Dritten ausgestellten Warengutschein erworben und weitergegeben hat, sondern selbst eine Urkunde (= Anweisung) ausstellt, durch die der Arbeitnehmer (= Anweisungsempfänger) eine Ware vom Dritten (= Angewiesenem) beziehen kann. Damit werden gleichgestellt (wirtschaftliche Auswirkungen und steuerrechtliche Beurteilung):

  - Erwerb und Weitergabe eines Warengutscheins

    und

  - Ausstellen einer Anweisung

- Tankkarte:

  Die Abrechnung über eine Kundenkarte des Arbeitgebers ist **unschädlich**, da diese im vorliegenden Fall bei der Tankstelle verbleibt und daher *keine* Zahlungsfunktion für den Arbeitnehmer hat.

112 Anlage 1.
113 § 8 Abs. 2 Satz 9 EStG.
114 § 783 BGB.

Hinweis:

*In der Regel haben **Tankkarten** eine **Zahlfunktion** und wirken daher wie eine Firmenkreditkarte. Überlässt der Arbeitgeber dem Arbeitnehmer neben einem von ihm ausgestellten Benzingutschein eine solche Tankkarte, hat die Zuwendung **Bargeldcharakter**. Der Arbeitgeber wendet dem Arbeitnehmer damit **keinen Sachbezug** zu, so dass die 44 € Freigrenze **keine** Anwendung findet.*

Beispiel: Mitarbeiterinformation und Tankkartenbenutzung 59

Der Arbeitgeber erstellt Tankgutscheine mit einer konkret bezeichneten Ware und Menge *ohne* einen anzurechnenden Betrag oder Höchstbetrag und verteilt die Tankgutscheine an seine Arbeitnehmer. In einer Mitarbeiterinformation[115] heißt es:

> *„Sie erhalten von Ihrem Arbeitgeber die Möglichkeit, monatlich einen Sachwert in Höhe des Geldwertes von maximal 40 € einzulösen.*
>
> *Bitte akzeptieren Sie auch zu Ihrem Vorteil, dass auf dem monatlichen Gutschein eine Menge an Kraftstoff steht, die bedingt durch die Tagespreise den Gesamtwert von 40 € pro Monat übersteigen kann.*
>
> *Tanken Sie nur die Menge, die zum Geldwert von 40 € führt (siehe Tabelle im Anhang)."*

Die Gutscheine[116] werden *nicht* bei der Tankstelle eingereicht. Der Arbeitnehmer tankt dagegen mit einer **Tankkarte** des Arbeitgebers, die der Arbeitnehmer nur nach Ausgabe des Gutscheins verwenden darf. Die Rechnungslegung erfolgt an den Arbeitgeber. Tanken darf der Arbeitnehmer mit dieser Tankkarte nur, wenn der Arbeitnehmer infolge besonderer Leistungen einen Gutschein vom Arbeitgeber erhalten hat. Der Kartenzahlungsbeleg wird mit der monatlichen Gehaltsabrechnung aufbewahrt.

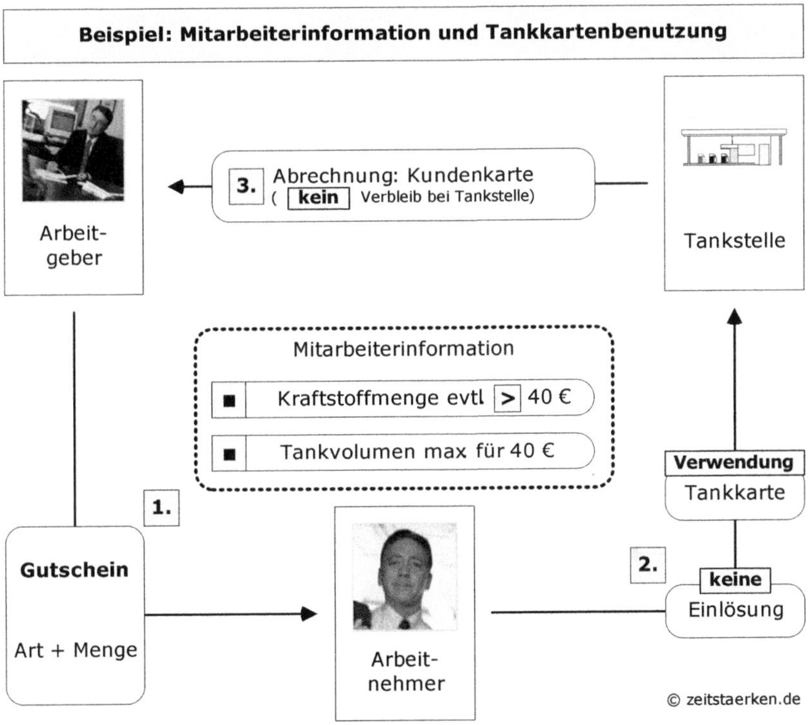

115 Anlage 2.1.
116 Anlage 2.2.

Lösung:

In diesem Fall handelt es sich ***nicht*** um einen bei einem Dritten einzulösenden Warengutschein. Auch darüber hinaus lässt der Sachverhalt ***nicht*** die Schlussfolgerung zu, dass den Arbeitnehmern hier ein Sachbezug zugewendet wird. Mit der Rechnungslegung an den Arbeitgeber aufgrund der Vorlage der Tankkarte des Arbeitgebers durch den Arbeitnehmer bei der Tankstelle tilgt der Arbeitgeber eine vom **Arbeitnehmer im eigenen Namen** des Arbeitnehmers **begründete Verbindlichkeit**. Der Arbeitgeber ist ***nicht*** Vertragspartner der Tankstelle. Hier liegt somit eine **Barlohnzahlung** vor, auf die die Freigrenze[117] ***nicht*** anzuwenden ist.[118] Die zusätzliche Begrenzung des Gutscheins in Verbindung mit der Mitarbeiterinformation auf einen Höchstbetrag hat im vorliegenden Fall ***keinen*** Einfluss auf das Ergebnis, da unabhängig von der ebenfalls schädlichen Zusatzvereinbarung bereits aufgrund der dem Arbeitnehmer überlassenen Tankkarte Barlohn vorliegt.

5

60 **Beispiel: Tankkartenbenutzung mit Bescheinigung**

Der Arbeitgeber ermöglicht seinen Arbeitnehmern monatlich aufgrund einer Vereinbarung[119] eine bestimmte Menge an Kraftstoff mittels Tankkarten, die auf den Arbeitgeber lauten, im Namen und auf Rechnung des Arbeitgebers zu tanken. Neben der Tankkarte erhalten die Mitarbeiter eine Bescheinigung, mit welcher die Arbeitnehmer den Nachweis erbringen, dass im Namen und für Rechnung des Arbeitgebers getankt wird. Der Arbeitnehmer ist angewiesen, neben der Tankkarte die Bescheinigung vorzulegen. Dies ist auf der Bescheinigung zu dokumentieren. Die Vorlage der Bescheinigung ist ***nicht*** auf eine bestimmte Tankstelle beschränkt. Die Handhabung wird zusätzlich schriftlich zwischen dem Arbeitgeber und den Arbeitnehmern vereinbart. Der Kraftstoff wird durch den Verkäufer direkt mit dem Arbeitgeber abgerechnet.

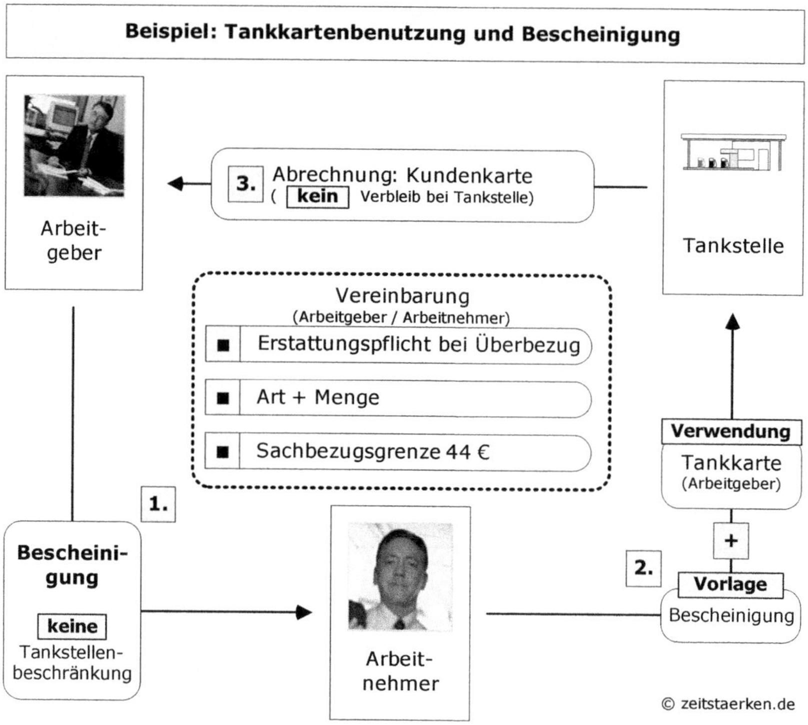

117 § 8 Abs. 2 Satz 9 EStG.
118 BFH vom 27.10.2004, VI R 51/03, BStBl. II 2005, 137.
119 Anlage 3.

Lösung:

Da die Tankkarte auch hier die Funktion einer Firmenkreditkarte hat, hat die Zuwendung auch in diesem Fall **Bargeldcharakter**, so dass *kein* Sachbezug angenommen werden kann. Die bei der Tankstelle vom Arbeitnehmer vorzulegende Bescheinigung führt zu *keiner* abweichenden Beurteilung. Erhielte der Arbeitnehmer vom Arbeitgeber Bargeld und eine Bescheinigung, dass der Arbeitnehmer im Namen und für Rechnung des Arbeitgebers tankt, wäre auch *kein* Sachbezug anzunehmen.

Beispiel: Tankstellen-Blankogutschein und Teilzahlung des Arbeitnehmers 61

Der Arbeitgeber gibt seinem Arbeitnehmer einen von der Tankstelle erstellten blanko Tankgutschein aus. Art und Menge des Kraftstoffs werden von der Tankstelle erst bei Einlösung des Gutscheines eingetragen. Der Arbeitgeber erhält von der Tankstelle eine Rechnung über den Gutscheinwert. Im Beispielsfall tankt der Arbeitnehmer 51,70 Liter für 55,27 €. Davon werden 27,13 Liter für 29,00 € mittels des Gutscheines beim Arbeitgeber abgerechnet. Den Restbetrag von 26,27 € zahlt der Arbeitnehmer selbst.[120]

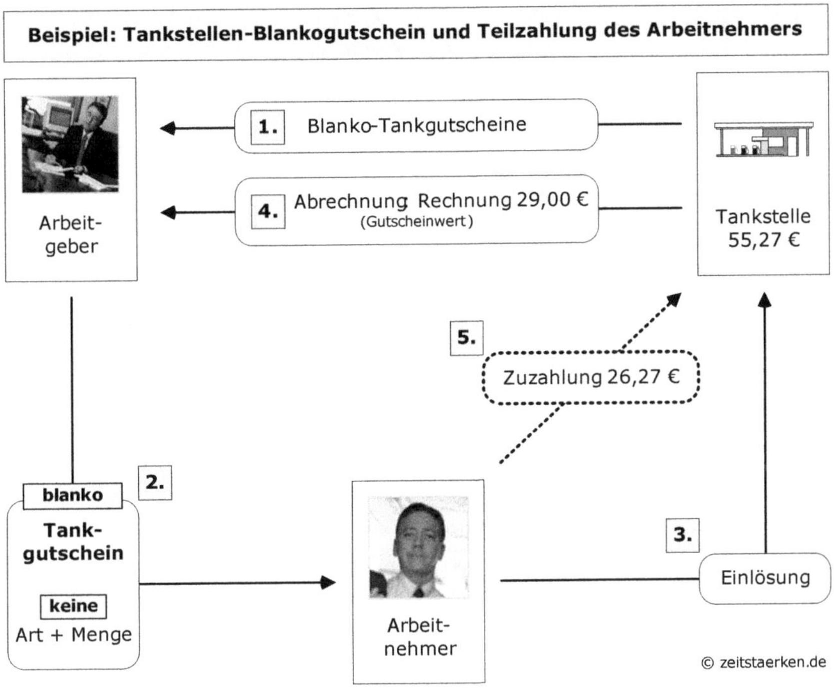

Lösung:

Bei einem vom Arbeitgeber ausgegebenen Gutschein handelt es sich nur dann um einen Sachbezug, wenn dieser Gutschein zum Bezug einer bestimmten, der Art und Menge nach konkret bezeichneten Ware oder Dienstleistung bei einem Dritten berechtigt. Im vorliegenden Fall ist auf den vom Arbeitgeber ausgegebenen Gutscheinen weder der Art noch der Menge nach die Ware konkret bezeichnet. Darüber hinaus ist der ausgegebene Gutschein offensichtlich auf einen Höchstbetrag begrenzt, denn die Tankstelle rechnet mit dem Arbeitgeber nur die Kraftstoffmenge bis zu einem Betrag von 29 € ab. Den übersteigenden Betrag muss der Arbeitnehmer selbst tragen. Der Gutschein hat hier somit die **Funktion eines Zahlungsmittels**. Der Arbeitgeber wendet Barlohn zu. Die Freigrenze[121] ist *nicht* anwendbar.

120 Anlagen 4.1 und 4.2.
121 § 8 Abs. 2 Satz 9 EStG.

62 **Beispiel: Arbeitnehmer bezahlt selbst und erhält Erstattung**

Der Arbeitgeber stellt seinen Arbeitnehmern Gutscheine über 32 Liter Superbenzin zur Verfügung. Der Arbeitnehmer löst diesen Gutschein bei der Tankstelle seiner Wahl ein. Der Arbeitnehmer bezahlt im Wege des abgekürzten Zahlungsweges die Tankrechnung Namens und im Auftrag des Arbeitgebers und lässt sich den eingelösten Tankgutschein vom Tankwart bestätigen. Nach Vorlage des unterzeichneten Gutscheines und der Quittung beim Arbeitgeber erhält der Arbeitnehmer den ausgelegten Betrag zurück.

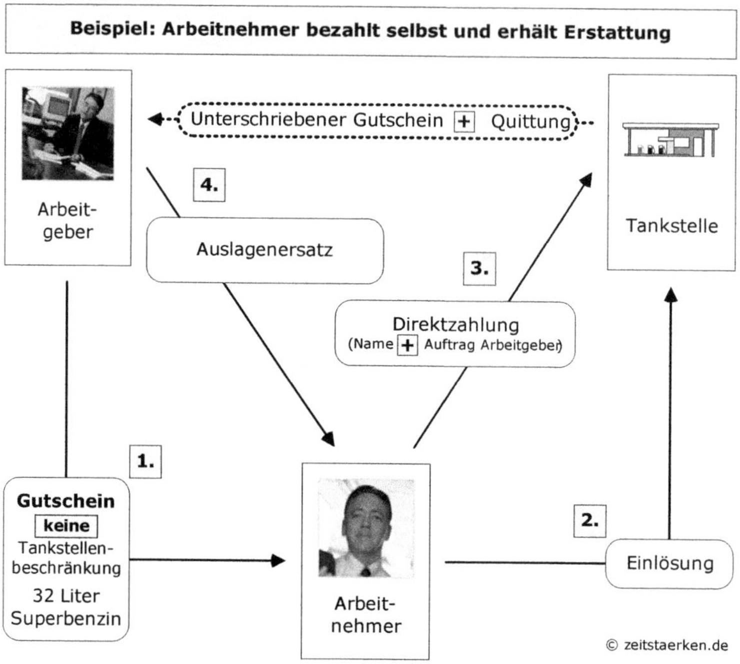

5

Lösung:

Ein Sachbezug ist eine Sach- oder Dienstleistung, die der Arbeitgeber an den Arbeitnehmer erbringt. Bezahlt der Arbeitnehmer jedoch zunächst den vollen Preis für eine Ware bzw. Dienstleistung und erhält der Arbeitnehmer aufgrund des Gutscheines vom Arbeitgeber später eine Gutschrift in Höhe des ausgelegten Betrages, handelt es sich um eine **Geldleistung**, auf die die Freigrenze[122] *nicht* anzuwenden ist. Der Arbeitgeber wird hier *nicht* Vertragspartner der Tankstelle. Vielmehr tilgt der Arbeitgeber eine vom Arbeitnehmer in **dessen eigenem Namen** begründete Verbindlichkeit.[123]

III. Zusammenfassung

63 Die in den Beispielen verdeutlichten Vorgänge lassen sich wie folgt zusammenfassen:

- Verbleibt die Tankkarte zur Abrechnung gegenüber dem Arbeitgeber bei der Tankstelle, liegt ein Sachbezug vor, da die Tankkarte *keine* Zahlungsfunktion übernimmt.
- Bringt der Mitarbeiter jedoch die Tankkarte zur Einlösung des Kraftstoffgutscheins mit, erfüllt die Tankkarte eine Zahlungsfunktion. Die Zahlung mit der Tankkarte hat Barlohncharakter. Somit liegt *kein* Sachbezug vor.

122 § 8 Abs. 2 Satz 9 EStG.
123 BFH vom 27.10.2004, VI R 51/03, BStBl. II 2005, 137.

- Erfolgt eine betragsmäßige Begrenzung der Höhe nach in einer Mitarbeiterinformation oder einer Arbeitnehmervereinbarung, handelt es sich um eine schädliche Zusatzvereinbarung. Es liegt *kein* begünstigter Sachbezug vor sondern Barlohn.
- Hat der Arbeitnehmer mehr Ware bezogen als im Gutschein ausgestellt, darf der Warengutschein nicht eingelöst werden. Der Arbeitnehmer bezahlt die gesamte Ware selbst. Ein Auslagenersatz vom Arbeitgeber stellt Barlohn dar. Der Warengutschein kann beim nächsten Tanken benutzt werden.
- Bezahlt der Arbeitnehmer direkt gegenüber der Tankstelle und erhält der Arbeitnehmer den Betrag vom Arbeitgeber ersetzt (= Auslagenersatz), so liegt *kein* Sachbezug sondern Barlohn vor, da der Arbeitgeber *nicht* Vertragspartner der Tankstelle geworden ist.
- Die Erstattung *nicht* in Anspruch genommener Beträge in Geld ist *nicht* zulässig.

5

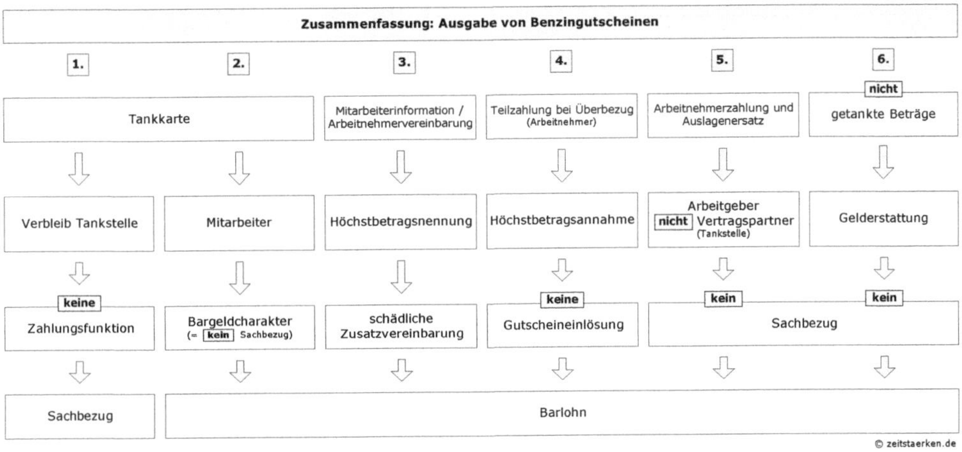

Hinweis:

*Bei der Berechnung der Sachbezugsgrenze ist der 4 %ige Abzug vom Gesamtbetrag abzugsfähig (= aus Vereinfachungsgründen Bewertung mit 96 %).[124] Zur Ausschöpfung der Freigrenze von 44 €[125] kann somit ein Gesamtbetrag von (44 € / 96 % =) **45,83 €** genutzt werden.*

IV. Zeitliche Anwendung

Die vorgenannten Grundsätze sind in allen **noch offenen Fällen** anzuwenden. 64

124 R 8.1 Abs. 2 Satz 9 LStR.
125 § 8 Abs. 2 Satz 9 EStG.

V. Prüfungsreihenfolge zur Ermittlung der Steuerfreiheit / Steuerpflicht von Benzingutscheinen

65 Folgendes Prüfungsschema kann in der täglichen Praxis verwendet werden:

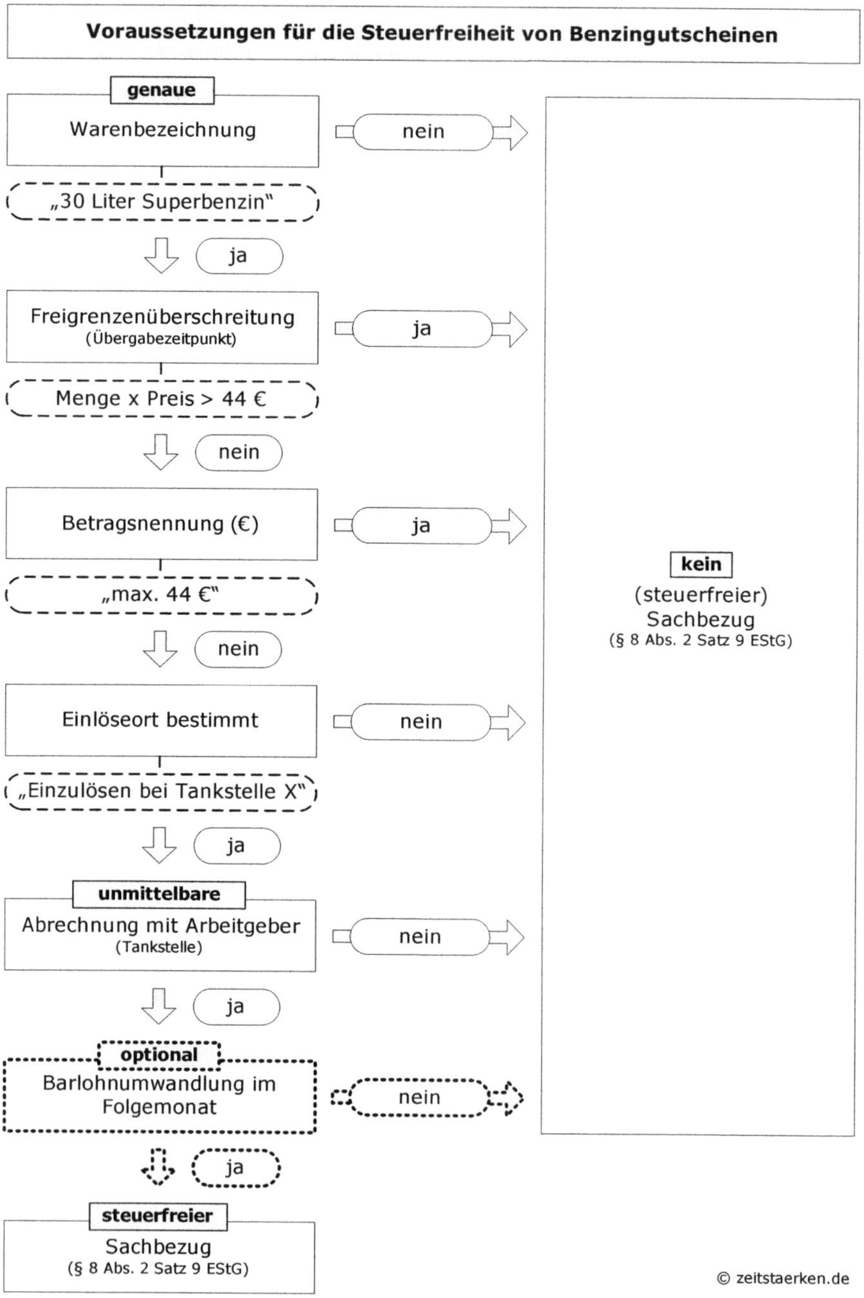

VI. Anlage 1[126]

Vereinbarung über die Einlösung von Kraftstoffgutscheinen 66

zwischen

Herr/Frau/Firma
(Arbeitgeber)

– nachfolgend Arbeitgeber –

und

Tankstellenpächter/-inhaber

– nachfolgend Tankstelle –

– im übrigen jeweils namentlich benannt oder als Beteiligte bezeichnet –

Zwischen dem Arbeitgeber und der Tankstelle wird folgendes vereinbart:

§ 1 Zweck und Inhalt der Vereinbarung

Mit dieser Vereinbarung regeln die Beteiligten die Modalitäten über die Einlösung von Gutscheinen durch Mitarbeiter des Arbeitgebers bei der Tankstelle.

§ 2 Form und Inhalt der Gutscheine

(1) Die Gutscheine werden vom Arbeitgeber erstellt. Hierfür wird der Briefbogen des Arbeitgebers verwandt.

(2) Die Gutscheine werden vom Arbeitgeber persönlich unterzeichnet.

(3) Die Gutscheine enthalten den Namen des jeweiligen Gutscheinempfängers (Mitarbeiter des Arbeitgebers), den Monat, in dem der Gutschein ausgegeben wird, das Datum, an dem der Gutschein dem Mitarbeiter ausgehändigt wird, die Art des zu tankenden Kraftstoffes und die Menge, angegeben in Liter.

(4) Ein Muster liegt dieser Vereinbarung als Anlage bei.

§ 3 Einlösung der Gutscheine

(1) Gegen Vorlage der in § 2 beschriebenen Gutscheine sind die Mitarbeiter des Arbeitgebers berechtigt, den entsprechenden Kraftstoff bei der Tankstelle zu tanken.

(2) Tankt ein Mitarbeiter des Arbeitgebers mehr Liter als nach dem Gutschein vorgegeben, ist eine Einlösung des Gutscheins nicht möglich. Der Mitarbeiter hat den Tankvorgang in vollem Umfang bar oder per EC-/Kreditkarte zu bezahlen.

(3) Die Einlösung für andere Kraftstoffarten oder andere Waren der Tankstelle ist nicht zulässig.

(4) Die Erstattung nicht abgetankter Beträge in Geld ist nicht zulässig.

126 Anlage entsprechend des Abdrucks in der OFD-Verfügung Hannover vom 24.4.2008, S 2334 - 281 StO 212, a. a. O.

(5) Der eingelöste Gutschein verbleibt für Abrechnungszwecke bei der Tankstelle. Der Arbeitgeber fertigt vor Ausgabe an den Mitarbeiter eine Kopie für seine Unterlagen.

§ 4 Abrechnung über die Gutscheine

(1) Die Tankstelle rechnet mit dem Arbeitgeber über die eingelösten Gutscheine monatlich ab.

(2) Die Tankstelle erteilt dem Arbeitgeber über die eingelösten Gutscheine eine ordnungsgemäße Rechnung, der als Nachweis die von den Mitarbeitern des Arbeitgebers abgetankten Gutscheine beigefügt sind.

§ 5 Ablaufplan

(1) Im übrigen verfahren die Beteiligten nach beiliegendem Ablaufplan.

(2) Der Arbeitgeber wird ihren Mitarbeitern den Inhalt des Ablaufplans sowie den Inhalt des § 3 bekannt geben.

....	....
Arbeitgeber	Tankstelle

67 **Ablaufplan Kraftstoffgutscheine**

1. Herr/Frau/Firma (Arbeitgeber) gibt seinen Mitarbeitern nach seinem Ermessen Gutscheine nach dem vorliegenden Muster (Anlage zum Vertrag). Vor Ausgabe des Gutscheins wird der aktuelle jeweilige Kraftstoffpreis erfragt, denn es ist darauf zu achten, dass der Wert des Gutscheins 44 € nicht übersteigt. Der aktuelle Kraftstoffpreis zum Ausgabezeitpunkt muss dokumentiert werden. Dies kann z.B. durch eine monatliche Aufstellung der Tagespreise der Tankstelle, eine tagesaktuelle Faxmitteilung der Tankstelle oder den Ausdruck einer entsprechenden Internetanfrage geschehen.
2. Der Mitarbeiter und Herr/Frau/Firma (Arbeitgeber) unterzeichnen den Gutschein.
3. Herr/Frau/Firma (Arbeitgeber) fertigt eine Kopie des Gutscheins.
4. Der Gutscheininhaber tankt bei der auf dem Gutschein bezeichneten Tankstelle „ab". Dabei hat er darauf zu achten, dass die auf dem Gutschein angegebene Literzahl nicht überschritten wird. Wird die Literzahl überschritten, ist eine Einlösung des Gutscheins für diesen Tankvorgang nicht möglich und der Mitarbeiter hat den gesamten Rechnungsbetrag bar oder per EC- / Kreditkarte zu bezahlen.
5. Der Inhaber/die Inhaberin der Tankstelle behält den Gutschein für Abrechnungszwecke und zur Ablage bei seine/ihren Unterlagen.
6. Der getankte Betrag wird mittels einer in der Tankstelle verbleibenden Kundenkarte des Herrn/Frau/Firma (Arbeitgeber) auf das eigene Rechnungs-/Kundenkonto des Herrn/Frau/ Firma (Arbeitgeber) gebucht. Dem Gutscheininhaber wird keine Kassenquittung ausgehändigt. Bei Bedarf kann dem Mitarbeiter ein Lieferschein, der keine Umsatzsteuer ausweist, ausgehändigt werden.
7. Nach Ablauf des jeweiligen „Gutscheinmonats" rechnet die Tankstelle mit Herrn/Frau/Firma (Arbeitgeber) über die eingelösten Gutscheine ab.

8. Die Tankstelle erstellt eine ordnungsgemäße Rechnung, der sie als Nachweis die einzelnen, von den Mitarbeitern des Herrn/Frau/Firma (Arbeitgeber) abgetankten Gutscheine, beifügt.
9. Vorgehensweise, wenn der Mitarbeiter mehr tankt, als auf dem Gutschein ausgewiesen:

   Der Gutscheininhaber hat (s. Punkt 4.) darauf zu achten, dass die auf dem Gutschein angegebene Literzahl nicht überschritten wird.

   Wenn die auf dem Gutschein angegebene Literzahl überschritten wird, ist zwingend die Barzahlung/Zahlung per EC-/Kreditkarte des Gutscheininhabers erforderlich. Der Gutschein kann dann erst beim nächsten Tanken eingelöst werden.

   Aufgrund der vereinbarten Zahlungsweise (s. Punkt 6.) ist es nicht möglich, in einem Tankvorgang mehr als die auf dem Gutschein angegebene Literzahl zu tanken. Das Kassensystem der Tankstelle lässt eine Aufteilung in eine Barzahlung/Zahlung per EC-/Kreditkarte und eine Abrechnung über das Kundenkonto nicht zu.
10. Umsatzsteuerliche Behandlung bei Herrn/Frau/Firma (Arbeitgeber)

    Herr/Frau/Firma (Arbeitgeber) kann aus der ordnungsgemäßen Rechung der Tankstelle den vollen Vorsteuerabzug geltend machen. Er hat jedoch die Weitergabe des Benzins an den Mitarbeiter als sogenannte „unentgeltliche Wertabgabe" zu versteuern. Umsatzsteuerlich stellen die angefallenen Kosten, also die Eingangsrechnungen der Tankstelle, die Bemessungsgrundlage für diese unentgeltliche Wertabgabe dar. Im Ergebnis wird so der Vorsteuerabzug neutralisiert.

....

Arbeitgeber Tankstelle

Wir haben Ihnen den Ablaufplan für die Bürobesprechung nochmals grafisch aufbereitet: 68

Ablaufplan Kraftstoff-Gutscheine
(anlehnend: OFD Hannover vom 24.4.2008, S 2334 – 281 – StO 212, HaufeIndex: 2002454, Anlage 1)

1. aktueller Kraftstoffpreis (Ausgabezeitpunkt)
- monatliche Tagespreisaufstellung (Tankstelle)
- tagesaktuelle Faxmitteilung (Tankstelle)

2. Arbeitnehmer + Arbeitgeber: Unterschrift ⇒ Gutschein

3. Gutscheinkopie ⇒ Arbeitgeber

4. Gutscheineinlösung ⇒ **keine** Überschreitung Literanzahl
- Überschreitung Literanzahl ⇒ Arbeitnehmer zahlt selbst

5. Einbehalt Gutschein durch Tankstelle

6. Abrechnung ⇒ Kundenkarte Arbeitgeber
- Arbeitnehmer ⇒ **keine** Kassenquittung
- Arbeitnehmer ⇒ Lieferschein(**ohne** USt-Ausweis)

7. monatliche Gesamtabrechnung (Tankstelle)

8. ordnungsgemäße Rechnung + eingelöste Gutscheine

9. Überschreitung Mengengrenze
- **keine** Aufteilung Gesamtbetrag
- Gutscheineinlösung ⇒ nächster Tankvorgang

10. Umsatzsteuerrechtliche Tatbestände (Arbeitgeber)
- vollständiger Vorsteuerabzug
- unentgeltliche Wertabgabe (Bemessungsgrdl.=Eingangsrechnung)

VII. Anlage 2[127]

69 **(Briefbogen Arbeitgeber)**

GUTSCHEIN

für	:	(Name des Mitarbeiters)
einzulösen bei	:	(Tankstelle Str. Ort)
für Monat	:	(z. B. August 2006)
über	:	(z. B. 20 l Superbenzin blfr.)

____

Unterschrift (Name Arbeitgeber)

Gutschein erhalten am :

____

Unterschrift Mitarbeiter

Ablaufplan zur Gutscheineinlösung ist bekannt; ich bin damit einverstanden, dass es sich bei der Gewährung dieses Gutscheins um eine einmalige, freiwillige Sonderleistung meines Arbeitgebers handelt und ich auch bei wiederholter Gewährung eines solchen Gutscheins über einen unbestimmten Zeitraum keinen Rechtsanspruch auf die zukünftige Gewährung solcher Gutscheine erlange.

____

Unterschrift Mitarbeiter

Hinweis:

Weitere Muster sind der Anlage zur OFD-Verfügung[128] zu entnehmen.

127 Anlage entsprechend des Abdrucks in der OFD-Verfügung Hannover vom 24.4.2008, S 2334 - 281 StO 212, a. a. O.
128 OFD-Verfügung Hannover vom 24.4.2008, S 2334 - 281 StO 212, HaufeIndex: 2002454.

J. Anwendungsschreiben zum Arbeitgeberdarlehen

(BMF-Schreiben vom 1.10.2008, IV C 5 – S 2334/07/0009, BStBl. I 2008, 892; § 8 Abs. 2 EStG)

I. Einleitung

Ein Arbeitgeberdarlehen ist die Überlassung von Geld an den Arbeitnehmer aufgrund eines Darlehensvertrags: 70

- durch den Arbeitgeber

  oder

- auf Grund des Dienstverhältnisses durch einen Dritten

Wird das Arbeitgeberdarlehen zinslos oder zinsverbilligt gewährt, muss steuerrechtlich ein **geldwerter Vorteil** beim Arbeitnehmer berücksichtigt werden.

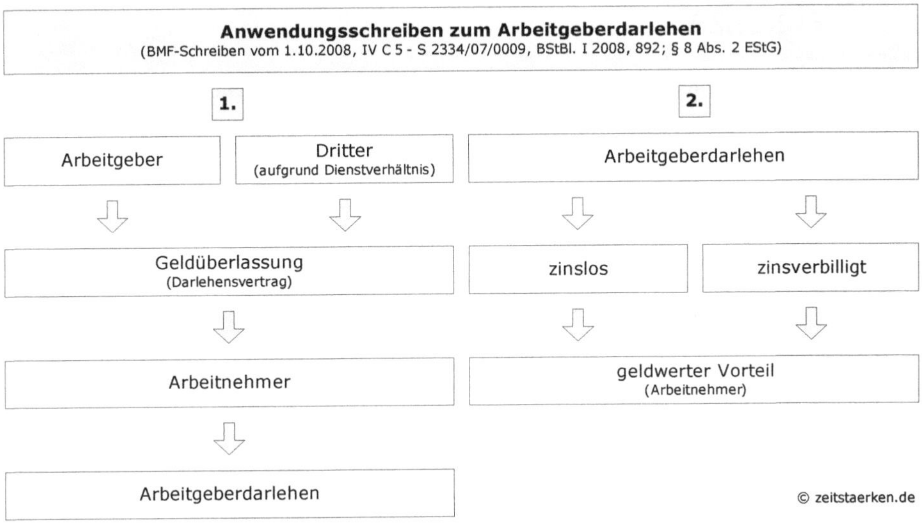

II. Anwendungsbereich

Nicht unter Arbeitgeberdarlehen fallen insbesondere: 71

- Reisekostenvorschüsse
- vorschüssiger Auslagenersatz
- als Arbeitslohn zufließende Lohnabschläge

  und

- als Arbeitslohn zufließende Lohnvorschüsse, sofern es sich bei den Vorschüssen nur um eine abweichende Vereinbarung über die Bedingungen der Zahlung des Arbeitslohns handelt

Hinweis:

*Gehaltsvorschüsse im öffentlichen Dienst fallen unter die Anwendung eines Arbeitgeberdarlehens. Bei diesen Vorschüssen handelt es sich **nicht** lediglich um eine abweichende Vereinbarung über die Zahlungsbedingung des Arbeitslohns.*[129]

III. Grundsatz zur Ermittlung des geldwerten Vorteils

72 Bei der Bewertung des geldwerten Vorteils aus der Überlassung eines zinslosen oder zinsverbilligten Arbeitgeberdarlehens ist zu unterscheiden zwischen

- Arbeitgeber ist selbst *kein* Kreditinstitut

  Bewertung geldwerter Vorteil nach der allgemeinen Sachbezugsbewertung.[130]
- Arbeitgeber ist selbst Kreditinstitut

  Bewertung geldwerter Vorteil mit Personalrabattregelung.[131]

IV. Freigrenze

73 Die **Freigrenze**, die mit den Lohnsteuerrichtlinien weggefallen war, lebt wieder auf!

Zinsvorteile sind als Sachbezüge *nur* zu versteuern, wenn die Summe der noch *nicht* getilgten Darlehen am Ende des Lohnzahlungszeitraums 2.600 € übersteigt.[132]

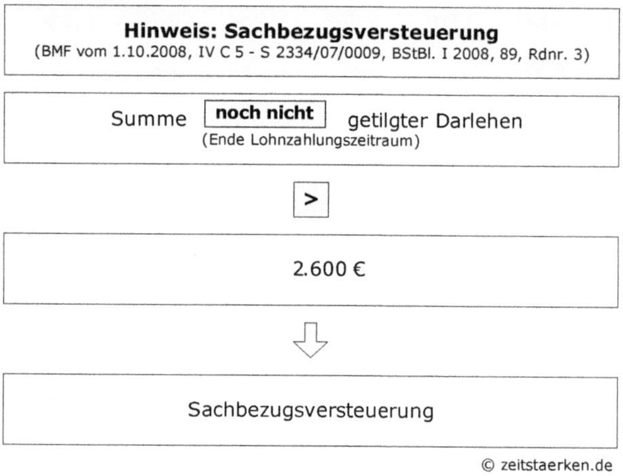

Hinweis:

*Insoweit muss eine **kontinuierliche monatliche Prüfung bei der Lohnabrechnung** erfolgen.*

*Eine Addition auf einen Jahresbetrag ist bei der Vereinfachungsregel **nicht** möglich.*

129 Vorschussrichtlinien des Bundes oder entsprechende Richtlinien der Länder.
130 § 8 Abs. 2 EStG.
131 § 8 Abs. 3 EStG.
132 BMF-Schreiben vom 1.10.2008, IV C 5 – S 2334/07/0009, BStBl. I 2008, 89, Rdnr. 3.

V. Arbeitgeber ist selbst kein Kreditinstitut

1. Grundsatz

a) Zinsvorteil

Die Richtlinienregelung [133]wurde mit den Lohnsteuerrichtlinien 2008 aufgegeben. Gewährt der 74
Arbeitgeber das Darlehen zu einem marktüblichen Zinssatz (= **Maßstabszinssatz**), liegt ***kein*** zu erfassender geldwerter Vorteil vor.[134/135]

5

Hinweis:

Marktüblich ist die nachgewiesene günstigste Marktkondition für Darlehen mit vergleichbaren Bedingungen am Abgabeort unter Einbeziehung allgemein zugänglicher Internetangebote.[136/137]

Zinsvorteil ist der Unterschiedsbetrag zwischen dem Maßstabszinssatz für vergleichbare Darlehen und dem im Einzelfall vereinbarten Zinssatz.[138]

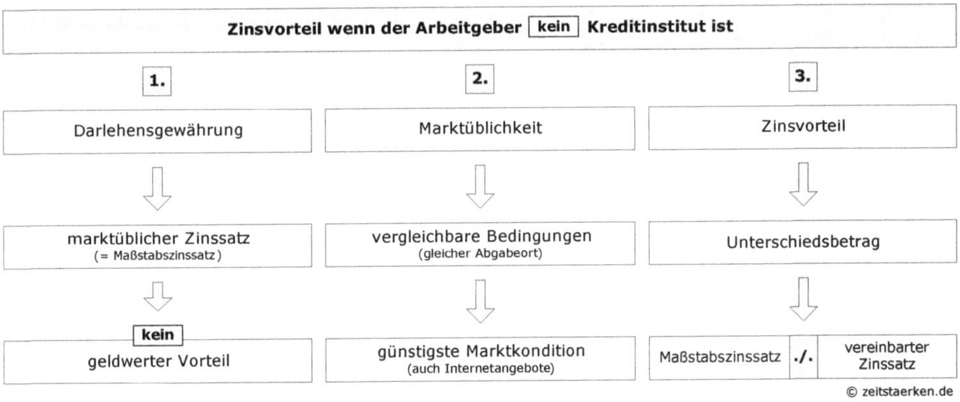

Hinweis:

*Um den Zinssatz für vergleichbare Darlehen zu ermitteln, ist daher eine Unterscheidung nach der **Darlehensart** vorzunehmen!*

Zu unterscheiden sind z. B.:[139]

- Wohnungsbaukredit
- Konsumentenkredit

133 R 31 Abs. 11 LStR 2005.
134 BFH vom 4.5.2006, VI R 28/05, BStBl. II 2006, 781.
135 BMF-Schreiben vom 1.10.2008, IV C 5 – S 2334/07/0009, BStBl. I 2008, 89, Rdnr. 4.
136 Z. B. von Direktbanken.
137 BMF-Schreiben vom 1.10.2008, IV C 5 – S 2334/07/0009, BStBl. I 2008, 89, Rdnr. 4.
138 BMF-Schreiben vom 1.10.2008, IV C 5 – S 2334/07/0009, BStBl. I 2008, 89, Rdnr. 5.
139 BMF-Schreiben vom 1.10.2008, IV C 5 – S 2334/07/0009, BStBl. I 2008, 89, Rdnr. 5.

- Ratenkredit
- Überziehungskredit
- usw.

b) Maßstabszinssatz

75 Darlehensverträge können unterschiedliche Vereinbarungen über die Zinsberechnung enthalten. Je nach Vertragsgestaltung stellt sich die Frage, welcher Maßstabszinssatz für die Ermittlung des geldwerten Vorteils heranzuziehen ist.

Folgende Unterscheidungen sind dabei zu treffen:[140]

- **Zinsfestlegung**

  Für die gesamte Vertragslaufzeit ist der Maßstabszinssatz bei Vertragsabschluss maßgebend.

- **Prolongation**

  Werden nach Ablauf der Zinsfestlegung die Zinskonditionen desselben Darlehenvertrages neu vereinbart, ist der Zinsvorteil neu zu ermitteln. Dabei ist der Maßstabszinssatz im Zeitpunkt der Prolongationsvereinbarung maßgebend.

- **Variabler Zinssatz**

  Im Zeitpunkt der vertraglichen Zinsanpassung ist der neu vereinbarte Zinssatz mit dem jeweils aktuellen Maßstabszinssatz zu vergleichen.

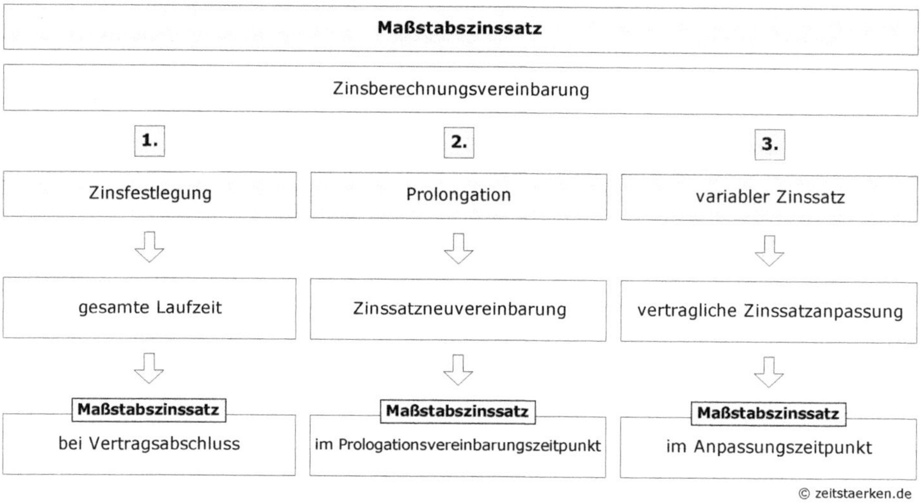

Hinweis:

Der Arbeitgeber hat die Ermittlungsgrundlagen für den Zinsvorteil als Belege beim Lohnkonto aufzubewahren.[141]

140 BMF-Schreiben vom 1.10.2008, IV C 5 – S 2334/07/0009, BStBl. I 2008, 89, Rdnr. 5.
141 BMF-Schreiben vom 1.10.2008, IV C 5 – S 2334/07/0009, BStBl. I 2008, 89, Rdnr. 5.

Hinweis:

*Auf den geldwerten Vorteil aus dem Arbeitgeberdarlehen ist die **44 €-Freigrenze**[142] **anzuwenden.***[143]

Hinweis:

*Der geldwerte Vorteil kann vom Arbeitgeber mit 30 % pauschal besteuert werden (= **Sachzuwendungspauschalierung**[144]).*[145]

c) Vereinfachungsregel

Für die Ermittlung des Maßstabszinssatzes ist es aus **Vereinfachungsgründen** *nicht* zu beanstanden, wenn die bei Vertragsabschluss von der Deutschen Bundesbank zuletzt veröffentlichten **Effektivzinssätze** (= gewichtete Durchschnittssätze) herangezogen werden.[146] Maßgeblich sind die Effektivzinssätze für **Neugeschäfte**. 76

Hinweis:

*Von diesem Effektivzinssatz kann ein **Abschlag von 4 %** vorgenommen werden (= Maßstabszinssatz).*[147]

Der Zahlungsmodus - z. B. monatlich oder jährlich - der Zinsen ist unbeachtlich.[148] Zwischen den einzelnen Darlehensarten[149] ist auch hierbei zu unterscheiden.

Beispiel: Vereinfachungsregel

Ein Arbeitnehmer erhält im Mai 2008 ein Arbeitgeberdarlehen von 16.000 € zu einem monatlichen Effektivzins in Höhe von 2 % p. a. Die Laufzeit des Darlehens beträgt 4 Jahre, monatliche Tilgung und monatliche Fälligkeit der Zinsen. Der bei Vertragsabschluss im Mai 2008 von der Deutschen Bundesbank für Konsumkredite mit anfänglicher Zinsbindung von über 1 Jahr bis 5 Jahre veröffentlichte Effektivzinssatz beträgt 5,81 %.

Lösung:

Aus Vereinfachungsgründen wird der Effektivzinssatz der Deutschen Bundesbank als marktüblich (- ggf. widerlegbar -) angesetzt. Nach **Abzugs eines Abschlags** in Höhe von 4 % ergibt sich ein **Maßstabszinssatz** in Höhe von (5,81 % x 96 % =) rd. 5,58 %. Die **Zinsverbilligung** (= geldwerter Vorteil) beträgt somit (5,58 % ./. 2 % =) 3,58 %. Danach ergibt sich ein monatlicher Zinsvorteil in Höhe von (16.000 € x 3,58 % = 572,80 € x 1/12 =) 47,73 €.

Hinweis:

Da die 44 €-Freigrenze überschritten ist, ist der gesamte Betrag lohnsteuerpflichtig.

142 § 8 Abs. 2 Satz 9 EStG.
143 BMF-Schreiben vom 1.10.2008, IV C 5 – S 2334/07/0009, BStBl. I 2008, 89, Rdnr. 6.
144 § 37b EStG.
145 BMF-Schreiben vom 1.10.2008, IV C 5 – S 2334/07/0009, BStBl. I 2008, 89, Rdnr. 7.
146 BMF-Schreiben vom 1.10.2008, IV C 5 – S 2334/07/0009, BStBl. I 2008, 89, Rdnr. 8.
147 BMF-Schreiben vom 1.10.2008, IV C 5 – S 2334/07/0009, BStBl. I 2008, 89, Rdnr. 8.
148 BMF-Schreiben vom 1.10.2008, IV C 5 – S 2334/07/0009, BStBl. I 2008, 89, Rdnr. 8.
149 z. B. Wohnungsbaukredit, Konsumentenkredit/Ratenkredit, Überziehungskredit.

Lösung zum Beispiel

1.	marktüblicher Zins 5,81 %	./.	4 % Abschlag	=	Maßstabszinssatz 5,58 %
2.	Maßstabszinssatz 5,58 %	./.	Darlehenszins 2 %	=	Zinsverbilligung 3,58 %
3.	Darlehensbetrag 16.000 €	x	Zinsverbilligung 3,58 %	=	Zinsvorteil 572,80 €
4.	Zinsvorteil 572,80 €	x	1/12	=	monatlicher Zinsvorteil 47,73 €
5.	monatlicher Zinsvorteil 47,73 €	>	44 € -Freigrenze	⇨	lohnsteuerpflichtiger Gesamtbetrag
6.	Wahlrecht	⇨	Sachzuwendungs-pauschalierung	⇨	(= 30 % x 47,73 €)

Hinweis:

Würde das Arbeitgeberdarlehen von einem Kreditinstitut an seine Arbeitnehmer überlassen werden, ist ein Freibetrag in Höhe von 1.080 € im Kalenderjahr lohnsteuerfrei.[150]

2. Bestandsdarlehen

77 Für Arbeitgeberdarlehen mit **Vertragsabschluss vor dem 1.1.2008** (= Bestandsdarlehen) erfolgt die Ermittlung des geldwerten Vorteils wie folgt:[151]

- **Zinsfestlegung**

  Für die gesamte Vertragslaufzeit ist der Maßstabszinssatz bei Vertragsabschluss maßgebend. Dies ist *nicht* der zu dem Zeitpunkt gültige Richtlinienzinssatz!

- **Prolongation**

  Der Maßstabszinssatz im Zeitpunkt der Prolongationsvereinbarung ist maßgebend. Der geldwerte Vorteil ist für die Restschuld und die verbleibende Vertragslaufzeit ab dem Kalenderjahr 2008 zu ermitteln.

- **Variabler Zinssatz**

  Im Zeitpunkt der vertraglichen Zinsanpassung ist der neu vereinbarte Zinssatz mit dem jeweils aktuellen Maßstabszinssatz zu vergleichen.

Bei **Anwendung der Vereinfachungsregelung** - Berechnung des geldwerten Vorteils mit den Effektivzinssätzen - **für Bestandsdarlehen** ist nach dem Vertragsabschluss zu unterscheiden:

- Vertragsabschluss **ab** dem Kalenderjahr 2003[152]. Die Vereinfachungsregelung kann in allen offenen Fällen angewendet werden.

150 § 8 Abs. 3 EStG.
151 BMF-Schreiben vom 1.10.2008, IV C 5 – S 2334/07/0009, BStBl. I 2008, 89, Rdnr. 9.
152 BMF-Schreiben vom 1.10.2008, IV C 5 – S 2334/07/0009, BStBl. I 2008, 89, Rdnr. 10.

- Vertragsabschluss **vor** dem Kalenderjahr 2003[153]. Anwendung der Vereinfachungsregelung unter der Maßgabe, dass die frühere Bundesbank-Zinsstatistik „Erhebung über Soll- und Habenzinsen ausgewählter Kredit- und Einlagearten" herangezogen wird. Zugrunde zu legen ist die untere Streubreite der statistisch erhobenen Zinssätze *ohne* einen Abschlag von 4 %.

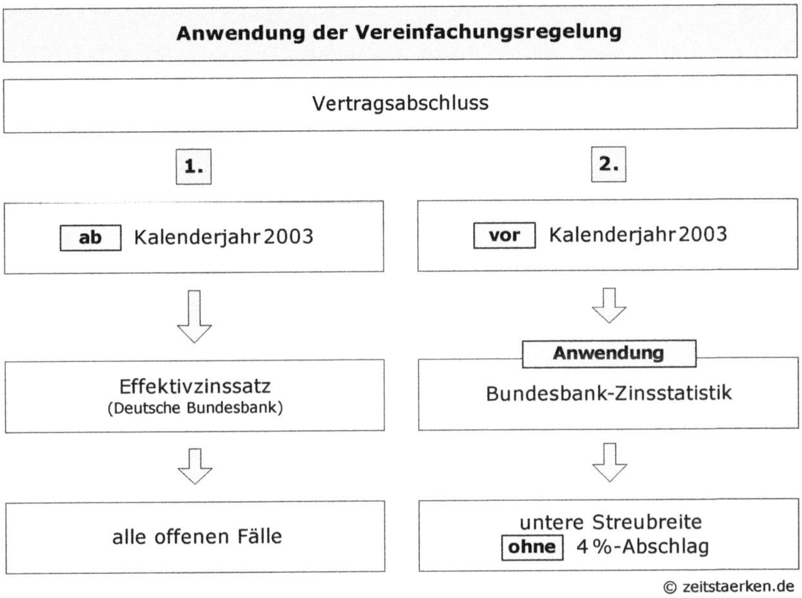

Beispiel: Bestandsdarlehen 78

Der Steuerpflichtige S hat im Januar 1999 von seinem Arbeitgeber AG einen unbesicherten Wohnungsbaukredit über 150.000 € erhalten. Der feste Effektivzinssatz beträgt 2 %, die Zinsbindung beträgt 10 Jahre. Der nach der Bundesbank-Zinsstatistik ermittelte Maßstabszinssatz betrug für einen Hypothekarkredit auf Wohngrundstücke bei Vertragsabschluss im Januar 1999 4,91 % (Zeitreihe SU0047). Im Januar 2008 beträgt der Zinssatz für vergleichbare Wohnungsbaukredite an private Haushalte 5,04 % (Zeitreihe SUD118). Im Kalenderjahr 1999 betrug Richtlinienzinssatz 6 %.[154]

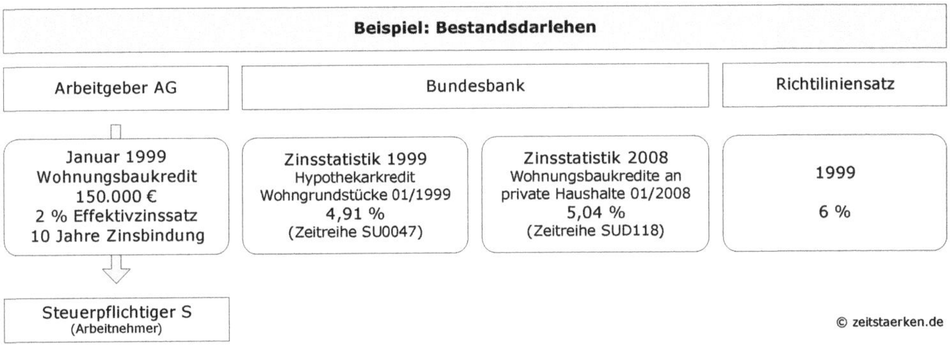

153 BMF-Schreiben vom 1.10.2008, IV C 5 – S 2334/07/0009, BStBl. I 2008, 89, Rdnr. 11.
154 R 31 Abs. 8 Satz 3 LStR 1999.

Lösung:

Es ist der Maßstabszinssatz bei Vertragsabschluss also 1999 maßgeblich (4,91 %). Eine vereinfachte Reduzierung den 4 %-Abschlag wird *nicht* angewendet, da der Darlehensvertrag vor 2003 abgeschlossen worden ist. Der Richtlinienzinssatz wird ebenfalls – vereinfacht - *nicht* angewendet, da dieser höher ist als der tatsächliche Maßstabszinssatz. Aufgrund der Zinsfestlegung ist der geldwerte Vorteil bei **Anwendung der Vereinfachungsregel** ab dem Veranlagungszeitraum 2008 für die Restschuld und die verbleibende Vertragslaufzeit wie folgt zu ermitteln:

Maßstabszinssatz bei Vertragsabschluss (Es wir *kein* Abschlag in Höhe von 4 % vorgenommen!)	4,91 %
abzüglich Zinslast des Arbeitnehmers	./. 2,00 %
Zinsvorteil	2,91 %

Hinweis:

*Es wird **nicht** beanstandet, wenn bis einschließlich Kalenderjahr 2007 die Ermittlung des geldwerten Vorteils in allen noch offenen Fällen nach der Richtlinienregelung[155] unter Anwendung des jeweils gültigen Richtliniensatzes und der Freigrenze von 2.600 € durchgeführt wird.*

VI. Arbeitgeber ist selbst Kreditinstitut

79 Wenn der Arbeitgeber selbst ein Kreditinstitut ist, d. h. fremden Dritten Darlehen vergibt, erfolgt die Ermittlung des geldwerten Vorteils nach der Personalrabattregelung unter Berücksichtigung des Freibetrags von jährlich 1.080 €.[156] Der Maßstabszinssatz ist der für Letztverbraucher im Preisaushang der kontoführenden Zweigstelle oder im Preisverzeichnis des Arbeitgebers angegebene um 4 % geminderte Effektivzinssatz[157] für vergleichbare Darlehen.[158]

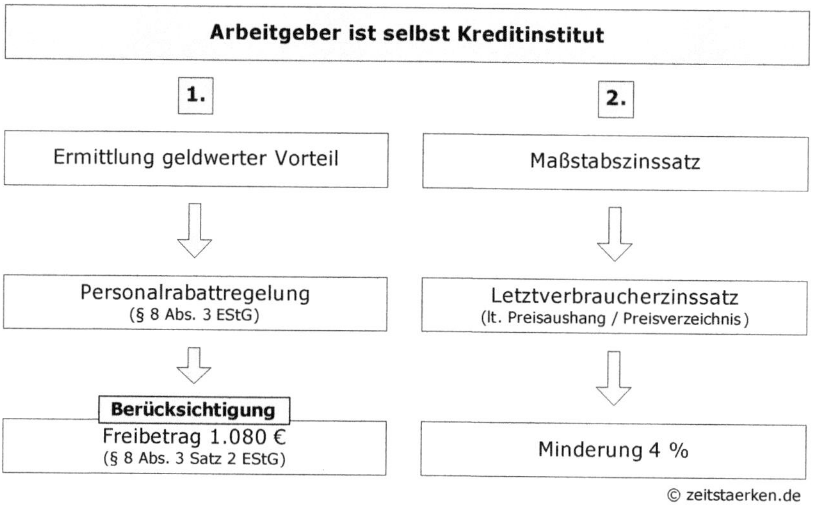

155 R 31 Abs. 11 LStR 2005; vormals R 31 Abs. 8 Satz 3 LStR 1999.
156 § 8 Abs. 3 EStG.
157 Für fremde Letztverbraucher im allgemeinen Geschäftsverkehr.
158 BMF-Schreiben vom 1.10.2008, IV C 5 – S 2334/07/0009, BStBl. I 2008, 89, Rdnr. 15.

Auch hierbei sind die folgenden Unterscheidungen zu treffen:[159] 80

- **Zinsfestlegung**

  Für die gesamte Vertragslaufzeit ist der Maßstabszinssatz bei Vertragsabschluss maßgebend.
- **Prolongation**

  Der Maßstabszinssatz im Zeitpunkt der Prolongationsvereinbarung ist maßgebend.
- **Variabler Zinssatz**

  Im Zeitpunkt der vertraglichen Zinsanpassung ist der neu vereinbarte Zinssatz mit dem jeweils aktuellen Maßstabszinssatz zu vergleichen.

Hinweis:

Der Arbeitgeber hat die Grundlagen der Zinsvorteilsermittlung als Beleg zum Lohnkonto aufzubewahren.[160]

Die Ermittlung nach der Personalrabattregelung[161] gilt nur, wenn *keine* pauschale Besteuerung[162] 81
durchgeführt wird. Erfolgt die **Pauschalbesteuerung**[163], erfolgt die Zinsvorteilsbewertung nach der allgemeinen Sachbezugsbewertung[164].[165] Bei nur teilweiser Pauschalbesteuerung erfolgt auch nur eine individuelle Versteuerung des geldwerten Vorteils für den Teilbetrag des Darlehens, der *nicht* pauschal besteuert wurde.[166]

Beispiel: Arbeitgeber ist Kreditinstitut

Ein Kreditinstitut überlässt seinem Arbeitnehmer A am 1.1.2008 ein Arbeitgeberdarlehen von 150.000 € zum Effektivzinssatz von 4 % jährlich (Laufzeit 4 Jahre mit jährlicher Tilgung und halbjährlicher Fälligkeit der Zinsen). Fremden Kunden bietet das Kreditinstitut im allgemeinen Geschäftsverkehr Darlehen gleicher Art zu einem Effektivzinssatz von 6,5 % an. Der marktübliche Zinssatz für vergleichbare Darlehen am Abgabeort wurde im Internet bei einer Direktbank mit 6 % ermittelt. Das Kreditinstitut beantragt die Pauschalbesteuerung[167].

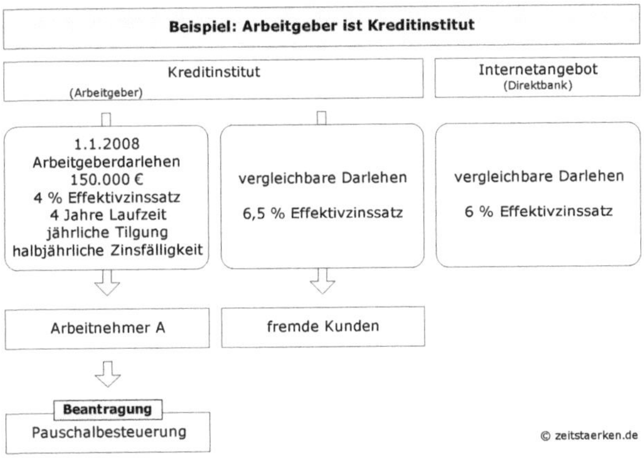

159 BMF-Schreiben vom 1.10.2008, IV C 5 – S 2334/07/0009, BStBl. I 2008, 89, Rdnr. 15.
160 BMF-Schreiben vom 1.10.2008, IV C 5 – S 2334/07/0009, BStBl. I 2008, 89, Rdnr. 15.
161 § 8 Abs. 3 EStG.
162 § 40 EStG.
163 § 40 EStG.
164 § 8 Abs. 2 EStG.
165 BMF-Schreiben vom 1.10.2008, IV C 5 – S 2334/07/0009, BStBl. I 2008, 89, Rdnr. 16.
166 BMF-Schreiben vom 1.10.2008, IV C 5 – S 2334/07/0009, BStBl. I 2008, 89, Rdnr. 17.
167 § 40 Abs. 1 Satz 1 Nr. 1 EStG.

Lösung:

Bei Anwendung der Pauschalbesteuerung ist der geldwerte Vorteil insoweit nach der allgemeinen Sachbezugsbewertung[168] zu ermitteln.

Die ermittelte Zinsverbilligung beträgt:

marktüblicher Zinssatz 6 % ./. Zinslast des Arbeitnehmers von 4 %	2 %
Geldwerter Vorteil Kalenderjahr 2008: 150.000 € x 2 % =	3.000 €
Höchstbetrag (= Pauschalierungsgrenze[169])	1.000 €
Darlehensbetrag bei einer Zinsverbilligung von 2 %	50.000 €
(2 % von 50.000 € = 1.000 €)	

Durch die Pauschalbesteuerung wird nur der Zinsvorteil aus einem Darlehensteilbetrag von 50.000 € abgedeckt.

Der Zinsvorteil aus dem restlichen Darlehensteilbetrag von 100.000 € ist individuell zu versteuern. Der geldwerte Vorteil hierfür ermittelt sich nach der Personalrabattregelung[170].

Der zu versteuernde Betrag ist wie folgt zu ermitteln:

Maßstabszinssatz:

Angebotspreis des Arbeitgebers von 6,5 % ./. 4 % Abschlag =	6,24 %
Maßstabszinssatz 6,24 % ./. Zinslast Arbeitnehmer 4 %	2,24 %
Zinsvorteil: 100.000 € Darlehen x 2,24 %	2.240 €
./. Rabattfreibetrag (§ 8 Abs. 3 Satz 2 EStG)	./. 1.080 €
zu versteuernder geldwerter Vorteil (Jahresbetrag)	1.160 €
halbjährlich der Lohnsteuer zu unterwerfen	580 €

Der geldwerte Vorteil ist jeweils bei Tilgung des Arbeitgeberdarlehens für die Restschuld neu zu ermitteln.

VII. Zufluss von Arbeitslohn

82 Zuflusszeitpunkt des geldwerten Vorteils ist der Zeitpunkt der Fälligkeit der Zinsen.

VIII. Sonderfälle

1. Keine Zahlung von Arbeitslohn

83 Wenn *kein* laufender Arbeitslohn bezahlt wird[171], ist

- bei Wiederaufnahme der Arbeitslohnzahlung

  oder

- nach Ablauf des Kalenderjahres

168 § 8 Abs. 2 Satz 1 EStG.
169 § 40 Abs. 1 Satz 3 EStG.
170 § 8 Abs. 3 EStG.
171 Z. B. aufgrund von Beurlaubung, Ableistung von Grundwehr-/Zivildienst, Elternzeit.

der Gesamtbetrag der im jeweiligen Zeitraum angefallenen geldwerten Vorteile aus den noch nicht getilgten Arbeitgeberdarlehen zu versteuern.[172] Dabei sind die Regelungen über die Änderung des Lohnsteuerabzugs[173] anzuwenden.

2. Ausscheiden aus dem Dienstverhältnis

Kann beim Ausscheiden des Arbeitnehmers aus dem Dienstverhältnis *keine* Lohnsteuer nachträglich einbehalten werden, muss der Arbeitgeber, die anfallenden geldwerten Vorteile dem Betriebsstättenfinanzamt anzeigen.[174]/[175] Das Finanzamt fordert die zu wenig erhobene Lohnsteuer[176] dann beim Arbeitnehmer nach.[177] 84

IX. Zeitliche Anwendung

Das BMF-Schreiben ist in allen noch offenen Fällen anzuwenden. 85

K. Eigener Hausstand bei doppelter Haushaltsführung

*(FG Sachsen vom 9.3.2007, 6 K 1117/06, EFG 2008, 1693, Rkr.; **Revision:** BFH VI R 13/08; § 9 EStG)*

I. Ausgangssituation

Der Steuerpflichtige S ist in Karlsruhe erwerbstätig und bewohnt dort eine Wohnung. Seinen Lebensmittelpunkt hat S in Freiburg. Dort wohnt S zusammen mit seiner Mutter in einem Einfamilienhaus. S nutzt die im Erdgeschoß belegen Räume mit Ausnahme der Küche für sich alleine. Seine Mutter nutzt die im Obergeschoß belegen Räume. Die Küche im Erdgeschoß wird von S und seiner Mutter gemeinsam benutzt. S bezahlt eine Miete von 150 € im Monat und übernimmt Hausmeistertätigkeiten. 86

II. Besteuerungsproblem

Liegt ein eigener Hausstand vor, wenn die zur alleinigen Nutzung überlassenen Räume keine Küche aufweisen? 87

III. Auffassung der Finanzverwaltung

Auch alleinstehende Arbeitnehmer können einen doppelten Haushalt führen.[178] Ein eigener Hausstand eines Alleinstehenden liegt dann *nicht* vor, wenn die Haushaltsführung nicht zumindest 88

172 BMF-Schreiben vom 1.10.2008, IV C 5 – S 2334/07/0009, BStBl. I 2008, 89, Rdnr. 19.
173 § 41c EStG.
174 § 41c Abs. 4 Nr. 2 EStG.
175 BMF-Schreiben vom 1.10.2008, IV C 5 – S 2334/07/0009, BStBl. I 2008, 89, Rdnr. 20.
176 Wenn der Betrag 10 € übersteigt.
177 § 41c Abs. 4 Satz 2 EStG.
178 BFH vom 5.10.1994, VI R 62/90, BStBl. II 1995, 180; BFH vom 4.11.2003, VI R 170/99, BStBl. II 2004, 16; BFH vom 9.8.2007, VI R 10/06, BStBl. II 2007, 820.

mitbestimmt werden kann, sondern lediglich eine **Eingliederung in einen fremden Haushalt**[179] vorliegt. So gehört zum Unterhalten eines eigenen Hausstandes, dass der Steuerpflichtige für die Kosten des Haushaltes aufkommt.[180] Es ist eine sowohl finanzielle als auch persönliche Mitwirkung an der Führung des Hausstandes notwendig.[181] An einem eigenen Hausstand fehlt es, wenn dem Arbeitnehmer Räume im Haushalt der Eltern überlassen werden. In diesen Räumen führt der Arbeitnehmer dann *keinen* von den Eltern getrennten Hausstand.

IV. Lösung in der Ausgangssituation

89 Da S zusammen mit seiner Mutter (Eigentümerin) die Küche gemeinsam nutzt, ist S insoweit in einem fremden, seiner Einflussnahme nicht unterlegenen Hausstand eingegliedert. Die Nutzung erfolgt zusammen mit dem Eigentümer, sodass S die Küche *nicht* aus einer Rechtsposition aus eigenem oder abgeleitetem Recht verfügen kann. Somit liegt *kein* eigener Hausstand vor. Eine doppelte Haushaltsführung ist zu versagen.

L. Abzugsfähigkeit von Bildungsmaßnahmen (Rechtssprechungsfortentwicklung)

(BFH vom 28.8.2008, VI R 35/05, BFH/NV 2008, 2108; BFH vom 28.8.2008, VI R 44/04, BFH/NV 2008, 2106; § 9 EStG)

I. Ausgangssituation

90 Der leitende Angestellte A hat zur Förderung und Verbesserung der beruflichen Kommunikation an Kursen zum „Neuro-Linguistischen-Programmieren (= NLP-Kurse)“ und an Supervisionskursen mit den Schwerpunkten Kommunikation und Kundenansprache teilgenommen.

- Das Blockseminar Supervision beinhaltete:
  - psychologische Theorien und ihre Menschenbilder
  - Wirtschaftstheorien und Führungstechniken für Mitarbeiter

  Die Kurse fanden in einem Blockseminar, an Wochenendseminaren und Sitzungen unter der Woche statt. Die im weiteren Verlauf der „berufsbegleitenden Gruppe“ an den jeweiligen Arbeitsplätzen durchgeführten Supervisionen dienten der Kontrolle wie weit das Erlernte vom einzelnen Teilnehmer in die Berufspraxis umgesetzt wurde (Kleingruppen von 3 bis 4 Personen). Hierbei fanden jeweils zwei bis drei gegenseitige Besuche in Form einer kritischen Begleitung am Arbeitsplatz statt.
- Die NLP-Kurse beinhalteten:

  Beim Besuch der NLP-Kurse stand thematisch im Vordergrund eine wertvolle Förderung und Verbesserung in der Kommunikationsfähigkeit ihrer beruflichen Tätigkeitsfelder. Des Weiteren ging es um die persönliche Weiterbildung in den speziellen Anwendungsbereichen wie Management, Pädagogik, Therapie, Familie und Partnerschaft.

Das Finanzamt versagte für die Aufwendungen in Höhe von 15.000 € den Werbungskostenabzug.

179 Z. B. in den Haushalt der Eltern oder als Gast.
180 BFH vom 14.6.2007, VI R 60/05, BStBl. II 2007, 890.
181 BFH vom 14.10.2004, VI R 82/02, BStBl. II 2005, 98; BFH vom 4.11.2003, VI R 170/99, BStBl. II 2004, 16.

II. Besteuerungsproblem

In welchem Umfang können Bildungsmaßnahmen zur Persönlichkeitsentwicklung als Werbungskosten abgezogen werden? 91

III. Ergebnis des BFH

1. Werbungskosten

Werbungskosten sind Aufwendungen zur Erwerbung, Sicherung und Erhaltung der Einnahmen.[182] Nach ständiger BFH-Rechtsprechung gehören hierzu *auch* Bildungsaufwendungen, sofern die Aufwendungen beruflich veranlasst sind.[183] Eine **berufliche Veranlassung** ist gegeben, wenn die Aufwendungen objektiv mit dem Beruf zusammenhängen und subjektiv zu dessen Förderung erbracht werden.[184] Aufwendungen für einen Lehrgang sind demnach als Werbungskosten abziehbar, wenn ein konkreter Zusammenhang mit der Berufstätigkeit besteht.[185] Ob die berufliche Veranlassung gegeben ist, ist anhand einer Gesamtwürdigung aller Umstände des Einzelfalls zu ermitteln.[186] 92

2. Seminare zur Persönlichkeitsentfaltung (Supervisionen)

Für die berufliche Veranlassung kommt es darauf an, ob der Lehrgang primär auf die spezifischen Bedürfnisse des ausgeübten Berufs ausgerichtet ist.[187] 93

Die nachstehenden Abgrenzungskriterien sind dabei zu beachten[188]:

- Lehrinhalte

  In die Beurteilung der beruflichen Veranlassung des Lehrgangs ist der gesamte Lehrinhalt einzubeziehen. Dies gilt *auch* dann, wenn sich die Lehrveranstaltung über mehr als einen Veranlagungszeitraum erstreckt. Aufwendungen für einen Lehrgang, in dem sowohl Grundlagenwissen als auch berufsbezogenes Spezialwissen vermittelt wird, können in **vollem Umfang** als Werbungskosten anzuerkennen sein, wenn der Erwerb des Grundlagenwissens die *Vorstufe* zum Erwerb des berufsbezogenen Spezialwissens bildet.[189]
- konkrete Anwendung in der beruflichen Tätigkeit
- Ablauf des Lehrgangs

  und
- Teilnehmerkreis

182 § 9 Abs. 1 Satz 1 EStG.
183 BFH vom 15.3.2007, VI R 61/04, BFH/NV 2007, 1132 m. w. N.
184 BFH vom 1.2.2007, VI R 25/03, BStBl. II 2007, 459 m. w. N.
185 BFH vom 15.3.2007, VI R 61/04, a. a. O.
186 BFH vom 12.4.2007, VI R 77/04, BFH/NV 2007, 1643 m. w. N.
187 BFH vom 24.8.2001, VI R 40/94, BFH/NV 2002, 182.
188 BFH vom 20.9.1996, VI R 40/96, BFH/NV 1997, 110; FG Nürnberg vom 25.7.2001, III 164/98, DStRE 2001, 1334.
189 BFH vom 10.4.2002, VI R 46/01, BStBl. II 2002, 579.

3. Seminar zur Verbesserung der Kommunikationsfähigkeit (NLP-Kurse)

94 Die **berufliche Veranlassung** ist wie folgt zu prüfen:

- Durchführung des Lehrgangs von einem berufsmäßigen Veranstalter
- homogener Teilnehmerkreis

  Für eine homogene Zusammensetzung des Teilnehmerkreises ist es *nicht* erforderlich, dass alle Teilnehmer derselben Berufsgruppe angehören. *Entscheidend* ist vielmehr, dass die Kursteilnehmer aufgrund der Art ihrer beruflichen Tätigkeit gleichgerichtete fachliche Interessen haben.[190] Der Teilnehmerkreis ist damit als homogen anzusehen, wenn die Teilnehmer zwar unterschiedlicher Berufsgruppen angehören, aber in ihren jeweiligen Berufsgruppen Führungspositionen innehabe und aufgrund dieser Leistungsfunktionen an den in den Seminaren vermittelten Inhalten interessiert sind.

  und

- Erwerb der Kenntnisse und Fähigkeiten mit anschließender beruflicher Verwendung

  Eine private Anwendungsmöglichkeit der Kursinhalte ist unbeachtlich, wenn die Nutzungsmöglichkeit sich als bloße Folge zwangsläufig und untrennbar aus den im beruflichen Interesse gewonnenen Kenntnisse und Fähigkeiten ergeben.[191] Die Kommunikationsfähigkeit gehört als Bestandteil der Sozialkompetenz zu den Schlüsselqualifikationen (= „soft skills"), die für die Wahrnehmung von Führungspositionen erforderlich sind.

5

IV. Lösung in der Ausgangssituation

95 Die Aufwendungen für die Bildungsmaßnahmen sind abzugsfähige, beruflich veranlasste Werbungskosten.

Gründe für die berufliche Veranlassung sind:

- Durchführung von einem berufsmäßigen Veranstalter
- Ein homogener Teilnehmerkreis, auch wenn die Teilnehmer aus unterschiedlichen Berufsgruppen stammten, da alle Teilnehmer aufgrund der Art ihrer beruflichen Tätigkeit Führungspositionen) gleichgerichtete Interessen hatten.

  und

- Der Erwerb der Erkenntnisse und Fähigkeiten auf einer anschließenden Verwendung in der beruflichen Tätigkeit abzielte, da
  - Die berufliche Nutzung der Lehrinhalte unzweifelhaft bei einer Führungsposition gegeben ist.
  - Die private Anwendungsmöglichkeit der vermittelten Lehrinhalte unbeachtlich bleibt, da sich die private Nutzung als bloße Folge zwangsläufig untrennbar aus dem in beruflichem Interesse gewonnen Kenntnissen und Fähigkeiten ergibt.

190 BFH vom 24.4.1992, VI R 110/89, BFH/NV 1992, 801.
191 BFH vom 24.8.2001, VI R 40/94, BFH/NV 2002, 182.

M. Arbeitnehmer mit freiberuflichen Nebeneinkünften

(BFH vom 10.6.2008, VIII R 76/05, BFH/NV 2008, 1732; § 9 EStG)

I. Ausgangssituation

Der Steuerpflichtige A ist als Jurist angestellt und erzielt Einkünfte aus nichtselbständiger Arbeit. Daneben ist A freiberuflich als Rechtsanwalt tätig und erzielt Einkünfte aus freiberuflicher Tätigkeit. A macht bei seinen freiberuflichen Einkünften u. a. Bürokosten, Versicherung, Beiträge, Porto, Telefon, Kfz-Kosten, Fachliteratur und Steuerberatungskosten als Betriebsausgaben[192] geltend. 96

Das Finanzamt kürzt die Betriebsausgaben um 400 €, um eine durch Gewährung des Arbeitnehmer-Pauschbetrags[193] überhöhte Berücksichtigung von Werbungskosten zu vermeiden. Das Finanzamt ist der Auffassung, dass A nur spezifische Aufwendungen abziehen kann, die mit dem Angestelltenverhältnis im Zusammenhang stünden. Die deklarierten Aufwendungen können hingegen nur einmal abgezogen werden, da die nichtselbständige und die selbstständige Tätigkeit vergleichbar seien.

Fahrten Wohnung - Arbeitsstätte	(230 Tage x 6 km x 0,30 € =)	414 €
Arbeitsmittel		90 €
Kontoführung		16 €
Summe Werbungskosten		520 €
Arbeitnehmer-Pauschbetrag		./. 920 €
Kürzung der Betriebsausgaben		./. 400 €

II. Besteuerungsproblem

Fraglich ist, wie das Verhältnis von Betriebsausgabenabzug und Werbungskostenpauschale bei vergleichbaren Aufwendungen für zwei Einkunftsarten zu ermitteln ist? 97

III. Ergebnis des BFH

Steuerpflichtige haben einen Rechtsanspruch auf den Ansatz des **ungekürzten Werbungskosten-Pauschbetrages**. Dieses Ergebnis bleibt auch, wenn keine oder nur geringe Werbungskosten angefallen sind. Soweit Aufwendungen sowohl für Einkünfte aus nichtselbständiger Arbeit als auch für Einkünfte aus selbstständiger Tätigkeit veranlasst sind, sind die Aufwendungen durch eine *objektive Schätzung* aufzuteilen und abzugsfähig. 98

Hinweis:

*Der Steuerpflichtige kann demnach **keine** beliebige Zuordnung treffen, um auf diese Weise den Werbungskosten-Pauschbetrag vollständig gewährt zu bekommen und daneben sämtliche Betriebssausgaben abziehen.*

192 § 4 Abs. 4 EStG.
193 § 9a Satz 1 Nr. 1 Buchst. a EStG.

99 Die Aufwendungen sind wie folgt zu überprüfen:

- Im ersten Schritt ist der **Veranlassungszusammenhang** mit einer der beiden Einkunftsarten festzustellen.
- Im Hinblick auf jede einzelne Betriebsausgabenposition bedarf es insbesondere der Feststellung, ob die als Betriebsausgabe geltend gemachten Aufwendungen einem Schätzungswege zu bestimmenden „Werbungskostenanteil" enthält. Diese Aufteilung hat nach der jeweiligen **Veranlassung** bzw. dem **Nutzungsanteil** zu erfolgen. Das Verhältnis der Einnahmen zueinander ist unerheblich.
- Soweit die Aufwendungen ausschließlich oder anteilig mit der selbstständigen Tätigkeit im Zusammenhang stehen, sind die Aufwendungen voll als **Betriebsausgaben** abzugsfähig (= z. B. Beiträge zur Rechtsanwaltskammer und zur Berufshaftpflichtversicherung).
- Soweit die Aufwendungen ganz oder anteilig als Werbungskosten zu qualifizieren sind, ist der Betriebsausgabenabzug *dementsprechend* zu vermindern (= Kürzung des **Betriebsausgabenabzugs**).
- Nach der Zuordnung gegebenenfalls Aufteilung der Aufwendungen ist sodann zu ermitteln, ob die Werbungskosten (= inklusive „Werbungskostenanteil") insgesamt höher oder niedriger als der Werbungskosten-Pauschbetrag sind (= „Werbungskostengünstigerprüfung").

IV. Lösung in der Ausgangssituation

100 Das Verfahren wird an das FG zurückverwiesen, da in einem zweiten Rechtsgang der Werbungskostenanteil der Betriebsausgaben ermittelt werden muss.

Dabei muss der Veranlassungs- bzw. Nutzungszusammenhang der Aufwendungen zu den Tätigkeiten als Maßstab dienen.

N. Neue steuerrechtliche Voraussetzungen für Zeitwertkonten-Modelle

(Entwurf eines Anwendungserlasses, Stand 19.9.2008, IV C 5 - S 2332/07/0004; § 8 EStG)

I. Einleitung

101 Die Finanzverwaltung hat zur lohn- und einkommensteuerrechtlichen Behandlung von Zeitwertkonten-Modellen sowie den Voraussetzungen für die steuerrechtliche Anerkennung einen neuen Entwurf eines Anwendungsschreibens erlassen. Der Entwurf beinhaltet insgesamt die nachstehenden Punkte:

In den nachfolgenden Ausführungen stellen wir Ihnen die wesentlichen Punkte dar:

- Allgemeines zu Zeitwertkonten
  - Besteuerungszeitpunkt
  - Verwendung des Guthabens zu Gunsten betrieblicher Altersvorsorgung
  - begünstigter Personenkreis

- Modellinhalte
  - Aufbau des Wertguthabens
  - Verzinsung der Wertguthaben
  - Zuführung von steuerfreiem Arbeitslohn zu Wertguthaben
  - *kein* Rechtsanspruch gegenüber Dritten
  - Werterhaltungsgarantie
- planwidrige Verwendung der Wertguthaben
  - Auszahlung bei existenzbedrohender Notlage
  - Beendigung des Dienstverhältnisses vor oder während der Freistellungsphase
  - planwidrige Weiterbeschäftigung
- Übertragung des Wertguthabens bei Beendigung der Beschäftigung
- zeitliche Anwendungsregel
  - Grundsatz
  - Übergangsregelung für vor dem 1. Januar 2009 eingerichtete Zeitwertkonten
  - Übergangsregelung für Zeitwertkonten zugunsten von beherrschenden Gesellschafter-Geschäftsführern

II. Werterhaltungsgarantie

Die steuerrechtlichen Voraussetzungen hinsichtlich der Zeitwertkonten stehen in engem Zusammenhang zu 102

- Regelungen im Entwurf eines Gesetzes zur Verbesserung von Rahmenbedingungen der sozialrechtlichen Absicherung flexibler Arbeitszeitregelungen

  und
- verweist teilweise sogar auf die neuen Regelungen und stellt damit zu einem großen Teil die steuerrechtliche Begleitung des sozialversicherungsrechtlichen Gesetzentwurfs dar

Zeitwertkonten können steuerrechtlich *nur* dann anerkannt werden, wenn mindestens ein Rückfluss der in das Zeitwertkonto eingestellten Beträge zum Zeitpunkt der planmäßigen Inanspruchnahme des Wertguthabens gewährleistet ist (= Werterhaltungsgarantie).

Hinweis:

*Dies gilt nicht nur zu Beginn, sondern während der **gesamten Auszahlungsphase**!*

Wertschwankungen sowie die Minderung des Zeitwertkontos[194] in der Aufbauphase sind lohnsteuerrechtlich unbeachtlich. Der Gleichklang zwischen Steuerrecht und Sozialversicherung wird vom Arbeitgeber dann hergestellt, wenn für die Zeitwertkonten eine Verpflichtung ausgesprochen wird, welche das Zeitwertguthaben im Wert erhält und insolvenzsicher stellt.[195]

194 Z. B. durch die Abbuchung von Verwaltungskosten und Depotgebühren.
195 § 7d SGB IV, § 7e SGB IV.

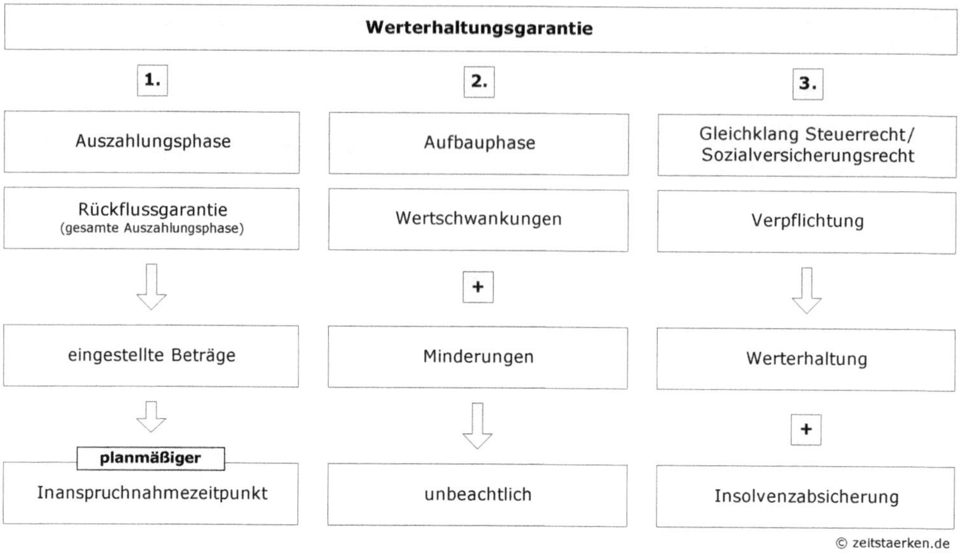

Hinweis:

Soweit das Zeitwertkonto ***nicht*** *vom Arbeitgeber sondern von einem externen Anlageinstitut geführt wird, muss eine Werterhaltungsgarantie durch das Anlageinstitut vorliegen. Ein Kapitalanlagewahlrecht des Arbeitnehmers ist insoweit* ***unschädlich****.*

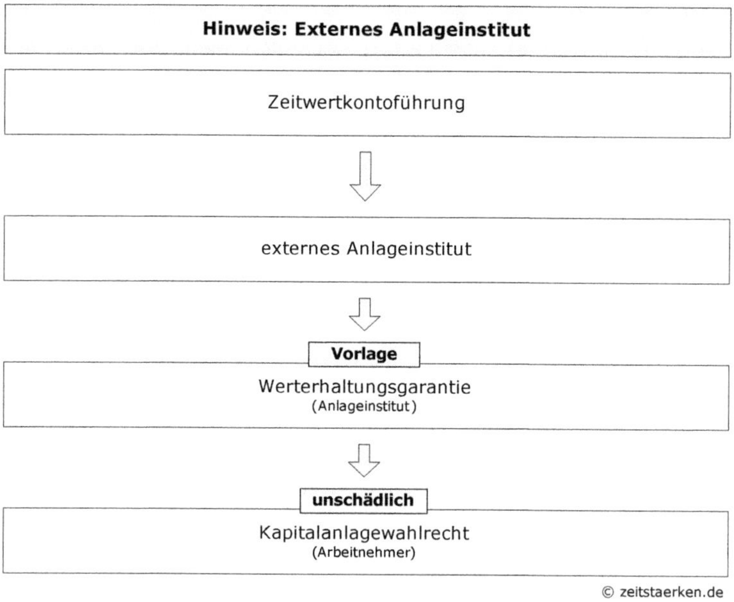

III. Beherrschende Gesellschafter-Geschäftsführer

Auch die steuerrechtliche Anerkennung von Zeitwertkonten-Modellen bei beherrschenden Gesellschafter-Geschäftsführern wird geklärt. Die Finanzverwaltung vertritt die Auffassung, dass die Vereinbarung eines Zeitwertkontos bei beherrschenden Gesellschafter-Geschäftsführern *nicht* zur Verschiebung des Zuflusszeitpunktes führt, sondern bei Gutschrift der Beträge auf dem Konto ein steuerpflichtiger Zufluss vorliegt.[196] 103

Hinweis:

Es ist darauf zu achten, dass bei überhöhten Gehaltszahlungen, auch wenn sie auf einem Zeitwertkonten-Modell gutgeschrieben werden, eine verdeckte Gewinnausschüttung vorliegen kann.[197]

Bei Gesellschafter-Geschäftsführern ist somit ein Zweistufensystem zu beachten 104

- (normale) Gesellschafter-Geschäftsführer

  Soweit *keine* beherrschende Stellung ausgeübt wird, führt weder die Vereinbarung eines Zeitwertkontos noch die Wertgutschrift zum Zufluss von Arbeitslohn.[198] Erst die Auszahlung des Guthabens während der Freistellungsphase löst den Zufluss von Arbeitslohn und damit eine lohnsteuerrechtliche Besteuerung aus.

- beherrschender Gesellschafter-Geschäftsführer

  Soweit eine beherrschende Gesellschafter-Geschäftsführer-Stellung vorliegt, ist die Gutschrift auf dem Zeitwertkonten-Modell *bereits* als zugeflossener Arbeitslohn zu werten. Der Erwerb einer beherrschenden Stellung durch einen Gesellschafter-Geschäftsführer hat *keinen* Einfluss auf ein bis zu diesem Zeitpunkt aufgebautes Wertguthaben. Nach Erwerb der beherrschenden Stellung führen alle weiteren Zuführungen zu dem Zeitwertkonto steuerrechtlich zu Zufluss von Arbeitslohn.

Zweistufensystem (beherrschender) Gesellschafter-Geschäftsführer

	(normaler) Gesellschafter-Geschäftsführer	beherrschender Gesellschafter-Geschäftsführer
Vereinbarung Zeitwertkonto	**kein** Arbeitslohnzufluss	**kein** Arbeitslohnzufluss
Wertgutschrift	**kein** Arbeitslohnzufluss	Arbeitslohnzufluss

© zeitstaerken.de

196 Entwurf eines BMF-Schreibens vom 19.9.2008, IV C 5 - S 2332/07/0004, a. a. O., Tz. A III. 2. B.
197 § 8 Abs. 3 Satz 2 KStG.
198 Das vereinbarte Zeitwertkonten- Modell muss den vom Finanzamt aufgestellten Voraussetzungen entsprechen.

IV. Zeitliche Anwendung / Übergangsregelung

105 Dieses (neue) BMF-Schreiben soll mit Wirkung ab 1.1.2009 Anwendung finden.

Folgende Übergangsregelungen sind vorgesehen:

- Soweit bestehende Zeitwertkonten-Modelle *keine* Werterhaltungsgarantie aufweisen und vor dem 1.1.2009 eingerichtet wurden, kann diese Werterhaltungsgarantie bis zum 31.12.2009 nachgeholt werden, so dass das Zeitwertkonten-Modell steuerrechtlich anerkannt wird.[199]
- Bei steuerrechtlich anerkannten Zeitwertkonten-Modellen die vor dem 1.1.2009 eingerichtet wurden und die Voraussetzung der Werterhaltungsgarantie bis zum 31.12.2009 *nicht* erfüllen sind alle Zuführungen *ab dem* 1.1.2010 steuerrechtlich als Zufluss von Arbeitslohn zu werten. Die Zuführungen bis zum 31.12.2009 beleiben hiervon unberührt.
- Bei Zeitwertkonten-Modellen für beherrschende Gesellschafter-Geschäftsführer die vor dem 1.10.2008 eingerichtet und steuerrechtlich anerkannt wurden, sind die Zuführungen bis zum 30.9.2008 erst bei Auszahlung als Arbeitslohn zu versteuern.

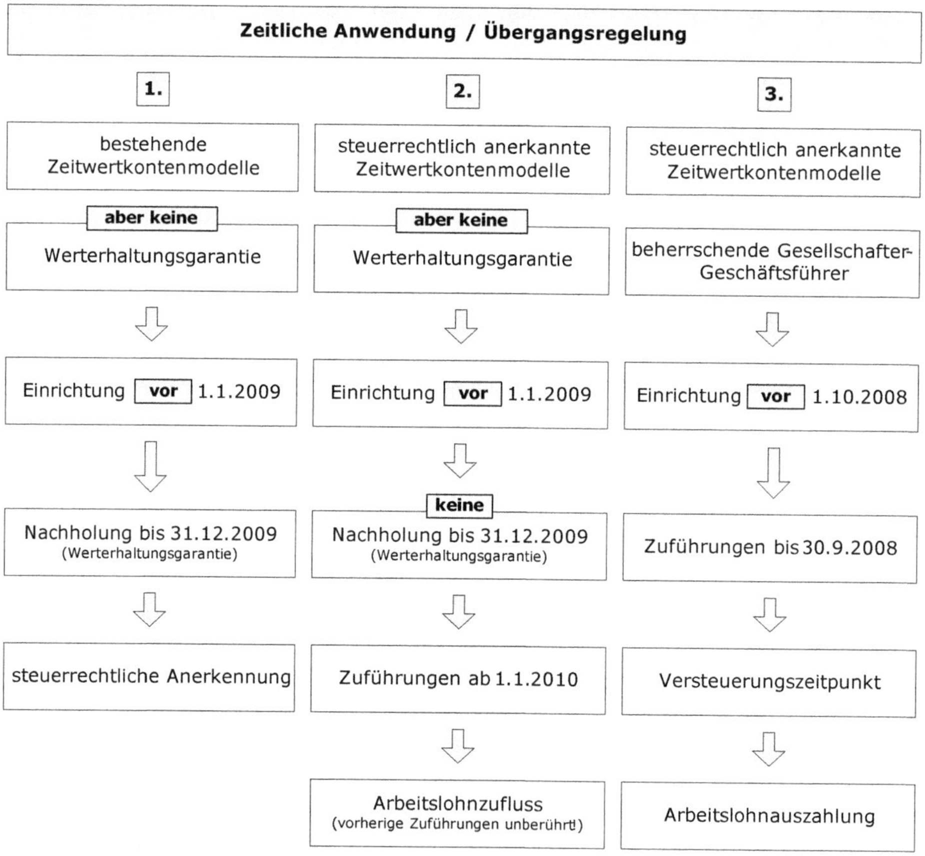

© zeitstaerken.de

199 Entwurf eines BMF-Schreibens vom 19.9.2008, IV C 5 - S 2332/07/0004, Tz. F I,

VZ 2010

0. Einführung eines optionalen Faktorverfahrens bei der Lohnsteuer

(JStG 2009 vom 19.12.2008, BGBl. I 2008, 2794; § 39f EStG; § 52 Abs. 52 EStG)

5

I. Einleitung

Nach geltendem Recht erhalten unbeschränkt einkommensteuerpflichtige Ehegatten, die *nicht* dauernd getrennt leben und beide Arbeitslohn beziehen, für den Lohnsteuerabzug jeweils die Steuerklasse IV.[200] Auf gemeinsamen Antrag können sie die Steuerklasse III und die Steuerklasse V wählen.[201] Da in der Steuerklasse III die ehebezogenen Entlastungen[202] berücksichtigt werden, ergibt sich für den Ehegatten mit der Steuerklasse V eine verhältnismäßig hohe Lohnsteuerbelastung, insbesondere höher als in Steuerklasse IV. Diese Lohnsteuerbelastung in der Steuerklasse V kann bei individueller Betrachtung als Hemmschwelle für eine Beschäftigungsaufnahme gesehen werden und in der Folge als negativer Anreiz für die Aufnahme einer sozialversicherungspflichtigen Erwerbstätigkeit wirken. 106

Hinweis:

Das sog. Anteilsverfahren wurde wegen auftretender datenschutzrechtlicher Bedenken wieder fallen gelassen.

II. Steuergesetzänderung

Im **Überblick** stellt sich das **Faktorverfahren** wie folgt dar: 107

- Im Faktorverfahren wird für beide Ehegatten die **Steuerklasse IV** angewandt.[203] Bis zu derzeit rund 900 €-Monatslohn beträgt die Lohnsteuer damit 0 €.[204] Durch den Faktor[205] auf die Lohnsteuer der Ehegatten jeweils nach der Steuerklasse IV wird jedoch zusätzlich die steuermindernde **Wirkung des Splittingverfahrens[206] beim Lohnsteuerabzug berücksichtigt.**
- Das Faktorverfahren berücksichtigt durch seine Anbindung an Steuerklasse IV *bereits* beim Lohnsteuerabzug den **familienrechtlich** im Innenverhältnis zwischen den Ehegatten bestehenden **Ausgleichsanspruch** des einen Ehegatten gegen den anderen Ehegatten bei Zusammenveranlagung.
    - Ergibt sich für einen Arbeitslohn bei Steuerklasse IV eine Lohnsteuer von 0 €, so bleibt es auch im Faktorverfahren bei 0 €.

200 § 38b Satz 2 Nr. 4 EStG.
201 § 38b Satz 2 Nr. 3 und 5 EStG.
202 = insbesondere der doppelte Grundfreibetrag.
203 = gesetzlichen Grundregel § 38b Satz 2 Nr. 4 EStG.
204 = gegenüber rund 140 € bei Steuerklasse V.
205 = einzutragen stets kleiner als 1.
206 § 32a Abs. 5 EStG.

- Beim anderen Ehegatten, der bisher Steuerklasse III hatte, führt die Basis Steuerklasse IV zu einer **höheren Lohnsteuerbelastung.**[207]

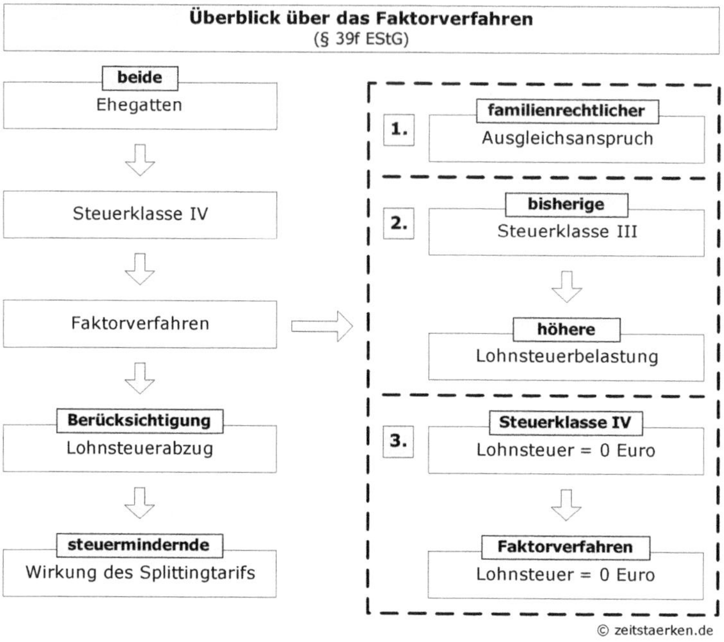

108 Folgende Details sind zu beachten:

- Das Faktorverfahren muss von beiden Ehegatten **beantragt** werden.[208] Grundsätzlich handelt es sich hier um einen formlosen Antrag.[209] *Nur* unter gleichzeitiger Anwendung eines einzutragenden Freibetrages und Hinzurechnungsbetrag[210] muss das amtlich vorgeschriebene Formular verwendet werden.[211]
- Auf der Lohnsteuerkarte werden sodann die **Steuerklassen IV** *und* ein **Faktor** eingetragen. Der Faktor beträgt (= drei Nachkommastellen ohne Rundung[212]) stets kleiner als 1 und mindert somit die grundsätzliche Steuerlast der Steuerklasse IV:

$$\frac{Y = \text{voraussichtliche Einkommensteuer für beide Ehegatten unter Anwendung des Splittingtarifs}}{X = \text{Summe der Lohnsteuer bei Anwendung der Steuerklasse IV für jeden Ehegatten}}$$

- Arbeitslöhne aus einem zweiten oder dritten Dienstverhältnis sind im Faktorverfahren *nicht* zu berücksichtigen.[213]
- Der Arbeitgeber wendet für die Einbehaltung und Abführung der Lohnsteuer die Steuerklasse IV *und* den Faktor an.[214]

---

207 Entwurf eines Jahressteuergesetzes 2009 vom 28.4.2008, Begründung, S. 64 f. „Diese Folge ist unvermeidlich; sie entspricht dem eben genannten internen Ausgleichsanspruch und damit der internen Traglast am Ende."
208 § 39f Abs. 1 Satz 1 EStG.
209 Entwurf eines Jahressteuergesetzes 2009 vom 28.4.2008, Begründung, zu § 39f Abs. 3, S. 67.
210 § 39a EStG.
211 § 39f Abs. 3 Satz 2 EStG.
212 § 39f Abs. 1 Satz 2 EStG.
213 § 39f Abs. 1 Satz 7 EStG.
214 § 39f Abs. 2 Satz 1 EStG.

- Der Faktor ist auf dem Lohnkonto aufzuzeichnen.
- Bis *spätestens* zum 30. November können die Ehegatten den antragspflichtigen Faktor und die Steuerklassen IV auf der Lohnsteuerkarte eintragen lassen.[215] Mit Wirkung vom Beginn des nächsten Kalendermonats erfolgt die Anwendung des Faktorverfahrens.

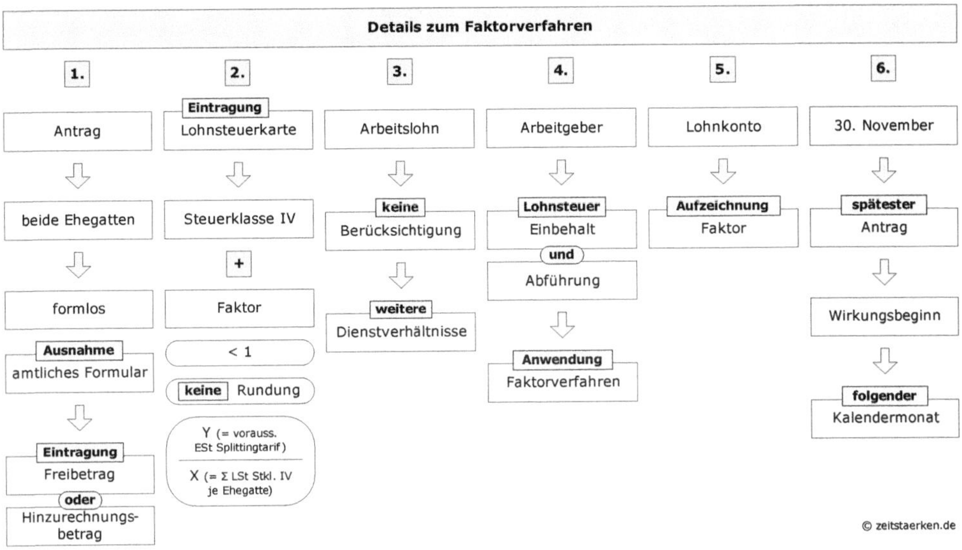

Beispiel: Faktorverfahren 109

Arbeitnehmerehegatte A	30 000 €,	Lohnsteuer IV	4.800 €
Arbeitnehmerehegatte B	10 000 €,	Lohnsteuer IV	0 €
Summe Gesamtsteuer IV/IV			4.800 €
Die Gesamtsteuer unter Anwendung des Splittingtarifs beträgt			4.000 €

Lösung:

- Ermittlung des Faktors -

Unter **Anwendung des Faktorverfahrens** ergeben sich die folgenden Steuerbeträge: Die (bisherige) Gesamtsteuer entspricht dem (zukünftigen) Faktor **X** in Höhe von 4.800 €. Die Gesamtsteuer unter Anwendung des Splittingverfahrens entspricht 4.000 € (**Y**). Der Faktor ermittelt sich durch die Formel: Y/X Der Faktor beträgt (4.000 / 4.800 =) 0,833. Dieser Faktor ist auf den Lohnsteuerkarten der Ehegatten jeweils neben Steuerklasse IV vom Finanzamt einzutragen.

- Ermittlung der Lohnsteuer -

Der **Arbeitgeber A** wendet auf den Arbeitslohn in Höhe von 30.000 € die Lohnsteuerklasse IV und das Faktorverfahren an: (4.800 € x 0,833 =) 3.998,40 €. Der **Arbeitgeber B** wendet auf Arbeitslohn in Höhe von 10.000 € die Lohnsteuerklasse IV und das Faktorverfahren an: (0 € x 0,833 =) 0 €.

- Endergebnis -

Die Summe der Lohnsteuer im Steuerabzugsverfahren (Arbeitgeber A und B) für die Ehegatten beträgt (3.998,40 € + 0 € =) 3 998,40 €. Die Lohnsteuer entspricht mit ausreichender Genauigkeit der Gesamtsteuer im Splittingverfahren für die Arbeitslöhne (Y = 4.000 €).

215 § 39f Abs. 3 Satz 1 EStG i. V. m. § 39 Abs. 5 Sätze 3 und 4 EStG.

III. Zeitliche Anwendung

110 Das sog. Faktorverfahren ist erstmals für den **Lohnsteuerabzug 2010** anzuwenden.

§ 6 Einkünfte aus Kapitalvermögen

VZ 2008

A. Verlustzurechnung bei einem typisch stillen Gesellschafter

(BFH vom 16.10.2007, VIII R 21/06, BFH/NV 2008, 279, § 20 Abs. 1 Nr. 4 EStG)

I. Ausgangssituation

1 Der Steuerpflichtige S wird zum 1.10.01 stiller Gesellschafter der X-GmbH. Die Einlage beträgt 11,5 Mio. €. Die Einlage wird wie folgt erbracht:

- Übernahme einer Darlehensverbindlichkeit 9,9 Mio. €
- Bareinlage 1,6 Mio. €

Die Genehmigung zur Schuldübernahme durch den Gläubiger der Darlehensverbindlichkeit liegt zum Bilanzstichtag 01 *noch nicht* vor. Der Verlust im Jahr 01 beträgt 8 Mio. €. S erklärte die Übernahme des gesamten Steuerbilanzverlustes des VZ 01. S macht bei den Einkünften aus Kapitalvermögen im VZ 01 Verluste in Höhe von 8 Mio. € als Werbungskosten geltend. Das Finanzamt erkennt den Werbungskostenabzug für den VZ 01 *nicht* an. Der Verlust wird vom Finanzamt erst im VZ 02 in Höhe von 1,6 Mio. € berücksichtigt, da ein Verlust erst im Zeitpunkt der Erstellung des Jahresabschlusses der GmbH berücksichtigt werden kann.[1]

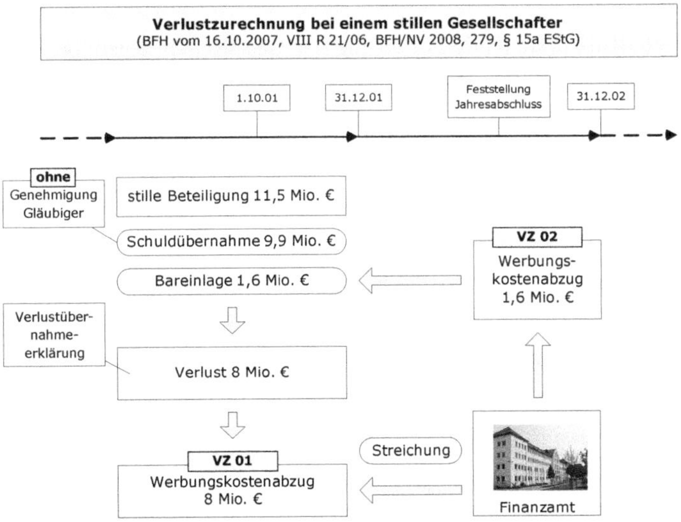

1 § 11 Abs. 2 EStG.

II. Besteuerungsproblem

2 Folgende Besteuerungsprobleme ergeben sich:

- Handelt es sich bei einer Schuldübernahme um eine geleistete Einlage?
- Zu welchem Zeitpunkt ist der Werbungskosten durch den Verlustanteil möglich?

III. Ergebnis des BFH

1. Grundsatz

3 Die Verlustabzugsbeschränkung[2] bei Beteiligungen mit beschränkter Haftung ist sinngemäß auf die Einkünfte aus Kapitalvermögen[3] aus einer typischen stillen Beteiligung anzuwenden. Der Anteil am Verlust aus einer stillen Beteiligung darf *nicht* mit anderen Einkünften des Steuerpflichtigen ausgeglichen werden, *soweit* der Verlustanteil die geleistete Einlage übersteigt. Der übersteigende Verlustanteil (= verrechenbarer Verlust[4]) mindert die Gewinne späterer Wirtschaftsjahre, die dem Beteiligten zugerechnet werden.[5]

2. Geleistete Einlage

4 Die Kommanditeinlage[6] gilt als geleistet, wenn diese **tatsächlich** erbracht wurde. Dementsprechend ist der ausgleichsfähige Verlust[7] auf die zum maßgebenden Bilanzstichtag tatsächlich erbrachte Einlage beschränkt.

Hinweis:

*Die Abgabe einer **Verlustübernahmeerklärung** zugunsten der Gesellschaft erhöht **noch nicht** das Kapitalkonto[8] des Kommanditisten.[9]*

Eine im **Innenverhältnis** bestehende Forderung der Gesellschaft gegenüber dem Gesellschafter über die Einlageverpflichtung (= „**ausstehende Einlage**“) ist *nicht* ausreichend für die entsprechende Erhöhung des Kapitalkontos.[10]

Hinweis:

Entsprechendes gilt für die Einlage eines atypisch stillen Gesellschafters[11] und eines BGB-Innengesellschafters[12].

2 § 15a Abs. 1 Satz 1 EStG.
3 § 20 Abs. 1 Nr. 4 Satz 2 EStG.
4 gesonderte Feststellung; § 15a Abs. 4 Satz 1 EStG.
5 § 15a Abs. 2 EStG.
6 § 15a Abs. 1 Satz 2 EStG.
7 § 15a Abs. 1 Satz 1 EStG.
8 § 15a EStG.
9 BFH vom 7.10.2004, IV R 50/02, BFH/NV 2005, 533.
10 BFH vom 29.8.1996, VIII B 44/96, DStRE 1997, 240; BFH vom 3.12.2002, IX R 24/00, BFH/NV 2003, 894.
11 BFH vom 10.7.2001, VIII R 45/98, BStBl. II 2002, 339.
12 BFH vom 5.2.2002, VIII R 31/01, BsTBl. II 2002, 464.

Die Beurteilung einer Einlage durch einen typisch stillen Gesellschafter erfolgt nach denselben Grundsätzen. Demnach muss ein Zufluss in das Gesellschaftsvermögen stattgefunden und sich der bilanzielle Unternehmenswert erhöht haben.

3. Kapitalkonto / Einlagenkonto

Die Berechnung des Kapitalkontos einer stillen Gesellschaft erfolgt soweit wie möglich analog der 5
Berechnung einer Gesellschaft mit gewerblichen Einkünften. Maßgebend ist aber *nicht* das sich aus der Steuerbilanz abzuleitende Kapitalkonto. Für jeden Gesellschafter ist einzeln das „Einlagenkonto" zu ermitteln. Auszugehen ist von den geleisteten Einlagen eines jeden einzelnen Gesellschafters. Diese Einlagen werden erhöht um spätere Einlagen und positive Einkünfte aus den Vorjahren und gemindert um Entnahmen und negativer Einkünfte des Vorjahres.[13]

Hinweis:

Die Form, in welcher das negative Einlagenkonto geführt wird, z. B. als Verlustsonderkonto oder formlos als „Merkposten", ist unerheblich.[14]

Hinweis:

*Für den stillen Gesellschafter ist ein **negatives Einlagekonto** zu bilden. Der darauf ausgewiesene Verlust ist jährlich zum Bilanzstichtag als verrechenbarer Verlust gesondert festzustellen.*[15]

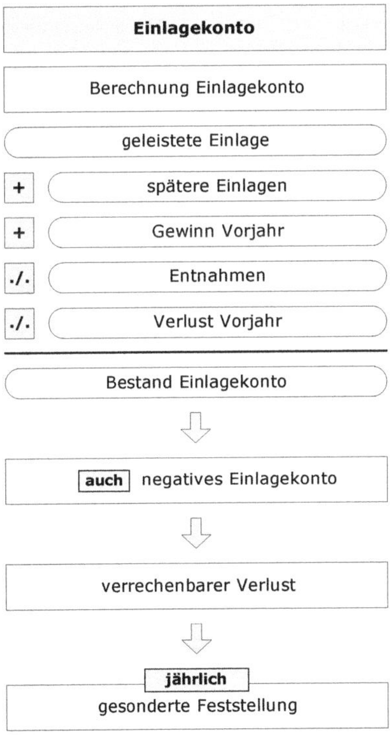

13 BFH vom 15.10.1996, IX R 72/92, BStBl. II 1997, 250.
14 BFH vom 23.7.2002, VIII R 36/01, BStBl. II 2002, 858.
15 BFH vom 23.7.2002, VIII R 36/01, BStBl. II 2002, 858.

4. Schuldübernahme

6 Ist die Einlage *nicht* **in bar** erbracht, fehlt es an einem Zufluss[16]. Die Übernahme von Darlehensverbindlichkeiten *ohne* die Genehmigung der Gläubiger, erfüllt *nicht* die Voraussetzung einer geleisteten Einlage. Die Gesellschaft ist *ohne* die Zustimmung *noch nicht* von ihrer Verbindlichkeit befreit. Die Darlehensverbindlichkeit muss am Bilanzstichtag noch passiviert werden. Somit ist *noch keine* Vermögensmehrung (= Verminderung der Passiva) eingetreten.

Hinweis:

Eine im Nachhinein erteilte Genehmigung des Gläubigers wirkt zivilrechtlich zwar rückwirkend.[17] Steuerrechtlich tritt die Wirkung jedoch erst im ***Zeitpunkt der Erteilung*** *ein.[18]*

Für die Veränderung des Kapitalkontos ist der bilanzrechtliche Vermögensvergleich entscheidend und somit die tatsächlichen Verhältnisse am jeweiligen Bilanzstichtag.[19]

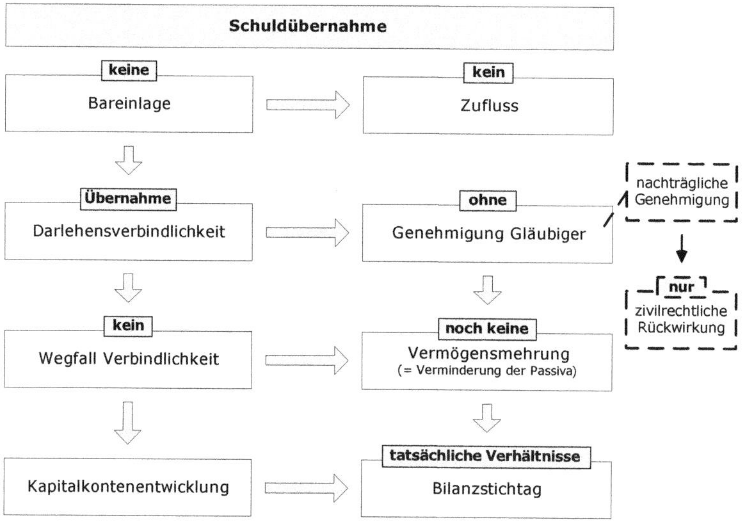

5. Erweiterter Verlustausgleich

7 Die Schuldübernahme führt *auch nicht* zu einem erweiterten Verlustausgleich[20]. Die Regelung des erweiterten Verlustausgleichs betrifft ausdrücklich nur die Kommanditisten, da für diese eine **erweiterte Haftung im Außenverhältnis** besteht.[21] Dies *gilt nicht* für schuldrechtliche Innen- und Außenverpflichtungen von Innengesellschaften wie im Falle der typisch stillen Gesellschaft. Der Verlustausgleich ist auf den Umfang der geleisteten Einlage beschränkt.[22]

16 § 11 Abs. 1 EStG.
17 § 184 Abs. 1 BGB.
18 BFH vom 2.10.2001, IX R 45/99, BStBl. II 2002, 10.
19 BFH vom 26.3.1991, VIII R 55/86, BStBl. II 1992, 479.
20 § 15a Abs. 1 Sätze 2 und 3 EStG.
21 BFH vom 7.10.2004, IV R 50/02, BFH/NV 2005, 533.
22 BFH vom 5.2.2002, VIII R 31/01, BStBl. II 2002, 464; BFH vom 10.7.2001, VIII R 45/98, BStBl. II 2002, 339; BFH vom 11.3.2003, VIII R 33/01, BStBl. II 2003, 705.

6. Verlustberücksichtigungszeitpunkt

Für die Berücksichtigung des Verlustanteils gilt Folgendes: 8

- ein dem Gesellschafter zurechenbarer Verlust entsteht auf Gesellschaftsebene
- der Verlustanteil führt beim Gesellschafter zu Werbungskosten

Erforderlich für die Entstehung des Verlustanteils beim stillen Gesellschafter ist[23]

- Feststellung des Jahresabschlusses
- Berechnung des Gesellschafter-Verlustanteils

  und
- (in der Regel) Abbuchung des Verlustanteils von der Einlage des stillen Gesellschafters

6

Hinweis:

Die Ausnahme vom Regelfall der Abbuchung besteht, wenn durch den Verlustanteil ein negatives Einlagekonto entsteht.[24] Der Verlustanteil entsteht dann mit seiner Berechnung[25] auf der Grundlage des Jahresabschlusses des Geschäftsinhabers.

Darüber hinausgehende Verluste sind als **verrechenbare Verluste**[26] gesondert festzustellen. Maßgebend für den Werbungskostenabzug sind die tatsächlichen Gegebenheiten. Eine Verrechnung des Verlustes ist frühestens _nach_ der **Feststellung des Jahresabschlusses** möglich. Entscheidend ist _nicht_ der Bilanzstichtag, sondern der **Zeitpunkt der Aufstellung** des Jahresabschlusses.[27] Erst in diesem Zeitpunkt verliert der stille Gesellschafter die wirtschaftliche Verfügungsmacht über die Einlage durch die Abbuchung des Verlustes von seinem Einlagekonto. 9

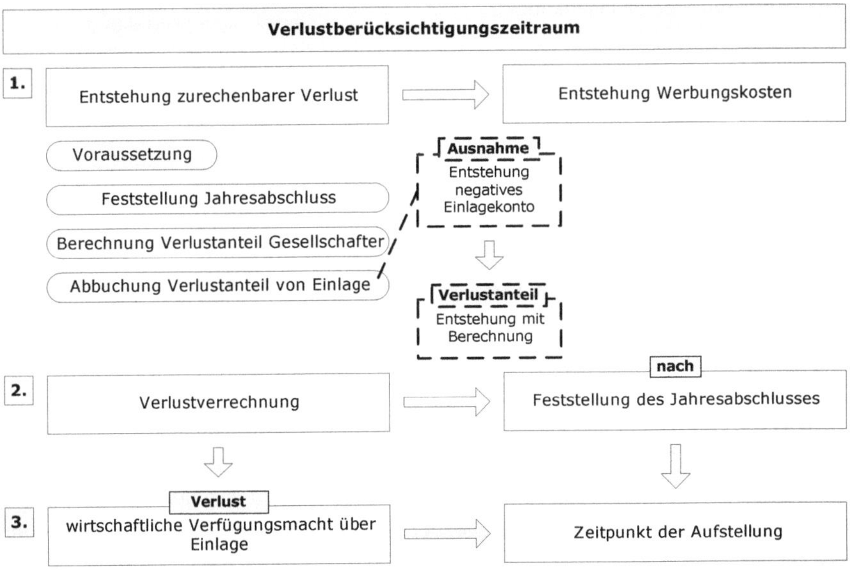

23 BFH vom 28.5.1997, VIII R 25/96, BStBl. II 1997, 724; BFH vom 22.7.1997, VIII R 73/95, BFH/NV 1998, 300; BFH vom 23.7.2002, VIII R 36/01, BStBl. II 2002, 858.
24 BFH vom 23.7.2002, VIII R 36/01, BStBl. II 2002, 858.
25 § 232 Abs. 1 HGB.
26 § 15a Abs. 4 EStG.
27 Dötsch in Kirchhof/Söhn/Mellinghoff, a. a. O., § 20, Rz F 207.

IV. Lösung in der Ausgangssituation

10 Der auf den Steuerpflichtigen entfallenden Verlustanteil ist nur in Höhe der geleisteten Einlage von 1.600.000 € ausgleichsfähig. Die Berücksichtigung als Werbungskosten ist erst im VZ 02 der Aufstellung des Jahresabschlusses bei den Einkünften aus Kapitaleinkünften zu berücksichtigen.

V. Handlungsempfehlung

11 Im Fall der Einlage in Form einer Schuldübernahme ist darauf zu achten, dass die Genehmigung des Gläubigers zeitnah zur Vereinbarung im Innenverhältnis erfolgt, da eine nachträgliche Genehmigung <u>*keine*</u> steuerrechtliche Rückwirkung zur Folge hat. Das Einlagenkonto des Gesellschafters erhöht sich erst mit der Genehmigung des Gläubigers, da die Gesellschaft erst zu diesem Zeitpunkt von der Verbindlichkeit befreit ist.

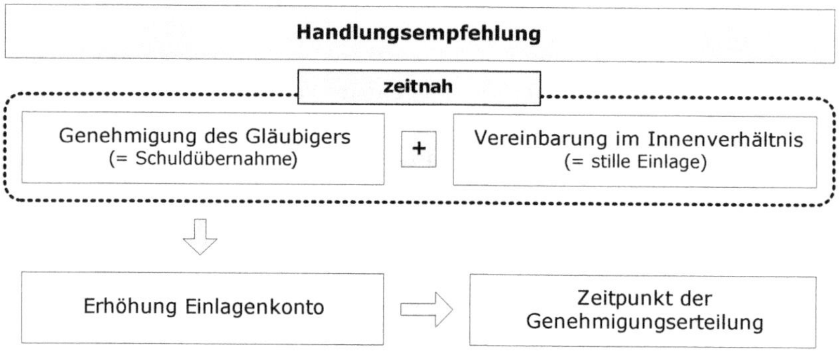

VZ 2009

B. Die Kirchensteuer unter dem Abgeltungssystem

(OFD-Verfügung Münster vom 17.11.2008, Kurzinformation ESt Nr. 034/2008, DB 2008, 2624; § 51a EStG)

I. Einleitung

12 Die Abgeltungsteuer auf private Kapitalerträge beträgt seit dem 1.1.2009 pauschal 25 %.[28] Im Fall der Kirchensteuerpflicht ermäßigt sich die Steuer um 25 % der auf die Kapitalerträge entfallenen Kirchensteuer.[29]

28 § 32d Abs. 1 Satz 1 EStG.
29 § 32d Abs. 1 Satz 3 EStG.

II. Kirchensteuerbelastung

Die Steuerbelastung beträgt seit 2009 für der Abgeltungsteuer unterlegene Kapital- und Veräußerungserträge inkl. Solidaritätszuschlag mindestens 26,38 %. Bei Kirchensteuerpflicht werden daraus 27,82 % bzw. 27,99 % der jeweiligen Kirchensteuerpflicht. Diese Prozentsätze resultieren daraus, dass der Satz der Abgeltungsteuer bei Anlegern mit Konfession niedriger ist. Die Ermäßigung wurde eingeführt, weil die auf die Abgeltungsteuer anfallende Kirchensteuer *nicht* mehr zu den Sonderausgaben gehört.[30] Die mindernde Wirkung wird bereits über dem Abgeltungssatz unmittelbar berücksichtigt. 13

Kirchensteuer	8 Prozent	9 Prozent	keine
Abgeltungsteuer	24,51 %	24,45 %	25,00 %
+ Solidaritätszuschlag 5,5 %	1,35 %	1,34 %	1,38 %
+ Kirchensteuer	1,96 %	2,20 %	---
= tatsächliche Belastung	27,82 %	27,99 %	26,38 %

Hinweis:

Die Kirchensteuer knüpft also in der Regel nicht mehr an die persönliche Einkommensteuer an, sondern an die Abgeltungsteuer.

III. Antragsveranlagung mit Günstigerprüfung

Liegt der Grenzsteuersatz - nicht der durchschnittliche Steuersatz - unter 25 %, können Anleger ihre Kapitaleinkünfte auf **Antrag** im Rahmen einer Einkommensteuerveranlagung versteuern.[31] 14

Hinweis:

*Der Antrag kann für den jeweiligen Veranlagungszeitraum nur **einheitlich** für sämtliche Kapitalerträge gestellt werden.[32] Bei zusammen veranlagten Ehegatten kann der Antrag nur für sämtliche Kapitalerträge beider Ehegatten gestellt werden.[33]*

In diesem Fall - Antragsveranlagung der Kapital- und Veräußerungseinkünfte - wird die Kirchensteuer wieder als Sonderausgabe abziehbar!

30 § 10 Abs. 1 Nr. 4 EStG.
31 § 32d Abs. 6 Satz 1 EStG.
32 § 32d Abs. 6 Satz 2 EStG.
33 § 32d Abs. 6 Satz 3 EStG.

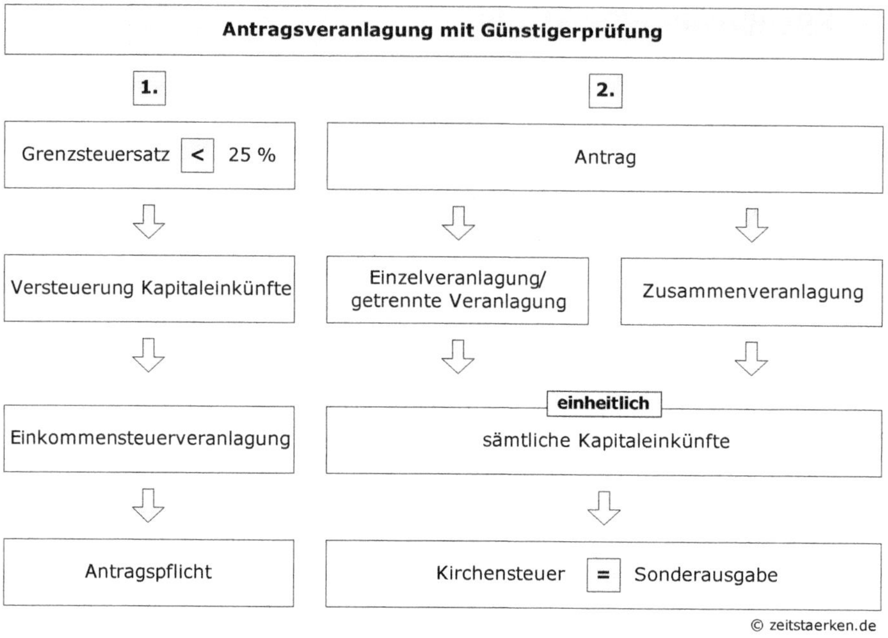

IV. Einbehalt der Kirchensteuer

15 Anleger können die Kirchensteuer

- durch ihre Bank einbehalten lassen

  <u>*oder*</u>

- im Rahmen einer Steuererklärung selbst entrichten.

1. Einbehalt durch die Bank

16 Die Bank kann die Kirchensteuer mit abgeltender Wirkung einbehalten und an die Religionsgemeinschaft weiterleiten. Da die Banken bisher über <u>*keine*</u> Daten zur Religionszugehörigkeit ihrer Kunden verfügen, werden die Kunden gebeten ihre Religionszugehörigkeit mitzuteilen. Eine Bescheinigung des Finanzamtes ist für diese Mitteilung <u>*nicht*</u> notwendig. Ohne Mitteilung der Konfession darf die Bank <u>*keine*</u> Kirchensteuer einbehalten.

Hinweis:

Wollen Anleger die Kirchensteuer im Rahmen einer Einkommensteuerveranlagung entrichten, müssen die Anleger die einbehaltene Abgeltungsteuer durch entsprechende Bescheinigungen der Banken nachweisen.

2. Besonderheiten bei Gemeinschaftskonten

Bei Gemeinschaftskonten sind folgende Besonderheiten zu beachten: 17

- Die Kirchensteuer kann nur einbehalten werden, wenn alle Beteiligten derselben Religionsgemeinschaft angehören und ein gemeinsamer Antrag gestellt wird. Gehören die Beteiligten verschiedenen Religionsgemeinschaften an oder ist einer konfessionslos, sind die auf die Beteiligten mit Konfession entfallenden Kapitalerträge im Wege der Veranlagung nach zu versteuern.[34]
- Für zusammen veranlagte Ehegatten, die *nicht* derselben Religionsgemeinschaft angehören, müssen die Kapitalerträge aufgeteilt werden. Dies gelingt, in dem die Ehegatten ihrer Bank mitteilen, in welchem Verhältnis ihnen die Kapitalerträge gehören.[35] Die Kirchensteuer wird dann entsprechend der Anteile erhoben und abgeführt.

Hinweis:

Erklären die zusammen veranlagten Ehegatten kein Aufteilungsverhältnis, verteilt die Bank die Kapitalerträge nach Köpfen.

Ist einer der Ehegatten konfessionslos, wird nur auf den Anteil des kirchensteuerpflichtigen Ehepartners Kirchensteuer abgeführt.

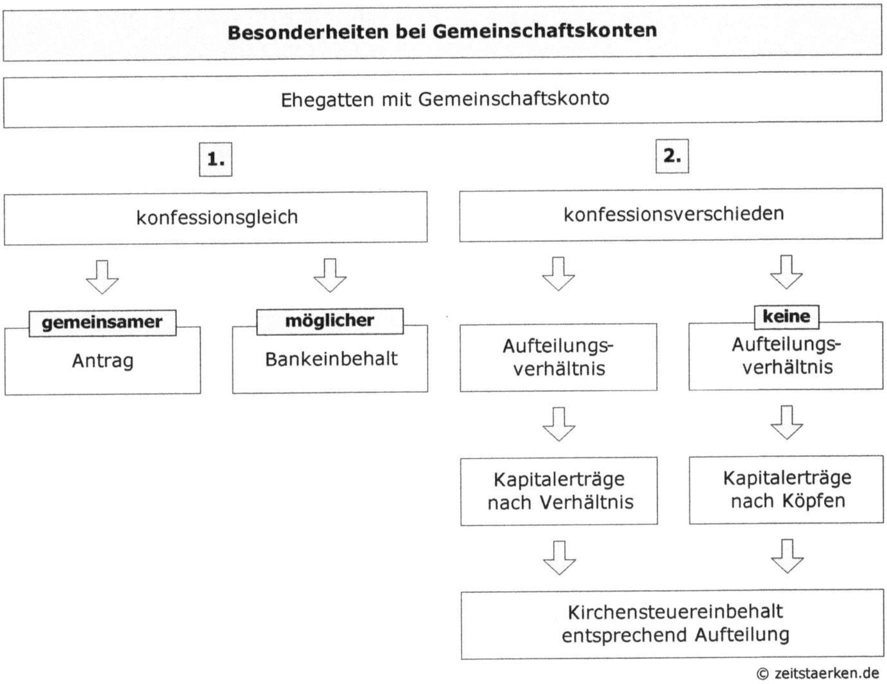

34 § 51a Abs. 2c Satz 10 EStG.
35 § 51a Abs. 2c Satz 11 EStG.

V. Zuordnung der Kapitalerträge - Rechtsverordnung

18 Die Abgeltungswirkung des Steuerabzugs gilt grundsätzlich nur für Einkünfte aus Kapitalvermögen bei Privatanlegern. Sind die Erträge einer anderen Einkunftsart zu zuordnen, werden diese wie bisher in der Einkommensteuerveranlagung erfasst, auch wenn Kapitalertragsteuer einbehalten worden ist. Für den Abzug von Kapitalertragsteuer gelten personenbezogene Besonderheiten, nämlich das *kein* Steuerabzug vorgenommen wird.

Die jeweilige Ausnahmeregelung beim Steuerabzug erfolgt aus folgenden Gründen:

- der Rechtsform[36]
- Erklärung des Anlegers gegenüber dem Kreditinstitut, dass es sich z. B. um gewerbliche Einkünfte handelt (= vgl. Anlage 1)

  oder
- nicht Veranlagungsbescheinigung

Hinweis:

Einzelheiten entnehmen Sie bitte den beigefügten Anlagen Nr. 1 bis 3.

36 = unbeschränkt steuerpflichtige Körperschaften, § 1 Abs. 1 Nr. 1 bis Nr. 3 KStG.

VI. Anlage Nr. 1

Erklärung zur Freistellung vom Kapitalertragsteuerabzug
gemäß § 43 Abs. 2 Satz 3 Nr. 2 EStG

____
(Name/Firma - bei natürlichen Personen Vor- und Zuname, Geburtsdatum)

__________________ ________________________
(Anschrift) (Steuer-Nummer)

An die auszahlende Stelle/Kreditinstitut

____
(Name/Firma)

____
(Filiale X-Stadt)

____
(Anschrift)

Ich erkläre/Wir erklären hiermit, dass die Kapitalerträge

[] aus den Konten und Depots mit der Stammnummer.....

[] aus den nachstehend oder in der Anlage angeführten Konten und Depots

Konto- bzw. Depot- Nr...........
Konto- bzw. Depot- Nr...........
Konto- bzw. Depot- Nr...........
Konto- bzw. Depot- Nr...........
Konto- bzw. Depot- Nr...........

[] aus den mit Ihnen seit dem ..... abgeschlossenen Termin- und/oder Optionsgeschäften

[] aus sonstigen nach dem ..... erworbenen Kapitalforderungen, auch wenn diese nicht konten- oder depotmäßig verbucht sind,

zu den Betriebseinnahmen meines/unseres inländischen Betriebs

[] aus den mit Ihnen seit dem ..... abgeschlossenen Termin- und/oder Optionsgeschäften zu meinen/unseren Einkünften aus Vermietung und Verpachtung gehören und der Steuerabzug bei Kapitalerträgen im Sinne des § 43 Abs. 1 Satz 1 Nr. 6 und 8 - 12 sowie Satz 2 EStG nicht vorzunehmen ist.

Werden von mir/uns im Rahmen meines/unseres inländischen Betriebs weitere betriebliche Konten/Depots eröffnet, Kapitalforderungen erworben oder Options- und/oder Termingeschäfte abgeschlossen, so können die Kapitalerträge bei der Eröffnung, dem Erwerb und dem Abschluss durch Bezugnahme auf diese Erklärung als vom Steuerabzug auf Kapitalerträge im Sinne des § 43 Abs. 1 Satz 1 Nr. 6 und 8 - 12 sowie Satz 2 EStG freizustellende Erträge gekennzeichnet werden. Entsprechendes gilt beim Abschluss von Options- und/oder Termingeschäften im Rahmen der Einkünfte aus Vermietung und Verpachtung.

Diese Erklärung gilt ab dem ...... bis zu einem möglichen Widerruf.

Änderungen der Verhältnisse werden Ihnen umgehend mitgeteilt.

____

(Unterschrift)

Hinweise:

1. Bei Kapitalerträgen im Sinne des § 43 Abs. 1 Satz 1 Nr. 6 und 8 - 12 sowie Satz 2 EStG ist kein Steuerabzug vorzunehmen, wenn die Kapitalerträge Betriebseinnahmen eines inländischen Betriebs sind und der Gläubiger der Kapitalerträge oder die Personenmehrheit dies gegenüber der auszahlenden Stelle nach dem vorliegenden Vordruck erklärt.
   Entsprechendes gilt für Erträge aus Options- und/oder Termingeschäften, die zu den Einkünften aus Vermietung und Verpachtung gehören.

2. Bei Personenmehrheiten ist die Einkunftsqualifikation auf der Ebene der Personenmehrheit maßgeblich, nicht die abweichende Qualifikation bei einzelnen Beteiligten.

3. Die auszahlende Stelle hebt die vorliegende Erklärung zehn Jahre lang auf. Die Frist beginnt am Ende des Jahres zu laufen, in dem die Freistellung vom Steuerabzug von der auszahlenden Stelle letztmalig berücksichtigt wird.

4. Die auszahlende Stelle übermittelt im Falle der Freistellung die bundeseinheitliche Steuer-Nummer, Vor- und Zuname, das Geburtsdatum, die Konto- oder Depotbezeichnung bzw. die sonstige Kennzeichnung des Geschäftsvorgangs sowie die Anschrift des Gläubigers der Kapitalerträge dem Bundeszentralamt für Steuern. Bei Personenmehrheiten treten die Firma oder vergleichbare Bezeichnungen an die Stelle von Vor- und Zunamen und das Geburtsdatum.

C. Übersichten zum Kapitalertragsteuereinbehalt der unterschiedlichen Rechtsformen

I. Anlage Nr. 2

Übersicht über den Steuerabzug bei Körperschaften ab dem 1.1.2009 durch inländische Kreditinstitute (ohne Investmentanteile)

Anleger	juristische Person des öffentlichen Rechts		steuerbefreite Körperschaft		steuerpflichtige Körperschaft (§ 1 Abs. 1 Nr. 1 bis 3 KStG) Einkünfte aus Gewerbebetrieb		steuerpflichtige Körperschaft (§ 1 Abs. 1 Nr. 4 bis 5 KStG)	
	KapESt-Abzug	Vermeidung des Steuerabzugs möglich?	KapESt-Abzug	Vermeidung des Steuerabzugs möglich?	KapESt-Abzug	Vermeidung des Steuerabzugs möglich?	KapESt-Abzug	Vermeidung des Steuerabzugs möglich?
inländische Dividenden (§ 43 Abs. 1 Nr. 1 EStG)	ja	ja / tlw.[1] NV-Bescheinigung[2]	ja	ja / tlw.[1] NV-Bescheinigung[2]	ja	grundsätzlich nein Ausnahme: sog. „Dauerüberzahler"[3]	ja	ja, NV-3-B-Bescheinigung[4], Freistellungsauftrag[5]
inländische Wandelanleihen, Gewinnobligat. (§ 43 Abs. 1 Nr. 2 EStG)	ja	ja / tlw.[1] NV-Bescheinigung[2]	ja	ja / tlw.[1] NV-Bescheinigung[2]	ja	grundsätzlich nein Ausnahme: sog. „Dauerüberzahler"[3]	ja	ja, NV-3-B-Bescheinigung[4], Freistellungsauftrag[5]
ausländische Dividenden (§ 43 Abs. 1 Nr. 6 EStG)	ja	ja, NV-Bescheinigung[2]	ja	ja, NV-Bescheinigung[2]	nein	kein Steuereinbehalt kraft Rechtsform[6]	ja	ja, NV-2-B-Bescheinigung[7], Freistellungsauftrag[5]
Zinsen (§ 43 Abs. 1 Nr. 7 EStG)	ja	ja, NV-Bescheinigung[2]	ja	ja, NV-Bescheinigung[2]	ja	grundsätzlich nein Ausnahme: sog. „Dauerüberzahler"[3]	ja	ja, NV-3-B-Bescheinigung[4], Freistellungsauftrag[5]
Stillhaltergeschäfte (§ 43 Abs. 1 Nr. 8 EStG)	ja	ja, NV-Bescheinigung[2]	ja	ja, NV-Bescheinigung[2]	nein	kein Steuereinbehalt kraft Rechtsform[6]	ja	ja, NV-2-B-Bescheinigung[7], Freistellungsauftrag[5]
Aktienverkäufe (§ 43 Abs 1 Nr. 9 EStG)	ja	ja, NV-Bescheinigung[2]	ja	ja, NV-Bescheinigung[2]	nein	kein Steuereinbehalt kraft Rechtsform[6]	ja	ja, NV-2-B-Bescheinigung[7], Freistellungsauftrag[5]
Verkauf/Einlösung sonstiger Kapitalforderungen (§ 43 Abs. 1 Nr. 10 EStG)	ja	ja, NV-Bescheinigung[2]	ja	ja, NV-Bescheinigung[2]	nein	kein Steuereinbehalt kraft Rechtsform[6]	ja	ja, NV-2-B-Bescheinigung[7], Freistellungsauftrag[5]
Termingeschäfte (§ 43 Abs. 1 Nr. 11 EStG)	ja	ja, NV-Bescheinigung[2]	ja	ja, NV-Bescheinigung[2]	nein	kein Steuereinbehalt kraft Rechtsform[6]	ja	ja, NV-2-B-Bescheinigung[7], Freistellungsauftrag[5]

[1] Abstandnahme (2/5) bei Bescheinigung nach § 44a Abs. 8 EStG bzw. in voller Höhe bei Bescheinigung nach § 44a Abs. 7 EStG.
[2] NV-Bescheinigung nach § 44a Abs. 4, 7 oder 8 EStG.
[3] Sog. „Dauerüberzahler" (vgl. § 44a Abs. 5 Satz 1 EStG, ggf. i.V.m. § 44b EStG); *NV-2-B*-Bescheinigung.
[4] ***NV-3-B-Bescheinigung*** für Körperschaften i. S. des § 24 KStG (vgl. R 72 Abs. 2 KStR). Einer zusätzlichen NV-2-B-Bescheinigung (vgl. Fußnote 7) bedarf es in diesen Fällen nicht.
[5] Erzielt die Körperschaft Einkünfte i.S.d. § 20 EStG, kann diese einen ***Freistellungsauftrag*** erteilen (vgl. § 8 Abs. 1 S. 1 KStG und R 32 Abs. 2 KStR).
[6] Kein Steuerabzug ***kraft Rechtsform*** (***§ 43 Abs. 2 Satz 3 Nr. 1 EStG-Entwurf JStG 2009***; bisher: § 44a Abs. 5 Satz 4 EStG i.d.F. des UntStRefG 2008). Eine Bescheinigung seitens des Finanzamts ist hierzu nicht notwendig.
[7] Abstandnahme vom Kapitalertragsteuerabzug nach ***§ 43 Abs. 2 Satz 4 EStG-Entwurf JStG 2009*** bisher: § 44a Abs. 5 Satz 5 EStG i.d.F. des UntStRefG 2008); ***NV-2-B-Bescheinigung. Hinweise:*** Die Erteilung dieser Bescheinigung sollte bis zur voraussichtlichen Programmfreigabe (Anfang Dezember 2008) zurückgestellt werden. Liegen auch die Voraussetzungen für die Erteilung einer NV-3-B-Bescheinigung vor (vgl. Fußnote 4), gilt diese Bescheinigung auch für die „neuen" Abzugstatbestände; einer zusätzlichen NV-2-B-Bescheinigung bedarf es in diesen Fällen nicht.

II. Anlage Nr. 3

Übersicht über den Steuerabzug bei natürlichen Personen und Personengesellschaften/-gemeinschaften ab dem 1.1.2009 durch inländische Kreditinstitute (ohne Investmentanteile)

Anleger	natürliche Person		natürliche Person/ Personengesellschaft/ -gemeinschaft		Personengesellschaft/ -gemeinschaft		natürliche Person/ Personengesellschaft/ -gemeinschaft	
Einkunftsart	§ 20 EStG		§ 21 EStG		§ 20 EStG		Gewinneinkünfte	
	KapESt-abzug	Vermeidung des Steuerabzugs möglich?	KapESt-abzug	Vermeidung des Steuerabzugs möglich?	KapESt-abzug	Vermeidung des Steuerabzugs möglich?	KapESt-abzug	Vermeidung des Steuerabzugs möglich?
inländische Dividenden (§ 43 Abs. 1 Nr. 1 EStG)	ja	ja, Freistellungsauftrag[1] / NV-Bescheinigung[2]	--	--	ja	nein	ja	nein
inländische Wandelanleihen, Gewinnobligat. (§ 43 Abs. 1 Nr. 2 EStG)	ja	Ja, Freistellungsauftrag[1] / NV-Bescheinigung[2]	--	--	ja	nein	ja	nein
ausländische Dividenden (§ 43 Abs. 1 Nr. 6 EStG)	ja	Ja, Freistellungsauftrag[1] / NV-Bescheinigung[2]	--	--	ja	nein	ja	Ja, Freistellungserklärung[3]
Zinsen (§ 43 Abs. 1 Nr. 7 EStG)	ja	Ja, Freistellungsauftrag[1] / NV-Bescheinigung[2]	in Ausnahmefällen	nein	ja	nein	ja	nein
Stillhaltergeschäfte (§ 43 Abs. 1 Nr. 8 EStG)	ja	Ja, Freistellungsauftrag[1] / NV-Bescheinigung[2]	ja	Ja, Freistellungserklärung[3]	ja	nein	ja	Ja, Freistellungserklärung[3]
Aktienverkäufe (§ 43 Abs. 1 Nr. 9 EStG)	ja	Ja, Freistellungsauftrag[1] / NV-Bescheinigung[2]	--	--	ja	nein	ja	Ja, Freistellungserklärung[3]
Verkauf/Einlösung sonstiger Kapitalforderungen (§ 43 Abs. 1 Nr. 10 EStG)	ja	Ja, Freistellungsauftrag[1] / NV-Bescheinigung[2]	--	--	ja	nein	ja	Ja, Freistellungserklärung[3]
Termingeschäfte (§ 43 Abs. 1 Nr. 11 EStG)	ja	Ja, Freistellungsauftrag[1] / NV-Bescheinigung[2]	ja	Ja, Freistellungserklärung[3]	ja	nein	ja	Ja, Freistellungserklärung[3]

[1] Der *Freistellungsauftrag* ist – wie nach bisheriger Rechtslage – vom Steuerpflichtigen dem jeweiligen Kreditinstitut zu erteilen.

[2] Stpfl. kann – wie nach bisheriger Rechtslage – einen Antrag auf Ausstellung einer *NV-Bescheinigung* stellen (Vordruck NV-1-A). Bei Vorliegen der Voraussetzungen ist durch das Finanzamt eine NV-1-B-Bescheinigung zu erteilen.

[3] Die *Erklärung zur Freistellung vom Kapitalertragsteuerabzug* gemäß § 43 Abs. 2 Satz 3 Nr. 2 EStG-Entwurf JStG 2009 ist dem jeweiligen Kreditinstitut vorzulegen. Eine Bescheinigung des Finanzamts wird hierzu nicht erteilt.

6

D. Vermögensverwaltender Versicherungsvertrag

(JStG 2009 vom 19.12.2008, BGBl. I 2008, 2794; § 20 Abs. 1 Nr. 6 Satz 5 EStG)

Mit der Regelung über vermögensverwaltende Versicherungsverträge wird sog. „Versicherungsmänteln" der steuerliche Anreiz genommen. Als Versicherungsmäntel dienen Lebensversicherungen, die für Vermögensanlagen genutzt werden. Hierbei bringen Anleger Vermögen ein, um dadurch der eingeführten Abgeltungsteuer[37] ab dem VZ 2009 zu entgehen. 19

Die Besonderheit bisher lag darin, dass während der Laufzeit die Steuer nicht einbehalten wird und nach einer Mindestlaufzeit von 12 Jahren und einem Lebensalter von 60 Jahren die Erträge aus der Lebensversicherung nur zur hälfte der tariflichen Einkommensteuer zu unterwerfen sind. Die mit dem Jahressteuergesetz 2009 eingeführte Neuregelung führt dazu, dass zukünftig die anfallenden Erträge dem Anleger so zugerechnet werden, als hätte dieser die Erträge selbst erzielt.

Des Weiteren werden kapitalbildende Lebensversicherungen mit einer nur minimalen Todesfallrisikoabsicherung von der Steuervergünstigung der Versteuerung des nur hälftigen Unterschiedsbetrag nach einer Mindestlaufzeit von 12 Jahren und einem Lebensalter von 60 Jahren ausgeschlossen.

Die zukünftigen Mindeststandards sind:

- Bei Kapitallebensversicherungen mit laufender Beitragszahlung eine Todesfallleistung von mindestens 50 % der über die gesamte Laufzeit zu zahlenden Beiträge.
- Bei Kapitallebensversicherungen mit einmaligen oder laufenden Beitragsleistungen eine Todesfallleistung, die spätestens fünf Jahre nach Vertragsabschluss mindestens 10 % über dem Deckungskapital, dem Zeitwert oder der Summe der gezahlten Beiträge liegt. Der Prozentsatz darf bis zum Ende der Vertragslaufzeit in jährlich gleichen Schritten auf null sinken.

Die neue Regelung beginnt mit Erträgen, die dem Versicherungsunternehmen nach dem 31.12.2008 zufließen.[38] Die Mindeststandards für Kapitallebensversicherungen gelten für nach dem 31.3.2009 abgeschlossene Versicherungsverträge oder bei denen die erstmalige Beitragsleistung nach diesem Datum erfolgt.[39] 20

37 § 32d EStG.
38 § 52 Abs. 36 Satz 10 EStG.
39 § 52 Abs. 36 Satz 11 EStG.

§ 7 Einkünfte aus Vermietung und Verpachtung

A. Ortsübliche Miete bei verbilligt überlassenen Wohnungen

(OFD Rheinland, Kurzinformation ESt 82/2007 vom 17.12.2007; § 21 EStG)

1 Die Überlassung von Wohnungen an Arbeitnehmer zu einem innerhalb der Mietspiegelspanne liegenden Preis schließt lt. BFH-Rechtsprechung[1] zur Lohnsteuer regelmäßig die Annahme eines geldwerten Vorteils aus. Die OFD Rheinland wendet dieses Urteil nun auch auf die verbilligte Wohnungsüberlassung bei vermieteten oder verpachteten Wohnungen auf einkommensteuerrechtlicher Ebene an. Somit führt auch der niedrigste Mietzins der Mietspiegelspanne regelmäßig zur Annahme der ortsüblichen Miete und ist folglich *nicht* zu beanstanden.

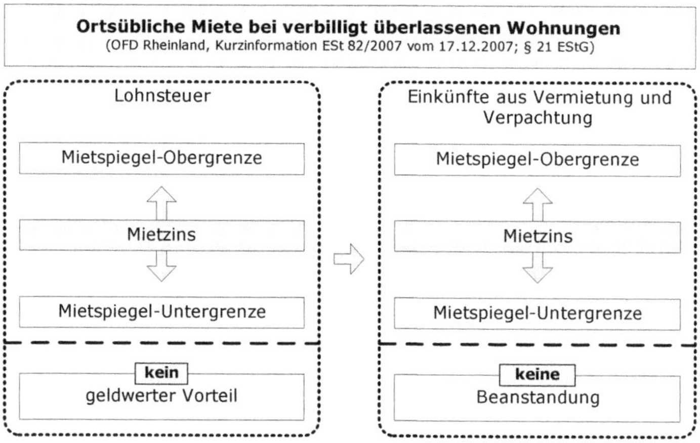

B. Abgrenzung zwischen anschaffungsnahem Herstellungsaufwand und jährlich anfallendem Erhaltungsaufwand (= Schönheitsreparaturen)

(FG Baden-Württemberg vom 14.4.2008, 10 K 120/07, BB 2008, 1727, nrkr.; § 6 Abs. 1 Nr. 1a EStG)

I. Ausgangssituation

2 Der Steuerpflichtige S erwirbt mit Kaufvertrag vom 18.2.2004 ein Grundstück mit einem Zweifamilienhaus. Das Gebäude ist im Zeitpunkt des Erwerbs funktionsfähig und vermietet. Die Anschaffungskosten betragen 205.000 €. Im VZ 2004 führt S umfangreiche Umbauarbeiten mit

1 BFH vom 17.8.2005, IX R 10/05, BStBl. II 2006, 71.

einem Gesamtwert von 31.400 € durch, die S in seiner Steuererklärung als sofort abzugsfähige Erhaltungsaufwendungen erklärt. S erneuert Wand-, Decken- und Bodenflächen für 21.500 €, Türen und Zargen für 2.000 €, Badobjekte für 1.600 € sowie Fenster für 6.300 €. Da S jeweils alte, bereits vorhandene Gebäudeausstattungen gegen neue, zeitgemäße und gleichwertige Ausstattungen austauscht, behandelt S alle Aufwendungen als sofort abziehbare Schönheitsreparaturen.

Im VZ 2005 investiert S zusätzlich 14.700 € für die Erneuerung des Außenputzes. Diese Aufwendungen ordnet S den Anschaffungskosten zu und erhöht die AfA-Bemessungsgrundlage. Das Finanzamt verwehrt bei der Veranlagung des VZ 2004 den Abzug der 31.400 € als Werbungskosten und fügt den Betrag als anschaffungsnahe Herstellungskosten der AfA-Bemessungsgrundlage hinzu.

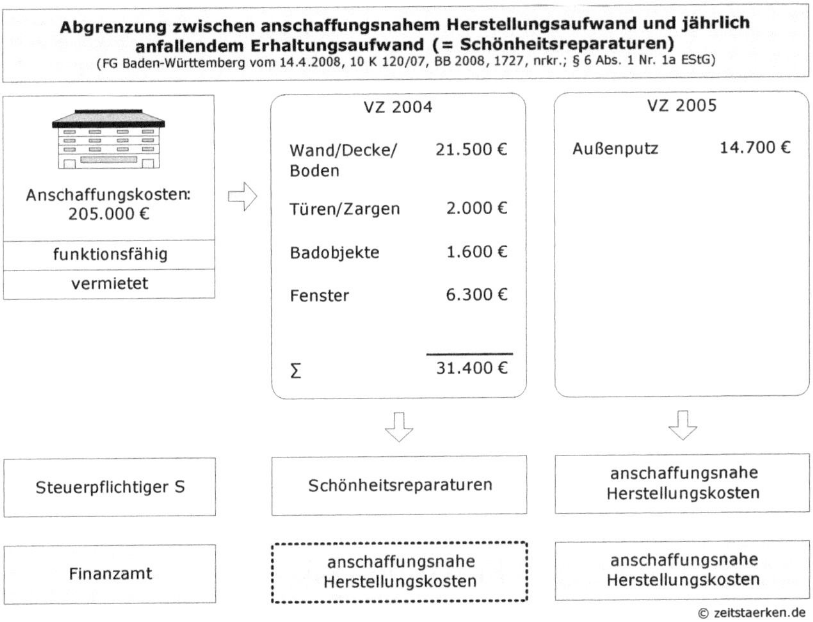

II. Besteuerungsproblem

In welchem Umfang sind Maßnahmen zur Versetzung eines funktionsfähigen Gebäudes in einen 3
zeitgemäßen Zustand als Schönheitsreparaturen anzusehen?

III. Auffassung des Finanzgerichts

1. Instandhaltungs- und Modernisierungsmaßnahmen

- **Modernisierungsmaßnahmen** sind Maßnahmen durch die der Wohnkomfort und das Erscheinungsbild des Gebäudes an die Zeitumstände und die derzeit herrschenden Wohnvorstellungen angepasst werden.

- **Instandhaltungsmaßnahmen** sind Maßnahmen durch die verwohnten Elemente ausgetauscht werden und das Gebäude in einem ordnungsgemäßen Zustand gehalten wird.
- **Schönheitsreparaturen** sind Maßnahmen, die üblicherweise jährlich anfallen (= laufende Wartungsarbeiten) und Aufwendungen, die Schäden durch höhere Gewalt ausbessern. *Ausreichend* ist, dass sich diese Maßnahmen insgesamt quantitativ in etwa aber in einem jährlich gleichbleibenden Ausmaß bewegen.

4 Die Zuordnung zu Instandhaltungs-, Modernisierungsmaßnahmen oder Schönheitsreparaturen erfolgt nach den **tatsächlich durchgeführten Arbeiten**.

Hinweis:

*Auf einen erhöhten Nutzungswert kommt es insoweit **nicht** an. Eine wesentliche Verbesserung über den ursprünglichen Zustand wird erst danach steuerrechtlich geprüft (= **nutzungswertunabhängige Beurteilung nach tatsächlicher Maßnahmendurchführung**).*

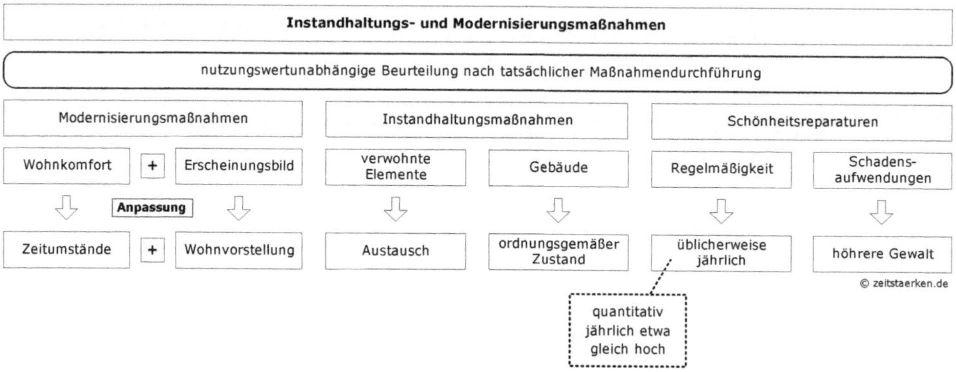

2. Anschaffungsnahe Herstellungskosten

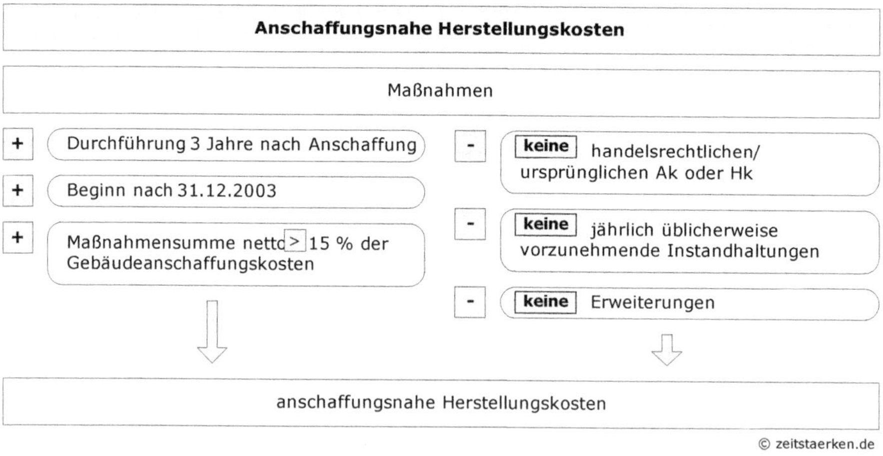

Instandhaltungs- und Modernisierungsmaßnahmen werden zu anschaffungsnahen Herstellungskosten umqualifiziert, wenn 5

- die Maßnahmen innerhalb von drei Jahren nach der Anschaffung des Gebäudes durchgeführt werden
- mit den Maßnahmen nach dem 31.12.2003 begonnen wurde[2]
- es sich *nicht* um Aufwendungen handelt, die ohnehin bereits Anschaffungs- oder Herstellungskosten darstellen[3]

Hinweis:

Die OFD Frankfurt hat dazu eine andere Auffassung.[4] Kosten für die Herstellung der Funktionsbereitschaft sowie Kosten für eine über den ursprünglichen Zustand hinausgehende, wesentliche Verbesserung gehören zu den handelsrechtlichen Anschaffungs- und Herstellungskosten.[5] Der handelsrechtliche Anschaffungs- und Herstellungskostenbegriff wird auch für die Beurteilung als steuerrechtliche Anschaffungs- und Herstellungskosten herangezogen.[6] Die OFD Frankfurt bezieht diese Kosten in die Berechnung der 15 %-Grenze mit ein! Dadurch verbrauchen die bereits ohnehin aktivierungspflichtigen Kosten das Aufwandsvolumen der 15 %-Grenze.

- es sich *nicht* um jährlich üblicherweise vorzunehmende Instandhaltungen handelt (= sog. Schönheitsreparaturen).[7]

  Dazu gehören[8]
  - laufende Wartungsarbeiten (z. B. Streichen der Wände)
  - Streichen der Fassade
  - Reparaturen (wenn auch nicht jährlich, aber quantitativ jährlich etwa gleich hoch)
  - Erneuerung von Gebäudeteilen aufgrund höherer Gewalt
  - Einbau messtechnischer Einrichtungen zur verbrauchsabhängigen Abrechnung von Heiz- und Warmwasserkosten
  - Einbau einer Breitbandanlage an das öffentliche Kabelnetz
  - Aufwendungen für die Beseitigung versteckter Mängel

Hinweis:

*Sind die Maßnahmen als einheitliche Maßnahme anzusehen, besteht **keine** Möglichkeit des Ausschlusses von Schönheitsreparaturen von den übrigen Instandhaltungs- und Erhaltungsmaßnahmen.[9]*

- es sich *nicht* um Erweiterungen[10] handelt

  und
- die Maßnahmen netto insgesamt die Grenze von 15 % der Anschaffungskosten des Gebäudes übersteigen[11]

2 § 6 Abs. 1 Nr. 1a EStG i. V. m. § 52 Abs. 16 Satz 7 EStG.
3 = handelsrechtliche Aktivierungspflicht.
4 OFD Frankfurt vom 31.1.2006, S 2171a A - 2 - St II 2.04, HaufeIndex: 1498969.
5 § 255 Abs. 1 und 2 HGB.
6 H 6.2 „Anschaffungskosten" EStH, H 6.3 „Herstellungskosten" EStH.
7 § 6 Abs. 1 Nr. 1a Satz 2 2. Alt. EStG.
8 FG Baden-Württemberg vom 14.4.2008, 10 K 120/07, BB 2008, 1727, nrkr.
9 § 6 Abs. 1 Nr. 1a EStG i. V. m. § 52 Abs. 16 Satz 9 i. V. m. Satz 7 EStG.
10 § 6 Abs. 1 Nr. 1a Satz 2 2. Alt. EStG i. V. m. § 255 Abs. 2 Satz 1 2. Alt. HGB.
11 § 6 Abs. 1 Nr. 1a Satz 1 EStG.

Hinweis:

Mehrere Maßnahmen werden zu einer Gesamtmaßnahme zusammengefasst.[12] Dadurch wird bei Einkünften aus Vermietung und Verpachtung die begünstigende 4.000 €-Grenze versagt.[13]

Hinweis:

Bemessungsgrundlage zur Ermittlung der 15 %-Grenze sind die Anschaffungskosten des gesamten Gebäudes, selbst wenn dieses teilweise anders genutzt wird (= Abstellung auf die wirtschaftliche Einheit Gebäude).[14] Eigentumswohnungen sind hingegen als eigenständige Objekte zu betrachten. Somit ermittelt sich die 15 %-Grenze in den Fällen von Eigentumswohnungen nur aus den Anschaffungskosten einer einzelnen Wohnung.[15]

IV. Ergebnis in der Ausgangssituation

6 Da die Maßnahmen als eine einheitliche Maßnahme anzusehen sind und die Grenze von (205.000 € x 15 % =) 30.750 € übersteigen, sind die Aufwendungen in Höhe von 31.400 € als anschaffungsnahe Herstellungskosten zu den Anschaffungskosten zu aktivieren. Die Aufwendungen erhöhen - nach den bekannten Regeln - die AfA-Bemessungsgrundlage.

Hinweis:

*Unter Umständen kann es zu einer Abweichung der Handels- zur Steuerbilanz kommen, da der anschaffungsnahe Herstellungsaufwand **nicht** gleichzeitig eine tatsächliche Werterhöhung eines Gebäudes darstellt!*

V. Praxishinweis

7 Wann gelten mehrere einzelne Modernisierungs- oder Instandhaltungsmaßnahmen als auch Schönheitsreparaturen als eine einheitliche zu beurteilende Maßnahme? Aufwendungen für unterschiedliche Maßnahmen können gleichwohl als einheitliche also *nicht* isoliert zu beurteilende Reparatur gewertet werden, wenn sich die gesamten Renovierungen als einheitliche Baumaßnahme darstellt. Dieses liegt vor, wenn die Gesamtheit der Maßnahmen über das Maß hinausgeht, welches jährlich üblicherweise oder zumindest in jährlich gleichbleibendem Ausmaß an Erhaltungsarbeiten oder gar Schönheitsreparaturen anfällt.

Hinweis:

*In der Ausgangssituation wertete das FG die Maßnahmen als eine Einheit aufgrund des Umfangs, welcher **nicht** jedes Jahr quantitativ wiederkehrend ist!*

VI. Prüfungsschemata

8 Die Abzugsfähigkeit von Erhaltungsaufwendungen ist anhand des folgenden Prüfungsschemas zu ermitteln:

12 § 6 Abs. 1 Nr. 1a EStG i. V. m. § 52 Abs. 16 Satz 9 i. V. m. Satz 7 EStG.
13 R 21.1 Abs. 2 Satz 2 EStR.
14 Vgl. BMF-Schreiben vom 24.11.2005, DB 2005, 2718.
15 LfSt Bayern vom 24.11.2005, S 2211 - 3 St 32/St 33, HaufeIndex: 1458269; OFD Frankfurt vom 31.1.2006, S 2171a A - 2 - St II 2.04, HaufeIndex: 1498969.

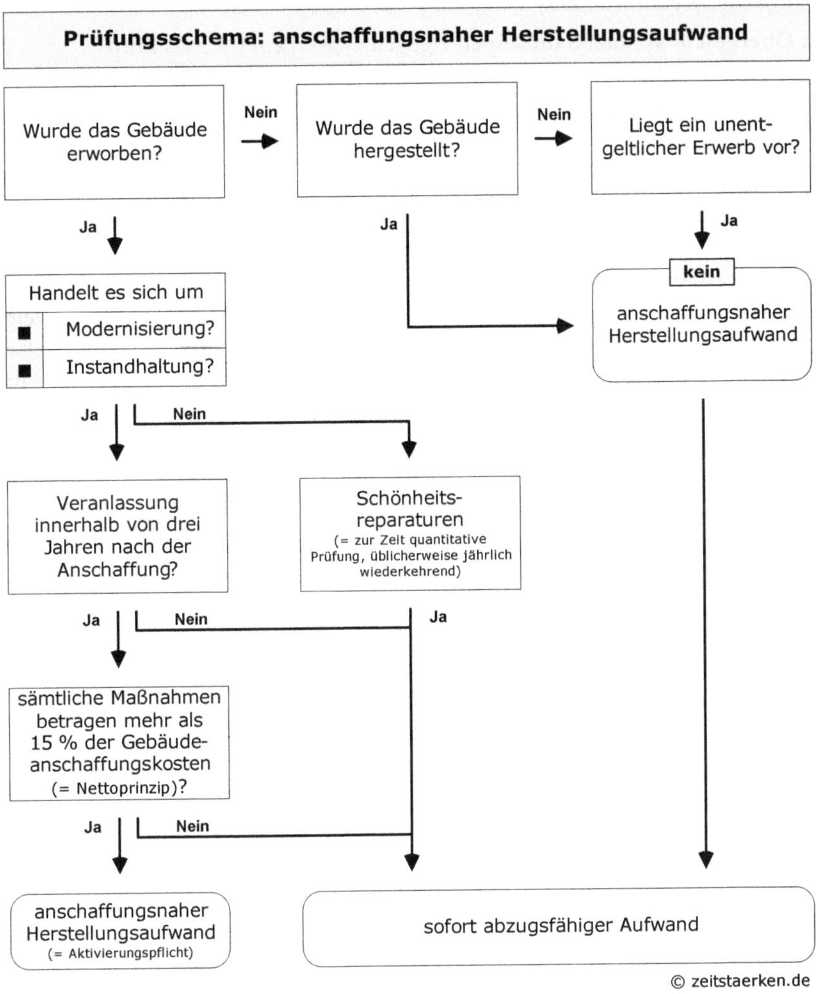

C. Einkünfteerzielungsabsicht bei Einkünften aus Vermietung und Verpachtung (= Verpachtungsgaststätte mit fortwährendem Leerstand; völlige Ungenutztheit)

(FG Köln vom 19.1.2007, 10 K 3821/03, DStRE 2008, 602, nrkr., Revision: BFH Az. X R 30/07; § 21 EStG)

I. Ausgangssituation

Der Steuerpflichtige S ersteigert im April 01 ein **dreigeschossiges Gebäude**. 9

S plant das Gebäude unterschiedlich zu nutzen:

- Das **Erdgeschoss** baut S als Gaststätte um (= fremdbetrieblich[16]).
- Das **1. Obergeschoss** nutzt S für seinen eigenen Gewerbebetrieb als Büro (= eigenbetrieblich[17]).
- Das **2. Obergeschoss** baut S als Pächterwohnung für die Gaststätte um (= fremde Wohnzwecke[18]).

Im Jahr 03 lässt S eine Theke für 27.000 € in die Gaststätte einbauen. Im Jahr 04 werden die Umbauarbeiten in dem ersteigerten Gebäude abgeschlossen. Nach Abschluss dieser Umbauarbeiten nutzte S das 1. Oberschoss als tatsächliches Büro. Das **Erdgeschoss** und das **2. Obergeschoss blieben ungenutzt**. Außerdem schließt S im *Jahr 03* einen zehnjährigen Automatenaufstellungsvertrag ab. Im *Jahr 04* erwirbt S das Nachbargrundstück zur Erweiterung des ersteigerten Gebäudes, um einen Anbau herzustellen. Anschließend will S die Gesamtnutzung ändern und ein Hotel betreiben. Im *Jahr 05* werden nachträglich Schreinerarbeiten in der Gaststätte für 11.000 € durchgeführt. Im *Jahr 05* erhält S die Baugenehmigung für den Anbau.

10 Um einer Zwangsversteigerung aufgrund von Zahlungsschwierigkeiten zu entgehen, überträgt S im *Jahr 05* beide Grundstücke im Rahmen eines Treuhandverhältnisses auf E, der sodann die Zinsen an die Bank und die Grundsteuern bezahlt. Im *Jahr 09* wurden die Grundstücke dann wieder von E an S zurück übertragen. Im *Jahr 09* schließt S gegen Darlehensgewährung einen 10-jährigen Bierlieferungsvertrag ab. Nach Auffassung des Finanzamtes liegt <u>*keine*</u> Einkunftserzielungsabsicht für die Verpachtungsgaststätte und der Gaststättenwohnung vor.

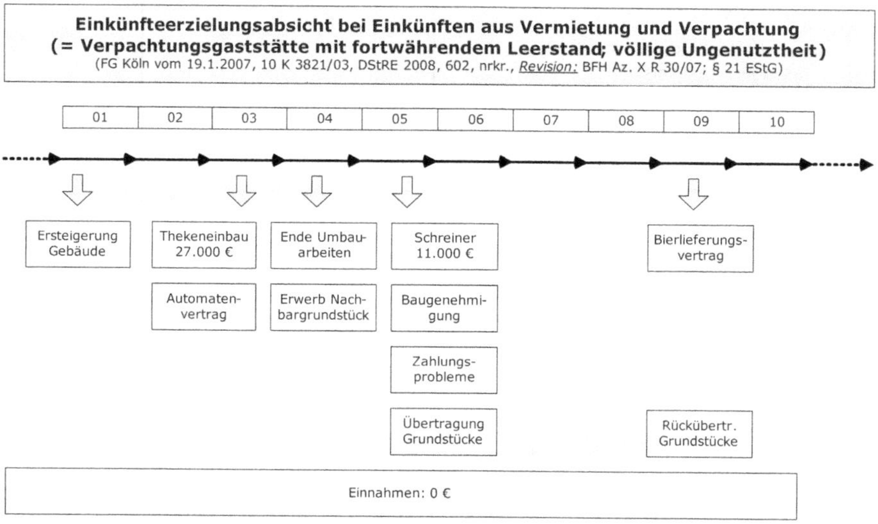

II. Besteuerungsproblem

11 Ist die Einkünfteerzielungsabsicht gegeben, wenn innerhalb eines 10-jährigen Zeitraums keine Einnahmen erzielt werden?

16 Vorher: Ladenlokal.
17 Vorher: Wohnraum.
18 Vorher: Wohnraum.

III. Auffassung des Finanzgerichts

Steuerbar sind nur solche Einkunftsquellen, die zur Erzielung positiver Einkünfte führen.[19] 12

Einkünfte aus Vermietung und Verpachtung sind somit *nur* steuerbar, soweit aus der Einkunftsquelle ein Totalüberschuss der Einnahmen über die Werbungskosten zu erzielen ist.[20] Selbst eine über längere Zeit anhaltende Erzielung von Werbungskostenüberschüssen widerlegt *nicht* die Vermutung einer Einkünfteerzielungsabsicht.[21] Liebhaberei kann *nur* in Ausnahmefällen angenommen werden.[22]

Eine Einkünfteerzielungsabsicht kann bereits vor der tatsächlichen Vermietung bestehen, wenn anhand objektiver Umstände feststellbar ist, dass der Steuerpflichtige den Entschluss zur Einkünfteerzielung endgültig gefasst *und nicht* wieder aufgegeben hat.

Das FG legt relevante und irrelevante Umstände für die Prüfung der Einkunftserzielungsabsicht 13
fest[23]:

- relevante Umstände:
  - Umbaumaßnahmen zur Vermietung (= Herrichtung des Vermietungsobjekts)
  - Einrichtung der Gaststätte durch die Theke und die Schreinerarbeiten
  - Durchführung von auf die Vermietung ausgerichtete Maßnahmen
  - Objektfinanzierung als Vermietungsobjekt[24]
  - Darlehen- und Wartungsvertrag mit einer Brauerei
  - Automaten-Aufstellungsvertrag
- irrelevante Umstände:
  - treuhänderische Grundstücksübertragung mit späterer Rückübertragung
  - Zahlungsschwierigkeiten[25]
  - Bestehen einer bedingter Veräußerungsabsicht bei einem lukrativen Angebot[26]

19 BFH vom 25.6.1984, GrS 4/82, BStBl. II 1984, 751.
20 BFH vom 5.11.2002, IX R 18/02, BStBl. II 2003, 914, m. w. N.
21 BFH vom 5.11.2002, IX R 18/02, BStBl. II 2003, 914, m. w. N.
22 BFH vom 30.9.1997, IX R 80/94, BStBl. II 1998, 771.
23 BFH vom 14.5.2003, XI R 8/02, BFH/NV 2003, 1315; BFH vom 10.12.2001, GrS 1/98, BStBl. II 20002, 291.
24 = Finanzierungsplanung mit Mieteinnahmen; Nachweis durch den Bankenschriftverkehr.
25 = *kein* Unterstellen einer Veräußerungsabsicht und damit Beendigung der Vermietungsabsicht.
26 Sonst wäre jede Vermietungsabsicht (sofort) beendet.

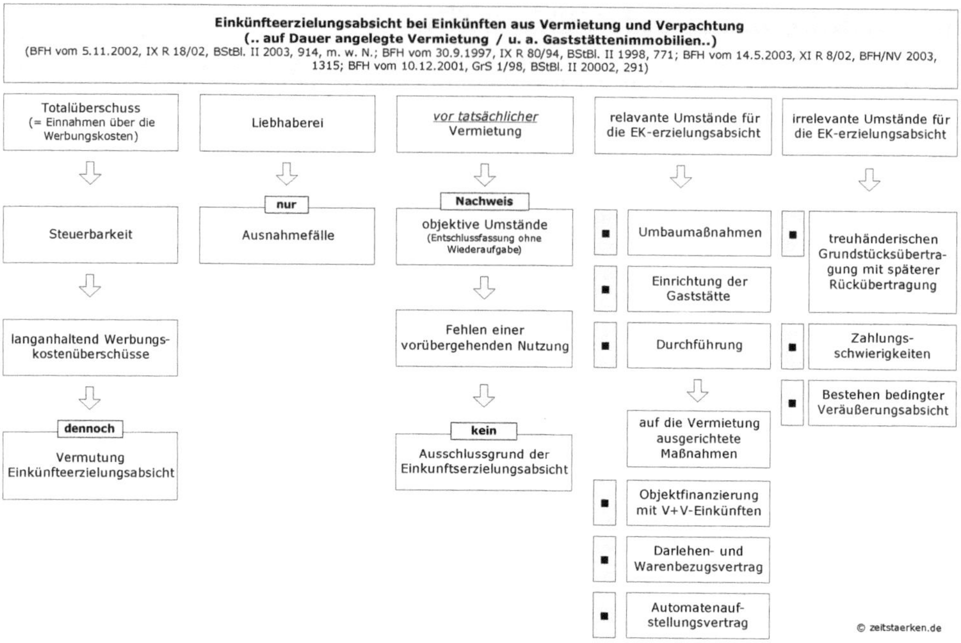

IV. Ergebnis in der Ausgangssituation

14 Der Erwerb und die baulichen Maßnahmen in der Zeit der Jahre 01 bis 03 bekräftigen die Einkünfteerzielungsabsicht als objektive Umstände vor einer tatsächlichen Einnahmeerzielung (= vorweggenommene Werbungskosten). Die im Jahr 05 durchgeführten Schreinerarbeiten lassen ebenfalls noch auf eine Vermietungsabsicht schließen. Die treuhänderischen Grundstücksübertragungen in 05 und Rückübertragungen in 09 sprechen aufgrund der Rückübertragungen *nicht* gegen eine Einkünfteerzielungsabsicht. Zur Einkünfteerzielung muss S Eigentümer bleiben. Der Erwerb des Nachbargrundstücks in 04 und die Baugenehmigung in 05 sprechen für eine bestehende Einkünfteerzielungsabsicht (= Weiterführung der Nutzungsabsicht). Der Abschluss des Automaten-Aufstellvertrags über 10 Jahre sowie des Bierlieferungsvertrags über 10 Jahre sprechen ebenfalls für die Vermietungsabsicht. Die Einkunftserzielungsabsicht war damit nicht nur für das 1. Obergeschoss (= selbstgenutztes Büro) sondern auch für die geplante Vermietung der Gaststätte und Gaststättenwohnung gegeben.

Hinweis:

Das Verfahren befindet sich bereits im zweiten Rechtsgang.

Es bleibt bei der neuerlichen Revision[27] abzuwarten, ob der BFH den Argumenten des FG folgt.

27 *Revision*: BFH Az. X R 30/07.

D. Beurteilung der Kosten für den Umbau eines Gebäudes nach der Anschaffung

(FG Köln vom 19.1.2007, 10 K 3821/03, DStRE 2008, 602, nrkr.; Revision: BFH Az. X R 30/07; § 6 Abs. 1 Nr. 1 EStG)

I. Ausgangssituation

Der Steuerpflichtige S ersteigert im April 01 ein dreigeschossiges Gebäude. 15

S plant das Gebäude unterschiedlich zu nutzen:

- Das Erdgeschoss baut S als Gaststätte um (= fremdbetrieblich[28]).
- Das 1. Obergeschoss nutzt S für seinen eigenen Gewerbebetrieb als Büro (= eigenbetrieblich[29]).
- Das 2. Obergeschoss baut S als Pächterwohnung für die Gaststätte um (= fremde Wohnzwecke[30]).

Im Jahr 03 lässt S eine Theke für 27.000 € in die Gaststätte einbauen. Im Jahr 04 werden die Umbauarbeiten in dem ersteigerten Gebäude abgeschlossen. Im Jahr 05 werden nachträglich Schreinerarbeiten in der Gaststätte für 11.000 € durchgeführt. Im Jahr 04 erwirbt S das Nachbargrundstück zur Erweiterung des ersteigerten Gebäudes, um einen Anbau durchzuführen. Nach erfolgtem Anbau will S das Gesamtgebäude als Hotel nutzen. Im Jahr 05 erhält S die Baugenehmigung für den Anbau. S fertigt eine Aufstellung mit einer Gesamtsumme „Instandsetzung" in Höhe von 121.000 € an. Davon wurden 12.500 € für eine Dachsanierung und die Überholung des bestehenden Gasleitungssystems verwendet. Einnahmen aus der Verpachtung der Gaststätte und der Vermietung der Pächterwohnung erzielt S *nicht*. Die Einkünfteerzielungsabsicht liegt - hier - unstreitig vor.

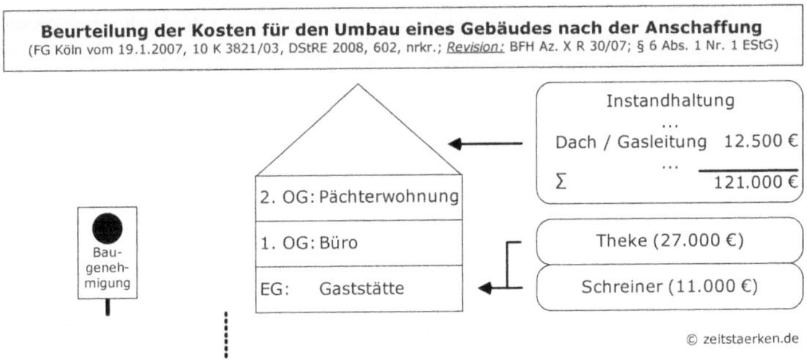

II. Besteuerungsprobleme

- Sind die Kosten für den Umbau des Gebäudes als Erhaltungsaufwendungen sofort abzugsfähig?
- Kann die AfA des Gebäudes und der Einrichtung abgezogen werden, obwohl das Gebäude *nicht* genutzt wird?

28 Vorher: Ladenlokal.
29 Vorher: Wohnraum.
30 Vorher: Wohnraum.

III. Auffassung des Finanzgerichts

1. Herstellungskosten

16 **Erweiterungen** führen regelmäßig zu Herstellungskosten, unabhängig von der Höhe der Kosten.[31] Eine Erweiterung liegt jedoch *nicht* vor.

Kosten für eine über den ursprünglichen Zustand hinausgehende **wesentliche Verbesserung** führen ebenfalls zu Herstellungskosten.[32] Eine wesentliche Verbesserung ist anzunehmen, wenn durch die Baumaßnahmen das Nutzungspotenzial des Gebäudes deutlich erhöht wird. Die Feststellungen erfolgen für steuerrechtliche Zwecke mit den Standardsprüngen der vier maßgeblichen Indikatoren Heizung, Sanitär, Elektroinstallationen und Fenster.[33] Auf die Höhe der Aufwendungen kommt es *nicht* an, sondern auf den Zustand des Gebäudes vor und nach der Maßnahme.[34] Es liegt auch *keine* wesentliche Verbesserung vor.

Herstellungskosten liegen auch dann vor, wenn ein **neuer Vermögensgegenstand** unter Einbeziehung des alten Vermögensgegenstands entsteht. Voraussetzung dafür ist, dass das Gebäude bautechnisch als neu zu beurteilen ist. Die Bausubstanz muss dazu wesentlich verändert werden, sodass die neu eingefügten Teile dem Gebäude das Gepräge geben und ggf. für die Nutzungsdauer bestimmend sind.[35] Eine wesentliche Veränderung des Altbaus liegt *nicht* vor.

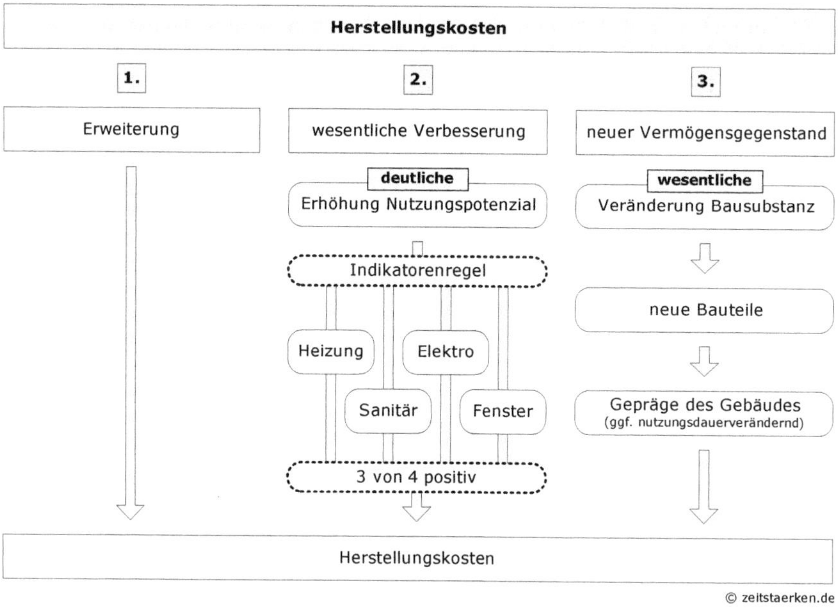

31 § 255 Abs. 2 Satz 1 HGB.
32 § 255 Abs. 2 Satz 1 HGB.
33 BMF vom 18.7.2003, IV C 3 - S 2211 94/03, BStBl. I 2003, 386 Rdnr. 9 ff.
34 BFH vom 3.12.2002, IX R 64/99, BStBl. II 2003, 590.
35 BFH vom 5.6.2003, III R 49/01, HaufeIndex: 985342, NV.

2. Anschaffungskosten

Zu den Anschaffungskosten zählen auch alle Aufwendungen, die den erworbenen Vermögensgegenstand in einen betriebsbereiten Zustand versetzen.[36] Die **Betriebsbereitschaft** eines Vermögensgegenstands ist hergestellt, wenn der Vermögensgegenstand sich in dem konkreten Zustand befindet, wie der Erwerber den Vermögensgegenstand im Rahmen der Einkunftsart nutzen will.[37] 17

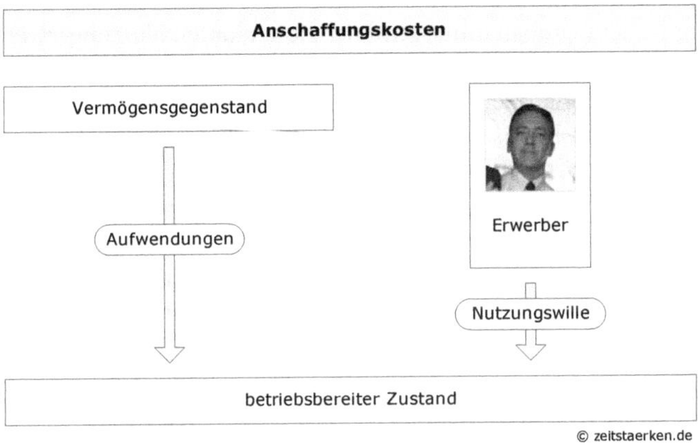

7

3. Abschreibung der Thekeneinrichtung

Abschreibung ist von abnutzbaren Wirtschaftsgütern vorzunehmen.[38] Abnutzbarkeit liegt vor, wenn ein Wirtschaftsgut während der Dauer der bestimmungsgemäßen Nutzung einen wirtschaftlichen und/oder technischen Wertverzehr erleidet.[39] Die Abschreibung dient *nicht* dem Ausgleich des Wertverzehrs, sondern der Verteilung der Anschaffungs- oder Herstellungskosten.[40] Der Wertverzehr (= voraussichtliche Nutzungsdauer) bildet lediglich den Maßstab für die Verteilung. Weitere Voraussetzung ist, dass das Wirtschaftsgut zur Erzielung von Einkünften genutzt wird.[41] Unter den Begriff „Nutzung" ist *nicht* nur die tatsächliche Verwendung des Wirtschaftsguts sondern auch die Bereithaltung des Wirtschaftsguts zu subsumieren. 18

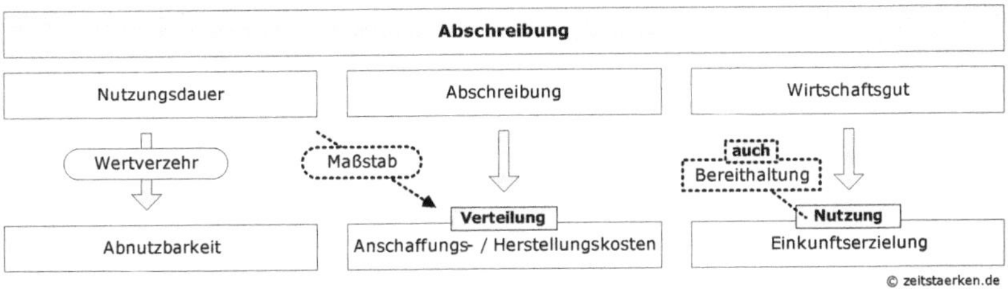

36 § 255 Abs. 1 Satz 1 HGB.
37 BFH vom 12.9.2001, XI R 52/00, BStBl. II 2003, 574.
38 R 7.1 Abs. 1 EStR.
39 BFH vom 26.1.2001, VI R 26/98, BStBl. II 2001, 194.
40 BFH vom 5.12.1985, IV R 112/85, BStBl. II 1986, 390; BFH vom 23.6.1977, VI R 17/73, BStBl. II 1977, 825; BFH vom 14.2.1989, IX R 109/84, BStBl. II 922.
41 BFH vom 15.12.1981, VIII R 116/79, BStBl. II 1982, 385.

Somit erfolgt eine Abschreibung auch ungenutzter Wirtschaftsgüter bereits dann, wenn diese nur für eine künftige Einkünfteerzielung bereitgehalten werden. Eine Saldierung der Abschreibung auf die voraussichtliche Nutzungsdauer mit einer eventuell geringeren Abschreibung aufgrund des tatsächlichen Nichtgebrauchs des Wirtschaftsguts ist ausgeschlossen.[42]

IV. Ergebnis in der Ausgangssituation

19 Da das Gebäude nach dem Umbau umfassend für die geplanten Nutzungszwecke umgebaut wurde, kann im Erwerbszeitpunkt noch *keine* Betriebsbereitschaft vorgelegen haben. Erst durch die durchgeführten Umbaumaßnahmen war eine Nutzung zu den Zwecken des Erwerbers überhaupt möglich. Die Sanierung des Dachs und die Überholung der Gasleitungen sind *nicht* notwendig um das Gebäude in einen betriebsbereiten Zustand zu versetzen. Insoweit ist ein Abzug dieser Aufwendungen als sofort abzugsfähige Erhaltungsaufwendungen möglich.[43] Die übrigen Aufwendungen sind somit als Anschaffungskosten zu qualifizieren und nur im Rahmen der Abschreibung abzugsfähig. Eine Abschreibung der Thekeneinrichtung ist auch *ohne* laufende Vermietung (= tatsächliche Verwendung) erforderlich, da das Wirtschaftsgut für die Vermietung bereitgehalten wird.

E. Rückabwicklung eines Grundstückskaufvertrags

(Bayrisches Landesamt für Steuern, Verfügung vom 16.7.2008, S 2256.1.1 - 1/3 St 32/St 33, DB 2008, 2110; BFH vom 27.06.2006, IX R 47/04, BStBl. II 2007, 162; BFH vom 19.12.2007, IX R 50/06, BStBl. II 2008 480; § 21 EStG)

I. Einleitung

20 Zur Frage der einkommensteuerrechtlichen Behandlung der Rückabwicklung eines Grundstückskaufvertrags hat die Bayrische Finanzverwaltung anhand des folgenden Beispielsachverhalts Stellung genommen.

II. Ausgangssituation

21 Der Steuerpflichtige A hatte im Januar 2004 ein Mietwohngrundstück zum Kaufpreis von 1.000.000 € erworben. Die Anschaffungsnebenkosten (Notar, Grundbuch, Grunderwerbsteuer) beliefen sich auf 40.000 €. A erklärte in den Jahren 2004 und 2005 folgende Vermietungseinkünfte, die bestandskräftig veranlagt sind:

		VZ 2004		VZ 2005
Mieteinnahmen		40.000 €		45.000 €
Schuldzinsen	./.	35.000 €	./.	30.000 €
Gebäude-AfA	./.	15.000 €	./,	15.000 €
Sonstige Werbungskosten	./.	5.000 €	./.	5.000 €
Verlust	./.	15.000 €	./.	5.000 €

42 BFH vom 26.1.2001, VI R 26/98, BStBl. II 2001, 194.
43 BFH vom 12.9.2001, XI R 52/00, BStBl. II 2003, 574.

Anfang des Jahres 2006 entdeckte A an dem Gebäude schwerwiegende bauliche Schäden, die ihm der Verkäufer böswillig verschwiegen hatte. Nach Rücktritt vom Kaufvertrag[44] **erstattete der Veräußerer** A den damals gezahlten Kaufpreis, die seinerzeit angefallenen Notar- und Grundbuchgebühren und die zwischenzeitlich geleisteten Aufwendungen auf das Grundstück einschließlich der gezahlten Schuldzinsen. Gegen gerechnet wurden die vereinnahmten Mieten. Außerdem zahlte der Veräußerer Zinsen für den Kaufpreis, der ihm für zwei Jahre zur Verfügung stand.[45] Im Jahr 2006 erhielt A aus diesem Grund 1.090.000 €, die sich wie folgt zusammensetzen:

Erstattung Kaufpreis und Nebenkosten	1.040.000 €
+ Erstattung Schuldzinsen und sonstige Werbungskosten	+ 75.000 €
./. gegen zurechnende Mieteinnahmen	./. 85.000 €
+ **Verzinsung** des Kaufpreises	+ 60.000 €
Gesamtbetrag	1.090.000 €

7

III. Besteuerungsproblem

Welche steuerrechtlichen Auswirkungen ergeben sich aus der Rückabwicklung des Kaufvertrags bei A im Jahr 2006? 22

IV. Keine steuerrechtliche Rückerstattung

Bei A ergeben sich im Jahr 2006 folgende Auswirkungen: 23

- Einkünfte aus Vermietung und Verpachtung[46] + 20.000 €
- Einnahmen aus Kapitalvermögen[47] + 60.000 €

Zivilrechtlich entfaltet die Aufhebung des Kaufvertrags Rückwirkung auf den Zeitpunkt des Abschlusses des Kaufvertrags. Steuerrechtlich gilt jedoch der Grundsatz, dass zivilrechtlich zurückwirkende Vereinbarungen bzw. Gerichtsentscheidungen *keine* steuerliche Rückwirkung entfalten können. Wenn der Tatbestand der Einkünfteerzielung verwirklicht worden ist, lässt sich das *nicht* rückwirkend ändern.[48] Die zivilrechtliche Rückwirkung wird deshalb bei laufend veranlagten Steuern *nicht* nachvollzogen, sondern beschränkt sich auf einmalig festgesetzte Steuern wie Erbschaftsteuer und Grunderwerbsteuer.

Für den Bereich der Einkommensteuer gilt der „Grundsatz der Unabänderlichkeit des verwirklichten Einkünfteerzielungstatbestandes“[49]. Im vorliegenden Fall hat der Steuerpflichtige bis zur Rückübertragung des Grundstücks den Tatbestand der Einkunftsart Vermietung und Verpachtung[50] erfüllt. Dieser Tatbestand wird ***nicht* rückgängig gemacht**, wenn der Steuerpflichtige das Grundstück zurück überträgt, ihm die Grundstückskosten ersetzt werden und der Steuerpflichtige die vereinnahmten Mieten (im Wege der Verrechnung) herausgibt. Bis zur Vereinbarung über die Rückabwicklung des Kaufvertrags war der Steuerpflichtige **rechtlicher und wirtschaftlicher Eigentümer** des Grundstücks. Ihm sind deshalb die Einkünfte aus Vermietung und Verpachtung

44 §§ 346, 323 BGB.
45 §§ 346 Abs. 1 Satz 1, 347 Abs. 1 Satz 1 BGB.
46 § 21 EStG.
47 § 20 EStG.
48 §§ 38, 41 AO.
49 BFH vom 21.10.1999, BStBl. II 2000, 424; BFH vom 15.3.2000, BFH/NV 2000, 1185.
50 § 21 EStG.

zuzurechnen. **Die Vereinbarungen des Jahres 2006 entfalten danach einkommensteuerrechtliche Wirkung erst für dieses Jahr.** Dabei ist davon auszugehen, dass sämtliche in der Vereinbarung einzeln aufgeführten Berechnungsposten in diesem Jahr bei dem Steuerpflichtigen zu- bzw. abgeflossen sind, teilweise im Wege der Verrechnung.

24 Damit ergeben sich folgende Auswirkungen bei den verschiedenen Einkunftsarten:

- Vermietung und Verpachtung[51]
- Privater Veräußerungsgewinn[52]
- Einnahmen aus Kapitalvermögen[53]

1. Vermietung und Verpachtung

25 Die erstatteten (= empfangenen) Schuldzinsen und sonstigen Werbungskosten sind im Jahr der Zahlung als Einnahmen aus Vermietung und Verpachtung anzusetzen (75.000 €). Die Herausgabe der vereinnahmten Mieten führt zu negativen Einnahmen (./. 85.000 €), so dass sich im VZ 2006 - ohne Berücksichtigung der AfA - zunächst ein Verlust von ./. 10.000 € ergibt. Dieses (vorläufige) Ergebnis ist jedoch[54] noch bezüglich der AfA zu korrigieren (2 x 15.000 € =) 30.000 €, so dass sich für 2006 insgesamt ein Überschuss von (./. 10.000 € + 30.000 €) 20.000 € ergibt.

Dies begründet sich wie folgt:

Nach Meinung des BFH dient die AfA[55] nicht dem Ausgleich eines eingetretenen Wertverzehrs ohne Aufwand, sondern ist dazu bestimmt, Aufwendungen des Steuerbürgers in Gestalt von Anschaffungs- oder Herstellungskosten für das jeweilige Wirtschaftsgut typisierend periodengerecht zu verteilen. Demzufolge lehnte der BFH im entschiedenen Fall den Abzug der AfA ab, da durch die vollständige Rückabwicklung des Kaufvertrags die Klägerin *keine* Anschaffungskosten zu tragen hatte. Übertragen auf den vorliegenden Sachverhalt bedeutet dies, dass die Rückzahlung von Anschaffungskosten im Jahr 2006 insoweit zum Ansatz negativer Werbungskosten (und damit im Ergebnis zu Einnahmen) führt, als die AfA in den Vorjahren bereits steuerlich berücksichtigt worden ist. Die bisher vorgenommene AfA (für zwei Jahre jeweils 15.000 €) ist damit zu korrigieren.

2. Privater Veräußerungsgewinn

26 Nach dem BFH Rechtsprechung[56] stellt die Rückabwicklung eines Anschaffungsgeschäfts ***kein* steuerpflichtiges Veräußerungsgeschäft**[57] dar. Ein etwaiger Veräußerungsgewinn in Höhe der rückgängig gemachten AfA fällt somit *nicht* an.

3. Einnahmen aus Kapitalvermögen

27 Die von dem Grundstücksveräußerer gezahlten Zinsen für den vereinnahmten und später erstatteten Kaufpreis (60.000 €) gehören zu den Einnahmen aus Kapitalvermögen[58]. Dabei handelt

51 § 21 EStG.
52 § 23 EStG.
53 § 20 EStG.
54 BFH vom 19.12.2007, IX R 50/06, BStBl. II 2008, 480.
55 § 7 EStG.
56 BFH vom 27.6.2006, IX R 47/04, BStBl. II 2007, 162.
57 § 23 Abs. 1 Satz 1 Nr. 1 EStG.
58 § 20 Abs. 1 Nr. 7 EStG.

es sich *nicht* um eine Entschädigung[59], das heißt, dass die Tarifermäßigung[60] *nicht* in Betracht kommt. Der zu verzinsende Geldbetrag stand dem Veräußerer des Grundstücks zur Verfügung. Für diese Nutzung bzw. Nutzungsmöglichkeit hat der Veräußerer nach den Vorschriften des BGB unmittelbar Zinsen zu entrichten und ist *nicht* etwa zur Zahlung von Schadensersatz wegen entgangener Nutzungsvorteile verpflichtet. Die Zusammenballung der Zinsen stellt nach der BFH-Rechtsprechung auch *keine* Vergütung für eine mehrjährige Tätigkeit dar.[61]

F. Ablösung einer Hypothek

(FG Köln vom 23.1.2008, 4 K 3554/07, DStRE 2008, 1184; Revision: BFH IX R 11/08; § 9 EStG)

I. Ausgangssituation

Die Erbin E erwarb im Wege der Gesamtrechtsnachfolge von ihrer verstorbenen Mutter ein vermietetes Grundstück. E ist Alleinerbin. Dem Bruder B der E wurde der Pflichtteilsanspruch entzogen. Zur Absicherung von Verbindlichkeiten des B hatte die Erblasserin auf dem Grundstück eine Hypothek eintragen lassen. Da B *nicht* in der Lage war, seine Verbindlichkeiten von 1 Mio. € zu tilgen, drohte die Zwangsversteigerung des Grundstücks. E nahm nach dem Erbfall bei der Bank ein Darlehen über 1 Mio. € auf, mit denen die Verbindlichkeiten des B getilgt wurden. E machte in ihrer Einkommensteuererklärung die für das aufgenommene Darlehen angefallenen Zinsen als Werbungskosten bei den Einkünften aus Vermietung und Verpachtung geltend. Das Finanzamt erkannte die geltend gemachten Schuldzinsen *nicht* als Werbungskosten an. 28 7

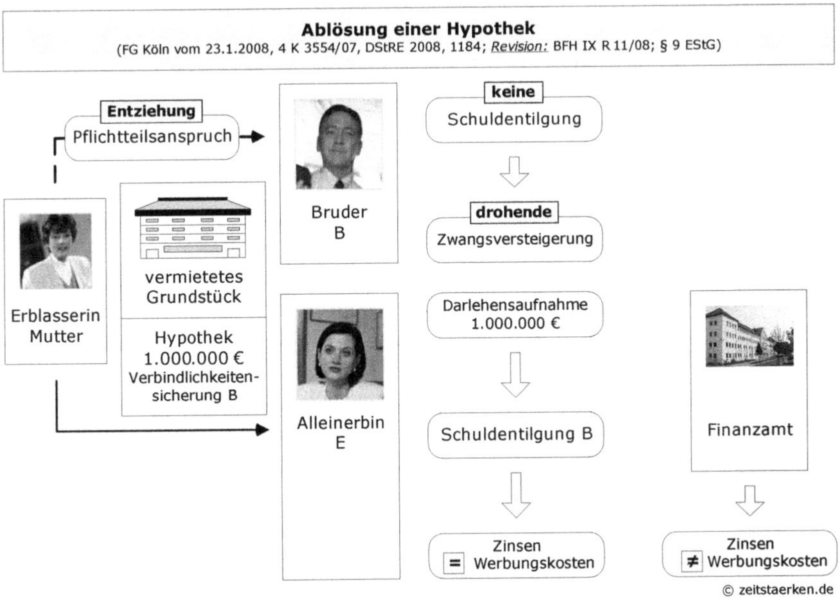

59 § 24 Nr. 1 Buchst. a EStG.
60 § 34 Abs. 1 EStG.
61 BFH vom 22.4 1966, BStBl. III 1966, 462; § 34 Abs. 2 Nr. 4 EStG.

II. Besteuerungsproblem

29 Sind die für das aufgenommene Darlehen entstandenen Zinsen als Werbungskosten abzuziehen?

III. Auffassung des Finanzgerichts

1. Werbungskosten

30 Werbungskosten sind Aufwendungen zur Erwerbung, Sicherung und Erhaltung der Einnahmen.[62] Werbungskosten liegen immer dann vor, wenn zwischen den Aufwendungen und der jeweiligen Einkunftsart ein Veranlassungszusammenhang besteht.[63] Schuldzinsen sind _nur dann_ als Werbungskosten anzuerkennen, wenn sie mit einer bestimmten Einkunftsart im wirtschaftlichen Zusammenhang stehen.[64] Der wirtschaftliche Zusammenhang besteht, wenn das Darlehen aufgenommen wurde, um entsprechende Einkünfte zu erzielen.[65]

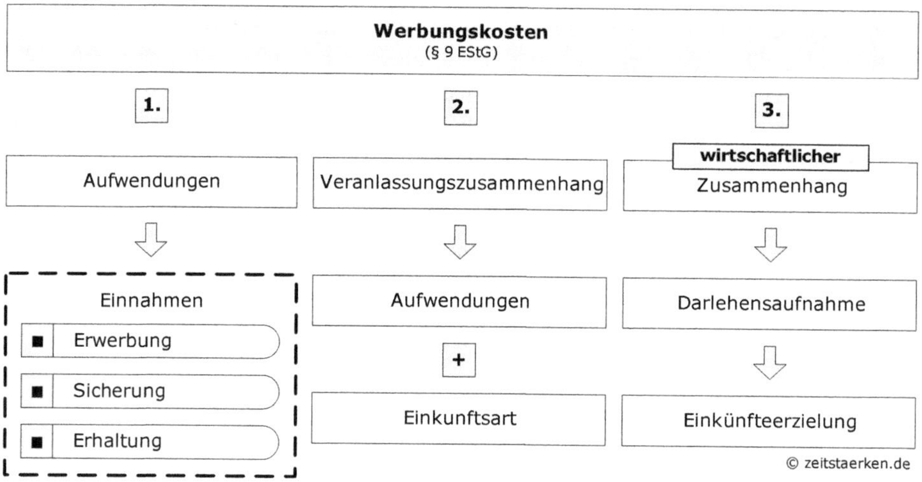

Die **Ablösung einer Hypothek**, welche zur Absicherung von Verbindlichkeiten diente, stellt _keinen_ wirtschaftlichen Zusammenhang mit Einkünften aus Vermietung und Verpachtung dar. Allein die dingliche Belastung von Grundstücken mit Hypotheken begründet für sich _keinen_ wirtschaftlichen Zusammenhang mit Einkünften aus Vermietung und Verpachtung, sondern lediglich einen rechtlichen Zusammenhang.[66] Maßgebend ist die tatsächliche Verwendung des Darlehens.[67]

62 § 9 Abs. 1 Satz 1 EStG.
63 BFH vom 4.7.1990, GrS 2-3/88, BStBl. II 1990, 817.
64 § 9 Abs. 1 Satz 3 Nr. 1 EStG.
65 BFH vom 26.11.1985, IX R 64/82, BStBl. II 1986, 161; BFH vom 29.7.1997, IX R 89/94, BStBl. II 1997, 772.
66 BFH vom 15.1.1980, VIII R 70/78, BStBl. II 1980, 348; BFH vom 29.7.1997, IX R 89/94, a. a. O.
67 BFH vom 4.7.1990, GrS 2-8/88, a. a. O.

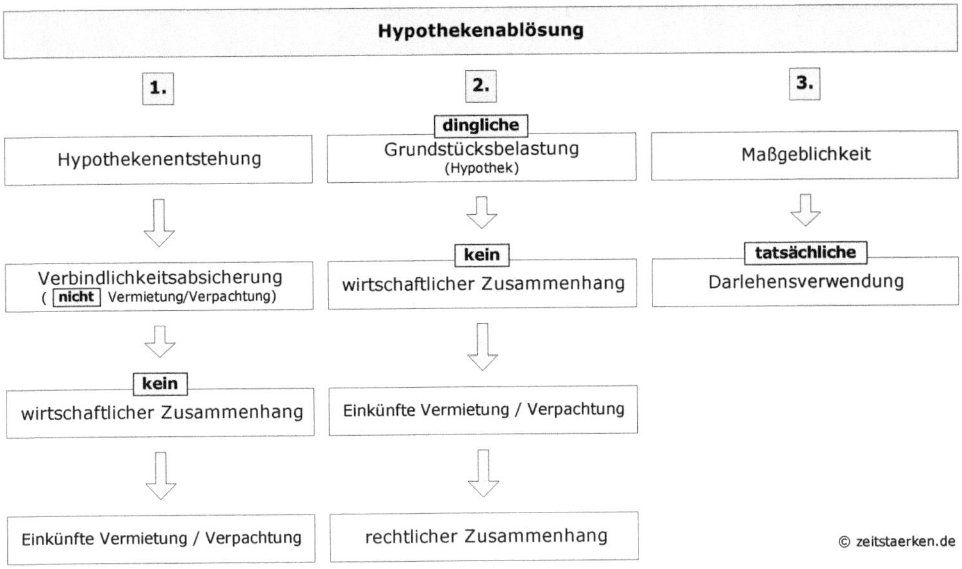

2. Anschaffungskosten

Schuldzinsen stehen in einem wirtschaftlichen Zusammenhang mit einer Einkunftsart, *wenn* die 31
Schuld dafür aufgenommen wurde, die Anschaffungs- oder Herstellungskosten eines Wirtschaftsgutes zu finanzieren (= **Vermögensübertragung in eine Einkunftsart**).[68] Danach sind Anschaffungskosten Aufwendungen die geleistet werden, um einen Vermögensgegenstand zu erwerben und ihn in einen betriebsbereiten Zustand zu versetzen.[69]

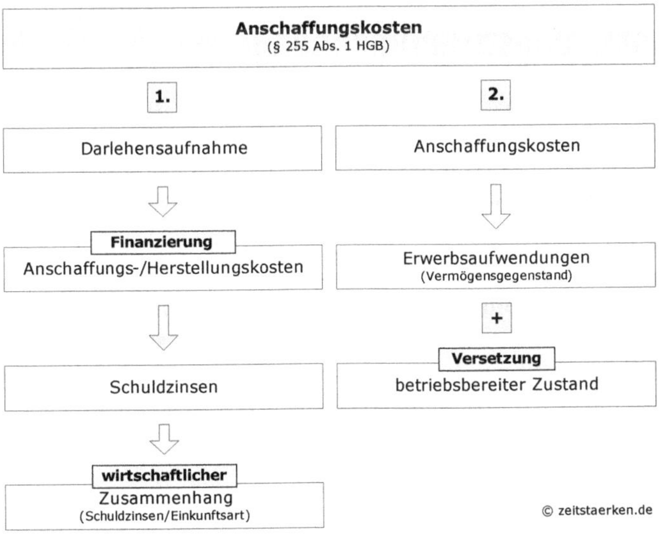

68 BFH vom 14.4.1992, VIII R 6/87, a. a. O., m. w. N.
69 § 255 Abs. 1 HGB.

- Die **Erfüllung eines Pflichtteilsanspruchs** führt *nicht* zu Anschaffungskosten.

Hinweis:

*Die Belastungen eines Nachlasses mit Vermächtnis-, Pflichtteils- und Erbersatzverbindlichkeiten führen **nicht** zu Anschaffungskosten für die Wirtschaftsgüter des Nachlasses.*[70]

Entstehung und Erfüllung dieser Verbindlichkeiten beruhen nicht auf einem entgeltlichen Rechtsgeschäft zwischen dem Erben und dem Berechtigten, sondern auf dem Erbfall selbst.[71] Bei der Erfüllung des Pflichtteilsanspruchs kommt es *nicht* zur Übertragung eines Vermögenswerts durch den Berechtigten auf den Erben. Infolgedessen entsteht aus diesem Vorgang weder ein Veräußerungsgewinn beim Pflichtteilsberechtigten, noch hat der Erbe hieraus Anschaffungskosten für das ererbte Vermögen.[72] Dem entsprechend sind auch Darlehenszinsen, die für die Erfüllung von Pflichtteilsansprüchen angefallen sind, *keine* Betriebsausgaben oder Werbungskosten.[73]

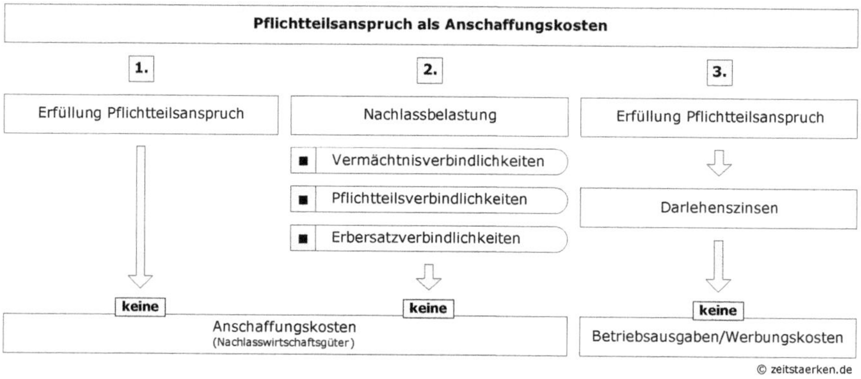

3. Veranlassungszusammenhang

32 Ein Veranlassungszusammenhang mit der Einkunftserzielung ist dann grundsätzlich zu verneinen, wenn die Zugehörigkeit zum Vermögen des Steuerpflichtigen eines der Einkunftserzielung dienenden Wirtschaftsgutes bedroht ist. Die Aufwendungen zur Abwehr von Gefahren für das der Einkunftserzielung dienende Vermögen sind dann *keine* Werbungskosten, da *nicht* die Absicherung der Einkunftserzielung, sondern die Beeinträchtigung des Vermögens im Vordergrund steht.[74]

- Die **Ablösung einer Hypothek** stellt *keine* Gegenleistung für die Übertragung des Grundstücks dar, wenn das belastete Grundstück im Wege der Gesamtrechtsnachfolge unentgeltlich erworben wurde. Es fehlt ein Zusammenhang mit dem Grundstückserwerb, somit können auch *keine* nachträglichen Anschaffungskosten entstehen. Die Ablösung der Hypothek dient der Abwendung der Bedrohung des Vermögens.

70 BFH vom 14.4.1992, VIII R 6/87, a. a. O.
71 Pflichtteilsanspruch § 2317 BGB.
72 BFH vom 2.4.1987, IV R 92/85, BStBl. II 1987, 621, BFH vom 17.10.1991, IV R 97/89, BStBl. II 1992, 392.
73 BFH vom 8.12.1992, IX R 68/89, BStBl. II 1993, 434; BFH vom 25.11.1993, IV R 66/93, BStBl. II 1994, 623; BFH vom 23.3.2000, XI B 147/99, ZEV 2000, 286.
74 BFH vom 11.5.1993, IX R 25/89, BStBl. II 1993, 751; BFH vom 29.7.1997, IX R 89/94 a. a. O.

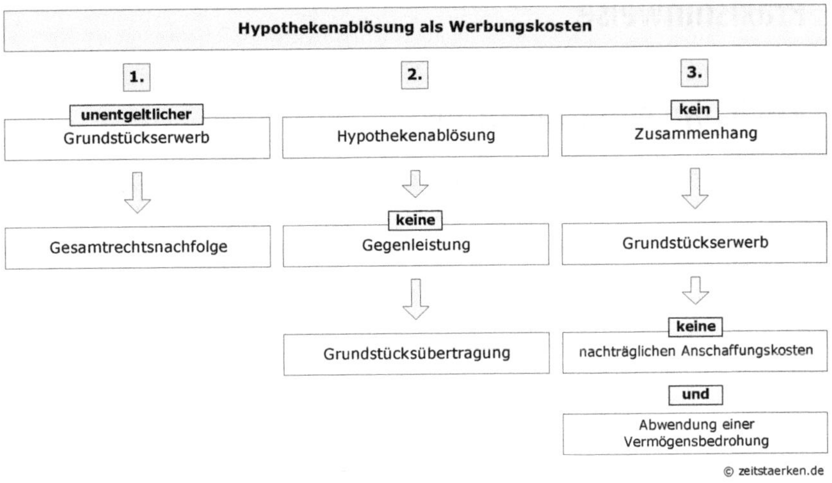

IV. Lösung in der Ausgangssituation

Die Schuldzinsen sind *nicht* als Werbungskosten abziehbar. Es besteht *kein* wirtschaftlicher Zusammenhang mit der Einkunftserzielung aus Vermietung und Verpachtung, da weder die Erfüllung des Pflichtteilsanspruchs, noch die Ablösung der Hypothek Anschaffungskosten begründen. Auch die Abwendung der drohenden Zwangsvollstreckung begründet *keinen* Veranlassungszusammenhang, da die Beeinträchtigung des Vermögens im Vordergrund steht. 33

Hinweis:

Der Fall ist zur Revision[75] zugelassen, da die Frage besteht, ob der Fall einem Anschaffungsfall gleichzustellen ist. Mit der Darlehensaufnahme zur Vermeidung der Zwangsversteigerung, wurde eine neue Investitionsentscheidung getroffen.

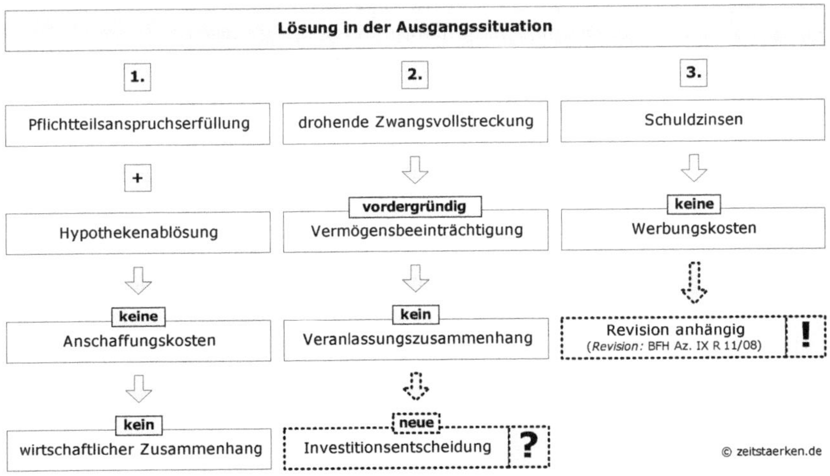

75 *Revision:* BFH Az. IX R 11/08.

V. Praxishinweise

1. Ablösung einer Hypothek

34 Hat ein Dritter ein dingliches Recht an einem Grundstück und löst der Eigentümer das dingliche Recht ab, so sind die Ablösezahlungen als nachträgliche Anschaffungskosten[76] zu beurteilen, wenn durch das dingliche Recht die Befugnisse des Eigentümers[77] beschränkt waren. Zu den Befugnissen des Eigentümers gehört unter anderem das Recht auf Nutzung des Vermögensgegenstandes. Durch die Ablösung des dinglichen Rechts beseitigt der Eigentümer die Beschränkung seiner Eigentümerbefugnisse und beschafft sich die vollständige, rechtliche und wirtschaftliche Verfügungsmacht an dem Grundstück.[78]

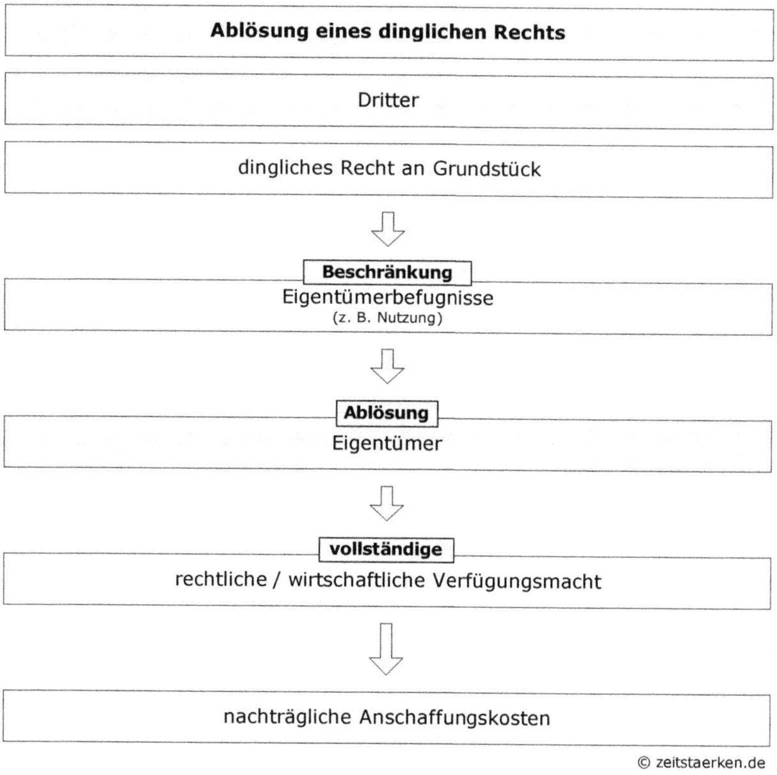

Eine Hypothek beeinträchtigt *nicht* die Nutzungs- und Verfügungsmöglichkeiten des Eigentümers, sondern dient der Sicherheit für fremde Schulden. Somit liegen bei Ablösung der Hypothek *keine* Anschaffungskosten für die Erlangung der Einkunftserzielung vor.

76 § 255 Abs. 1 HGB.
77 § 903 BGB.
78 BFH vom 15.12.1992, IX R 323/87, BStBl. II 1993, 488; BFH vom 6.7.1998, IX R 112/88, BStBl. II 1998, 429; BFH vom 29.7.1997, IX R 89/94, a. a. O.

2. Veranlassungszusammenhang bei Abwehrkosten

Ist die abzuwehrende Gefahr durch die Einkunftserzielung begründet, wie z. B. durch die Verwendung des Wirtschaftsgutes zur Einkunftserzielung, liegt ein Veranlassungszusammenhang von Abwehrkosten mit der Erzielung von Einkünften vor.[79] Dies kann beispielsweise vorliegen bei einem Diebstahl des Wirtschaftsguts, wie z. B. einem auf einer Dienstreise entwendenden privaten Pkw eines Arbeitnehmers.[80] Steht lediglich die Erhaltung des Vermögens im Vordergrund, liegt *kein* Veranlassungszusammenhang mit der Einkünfteerzielung vor. 35

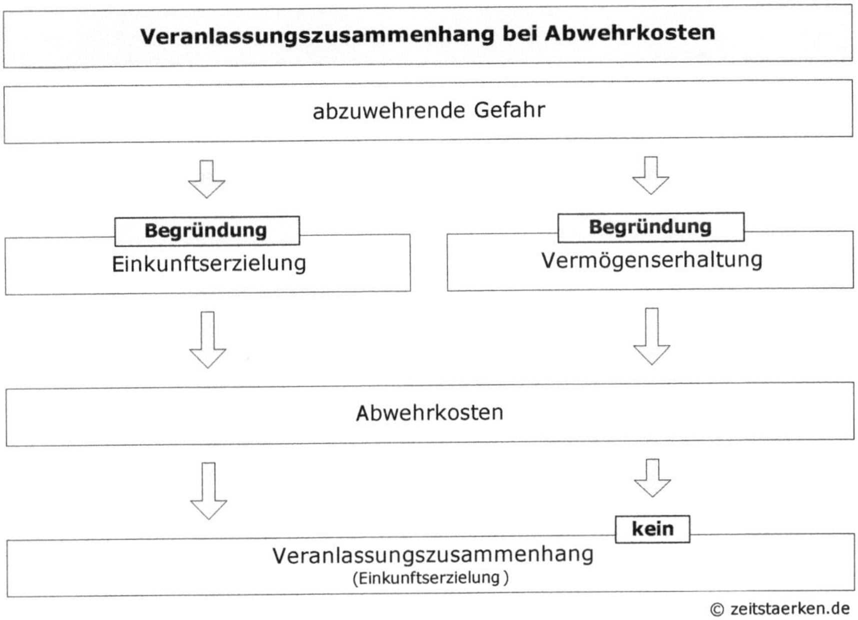

79 BFH vom 11.5.193, IX R 25/89, a. a. O., m. w. N.; BFH vom 29.7.1997, IX R 89/94, a. a. O.
80 BFH vom 25.5.1992, VI R 171/88, BStBl. II 1993, 44; BFH vom 4.7.1986, VI R 227/83, BStBl. II, 1986, 771.

VI. Musterrechtsbehelf

17.11.2008

Dokument3

Einspruch gegen die [Einkommensteuer, Kirchensteuer und den Solidaritätszuschlag ????

Mandant / Anschrift
Steuernummer:

Einspruch gegen die Nicht-Berücksichtigung von Aufwendungen für die Ablösung einer Hypothek als Werbungskosten

Sehr geehrte Damen und Herren,

namens und im Auftrage legen wir hiermit für den o.a. Steuerpflichtigen

Einspruch

gegen den [Einkommensteuer-, Kirchensteuer- und Solidaritätszuschlagsbescheid des VZ ???? / der VZ ???? - ????] ein.

[Unser Mandant/unsere Mandantin] hat das Grundstück [Bezeichnung] durch Gesamtrechtsnachfolge von [Name] erhalten.

Die auf dem Grundstück lastende Hypothek hat die Einkunftserzielung der Mandantin bedroht, da der Schuldner [Name] die Verbindlichkeiten *nicht* erbringen konnte und die Zwangsvollstreckung das Eigentum [des Mandanten/der Mandantin] bedroht hat.

Durch die Aufnahme eines Darlehens und die Tilgung der Verbindlichkeiten konnte die Bedrohung abgewendet und die Einkunftserzielung gesichert werden.

Mit der Aufnahme des Darlehens entschied sich [unser Mandant/unsere Mandantin] für eine Investition in das einkünftebringende Wirtschaftsgut.

Somit liegen Anschaffungskosten vor.

Da der wirtschaftliche Zusammenhang der Einkunftsart mit dem Grundstück besteht, sind die für das Darlehen anfallenden Aufwendungen (= Zinsen und Gebühren) als Werbungskosten abzugsfähig.

Vor dem BFH ist derzeit ein Verfahren diesbezüglich anhängig (BFH Az. IX R 11/08).

Wir beantragen das Ruhen des Verfahrens und die Aussetzung der Vollziehung für den rechtswidrigen Teilbetrag [in Höhe von ????? €].

Weiterhin beantragen wir soweit erforderlich Vollstreckungsaufschub.

RB-Nr.: RB StG 0001 0009 2008 0001

G. Vorweggenommene Werbungskosten aus Vermietung und Verpachtung während der Eigennutzung

(FG Saarland vom 28.8.2008, 1 K 2073/04, EFG 2008, 1705, nrkr.; Revision: BFH IX R 51/08; § 21 EStG)

I. Ausgangssituation

Die Steuerpflichtige S hat in ihrer Eigentumswohnung in der Zeit vom 20. bis 22.8.02 einen Gasheizkessel einbauen lassen. S wohnte zum Zeitpunkt des Einbaus selbst in der Wohnung und nutzte diese weiterhin bis zum 21.7.03 zu eigenen Wohnzwecken. Der bisherige Heizkessel war zum Zeitpunkt des Austausches voll funktionsfähig. Vor Einbau des Heizkessels hatte S beim zuständigen Finanzamt einen Antrag auf verbindliche Zusage gestellt, mit der Erläuterung, dass die Heizkesselerneuerung im Hinblick auf die beabsichtigte Vermietung und damit erforderliche Reduzierung der Nebenkosten erfolgen solle. Ab dem 22.7.03 vermietete S die Wohnung. In ihrer Einkommensteuererklärung 02 machte S die Aufwendungen für den Heizkesseleinbau als vorweggenommene Werbungskosten bei den Einkünften aus Vermietung und Verpachtung geltend. Das Finanzamt lehnte die Anerkennung der vorweggenommenen Werbungskosten mit der Begründung ab, dass Erhaltungsmaßnahmen grundsätzlich dem Nutzungszusammenhang zu zuordnen seien, in dessen Zeitraum die Aufwendungen fallen. 36

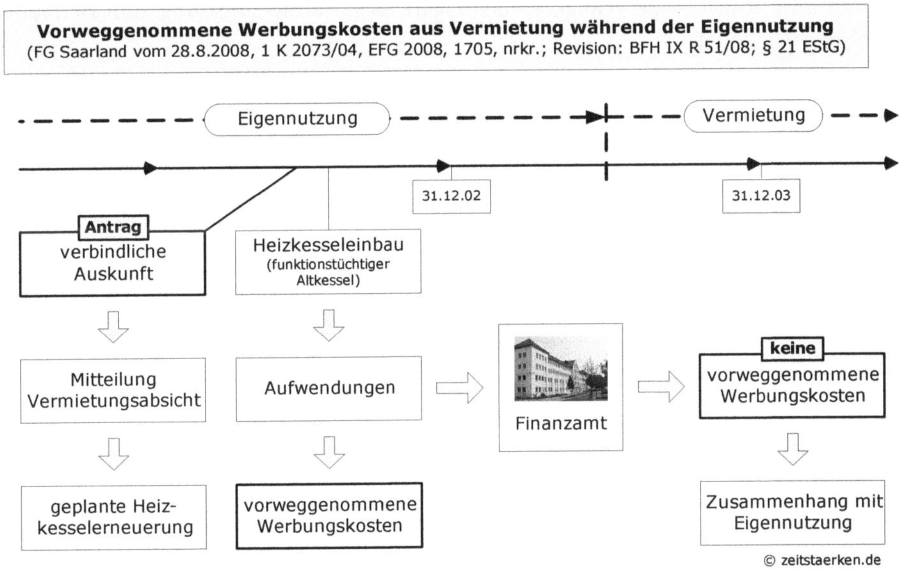

II. Besteuerungsproblem

Können Erhaltungsaufwendungen während der Selbstnutzung als vorweggenommene Werbungskosten geltend gemacht werden? 37

III. Auffassung des Finanzgerichts

38 Aufwendungen können dann als vorab entstandene Werbungskosten geltend gemacht werden, wenn ein ausreichend bestimmter wirtschaftlicher Zusammenhang zwischen Aufwendungen und angestrebter Einkunftsart besteht.

Dies ist gegeben, wenn

- die Aufwendungen durch künftige Einnahmen veranlasst worden sind

  <u>*und*</u>

- keine wesentliche Verknüpfung mit der steuerlich irrelevanten Lebensführung besteht.[81]

Die typisierende Betrachtungsweise besagt, dass Erhaltungsmaßnahmen dem Nutzungszusammenhang dienen, in dessen Zeitraum die Aufwendungen fallen.

Hinweis:

Eine Aufteilung der Aufwendungen auf einen Zeitraum der Vermietung und auf einen Zeitraum der Selbstnutzung im Wege der Schätzung scheidet mangels objektiver Abgrenzungskriterien aus. Deshalb kommt es allein auf den Zeitpunkt des Aufwandes an.[82]

39 Im Fall, dass eine einwandfreie und klare Zuordnung zu einem bestimmten Nutzungszusammenhang auf der Hand liegt, soll die Zuordnung unabhängig von der typisierenden Betrachtungsweise erfolgen. Wenn einen zweifelsfreie Zuordnung der Aufwendungen zu den Einkünften aus Vermietung und Verpachtung erfolgt, so überlagert dies die Eigennutzung zum Zeitpunkt der Aufwendung vollständig.

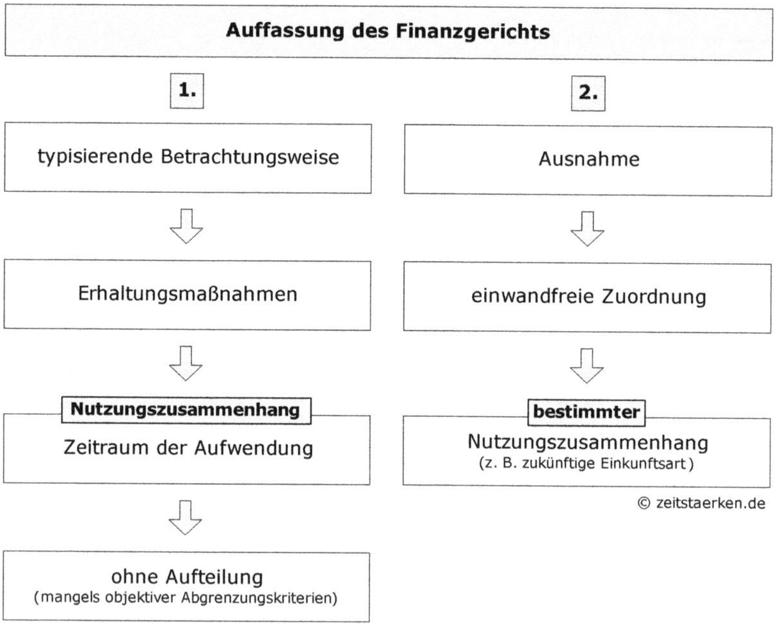

81 BFH vom 15.4.1992, III R 96/88, BStBl. II 1992, 819.
82 BFH vom 10.10.2000, IX R 15/96, BStBl. II 2001, 787 m. w. N.

IV. Lösung in der Ausgangssituation

Im Fall des Heizkesseleinbaus liegt ein klarer und eindeutiger Veranlassungszusammenhang mit der künftigen Einkünfteerzielung aus Vermietung und Verpachtung vor: 40

- Durch den Antrag auf verbindliche Zusage hat S dem Finanzamt den Aufwand im Hinblick auf die beabsichtigte Vermietung bereits angezeigt.
- Der Heizkesselaustausch erfolgte auch erst nach dem Antrag auf verbindliche Auskunft.
- Wie dem Finanzamt in dem Antrag mitgeteilt, fand die Vermietung unmittelbar nach Aufgabe der Selbstnutzung statt.
- Zum Zeitpunkt des Austauschs war der alte Heizkessel voll funktionstüchtig.
- Der Einbau des Heizkessels während der Zeit der Eigennutzung ermöglichte eine zügigere Vermietung der Wohnung.

7

V. Handlungsempfehlung

Sollte die Absicht bestehen, noch während der Zeit der Selbstnutzung einer Immobilie, Aufwendungen im Hinblick auf eine künftige Vermietung dieser Immobilie zu tätigen, sollte dies vor Ausführung der Aufwendungen dem Finanzamt anhand eines Antrages auf verbindliche Auskunft mitgeteilt werden. 41

H. Erstattung eines Disagios als sofort abzugsfähige Werbungskosten

(FG Düsseldorf vom 24.7.2008, 11 K 1841/07, Lexinform: 5007228; Revision: BFH Az. IX R 40/08; § 21 EStG)

I. Ausgangssituation

Der Steuerpflichtige S erwarb eine im Bau befindliche Eigentumswohnung. Der Kaufpreis betrug 194.000 €. 42

Der Kaufpreis setzte sich zusammen aus:

- einem Entgelt für den Grundbesitzerwerb in Höhe von 178.000 €

  <u>*und*</u>

- einem anteiligen, aus der Finanzierung übernommenen Disagio in Höhe von 16.000 €.

S finanzierte diese beiden Beträge durch Aufnahme zweier Darlehen. Dabei löste S ein bestehendes Darlehen des Veräußerers teilweise im Wege der Schuldübernahme ab, soweit dieses auf die erworbene Eigentumswohnung entfiel. Der günstige Nominalzinssatz und die Zinsbindung wurden fortgeführt. Im Gegenzug verpflichtete sich S gegenüber dem Veräußerer, das vom Veräußerer an die Bank gezahlte Disagio in Höhe von 10 % anteilig – im Verhältnis der verbleibenden Zinsbindung zur gesamten Laufzeit – zu erstatten. S zahlte 16.000 € als Disagio an den Veräußerer. Für die Umschreibung des Darlehens, fielen Kosten in Höhe von 500 € an sowie Schuldzinsen für das erste Jahr in Höhe von 87 €. S machte die Zahlungen in Höhe von (16.000 € + 500 € + 87 € =)

16.587 € als Werbungskosten bei den Einkünften aus Vermietung und Verpachtung geltend. Das Finanzamt dagegen wertete diese Aufwendungen als Anschaffungskosten des Gebäudes, erhöhte die Einkünfte und die jährliche AfA.

II. Besteuerungsproblem

43 Streitig ist, ob Zahlungen zur anteiligen Erstattung eines Disagios, die der Erwerber an den Veräußerer leisten muss, als sofort abzugsfähige Werbungskosten <u>oder</u> als im Wege der Abschreibung zu berücksichtigende Anschaffungskosten zu behandeln sind?

III. Ergebnis des Finanzgerichts

7

1. Abgrenzungen

44 **Werbungskosten** sind Aufwendungen zur Erwerbung, Sicherung und Erhaltung der Einnahmen. Zu den **Werbungskosten** gehören auch Schuldzinsen, soweit sie mit einer Einkunftsart im wirtschaftlichen Zusammenhang stehen. Nebenkosten der Darlehensaufnahme sind als Schuldzinsen in diesem Sinne anzusehen. Hierzu gehören insbesondere Disagien. Dem gegenüber können **Anschaffungskosten** nur über die AfA als **Werbungskosten** geltend gemacht werden. **Anschaffungskosten** sind die Kosten, die aufgewendet werden, um das Wirtschaftsgut von einem Anderen zu erwerben, d. h. um es von der fremden in die eigene wirtschaftliche Verfügungsmacht zu überführen. **Geldbeschaffungskosten** gehören regelmäßig nicht zu den **Anschaffungskosten**, weil diese Aufwendungen der Steuerpflichtige macht, um sich die Mittel zur Bezahlung des gekauften Wirtschaftsgutes zu beschaffen. Ihr unmittelbarer Zweck ist die Bereitstellung von Kapital d. h. die Aufwendungen sind Anschaffungsaufwand für den Kredit, nicht aber für das mit dem Kredit erworbene Wirtschaftsgut. In diesem Fall sind sie als **Werbungskosten** (= analog Schuldzinsen) abzugsfähig.

2. Entweder/Oder

45 Erstattet der Erwerber einer Eigentumswohnung dem Veräußerer ein Disagio, kann je nach Gestaltung der vertraglichen Geschäftsbeziehungen im Einzelfall beim Erwerber folgendes vorliegen:

- Anschaffungskosten des Gebäudes[83]

  <u>oder</u>
- sofort abziehbare Finanzierungskosten.
- Entscheidend ist, ob die Zahlung bei wirtschaftlicher Betrachtung des gesamten Vorgangs wie folgt zu beurteilen ist:
- Vergütung für die Überlassung von Kapital zur Finanzierung der Anschaffungskosten (= Finanzierungskosten des Erwerbers)

  <u>oder</u>

83 BFH vom 27.7.2004, IX R 32/01, BStBl. II 2004, 1591.

- Ersatz der eigenen Aufwendungen für die Baufinanzierung beim Veräußerer (= Anschaffungskosten des Erwerbers)

3. Finanzierungskosten des Erwerbers

Die dem Erwerber eines Gebäudes vom Hersteller in Rechnung gestellten Finanzierungskosten, sind eigene Finanzierungskosten des Erwerbers, wenn dieser unter wirtschaftlichen Gesichtspunkten Schuldner der Zinsen ist. Wirtschaftlicher Schuldner der Finanzierungskosten ist der Erwerber, wenn die Kosten in einem sachlichen Zusammenhang, mit der Beschaffung der für eine fällige Zahlung erforderlichen Mitteln, stehen. Dies setzte voraus, dass bei Anfall der Finanzierungskosten bereits eine bürgerlich/rechtliche Verpflichtung des Erwerbers zur Zahlung der Hauptschuld besteht. Diese Abhängigkeit zur Fälligkeit des Kaufpreises kann in den Hintergrund rücken, wenn die an den Veräußerer gezahlten Entgelte für die Überlassung zinsgünstiger Darlehen fließen. Diese Entgelte sind Finanzierungskosten. Weiterhin erforderlich ist, dass die entsprechende Vereinbarung zur Zahlung dieser Entgelte neben dem Kaufvertrag getroffen wurde und der Kaufpreis unabhängig von den Konditionen der Schuldübernahme war. Damit können in speziellen Fällen auch vor Fälligkeit des Kaufpreises geleistete Geldbeschaffungskosten, Werbungskosten sein. 46

7

IV. Lösung in der Ausgangssituation

Die Zahlungen sind Werbungskosten. Bei wirtschaftlicher Betrachtung seien die Aufwendungen als Vergütung für die Überlassung von Kapital zur Finanzierung der Anschaffungskosten der Eigentumswohnung anzusehen. 47

Drei Gründe sprechen dafür:

- S hat die Aufwendungen gezahlt, um die günstigen Kreditkonditionen zu erlangen.
- Der Kaufpreis ist notariell in Höhe von 178.000 € verbrieft. Die Aufwendungen in Höhe von 16.587 € sind deshalb kein Entgelt für den Erwerb der Wohnung.

  und
- Der Erwerb sei losgelöst von der Schuldübernahme vollzogen worden.

§ 8 Sonstige Einkünfte

A. Veräußerung eines Gebrauchtkraftwagens innerhalb eines Jahres nach Anschaffung

(BFH vom 22.4.2008, IX R 29/06, BFH/NV 2008, 1244; § 23 EStG)

I. Ausgangssituation

1 Der Steuerpflichtige S erwarb am 20.1.01 einen Gebrauchtkraftwagen (BMW) für 29.000 €. Am 2.10.01 verkaufte S dieses Fahrzeug für 26.000 €. Den Verlust aus dem Verkauf in Höhe von 3.000 € erklärte S in seiner Einkommensteuererklärung 01. Das Finanzamt[1] erkannte den Verlust aus der Veräußerung des Gebrauchtwagens *nicht* an.

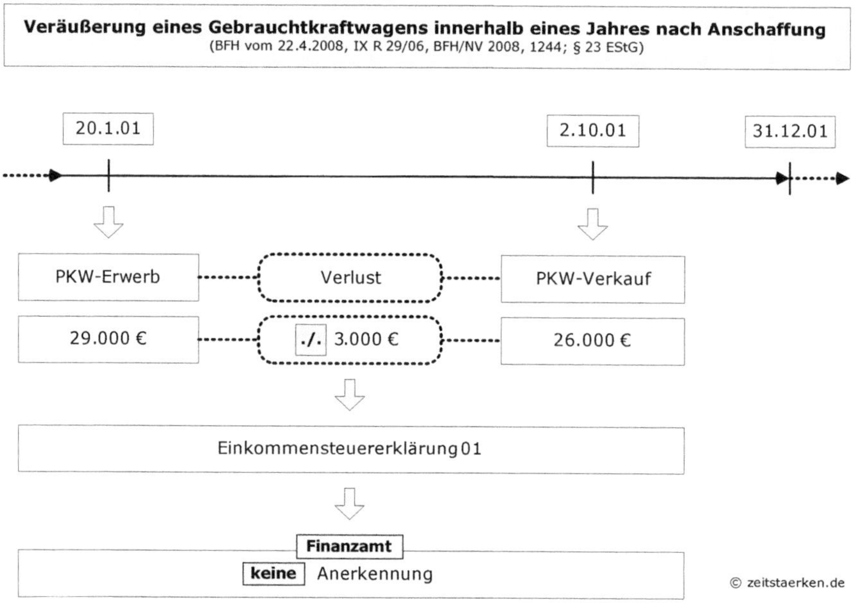

II. Besteuerungsproblem

2 Handelt es sich bei der Veräußerung eines Gebrauchtwagens um ein steuerbares privates Veräußerungsgeschäft?

1 OFD-Verfügung Hannover vom 12.3.2001, S-2256 – 57 – StO 223, DB 2001, 785.

III. Ergebnis des BFH

1. Privates Veräußerungsgeschäft

Private Veräußerungsgeschäfte von anderen Wirtschaftsgütern[2] unterliegen als sonstige Einkünf- 3
te[3] der Besteuerung, wenn der Zeitraum zwischen Anschaffung und Veräußerung *nicht* mehr als ein Jahr beträgt.[4]

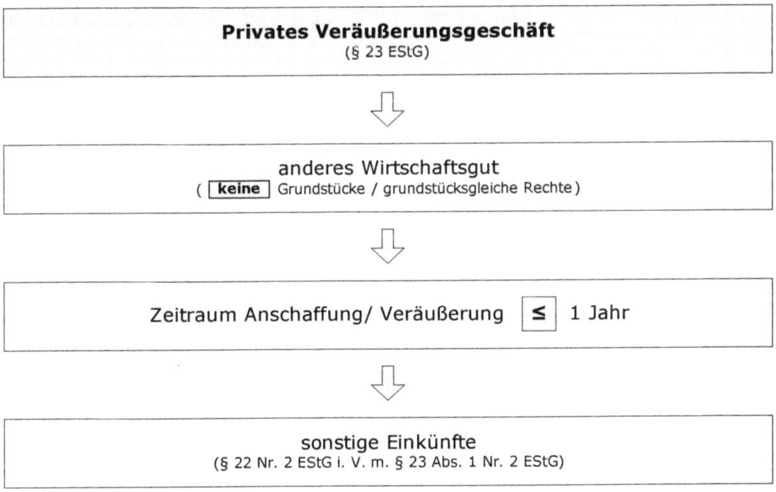

© zeitstaerken.de

2. Wirtschaftsgut

Ein Wirtschaftsgut ist ein körperlicher Gegenstand[5].[6] Die Regelung über private Veräußerungsge- 4
schäfte von *anderen* Wirtschaftsgütern[7] betrifft *alle* Wirtschaftsgüter im Privatvermögen. Dass der Gesetzgeber als andere Wirtschaftsgüter „insbesondere" die Wertpapiere hervorhebt, schränkt *nicht* das Begriffsverständnis des allgemeinen Begriffs Wirtschaftsgut ein.[8]/[9]

2 *keine* Grundstücke und grundstücksgleiche Rechte.
3 § 22 Nr. 2 EStG.
4 § 23 Abs. 1 Nr. 2 EStG.
5 § 90 BGB.
6 BFH vom 14.11.1978, VIII R 72/76, BStBl. II 1979, 298; BFH vom 2.5.2000, IX R 73/98, BStBl. II 2000, 614.
7 § 23 Abs. 1 Nr. 2 EStG.
8 *So jedoch:* FG Schleswig-Holstein vom 2.10.2003, 5 K 429/02, EFG 2004, 265; OFD-Verfügung Hannover vom 12.3.2001, S-2256 – 57 – StO 223, DB 2001, 785.
9 *Weber-Grellet* in Schmidt, Einkommensteuerkommentar, 26. Auflage, 2007, zu § 23, Rz. 27.

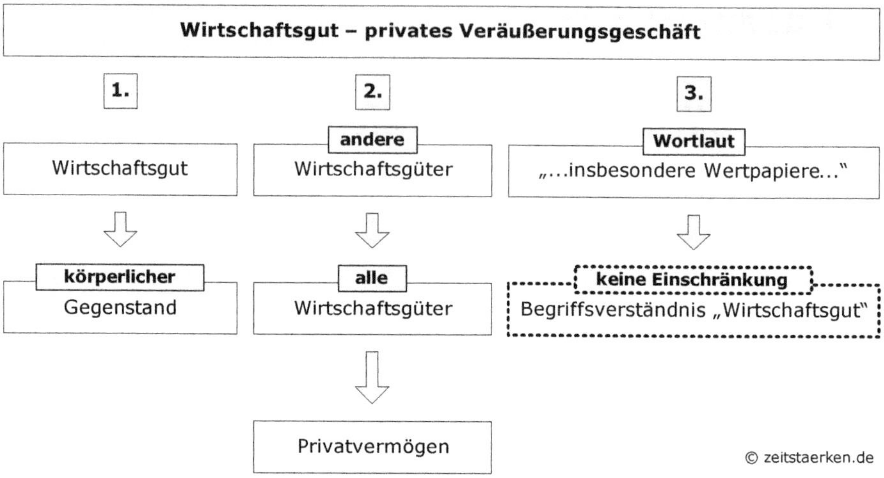

Hinweis:

Im Rahmen der Unternehmensteuerreform 2008[10] *(= Abgeltungsteuer) wurden die Wertpapiere aus der Regelung über private Veräußerungsgeschäfte*[11] *herausgenommen, **ohne** den Wortlaut der Regelung im Übrigen zu ändern.*

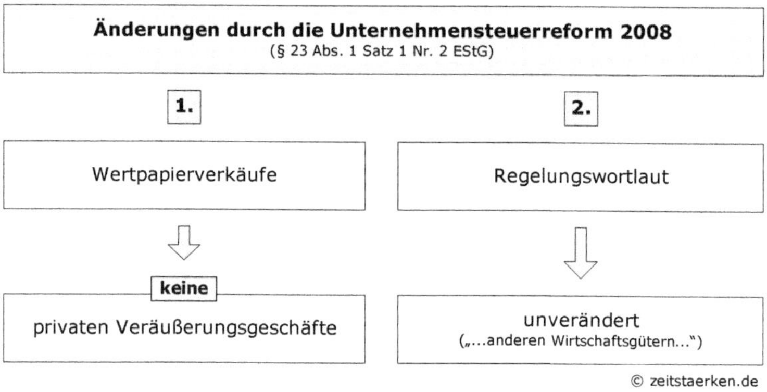

3. Einkünfteerzielungsabsicht

5 Die Vorschrift über die privaten Veräußerungsgeschäfte anderer Wirtschaftsgüter ist *nicht* teleologisch insoweit zu reduzieren, als Wirtschaftsgüter des täglichen Gebrauchs mangels objektiven Wertsteigerungspotentials aus ihrem Anwendungsbereich herauszunehmen sind.[12] Der bei der Veräußerung eines Wirtschaftsguts erwirtschaftete Verlust wird als sonstige Einkünfte[13] „erzielt". Der Steuerpflichtige handelt mit Einkünfteerzielungsabsicht, welche als Merkmal des Steuertat-

10 Unternehmensteuerreformgesetz 2008 vom 14.8.2007, BGBl. I 2007, 1912.
11 § 23 EStG.
12 *anderer Auffassung:* FG Schleswig-Holstein vom 2.10.2003, 5 K 429/02, EFG 2004, 265; OFD-Verfügung Hannover vom 12.3.2001, S-2256 – 57 – StO 223, DB 2001, 785.
13 § 2 Abs. 1 Satz 1 Nr. 7 EStG, § 22 EStG.

bestandes auch bei allen anderen Einkunftsarten gilt.[14] Für Einkünfte aus privaten Veräußerungsgeschäften wird die Einkünfteerzielungsabsicht durch die verhältnismäßig kurzen Veräußerungsfristen in typisierender Weise geregelt.[15] Wenn ein Steuerpflichtiger innerhalb der Veräußerungsfrist von einem Jahr ein von ihm angeschafftes Wirtschaftsgut verkauft, ist das erzielte Ergebnis steuerbar.

Hinweis:

Subjektive Merkmale sind __nicht__ zu prüfen.[16]

IV. Lösung in der Ausgangssituation

Der Steuerpflichtige hat ein von ihm angeschafften Gebrauchtwagen innerhalb der Veräuße- 6
rungsfrist von einem Jahr veräußert. Da ein Gebrauchtwagen ein Wirtschaftsgut darstellt, handelt es sich bei der Veräußerung innerhalb der Veräußerungsfrist um einen steuerbaren Vorgang.[17] Der daraus resultierende Verlust ist dementsprechend bei der Festsetzung der Einkommensteuer zu berücksichtigen.[18]

14 BFH vom 25.6.1984, GrS 4/82, BStBl. II 1984, 751.
15 BFH vom 2.5.2000, IX R 74/96, BStBl. II 2000, 469; BFH vom 1.6.2004, IX R 35/01, BStBl. II 2005, 26.
16 BFH vom 31.8.1994, X R 66/92, BFH/NV 1995, 391, m. w. N.
17 § 23 Abs. 1 Nr. 2 EStG.
18 § 23 Abs. 3 Sätze 7 und 8 EStG.

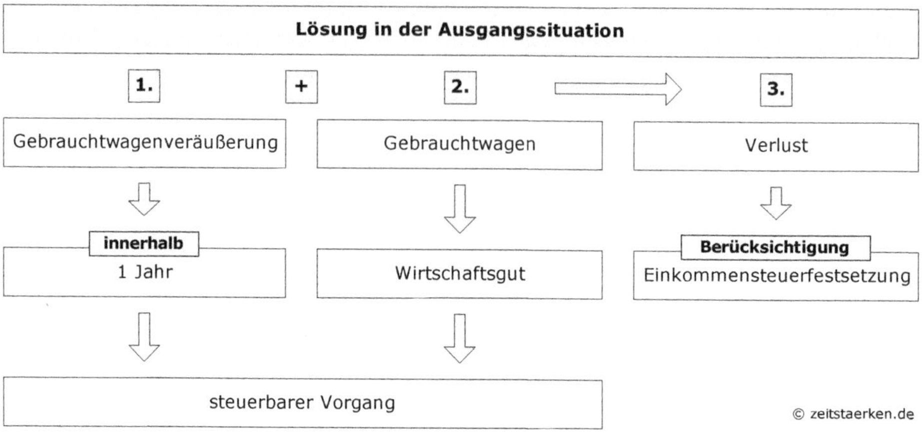

V. Praxishinweis

7 Werden durch die Veräußerung von Gebrauchsgegenständen regelmäßig Verluste erwirtschaftet, trägt der Steuerpflichtige hierfür die Feststellungslast. Der Steuerpflichtige muss also darlegen und beweisen, dass ihm Verluste entstanden sind. Im Falle eines Halterwechsels bei Kraftfahrzeugen muss dieser verkehrsrechtlich registriert werden.[19] Die entsprechenden Erkenntnisse der Kraftfahrzeugsteuerstelle des Finanzamtes können als Nachweis für die Einkommensteuererklärung genutzt werden.[20]

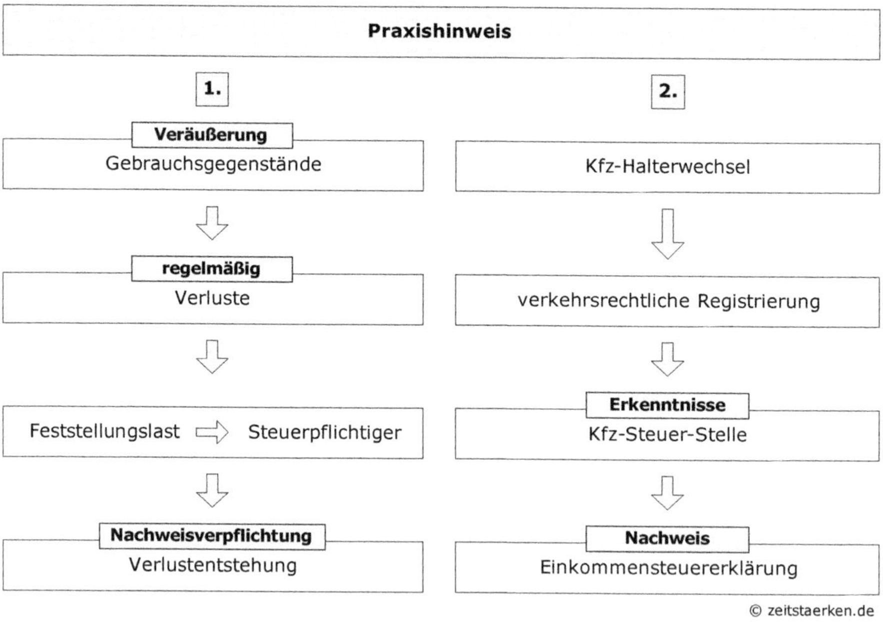

19 Fahrzeug-Zulassungsverordnung (FZV) vom 25.4.2006, BGBl. I 2006, 988; § 13 Abs. 4 FZV beim Halterwechsel.
20 BFH vom 29.8.2007, IX R 4/07, BFH/NV 2007, 2429.

Hinweis:

Gleichzeitig ist nun natürlich auch der Gewinn aus der Veräußerung eines „anderen" Wirtschaftsgutes eine steuerpflichtiges privates Veräußerungsgeschäft, wenn der Verkauf innerhalb eines Jahres nach der Anschaffung erfolgt!

B. Provisionserstattung bei Riester-Fondssparplänen

(JStG 2009 vom 19.12.2008, BGBl. I 2008, 2794; § 22 Nr. 5 EStG)

I. Einleitung

Als zusätzlicher Anreiz zum Abschluss eines Riestervertrages gewähren einige Vermittler eine 8
teilweise Erstattung der Abschluss- und Vertriebskosten des Altersvorsorgevertrags. Nach der Rechtsprechung des BFH[21] mindert die Erstattung von Abschluss- und Vertriebskosten an den Steuerpflichtigen die Summe der entrichteten Versicherungsbeiträge. Die Zahlungen an den Steuerpflichtigen sind wie Beitragserstattungen zu behandeln.

Hinweis:

Die Provisionen stellen nach Auffassung des BFH ***keine*** *sonstigen Einkünfte[22] dar, da es insoweit an einer Leistung fehle. Der Kunde nehme vielmehr nur die Erstattung an, ohne selber eine Leistung zu erbringen.*

Diese BFH-Grundsätze ließen sich nur mit einem unverhältnismäßigen hohem Aufwand bei der Berechnung des Sonderausgabenabzugs[23] oder dem Zulagenverfahren[24] umsetzen. Nunmehr werden die **Erstattungsbeträge** als **fiktive Leistung** behandelt.

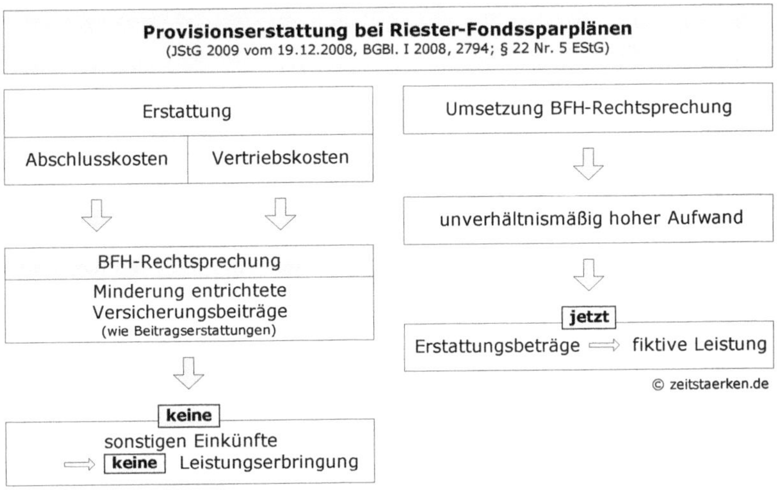

21 BFH vom 2.3.2004, IX R 68/02, BStBl. II 2004, 506.
22 § 22 Nr. 3 EStG.
23 § 10a EStG.
24 §§ 79 ff. EStG.

II. fiktive steuerpflichtige Leistung aus Altersvorsorgeverträgen

9 Werden dem Steuerpflichtigen zukünftig Abschluss- und Vertriebskosten eines Altersvorsorgevertrages erstattet, gilt der Erstattungsbetrag als steuerpflichtige Leistung.[25]

Hinweis:

Diese Besteuerung kann unabhängig davon erfolgen, ob die Provisionserstattung auf den Altersvorsorgevertrag eingezahlt oder an den Anleger ausgezahlt wird.

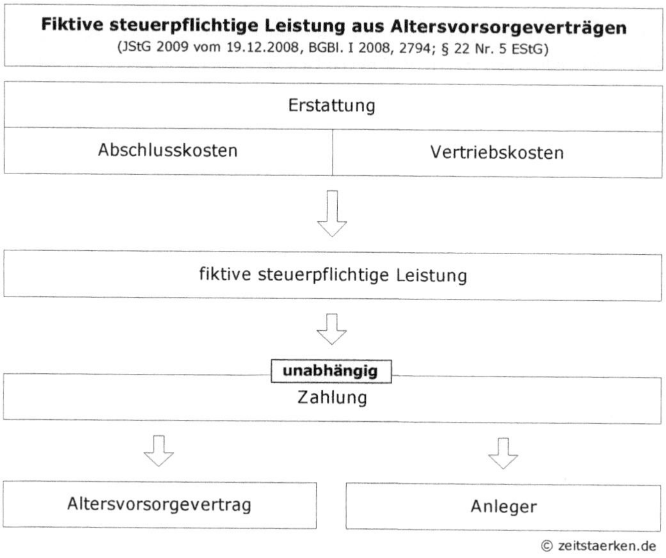

III. Zeitliche Anwendung

10 Die Erfassung als fiktive steuerpflichtige Leistung bei Erstattung von Abschluss- und Vertriebskosten ist erstmals für den Veranlagungszeitraum 2009 anzuwenden.[26]

25 § 22 Nr. 5 Satz 6 EStG.
26 § 52 Abs. 1 EStG.

C. Abgekürzter Vertragsweg bei Kreditverhältnissen (Freistellung von Zinsaufwendungen im Ehegatten – Innenverhältnis)

(BFH vom 25.6.2008, X R 36/05, DStR 2008, 2204 ff.; § 22 Nr. 1 Satz 3 Buchst. a Doppelbuchst. bb EStG)

I. Ausgangssituation

Die Ehegatten S und T sind verheiratet und wurden zur Einkommensteuer zusammen veranlagt. 11

Der Ehemann erzielte im wesentlichen Einkünfte als niedergelassener Arzt, währenddessen die Ehefrau geringe Einkünfte aus nichtselbständiger Tätigkeit als Flugbegleiterin erzielte.

Ehemann S hatte ursprünglich für den Bau eines Mehrfamilienhauses vier Darlehensverträge abgeschlossen, welche zum 31.12.04 insgesamt mit 1.442.500 € valutierten.

Nachdem drei der sechs Wohnungen verkauft worden waren, wurden zwei der Darlehenskonten der Finanzierung der verbliebenen drei Wohnung zugerechnet und die daraus resultieren Schuldzinsen als Werbungskosten bei den Einkünften aus Vermietung und Verpachtung berücksichtigt.

Des weiteren erwarben die Ehegatten mit separaten Vertragsabschlüssen je Ehegatten ein Rentenbezugsrecht.

Die Einmalzahlungen beliefen sich auf jeweils auf 250.000 € (Rentenbeginn: 1.1.07).

Die Renten werden im Erlebensfall des Rentenbeginns an jedem Rentenfälligkeitstermin, mindestens jedoch für die Dauer von zehn Jahren gezahlt.

Bei Versterben vor Ablauf der Mindestbezugsdauer wird die Rente an den überlebenden Ehegatten für die Restdauer fortgezahlt.

Zur Finanzierung der Einmalbeträge nutzten die Ehegatten u. a. den Veräußerungserlös aus den Wohnungsverkäufen.

Deshalb ordneten sie die übrigen zwei Darlehenskonten (Valuta per 31.12.04: 240.000 € und 540.000 €) der Finanzierung der Einmalzahlungen zu.

Das Finanzamt versagte, den aus diesen beiden Darlehen stammenden Schuldzinsen die Abzugsfähigkeit als vorweggenommene Werbungskosten bei den sonstigen Einkünften.

Das Finanzamt ist der Auffassung, dass die Ehefrau die Schuldzinsen nicht getragen hat, da Darlehensnehmer für die Refinanzierungsdarlehen der Ehemann alleine gewesen sei.

Der Ehemann habe die Tilgungs- und Zinsleistungen auch alleine erbracht.

II. Besteuerungsproblem

Liegt eine Nichtabzugsfähigkeit von Drittaufwand bei der Finanzierung von Rentenanwartschaften vor? 12

III. Ergebnis des BFH

1. Rentenanwartschaft

13 Die Ehefrau hat eine sogenannte Mindestzeitrente abgeschlossen, da ihr eine lebenslange Rentenzahlung im Erlebensfall zusteht und im Fall ihres Ablebens vor Ablauf des Garantiezeitraums ihr Ehemann Rentenberechtigter für die Restdauer ist.

Bei Rentenbeginn hatte die Ehefrau das 44. Lebensjahr vollendet, sodass nach der maßgeblichen Sterbetafel für das Jahr des Vertragsabschlusses[27] noch eine voraussichtliche Lebenserwartung von mindestens 28 Jahren[28] besteht.

Ihre voraussichtliche Lebenserwartung bei Rentenbeginn lag somit deutlich oberhalb der Mindestlaufzeit, sodass die Besteuerung der Renteneinkünfte mit dem Ertragsanteil[29] zu erfolgen hat.[30]

Damit sind die Schuldzinsen durch die Einkunftserzielung steuerbarer Einkünfte veranlasst.[31]

Hinweis:

*Eine Kürzung der Werbungskosten auf Grund des Umstandes, dass eine Aufteilung der Rente in einen (steuerbaren) Ertragsanteil und einen (nichtsteuerbaren) Kapitalrückzahlungsanteil erfolgt, kommt **nicht** in Betracht, da der gesamte Finanzierungsaufwand durch die erworbenen Bezüge veranlasst ist.*[32]

2. Werbungskosten der Ehefrau

14 Nach der Rechtssprechung des BFH können die von einem Dritten (= hier Ehemann[33]) im Außenverhältnis geleisteten Aufwendungen als eigene Aufwendungen abgezogen werden, wenn der steuerpflichtige im Innenverhältnis die Aufwendungen zu tragen hat.

Dies ist z. B. der Fall:

- Dem Dritten die Mittel zur Verfügung gestellt worden sind und somit die Zinsen aus eigenen Mitteln tatsächlich bezahlt werden.[34]
- Vom Dritten im Außenverhältnis die begründete Verbindlichkeit ist für Rechnung des Steuerpflichtigen eingegangen worden ist.[35]

  oder
- Rückgriffsanspruch im Innenverhältnis des Dritten gegenüber dem Steuerpflichtigen besteht.

  Für die erforderliche rechtliche Verpflichtung im Innenverhältnis reichen allerdings hypothetische Rechtsansprüche zwischen den Ehegatten *nicht* aus.

27 BMF-Schreiben vom 22.12.2005, IV C 1 – S 2252 – 343/05, BStBl. I 2006, 92, Tz. 20.
28 Vgl. statistisches Jahrbuch für die Bundesrepublik Deutschland 1995.
29 § 22 Nr. 1 Satz 3 Buchst. a Doppelbuchst. bb EStG.
30 BFH vom 15.12.1999, X R 23/95, BStBl. II 2000, 267.
31 BFH vom 15.12.1999, X R 23/95, a. a. O.
32 BFH vom 15.12.1999, X R 23/95, a. a. O.
33 Aus dem Grundsatz der persönlichen Leistungsfähigkeit ergibt sich, dass der Steuerpflichtige (= Ehefrau) die Aufwendungen persönlich tragen muss. Steuersubjekt ist der einzelne Steuerpflichtige, und zwar auch im Falle der Zusammenveranlagung von Eheleuten.
34 BFH vom 2.12.1999, IX R 21/69, BStBl. II 2000, 312; BFH vom 2.12.1999, IX R 45/95, BStBl. II 2000, 310.
35 BFH vom 31.5.2005, X R 36/02, BStBl. II 2005, 707.

Erforderlich ist eine rechtliche Verpflichtung, die in dem Zeitpunkt entsteht, in dem der Dritte (= Ehemann) die Schuldzinsenzahlung für Rechnung des Steuerpflichtigen (= Ehefrau) leistet.

Folgende Anspruchsgrundlagen sind *nicht* ausreichend:

- Versorgungsausgleichsanspruch[36]

  Dieser Anspruch ist nicht ausreichend, da dieser der Ehefrau gegenüber dem Ehemann nur im Fall der Scheidung zustünde.

- Ansprüche anlässlich des Scheiterns der Ehe

  Unmaßgeblich sind auch mögliche Rückgriffsansprüche auf Grundlage der Rechtsprechung zur Rückabwicklung ehebezogener (umbenannter) Zuwendungen[37], im Wege gesellschaftsrechtlicher Auseinandersetzungsansprüche aus einer Ehegatteninnengesellschaft, über den Wegfall der Geschäftsgrundlage in Verbindung mit einem familienrechtlichen Vertrag soi generis oder über den Zugewinnausgleich.

3. Anhaltspunkte für eine Ausgleichsverpflichtung

Folgende Anhaltspunkte für eine Ausgleichspflicht der Ehefrau können sein: 15

- Vortrag der Steuerpflichtigen, dass die Ehefrau im Innenverhältnis zur Erstattung verpflichtet ist.
- Planvolles Zusammenwirken bei Abschluss der gemeinsamen Rentenversicherungen, da jeder zeitgleich eine Rentenversicherung abgeschlossen hat
- Bei Vorversterben hat jeder Ehegatte jeweils den anderen für die restliche Mindestzeit als Rentenberechtigen eingesetzt

  und

- Abtretung der Ansprüche aus dem Rentenversicherungsvertrag von Seiten der Ehefrau an die Bank als Sicherheit für die Darlehen des Ehemanns[38]

  Erst für den Fall, dass die Ehefrau aus der Sicherheit in Anspruch genommen würde, könnten Werbungskosten vorliegen[39]

Hinweis:

*Die Anwendung des sog. Vertragswegs ist ausgeschlossen, da diese Besonderheit auf Kreditverhältnisse **nicht** anzuwenden ist.*[40]

Eine Rückausnahme wäre vorstellbar: 16

Eine gerechtfertigte Zurechnung von Aufwand an den Steuerpflichtigen im Rahmen des abgekürzten Vertragswegs ist möglich, wenn der Gläubiger des Dritten (= des Zahlenden) an den Steuerpflichtigen eine Leistung erbringt und der Steuerpflichtige dem Dritten *keinen* Ersatz schuldet.

36 §§ 1587 ff. BGB.
37 BGH vom 30.6.1999, XII ZR 230/96, DStR 1999, 1624.
38 In dieser Abtretung kann eine Sicherungsleistung für den dem Ehemann zustehenden Freistellungsanspruch liegen; § 257 Satz 2 BGB; § 670 i. V. m. § 257 BGB.
39 BFH vom 2.12.1999, IX R 21/96, a. a. O.
40 BFH vom 15.11.2005, IX R 25/03, BStBl. II 2006, 623; BMF-Schreiben vom 7.7.2008, IV C 1 - S 2211/07/10007, BStBl. I 2008, 717.

An dem Ausschluss des abgekürzten Vertragswegs bei Kreditverhältnissen wird festgehalten, wenn der Steuerpflichtige nicht im Wege des echten oder des unechten Vertrags zugunsten Dritter in die Darlehensbeziehungen eingebunden ist.

Es fehlt dann bereits an einer Leistung an den Steuerpflichtigen (= Leistungsnähe) *und* an der Zahlung der geschuldeten Schuldzinsen für Rechnung des Steuerpflichtigen durch den Dritten (= Kreditnehmer).

IV. Lösung in der Ausgangssituation

17 Da weder die Situation eines echten noch eines unechten Vertrags zugunsten Dritter bezüglich der Darlehensvaluta und der Schuldzinsen vorliegt, wird von der Bank im Vollzugsverhältnis *keine* Leistung an den Steuerpflichtigen erbracht.

Der Darlehensnehmer (= Ehemann) leistet die Schuldzinsen als vertraglich geschuldetes Endgeld ausschließlich für eigene Rechnung und für das ihm gewährte Darlehen an die Bank.

Die Zahlungen erfolgen aber nicht für Rechnung des Steuerpflichtigen (= Ehefrau).

V. Praxishinweis

18 Der X. Senat schließt sich der engen Auslegung des sog. abgekürzten Vertragsweg des IX. Senats des BFH an.

Der abgekürzte Vertragsweg bleibt für alle Konstellationen von Kreditverhältnissen und Dauerschuldverhältnissen ausgeschlossen.[41]

41 Vgl. zur Abgrenzung der Zuwendung eines Geldbetrags von der Zuwendung eines Nutzungsrechts (= BFH vom 23.8.1999, GrS 2/97, BStBl. II 1999, 782.

§ 9 Familienleistungsausgleich / Kinder

VZ 2008

A. Au-pair-Tätigkeit im Ausland als Berufsausbildung

*(FG München vom 22.1.2008, 12 K 775/07, EFG 2008, 1640, nrkr; **Revision:** BFH III R 58/08; § 32 Abs. 4 EStG)*

I. Ausgangssituation

Die Tochter T, 20 Jahre, des steuerpflichtigen S beendete ihre Schulausbildung am 30.6.01. Ab 1.8.01 bis 30.6.02 arbeitete T als Au-pair-Mädchen in England. In England besuchte T in dem Zeitraum 1.9.01 bis 30.6.02 einen Englischkurs[1]. Der Unterricht fand zweimal pro Woche für zwei Stunden statt. Außerdem erhielt T von ihrer Gastmutter A Englischunterricht. Die Familienkasse hob die Festsetzung des Kindergeldes für T ab Juli 01 auf, da sich T nicht mehr in Ausbildung befände. Ab Oktober 02 studiert T Betriebswirtschaftslehre in Deutschland, wofür kein Nachweis erbracht wird, dass ein Sprachaufenthalt empfohlen wird. 1

II. Besteuerungsproblem

Handelt es sich bei dem im Zusammenhang mit der Au-pair-Tätigkeit besuchten Englischunterricht um eine Berufsausbildung? 2

III. Auffassung der Finanzgerichts

Ein Kind, welches das 18., aber noch nicht das 25. Lebensjahr[2] vollendet hat, wird beim Kindergeld[3] dem Grunde nach nur dann berücksichtigt, wenn es für einen Beruf ausgebildet wird.[4] Eine Au-pair-Tätigkeit im Ausland kann dann dem Bereich der Ausbildung zugerechnet werden, wenn eine allen Berufen förderliche Sprachausbildung damit verbunden ist. 3

Ist in einer Ausbildungs-/Studienordnung ein Auslandssprachaufenthalt vorgeschrieben oder empfohlen, so ist dieser Auslandssprachaufenthalt in der Regel anzuerkennen.[5] Des Weiteren kann der Sprachaufenthalt im Rahmen eines Au-pair-Verhältnisses im Ausland anerkannt werden, wenn der Aufenthalt von einem theoretisch-systematischen Sprachunterricht begleitet wird. Solch ein Unterricht rechtfertigt mit Rücksicht auf seinen Umfang den Schluss auf eine hinreichende gründliche (Sprach-) Ausbildung.

1 ESOL Skills for Life Level 1 Kurs, Englischkurs für Erwachsene, deren Muttersprache nicht Englisch ist. Dient der Integration von Zuwanderern in Großbritannien.
2 Bis VZ 2006 das 27. Lebensjahr.
3 § 62, § 63 Abs. 1 Satz 1 i. V. m. § 32 Abs. 4 Satz 1 Nr. 2 EStG.
4 § 32 Abs. 4 Satz 1 Nr. 2 Buchst. a EStG.
5 BFH vom 9.6.1999, VI R 24/99, BFH/NV 2000, 27.

Der Umfang des theoretisch-systematischen Sprachunterrichts bedarf ohne Vor- und Nachbereitungszeit mindestens 10 Unterrichtsstunden pro Woche.[6] Liegen die Unterrichtsstunden unter 10 Stunden pro Woche, so kann die Teilnahme an einem Sprachkurs dann anerkannt werden, wenn der Kurs der üblichen Vorbereitung auf einen anerkannten Prüfungsabschluss dient und das Kind den Prüfungsabschluss anstrebt.[7]

IV. Lösung in der Ausgangssituation

4 T befindet sich während ihrer Au-pair-Tätigkeit in England *nicht* in einer Berufsausbildung:

- Das von T angestrebte Studium (= Betriebswirtschaft) schreibt einen Auslandsaufenthalt weder vor, noch wird dieser empfohlen.
- Die Unterrichtsstunden (vier Stunden pro Woche) für den Besuch des Sprachunterrichts betragen weniger als 10 Unterrichtsstunden pro Woche.
- Bei dem Sprachunterricht der Gastmutter handelt es sich *nicht* um einen theoretisch-systematischen Unterricht.
- Der besuchte Unterricht bereitet *nicht* auf einen anerkannten Prüfungsabschluss vor.

Da sich T nicht in Berufsausbildung befindet, ist kein Kindergeld zu gewähren.

B. Kindergeldberechtigung bei der Ausbildungsplatzsuche

(BFH vom 19.6.2008, III R 66/05, BFH/NV 2008, 1740; § 32 Abs. 4 Satz 1 Nr. 2 Buchst. c EStG)

I. Ausgangssituation

5 Eine Mutter erhielt Kindergeld für ihren 1981 geborenen Sohn S, der sich nach Abbruch der Berufsschule im August 2001 als Ausbildungsarbeitsplatzsuchender gemeldet hatte. Ab Januar 2001 wurde die Festsetzung aber wegen Verletzung der Meldepflicht von der Familienkasse wieder aufgehoben. Nach Vorsprache bei der Arbeitsvermittlung wurde ab Februar wieder Kindergeld gezahlt. Nachdem die Familienkasse der Mutter im Juni 2003 mitgeteilt hatte, dass S nicht mehr als Ausbildungsplatzbewerber geführt werde und eine Rückforderung des Kindergeldes ansteht, legte die Mutter als Belege über erfolglose Eigenbemühungen die Ablehnung eines Malerbetriebs (Juli 2002) und eines Friseurbetriebs (Januar 2003) vor. Im August 2003 ließ sich S bei der Arbeitsvermittlung beraten (= Status: Ratsuchender), aber *nicht* in die Bewerberkartei für einen Ausbildungsplatz aufnehmen (= kein Status: „Bewerber“). Nunmehr hob die Familienkasse das Kindergeld für die Monate Juni 2002, August bis Dezember 2002 sowie Februar bis Juni 2003 auf und forderte von der Mutter das Kindergeld in Höhe von (11 x 154 € =) 1.694 € zurück.

II. Besteuerungsproblem

6 Welche Handlungen und welche Unterlagen sind für die Erfüllung des Kriteriums „ausbildungsplatzsuchend“ zur Gewährung des Kindergeldes/Kinderfreibetrages notwendig?

6 BFH vom 19.2.2002, VIII R 82/00, BStBl. II 2002, 469 m. w. N..
7 BFH vom 9.6.1999, VI R 143/98, BFH/NV 1999, 1685.

III. Ergebnis des BFH

1. Kindergeld-/Kinderfreibetragsanspruch

Ein Kind, dass das 18., aber noch nicht das 25. Lebensjahr vollendet hat, wird für das Kindergeld/den Kinderfreibetrag u. a. dann berücksichtigt, wenn das Kind eine Berufsausbildung mangels Ausbildungsplatzes *nicht* beginnen oder fortsetzen kann.[8] Ein Kind ist nur dann gehindert, seine Ausbildung mangels Ausbildungsplatz zu beginnen oder fortzusetzen, wenn 7

- es sich um einen Ausbildungsplatz **ernsthaft bemüht**

  und

- es außerdem die **objektiven Anforderungen** für den gewählten Ausbildungsgang erfüllt[9]

Hinweis:

*Ein ernsthaftes Bemühen ist deshalb **nicht** gegeben, wenn das Kind sich um einen Ausbildungsplatz bewirbt, für den es die objektiven Anforderungen (aber) **nicht** erfüllen kann. Insoweit bestünde für das Kind auch **keinen** Anspruch auf Kindergeld/Kinderfreibetrag.*

Der Kindergeldberechtigte trägt die Feststellungslast für die Bemühungen des Kindes um einen Ausbildungsplatz, da es um eine für ihn günstige Anspruchsvoraussetzung geht.

2. Bemühen um einen Ausbildungsplatz

Pauschale Angaben, dass das Kind Bemühungen um einen Arbeitsplatz verfolgt hat, reichen *nicht* aus: 8

- Das Kind sei im fraglichen Zeitraum ausbildungsbereit gewesen.
- Das Kind habe sich ständig um einen Ausbildungsplatz bemüht.[10]

  oder

- Das Kind sei stets beim Arbeitsamt bzw. bei der Agentur für Arbeit als Ausbildungsplatz suchend gemeldet gewesen.

Hinweis:

Um einer missbräuchlichen Inanspruchnahme des Kindergeldes entgegen zu wirken[11] muss sich die Ausbildungsbereitschaft des Kindes durch belegbare Bemühungen um einen Arbeitsplatz objektiviert haben.[12]

8 § 32 Abs. 4 Satz 1 Nr. 2 Buchst. c EStG; *ständige BFH-Rechtsprechung*: BFH vom 24.1.2008, III B 33/07, BFH/NV 2008, 786.

9 BFH vom 15.7.2003, VIII R 71/99, BFH/NV 2004, 473.

10 FG Düsseldorf vom 5.6.2007, 14 K 2129/06 Kg, EFG 2008, 801, nrkr; *Revision*: BFH Az. III R 95/07.

11 BFH vom 21.7.2005, III S 19/04-PKH, BHF/NV 2005, 2207.

12 BFH vom 24.1.2008, III B 33/07, BFH/NV 2008, 786: „fordert ein FG für ein solches Bemühen eine formelle Bewerbung bei der ZVS, obwohl die Zuteilung eines Studienplatzes durch die ZVS angesichts des Abitur-Notendurchschnitts aussichtslos erscheint, so ist dies revisionsrechtlich [Ergänzung des Verfassers durch den BFH] nicht zu beanstanden."

3. Nachweis für die Bemühungen

9 Die Nachweise hat der Kindergeldberechtigte beizubringen.[13] Es liegt auch im Einflussbereich des Kindergeldberechtigten, Vorsorge für die Nachweise der Ausbildungswilligkeit des Kindes zu treffen.[14]

Hinweis:

Die besondere Mitwirkungspflicht unter Einbeziehung des über 18 Jahre alten Kindes ist gesetzlich ausdrücklich vorgesehen.[15]

10 **Nachgewiesen** werden kann das **ernsthafte Bemühen** um einen Ausbildungsplatz z. B. durch:

- Bescheinigung der Agentur für Arbeit

  Aus der Bescheinigung muss ersichtlich sein, dass das Kind als „Bewerber" um eine berufliche Ausbildungsstelle registriert ist. Bei der Meldung als Ausbildungssuchender ist zu beachten, dass eine Berücksichtigung mit dem Status „Bewerber" **und nicht nur** ratsuchend vorliegt.[16] Die Registrierung bei der Agentur für Arbeit gilt jedoch *nicht* zeitlich unbeschränkt als Nachweis, sondern ist in ihrer **Wirkung auf drei Monate** beschränkt. Nach Ablauf der Dreimonatsfrist *ohne* weitere Kontaktaufnahme bei der Ausbildungsvermittlung ist zu unterstellen, dass der Ausbildungssuchende die Dienstleistungen in der Agentur für Arbeit *nicht mehr* in Anspruch nehmen will. Ab dem Folgemonat entfällt sodann der Kindergeldanspruch, wenn keine eigenen Bewerbungsbemühungen nachgewiesen werden können.

- Suchanzeigen in der Zeitung
- direkte schriftliche Bewerbungen an Ausbildungsstätten (= eigene Bewerbungsbemühungen)

  Der Kindergeldberechtigte braucht nicht zwingend für jeden Monat einen erneuten Nachweis vorlegen, der das Bemühen um einen Ausbildungsplatz dokumentiert. Es ist daher *nicht* erforderlich, dass sich das Kind jeden Monat erneut um eine Ausbildungsstelle bewirbt, ***solange*** über die bisherigen Bewerbungen noch *nicht* entschieden ist. Hat das Kind aber bis zum Ablauf von drei Monaten noch *keinen* Bescheid über seine Bewerbung (EM) erhalten, ist ab diesem Zeitpunkt grundsätzlich eine Parallelbewerbung ***erforderlich***, *es sei denn*, das Kind kann sich nur zu bestimmten Zeitpunkten bewerben[17]. Hat das Kind für einen späteren Termin eine feste Zusage für einen Ausbildungsplatz, bedarf es *keiner* weiteren Bewerbung, um die Ausbildungswilligkeit glaubhaft zu machen.

- Bewerbungen und Absagen durch E-Mails
- telefonische Anfragen

  Sind als Nachweis ausreichend, wenn detailliert und glaubhaft dargelegt wird, mit welchen Firmen, Behörden usw. zu welchen Zeitpunkten (erfolglose) Gespräche geführt worden sind.

IV. Lösung in der Ausgangssituation

11 Der Sohn S hat sich in den Monaten Juni, August bis Dezember 2002 und Februar bis Juni 2003 *nicht* ernsthaft um einen Ausbildungsplatz bemüht.

13 BFH vom 24.1.2008, III B 33/07, a. a. O.
14 FG Berlin-Brandenburg vom 17.7.2007, 10 K 10024/05 B Haufe-Index: 1970554.
15 § 68 Abs. 1 EStG; BFH vom 21.7.2005, III S 19/04-PKH, a. a. O.
16 Hierbei muss die Behörde die schriftlichen oder persönlichen Nachfragen dokumentieren.
17 Z. B. bei einem Studium oder wenn Firmen nur zu bestimmten Terminen Auszubildende einstellen.

Da die Dreimonatsfrist für eine erneute Vorsprache bei der Ausbildungsvermittlung am 15.5.2002 endete, entfällt der Kindergeldanspruch für Juni 2002.

Damit wirkt die frühere Registrierung auch nicht in dem Zeitraum August bis Dezember 2002 und Februar bis Juni 2003 fort.

Für diesen Zeitraum hat die Mutter *kein* ernsthaftes Bemühen um einen Ausbildungsplatz durch ihren Sohn S nachgewiesen.

V. Praxishinweis

Folgende Regeln hinsichtlich des Bemühens können festgehalten werden: 12

- Die Registrierung bei der Agentur für Arbeit muss alle drei Monate durch ein aktives Erscheinen erneuert werden und mit dem Status „Bewerber" gekennzeichnet sein (= Bescheinigung der Agentur für Arbeit).
- Eigene Bemühungshandlungen müssen grundsätzlich kontinuierlich erfolgen, um ein ernsthaftes Bemühen zu dokumentieren. Dabei sind *keine* monatlichen Eigenbewerbungen notwendig, solange über die bisherigen Bewerbungen *nicht* endgültig entschieden worden ist. Erst nach Ablauf eines Zeitraums von drei Monaten ohne Nachricht ist eine Parallelbewerbung erforderlich.[18]
- Suchanzeigen in der Zeitung, E-Mail-Korrespondenz und telefonische Anfragen sind durch geeignete Nachweise zu dokumentieren.

C. Berufsausbildung bei Vollzeiterwerbstätigkeit des Kindes

(BFH vom 31.7.2008, III B 64/07, BFH/NV 2008, 1932; § 32 Abs. 4 Satz 2 EStG)

I. Ausgangssituation

Vater V erhielt für seinen 1979 geborenen Sohn S laufend Kindergeld. S schloss sein Volkswirtschaftsstudium im Dezember 2004 und sein Betriebswirtschaftsstudium im Dezember 2005 ab. S erzielte von Januar bis April 2004 Einkünfte aus Gewerbebetriebs in Höhe von 1.303 € und von Mai bis Dezember 2004 als Journalist Einkünfte aus freiberuflicher Tätigkeit in Höhe von 30.631 €. Die Familienkasse, die die Kindergeldzahlung ab Oktober 2004 eingestellt hatte, forderte das Kindergeld für Januar bis September 2004 zurück. 13

II. Besteuerungsproblem

Ist die Rückforderung des bereits ausgezahlten Kindergeldes für die Monate Januar bis September 2004 zulässig? Kann V eine monatliche Überprüfung der Einkünfte und Bezüge des Kindes S verlangen? 14

18 Hollatz in „Kindergeldanspruch für Ausbildungssuchendes Kind", NWB Nr. 38, 3541 f.

III. Ergebnis des BFH

1. Kindergeldgewährung

15 Kindergeld ist zu gewähren, wenn ein **Begünstigungstatbestand** vorliegt (= Berufsausbildung) und der Grenzbetrag unschädlicher Einkünfte und Bezüge (= **Jahresgrenzbetrag**: 7.680 €) *nicht* überschritten wird. Der Jahresgrenzbetrag ist grundsätzlich jährlich zu überprüfen[19].

2. Zwölftelung des Jahresgrenzbetrages

16 Der Jahresgrenzbetrag ist *nur* dann zu Zwölfteln, wenn in einzelnen Monaten auch *nicht* zeitweise Begünstigungsvoraussetzungen z. B. Berufsausbildung erfüllt sind.[20] Soweit in einzelnen Monaten der Begünstigungstatbestand *nicht* erfüllt ist, sind die in diesen Monaten bezogenen Einkünfte und Bezüge dem gezwölftelten Jahresgrenzbetrag *nicht* gegenüber zu stellen.

3. Vollerwerbstätigkeit

17 Monate in denen das Kind einer Vollerwerbstätigkeit nach geht, sind soweit gleichzeitig auch eine Berufsausbildung ordnungsgemäß absolviert wird, in die Jahresgrenzbetragsermittlung einzubeziehen. Eine Vollerwerbstätigkeit, die neben einem ernsthaft und nachhaltig betriebenen Studium betrieben wird, schließt die Berufsausbildung eines Kindes *nicht* aus.[21] Die Ausübung einer Vollzeiterwerbstätigkeit schließt nach *Änderung der Rechtsprechung* unter gleichzeitiger Erfüllung der Berücksichtigungstatbestände[22] den Anspruch auf Kindergeld *nicht* aus.[23]

Hinweis:

Nur dann, wenn die Voraussetzungen für die Berücksichtigung als Kind nur in bestimmten Monaten des Kalenderjahres vorliegen, ermäßigt sich der Jahresgrenzbetrag für diese Monate ohne Kindergeldanspruch um je 1/12.[24] *Mit der Folge, dass die in diesen Kalendermonaten erzielten Einkünfte und Bezüge des Kindes außer Ansatz bleiben.*[25]

18 Folgende **Ausnahmen** sind in der täglichen Praxis zu beachten:

- Vollerwerbstätigkeit wird zwischen zwei Ausbildungsabschnitten ausgeübt

  oder

- Vollerwerbstätigkeit wird während des Bemühens um einen Ausbildungsplatz ausgeübt

19 § 32 Abs. 4 Satz 2 EStG.
20 § 32 Abs. 4 Satz 7 EStG
21 § 32 Abs. 4 Satz 1 Nr. 2 Buchst. a EStG; BFH vom 30.11.2004, VIII R 9/04, BFH/NV 2005, 860.
22 § 32 Abs. 4 Satz 1 Nr. 2 Buchst. a bis Buchst. c EStG.
23 BFH vom 16.11.2006, III R 15/06, BStBl. II 2008, 56.
24 § 32 Abs. 4 Satz 7 EStG.
25 § 32 Abs. 4 Satz 8 EStG.

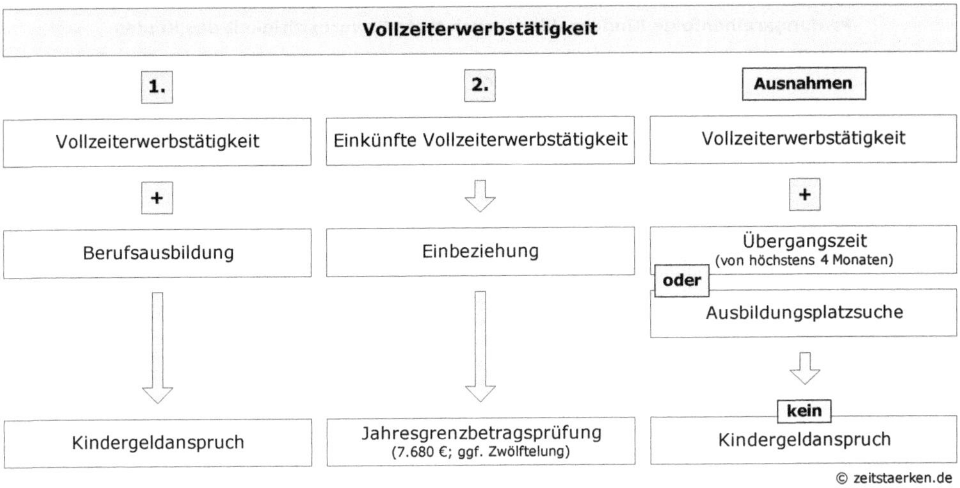

IV. Lösung in der Ausgangssituation

Da sich S im ganzen Kalenderjahr 2004 in Berufsausbildung befand, sind seine Jahreseinkünfte 19
in Höhe von 31.934 € bei der Überprüfung des Jahresgrenzbetrages (vollständig) einzubeziehen. Unerheblich ist, ob die Einkünfte in einzelnen Berücksichtigungsmonaten unterschiedlich hoch waren.

V. Praxishinweis

Die Finanzverwaltung hat folgendes **Prüfungsschema** veröffentlicht[26]: 20

- Zunächst ist zu prüfen, ob trotz der Erwerbstätigkeit mindestens an einem Tag im Kalendermonat ein Begünstigungstatbestand vorliegt (= **Ermittlung des Anspruchszeitraums**).
- Anschluss daran ist zu prüfen, ob die dem Anspruchszeitraum zuzurechnenden Einkünfte und Bezüge des Kindes den maßgeblichen Grenzbetrag (= ggf. Zwölftelung) übersteigen.
  - Wird der maßgebliche Grenzbetrag überschritten, ist für den gesamten Anspruchszeitraum <u>*kein*</u> Kindergeld/Kinderfreibetrag zu gewähren.
  - Unterschreiten die gesamten Einkünfte und Bezüge den maßgeblichen Grenzbetrag, besteht unabhängig davon, ob es sich bei der Erwerbstätigkeit um eine Vollerwerbstätigkeit handelt, im gesamten Anspruchszeitraum ein Anspruch auf Kindergeld/Kinderfreibetrag.

26 Bundeszentralamt für Steuern vom 4.7.2008, St II 2 - S - 2282 - 138/2008, BStBl. I 2008, 716.

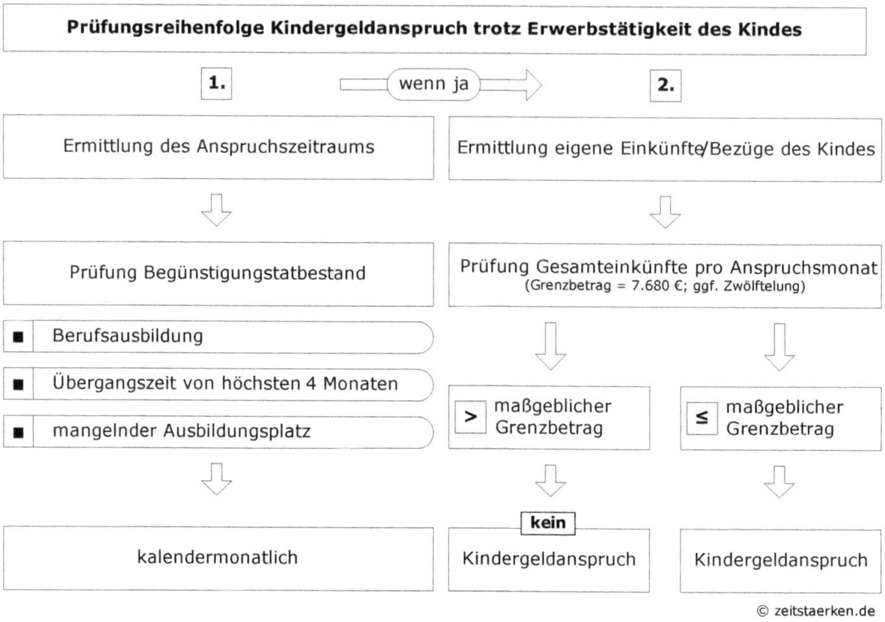

D. Steuerrechtliche Behandlung des Elterngeldes

(OFD-Verfügung Münster vom 11.11.2008, Kurzinfo ESt 20/2008, NWB DokId: DAAAC-97250; § 32 Abs. 4 Satz 2 EStG)

I. Erziehungsgeld

21 Das bisherige Erziehungsgeld war/ist bei der Ermittlung der eigenen Einkünfte und Bezüge des Kindes[27] *nicht* zu berücksichtigen.

II. Elterngeld

22 Elterngeld, das ein Kind erhält wird dagegen bei der Ermittlung der Einkünfte und Bezüge[28] **berücksichtigt**. Auszunehmen hiervon ist aber der Mindestbetrag in Höhe von 300 € bzw. 150 € monatlich, da dieser auch gezahlt wird, wenn vorher *keine* Einkünfte erzielt wurden.

Hinweis:

*Der Mindestbetrag, der auch an vor der Geburt **nicht** erwerbstätige Elternteile ausbezahlt wird, beträt 300 € monatlich. Bei Mehrlingsgeburten erhöht sich der Mindestbetrag um jeweils 300 € für das zweite und jedes weitere Kind. Solange ein älteres Geschwisterkind unter 3 Jahren oder zwei ältere Geschwisterkinder unter sechs Jahren mit im Haushalt leben, erhöht sich das Elterngeld um 10 %, mindestens jedoch um 75 €. Die Eltern haben insgesamt Anspruch auf bis zu 14 Monatsbeträge. Auf Antrag werden die einer Person monatlich zustehenden Beträge halbiert und über den doppelten Zeitraum ausgezahlt.*

27 § 32 Abs. 4 Satz 2 EStG; H 32.10 „nicht anrechenbarer eigene Bezüge" EStH 2007.
28 § 32 Abs. 4 Satz 2 EStG.

Das einem betreuenden Elternteil zum Ausgleich des wegfallenden Erwerbseinkommens gezahlte Elterngeld beträgt 67 % seines vor der Geburt des Kindes durchschnittlich monatlich verfügbaren bereinigten Nettoeinkommens, höchstens jedoch 1.800 €.

Für die Ermittlung der Einkünfte und Bezüge des Kindes muss eine Auszahlungsbetragsaufteilung unterschieden werden, in:

- berücksichtigungspflichtigen Auszahlungsbetrag

  und

- nicht zu berücksichtigen Betragsanteil

Hinweis:

Diese Regelung gilt auch bei der Ermittlung der Einkünfte und Bezüge des Kindes im Rahmen der außergewöhnlichen Belastungen.[29]

Das Elterngeld sowie die Mindestförderung bleiben weiterhin in voller Höhe dem **Progressions-** 23
vorbehalt unterlegen.[30]

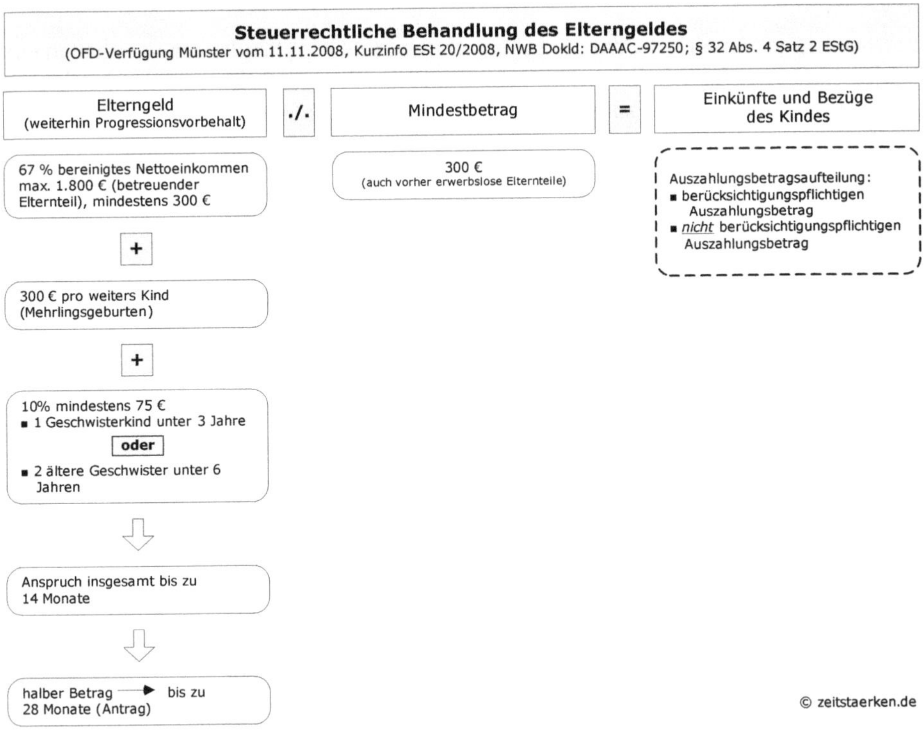

29 § 33a Abs. 1 Satz 4 EStG; § 33a Abs. 2 Satz 2 EStG.
30 § 32b Abs. 1 Nr. 1 Buchst. j EStG.

VZ 2009

E. Erhöhung Kinderfreibetrag / Kindergeld

(Gesetz zur Förderung von Familien und haushaltsnahen Dienstleistungen - Familienleistungsgesetz – (= FamLeistG) BGBl. I 2008, 2955)

24 Das Familienleistungsgesetz enthält die folgenden Maßnahmen:

- Erhöhung des Kinderfreibetrags[31] von 3.648 € auf 3.864 €[32]
- Anhebung des Kindergeldes[33]
  - für das erste und zweite Kind: von 154 € auf 164 €
  - für das dritte Kind: von 154 € auf 170 €
  - für das vierte und jedes weitere Kind: von 179 € auf 195 €

  und
- hilfsbedürftige[34] Kinder, die das 25. Lebensjahr noch nicht vollendet haben, erhalten eine zusätzliche Leistung für Schulbedarf in Höhe von 100 €.[35] Die zusätzliche Leistung erfolgt jeweils zum Schuljahresbeginn bis zum Abschluss der Jahrgangsstufe 10.

Kinderförderung
(Gesetz zur Förderung von Familien und haushaltsnahen Dienstleistungen (= FamLeistG); § 32 Abs. 6 Satz 1 EStG; § 66 Abs. 1 EStG; § 24a SGB II; § 28a SGB XII)

	bisher	jetzt
Kinderfreibetrag	3.648 €	3.864 €
Kindergeld 1. / 2. Kind	154 €	164 €
Kindergeld 3. Kind	154 €	170 €
Kindergeld ab 4. Kind	179 €	195 €
Schulbedarf hilfsbedürftiger Kinder (25. Lebensjahr noch nicht vollendet)	0 €	100 € (schuljährlich; bis 10. Schuljahr)

31 § 32 Abs. 6 Satz 1 EStG.
32 Insgesamt erhöht sich der Freibetrag für jedes Kind somit von 5.808 € auf 6.024 €.
33 § 66 Abs. 1 EStG.
34 Hilfsbedürftig sind Kinder und Jugendliche aus Familien, die auf Leistungen zum Lebensunterhalt nach dem SGB II oder dem SGB XII angewiesen sind.
35 § 24a SGB II bzw. § 28a SGB XII.

F. Zusammenfassung der Kinderbetreuungskosten (§ 9c EStG)

Bisher waren die Regelungen zur steuerlichen Berücksichtigung von Kinderbetreuungskosten in 25
mehreren Vorschriften geregelt. Nunmehr sind die „im Gesetz verstreuten" Regelungen zu den Kinderbetreuungskosten in einer Vorschrift im Einkommensteuergesetz geregelt.[36]

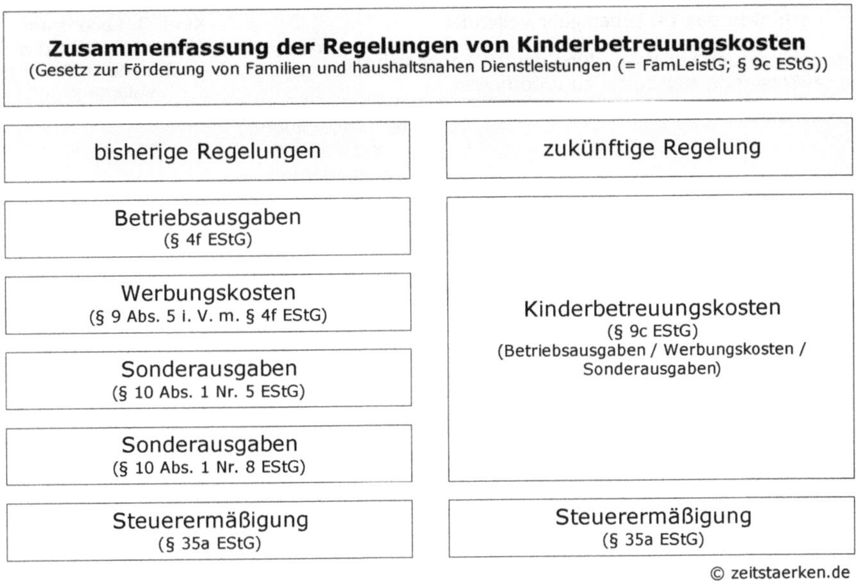

9

Hinweis:

*Eine inhaltliche Änderung der Regelung ergibt sich **nicht**!*

Es gelten weiterhin die gleichen Voraussetzungen für den Abzug als

- *Betriebsausgaben*[37]
- *Werbungskosten*[38]
- *Sonderausgaben*[39]

36 § 9c EStG.
37 Bisher: § 4f EStG; neu: § 9c Abs. 1 und 3 EStG.
38 Bisher: § 9 Abs. 5 Satz 1 i. V. m. § 4f EStG; neu: § 9 Abs. 5 Satz 1 i. V. m. § 9c Abs. 1 und 3 EStG.
39 Bisher: § 10 Abs. 1 Nr. 8 bzw. 5 EStG wird aufgehoben; neu: § 9c Abs. 2 Satz 1 bzw. Satz 4 EStG.

<table>
<tr><th colspan="3">Voraussetzungen der Abzugsfähigkeit der Betreuungsaufwendungen für Kinder</th></tr>
<tr><td>Betriebsausgaben / Werbungskosten
(§ 9c Abs. 1 und 3 EStG; § 9 Abs. 5 Satz 1 EStG)</td><td>Sonderausgaben
(§ 9c Abs. 2 Satz 1 EStG)</td><td>Sonderausgaben
(§ 9c Abs. 2 Satz 4 EStG)</td></tr>
<tr><td colspan="3">.. dem Grunde nach ..</td></tr>
<tr><td colspan="3">Aufwendungen für Dienstleistungen zur Betreuung eines zum Haushalt des Steuerpflichtigen gehörenden („steuerrechtlichen") Kindes</td></tr>
<tr><td colspan="2">Kind: noch nicht das 14. Lebensjahr vollendet
oder
Kind: Behinderung vor Vollendung des 25. Lebensjahres außerstande, sich selbst zu unterhalten</td><td rowspan="2">Kind: 3. Lebensjahr aber noch nicht das 6. Lebensjahr vollendet</td></tr>
<tr><td>erwerbstätige Eltern / erwerbstätiger Alleinerzieher: Erwerbs- oder Tätigkeitseinnahmen</td><td>Eltern: Ausbildung / Krankheit / Behinderung
oder
Elternteil: erwerbstätig
und
Elternteil: Ausbildung/ Krank/ Behinderung
oder
Alleinerziehender: Ausbildung / Krankheit / Behinderung</td></tr>
<tr><td colspan="3">Rechnungserhalt und unbare Zahlung</td></tr>
<tr><td colspan="3">.. der Höhe nach ..</td></tr>
<tr><td colspan="3">2 / 3 der Aufwendungen, höchstens 4.000 € je Kind</td></tr>
</table>

9

§ 10 Steuerermäßigungen/Steuertarif

VZ 2008

A. Systematische Abzugsfähigkeit von Baukindergeld

(BFH vom 3.1.2008, X R 1/07, HaufeIndex: 1961644; § 34f EStG)

Die Steuerpflichtigen M und F sind verheiratet und werden zusammen zur Einkommensteuer 1
veranlagt. Die Eheleute beantragen die Steuerermäßigung für ein haushaltsnahes Beschäftigungsverhältnis vor dem sog. Baukindergeld in die Veranlagung mit einzubeziehen. Das Finanzamt folgt dem Antrag der Steuerpflichtigen *nicht* und berechnet zunächst das Baukindergeld und erst danach die Steuerermäßigung für das haushaltsnahe Beschäftigungsverhältnis. Das haushaltsnahe Beschäftigungsverhältnis hat sodann *keine* Auswirkung mehr.

Der BFH stellt in seiner Begründung fest, dass die beiden Rechtsnormen in Konkurrenz zueinander stehen, da jede der Steuerermäßigungen für sich den Abzug als letzte Steuerermäßigung nach sämtlichen anderen Steuerermäßigungen in Anspruch nimmt. Diese **Abzugskonkurrenz** wird durch die zeitliche Reihenfolge der gesetzlichen Anwendbarkeit gelöst. Da die Steuerermäßigung für haushaltsnahe Dienstleistungen erst nach dem Baukindergeld eingeführt wurde, ist die Steuerermäßigung für haushaltsnahe Dienstleistungen als letzte Norm anzuwenden. Dies war der gesetzgeberische Wille bei Einführung der Norm.

Hinweis:

Einer speziellen Aufhebung der Regelung in der konkurrierenden Rechtsnorm bedarf es insofern nicht, da die spätere Einführung desselben Wortlauts dem gesetzgeberischen Willen genug Ausdruck verleiht um diese Reihenfolge zu bestimmen.

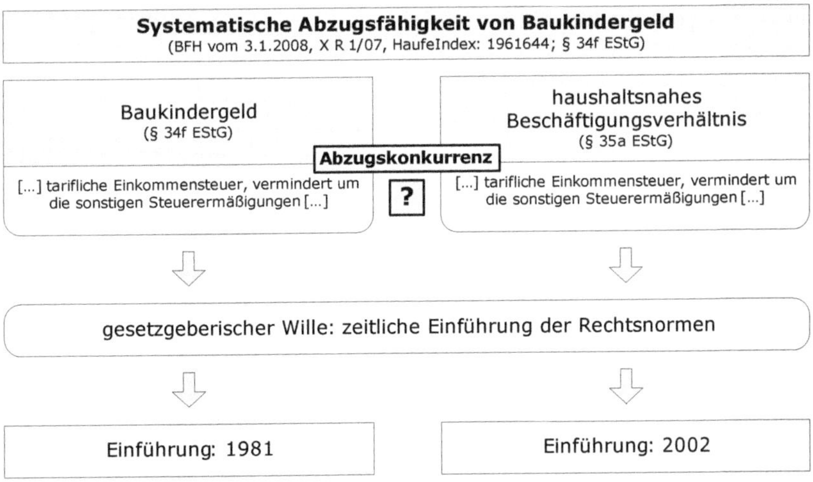

B. Barzahlungen bei Steuerermäßigungen für haushaltsnahe Dienstleistungen

(FG Sachsen-Anhalt vom 28.2.2008, 1 K 791/07, EFG 2008, nrkr.; Revision: BFH Az. VI R 14/08; BMF-Schreiben vom 3.11.2006, IV C 4 – S 2296b – 60/06, BStBl. I 2006, 711; § 35a EStG)

I. Ausgangssituation

2 Der Steuerpflichtige S hat sein Dach durch Handwerker reparieren lassen und die Rechnung in bar bezahlt. Die Barzahlung ist auf der Rechnung bestätigt.

Auffassung des Finanzgerichts
(FG Sachsen-Anhalt vom 28.2.2008, 1 K 791/07, EFG 2008, 1028, nrkr.;
Revision: BFH Az. VI R 14/08; § 35a EStG)

II. Gesetzliche Vorgabe

3 **Voraussetzung** für die Steuerermäßigung (= haushaltsnahe Beschäftigungsverhältnisse und Dienstleistungen sowie „Handwerksleistungen") ist, dass der Steuerpflichtige die Aufwendungen durch Vorlage einer Rechnung[1] und die Zahlung auf das Konto des Erbringers der Handwerkerleistung durch Beleg des Kreditinstituts nachweist.

1 = ab VZ 2008 = Rechnungserhalt.

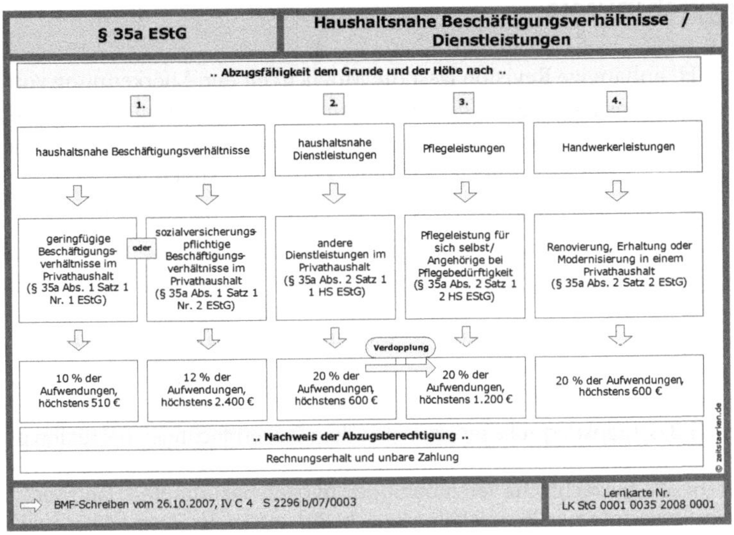

III. Auffassung des Finanzgerichts

Die **Voraussetzung**, dass Handwerkerleistungen *nur* gegen Vorlage einer Rechnung und unbarer Zahlung auf das Konto des Leistungserbringers zu einer Steuerermäßigung führen können, ist **rechtmäßig**. 4

Hinweis:

Das vom Gesetzgeber verfolgte Ziel der Bekämpfung der Schwarzarbeit[2] rechtfertigt die Begrenzung der Zahlungsmöglichkeiten auf unbare Zahlungen.

Abwandlungen der unbaren Zahlungen werden zur Vermeidung höheren Verwaltungsaufwandes *nicht* für zulässig erachtet: 5

- schriftliche Bestätigung des Geldempfangs vom Handwerker auf der Rechnung

  oder
- vom Steuerberater des Handwerkers ausgestellte Bestätigung der Zahlung und Verbuchung

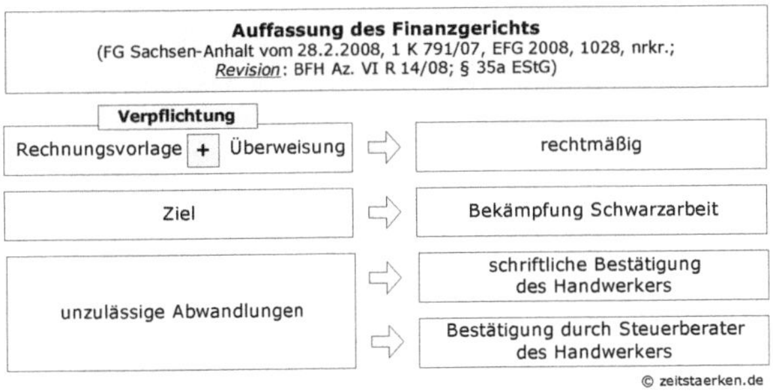

2 BT-Drucks. 15/91, 19; BT-Drucks. 16/753, 7 und 11.

IV. Praxishinweis

6 Die vor dem BFH[3] anhängige Revision lässt die Möglichkeit der Anerkennung von Barzahlungen für haushaltsnahe Dienstleistungen *offen*. Somit sind in allen *noch nicht* bestandskräftigen Einkommensteuerveranlagungen, in denen Steuerermäßigungen aufgrund fehlerhafter Zahlungsart abgelehnt worden sind, mit Einsprüchen mit dem Antrag auf Ruhen des Verfahrens einzulegen.

Das FG selbst sind auch *Zweifel* an der einschränkenden Zahlungsart ***nicht*** fremd:

> „Zwar hat der Senat **gewisse Zweifel**, ob durch die ausschließliche unbare Zahlungsweise *nicht* in die allgemeine Handlungsfreiheit[4] eingegriffen wird [Formatierungen des Verfassers]."

Andererseits findet das FG auch Argumente die **eingeschränkte Zahlungsart** für **akzeptabel** zu erklären:

> **„Doch dürfte** der Gesetzeszweck (Bekämpfung der Schwarzarbeit) eine ausreichende Rechtfertigung der Beschränkung zulassen, zumal es dem Steuerpflichtigen bei für ihn positiven Steuernormen ermöglicht wird, die Voraussetzungen zur Erlangung der Steuerermäßigung durch entsprechende zivilrechtliche Vereinbarungen mit den beauftragten Handwerksfirmen zu vereinbaren. So besteht zum Beispiel die Möglichkeit - sofern der Handwerker auf Vorauszahlung besteht - eine unbare (Teil-)Vorauszahlung zu leisten. Die Freiheit der wirtschaftlichen Tätigkeit oder die Vertragsfreiheit wird hierdurch nicht unverhältnismäßig eingeschränkt. Der Senat geht auch nicht davon aus, dass ein Verstoß gegen den Grundsatz der Gleichbehandlung, Artikel 3 Abs. 1 GG, vorliegt.[5] Die gesetzlichen Voraussetzungen der Geltendmachung der Steuerermäßigung sind für alle Steuerpflichtigen gleich [Formatierungen des Verfassers]."

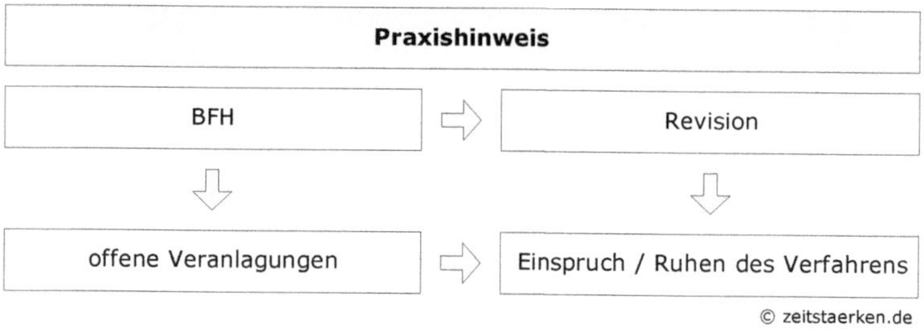

3 BFH Az. VI R 14/08.
4 Art. 2 Abs. 1 GG.
5 FG Münster vom 18.1.2006, 1 K 4132/04 E, EFG 2006, 895, rkr.

V. Musterrechtsbehelf

14.10.2008

Dokument4

Einspruch gegen die [Einkommensteuer, Kirchensteuer und den Solidaritätszuschlag ????

Mandant / Anschrift
Steuernummer:

Auch bei Barzahlung von haushaltsnahen Dienstleistungen ist die Steuerermäßigung zu gewähren

Sehr geehrte Damen und Herren,

namens und im Auftrag legen wir hiermit für den o.a. Steuerpflichtigen

Einspruch

gegen den [Einkommensteuer-, Kirchensteuer- und Solidaritätszuschlagsbescheid des VZ ???? / der VZ ???? - ????] ein.

Die Steuerermäßigung für haushaltsnahe Dienstleistungen ist auch bei Barzahlung zu gewähren. Auf das Vorschreiben von Zahlungsmodalitäten, die im Baugeschäft z. T. unüblich sind, kann die Gewährung der Steuerermäßigung nicht gestützt werden.

Wir beantragen aufgrund des vor dem BFH anhängigen Verfahrens (BFH Az. VI R 14/08) das Ruhen des Verfahrens und die Aussetzung der Vollziehung für den rechtswidrigen Teilbetrag [in Höhe von ????? €].

Für weitere Rückfragen stehen wir Ihnen gerne zur Verfügung.

Mit freundlichen Grüßen

DIPLOM BETRIEBSWIRT (FH)
JÜRGEN HEGEMANN
STEUERBERATER

RB-Nr.: RB StG 0001 0035 2006 0001

10

C. Haushaltsnahe Dienstleistungen für die Bewohner von Seniorenheimen

(FG Hamburg vom 5.5.2008, 6 K 175/05, LexInform: 0174247, nrkr.; Revision: BFH Az. VI R 28/08; OFD Koblenz vom 6.3.2008, S 2296b A - St 32 3, DB 2008, 1180; § 35a EStG)

I. Ausgangssituation

7 Der Steuerpflichtige S wohnt in einem Wohnstift. Die Steuererklärung hat S bereits abgegeben und den Bescheid erhalten. Noch innerhalb der Rechtsbehelfsfrist beantragt S die Berücksichtigung haushaltsnaher Dienstleistungen unter Vorlage einer Bescheinigung des Wohnstifts, welche die Aufteilung der an den Wohnstift gezahlten Beträge darlegt:

Wohnen	2.726 €
Verpflegung	300 €
Betreuung	465 €
Summe Wohnstiftsentgelt (monatlich)	3.491 €

Unter den Entgeltbestandteil „**Wohnen**" fällt die wöchentliche Reinigung der Fußböden und sanitären Anlagen des Appartements sowie die vierteljährliche Reinigung der Fenster, das Vorhalten eines Hausmeisters und die Pflege des zum Wohnstift gehörenden Gartens, der von allen Bewohnern benutzt werden kann.

Der Entgeltbestandteil „**Verpflegung**" beinhaltet Frühstück, Mittag- und Abendessen.

Unter „**Betreuung**" fällt die Krankenpflege im Appartement bei vorübergehender Erkrankung, ein Bereitschaftsdienst für die haustechnischen Einrichtungen (= Haustechnik-Bereitschaft) sowie ein Notfalldienst des hauseigenen ambulanten Pflegedienstes. Weiterhin wird bestätigt, dass im monatlichen Entgelt Leistungen enthalten sind, die denen einer Hausgehilfin gleichzustellen sind. Außerdem legt S eine Mitteilung des Wohnstifts vor, in der die prozentuale Aufschlüsselung der monatlichen Entgeltbestandteile weiter detailliert ist. Alle Beträge wurden unbar bezahlt.

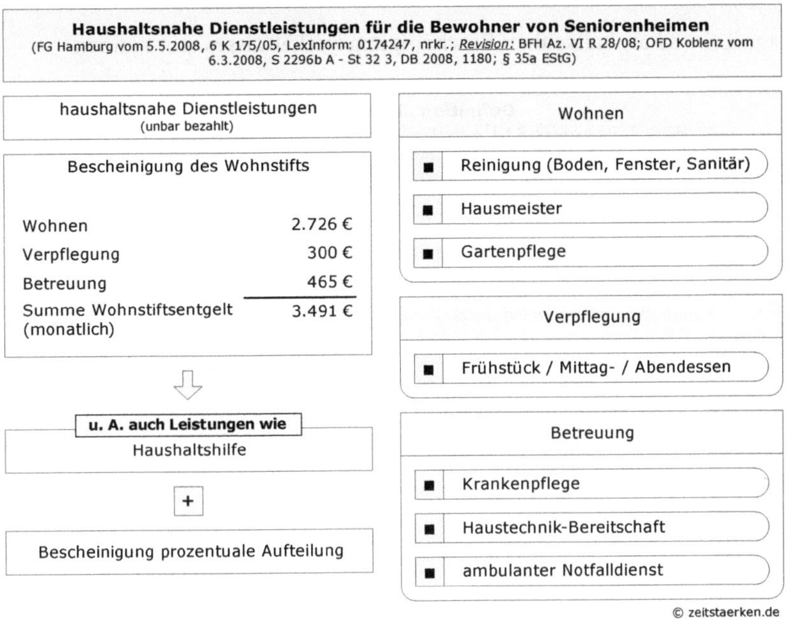

II. Auffassung des FG Hamburg

1. Haushaltsnahe Tätigkeiten

Unter haushaltsnahen Tätigkeiten sind zu subsumieren:[6] 8

- Zubereitung von Mahlzeiten im Haushalt
- Reinigung der Wohnung des Steuerpflichtigen
- Gartenpflege
- Pflege, Betreuung und Versorgung von Kindern, Kranken, alten Menschen und pflegebedürftigen Personen
- Schönheitsreparaturen
- kleine Ausbesserungsarbeiten

2. Definition „haushaltsnah"

Als haushaltsnah ist eine Tätigkeit anzusehen, die[7] 9

- mit (größerer oder geringerer) Regelmäßigkeit im Haushalt des Steuerpflichtigen anfallen
- typischerweise durch die Mitglieder einer Familie bzw. eines privaten Haushalts selbst erledigt werden oder zumindest erledigt werden können

6 BT-Drucks. 15/91, 19.
7 BFH vom 1.2.2007, VI R 74/05, HaufeIndex: 1712819, m. w. N.

und

- Gegenstand eines haushaltsnahen Beschäftigungsverhältnisses sein können

Definition „haushaltsnah"
(FG Hamburg vom 5.5.2008, 6 K 175/05, LexInform: 0174247, nrkr.; *Revision:* BFH Az. VI R 28/08)

Tätigkeiten

1. Regelmäßigkeit im Haushalt des Steuerpflichtigen
2. Ausübung üblicherweise durch Familienmitglieder
3. Gegenstand haushaltsnaher Beschäftigungsverhältnisse

⇩

haushaltsnahe Tätigkeiten

III. Auffassung der OFD Koblenz

10 Die Steuerermäßigung für haushaltsnahe Dienstleistungen kann auch von Personen in Anspruch genommen werden, die in Heimen untergebracht sind. Heime sind Altenheime, Altenwohnheime, Pflegeheime und andere gleichartige Einrichtungen. **Voraussetzung** für die Inanspruchnahme der Steuerermäßigung ist, dass der Heimbewohner (= Steuerpflichtiger) im Heim einen eigenständigen und abgeschlossenen Haushalt zur Verfügung hat. Solch ein Haushalt ist gegeben, wenn sich die Ausstattung für eine Haushaltsführung eignet, d. h. Bad, Küche, Wohn- und Schlafbereich vorhanden sind und individuell genutzt werden können.

Eine eigene Wirtschaftsführung des Steuerpflichtigen ist nachzuweisen oder glaubhaft zu machen. Ein reines Pflegezimmer reicht zur Begründung eines Haushalts folglich *nicht* aus. Liegt ein Haushalt vor, sind die individuell abgerechneten Dienstleistungen begünstigt. Zum Haushalt gehören außerhalb der Wohnung liegende Bereiche nur dann, wenn Steuerpflichtige Besitz über diese Bereiche ausübt und der Bereich für Dritte nach der Verkehrsanschauung zuordenbar ist. Heimbewohnern fehlt es regelmäßig an einem solchen Besitzrecht, denn dieses übt der Heimbetreiber aus, während die Heimbewohner nur ein Nutzungs- / Zugangs-recht erhalten.

11 **Weitere Voraussetzung** für die Begünstigung ist entweder

- die unbare Zahlung an den Erbringer und der Vorlage einer Rechnung[8]
- die anteilige Zurechnung der begünstigten Aufwendungen durch den Heimbetreiber in der Jahresabrechnung und die unbare Zahlung an den Heimbetreiber[9]

  oder

- die Erteilung einer Bescheinigung über die begünstigen Aufwendungen und die unbare Zahlung an den Heimbetreiber[10]

8 § 35a Abs. 2 Satz 5 EStG.
9 BMF-Schreiben vom 26.10.2007, IV C 4 - S 2296b/07/0003, BStBl. I 2007, 783, Rdnr. 18.
10 BMF-Schreiben vom 26.10.2007, IV C 4 - S 2296b/07/0003, BStBl. I 2007, 783, Rdnr. 18.

Hinweis:

*Weitere Voraussetzung für die Inanspruchnahme der Steuerermäßigung für haushaltsnahe Dienstleistungen ist, dass die Aufwendungen **nicht** vorrangig als außergewöhnliche Belastungen zu berücksichtigen sind.*[11]

10

IV. Ergebnis in der Ausgangssituation

Unter haushaltsnahe Dienstleistungen fallen somit 12

- die Haustechnik
- die Reinigung des Appartements
- die Reinigung der Gemeinschaftsflächen
- das Vorhalten eines betreuerischen Nachtdienstes (pflegerische Hilfeleistungen / ambulante Pflegeleistungen)
- das Vorhalten eines betreuerischen Bereitschaftsdienstes (Erkrankung)

  und
- das Vorhalten von „Etagendamen" für Betreuung, Besuche usw.

Es ist unerheblich, ob der Steuerpflichtige pflegebedürftig ist, *oder nicht*. Hinsichtlich des Vorhaltens von Pflegepersonal ist eine haushaltsnahe Dienstleistung gegeben, denn diese übernimmt die laufende Versorgung des Steuerpflichtigen, die sonst von Familienmitgliedern ausgeführt werden würde. Da das Einkommensteuergesetz den Begriff der Rechnung *nicht* definiert, müssen folgende Merkmale hervorgehen:[12]

11 § 35a Abs. 2 Satz 3 EStG.

12 FG Köln vom 27.10.2005, 15 K 1526/05, EFG 2006, 503.

- erbrachte Dienstleistungen
- Zuzuordnender Betrag zu den Dienstleistungen

  und
- Empfänger der Dienstleistungen

13 Eine einzelne Abrechnung / Aufführung aller dem Steuerpflichtigen gegenüber erbrachten Leistungen ist *nicht* erforderlich. Die Aufschlüsselung der Entgeltsbestandteile *muss nicht* nachvollziehbar sein. Die Aufwendungen sind als haushaltsnahe Dienstleistungen abziehbar, da die „Rechnung“ unbar bezahlt wurde.

Hinweis:

Soweit eine Pflegebedürftigkeit (= Pflegestufe I bis III) vorliegt, verdoppelt sich der Abzugsbetrag der Steuerermäßigung von 600 € auf 1.200 €.

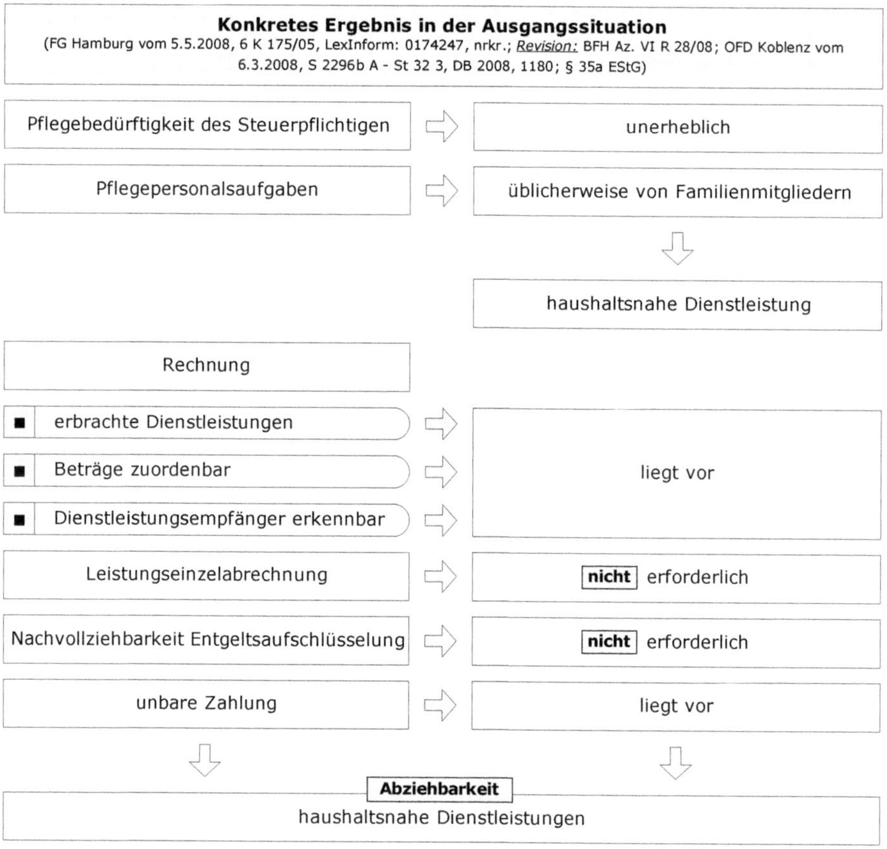

10

VZ 2009

D. Änderungen und Erhöhungen der Abzugsfähigkeit von haushaltsnahen Aufwendungen

I. Beschäftigungsverhältnisse

Bisher wurde unterschieden zwischen: 14

- geringfügige Beschäftigungsverhältnisse
- sozialversicherungspflichtige Beschäftigungsverhältnisse

  und
- haushaltsnahe Dienstleistungen

Zukünftig wird nach Art und Grund der Beschäftigung *nur noch* danach unterschieden, ob es sich um eine **geringfügige Beschäftigung**[13] **handelt.**

Zusammengefasst werden zukünftig:[14]

- alle anderen Beschäftigungsverhältnisse
- haushaltsnahe Dienstleistungen

  einschließlich
- Pflege- und Betreuungsleistungen.

10

Aus Vereinfachungsgründen wurden in die Vorschrift für den Abzug von haushaltsnahen Aufwendungen nun auch einbezogen:[15] 15

- Aufwendung für die Hilfe im Haushalt[16]
- Aufwendungen für die Heimunterbringung[17]

Somit kann ein Abzug zukünftig auch für Aufwendungen in Anspruch genommen werden, die einem Steuerpflichtigen für die Unterbringung in einem Heim oder zur dauernden Pflege erwachsen, soweit darin Kosten für Dienstleistungen enthalten sind, die mit denen einer Hilfe im Haushalt vergleichbar sind.

Hinweis:

Ein Abzug als außergewöhnliche Belastung entfällt somit zukünftig![18]

13 § 8a SGB IV.
14 § 35a Abs. 2 EStG.
15 § 35a Abs. 2 Satz 2 EStG.
16 Bisher § 33a Abs. 3 Satz 1 EStG.
17 Bisher § 33a Abs. 3 Satz 2 EStG.
18 Aufhebung des § 33a Abs. 3 EStG.

Hinweis:

*Der Nachweis der Pflegebedürftigkeit ist entfallen, da die Pflegebedürftigkeit **nicht** mehr an das Sozialversicherungsrecht[19] gekoppelt ist.[20]*

16 Bei der Abzugsmöglichkeit von Handwerkerleistungen wurde der Höchstbetrag von 600 € auf 1.200 € erhöht.[21]

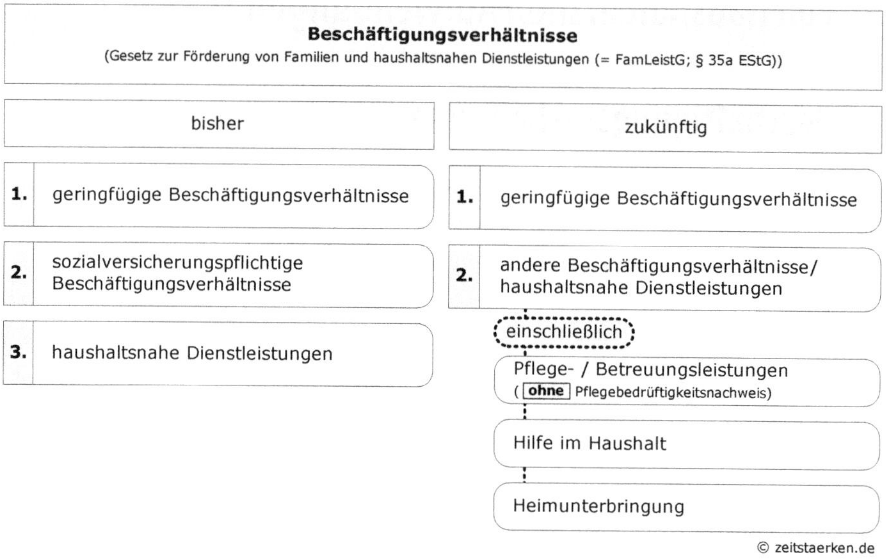

II. Fördersätze und Höchstbeträge

17 Die Fördersätze werden *einheitlich* auf **20 %** festgelegt.

Die abzugsfähigen Höchstbeträge werden zum Teil erhöht und zusammengefasst:

- haushaltsnahe geringfügige Beschäftigung
  Abschaffung der zwölftel Regelung. Jahresbetrag
  20 % von maximal 2.550 € — 510 €
- sonstige Beschäftigungsverhältnisse, Pflege- und Betreuungsleistungen
  20 % von maximal 20.000 € — 4.000 €
- Handwerkerleistung
  20 % von 6.000 € (= Arbeitskosten) — 1.200 €

19 Bisher: § 14 SGB XI.
20 Gesetz zur Förderung von Familien und haushaltsnahen Dienstleistungen, Begründung zu Artikel 1, § 35a, S. 19.
21 § 35a Abs. 3 EStG.

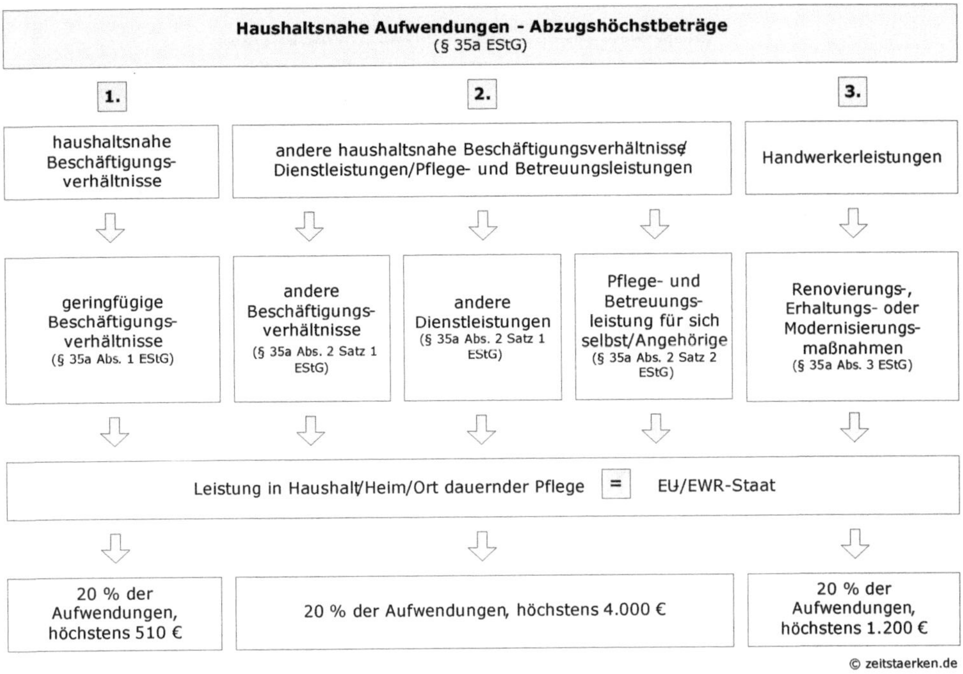

10

Hinweis:

Die Verdoppelung des Höchstbetrages bei Pflege- und Betreuungsleistungen ist abgeschafft.

Hinweis:

Unverändert durch die Neuregelung der haushaltsnahen Aufwendungen bleiben:

- *Haushalt, Heim oder Ort der dauernden Pflege muss in EU- / EWR-Staat liegen*[22]
- *Aufwendungen können **nur** in Anspruch genommen werden dürfen*[23]*, **soweit** diese*
  - ***keine** Betriebsausgaben*
  - ***keine** Werbungskosten*
  - ***keine** Kinderbetreuungskosten*

  oder
  - ***nicht** als außergewöhnliche Belastung berücksichtigt worden sind.*
- *Voraussetzung des Rechnungserhalts und der unbaren Zahlung auf das Konto des Leistungserbringers*[24]
- *Höchstbeträge nur einmal pro Haushalt (= Höchstbetragsgemeinschaft)*[25]

22 § 35a Abs. 4 Satz 2 EStG.
23 § 35a Abs. 5 Satz 1 EStG.
24 § 35a Abs. 5 Satz 3 EStG.
25 § 35a Abs. 5 Satz 4 EStG.

Hinweis: Unveränderte Tatbestände
(Gesetz zur Förderung von Familien und haushaltsnahen Dienstleistungen (= FamLeistG); § 35a EStG)

Belegenheit		Subsidiarität		Abrechnung / Zahlung		Höchstbeträge
A	Haushalt	1.	keine Betriebsausgaben	1.	Rechnungserhalt	Höchstbetragsnutzung
B	Heim	2.	keine Werbungskosten	+		
C	Dauerpflegeort	3.	keine Kinderbetreuungskosten	2.	unbare Zahlung (Konto des Leistungserbringers)	
		+				
		4.	keine außergewöhnlichen Belastungen			
EU- / EWR-Staat		Anrechnung Steuerermäßigung				1x je Haushalt (= Höchstbetragsgemeinschaft)

E. Anrechnung der Erbschaftsteuer auf die Einkommensteuer

(Einführung der Erbschaftsteueranrechnung; ErbSt-ReformG vom 24.12.2008, BGBl. I 2008, 3018 ff.; § 35b EStG)

I. Einleitung

18 Die Regelung über die Anrechnung der Erbschaftsteuer auf die Einkommensteuer verringert eine Doppelbelastung bei Erwerb von Todes wegen mit beiden Steuerarten. Schenkungen sind durch die Steuerermäßigung nicht begünstigt! Die Steuerermäßigung bei Belastung mit Erbschaftsteuer ist beschränkt auf Fälle, in denen beim Erben Einkünfte tatsächlich mit Einkommensteuer belastet werden, die zuvor als Vermögen oder Bestandteil von Vermögen bereits der Erbschaftsteuer unterlagen.

Zu den Einkünften gehören beispielsweise auch Gewinne aus der Veräußerung oder Entnahme einzelner Wirtschaftsgüter (= Aufdeckung stiller Reserven), die beim Erblasser Betriebsvermögen waren und als Betriebsvermögen auf den Erwerber übergegangen sind, oder aus der Veräußerung oder Aufgabe eines ganzen Gewerbebetriebs, Teilbetriebs oder Mitunternehmeranteils.

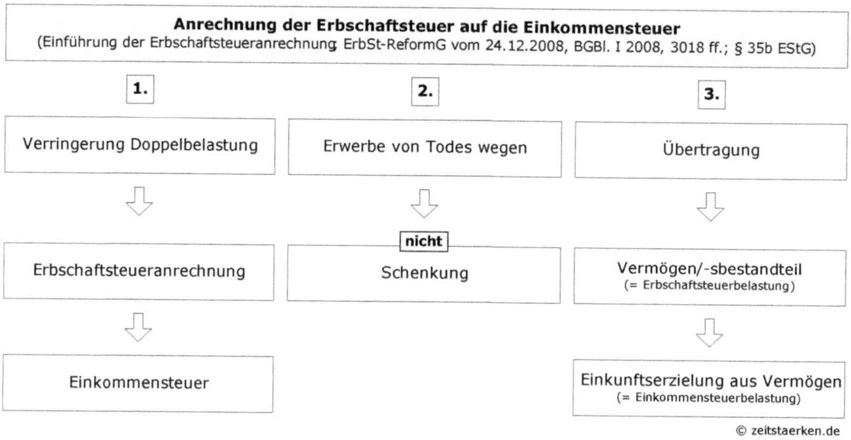

II. Fallkonstellationen der Steuerermäßigung

In der Praxis sind vier Anwendungsfälle zu beachten[26]: 19

1. Der Erwerber eines geerbten Betriebs veräußert diesen innerhalb der sieben- bzw. zehnjährigen Behaltensfrist. Der Erwerber/Veräußerer muss einerseits die vorhandenen stillen Reserven im Rahmen der Nachversteuerung (= Bewertung des betrieblichen Vermögens mit dem gemeinen Wert) teilweise/zeitanteilig versteuern. Zum anderen unterliegen die aufgedeckten stillen Reserven im Rahmen des entstehenden Veräußerungsgewinns[27] beim Verkauf der Einkommensteuer. Ermäßigt besteuert werden nur die im Zeitpunkt des Erwerbs von Todes wegen vorhandenen Einkünfte.

   Deren Höhe ist vom Steuerpflichtigen genau zu ermitteln. Veränderungen, die sich durch Wertminderungen oder Werterhöhungen in den Einkünften niederschlagen, werden von der Steuerermäßigung nicht berücksichtigt.[28] Um hier eine Doppelbelastung zu vermeiden, wird zukünftig die Erbschaftsteuer, soweit diese auf die stillen Reserven entfällt, bei der Einkommensteuer steuermindernd angerechnet. Ein Abzug der entstehenden Einkommensteuer bei der Erbschaftsteuer ist mangels tatsächlichen Anspruchs aus dem Steuerschuldverhältnis im Besteuerungszeitpunkt nicht möglich.[29]

2. Vereinnahmt der Erbe eines gewerblichen oder freiberuflichen Betriebs nachträglich Forderungen des Erblassers, welcher seinen Gewinn durch Einnahme-Überschuss-Rechnung[30] ermittelt hatte, so sind diese sowohl erbschaftsteuerrechtlich als auch einkommensteuerrechtlich zu berücksichtigen. Auch hier greift die neue Steuerermäßigung.

3. Der Erbe veräußert ein zuvor geerbtes privates Grundstück innerhalb der Zehnjahresfrist, für welches er die vollständige Steuerverschonung als Familienheim[31] in Anspruch genommen hatte. Auf Grund der Veräußerung innerhalb der Zehnjahresfrist greift der sog. Fallbeil-Effekt. D. h. es kommt zur rückwirkenden Steuerfestsetzung (= Nachversteuerung), indem die vollständige Steuerverschonung im Ganzen versagt wird. Insoweit werden die stillen Reserven sowohl mit Erbschaftsteuer als auch mit Einkommensteuer belastet. Die neue Steuerermäßigung wird angewendet.

4. Eher ein seltener Fall der Steuerermäßigung „Belastung mit Erbschaftsteuer" ist gegeben wenn geerbte Wertpapiere innerhalb der Jahresfrist[32] gewinnbringend veräußert werden. Durch die Einführung der Abgeltungsteuer werden Veräußerungsgewinne von Wertpapieren, die nach dem 31.12.2008 erworben wurden, allerdings *unabhängig* von Haltefristen als Kapitaleinnahmen steuerrechtlich erfasst. Auf Grund der Doppelbesteuerung mit Erbschaftsteuer und Einkommensteuer greift die neue Steuerermäßigung.

26 Seltenreich in Preisser/Hegemann/Seltenreich, ErbSt-Reform, Haufe Verlag, 2009, S. 102 f.
27 § 16 EStG.
28 Geck in „die Erbschaftsteuerreform kurz vor dem Ziel", ZEV 2008, 557.
29 Piltz in „Steuerliche Überlegung vor der Erbschaftsteuerreform", DStR 2008, 2237 ff.
30 § 4 Abs. 3 EStG.
31 § 13 Abs. 1 Nr. 4b oder Nr. 4c ErbStG.
32 § 23 EStG.

Hinweis:

*Die Anrechnung der Erbschaftsteuer wird nur auf **Antrag** gewährt. Der Antrag ist im Veranlagungsverfahren zur Einkommensteuer zu stellen.*

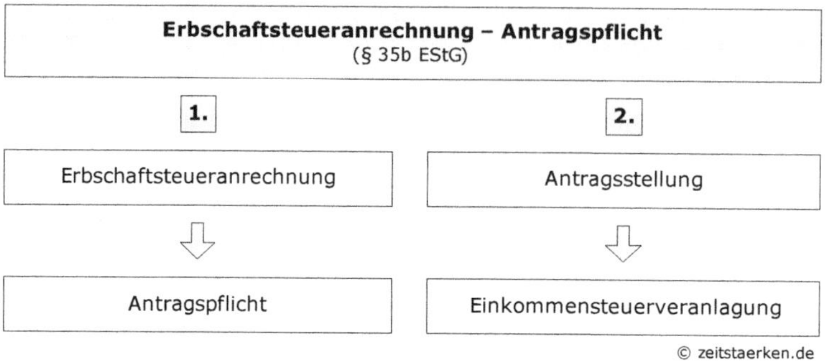

F. Erstes Anwendungsschreiben zur Sondertarifierung

(BMF-Schreiben vom 11.8.2008, IV C 6 - S 2290 - a/07/10001, BStBl. I 2008, 838; § 34a EStG)

10

I. Überblick

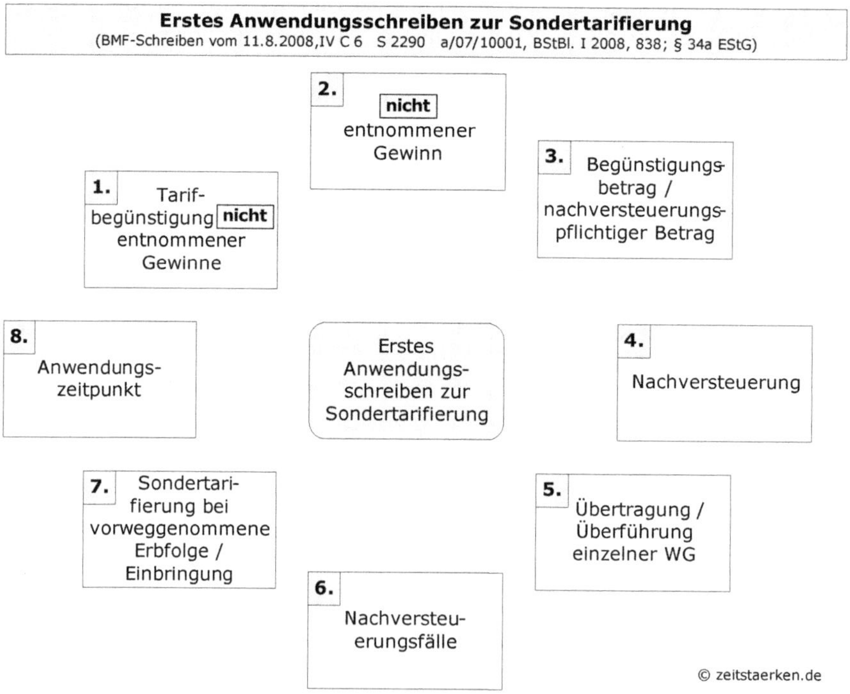

Hinweis:

In der folgenden Ausarbeitung werden nur die wichtigsten Auffassungen der Finanzverwaltung wiedergegeben.

II. Antrag

Der Antrag auf Anwendung der Sondertarifierung ist grundsätzlich bei Abgabe der Einkommensteuererklärung für jeden Betrieb oder Mitunternehmeranteil gesondert zu stellen. Dabei kann der Steuerpflichtige für jeden Betrieb oder Mitunternehmeranteil wählen, **ob** und in **welcher** Höhe der Steuerpflichtige für den jeweils *nicht* entnommenen Gewinn die Sondertarifierung in Anspruch nimmt. Der Antrag kann für jeden Betrieb oder Mitunternehmeranteil *bis zur* Höhe des *nicht* entnommenen Gewinns gestellt werden. 20

Hinweis:

Grundsätzlich muss der Steuerpflichtige in der Steuererklärung die Sondertarifierung dem Grunde nach beantragen. Bezüglich der Höhe wird es für spätere Anpassungen aufgrund von BP-Mehrergebnissen notwendig sein ***nicht nur*** *einen festen Betrag* ***sondern*** *unter Umständen u. E. ein Sondertarifierungsverhältnis (= Prozent-Angabe) in der Steuererklärung mitzuteilen.*[33]

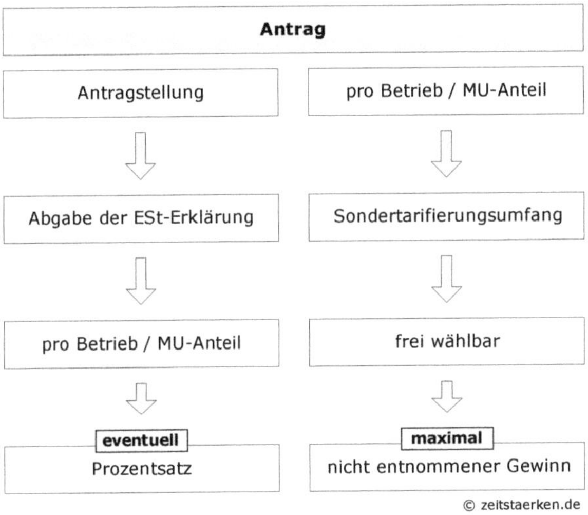

Einzelunternehmen können die Sondertarifierung ganz oder teilweise auf den Bilanzierungsgewinn anwenden.[34] Die Anwendung der Sondertarifierung bei Mitunternehmern ist von der Erfüllung von Vorraussetzungen abhängig[35]: 21

- die Beteiligung am Gewinn (Gesamthands-, Sonder- und Ergänzungsbilanzgewinn)[36] mehr als 10 %

  oder

- die Beteiligung am Gewinn mehr als 10.000 € beträgt

33 BMF-Schreiben vom 11.8.2008, IV C 6 - S 2290 - a/07/10001, DStR 2008, 1637, Tz. 7 i. V. m. Tz. 10.
34 BMF-Schreiben vom 11.8.2008, IV C 6 - S 2290 - a/07/10001, DStR 2008, 1637, Tz. 8.
35 § 34a Abs. 1 Satz 3 EStG.
36 § 4 Abs. 1 Satz 1 EStG; § 5 EStG.

Hinweis:

*Der vertraglichen Gewinnverteilungsabrede kommt **keine** Bedeutung zu. Einer einheitlichen Antragstellung aller Mitunternehmer einer Personengesellschaft bedarf es **nicht**.*[37]

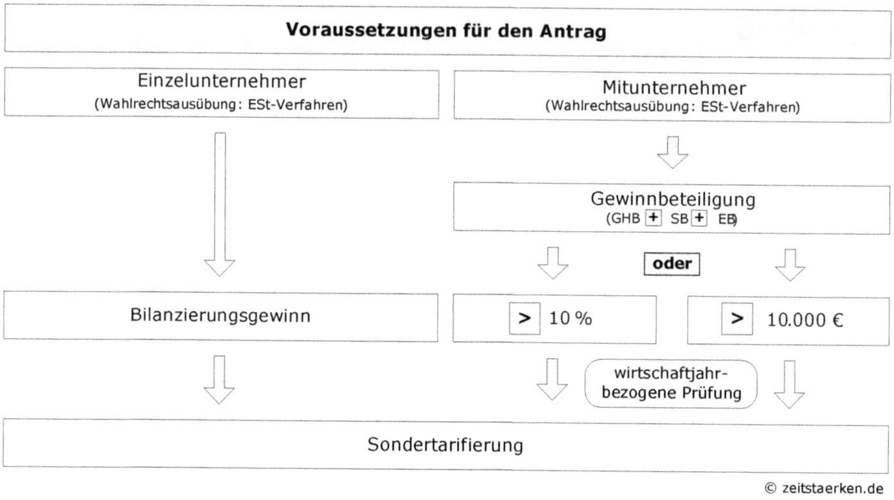

10

22 **Beispiel: Sondertarifierung bei Mitunternehmerschaft**

A und B sind Mitunternehmer der AB-OHG. A ist zu 90 %, B ist nach der getroffenen Gewinnverteilungsabrede zu 10 % am Gesamthandsgewinn beteiligt. Der Gewinn aus der Gesamthandsbilanz[38] beträgt 200.000 €. Es sind *nicht* abzugsfähige Betriebsausgaben angefallen in Höhe von 30.000 €. B hat in seiner Sonderbilanz aus der Vermietung eines Grundstücks an die AB-OHG einen Verlust erzielt von ./. 12.000 €

Lösung:

Der ermittelte Gewinn[39] der Mitunternehmerschaft beträgt (200.000 € Gesamthandsbilanz ./. 12.000 € aus Sonderbilanz B =) 188.000 €. Die *nicht* abzugsfähigen Betriebsausgaben sind *nicht* hinzuzurechnen.

A

A ist am Gewinn beteiligt zu (200.000 € x 90 % =) 180.000 €, das entspricht $\left(\frac{180.000\ €}{188.000\ €} =\right)$ 95,74 %

Da der Gewinn mehr als 10.000 € beträgt und[40] eine Beteiligung von mehr als 10 % vorliegt ist die Tarifbegünstigung für A möglich.

B

B ist am Gewinn beteiligt zu (200.000 € x 10 % = 20.000 € ./. Sonderbilanz 12.000 € =) 8.000 €, das entspricht $\left(\frac{8.000\ €}{188.000\ €} =\right)$ 4,26 %.

Da B weder zu mehr als 10.000 € noch zu mehr als 10 % am Gewinn beteiligt ist, kann B *keine* Tarifbegünstigung beantragen.

37 BMF-Schreiben vom 11.8.2008, IV C 6 - S 2290 - a/07/10001, DStR 2008, 1637, Tz. 9.
38 § 4 Abs. 1 Satz 1 EStG.
39 § 4 Abs. 1 Satz 1 i. V. m. § 5 EStG.
40 Eine alternative Erfüllung der beiden Tatbestandsvoraussetzungen würde ausreichen, um die Thesaurierung zu beantragen!

III. Nicht entnommener Gewinn / Begünstigungsbetrag / nachversteuerungspflichtiger Betrag

Maßgeblich für die Sondertarifierung ist das nachstehende Ermittlungsschema: 23

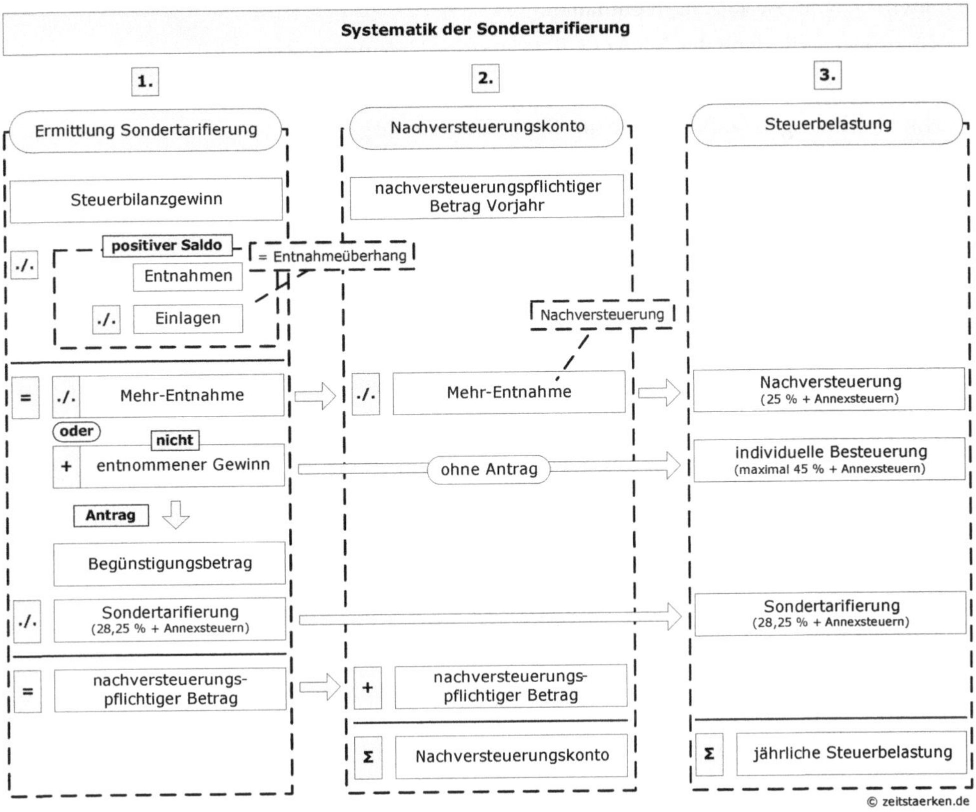

Hinweis:

Wir haben Ihnen die Definitionen der notwendigen Begriffe am Ende der Ausarbeitung in tabellarischer Form aufbereitet.

Maßgeblich für die Sondertarifierung ist der ermittelte Steuerbilanzgewinn.[41] 24

Hinweis:

Der Steuerbilanzgewinn versteht sich einschließlich

- *Ergebnisse aus Ergebnisabführungen in Organschaftsfällen*

<u>oder</u>

- *steuerfreier Gewinnbestandteile wie z. B. steuerfreie Betriebsstättengewinne, steuerfreie Teileinkünfte oder Investitionszulagen.*

41 BMF-Schreiben vom 11.8.2008, IV C 6 - S 2290 - a/07/10001, DStR 2008, 1637, Tz. 11 Satz 1.

Offene Frage:

Die Problematik, dass der maßgebliche Steuerbilanzgewinn des Organträgers lediglich den Handelsbilanzgewinn und nicht den Steuerbilanzgewinn der Organgesellschaft berücksichtigt, bleibt weiter unbeantwortet.[42/43]

25 Dieser maßgebliche Gewinn ermittelt sich aus dem Unterschiedsbetrag und den Hinzurechnungen der Entnahmen und Kürzungen der Einlagen.[44]

In diesem Gewinn ist _auch noch_ enthalten:

- Kürzungen außerhalb der Bilanz (z. B. steuerfreie Gewinnanteile)

  oder

- Hinzurechnungen (z. B. nicht abzugsfähige Betriebsausgaben)[45]

Hinweis:

Bei Personengesellschaften umfasst dieser maßgebliche Gewinn auch die Korrekturen aufgrund von Ergänzungsbilanzen und die Ergebnisse der Sonderbilanzen der einzelnen Mitunternehmer.[46]

26 Vom maßgeblichen Gewinn wird der positive Saldo aus Entnahmen[47] und Einlagen (= **Entnahmeüberhang**) abgezogen. Insoweit entsteht der **nicht entnommene Gewinn**[48] (= maximaler Begünstigungsbetrag).

Beispiel: Entnahmen über den Nachversteuerungsbetrag hinaus

Ein Unternehmer U erzielt im Wirtschaftsjahr 2008 einen Gewinn von 65.000 €. Außerdem tätigt U Entnahmen in Höhe von 25.000 € und Einlagen in Höhe von 5.000 €. Der Rest soll der Thesaurierungsbesteuerung unterworfen werden. Im Wirtschaftsjahr 2009 erzielt der Unternehmer einen Gewinn von 15.000 € und tätigt aufgrund privater Investitionen Entnahmen in Höhe von 75.000 €, aber _keine_ Einlagen. Außerdem liegt aus dem Jahr 2007 noch ein _nicht_ ausgeschütteter Gewinn von 125.000 € vor.

42 Fellinger, DB 2008, 1877.
43 Rogall, DStR 2008, 429; Wacker, FR 2008, 605.
44 § 4 Abs. 1 Satz 1 EStG; § 5 EStG.
45 § 4 Abs. 4a, Abs. 5, Abs. 5a und Abs. 5b und § 4h EStG; BMF-Schreiben vom 11.8.2008, IV C 6 - S 2290 - a/07/10001, DStR 2008, 1637, Tz. 16.
46 BMF-Schreiben vom 11.8.2008, IV C 6 - S 2290 - a/07/10001, DStR 2008, 1637, Tz. 12.
47 Definitionsproblem: Im BMF-Schreiben werden in Tz. 11 nur die privat veranlassten Wertabgaben erwähnt, erst in Tz. 14 erfolgt ein Verweis auf die Entnahmedefinition lt. Einkommensteuergesetz; § 4 Abs. 1 Satz 2 EStG.
48 = thesaurierungsfähiger Gewinn / Gewinnanteil.

Lösung:

Wirtschaftsjahr		**2008**		**2009**	
maßgebener Gewinn		65.000 €		15.000 €	
+ Einlagen		+5.000 €		+0 €	
./. Entnahmen		-25.000 €		-75.000 €	
thesaurierungsfähiges Volumen		45.000 €		-60.000 €	
./. Thesaurierungssteuer 28,25 %		-12.713 €		0 €	
./. Solidaritätszuschlag zur TSt 5,5 %		-699 €		0 €	
Stand des Nachversteuerungskontos zum 31.12./01.01.	0	31.588	31.588	-31.588	0
nicht entnommenes Kapital **vor VZ 2008**	125.000	0	125.000	-28.412	96.588
Entnahmen **ohne** Auswirkung		0		0	
Entnahmen aus thesauriertem Guthaben		0 €		31.588 €	
+ Nachsteuer 25 %		0 €		7.897 €	
+ Solidaritätszuschlag von Nachsteuer 5,5 %		0 €		434 €	
Brutto-Entnahme (inkl. Nachsteuer)		0 €		39.920 €	

Die **nicht abzugsfähigen Betriebsausgaben** haben somit den Gewinn gemindert und werden außerbilanziell hinzugerechnet.[49] Soweit der steuerpflichtige Gewinn[50] also auf Betriebsausgabenabzugsverboten beruht kann _keine_ Sondertarifierung in Anspruch genommen werden.[51] 27

Beispiel: nicht abzugsfähige Betriebsausgaben

Der Gewinn[52] des Unternehmens beträgt 330.000 €. Es sind nicht abzugsfähige Betriebsausgaben[53] von 45.000 € angefallen. Der Unternehmer hat 70.000 € entnommen. Einlagen wurden in Höhe von 10.000 € getätigt.

Lösung:

Der nicht entnommene Gewinn beträgt:

330.000 € ./. [Entnahmen 70.000 € ./. Einlagen 10.000 € = 60.000 €] = 270.000 €

Der steuerpflichtige Gewinn beträgt

330.000 € + 45.000 € nicht abzugsfähige Betriebsausgaben = 375.000 €

Der Steuerpflichtige kann einen Antrag für einen Gewinn bis zu 270.000 € stellen.

Steuerfreie Gewinnanteile sind Bestandteile des Steuerbilanzgewinns, können aufgrund ihrer Steuerfreiheit jedoch _nicht_ Gegenstand der Sondertarifierung sein.[54] Bei der Ermittlung des nicht entnommen Gewinns gelten sie doch als _vorrangig_ entnommen. 28

49 BMF-Schreiben vom 11.8.2008, IV C 6 - S 2290 - a/07/10001, DStR 2008, 1637, Tz. 16.
50 = Eintrag in die Anlage GSE.
51 BMF-Schreiben vom 11.8.2008, IV C 6 - S 2290 - a/07/10001, DStR 2008, 1637, Tz. 16 Satz 2.
52 § 4 Abs. 1 Satz 1 oder § 5 EStG.
53 § 4 Abs. 5 EStG.
54 BMF-Schreiben vom 11.8.2008, IV C 6 - S 2290 - a/07/10001, DStR 2008, 1637, Tz. 17.

Beispiel: steuerfreie Gewinnanteile

Der Gewinn[55] des Unternehmers beträgt 330.000 €. Hierin sind steuerfreie Gewinnanteile (z. B. nach § 3 Nr. 40 EStG) von 50.000 € enthalten. Der Unternehmer hat 70.000 € entnommen. Einlagen wurden nicht getätigt.

Lösung:

Der nicht entnommene Gewinn beträgt:

330.000 € ./. 70.000 € Entnahmen	260.000 €

Der steuerpflichtige Gewinn beträgt:

330.000 € ./. 50.000 € steuerfreie Gewinnanteile	280.000 €

Der Steuerpflichtige kann einen Antrag für einen Gewinn bis zu 260.000 € stellen.[56]

29 Einkünfte aus **ausländischen Betriebsstätten** sind im Betriebsvermögensvergleich enthalten und führen zu einem um die ausländischen Gewinnanteile erhöhten oder verminderten inländischen Gewinn. Damit beeinflussen ausländische Betriebsstätten Ergebnisse unmittelbar den nicht entnommen Gewinn des (inländischen) Betriebs. Soweit die Gewinne aus ausländischen Betriebsstätten steuerfrei gestellt sind, können sie - wie die anderen steuerfreien Gewinnanteile - *nicht* Gegenstand der Sondertarifierung sein.[57]

Offene Frage:

Die Sondertarifierung ist wohl anzuwenden, wenn das DBA die Anrechnungsmethode vorsieht oder kein DBA besteht.[58] Es bleibt dann jedoch fraglich, wie mit Anrechnungsüberhängen umzugehen ist, die entstehen, wenn die im Ausland entstehende Steuerlast auf den Betriebsstättengewinn höher ist, als die in Deutschland aufgrund der Sondertarifierung verminderte Einkommensteuer.[59]

IV. Begünstigungsbetrag

30 Grundlage für den Begünstigungsbetrag[60]/[61] ist der *nicht* entnommene (Wirtschaftsjahr-) Gewinn. Als Begünstigungsbetrag wird der teilweise oder ganze Gewinn des Steuerpflichtigen[62] bezeichnet, für welchen die Thesaurierung durchgeführt wird.

Hinweis:

*Der Begünstigungsbetrag ist die Bemessungsgrundlage für die Thesaurierungssteuern (= **Thesaurierungssteuerbemessungsgrundlage**).*

55 § 4 Abs. 1 Satz 1 oder § 5 EStG.
56 § 34a EStG.
57 BMF-Schreiben vom 11.8.2008, IV C 6 - S 2290 - a/07/10001, DStR 2008, 1637, Tz. 18.
58 Fellinger, Der Betrieb 2008, 1877.
59 Fellinger, Der Betrieb 2008, 1877.
60 § 34a Abs. 3 Satz 1 EStG.
61 BMF-Schreiben vom 11.8.2008, IV C 6 - S 2290 - a/07/10001, DStR 2008, 1637, Tz. 23.
62 = Einzelunternehmer oder Mitunternehmer.

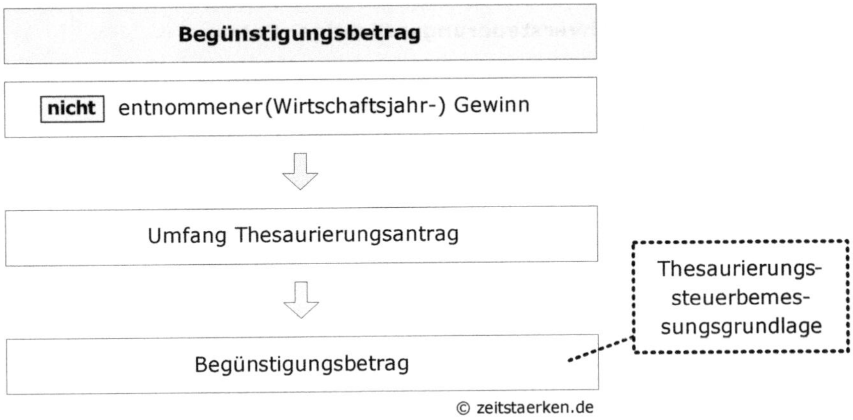

Beispiel: - Begünstigungsbetrag -

Der konfessionslose Steuerpflichtige S ist Mitunternehmer der X-OHG. S hat im VZ 2008 einen *nicht* entnommenen Gewinn in Höhe von 120.000 €. S möchte 75 % dieses Gewinns der Thesaurierungsbesteuerung zuführen.

Lösung:

S hat einen Begünstigungsbetrag in Höhe der beantragten ermäßigten Besteuerung von (120.000 € x 75 % =) 90.000 €. Dieser Betrag ist die Bemessungsgrundlage für die Thesaurierungssteuer.

Thesaurierungssteuer (90.000 € x 28,25 % =)	25.425,00 €
davon 5,5 % SolZ (25.425,00 € x 5,5 % =)	1.398,38 €

V. Nachversteuerungspflichtiger Betrag

Grundlage für den nachversteuerungspflichtigen Betrag[63]/[64] ist der Begünstigungsbetrag, von welchem die Thesaurierungssteuern abgezogen werden. Die Thesaurierungssteuern sind die Einkommensteuer und der Solidaritätszuschlag. 31

Hinweis:

*Die Kirchensteuer nimmt **nicht** am Thesaurierungsbesteuerungsmodell teil.*

63 § 34a Abs. 3 Satz 2 EStG.
64 BMF-Schreiben vom 11.8.2008, IV C 6 - S 2290 - a/07/10001, DStR 2008, 1637, Tz. 24.

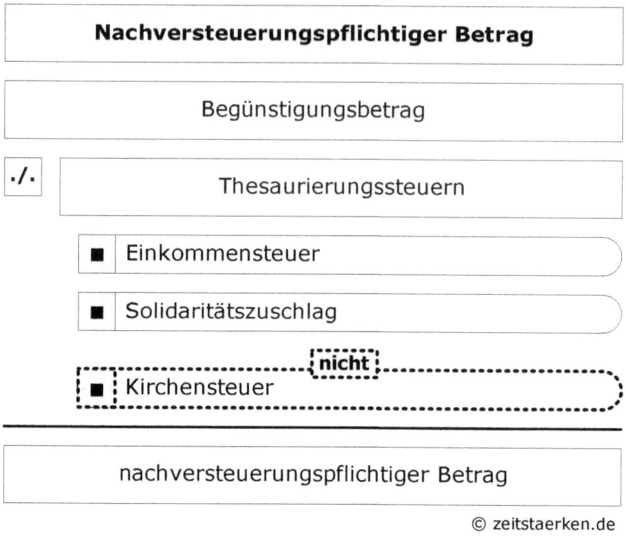

Beispiel: - nachversteuerungspflichtiger Betrag -

Der Steuerpflichtige S ist Mitunternehmer der X-OHG. S ist römisch-katholischer Konfession und wohnt in Baden-Württemberg. S hat im VZ 2008 einen *nicht* entnommenen Gewinn in Höhe von 120.000 €. S möchte 75 % dieses Gewinns der Thesaurierungsbesteuerung zuführen.

Lösung:

S hat einen Begünstigungsbetrag in Höhe der beantragten ermäßigten Besteuerung von (120.000 € x 75 % =)				90.000,00 €
./. Thesaurierungssteuern				
■ Thesaurierungssteuer (90.000 € x 28,25 % =)			./.	25.425,00 €
■ davon 5,5 % SolZ (25.425,00 € x 5,5 % =)			./.	1.398,38 €
■ Kirchensteuer ist *keine* Thesaurierungssteuer	./.	0,00 €		
nachversteuerungspflichtiger Betrag				**63.176,62 €**

32 Die Ermittlung und Fortschreibung des nachversteuerungspflichtigen Betrages erfolgt nach folgendem Schema:[65]

65 BMF-Schreiben vom 11.8.2008, IV C 6 - S 2290 - a/07/10001, DStR 2008, 1637, Tz. 25.

		Ermittlung und Fortschreibung des nachversteuerungspflichtigen Betrags
1.		Nachversteuerungspflichtiger Betrag zum 31.12. vorangegangener VZ
2.	+	nachversteuerungspflichtiger Betrag lfd. VZ (§ 34a Abs. 3 EStG)
3.	+	übertragener nachversteuerungspflichtiger Betrag (**von** anderem Betrieb / MU-Anteil desselben Steuerpflichtigen; § 34a Abs. 5 EStG)
4.	./.	übertragener nachversteuerungspflichtiger Betrag (**auf** anderen Betrieb / MU-Anteil desselben Steuerpflichtigen; § 34a Abs. 5 EStG)
5.	./.	Nachversteuerungsbetrag laufender Veranlagungszeitraum (§ 34a Abs. 4, 5 und 6 EStG)
6.	=	Nachversteuerungspflichtiger Betrag zum 31.12. laufender VZ

© zeitstaerken.de

VI. Nachversteuerung

Um die Nachversteuerung optimal zu gestalten, muss unterschieden werden zwischen: 33

- Nachversteuerungsbetrag
- Mehr-Entnahmen

  und
- Verwendungsreihenfolge

Hinweis:

Mangels eigener Definition sind die Begriffe Entnahmen und Einlage identisch mit den bekannten bilanzsteuerrechtlichen Werten.[66]

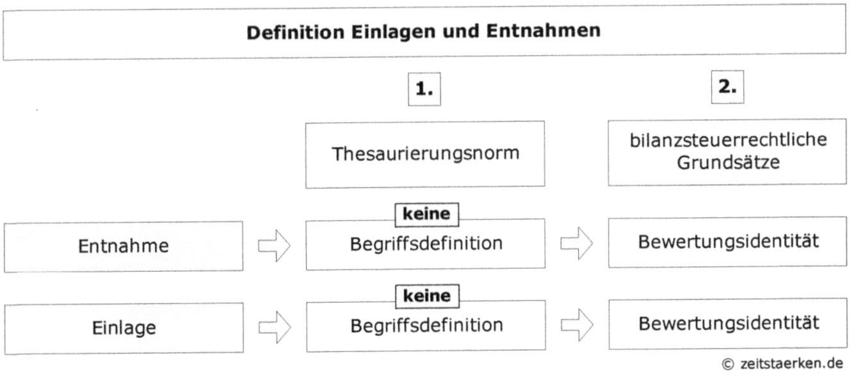

66 § 4 Abs. 1 EStG; ggf. andere Auffassung: bei Fällen des § 6 Abs 5 EStG; BMF-Schreiben vom 11.8.2008, IV C 6 - S 2290 - a/07/10001, DStR 2008, 1637, Tz. 11.

1. Nachversteuerungsbetrag[67]

34 Übersteigt der positive Saldo aus Entnahmen ./. Einlagen (= Entnahmeüberhang) den Gewinn des laufenden Jahres, liegt eine **Mehr-Entnahme** vor.

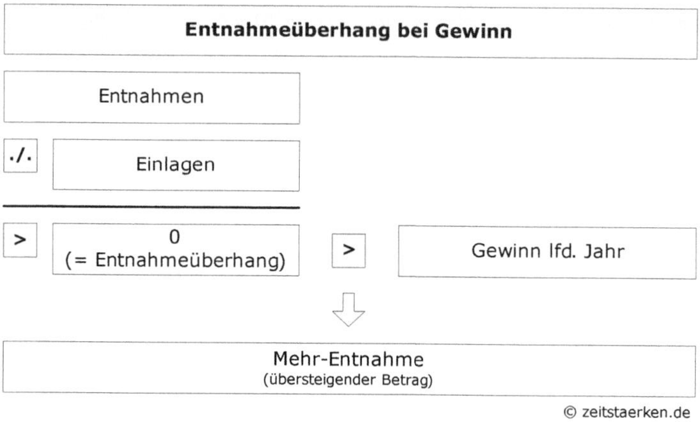

Wurde ein Verlust erzielt, liegt ein Nachversteuerungsbetrag in Höhe des Entnahmeüberhangs (= positiver Saldo aus Entnahmen ./. Einlagen) vor.

Ein **Nachversteuerungsbetrag**[68] entsteht im Gewinnfall in Höhe der Mehr-Entnahme (= Gewinn ./. Entnahmeüberhang [> Gewinn]). Wurde mit den Entnahmen Erbschaft- oder Schenkungssteuer anlässlich der Übertragung des Betriebs oder Mitunternehmeranteils bezahlt, gilt der Entnahmeüberhang insoweit *nicht* als Nachversteuerungsbetrag.

Die **Nachsteuer**[69] entsteht in Höhe von 25 % zzgl. SolZ und Kirchensteuer vom Nachversteuerungsbetrag, maximal jedoch in Höhe des festgestellten nachversteuerungspflichtigen Betrags. Die Entstehung der Nachsteuer hat *keine* Auswirkung auf die Besteuerung der Einkünfte des laufenden VZ und wird *neben* der Besteuerung des zu versteuernden Einkommens des laufenden VZ durchgeführt. Außerbilanzielle Hinzurechnungen[70] sind bei der Berechnung der Mehr-Entnahme *nicht* zu berücksichtigen.

67 BMF-Schreiben vom 11.8.2008, IV C 6 - S 2290 - a/07/10001, DStR 2008, 1637, Tz. 24.
68 BMF-Schreiben vom 11.8.2008, IV C 6 - S 2290 - a/07/10001, DStR 2008, 1637, Tz. 27.
69 BMF-Schreiben vom 11.8.2008, IV C 6 - S 2290 - a/07/10001, DStR 2008, 1637, Tz. 27.
70 Z. B. *nicht* abzugsfähige Betriebsausgaben.

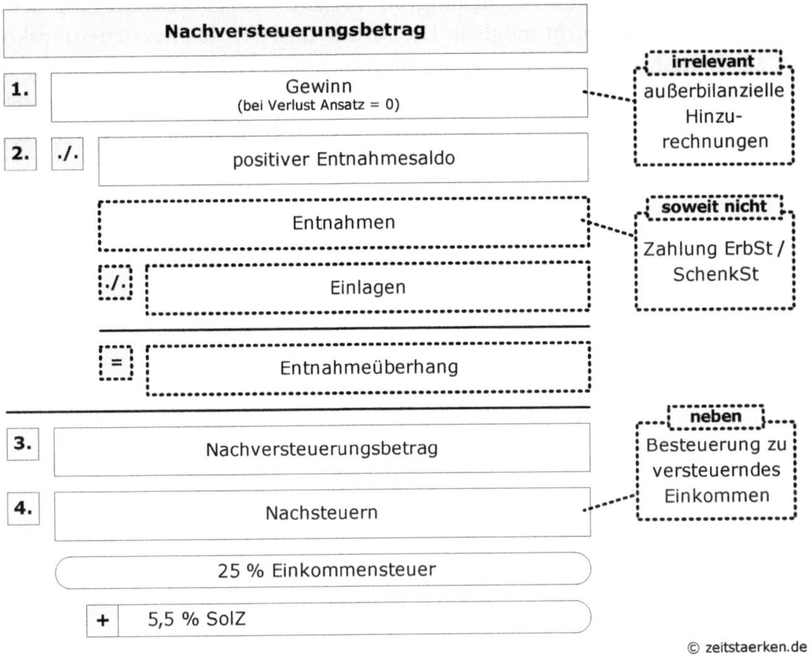

Beispiel: - Nachversteuerungsbetrag -

Der Steuerpflichtige S hat im Jahr 2009 einen Gewinn von 60.000 €. Es sind *nicht* abzugsfähige Betriebsausgaben entstanden von 30.000 €. S hat Entnahmen getätigt in Höhe von 80.000 €. Im Vorjahr wurde der nachversteuerungspflichtige Betrag festgestellt auf 60.000 €. Einlagen hat S *nicht* getätigt. S ist römisch-katholisch und in Baden-Württemberg wohnhaft.

Lösung:

Der laufende Gewinn beträgt (60.000 € + 30.000 € =) 90.000 €. Der laufende Gewinn ist der Tarifbesteuerung[71] zu unterwerfen.

Die Mehr-Entnahme beträgt (60.000 € ./. 80.000 € =) 20.000 €. Da im Vorjahr ein nachversteuerungspflichtiger Betrag von 60.000 € festgestellt wurde, entsteht in Höhe der Mehr-Entnahme der Nachversteuerungsbetrag.

S hat 25 % Nachsteuer (Einkommensteuer) zu bezahlen (20.000 € x 25 % =) 5.000 €. Hinzu kommen 5,5 % SolZ (5.000 € x 5,5 % =) 275 € und 8 % KiSt (5.000 € x 8 % =) 400 €.

Der nachversteuerungspflichtige Betrag zum 31.12.2009 beträgt (60.000 € ./. 20.000 € =) 40.000 €.

2. Mehr-Entnahmen

Erst wenn eine **Mehr-Entnahme** (= Entnahmen eines Wirtschaftsjahres übersteigen den Gewinn und die Einlagen desselben Zeitraums) vorliegt, wird das Nachversteuerungskonto gemindert.[72] 35

71 § 32a EStG.
72 BMF-Schreiben vom 11.8.2008, IV C 6 - S 2290 - a/07/10001, DStR 2008, 1637, Tz. 27.

Dafür bedarf es der gesonderten Feststellung im Vorjahr.[73] Eine Thesaurierung des laufenden Gewinns ist in diesen Fällen *nicht* möglich. Die Minderung des Nachversteuerungskontos führt automatisch zur Entnahme des nachversteuerungspflichtigen Betrags und somit zur Entstehung der Nachsteuern. Soweit die Mehr-Entnahme geringer ist als der nachversteuerungspflichtige Betrag, wird der Restbetrag gesondert festgestellt (= verbleibender nachversteuerungspflichtiger Betrag).[74]

Hinweis:

Die Nachbesteuerungsbelastung kann eine Entnahme darstellen.

3. Verwendungsreihenfolge

36 Die Verwendungsreihenfolge[75] des Entnahmeüberhangs ist wie folgt geregelt:

1. Zunächst *gilt* der **steuerfreie Gewinn** des laufenden Jahres als entnommen (z. B. Investitionszulagen).
2. Dann *gilt* der **steuerpflichtige Gewinn** des laufenden Jahres als entnommen.
3. Ein verbleibender Entnahme-Betrag mindert den **nachversteuerungspflichtigen Betrag** der Vorjahre.
4. Darüber hinausgehende Entnahmen (nach Ausgleich des Nachversteuerungskontos) mindern steuerfreie und **bereits mit dem persönlichen Steuersatz versteuerten Gewinne** der Vorjahre.

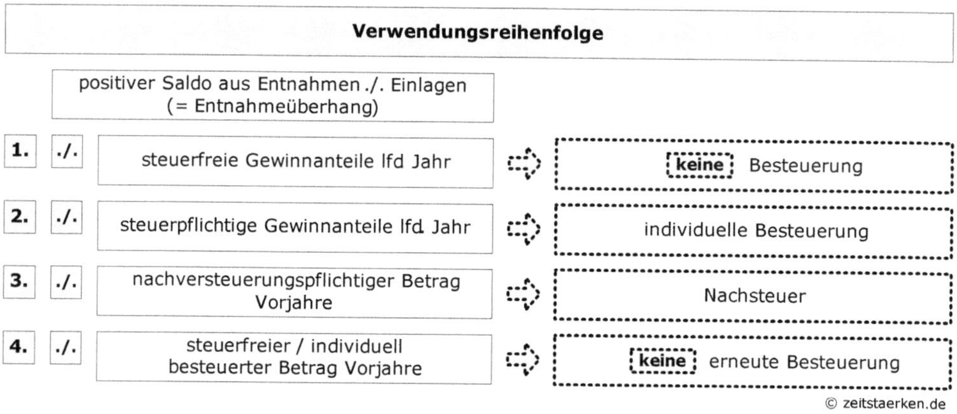

Hinweis: „Eigenkapitaltöpfe"

Es empfiehlt sich zur Nachvollziehbarkeit in der Bilanz ***mindestens drei Konten*** *zu erstellen.*

73 § 34a Abs. 4 Satz 1 EStG.
74 § 34a Abs. 3 Satz 3 EStG.
75 BMF-Schreiben vom 11.8.2008, IV C 6 - S 2290 - a/07/10001, DStR 2008, 1637, Tz. 29.

- *Eines mit der Bezeichnung **„Nachversteuerungskonto"**, auf dem die thesaurierten Beträge[76] gebucht werden. Die durch die Thesaurierung entstehenden Steuern sollten vom Steuerpflichtigen vom betrieblichen Bankkonto entnommen werden, da die Thesaurierungssteuern eine unschädliche Entnahme[77] darstellen.*
- *Weiterhin sollte ein Eigenkapitalkonto für **„Thesauriertes Kapital ohne Antragsbesteuerung"** erstellt werden. Auf diesem Konto stehen dann die Kapitalzuflüsse, für welche **kein** Thesaurierungsantrag gestellt wurde.*
- *Im Dritten Konto mit der Bezeichnung **„Thesauriertes Kapital vor 2008"** wird schließlich das angesammelte Kapital vor Eintritt der Thesaurierungsregelung gebucht.*

Bei Einhaltung dieser Reihenfolge wird auch verdeutlicht, dass das dritte Konto erst dann gemindert werden darf, wenn das erste und das zweite Konto jeweils Null ist.

Beispiel: - vollständiger Verbrauch - 37

Der Steuerpflichtige S erzielt im Wirtschaftsjahr 2008 einen Gewinn von 65.000 €. Außerdem tätigt S Entnahmen in Höhe von 25.000 € und Einlagen in Höhe von 5.000 €. Der Rest soll der Thesaurierungsbesteuerung unterworfen werden. Im Wirtschaftsjahr 2009 erzielt S einen Gewinn von 15.000 € und tätigt aufgrund privater Investitionen Entnahmen in Höhe von 75.000 €, aber *keine* Einlagen.

Lösung:

Wirtschaftsjahr		2008		2009	
maßgebener Gewinn		65.000 €		15.000 €	
+ Einlagen		+5.000 €		+0 €	
./. Entnahmen		-25.000 €		-75.000 €	
thesaurierungsfähiges Volumen		45.000 €		-60.000 €	
./. Thesaurierungssteuer 28,25 %		-12.713 €		0 €	
./. Solidaritätszuschlag zur TSt 5,5 %		-699 €		0 €	
Stand des Nachversteuerungskontos zum 31.12./01.01.	0	+31.588 €	31.588 €	-31.588 €	0 €
Entnahmen aus thesauriertem Guthaben		0 €		31.588 €	
+ Nachsteuer 25 %		0 €		7.897 €	
+ Solidaritätszuschlag von Nachsteuer 5,5 %		0 €		434 €	
Brutto-Entnahme (inkl. Nachsteuer)		0 €		39.920 €	

Wird über den Betrag des Nachversteuerungskontos hinaus entnommen (= **Mehr-Mehr-Entnahme**), so erfolgt eine Besteuerung mit der Nachsteuer nur bis zum Ausgleich des Nachversteuerungskontos. Ein negatives Nachversteuerungskonto kann *nicht* entstehen. Über den Saldo des Nachversteuerungskontos hinaus gehende Entnahmen sind im Thesaurierungs- und Nachversteuerungsmodell unbeachtlich.[78]

Beispiel: - Entnahmen über den Nachversteuerungsbetrag hinaus - 38

Der Steuerpflichtige S erzielt im Wirtschaftsjahr 2008 einen Gewinn von 65.000 €. Außerdem tätigt S Entnahmen in Höhe von 25.000 € und Einlagen in Höhe von 5.000 €. Der Rest soll der Thesaurierungsbesteuerung unterworfen werden. Im Wirtschaftsjahr 2009 erzielt S einen Gewinn von 15.000 € und tätigt aufgrund privater Investitionen Entnahmen in Höhe von 75.000 €, aber *keine* Einlagen. Außerdem liegt aus dem Jahr 2007 noch ein *nicht* ausgeschütteter Gewinn von 125.000 € vor.

76 § 34a EStG.
77 Für den betrieblichen Schuldzinsenabzug (§ 4 Abs. 4a EStG) liegt eine „wirksame" Entnahme vor.
78 BMF-Schreiben vom 11.8.2008, IV C 6 - S 2290 - a/07/10001, DStR 2008, 1637, Tz. 29 4. Position.

Lösung:

Wirtschaftsjahr		2008		2009	
maßgebener Gewinn		65.000 €		15.000 €	
+ Einlagen		+5.000 €		+0 €	
./. Entnahmen		-25.000 €		-75.000 €	
thesaurierungsfähiges Volumen		45.000 €		-60.000 €	
./. Thesaurierungssteuer 28,25 %		-12.713 €		0 €	
./. Solidaritätszuschlag zur TSt 5,5 %		-699 €		0 €	
Stand des Nachversteuerungskontos zum 31.12./01.01.	0	31.588	31.588	-31.588	0
nicht entnommenes Kapital **vor VZ 2008**	125.000	0	125.000	-28.412	96.588
Entnahmen **ohne** Auswirkung		0		0	
Entnahmen aus thesauriertem Guthaben		0 €		31.588 €	
+ Nachsteuer 25 %		0 €		7.897 €	
+ Solidaritätszuschlag von Nachsteuer 5,5 %		0 €		434 €	
Brutto-Entnahme (inkl. Nachsteuer)		0 €		39.920 €	

In der Praxis kann ein *nicht* entnommenes Kapital (= Wirtschaftsjahr 2007, somit vor VZ 2008[79]) vorliegen. Das ist jeweils der Betrag, welcher in der (Steuer-)Bilanz auf der Passivseite als variables Kapital ausgewiesen wird. Werden nun über das Nachversteuerungskonto hinaus Entnahmen getätigt (= sog. **„Mehr-Mehr-Entnahmen"**), so werden erst nach Auflösung des Nachversteuerungskontos diese Altbestände entnommen.

Hinweis:

Die Verwendungsreihenfolge für zum Einschluss bereits versteuerter Altgewinne und unter der Anwendung der Sondertarifierung erwirtschaftetes nachsteuerfreies Einkommen.[80] Diese Beträge können entweder im Jahr der Entstehung oder aber erst nach vollständigem Verbrauch des nachversteuerungspflichtigen Betrags nachsteuerfrei entnommen werden. Dies setzt Anreize, die Beträge im Entstehungsjahr zu entnehmen und steht somit der gesetzgeberischen Zielsetzung[81] der Stärkung des Eigenkapitals deutscher Personenunternehmen entgegen.[82]

VII. Nachversteuerungsfälle

39 Die Nachversteuerung wird auch in sonstigen Fällen ausgelöst[83]:

- Betriebsaufgabe und –veräußerung sowie Realteilung
- Umwandlungen
- Wechsel der Gewinnermittlungsart
- Antrag des Steuerpflichtigen (freiwillige Nachversteuerung)

79 Zeitliche Anwendung des Thesaurierungsmodells – VZ 2008; § 52 Abs. 48 EStG.
80 Schmitt, Stbg 2007, 573; Thiel/Sterner, DB 2007, 1099.
81 BR-Drucks. 220/07, 52; BT-Drucks. 16/4841, 30.
82 Fellinger, DB 2008; BT-Drucks.1877.
83 BMF-Schreiben vom 11.8.2008, IV C 6 - S 2290 - a/07/10001, DStR 2008, 1637, Tz. 41.

1. Betriebsaufgabe und -veräußerung sowie Realteilung

Die Grundlage für die Sondertarifierung entfällt, wenn ein Betrieb aufgegeben oder veräußert wird, da die Möglichkeit, beim Steuerpflichtigen eine Nachversteuerung durchzuführen, entfällt. 40

Durch den Wegfall der Sondertarifierungsvoraussetzungen, muss die Nachversteuerung **in voller Höhe** ausgelöst werden[84]:

- Veräußerung oder Aufgabe eines ganzen Betriebs
- Veräußerung oder Aufgabe eines ganzen Mitunternehmeranteils

  und
- Realteilung der Mitunternehmerschaft[85]

Der nachversteuerungspflichtige Betrag ist in voller Höhe aufzulösen und nach zu versteuern.

Hinweis:

*Die Veräußerung eines Teils eines Betriebes, eines Teilbetriebs oder eines Mitunternehmer**teil**anteils löst **keine** Nachversteuerung aus, da diese weiterhin beim Steuerpflichtigen / Mitunternehmer durchgeführt werden kann.*[86]

2. Umwandlungen (Formwechsel / Einbringung)

Bei den Umwandlungsfällen ist zu unterscheiden zwischen: 41

- von KSt in ESt = Verschmelzung
- von KSt in KSt = Verschmelzung
- von ESt in KSt = Einbringung
- von ESt in ESt = Einbringung

Soweit der Steuersystemwechsel (= **Voll-Einbringung**[87]) von der Einkommensteuer (= Thesaurierungsmodell) in die Körperschaft[88] vollzogen wird, ist die Nachversteuerung **in voller Höhe** auszulösen.[89]

Hinweis:

*Bei der Einbringung in eine Kapitalgesellschaft eines Teils eines Betriebs, eines Teilbetriebs oder eines Teils eines Mitunternehmeranteils muss die Nachversteuerung **nicht** ausgelöst werden.*[90]

84 § 34a Abs. 6 Satz 1 Nr. 1 EStG; BMF-Schreiben vom 11.8.2008, IV C 6 - S 2290 - a/07/10001, DStR 2008, 1637, Tz. 42.
85 Dabei ist es nicht erheblich, ob es sich dabei um eine qualifizierte Buchwertrealteilung oder um eine „Gemeine-Wert-Realteilung“ handelt; § 16 Abs. 3 Satz 2 EStG.
86 BMF-Schreiben vom 11.8.2008, IV C 6 - S 2290 - a/07/10001, DStR 2008, 1637, Tz. 42 Abs. 2.
87 Einbringung = Ausgliederung oder Formwechsel.
88 = oder auch Genossenschaft.
89 BMF-Schreiben vom 11.8.2008, IV C 6 - S 2290 - a/07/10001, DStR 2008, 1637, Tz. 43 Satz 1.
90 BMF-Schreiben vom 11.8.2008, IV C 6 - S 2290 - a/07/10001, DStR 2008, 1637, Tz. 43 Satz 2 i. V. m. 42 Abs. 2.

3. Wechsel der Gewinnermittlungsart

42 Die Nachversteuerung ist **in voller Höhe** durchzuführen, soweit ein Wechsel der Gewinnermittlungsart[91] vom Betriebsvermögensvergleich stattfindet[92]:

- zur Einnahmen-Überschuss-Rechnung[93]
- zur pauschalierten Gewinnermittlung[94]

4. Antrag des Steuerpflichtigen

43 Eine Nachversteuerung des **gesamten oder eines Teils**[95] des gesondert festgestellten nachversteuerungspflichtigen Betrags ist zudem durchzuführen, wenn der Steuerpflichtige dies beantragt.[96]

VIII. Stundung

44 Um betriebliche Existenzen _nicht_ zu gefährden, kann die Nachsteuer über einen Zeitraum **von bis zu 10 Jahren zinslos gestundet** werden.[97]

Die Nachsteuer muss dabei[98]

- zu erheblichen Härten führen

  und

- ausgelöst worden sein durch:
  - Betriebsveräußerungen, -aufgaben und Veräußerungen oder Aufgaben von Mitunternehmeranteilen sowie Realteilung[99]

    oder

  - Einbringung in eine Kapitalgesellschaft durch Ausgliederung[100] oder Formwechsel[101/102]

91 BMF-Schreiben vom 11.8.2008, IV C 6 - S 2290 - a/07/10001, DStR 2008, 1637, Tz. 44.
92 § 34a Abs. 6 Satz 1 Nr. 3 EStG.
93 § 4 Abs. 3 EStG.
94 § 5a EStG; § 13a EStG.
95 BMF-Schreiben vom 11.8.2008, IV C 6 - S 2290 - a/07/10001, DStR 2008, 1637, Tz. 45.
96 § 34a Abs. 6 Satz 1 Nr. 4 EStG.
97 § 34 Abs. 6 Satz 2 EStG.
98 BMF-Schreiben vom 11.8.2008, IV C 6 - S 2290 - a/07/10001, DStR 2008, 1637, Tz. 46 Abs. 1 Satz 1.
99 § 34a Abs. 6 Satz 1 Nr. 1 EStG.
100 = Ausgliederung des Einzelunternehmens.
101 = Personenhandelsgesellschaften.
102 § 34a Abs. 6 Satz 1 Nr. 2 EStG.

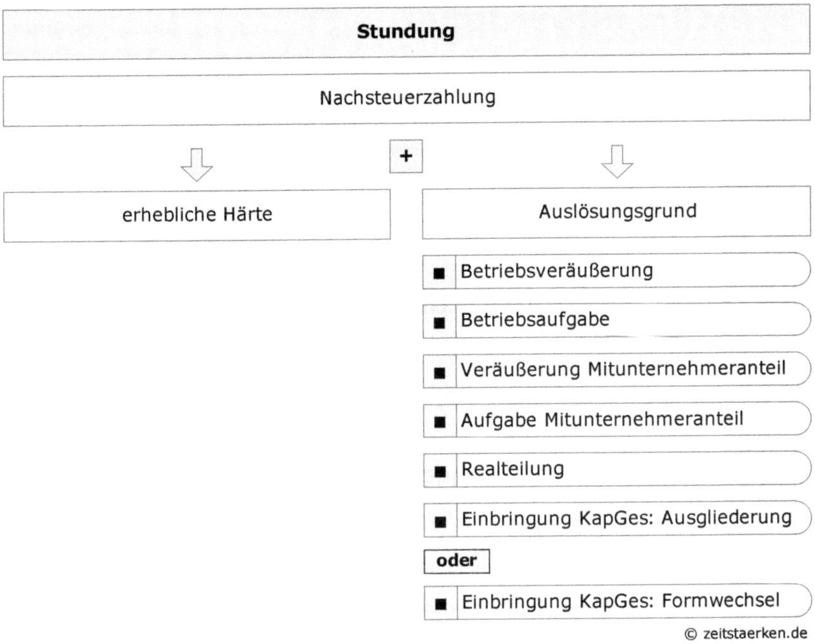

Hinweis:

Ob eine erhebliche Härte vorliegt, ist nach Umständen des Einzelfalles zu beurteilen. Dabei sind die Grundsätze der Stundung[103] anzuwenden.[104]

Eine Stundung der Nachsteuer ist gesetzlich *nicht* vorgesehen[105], wenn 45

- die Art der Gewinnermittlung gewechselt wird

  oder

- die Nachsteuer vom Steuerpflichtigen selbst beantragt wird

Hinweis:

Eine verfahrensrechtliche Stundung[106] bleibt anwendbar.[107]

IX. Zeitliche Anwendung

Dieses Anwendungsschreiben ist ab dem VZ 2008 anzuwenden. 46

103 § 222 AO.
104 BMF-Schreiben vom 11.8.2008, IV C 6 - S 2290 - a/07/10001, DStR 2008, 1637, Tz. 46 Abs. 1 Satz 2.
105 BMF-Schreiben vom 11.8.2008, IV C 6 - S 2290 - a/07/10001, DStR 2008, 1637, Tz. 46 Abs. 2 Satz 1.
106 § 222 AO.
107 BMF-Schreiben vom 11.8.2008, IV C 6 - S 2290 - a/07/10001, DStR 2008, 1637, Tz. 46 Abs. 2 Satz 2.

§ 11 Sonstige Änderungen

VZ 2008

A. Kfz-Steuerbefreiung für Neufahrzeuge

(Gesetz zur Umsetzung steuerrechtlicher Regelungen des Maßnahmenpaktes „Beschäftigungssicherung durch Wachstumsstärkung", BGBl. I 2008, 2896 f.)

I. Fahrzeuge mit Erstzulassung ab dem 5.11.2008

1 Erfolgt die **Erstzulassung** in der Zeit *vom 5.11.2008* bis einschließlich *zum 30.6.2009* wird die Kfz-Steuer für ein Jahr ab dem Tag der Erstzulassung *nicht* erhoben.[1] Entspricht das Fahrzeug der Schadstoffklasse EURO 5 oder EURO 6 wird die Kfz-Steuer ein weiteres Jahr *nicht* erhoben.[2]

II. Fahrzeuge mit Erstzulassung vor dem 5.11.2008

2 Erfüllen Fahrzeuge die Schadstoffklasse EURO 5 und EURO 6, und sind diese Fahrzeuge bereits vor dem 5.11.2008 zugelassen, erfolgt eine Kfz-Steuerfreistellung für ein Jahr ab dem 1.1.2009.[3] Für Fahrzeuge, die am 5.11.2008 außer Betrieb gesetzt sind, gilt die Steuerfreistellung ab dem 1.1.2009 für den Halter, auf den das Fahrzeug wieder zugelassen wird.[4]

Hinweis:

Voraussetzung ist, dass am Tag der Erstzulassung im Fahrzeugschein eine emissionsbezogene Schlüsselnummer zum Nachweis der Erfüllung der Schadstoffklasse eingetragen ist.[5]

Hinweis:

Frühere Halter haben ***keine*** *Möglichkeit eine Steuerbefreiung zu erhalten.*[6]

Hinweis:

Oldtimer und Fahrzeuge mit roten Kennzeichen (außer Prüfungsfahrten) können ***keine*** *Steuerbefreiung erhalten.*[7]

---

1 § 10a Abs. 1 KfzStG.
2 § 10a Abs. 2 KfzStG.
3 § 10a Abs. 3 Satz 1 1. HS i. V. m. Satz 2 KfzStG.
4 § 10a Abs. 3 Satz 1 2. HS i. V. m. Satz 2 KfzStG.
5 § 10a Abs. 3 Satz 3 KfzStG.
6 § 10a Abs. 3 Satz 4 KfzStG.
7 § 10a Abs. 7 KfzStG.

Wird das Fahrzeug außer Betrieb gesetzt oder ist es wegen eines Saisonkennzeichens außer Betrieb, beeinflusst das die Steuerbefreiung *nicht*.[8] Erfolgt ein Halterwechsel während der Steuerbefreiungszeit, erhält der neue Halter die noch verbleibende Steuerbefreiung.[9]

Hinweis:

Bei Fahrzeugen mit einem Selbstzündungsmotor (z. B. Dieselmotor[10]) verringert sich die Steuerbefreiung entsprechend.[11] Die Steuerbefreiung endet bei Fahrzeugen mit Selbstzündungsmotor abweichend spätestens am 31.12.2010.[12]

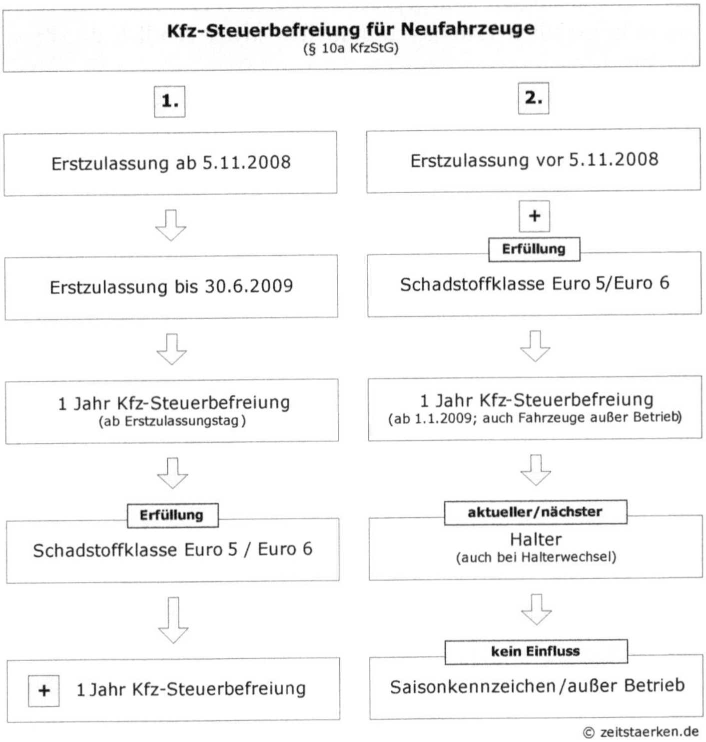

III. Umstellung der Kfz-Besteuerung

Die Tatbestandsmerkmale zur Steuererhebung der Kfz-Steuer sollen möglichst schnell auf eine 3
schadstofforientierte Besteuerung umgestellt werden.

Hinweis:

Änderungen bezüglich der Stilllegung von Fahrzeugen bzw. hinsichtlich Elektrofahrzeuge wurden nicht in diesen Beitrag aufgenommen.

8 § 10a Abs. 6 KfzStG.
9 § 10a Abs. 5 KfzStG.
10 § 9a KfzStG.
11 § 10a Abs. 4 Satz 1 KfzStG i. V. m. § 9a KfzStG.
12 § 10a Abs. 4 Satz 2 KfzStG.

B. Überblick über das Eigenheimrentengesetz

(Eigenheimrentengesetz (EigRentG) vom 29.7.2008, BGBl. I 2008, 1509)

I. Einleitung

4 Mit dem Gesetz zur Eigenheimrente ist eine Erweiterung der nach dem Altersvorsorgeverträge-Zertifizierungsgesetz begünstigten Anlageprodukte vorgesehen. Zukünftig ist auch die Bildung von selbstgenutztem Immobilienvermögen unmittelbar steuerrechtlich als Altersvorsorgeleistungen gefördert werden.

Das Modell der Eigenheimrente ist so ausgestaltet, dass die bereits bestehende Systematik der Riester-Rente erhalten bleibt und die bestehenden Verfahrensstrukturen genutzt werden können.

II. Förderansätze

5 Das Modell der Eigenheimrente besteht aus **zwei Förderansätzen**:

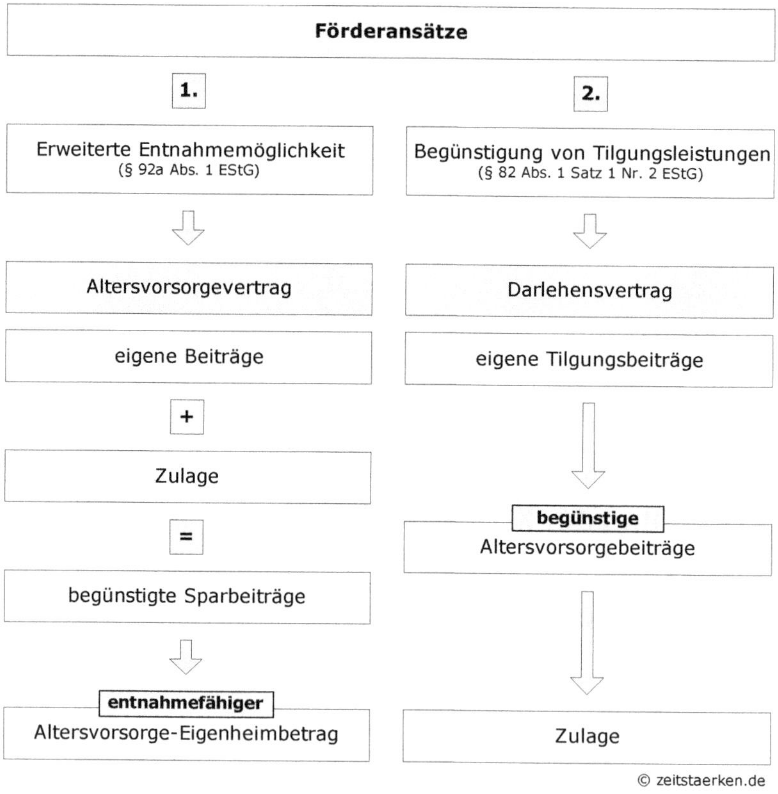

III. Erweiterte Entnahmemöglichkeit

Bis zu 75 % oder 100 % des in einem Altersvorsorgevertrag angesparten steuerrechtlich geförderten Altersvorsorgevermögens (= **Altersvorsorge-Eigenheimbetrag**) kann der Zulagenberechtigte für die wohnungswirtschaftliche Verwendung wie folgt verwenden[13]: 6

- **bis zum Beginn** der Auszahlungsphase
  - für die Anschaffung oder Herstellung einer Wohnung
- **zu Beginn** der Auszahlungsphase zur Entschuldung einer Wohnung
- ohne zeitliche Einschränkung **jederzeit**
  - für den Erwerb von Geschäftsanteilen an einer eingetragenen Genossenschaft für die Selbstnutzung einer Genossenschaftswohnung
  - für den Erwerb eines eigentumsähnlichen oder lebenslangen Dauerwohnrechts[14]

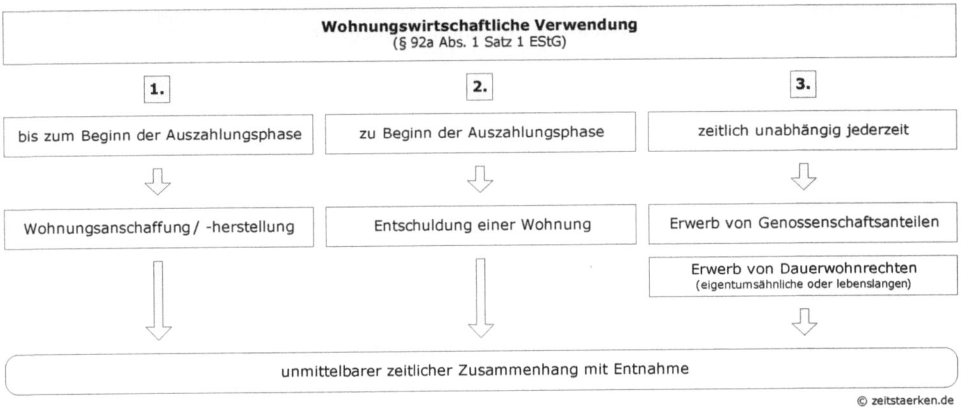

Hinweis:

Sind die entsprechenden Voraussetzungen zur wohnungswirtschaftlichen Verwendung (z. B. Erwerb einer selbstgenutzten Wohnung) erfüllt, kann die Entnahme des Altersvorsorge-Entnahmebetrags auch mehrfach erfolgen.[15] Bei mehreren Altersvorsorgeverträgen kann die Entnahmemöglichkeit für jeden der Verträge genutzt werden.[16]

Die Entnahme des Altersvorsorge-Eigenheimbetrages muss in **unmittelbarem zeitlichen Zusammenhang** mit der Anschaffung oder Herstellung von selbstgenutztem Wohneigentum stehen. 7

Hinweis:

Der Nachweis gegenüber der Zentralen Zulagenstelle für Altersvermögen (ZfA) über die begünstigte wohnungswirtschaftliche Verwendung[17] erfordert Unterlagen aus denen ersichtlich ist:[18]

13 § 92a Abs. 1 Satz 1 EStG.
14 § 33 Wohnungseigentumsgesetzes, soweit Vereinbarungen nach § 39 des Wohnungseigentumsgesetzes getroffen werden; § 92a Abs. 1 Satz 4 EStG.
15 Gesetzentwurf EigRentG-E vom 22.4.2008, BT-Drucks. 16/8869, Begründung zu § 92a Abs. 1 Satz 1 EStG, S. 39.
16 Gesetzentwurf EigRentG-E vom 22.4.2008, BT-Drucks. 16/8869, Begründung zu § 92a Abs. 1 Satz 1 EStG., S. 39.
17 § 92a EStG.
18 BMF-Schreiben vom 17.11.2004, IV C4 S2222 177/04; IV C5 S2333 269/04, BStBl. I 2004, 1065, Tz. 136.

- *die Eigentumsverschaffung, Art und Lage der begünstigten Wohnung, z. B. Grundstückskaufvertrag*

sowie

- *der zeitliche Zusammenhang der beantragten Auszahlung mit der Anschaffung oder Herstellung der Wohnung*

Außerdem muss eine Erklärung über die Nutzung der Wohnung zu eigenen Wohnzwecken beigefügt werden.[19]

8 Der **entnahmefähige Altersvorsorge-Eigenheimbetrag** setzt sich wie folgt zusammen:

- geleistete Beiträge
- gewährte Zulagen
- angefallene Kapitalerträge

Hinweis:

*Es besteht - gegenüber dem bisherigen Recht - **keine** Rückzahlungsverpflichtung mehr.*[20]

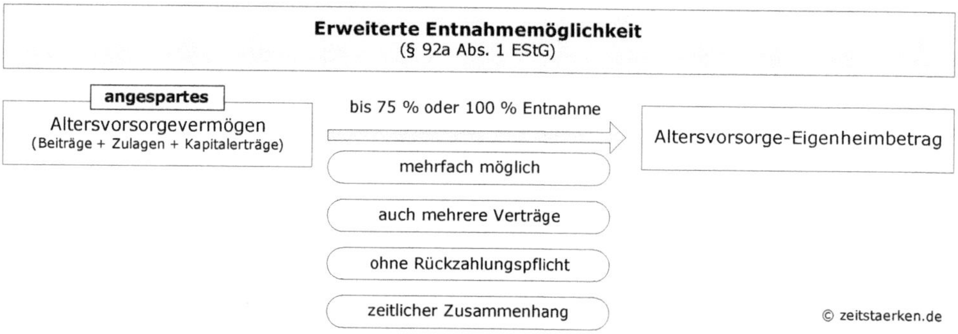

9 **Beispiel: Anschaffung einer Wohnimmobilie im Inland**

Der Zulagenberechtigte S plant im Jahr 2010 den Kauf einer Eigentumswohnung in Titisee für 250.000 €. Die Eigentumswohnung wird S zu eigenen Wohnzwecken als Hauptwohnsitz nutzen. Bis zu diesem Zeitpunkt hat S zugunsten seines zertifizierten Altervorsorgevertrags einen steuerrechtlich geförderten Betrag (= Beiträge, Zulagen und Kapitalerträge) von 30.000 € angespart.

Lösung:

Die Eigentumswohnung liegt im Inland (= Titisee), bildet den Lebensmittelpunkt und wird zu eigenen Wohnzwecken genutzt und ist der Hauptwohnsitz des S.[21] S kann den angesparten Betrag in Höhe von 30.000 € bis zu 75 % oder in voller Höhe als Altersvorsorge-Eigenheimbetrag zur Anschaffung der Eigentumswohnung einsetzen, *ohne* dass es zu einer schädlichen Verwendung - und deren Folgen (= Rückzahlung der gewährten Zulagen und Steuerermäßigung durch den günstigeren Sonderausgabenabzug) - des Altersvorsorgevertrags kommt. Der Altersvorsorge-Eigenheimbetrag wird auf dem Wohnförderkonto erfasst, wird verzinst und führt in der Auszahlungsphase zur Besteuerung.

19 BMF-Schreiben vom 17.11.2004, IV C4 S2222 177/04; IV C5 S2333 269/04, BStBl. I 2004, 1065, Tz. 136.
20 Streichung: § 92a Abs. 2 Satz 1 EStG.
21 § 92a Abs. 1 Satz 2 EStG.

Beispiel: Entschuldung einer Wohnimmobilie 10

Der Zulagenberechtigte S hat für den Kauf einer selbstgenutzten Wohnimmobilie ein Darlehen aufgenommen. Bis zum Beginn der Auszahlungsphase hat S zugunsten seines zertifizierten Altersvorsorgevertrags insgesamt 100.000 € angespart. Zu Beginn der Auszahlungsphase beträgt die restliche Darlehensschuld noch 30.000 €.

Lösung:

S kann zu Beginn der Auszahlungsphase 30.000 € aus dem Altersvorsorgevertrag entnehmen und damit die Darlehensschuld tilgen. Der Betrag wird auf das Wohnförderkonto gestellt, verzinst und der nachgelagerten Besteuerung zugrunde gelegt. Die verbleibenden 70.000 € führen zu Rentenzahlungen, die ebenfalls der nachgelagerten Besteuerung unterliegen.

Hinweis:

Die Entnahmeregelung über den Altersvorsorge-Eigenheimbetrag ***gilt auch*** *für bereits bestehende Altersvorsorgeverträge.*[22] *Nach geltendem Recht*[23] *muss bereits jeder Vertrag die Möglichkeit der Entnahme eines Altersvorsorge-Eigenheimbetrages in Höhe von mindestens 10.000 € und höchstens 50.000 € für die Anschaffung oder Herstellung einer zu eigenen Wohnzwecken dienenden, im Inland belegenen Wohnung, vorsehen. Deshalb finden die Neuregelungen unmittelbare Anwendung für Altverträge. Es gilt allerdings die folgende Einschränkung, dass für vor dem 1.1.2008 abgeschlossene Verträge der Altersvorsorge-Eigenheimbetrag für die Veranlagungszeiträume 2008 und 2009 mindestens 10.000 € betragen muss.*[24]

IV. Begünstigung von Tilgungsleistungen

Zur Darlehenstilgung eingesetzte Mittel, die der Zulageberechtigte[25] zugunsten eines auf seinen Namen lautenden zertifizierten Altersvorsorgevertrags[26] (= Wohnungsbaudarlehen) leistet, werden **als Altersvorsorgebeträge** steuerrechtlich gefördert, d. h. die Altersvorsorgezulage und im Rahmen der Günstigerprüfung der Sonderausgabenabzug kann in Anspruch genommen werden.[27] 11

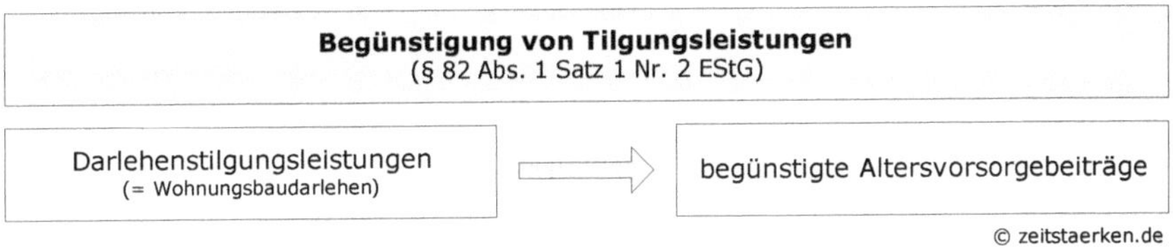

Als begünstigter **Altersvorsorgevertrag** gilt *auch*:[28]

- Darlehensverträge für die wohnungswirtschaftliche Verwendung[29]

  Hierbei wird dem Anleger bei Vertragsabschluss ein Rechtsanspruch auf ein entsprechendes Darlehen eingeräumt.

22 Gesetzentwurf EigRentG-E vom 22.4.2008, BT-Drucks. 16/8869, Begründung „Allgemeiner Teil“, S. 24.
23 § 92a Abs. 1 EStG.
24 § 52 Abs. 24b Satz 2 EStG.
25 § 79 EStG.
26 § 5 AltZertG.
27 § 82 Abs. 1 Satz 1 Nr. 2 EStG.
28 § 1 Abs. 1a AltZertG.
29 § 92a Abs. 1 Satz 1 EStG.

- Zusammenfassung eines zertifizierten Altersvorsorgevertrags mit der Option auf ein Darlehen zu einem einheitlichen Vertrag

  Hierbei können auch Bausparverträge als zertifizierbare Altersvorsorgeverträge ausgestaltet werden. Neben der wohnungswirtschaftlichen Verwendung darf die Auszahlung aus dem Vertrag nur in Form einer lebenslangen Altersleistung vorgesehen sein. Bis zu 75 % oder 100 % des geförderten Altersvorsorgekapitals kann für die Anschaffung oder Herstellung von selbstgenutztem Wohneigentum entnommen und gleichzeitig die Darlehensoption in Anspruch genommen werden. Ein Restbetrag an Rentenauszahlung muss *nicht* verbleiben.

- Vertragskombination aus Darlehens- und Sparvertrag (= Bauspar-Kombikredit)

  Hierbei wird vereinbart, dass das tilgungsfreie Darlehen durch das angesparte Altersvorsorgevermögen getilgt wird. Beide Vertragbestandteile bilden einen einheitlichen zertifizierten Altersvorsorgevertrag.

12 Das Darlehen *muss* jeweils für eine **wohnungswirtschaftliche Verwendung**[30] nach dem 31.12.2007 eingesetzt werden.31 Die Tilgung des Darlehens muss bis spätestens zur Vollendung des 68. Lebensjahres des Zulageberechtigten erfolgen.[32]

Beispiel: Abschluss einer Vertragskombination

Der Zulagenberechtigte S schließt bei dem Anbieter A einen zertifizierten Altersvorsorgevertrag (= Bauspar-Kombikredit) ab. Dieser Vertrag umfasst einen Sparvertrag mit monatlichen Leistungen in Höhe von 200 € und Zinsen für das Vorausdarlehen. Außerdem wird von vorneherein vereinbart, dass das angesparte Kapital bei Zuteilung des Bausparvertrages das Vorausdarlehen ablöst. Danach tilgt S das Bauspardarlehen.

30 § 92a Abs. 1 Satz 1 EStG.
31 § 1 Abs. 1a Satz 2 1. HS AltZertG.
32 § 1 Abs. 1a Satz 2 2. HS AltZertG.

Lösung:

Bei den Beiträgen zu dem Sparvertrag handelt es sich um im gesetzlichen Rahmen zulagenbegünstigte Tilgungsleistungen.[33] Bei Zuteilung des Bausparvertrages wird das angesparte geförderte Kapital zur Darlehenstilgung verwendet. Die „angesparten" Tilgungsleistungen werden zusammen mit den gewährten Zulagen auf dem Wohnförderkonto eingestellt und in der Auszahlungsphase der nachgelagerten Besteuerung unterworfen. Eine Verzinsung des Wohnförderkontos in der Auszahlungsphase erfolgt *nicht*.[34]

V. Begünstige Objekte

Begünstige Objekte sind[35]: 13

- Wohnung im eigenen Haus
- eigene Eigentumswohnung
- Genossenschaftswohnung einer eingetragenen Genossenschaft
- eigentumsähnliches oder lebenslanges Dauerwohnrecht[36]

Weitere **Voraussetzungen** sind[37]:

- Lebensmittelpunkt des Zulageberechtigten
- im Inland belegen
- eigene Wohnzwecke

  und
- Hauptwohnsitz

VI. Wohnförderkonto

Der Anbieter des Altersvorsorgevertrags führt ein sog. **Wohnförderkonto**, auf dem die in der Immobilie gebundenen steuerrechtlich geförderten Beträge erfasst werden[38]: 14

- Altersvorsorge-Eigenheimbetrag[39]
- Tilgungsleistungen[40]
- gewährte Zulagen[41]

Das Wohnförderkonto bildet die Grundlage für die spätere nachgelagerte Besteuerung in der Auszahlungsphase.

Das Wohnförderkonto wird **vermindert** um:

- Zahlungen des Zulageberechtigten zur Minderung der in das Wohnförderkonto eingestellten Beträge[42]

33 § 82 Abs. 1 Satz 1 EStG i. V. m. § 10a EStG.
34 § 92a Abs. 2 Satz 3 EStG.
35 § 92a Abs. 1 Satz 2 EStG.
36 § 92a Abs. 1 Satz 4 EStG, § 33 i. V. m. § 39 Wohneigentumsgesetz.
37 § 92a Abs. 1 Satz 2 EStG.
38 § 92a Abs. 2 Satz 1 EStG.
39 § 92a Abs. 1 Satz 1 EStG.
40 § 82 Abs. 1 Satz 1 Nr. 2 i. V. m. Satz 3 ff. EStG.
41 § 92a Abs. 2 Satz 1 EStG.
42 § 92a Abs. 2 Satz 4 Nr. 1 EStG.

- Verminderungsbetrag[43]

Der im Wohnförderkonto enthaltene Betrag wird jährlich nach Ablauf des Beitragsjahres, letztmals für das Beitragsjahr des Beginns der Auszahlungsphase mit einem festen Zinssatz von 2 % verzinst.[44] Die Verzinsung erfolgt jahresbezogen (nicht taggenau) und einheitlich mit Ablauf des Kalenderjahres.[45]

Hinweis:

In der Auszahlungsphase erfolgt ***keine*** *Verzinsung mehr.*[46]

15 Der Förderberechtigte hat jederzeit die Möglichkeit Zahlungen auf einen auf seinen Namen lautenden zertifizierten Altersvorsorgevertrag zu leisten, die den auf dem Wohnförderkonto eingestellten Betrag vermindern.[47] Mit den geleisteten Zahlungen mindert sich der Betrag, der der nachgelagerten Besteuerung aus dem Wohnförderkonto unterliegt.[48]

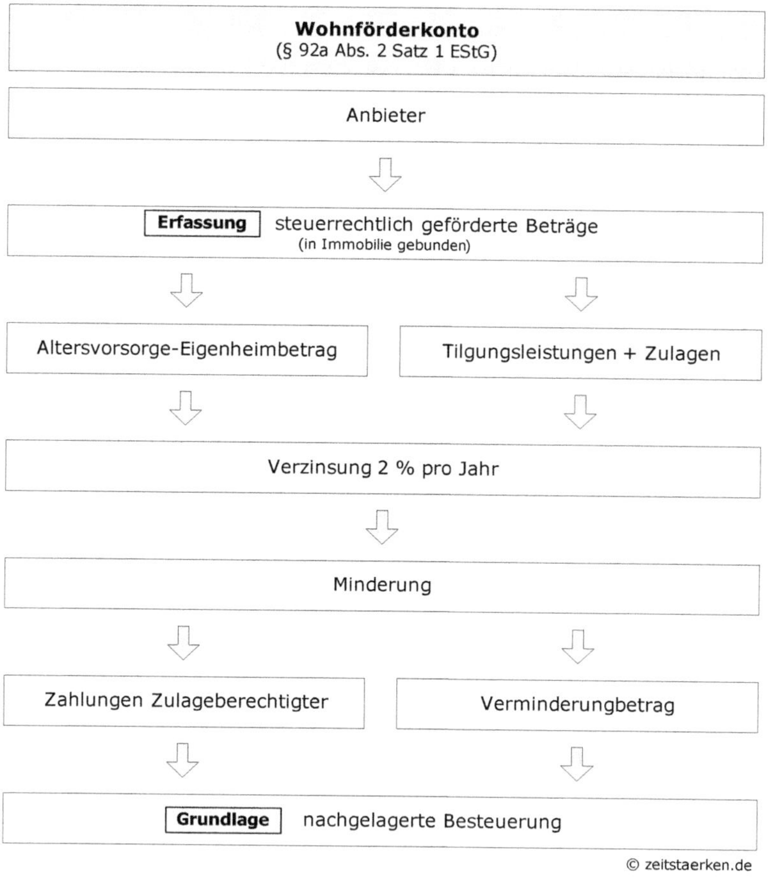

43 § 92a Abs. 2 Satz 4 Nr. 2 i. V. m. Satz 5 EStG.
44 § 92a Abs. 2 Satz 3 EStG.
45 Gesetzentwurf EigRentG-E vom 22.4.2008, BT-Drucks. 16/8869, Begründung zu § 92a Abs. 2 Satz 3 EStG-E., S. 41.
46 § 92a Abs. 2 Satz 3 EStG.
47 § 92a Abs. 2 Satz 4 Nr. 1 EStG.
48 Gesetzentwurf EigRentG-E vom 22.4.2008, BT-Drucks. 16/8869, Begründung zu § 92a Abs. 2 Satz 4 EStG-E., S. 41.

VII. Nachgelagerte Besteuerung

Als Grundlage für die nachgelagerte Besteuerung dient das im Wohneigentum gebundene steuerrechtlich geförderte Altersvorsorgekapital, das auf dem Wohnförderkonto ausgewiesen ist. 16

Es besteht zu Beginn der Auszahlungsphase ein **einmaliges** Wahlrecht zwischen:

- jährlich nachgelagerte Besteuerung des Verminderungsbetrags[49] (= Grundsatz)

  <u>*oder*</u>

- Einmalbesteuerung des 70%igen Auflösungsbetrags[50]

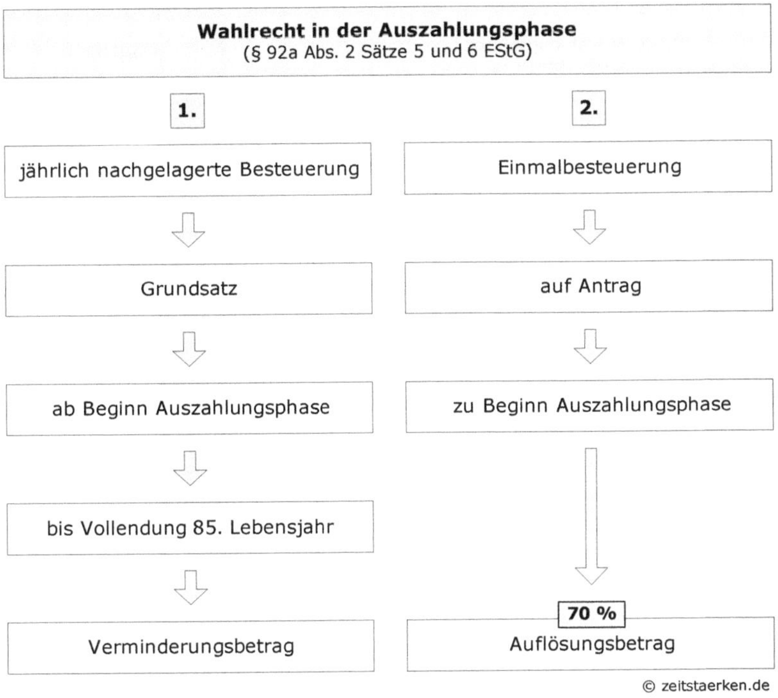

VIII. Verminderungsbetrag

Bei der jährlich nachgelagerten Besteuerung wird der Bestand auf dem Wohnförderkonto über einen Besteuerungszeitraum um den Verminderungsbetrag[51] vermindert.[52] Der Verminderungsbetrag ist der sich mit Ablauf des Kalenderjahres des Beginns der Auszahlungsphase (ab Vollendung des 60. bis spätestens 68. Lebensjahr) ergebende Stand des Wohnförderkontos dividiert durch die Anzahl der Jahre bis zur Vollendung des 85. Lebensjahres des Zulageberechtigten.[53] Somit ergibt sich ein Besteuerungszeitraum von 17 bis 25 Jahren. 17

49 § 92a Abs. 2 Satz 5 EStG.
50 § 92a Abs. 2 Satz 6 EStG.
51 § 92a Abs. 2 Satz 5 EStG.
52 § 92a Abs. 2 Satz 4 EStG.
53 § 92a Abs. 2 Satz 5 EStG.

Hinweis:

*Ist **kein** Auszahlungszeitpunkt vereinbart, gilt die Vollendung des 67. Lebensjahres als Beginn der Auszahlungsphase.*[54]

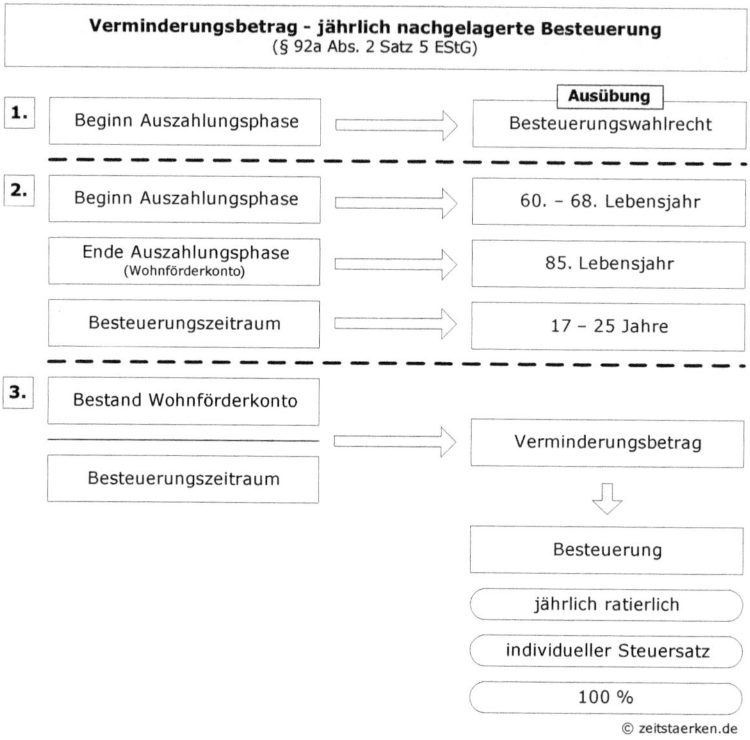

Beispiel: Jährlich nachgelagerte Besteuerung

Der Zulagenberechtigte S hat für die Anschaffung seiner Familienwohnung in Titisee im Jahr 2009 aus seinem zertifizierten Altersvorsorgevertrag einen Altersvorsorge-Eigenheimbetrag[55] in Höhe von 50.000 € in Anspruch genommen. Mit Vollendung des 65. Lebensjahres im Jahr 2044 beginnt die Auszahlungsphase des Altersvorsorgevertrags. Auf dem jährlich mit 2 % verzinsten Wohnförderkonto, das von dem Anbieter des Altersvorsorgebetrags geführt wurde, steht ein Betrag in Höhe von 100.000 €. S entscheidet sich für die jährlich nachgelagerte Besteuerung.[56]

Lösung:

Grundlage für die Besteuerung ist der auf dem Wohnförderkonto zu Beginn der Auszahlungsphase ausgewiesene Betrag in Höhe von 100.000 € dividiert durch die Anzahl der Jahre bis zur Vollendung des 85. Lebensjahres.

Vollendung des 85. Lebensjahres im Jahr 2064 (2064 ./. 2044 =)	20 Jahre
Verminderungsbetrag[57]: 100.000 € / 20 Jahre =	5.000 €

S muss ab dem Jahr 2044 bis einschließlich 2064 jährlich 5.000 € als steuerpflichtige Leistung mit dem individuellen Steuersatz versteuern.

54 § 92a Abs. 2 Satz 5 letzter TS EStG.
55 Beiträge und Zulagen.
56 § 92a Abs. 2 Satz 5 EStG.
57 § 22 Nr. 5 Satz 4 1. Alt. EStG.

IX. Auflösungsbetrag

Bei Wahl der Einmalbesteuerung des Auflösungsbetrags[58] erfolgt die Besteuerung mit dem individuellen Steuersatz von nur 70 % des in der Wohnimmobilie gebundenen steuerrechtlich geförderten Kapitals, das auf dem Wohnförderkonto ausgewiesen ist (= steuerpflichtige geminderte (Gesamt-)Leistung).[59] 18

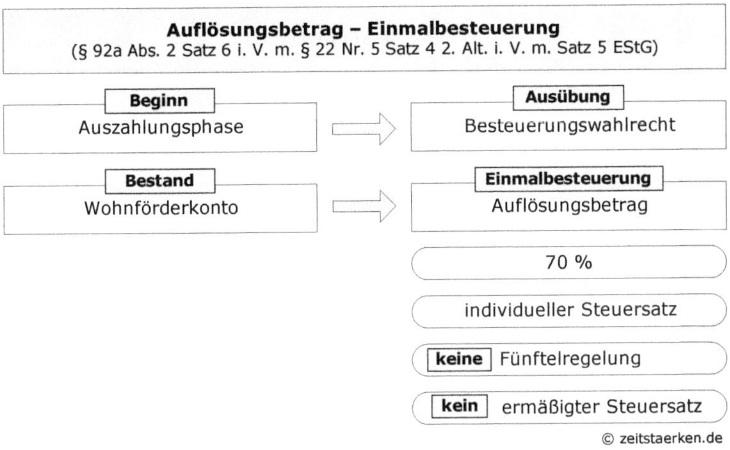

Beispiel: Einmalbesteuerung

Der Zulagenberechtigte S hat für die Anschaffung seiner Familienwohnung in Titisee im Jahr 2009 aus seinem zertifizierten Altersvorsorgevertrag einen Altersvorsorge-Eigenheimbetrag in Höhe von 50.000 € in Anspruch genommen. Mit Vollendung des 65. Lebensjahres im Jahr 2044 beginnt die Auszahlungsphase des Altersvorsorgevertrags. Auf dem jährlich mit 2 % verzinsten Wohnförderkonto, das von dem Anbieter des Altersvorsorgebetrags geführt wurde, steht ein Betrag in Höhe von 100.000 €. S entscheidet sich für die Einmalbesteuerung.[60]

Lösung:

Grundlage für die Besteuerung ist der auf dem Wohnförderkonto zu Beginn der Auszahlungsphase ausgewiesene Betrag in Höhe von 100.000 € (= Auflösungsbetrag).[61] Von dem Auflösungsbetrag werden 70 % als zu versteuernde Leistung erfasst.[62] Somit muss S im Jahr 2044 (100.000 € x 70 % =) 70.000 € mit seinem individuellen Steuersatz versteuern.

X. Dauerhafte Aufgabe der Selbstnutzung

Gibt der Förderberechtigte innerhalb oder außerhalb der „Einzahlungsphase" die Selbstnutzung der Wohnimmobilie _nicht nur_ vorübergehend auf, erfolgt die vollständige Besteuerung des in der Immobilie gebundenen steuerrechtlich geförderten Kapitals, das auf dem Wohnförderkonto ausgewiesen ist.[63] 19

58 § 92a Abs. 2 Satz 6 EStG.
59 § 22 Nr. 5 Satz 4 2. Alt. i. V. m. Satz 5 EStG.
60 § 92a Abs. 2 Satz 6 EStG.
61 § 22 Nr. 5 Satz 4 2. Alt. EStG.
62 § 22 Nr. 5 Satz 5 EStG.
63 § 92a Abs. 3 EStG.

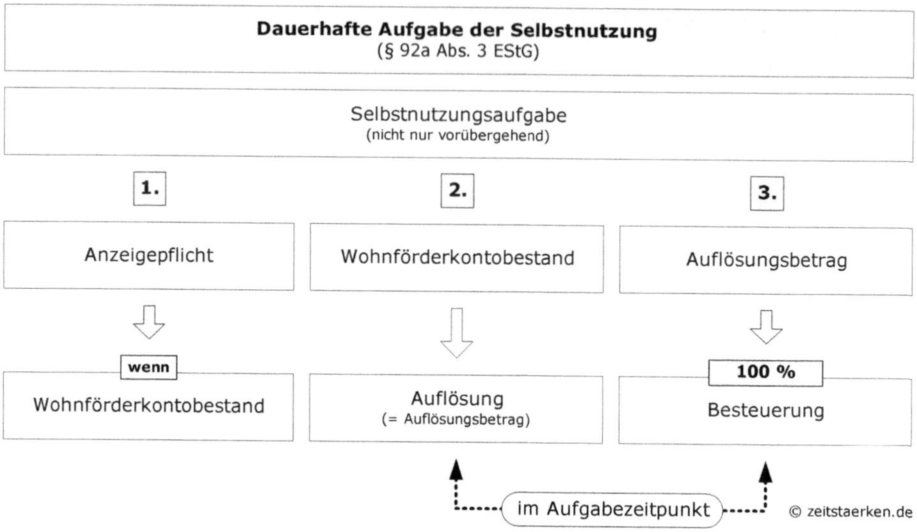

Hinweis:

Wird die Immobilie __nicht__ während der gesamten Auszahlungsphase selbst genutzt, muss der __nicht__ besteuerte Teil des Auflösungsbetrag, d. h. 30 % des Auflösungsbetrags, nachversteuert werden.[64]

20 Die Besteuerung des *noch nicht* erfassten Auflösungsbetrags erfolgt nach folgenden Grundsätzen:[65]

- Erfassung des **Eineinhalbfachen** des Betrags, wenn bei Aufgabe der Selbstnutzung innerhalb Zeitraums von zehn Jahren nach dem Beginn der Auszahlungsphase
- Erfassung des **Einfachen** des Betrags bei Aufgabe der Selbstnutzung zwischen dem zehnten und 20. Jahres nach dem Beginn der Auszahlungsphase

Beispiel: Dauerhafte Aufgabe der Selbstnutzung

Der Zulageberechtigte S hat für die Anschaffung des Familienwohnheims im Jahr 2010 aus dem Altersvorsorgevertrag 30.000 € verwendet. Der Betrag wurde auf dem Wohnförderkonto erfasst und jährlich mit 2 % versteuert. Nach fünf Jahren gibt S die Selbstnutzung auf am 31.12.2015 und vermietet nachfolgend die Wohnung. Eine Reinvestition des auf dem Wohnförderkonto ausgewiesenen Betrages in Höhe von (30.000 € x jährlich 2 % =) 33.122,41 € in ein Folgeobjekt oder einen zertifizierten Altersvorsorgevertrag erfolgt *nicht*.

Lösung:

Aufgrund der Aufgabe der Selbstnutzung und der fehlenden Reinvestition findet eine schädliche Verwendung statt. Im Zeitpunkt der Aufgabe der Selbstnutzung (= 31.12.2015) muss S dies seinem Anbieter mitteilen. Das Wohnförderkonto wird aufgelöst. Der Auflösungsbetrag in Höhe von 33.122,41 € gilt als Leistung aus einem Altersvorsorgevertrag[66], der im Zeitpunkt des Zuflusses besteuert werden muss. Somit erfolgt im Veranlagungszeitraum 2015 eine Versteuerung von 33.122,41 € als sonstige Einkünfte im Rahmen der Einkommensteuerveranlagung.

64 § 22 Nr. 5 Satz 6 EStG.
65 § 22 Nr. 5 Satz 6 EStG.
66 § 22 Nr. 5 Satz 4 EStG.

XI. Ausnahmen von der Besteuerungspflicht bei Aufgabe der Selbstnutzung

Die Auflösung und Versteuerung des Wohnförderkontos muss in folgenden Fällen *nicht* erfolgen:[67] 21

- Reinvestition in ein Folgeobjekt innerhalb eines Jahres vor und von vier Jahren nach Ablauf des Veranlagungszeitraums der Aufgabe der Selbstnutzung (= Objektwechsel)
- Einzahlung in Höhe des *noch nicht* zurückgeführten Betrages in ein auf den Zulageberechtigten lautenden zertifizierten Altersvorsorgevertrag (= förderunschädliche Übertragung des Wohnförderkontos)
- Eigentumsübergang der geförderten Wohnung auf den Ehegatten innerhalb eines Jahres nach dem Tod des Zulageberechtigten Voraussetzung ist die Nutzung zu eigenen Wohnzwecken und Erfüllung der Ehegattenveranlagung[68] im Zeitpunkt des Todes des Zulageberechtigten. Der Anbieter führt das Wohnförderkonto für den überlebenden Ehegatten fort.
- Zuweisung der Ehewohnung an den anderen Ehegatten (z. B. auf Grund richterlicher Entscheidung bei Scheidung)

Hinweis:

*Die Übertragung des Wohnförderkontos erfolgt **nicht** sofort mit der Zuweisung des Gebäudes durch eine richterliche Entscheidung, sondern erst mit der Zuweisung bei Scheidung einer Ehe.*[69]

Der Zulageberechtigte kann unter den folgenden Voraussetzungen **beantragen** bei Aufgabe der Selbstnutzung das Wohnförderkonto *nicht* aufzulösen und damit die Versteuerung *nicht* durchzuführen:[70]

- die selbstgenutzte Wohnung wird auf Grund eines **beruflich bedingten Umzugs** für die Dauer der beruflich bedingten Abwesenheit befristet vermietet
- es besteht die Absicht die Selbstnutzung wieder aufzunehmen
- die Selbstnutzung wird spätestens mit Vollendung des 67. Lebensjahres wieder aufgenommen

67 § 92a Abs. 3 Satz 9 EStG.
68 § 26 Abs. 1 EStG.
69 Gesetzesbegründung zu § 92a Abs. 3 Satz 9 EStG-E.
70 § 92a Abs. 4 Satz 1 EStG.

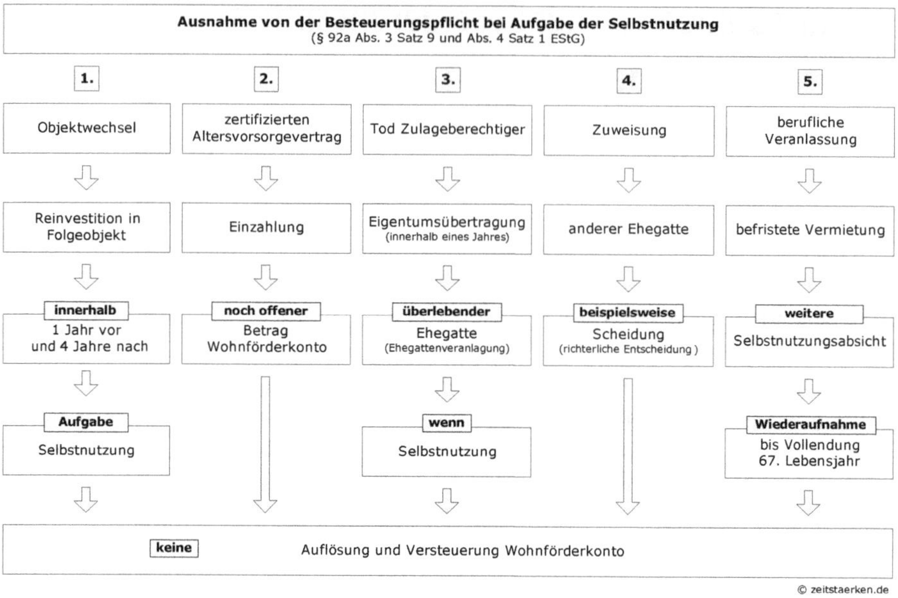

XII. Tod des Förderberechtigten

22 Bei Tod des Förderberechtigten vor der vollständigen Rückführung des Wohnförderkontos, wird der noch *nicht* versteuerte Restbetrag in der letzten Einkommensteuererklärung des Erblassers versteuert.[71]

XIII. Weitere Änderungen bei der Altersvorsorge

23 Zwei weitere Punkte zur Förderung des Aufbaus kapitalgedeckten Altersvorsorgevermögens sind vorgesehen:

- **Berufseinsteiger-Bonus**

  Ab dem Veranlagungszeitraum 2008 Förderberechtigten, die das 25. Lebensjahr *noch nicht* vollendet haben, wird eine um einmalig 200 € erhöhte Grundzulage gewährt.[72]

- **Erweiterung des Kreises der Förderberechtigten**

  Personen, die

  - eine Rente wegen voller Erwerbsminderung/-unfähigkeit

    oder

  - eine Versorgung wegen Dienstunfähigkeit erhalten

    und

  - vor dem Bezug der Leistungen zu einer förderbegünstigten Personengruppe gehört haben[73]

71 § 92a Abs. 3 Satz 6 EStG.
72 § 84 Sätze 2 und 3 EStG.
73 § 10a Abs. 1 Satz 4 EStG.

Hinweis:

Dies gilt nicht, wenn der Steuerpflichtige das 67. Lebensjahr vollendet hat.

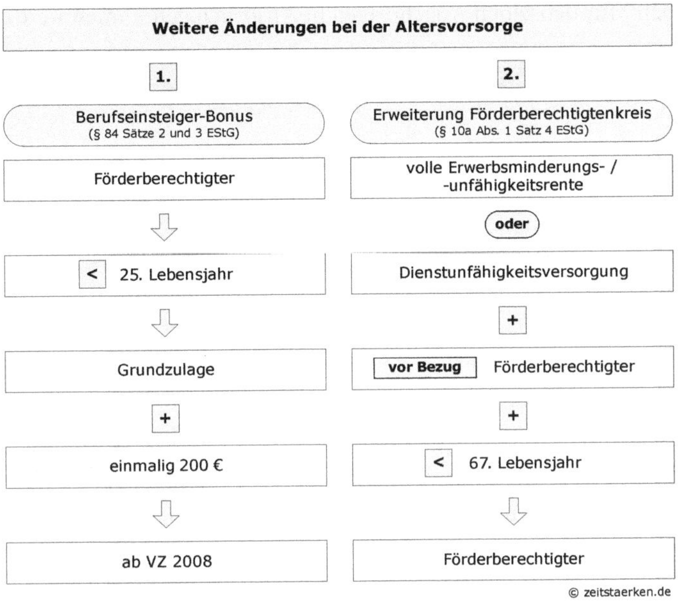

C. Pflegezeitgesetz

(Pflegezeitgesetz (PflegeZG) vom 28.5.2008, BGBl. I, 874 ff.; Eilts in „Das neue Pflegezeitgesetz – Soziale Absicherung während der Pflegezeit", NWB 2008, 2971; Dr. Nehls in „Das neue Pflegezeitgesetz", Stbg 2008, 346; § 1 PflegeZG)

I. Einleitung

Das neue Pflegezeitgesetz beinhaltet im Wesentlichen folgende Regelungen: 24

- Kurzzeitige Arbeitsverhinderung
- Pflegezeit
- Kündigungsschutz

<u>und</u>

- Befristete Verträge mit Ersatzkräften

II. Kurzzeitige Arbeitsverhinderung

Ein Beschäftigter kann für die Dauer von **höchstens 10 Arbeitstagen** aufgrund einer **akut**[74] eingetretenen Pflegesituation eines pflegebedürftigen nahen Angehörigen[75] von der Arbeit fernbleiben, 25

74 = kurzfristig und unerwartet.

75 = Großeltern, Eltern, Schwiegereltern, Ehegatten, Lebenspartner, Partner einer eheähnlichen Gemeinschaft, Geschwister, Kinder, Adoptiv- oder Pflegekinder, Kinder oder Adoptiv- oder Pflegekinder des Ehegatten oder des Lebenspartners sowie Enkelkinder; § 7 Abs. 3 PflegeZG.

um eine bedarfsgerechte Pflege zu organisieren oder eine pflegerische Versorgung sicherzustellen.[76] Die pflegebedürftige Person muss dabei mindestens der Pflegestufe I zugeordnet werden.[77] Die kurzzeitige Arbeitsverhinderung kann unabhängig von der Beschäftigtenanzahl des Arbeitgebers und mehrfach[78] für denselben Angehörigen in Anspruch genommen werden.

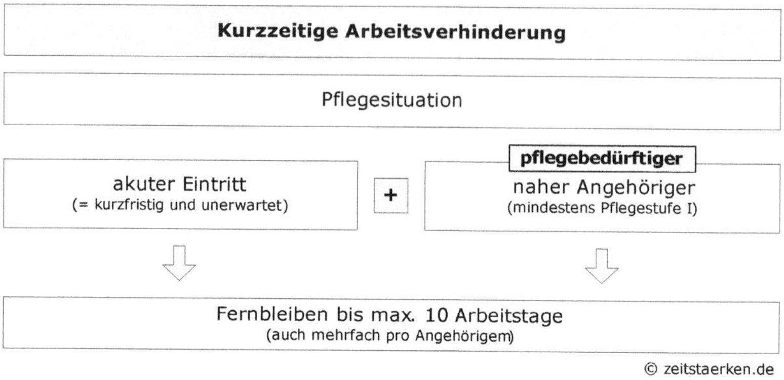

26 Der Beschäftigte ist verpflichtet seinem Arbeitgeber unverzüglich eine Mitteilung (= *keine* Vereinbarung) über die Verhinderung und deren voraussichtliche Dauer zukommen zu lassen.[79] Das Erfordernis des Fernbleibens hat der Arbeitnehmer auf Verlangen des Arbeitgebers durch eine ärztliche Bescheinigung nachzuweisen.[80] Der Arbeitgeber ist zur Entgeltfortzahlung verpflichtet, wenn sich dies aufgrund einer anderen gesetzlichen Vorschrift oder aufgrund einer Vereinbarung ergibt.[81] Als gesetzliche Vorschrift kommt nur die Vorschrift über die vorübergehende Verhinderung[82] in Betracht, die aber als dispositives Recht arbeitsvertraglich ausgeschlossen werden kann.

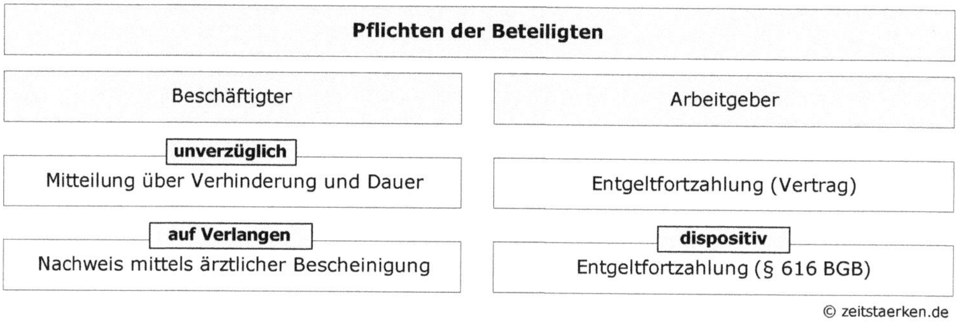

76 § 2 Abs. 1PflegeZG.
77 § 7 Abs. 4 i. V. m. §§ 14 und 15 SGB XI.
78 Jedoch immer unter der Voraussetzung des akuten Auftretens der Pflegebedürftigkeit.
79 § 2 Abs. 2 Satz 1 PlegeZG.
80 § 2 Abs. 2 Satz 2 PflegeZG.
81 § 2 Abs. 3 PflegeZG.
82 § 616 BGB.

III. Pflegezeit (= langzeitige Arbeitsverhinderung)

1. Voraussetzungen der Inanspruchnahme

Übernimmt ein Beschäftigter die Pflege eines pflegebedürftigen nahen Angehörigen in häuslicher 27
Umgebung selbst, ist der Beschäftigte für **längstens sechs Monate** vollständig oder teilweise von der Arbeit freizustellen.[83] Bei Inanspruchnahme eines kürzeren Zeitraums als sechs Monate bedarf die nachträgliche Verlängerung der Zustimmung des Arbeitgebers.[84] Der Arbeitnehmer ist verpflichtet die Inanspruchnahme der Pflegezeit mindestens 10 Tage *vor* deren Beginn schriftlich anzukündigen (= *kein* Antrag).[85] Die Pflegezeit kann vom Beschäftigten nur in Anspruch genommen werden, wenn im Unternehmen des Arbeitgebers in der Regel **mehr als 15 Beschäftigte**[86] **tätig sind.**

Voraussetzungen der Inanspruchnahme		
1.	Beschäftigter	Pflege naher Angehöriger
2.	Pflegeort	häusliche Umgebung
3.	Beschäftigtenanzahl	> 15 Beschäftigte
4.	Voll-/Teilfreistellung	maximal 6 Monate
5.	Ankündigungspflicht	mindestens 10 Tage vorher
6.	Verlängerung kürzerer Zeiträume	Vereinbarung (Beschäftigter und Arbeitgeber)

2. Besonderheiten der Pflegezeit

Bei teilweiser Freistellung haben Arbeitnehmer und Arbeitgeber eine Vereinbarung über Verlän- 28
gerung und Verteilung der Arbeitszeit in Schriftform zu treffen.[87] Der Beschäftigte kann mehrere kürzere Zeiträume als sechs Monate (= **gesplittete Pflegezeit**) für denselben pflegebedürftigen nahen Angehörigen in Anspruch nehmen, jedoch darf die Gesamt-Pflegezeit für diese Person die Grenze von sechs Monaten *nicht* übersteigen. Die Pflegezeit endet **vorzeitig** wenn die Voraussetzungen der Pflegebedürftigkeit entfallen sind oder die häusliche Pflege unmöglich oder unzumut-

83 §§ 3 und 4 PflegeZG.
84 § 4 Abs. 1 Satz 2 PflegeZG.
85 § 3 Abs. 3 PflegeZG.
86 Beschäftigte = Arbeitnehmer, Auszubildende, Personen, die wirtschaftlich als unselbständig anzusehen sind und (gleichgestellte) Heimarbeiter; § 7 Abs. 1 PflegeZG.
87 § 3 Abs. 4 PflegeZG.

bar wird vier Wochen nach Eintritt des die Umstände ändernden Ereignisses.[88] Der Arbeitnehmer muss die veränderten Umstände unverzüglich dem Arbeitgeber mitteilen.[89] In anderen Fällen bedarf die vorzeitige Beendigung der Zustimmung des Arbeitgebers.[90]

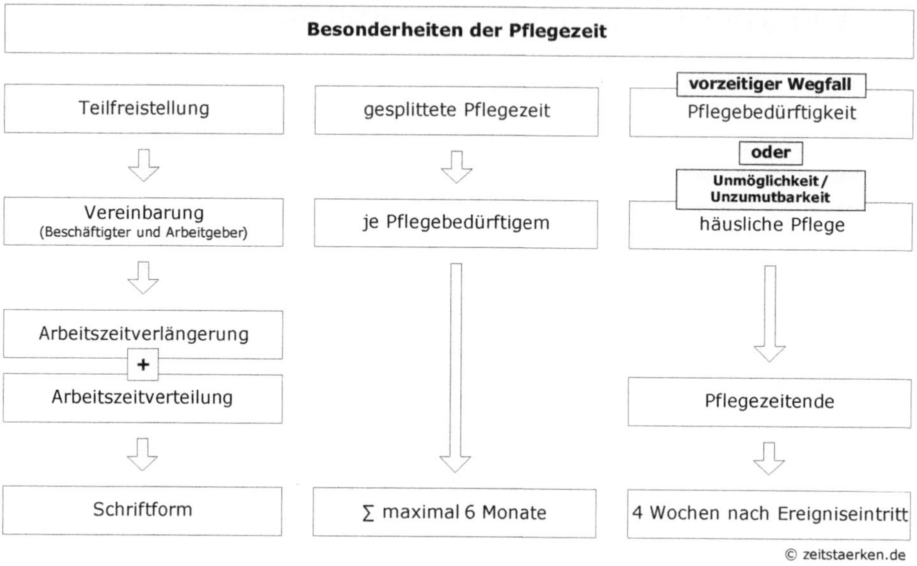

11

3. Entgeltfortzahlung während der Pflegezeit

29 Eine Entgeltfortzahlungspflicht des Arbeitgebers bei Inanspruchnahme der Pflegezeit tritt nur ein, wenn dies arbeits- oder kollektivvertraglich vereinbart ist. Aufgrund der Länge der Freistellung greift die Regelung über vorübergehende Verhinderungen[91] hier _nicht_, da es sich um eine erhebliche Zeit handelt.

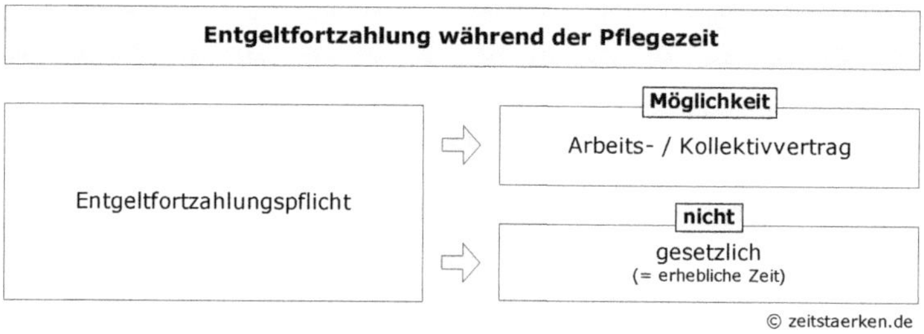

Hinweis:

In der Regel kann die Pflegezeit nur als unbezahlte Freistellung in Anspruch genommen werden.[92]

88 § 4 Abs. 2 Satz 1 PflegeZG.
89 § 4 Abs. 2 Satz 2 PflegeZG.
90 § 4 Abs. 2 Satz 2 PflegeZG.
91 § 616 BGB.
92 Dr. Nehls in „Das neue Pflegezeitgesetz", Stbg 2008, 346.

4. Sozialversicherungsrechtliche Gesichtspunkte

30 Bei Inanspruchnahme der Pflegezeit[93] erfolgt bei einer vollständigen Freistellung von der Arbeitsleistung im sozialversicherungsrechtlichen Sinne eine Beendigung des versicherungspflichtigen Beschäftigungsverhältnisses.[94] Die versicherungspflichtige Beschäftigung gilt nicht als fortbestehend.[95] Hinsichtlich der sozialversicherungsrechtlichen Absicherung der pflegenden Personen (= Pflegeperson) gilt Folgendes:[96]

a) Kranken- und Pflegeversicherung

31 Die Beendigung des versicherungspflichtigen Beschäftigungsverhältnisses hat für Versicherte die Konsequenz, dass die Krankenversicherungspflicht <u>nicht</u> mehr besteht. Eine weitere Konsequenz ist allerdings auch, dass die Versicherungsfreiheit durch das Unterschreiten der Jahresarbeitsentgeltgrenze verloren geht. Freiwillig Versicherte können sich auf Antrag von der entstehenden Versicherungspflicht für die Dauer der Pflegezeit befreien lassen.[97]

Somit sind die folgenden Konstellationen denkbar:

- Die Pflegeperson ist im Rahmen einer geringfügigen Beschäftigung oder als <u>nicht</u> krankenversicherungspflichtige Person kostenlos **familienversichert**. Voraussetzung hierfür ist die Einhaltung der monatlichen Einkommensgrenzen[98] eingehalten werden.
- **Freiwillig versicherte Pflegepersonen**, bei denen die Voraussetzungen für eine Familienversicherung[99] vorliegen, können die freiwillige Mitgliedschaft während der Pflegezeit betragsfrei fortführen, um zusätzlichen Verwaltungsaufwand zu vermeiden.
- Besteht für freiwillig Versicherte <u>keine</u> Möglichkeit zur Familienversicherung, können diese die freiwillige Mitgliedschaft nur unter Berechnung der Beiträge auf Grundlage der Mindesteinnahmen[100] während der Pflegezeitaufrecht erhalten.
- **Privat krankenversicherte Pflegepersonen** erhalten von der Pflegekasse Zuschüsse zu den Beiträgen.

Zuschussgewährung:

32 Für die Dauer der Pflegezeit werden für eine Pflegeperson, die ihren Kranken- und Pflegeversicherungsschutz gegen eigene Beitragsleistungen aufrecht erhalten, <u>auf Antrag</u> Zuschüsse zu den Beiträgen von der Pflegekasse erbracht.[101]

Hinweis:

Werden gleichzeitig mehrere Angehörige gepflegt, besteht nur einmal Anspruch auf Zahlung von Beitragszuschüssen.

93 § 3 PflegeZG.
94 Die vollständige Freistellung zieht eine Abmeldung nach § 8 DEÜV (Abgabegrund „30") nach sich, für die (Wieder-) Aufnahme bei Aufnahme der Beschäftigung nach Beendigung der Pflegezeit ist eine Anmeldung mit dem Abgabegrund „13" vorzunehmen.
95 § 7 Abs. 3 Satz3 SGB IV.
96 Ausführlichere Informationen erhalten Sie in der Besprechungsniederschrift der Spitzenverbände der Krankenkassen vom 12.6.2008, www.deutsche-rentenversicherung-bund.de.
97 § 8 Abs. 1 Nr. 2a SGB V.
98 355 € bzw. bei Minijobbern 400 €.
99 § 10 SGB V.
100 § 240 Abs. 4 Satz 1 SGB V.
101 § 44a Abs. 1 SGB XI.

Hinweis:

__Keine__ Zuschussleistungen sind zu gewähren, wenn die Arbeitsbefreiung unabhängig vom Pflegezeitgesetz erfolgt.[102]

33 Zuschüsse werden gewährt für:

- freiwillige Versicherung in der gesetzlichen Krankenversicherung[103]
- Pflichtversicherung in der gesetzlichen Krankenversicherung[104]
- private Krankenversicherung

Die Höhe des Zuschusses[105] richtet sich nach der Höhe der Mindestbeiträge, die von freiwillig in der gesetzlichen Krankenversicherung[106] versicherten Personen zur gesetzlichen Krankenversicherung und zur sozialen Pflegeversicherung[107] zu zahlen sind. Die tatsächliche Höhe der Beträge darf *__nicht__* überschritten werden. Der Beitragszuschlag für Kinderlose in der Pflegeversicherung[108] ist ebenfalls zuschussfähig. Da für Mitglieder der gesetzlichen Krankenversicherung in der Zeit der Pflege *__kein__* Anspruch auf Krankengeld besteht, ist der ermäßigte Krankenversicherungsbeitragssatz[109] zu Grunde zu legen. Für Personen, die nicht in der gesetzlichen Krankenversicherung Mitglied sind, ist für die Zuschussberechnung der durchschnittliche allgemeine Beitragssatz[110] zugrunde zu legen.

Beispiel: Beitragszuschuss freiwillige Kranken- und Pflegeversicherung

A ist freiwilliges Mitglied der Krankenkasse X. Die Elterneigenschaft des A ist nachgewiesen. A pflegt seine Mutter und nimmt hierfür die Pflegezeit in Anspruch und lässt sich vollständig (ohne Lohnfortzahlung) von der Arbeit freistellen. Die freiwillige Krankenversicherung hält A mit Beitragszahlungen aufrecht.

KV-Beitragssätze:

- allgemein = 14,0 %
- ermäßigt = 13,2 %
- zusätzlich = 0,9 %

Lösung:

Tatsächliche beitragspflichtige Einnahmen	0,00 €
Mindestbeitragsbemessungsgrundlage	828,33 €
Krankenversicherungsbeitrag	
828,33 € mtl. x 14,1 % (13,2 % + 0,9 %)	116,79 €
Pflegeversicherungsbeitrag	
828,33 € mtl. x 1,95 %	16,15 €
Zuschuss der Pflegekasse[111]	
■ zum Krankenversicherungsbeitrag	116,79 €
■ zum Pflegeversicherungsbeitrag	16,15 €

102 Besprechung des Arbeitskreises Versicherung und Beiträge der Spitzenverbände der Krankenkassen am 12.6.2008, Seite 10.
103 Und daran geknüpfte Versicherungspflicht in der Pflegeversicherung; § 20 Abs. 3 SGB XI.
104 § 5 Abs. 1 Nr. 13 SGB V bzw. § 2 Abs. 1 Nr. 7 KVLG 1989 und der daran geknüpften Versicherungspflicht in der Pflegeversicherung, § 20 Abs. 1 Satz 2 Nr. 12 SGB XI.
105 § 44a Abs. 1 Satz 2 SGB XI.
106 § 240 Abs. 4 Satz 1 SGB V.
107 § 57 Abs. 4 SGB XI.
108 § 55 Abs. 3 Satz 1 SGB XI.
109 § 243 Abs. 1 SGB V.
110 § 245 Abs. 1 SGB V.
111 § 44a Abs. 1 SGB XI

Beispiel: Zuschuss private Krankenversicherung

A ist privat bei der Krankenkasse Y versichert. A pflegt seine Mutter und nimmt hierfür die Pflegezeit in Anspruch und lässt sich vollständig (ohne Lohnfortzahlung) von der Arbeit freistellen. Die private Krankenversicherung hält A mit monatlichen Beitragszahlungen aufrecht:

- Krankenversicherung 220,25 €
- Pflegeversicherung 31,50 €

Lösung:

Zuschuss der Pflegekasse[112]

- zum Krankenversicherungsbeitrag
  828,33 € mtl. x 14,9 % (14,0 % + 0,9 %) 123,42 €
- zum Pflegeversicherungsbeitrag
  828,33 € mtl. x 1,95 % 16,15 €

Hinweis:

Für die Zeit vom 1.7.2008 – 31.12.2008 werden die Beitragssätze der jeweiligen Krankenkasse des Pflegenden für die Zuschussberechnung herangezogen. Ab dem 1.1.2009 ist der festgelegte bundeseinheitliche allgemeine Beitragssatz[113] zugrunde zu legen.

b) Rentenversicherung

Wird der Pflegebedürftige[114] mindestens 14 Stunden wöchentlich gepflegt, besteht (wie bisher) Rentenversicherungspflicht für den Pflegenden.[115] Die Beiträge werden in voller Höhe von der Pflegekasse getragen.[116] Befindet sich die Pflegeperson für max. sechs Wochen im Erholungsurlaub, werden die Beiträge von der Pflegekasse weiterbezahlt. 34

c) Arbeitslosenversicherung

War die Pflegeperson unmittelbar vor der Pflegezeit arbeitslosenversicherungspflichtig beschäftigt, besteht auch während der Pflegezeit die Arbeitslosenversicherungspflicht.[117] Die Beiträge[118] werden von der Pflegekasse getragen.[119] Dauert die Pflegezeit länger als sechs Monate endet die Arbeitslosenversicherungspflicht. Es besteht die Möglichkeit der freiwilligen Weiterversicherung. 35

112 § 44a Abs. 1 SGB XI.
113 § 241 SGB V.
114 Mindestens Pflegestufe I.
115 § 3 Satz 1 Nr. 1a SGB VI.
116 § 176a SGB VI.
117 §26 Abs. 2b SGB III.
118 = 8,20 € / Monat (West) bzw. 6,93 € / Monat (Ost).
119 § 349 Abs. 4a SGB III.

Sozialversicherungsrechtliche Gesichtspunkte

	Kranken- / Pflegeversicherung	Rentenversicherung	Arbeitslosenversicherung
1.	Familienversicherte / Nichtversicherte	Versicherungspflicht bei Pflege ≥ 14 Std. / Woche (Erholungsurlaub bis zu 6 Wochen unschädlich)	Versicherungspflicht unmittelbar vor Pflegezeit ⇩ Versicherungspflicht in Pflegezeit (Dauer maximal 6 Monate)
	kein Beitragszuschuss Pflegekasse		
2.	Freiwillig Versicherte		
	Beitragszuschuss Pflegekasse (nach Höhe der Mindestbeiträge)		
3.	privat Krankenversicherte		
	Beitragszuschuss Pflegekasse (nach Höhe der Mindestbeiträge)	100 % Beitragszahlung Pflegekasse	100 % Beitragszahlung Pflegekasse

© zeitstaerken.de

IV. Kündigungsschutz

36 Im Zeitraum zwischen Ankündigung des kurzzeitigen Fernbleibens oder der Inanspruchnahme der Pflegezeit und dem Ende der Verhinderung, ist eine Kündigung durch den Arbeitgeber nur durch behördliche Genehmigung möglich.[120] Eine Kündigung *ohne* behördliche Genehmigung ist nichtig.

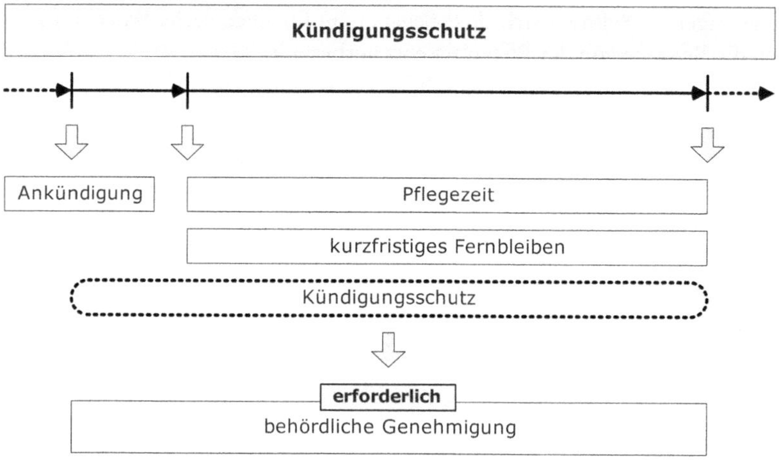

© zeitstaerken.de

120 Zuständig ist die für den Arbeitsschutz zuständige oberste Landesbehörde oder eine von dieser Landesbehörde bestimmte Stelle; § 5 PflegeZG.

V. Befristete Verträge mit Ersatzkräften

In der Zeit eines Beschäftigtenausfalls aufgrund einer kurzzeitigen Verhinderung[121] oder der Inanspruchnahme der Pflegezeit[122] kann der Arbeitgeber ein befristetes Arbeitsverhältnis eingehen. Die kurzzeitige Verhinderung oder die Inanspruchnahme der Pflegezeit sind sachliche Gründe für die Befristung eines Arbeitsvertrags.[123] Bei vorzeitigem Ende der Pflegzeit steht dem Arbeitgeber ein Sonderkündigungsrecht mit einer Kündigungsfrist von zwei Wochen zu.[124] 37

VI. Zeitliche Anwendung

Das neue Pflegezeitgesetz ist am **1.7.2008** in Kraft getreten.[125] 38

VZ 2009

D. Erste Verordnung zur Änderung der Sozialversicherungsentgeltverordnung

(Erste Verordnung zur Änderung der Sozialversicherungsentgeltverordnung vom 4.9.2008, BR-Drucks. 652/08; § 1 Abs. 1 Satz 1 Nr. 13 und Nr. 14 SeEV)

11

I. Einleitung

Die erste Verordnung wurde erforderlich, um folgende Problembereiche gesetzlich klarzustellen bzw. an den aktuellen Stand anzupassen: 39

- Die Regelung zur Beitragsbefreiung für pauschal besteuerte Zuwendungen zur betrieblichen Altersvorsorgung wird - redaktionell - an den steuerrechtlichen Stand 1.1.2009 angepasst.
- Die Beitragsfreiheit für pauschal besteuerte Bonusprogramme[126] wird gesetzlich klargestellt.
- Die pauschal besteuerten Sachzuwendungen[127] an beschäftigte Dritte[128] werden beitragsfrei gestellt.
- Die Werte für die Sachbezüge werden für das Jahr 2009 an die erwartete Verbraucherpreisentwicklung angepasst.

121 § 2 PflegeZG.
122 § 3 PflegeZG.
123 § 6 Abs. 1 PflegeZG.
124 § 6 Abs. 3 PflegeZG.
125 Art. 17 des Pflege-Weiterentwicklungsgesetzes.
126 Z. B. Bonusmeilen aus Vielfliegerprogrammen.
127 § 37b EStG.
128 = Arbeitnehmer eines Dritten/Kunden.

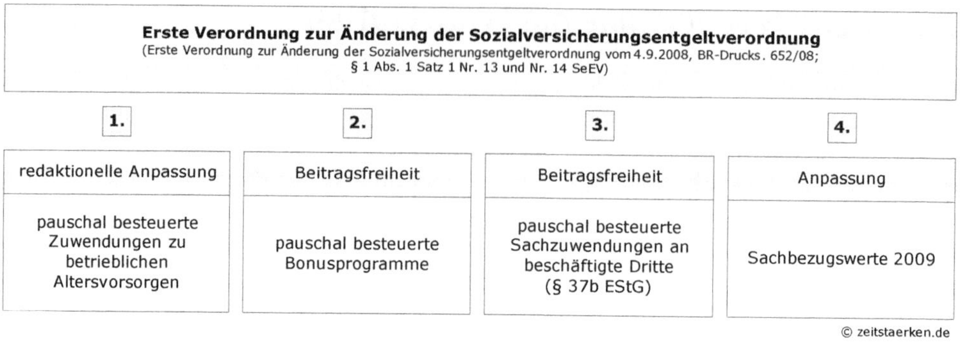

II. Sozialversicherungsfreie Arbeitsentgelte

40 Dem (sozialversicherungspflichtigen) Arbeitsentgelt sind *nicht* zu zurechnen:

- Sachprämien[129]

  und

- pauschal besteuerte Sachzuwendungen[130], soweit die Zuwendungen an Arbeitnehmer eines Dritten erbracht werden und dieser Arbeitnehmer *nicht* Arbeitnehmer eines mit dem zuwendenden verbundenen Unternehmens sind.

Hinweis: Kundenbindungsprogramme

Die Änderung hinsichtlich der Sozialversicherungsfreistellung für Kundenbindungsprogramme wird in den meisten Fällen schon in der täglichen Praxis umgesetzt!

*Inwieweit die Sozialversicherungsträger die Sozialversicherungsfreiheit auch rückwirkend bei Prüfungen akzeptieren, wird durch die Anpassung der Sozialversicherungsentgeltsverordnung **nicht** geregelt.*

Hinweis: Pauschalierte Sachzuwendungen

*Bei Zuwendungen an Arbeitnehmer verbundener Unternehmen besteht **kein** Bedürfnis, diese von der Beitragspflicht auszunehmen, da auf Grund der engen Verflechtung der Unternehmen die Höhe des beitragspflichtigen Entgelts ebenso wie bei den eigenen Arbeitnehmern ohne erhöhten Aufwand ermittelt werden kann. Dies ist bei Arbeitnehmern eines fremden Dritten **nicht** der Fall.*

129 § 1 Abs. 1 Satz 1 Nr. 13 SvEV i. V. m. § 37a EStG.
130 § 1 Abs. 1 Satz 1 Nr. 14 SvEV i. V. m. § 37b Abs. 1 EStG.

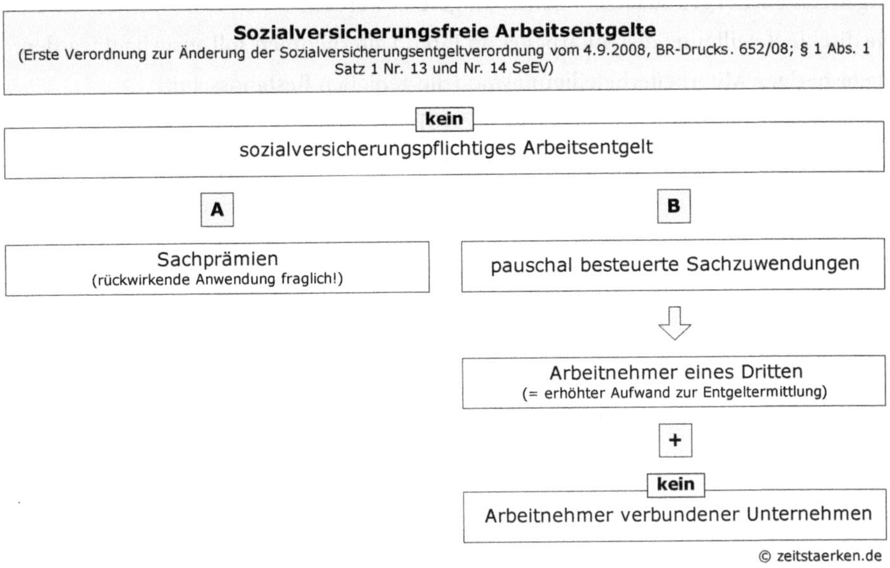

III. Zeitliche Anwendung

Die Änderungen der Sozialversicherungsentgeltsverordnung sind am **1.1.2009** in Kraft getreten.[131] 41

Gesetzentwürfe

E. Gesetzentwurf zur steuerlichen Förderung der Mitarbeiterbeteiligungen (Mitarbeiterkapitalbeteiligungsgesetz)

(Gesetzentwurf der Bundesregierung zum Mitarbeiterkapitalbeteiligungsgesetz vom 29.8.2008, BR-Drucks. 632/08; Mitarbeiterkapitalbeteiligungsgesetz)

I. Zweck der Gesetzesänderung

Durch das Änderungsgesetz soll der Ausbau der Mitarbeiterbeteiligungen erfolgen. Damit sollen die Möglichkeiten zur Gewinnung und Bindung von Mitarbeitern sowie die Verbesserung der Eigenkapitalbasis von Unternehmen unterstützt werden. 42

131 Art. 2 der 1. Verordnung zur Änderung der Sozialversicherungsentgeltsverordnung.

Die folgenden **Fördergrundsätze**[132] sollen umgesetzt werden:

- Die direkte Beteiligung der Mitarbeiter an ihren Unternehmen soll ausgebaut werden.
  Die bisherigen Mitarbeiterbeteiligungsmodelle genießen Bestandsschutz.
  Die bisherige Förderung bleibt bis zum VZ 2015 bestehen.
- Die Beteiligung der Mitarbeiter an ihren Unternehmen muss auf dem Prinzip der Freiwilligkeit basieren.
- Ein Angebot zur Beteiligung am Unternehmen muss daher grundsätzlich allen Beschäftigten des Unternehmens offenstehen (= Grundsatz der Gleichbehandlung).
- Der Bund und die Länder werden für interessierte Mitarbeiter sog. Beratungsnetzwerke einrichten.

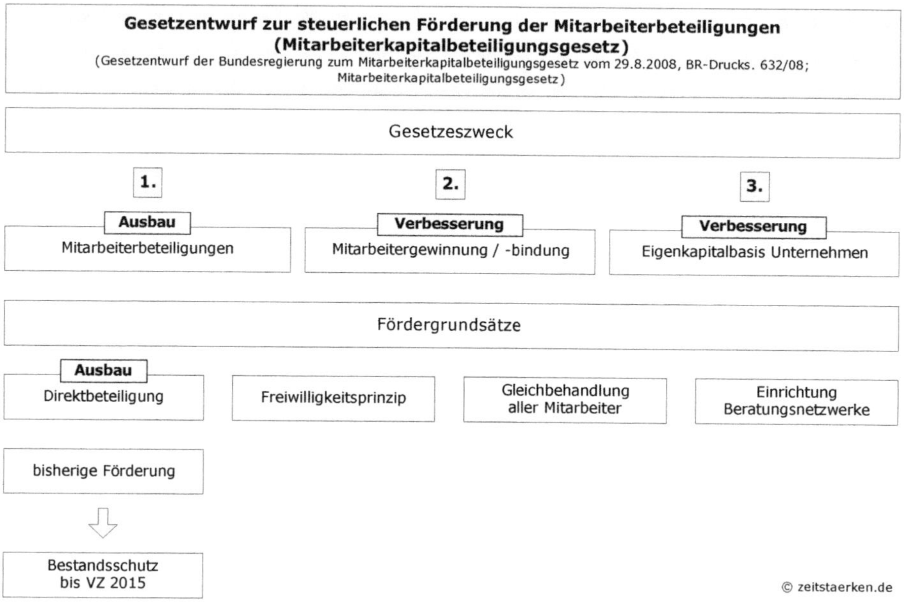

II. Änderungsvorhaben

43 Das Förderprogramm (= Mitarbeiterkapitalbeteiligungsgesetz) wird wie folgt umgesetzt:

- Verbesserung der Förderung (= Änderung des Fünften Vermögensbildungsgesetzes):
  - Anhebung des Fördersatzes für in Beteiligungen angelegte vermögenswirksame Leistungen von 18 % auf 20 %
  - Erhöhung der Einkommensgrenzen:
    - Ledige (bisher: 17.900 €) 20.000 €
    - Verheiratete (bisher: 35.800 €) 40.000 €
- Stärkung der betrieblichen Mitarbeiterkapitalbeteiligung (= Änderung des Einkommensteuergesetzes):

132 BR-Drucks. 632/08 vom 29.8.2008, 8 f.

- Anhebung des steuer- und sozialversicherungsfreien Höchstbetrags für die Überlassung von Mitarbeiterbeteiligungen am arbeitgebenden Unternehmen (bisher: 135 €[133]) auf 360 € im Kalenderjahr
- Wegfall der Begrenzung auf den halben Wert der Beteiligung
- Bestandsschutz der bisherigen Mitarbeiterbeteiligungsregelung bis Ende VZ 2015

- Einbeziehung von Fonds in die Förderung (= Änderung des Investmentgesetzes):
  - Ausdehnung der Fördermöglichkeit auch auf Beteiligungen über einen Mitarbeiterbeteiligungsfonds
  - Garantierter Rückfluss in das beteiligte Unternehmen in Höhe von 75 %

Änderungsvorhaben
(Gesetzentwurf der Bundesregierung zum Mitarbeiterkapitalbeteiligungsgesetz vom 29.8.2008, BR-Drucks. 632/08; Mitarbeiterkapitalbeteiligungsgesetz)

1.		2.			3.	
Förderungsverbesserung (= Änderung 5. VermBG)		Mitarbeiterbeteiligungsstärkung (= Änderung EStG)			Einbeziehung von Fonds (= Änderung InvG)	
A	B	A	B	C	A	B
Fördersatz 18 % ⇨ 20 %	Einkommens-grenzen Ledige 17.900 € ⇨ 20.000 € Verheiratete 35.800 € ⇨ 40.000 €	Höchstbetrag (LSt-/SV-frei) 135 € ⇩ 360 €	**Wegfall** Begrenzung auf halben Wert der Beteiligung	**Bestands-schutz** bisherige Mitarbeiter-beteiligung ⇩ Ende VZ 2015	Fördermöglichkeit ⇩ Mitarbeiter-beteiligungsfonds	Rückflussgarantie ins Unternehmen ⇩ 75 %

© zeitstaerken.de

III. Stärkung der betrieblichen Mitarbeiterkapitalbeteiligung

Zur Förderung und Stärkung der betrieblichen Mitarbeiterkapitalbeteiligung wird ein Jahresbetrag in Höhe von 360 €[134] steuerfrei gestellt.[135] 44

Hinweis:

Die bisherige Begrenzung auf „...nicht höher als der halbe Wert der Vermögensbeteiligung..." entfällt.[136]

Folgende **Voraussetzungen**[137] müssen kumulativ erfüllt sein:

- Vorteil eines Arbeitnehmers im Rahmen eines gegenwärtigen Dienstverhältnisses[138]
- unentgeltliche *oder* verbilligte Überlassung[139]
- freiwillige Leistung zum ohnehin geschuldeten Arbeitslohn[140]

  und

  keine Anrechnung auf zukünftige Arbeitslohnansprüche[141]

133 § 19a EStG a. F.
134 § 3 Nr. 39 EStG-E.
135 Art. 1 Nr. 1 Mitarbeiterkapitalbeteiligungsgesetz.
136 § 19a Abs. 1 EStG; BR-Drucks. 632/08 vom 29.8.2008, 9.
137 Art. 1 Nr. 1 Mitarbeiterkapitalbeteiligungsgesetz.
138 § 3 Nr. 39 Satz 1 EStG n. F.
139 § 3 Nr. 39 Satz 1 EStG n. F.
140 § 3 Nr. 39 Satz 2 Buchst. a 1. HS EStG-E.
141 § 3 Nr. 39 Satz 2 Buchst. a 2. HS EStG-E.

<u>*und*</u>

- Angebot für grundsätzlich allen Arbeitnehmern[142] Mitarbeiter im Unternehmen[143] offensteht[144]

  Dabei müssen **mindestens** die Arbeitnehmer das Angebot erhalten, die im Zeitpunkt der Bekanntgabe des Angebots ein Jahr oder länger ununterbrochen in einem gegenwärtigen Dienstverhältnis[145] zum Unternehmen stehen.

45 Da es sich um freiwillige weitere Vorteile des Arbeitnehmers handeln muss, ist eine **Entgeltumwandlung ausgeschlossen.**[146]

Hinweis:

*Grundsätzlich soll eine Diskriminierung im Unternehmen für die Nutzung der steuerfreien Mitarbeiter-kapitalbeteiligung ausgeschlossen werden. Eine sachliche Differenzierung im Unternehmen ist möglich und wird mit den Vorgaben „Angebot an die Arbeitnehmer" als Voraussetzung und Zielvorgabe gesetzlich festgelegt. Insoweit will der Gesetzgeber auftretenden Unsicherheiten von Unternehmen und Finanzämtern vorbeugen. Die **Jahresfrist** wird aus steuerrechtlicher Sicht als einziger sachlicher Differenzierungsgrund festgeschrieben. Die Möglichkeit Arbeitnehmern mit einem kürzeren Dienstver-hältnis auch steuerfreie Mitarbeiterkapitalbeteiligungen zu übertragen, bleibt bestehen.*[147]

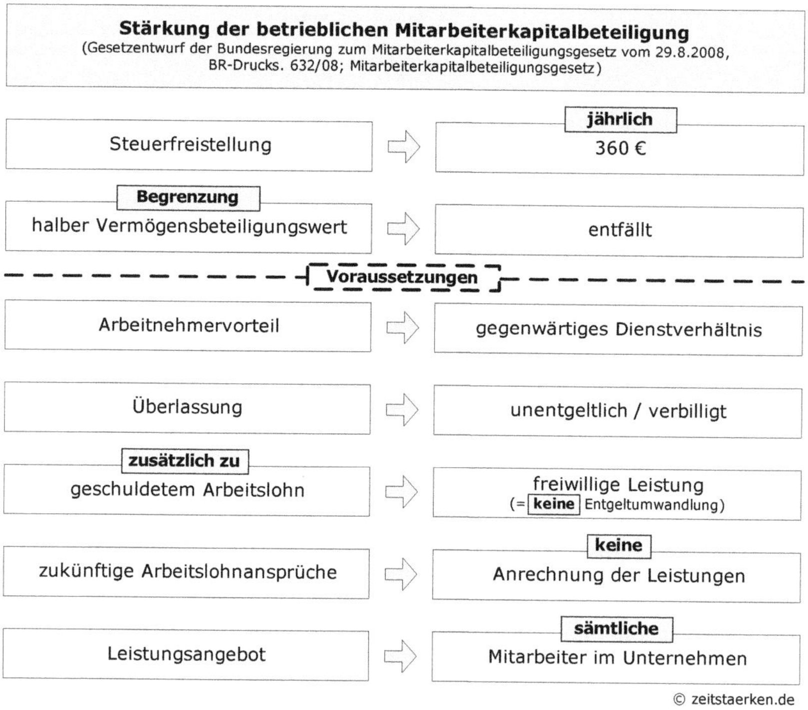

142 § 1 LStDV.
143 § 3 Nr. 39 Satz 2 Buchst. b EStG-E.
144 § 3 Nr. 39 Satz 2 Buchst. b EStG-E.
145 § 2 LStDV.
146 BR-Drucks. 632/08 vom 29.8.2008, 9.
147 BT-Drucks. 16/11679 vom 21.1.2009, Beschlussempfehlung und Bericht des Finanzausschusses, B. Besonderer Teil, zu Artikel 1 (Einkommensteuergesetz), zu Nummer 1 (§ 3 Nr. 39 EStG), zu Satz 2 Buchst. b, S. 21.

Hinweis:

*Als Unternehmen des Arbeitgebers[148] **gilt auch** eine Aktiengesellschaft[149] also auch Konzerngesellschaften. Jedes konzernzugehörige Unternehmen gilt als arbeitgebendes Unternehmen.[150]*

Hinweis:

Als Wert der Vermögensbeteiligung ist der gemeine Wert anzusetzen.[151]

Gesetzgeberisch klargestellt wird, dass Mitarbeiterkapitalbeteiligungen nicht in den Anwendungsbereich der sog. Sachzuwendungspauschalierungen gelangen können.[152]

Bei **direkten Beteiligungen** können Arbeitgeber und Arbeitnehmer die folgenden Positionen frei verhandeln und sodann vertraglich festlegen[153]: 46

- Höhe der Beteiligung
- Gewinn- und Verlustbeteiligung
- Laufzeit
- Sperrfristen
- Kündigungsbedingungen
- Informations- und Kontrollrechte

  und
- Verwaltung der Beteiligung

Verbindliche Regelungen im Arbeitsvertrag über die Verteilung des finanziellen Aufwands sind für die Steuerfreiheit der Überlassung unschädlich.[154]

Der **Zuflusszeitpunkt** bestimmt sich nach den allgemeinen lohnsteuerrechtlichen Regelungen. Ein Zufluss liegt hiernach vor, wenn der Arbeitnehmer über die Vermögensbeteiligung *wirtschaftlich* verfügen kann.[155]

Hinweis:

*Die neue Förderung kann bei einem unterjährigen Arbeitgeberwechsel oder bei parallelen Arbeitsverhältnissen **auch mehrfach** in Anspruch genommen werden.[156]*

Der Anwendungskatalog der Mitarbeiterbeteiligung ist im Gesetzgebungsverfahren noch einmal überarbeitet worden (= Einschränkung).[157] Durch den Ausschluss wird klargestellt, dass inländische und ausländische Investmentanteile[158] *nicht* steuerbegünstigt überlassen werden können. **Begünstigt** sind zukünftig[159]:

148 § 3 Nr. 39 Satz 3 i. V. m. Satz 1 EStG-E.
149 § 18 AktG.
150 BR-Drucks. 632/08 vom 29.8.2008, 9.
151 § 3 Nr. 39 Satz 4 EStG n. F.
152 § 37b Abs. 2 Satz 2 EStG-E.
153 BR-Drucks. 632/08 vom 29.8.2008, 9.
154 BR-Drucks. 632/08 vom 29.8.2008, Begründung, B. Besonderer Teil, 14.
155 § 11 Abs. 1 Satz 4 i. V. m. § 38a Abs. 1 Satz 3 EStG; BR-Drucks. 632/08 vom 29.8.2008, Begründung, B. Besonderer Teil, 14.
156 BR-Drucks. 632/08 vom 29.8.2008, Begründung, B. Besonderer Teil, 14.
157 BT-Drucks. 16/11679 vom 21.1.2009, Beschlussempfehlung und Bericht des Finanzausschusses, B. Besonderer Teil, zu Artikel 1 (Einkommensteuergesetz), zu Nummer 1 (§ 3 Nr. 39 EStG), zu Satz 1, S. 21.
158 § 2 Abs.1 Nr. 1 Buchst. c VermBG.
159 § 3 Nr. 29 EStG i. V. m. § 2 Abs. 1 Nr. 1 Buchst. a, b und d bis l VermBG.

- Erwerb von Aktien
- Erwerb von Wandelschuldverschreibungen
- Erwerb von Anteilen an einem Mitarbeiterbeteiligungs-Sondervermögen
- Erwerb von Genußscheinen
- Begründung oder zum Erwerb eines Geschäftsguthabens bei einer Genossenschaft
- Begründung oder zum Erwerb einer Beteiligung als stiller Gesellschafter

  und

- Begründung oder zum Erwerb einer Darlehensforderung gegen den Arbeitgeber

Hinweis:

Geldwerte Vorteile aus Investmentanteilen[160] sind ***noch*** *bis Ende 2015 steuerfrei.[161] Die Möglichkeit, vermögenswirksame Leistungen entsprechend anzulegen, besteht* ***unbefristet auch*** *über das Jahr 2015 hinaus.*

IV. Überlassung von Vermögensbeteiligungen an Arbeitnehmer

47 Die bisherige Förderung der Überlassung von Vermögensbeteiligungen an Arbeitnehmer[162] wird aufgehoben.[163] Soweit unentgeltlich oder verbilligt überlassene Vermögensbeteiligungen bereits heute gewährt werden (= Altverträge[164]), so können diese im Rahmen des Bestandsschutz[165] bis zum VZ 2015 weitergeführt werden, wenn

11

- Überlassung der Vermögensbeteiligung vor dem 1.4.1999[166]

  oder

- bestehende (Alt-) Vereinbarung am 31.3.2009

  und

  Vermögensbeteiligung vor dem 1.1.2016 überlassen wird[167]

  und

- *keine* Anwendung der Neuregelung[168] erfolgt

Hinweis:

Bei einem Arbeitgeberwechsel oder parallelen Arbeitsverhältnissen hat die steuerrechtliche Behandlung beim anderen Arbeitgeber ***keine*** *Bedeutung.[169]*

160 § 2 Abs.1 Nr. 1 Buchst. c VermBG
161 § 19a i. V. m. § 52 Abs. 35 EStG-E.
162 § 19a EStG.
163 Art. 1 Nr. 2 Mitarbeiterkapitalbeteiligungsgesetz.
164 § 19a EStG.
165 Art. 1 Nr. 3 Mitarbeiterkapitalbeteiligungsgesetz.
166 § 52 Abs. 35 Nr. 1 EStG n. F.
167 § 52 Abs. 35 Nr. 2 EStG n. F.
168 § 52 Abs. 35 2. HS EStG n. F.
169 BR-Drucks. 632/08 vom 29.8.2008, Begründung, B. Besonderer Teil, 15.

Hinweis:

*Eine **Doppelförderung** - gleichzeitige Nutzung der Alt- und Neuregelung - beim selben Arbeitgeber ist damit ausgeschlossen. Soweit beide Förderungen ab dem 1.4.2009 gewährt werden, muss die alte Vermögensbeteiligung als steuerpflichtiger geldwerter Vorteil behandelt werden.*[170]

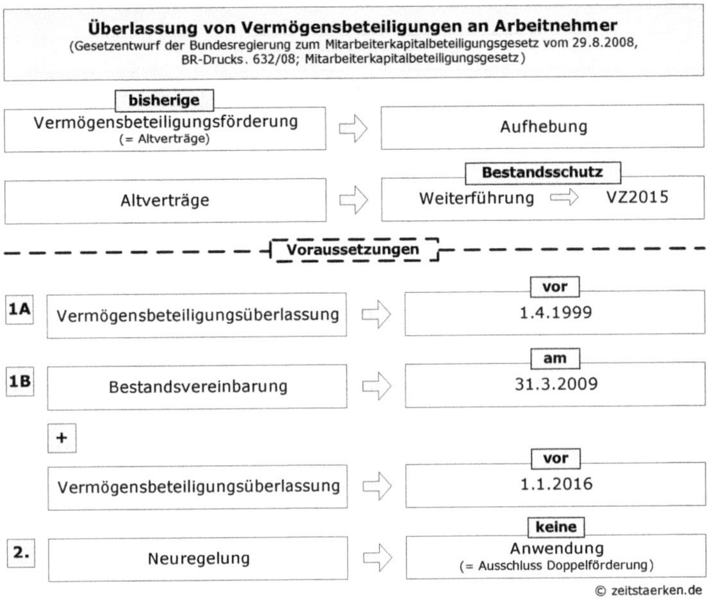

V. Arbeitnehmer-Sparzulage

Die Arbeitnehmer-Sparzulage wird von bisher 18 % auf 20 %[171] ansteigen.[172] Diese Erhöhung findet *nur* für betriebliche *oder* außerbetriebliche Unternehmensbeteiligungen statt. Der Zulagensatz für die Wohnungsbau-Prämie und andere wohnungswirtschaftliche Verwendungen bleibt unverändert. 48

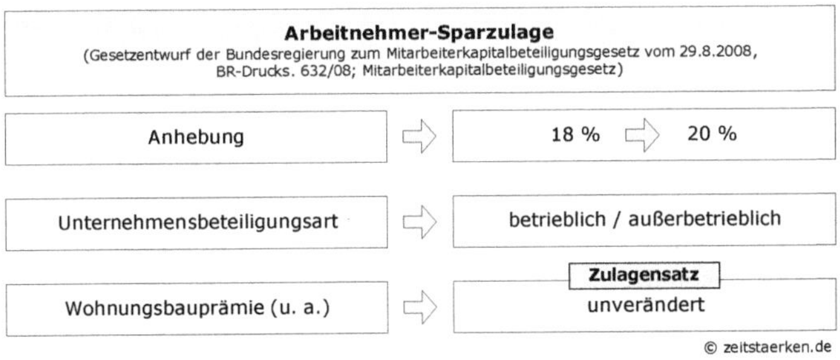

170 BR-Drucks. 632/08 vom 29.8.2008, Begründung, B. Besonderer Teil, 15; Die Korrektur erfolgt durch den Arbeitgeber (§ 41c Abs. 1 Nr. 2 EStG) oder nach Mitteilung des Arbeitgebers durch das Finanzamt (§ 41c Abs. 4 EStG).
171 § 13 Abs. 2 Satz 1 VermBG n. F.
172 Art. 2 Nr. 3 Buchst. b Doppelbuchst. aa Mitarbeiterkapitalbeteiligungsgesetz.

VI. Erhöhung der Einkommensgrenzen bei Arbeitnehmer-Sparzulage

49 Damit mehr Arbeitnehmer das Mitarbeiterkapitalbeteiligungsgesetz nutzen können, werden die Einkommensgrenzen erhöht[173]:

Einkommensgrenzen		
	Ledige	Verheiratete[165]
Vermögensanlage[166] am Unternehmen des Arbeitgebers[167] und an anderen Unternehmen[168]	20.000 €	40.000 €
Vermögensanlage[169] nach dem Wohnungsbau-Prämiengesetz und andere wohnungswirtschaftliche Verwendungen	17.900 €	35.800 €

VII. Einbeziehung von Fondsmodellen

50 Die **indirekte Beteiligung** (= Fondsmodelle) wird in die Förderung mit aufgenommen. Bei diesen Fonds muss ein Rückfluss in die beteiligten Unternehmen in Höhe von 75 %[179] garantiert sein.[180] Die verbleibenden 25 % des Sondervermögenswertes können angelegt werden.[181] Diese Rückflussgarantie ist erst nach der **Anlaufzeit** von 2 Jahren zu erfüllen.[182]

Hinweis:

Die direkte Beteiligung und die Fondsbeteiligung werden gleich hoch gefördert.

11

Dazu werden Mitarbeiterbeteiligungsfonds als eigene **identifizierbare Fondskategorie** neu eingeführt (= Mitarbeiterbeteiligungs-Sondervermögen[183]).[184] Diese werden anders als sonstige Fondskategorien nicht primär durch den Grundsatz der treuhänderischen Vermögensverwaltung charakterisiert, sondern durch die besondere Zwecksetzung des Fonds. Die Fonds werden von einer Kapitalanlagegesellschaft und somit von einem professionellen und lizenzierten Fondsmanager verwaltet. Die Fonds stehen unter der Aufsicht der Bundesanstalt für Finanzdienstleistungsaufsicht.

173 Art. 2 Nr. 3 Buchst. a Mitarbeiterkapitalbeteiligungsgesetz.
174 § 26b EStG.
175 § 2 Abs. 1 Nr. 1 bis Nr. 3, Abs. 2 bis Abs. 4 VermBG.
176 = betriebliche Beteiligungen.
177 = außerbetriebliche Beteiligungen.
178 § 2 Abs. 1 Nr. 4 und Nr. 5 VermBG.
179 § 90m Abs. 2 Satz 1 InvStG n. F.
180 § 90m Abs. 2 und Abs. 4 InvStG n. F.
181 BR-Drucks. 632/08 vom 29.8.2008 „25 Prozent des Fonds werden in Liquidität und fungiblen Vermögensgegenständen investiert, wie z. B. börsennotierte Aktien und Schuldverschreibungen sowie Geldmarktinstrumente."; § 90m Abs. 4 Satz 1 InvStG.
182 § 90n InvStG.
183 § 90l InvStG n. F.
184 Abschn. 7a Mitarbeiterbeteiligungs-Sondervermögen i. d. F. d. Art. 3 Mitarbeiterkapitalbeteiligungsgesetz.

Die **Beteiligung des Fonds an den Unternehmen** erfolgt durch Erwerb beispielsweise von[185] 51

- unverbrieften Darlehensforderungen wie Schuldscheinen
- von *nicht* börsennotierten Unternehmensbeteiligungen

  und
- Wertpapieren

Die Anleger erhalten die Möglichkeit, ihre Anteile an die Kapitalanlagegesellschaft zum Rücknahmepreis zurückzugeben (= **Rücknahme der Anteile**).

Um jedoch der eingeschränkten Liquidität der im Fonds befindlichen Vermögenswerte Rechnung zu tragen, erfolgt eine Rücknahme der Anteile[186]

- höchstens einmal halbjährlich

  und
- mindestens einmal jährlich

unter Einhaltung einer Rückgabefrist, die bis zu 24 Monate[187] betragen kann.

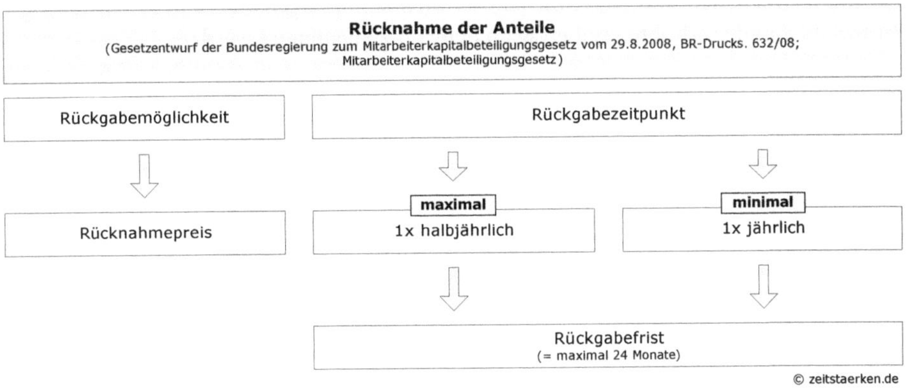

Die Anleger sind in den Verkaufsunterlagen über die Anlage in Mitarbeiterbeteiligungsfonds und die damit verbundenen Risiken sowie über die eingeschränkten Rückgabemöglichkeiten aufzuklären (= **Verkaufsprospekt**[188]).

VIII. Zeitliche Anwendung

Das Mitarbeiterkapitalbeteiligungsgesetz soll am 1.4.2009 in Kraft treten.[189] Beim laufenden Arbeitslohn oder bei sonstigen Bezügen ist die Neuförderung damit für Lohnzahlungszeiträume des Jahres 2009 und Zuflusszeitpunkte im Jahr 2009 anzuwenden.[190] Der erhöhte Zulagensatz ist erstmals für vermögenswirksame Leistungen anzuwenden, die *nach* dem 31.12.2008 angelegt werden.[191] 52

185 § 90m Abs. 1 Nr. 1 bis Nr. 3 InvStG n. F.
186 § 90o Abs. 2 Satz 1 InvG.
187 § 90o Abs. 2 Satz 2 InvG.
188 § 90p Abs. 2 InvG.
189 Art. 4 Mitarbeiterkapitalbeteiligungsgesetz.
190 § 52 Abs. 1 EStG i. V. m. § 3 Nr. 39 EStG n. F.; BR-Drucks. 632/08 vom 29.8.2008, Begründung, B. Besonderer Teil, 14.
191 § 17 Abs. 7 VermBG n. F.

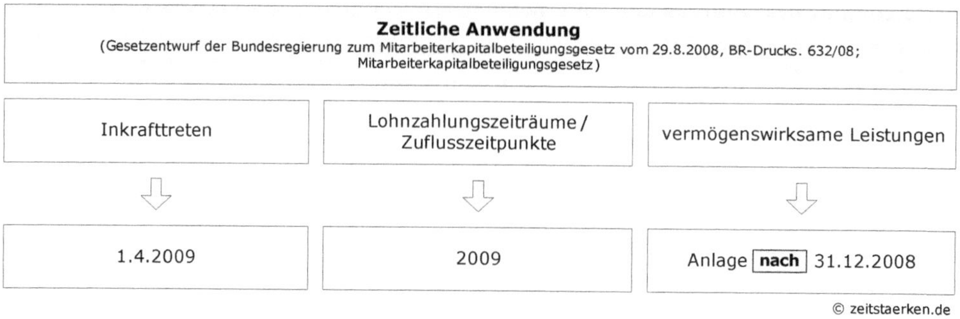

IX. Praxishinweis

53 Arbeitgebern und Arbeitnehmern steht es frei, von der alten zur neuen Förderung zu wechseln, in dem sie die vertraglichen und tatsächlichen Rahmenbedingungen an die neue Förderung anpassen. Insoweit kann der erhöhte Freibetrag ab dem 1.4.2009 genutzt werden.

Hinweis:

*Bisher war eine Barlohnumwandlung möglich.[192] Diese ist jetzt **nicht mehr** vorgehen (= zusätzlicher Arbeitlohn). Insoweit müsste die alte Förderung zu einer Barlohnerhöhung rückumgewandelt und die neue Förderung zusätzlich gewährt werden.*

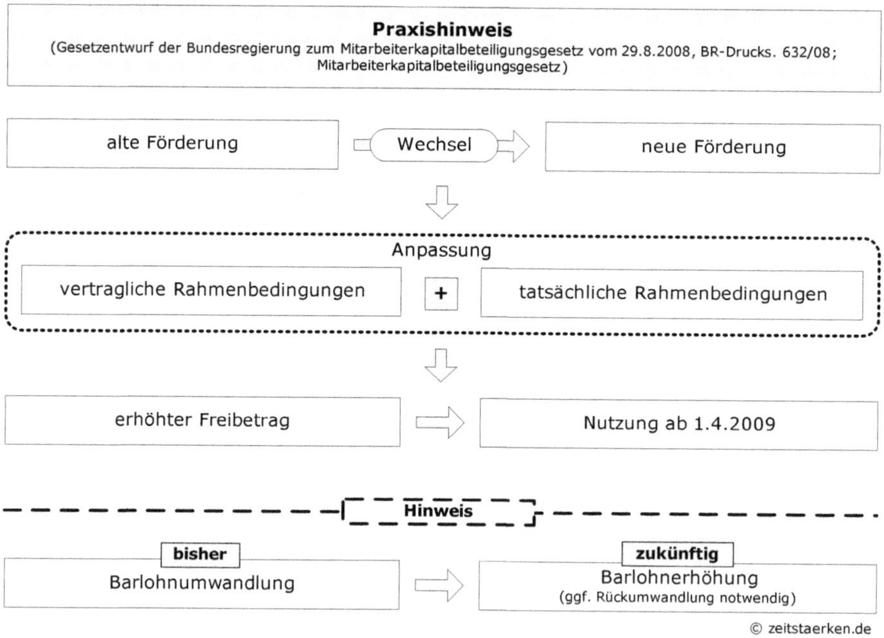

192 R 19a Abs. 4 LStR.

X. Beratungshinweis

Hat der Arbeitgeber in der Zeit zwischen dem 1.1.2009 und dem 31.3.2009 (neue) Vermögens- 54
beteiligungen[193] überlassen und sind diese nach dem Mitarbeiterkapitalbeteiligungsgesetz steuerrechtlich anders zu behandeln[194], ist der Lohnsteuerabzug durch den Arbeitgeber zu ändern (= **Änderung des Lohnsteuerabzugs**).[195]

Ändert der Arbeitgeber den Lohnsteuerabzug *nicht*, kann der Arbeitnehmer

- beim Finanzamt eine Erstattung der Lohnsteuer beantragen[196]

  oder

- den höheren Steuerfreibetrag bei der Veranlagung zur Einkommensteuer[197] geltend machen.

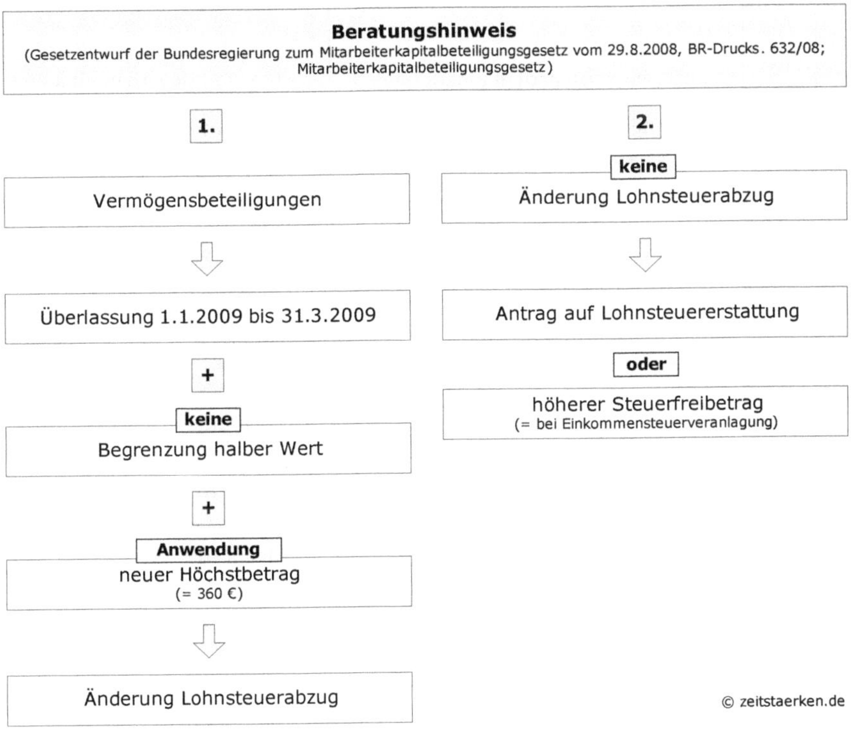

11

193 § 3 Nr. 39 EStG n. F.
194 = *keine* Begrenzung auf den halben Wert der Beteiligung, neuer Höchstbetrag von 360 €.
195 § 41c Abs. 1 Nr. 2 EStG „...dies gilt auch bei rückwirkender Gesetzesänderung."
196 § 37 Abs. 2 AO; R 41c.1 Abs. 5 Satz 3 LStR.
197 § 25 EStG.

XI. Tabellarische Zusammenfassung

55 Die nachstehende Tabelle stellt eine Zusammenfassung der alten und neuen Vermögensbeteiligungsförderung dar.[198]

	alte Vermögensbeteiligung (§ 19a EStG inkl. 5. VermBG)	neue Vermögensbeteiligung (§ 3 Nr. 39 EStG inkl. 5. VermBG)
Förderung	■ Hälfte des Beteiligungswertes ■ 135 € im Kalenderjahr	■ 360 € im Kalenderjahr
Steuer- und abgabenfrei	■ ja ■ VL[190]: aus versteuertem Einkommen	■ ja ■ VL: aus versteuertem Einkommen
Zulagensatz	■ 18 % (höchstens 72 € bis zu einem Anlagebetrag in Höhe von 400 €)	■ 20 % (höchstens 80 € bis zu einem Anlagebetrag in Höhe von 400 €)
	Wichtig: Wohnungsbau-Prämien bleiben unverändert!	
Einkommensgrenze	■ nein ■ VL: 17.900 € / 35.800 €	■ nein ■ VL: 20.000 € / 40.000 €
	Wichtig: Wohnungsbau-Prämien bleiben unverändert!	
Sperrfrist	■ nein ■ VL: 6/7 Jahre	■ nein ■ VL: 6/7 Jahre
Voraussetzungen		■ *keine* Entgeltumwandlung ■ direkte *oder* indirekte Unternehmensbeteiligungen ■ Grundsatz der Gleichbehandlung

198 Vgl. NWB Nr. 19 vom 5.5.2008, 1733.
199 = vermögenswirksame Leistungen.

F. Drittes Mittelstandsentlastungsgesetz

(Entwurf eines Dritten Gesetzes zum Abbau bürokratischer Hemmnisse insbesondere in der mittelständischen Wirtschaft (MEG III) vom 7.10.2008, BT-Drucks. 16/10490)

I. Einleitung

Mit ihrem Entwurf eines Dritten Gesetzes zum Abbau bürokratischer Hemmnisse insbesondere in der mittelständischen Wirtschaft will die Bundesregierung Unternehmen weiter von Bürokratiekosten entlasten. Das Manteländerungsgesetz enthält die Streichung oder Vereinfachung von Rechtsvorschriften in 23 Fällen so vor allem kleinen und mittleren Unternehmen soll diese Begünstigung zugute kommen. 56

II. Auswirkungen

Folgende Änderungen sind geplant: 57

- Künftig soll erst ab einem Einkommen von (bisher 3.835 €) 5.000 € eine steuerrechtliche Veranlagung zur Körperschaftsteuer erforderlich werden[200]. Aus Sicht der Regierung profitieren davon vor allem Vereinen und Stiftungen. Für Genossenschaften will die Regierung den entsprechenden Freibetrag (bisher: 13.498 €) auf 15.000 € anheben[201]. Erstmalige Anwendung soll ab dem Veranlagungszeitraum 2009 erfolgen.[202]
- Bei der Gewerbesteuer ergibt sich eine Freibetragserhöhung für bestimmte kleinere Körperschaften von (bisher) 3.900 € auf 5.000 €.[203]
- Reisegewerbetreibende wie Schausteller auf Volksfesten oder Jahrmärkten müssen künftig *kein* Umsatzsteuerheft mehr führen. Dieses soll auch für Unternehmen gelten, die zur Buchführung verpflichtet sind oder freiwillig Bücher führen, aber *nicht* gewerblich niedergelassen sind[204].
- Vorgesehen ist ferner, die Pflicht zur Namensangabe an Ladengeschäften und auf Geschäftsbriefen aufzuheben.

  und
- Finanzvermittler sollen zukünftig *keine* Erlaubnis mehr für die Anlageberatung beantragen müssen. Wird die Erlaubnis für die Vermittlung erteilt, soll diese Erlaubnis auch für die Anlageberatung gelten.

200 § 24 Satz 1 KStG-E.
201 § 25 Abs. 1 Satz 1 KStG-E.
202 § 34 Abs. 1 KStG-E.
203 § 11 Abs. 1 Satz 3 Nr. 2 GewStG-E.
204 § 68 Abs. 1 Nr. 4 UStDV-E.

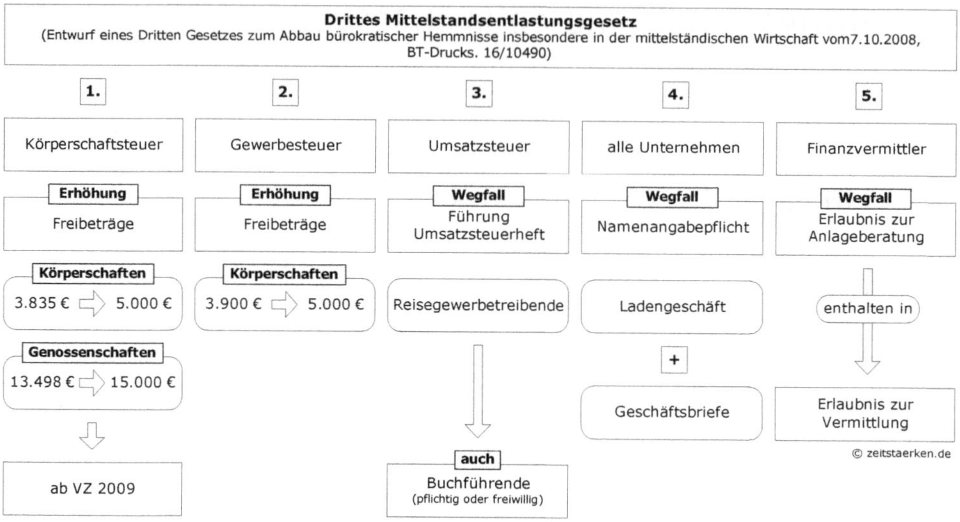

G. Gesetzentwurf zur verbesserten Berücksichtigung von Vorsorgeaufwendungen (= Bürgerentlastungsgesetz zur Krankenversicherung)

(Referentenentwurf vom 6.11.2008 zum Gesetz zur verbesserten steuerlichen Berücksichtigung von Vorsorgeaufwendungen; BVerfG vom 13.2.2008, 2 BvL 1/06, 2 BvR 1220/04, 2 BvR 410/05)

I. Einleitung

58 Nach geltendem Recht sind die Beiträge für eine Kranken- und Pflegeversicherung nur in eingeschränktem Umfang (= bis 2.400 € bzw. 1.500 € im Kalenderjahr) steuerrechtlich abziehbar. Der Referentenentwurf trägt den Beschlüssen des Bundesverfassungsgerichts Rechnung, indem das Prinzip der Steuerfreiheit des Existenzminimus nicht nur das sog. sachliche Existenzminimum, sondern auch Beiträge zur privaten Versicherung für den Krankheits- und Pflegefall schützt. Für die Bemessung des existenznotwendigen Aufwands sei auch das sozialhilferechtlich gewährleistete Leistungsniveau als eine das Existenzminimum quantifizierende Vergleichsebene abzustellen. Das Bundesverfassungsgericht hat den Gesetzgeber verpflichtet. spätestens mit Wirkung zum 1.1.2010 eine Neuregelung für den Vorsorgeaufwand zu treffen, die auch die gesetzlich kranken- und pflegeversicherten Steuerpflichtigen einbezieht.

II. Referentenentwurf

Künftig sollen nach dem Referentenentwurf (= Bürgerentlastungsgesetz zur Krankenversicherung) alle Aufwendungen steuerrechtlich berücksichtigt werden, soweit diese dazu dienen, ein Leistungsniveau abzusichern. Dem Leistungsniveau dienend sind Aufwendungen, wenn der aufgewendete Betrag im Wesentlichen der gesetzlichen Kranken- und der sozialen Pflegeversicherung entspricht. 59

Hinweis:

Gesetzlich und privat Kranken- und Pflegeversicherte, ihre Ehepartner sowie ihre mitversicherten Kinder sollen insoweit steuerrechtlich gleichbehandelt werden.

Auf Grund dieser Vorgabe des Bundesverfassungsgerichts sollen ab dem 1.1.2010 die vom Steuerpflichtigen tatsächlich geleisteten Beiträge zur privaten und gesetzlichen Basiskranken- und Pflegeversicherung für sich selbst, seinen Ehegatten und seine Kinder in vollem Umfang steuerrechtlich berücksichtigt werden.

Hinweis:

Im Referentenentwurf werden eingetragene Lebenspartner nicht den Ehegatten gleichgestellt! U. E. liegt damit eine Verfassungsrechtlich zu überprüfende Ungleichbehandlung vor.

III. Abzugsfähige Aufwendungen

Aufwendungen für Basiskrankenversicherungen sowie Pflegeversicherungen sind ungekürzt abzugsfähig.[205] 60

Ein Basiskrankenversicherungsschutz liegt vor, soweit die Aufwendungen eine Leistung auslösen, welche dem festgelegten Leistungskatalog des Basistarifs[206] entspricht.[207]

Hinweis:

Beitragsanteile, für die der Steuerpflichtige einen steuerfreien Arbeitgeberzuschuss erhalten hat, sowie Beitragsanteile, die für die Finanzierung des Krankengeldes eingesetzt werden, sind nicht zu berücksichtigen.[208] Wenn sich aus dem Beitrag an die gesetzliche Krankenversicherung ein Anspruch auf Krankengeld ergeben kann, ist der Beitrag daher um 4 % zu mindern.[209]

Nicht an zusetzten sind auch Beiträge, die zur Finanzierung von Zusatzleistungen oder Komfortleistungen aufgewendet werden (z. B. Chefarztbehandlung, Ein-Bett-Zimmer im Krankenhaus).[210]

205 § 10 Abs. 4 EStG-E.
206 § 12 Abs. 1d des Versicherungsaufsichtsgesetzes.
207 § 10 Abs. 1 Nr. 3 Satz 2 EStG-E.
208 § 10 Abs. 1 Nr. 3 Satz 3 EStG-E.
209 § 10 Abs. 1 Nr. 3 Satz 4 EStG-E.
210 Referentenentwurf vom 6.11.2008, Bürgerentlastungsgesetz zur Krankenversicherung, B besonderer Teil, zu Nr. 3 Buchst. a und b, S. 17.

IV. Weitere Versicherungsbeiträge

61 Die bisher begünstigten weiteren sonstigen Vorsorgeaufwendungen, wie z. B. Beiträge an einen Haftpflicht-, Arbeitslosen-, Berufsunfähigkeits- oder Unfallversicherung können *nicht mehr* steuerrechtlich berücksichtigt werden.[211] Ihre Abzugsfähigkeit kann sich nur noch im Rahmen der Günstigerprüfung ergeben.[212]

Hinweis:

Auch im Rahmen dieser Novellierung des abzugsfähigen Vorsorgeaufwandes wird eine Günstigerprüfung eingeführt.[213]

Ist in den Kalenderjahren 2010 bis 2019 der Sonderausgabenabzug von Vorsorgeaufwendungen nach der Berechnung für den Veranlagungszeitraum 2009 für den Steuerpflichtigen günstiger als der Sonderausgabenabzug von Vorsorgeaufwendungen für die Berechnung nach dem Veranlagungszeitraum 2010, so ist der Abzugsbetrag des Veranlagungszeitraums 2009 zu gewähren.

V. Abschaffung der Vorsorgepauschale

62 Die Regelungen zur Vorsorgepauschale werden aufgehoben.[214] Die neuen Regelungen zur Berücksichtigung der Vorsorgeaufwendung mittels einer Vorsorgepauschale im Rahmen des Lohnsteuerverfahrens finden sich zukünftig in den einschlägigen Vorschriften/Rechtsnormen des Lohnsteuerabzugsverfahrens wieder.[215] Der Sonderausgaben-Pauschbetrag bleibt der Höhe nach je Steuerpflichtiger unverändert.[216] Neu aufgenommen in § 10c (neue Fassung) ist die Verdoppelung des Sonderausgaben-Pauschbetrages im Falle der Zusammenveranlagung von Ehegatten.[217]

211 § 10 Abs. 1 Nr. 3 EStG-E.
212 § 10 Abs. 5 EStG-E.
213 § 10 Abs. 5 EStG-E.
214 Aufhebung: § 10c Abs. 2 EStG.
215 § 39b Abs. 2 Satz 5 Nr. 2 und Nr. 3 EStG-E.
216 § 10c EStG-E.
217 § 10c Satz 2 EStG-E.

§ 12 Übersichten

A. Zinssätze

I. Aktuelle Zinssätze ab 1.1.2008 1

Aktuelle Zinssätze

1.	2.	3.	4.
Basiszins	Satz der Spitzenrefinanzierungsfazilität	Mindestbietungssatz der Hauptrefinanzierungsgeschäfte	Satz der Einlagefazilität
3,32 %	5,00 %	4,00 %	3,00 %
gültig seit 1.1.2008	gültig seit 13.6.2007	gültig seit 13.6.2007	gültig seit 13.6.2007

Quelle: Deutsche Bundesbank, Europäische Zentralbank
(www.bundesbank.de / 11.01.2008)

II. Aktuelle Zinssätze ab 1.7.2008 2

Aktuelle Zinssätze

1.	2.	3.	4.
Basiszins	Satz der Spitzenrefinanzierungsfazilität	Mindestbietungssatz der Hauptrefinanzierungsgeschäfte	Satz der Einlagefazilität
3,19 %	3,00 %	2,50 %	2,00 %
gültig seit 1.7.2008	gültig seit 10.12.2008	gültig seit 10.12.2008	gültig seit 10.12.2008

Quelle: Deutsche Bundesbank, Europäische Zentralbank
(www.bundesbank.de / 10.12.2008)

3 III. Aktuelle Zinssätze ab 1.1.2009

Aktuelle Zinssätze

1.	2.	3.	4.
Basiszins	Satz der Spitzenrefinanzierungsfazilität	Mindestbietungssatz der Hauptrefinanzierungsgeschäfte	Satz der Einlagefazilität
1,62 %	3,00 %	2,00 %	1,00 %
gültig seit 01.01.2009	gültig seit 21.01.2009	gültig seit 21.01.2009	gültig seit 21.01.2009

Quelle: Deutsche Bundesbank, Europäische Zentralbank (www.bundesbank.de / 21.01.2009)

IV. Zinssätze (Januar – Februar – März 2008)

4 1. Sollzinsen (I)

12

Sollzinsen (I)

	Januar 2008	Februar 2008	März 2008
1. **Kontokorrentkredit** - 20.000-50.000 EUR - 100.000 EUR und mehr	5,75 - 9,00 5,50 - 8,50	5,75 - 9,00 5,50 - 8,50	5,75 - 9,00 5,50 - 8,50
2. **Überziehungen** auf Lohn- und Gehaltskonto	12,75 - 19,75	12,75 - 19,75	12,75 - 19,75
3. **Dispositionskredit, Verfügungskredit** auf Lohn- und Gehaltskonto, **variabler Ratenkredit**	9,50 – 16,25	9,50 – 16,25	9,50 -16,25
4. **Avalkredite** - Kleine Bürgschaften - Große Bürgschaften	2,00 - 4,00 1,50 - 3,00	2,00 - 4,00 1,50 - 3,00	2,00 - 4,00 1,50 - 3,00

Quelle: LSW Lexikon, Haufe Verlag

2. Sollzinsen (II) 5

Sollzinsen (II)

	Januar 2008	Februar 2008	März 2008
1. **Ratenkredit** bis unter 10.000 EUR			
- 36 Monate	**5,99 - 15,50**	**5,99 - 15,50**	**5,99 – 15,50**
- 60 Monate	**5,99 – 14,00**	**5,99 – 14,00**	**5,99 – 14,00**
Ratenkredit ab 10.000 EUR			
- 36 Monate	**5,99 - 14,50**	**5,99 - 14,50**	**5,99 - 14,50**
- 60 Monate	**5,99 - 13,75**	**5,99 - 13,75**	**5,99 - 13,75**
2. **Hypothekendarlehen** erstrangig auf Wohngrundstücke			
- Festzins auf 5 Jahre	**4,40 – 5,35**	**4,28 – 5,05**	**4,18 – 5,05**
- Festzins auf 10 Jahre	**4,54 – 5,25**	**4,59 – 5,36**	**4,49 – 5,15**
- Festzins auf 15 Jahre	**4,75 – 5,34**	**4,60 – 5,50**	**4,70 – 5,40**
Gewerbliche Hypothekendarlehen	**mind. 1/4 % mehr**	**mind. 1/4 % mehr**	**mind. 1/4 % mehr**

Quelle: LSW Lexikon, Haufe Verlag

3. Habenzinsen 6

Habenzinsen

	Januar 2008	Februar 2008	März 2008
1. **Kontokorrent-guthaben**	0,50 – 3,00	0,50 – 3,00	0,50 – 3,00
2. **Festgeld 25.000** €			
- auf 1 - 2Monate	1,25 – 3,90	1,25 – 4,20	1,25 – 4,20
- auf 3 - 6 Monate	1,25 – 4,25	1,25 – 4,25	1,25 – 4,25
3. **Festgeld 50.000** €			
- auf 1 - 2Monate	1,50 – 3,90	1,50 – 4,20	1,50 – 4,20
- auf 3 - 6 Monate	1,50 – 4,25	1,50 –4,25	1,50 – 4,25
4. **Spareinlagen** Kündigungsfrist:			
- 3 Monate	0,50 – 4,20	0,50 – 4,20	0,50 – 4,20
- 1 Jahr	0,75 – 4,45	0,75 – 4,45	0,75 – 4,45

Quelle: LSW Lexikon, Haufe Verlag

V. Zinssätze (April Mai Juni 2008)

7 1. Sollzinsen (I)

Sollzinsen (I)	April 2008	Mai 2008	Juni 2008
1. **Kontokorrent-kredit** - 20.000-50.000 EUR - 100.000 EUR und mehr	5,75 - 9,00 5,75 - 8,50	5,75 - 9,00 5,75 - 8,50	6,00 - 9,00 6,00 - 8,50
2. **Überziehungen** auf Lohn- und Gehaltskonto	12,75 - 19,75	12,75 - 19,75	12,75 - 19,75
3. **Dispositionskredit, Verfügungskredit** auf Lohn- und Gehaltskonto, **variabler Ratenkredit**	9,50 – 16,25	9,50 -16,25	9,50 – 16,50
4. **Avalkredite** - Kleine Bürgschaften - Große Bürgschaften	2,00 - 4,00 1,50 - 3,00	2,00 - 4,00 1,50 - 3,00	2,00 - 4,00 1,50 - 3,00

Quelle: LSW Lexikon, Haufe Verlag

8 2. Sollzinsen (II)

Sollzinsen (II)	April 2008	Mai 2008	Juni 2008
1. **Ratenkredit** bis unter 10.000 EUR - 36 Monate - 60 Monate	**5,99 - 15,50** **5,99 – 14,00**	**5,99 – 15,50** **5,99 – 14,00**	**5,99 - 15,50** **5,99 – 14,00**
Ratenkredit ab 10.000 EUR - 36 Monate - 60 Monate	**5,99 - 14,50** **5,99 - 13,75**	**5,99 - 14,50** **5,99 - 13,75**	**5,99 - 14,50** **5,99 - 13,75**
2. **Hypothekendarlehen** erstrangig auf Wohngrundstücke - Festzins auf 5 Jahre - Festzins auf 10 Jahre - Festzins auf 15 Jahre	**4,65 – 5,25** **4,75 – 5,49** **4,96 – 5,59**	**4,70 – 5,37** **4,75 – 5,52** **4,96 – 5,68**	**5,38 – 5,99** **5,12 – 6,02** **5,33 – 5,96**
Gewerbliche Hypothekendarlehen	**mind. 1/4 % mehr**	**mind. 1/4 % mehr**	**mind. 1/4 % mehr**

Quelle: LSW Lexikon, Haufe Verlag

3. Habenzinsen 9

Habenzinsen	April 2008	Mai 2008	Juni 2008
1. **Kontokorrent-guthaben**	0,50 - 3,00	0,50 - 3,35	0,50 - 3,35
2. **Festgeld 25.000 €** - auf 1 - 2 Monate - auf 3 - 6 Monate	 1,25 - 4,20 1,25 - 4,25	 1,25 - 4,20 1,25 - 4,30	 1,25 - 4,20 1,25 - 4,30
3. **Festgeld 50.000 €** - auf 1 - 2 Monate - auf 3 - 6 Monate	 1,50 - 4,20 1,50 -4,25	 1,50 - 4,20 1,50 - 4,30	 1,50 - 4,20 1,50 - 4,30
4. **Spareinlagen** Kündigungsfrist: - 3 Monate - 1 Jahr	 0,50 - 4,20 0,75 - 4,55	 0,50 - 4,20 0,75 - 5,00	 0,50 - 4,20 1,00 - 5,00

Quelle: LSW Lexikon, Haufe Verlag

VI. Zinssätze (Juli August September 2008)

1. Sollzinsen (I) 10

Sollzinsen (I)	Juli 2008	August 2008	September 2008
1. **Kontokorrent-kredit** - 20.000-50.000 EUR - 100.000 EUR und mehr	 6,25 - 9,00 6,00 - 8,50	 6,25 - 9,00 6,00 - 8,50	 6,25 - 9,00 6,00 - 8,50
2. **Überziehungen** auf Lohn- und Gehaltskonto	12,75 - 19,75	12,75 - 19,75	12,75 - 19,75
3. **Dispositionskredit, Verfügungskredit** auf Lohn- und Gehaltskonto, **variabler Ratenkredit**	9,50 - 16,50	9,50 -16,50	9,50 - 16,50
4. **Avalkredite** - Kleine Bürgschaften - Große Bürgschaften	 2,00 - 4,00 1,50 - 3,00	 2,00 - 4,00 1,50 - 3,00	 2,00 - 4,00 1,50 - 3,00

Quelle: LSW Lexikon, Haufe Verlag

11

2. Sollzinsen (II)

Sollzinsen (II)	Juli 2008	August 2008	September 2008
1. **Ratenkredit** bis unter 10.000 EUR - 36 Monate - 60 Monate	**5,99 - 15,50** **5,99 - 14,00**	**5,99 - 15,50** **5,99 - 14,00**	**5,99 - 15,50** **5,99 - 14,00**
Ratenkredit ab 10.000 EUR - 36 Monate - 60 Monate	**5,99 - 14,50** **5,99 - 13,75**	**5,99 - 14,50** **5,99 - 13,75**	**5,99 - 14,50** **5,99 - 13,75**
2. **Hypothekendarlehen** erstrangig auf Wohngrundstücke - Festzins auf 5 Jahre - Festzins auf 10 Jahre - Festzins auf 15 Jahre	**5,27 - 5,98** **5,12 - 6,02** **5,33 - 6,07**	**4,85 - 5,65** **4,91 - 5,83** **5,12 - 5,67**	**4,85 - 5,98** **4,80 - 5,79** **5,01 - 5,75**
Gewerbliche Hypothekendarlehen	**mind. 1/4 % mehr**	**mind. 1/4 % mehr**	**mind. 1/4 % mehr**

Quelle: LSW Lexikon, Haufe Verlag

12

3. Habenzinsen

12

Habenzinsen	Juli 2008	August 2008	September 2008
1. **Kontokorrent-guthaben**	0,50 – 3,35	0,50 – 3,35	0,50 – 3,50
2. **Festgeld 25.000 €** - auf 1 – 2 Monate - auf 3 - 6 Monate	1,50 – 4,40 2,00 – 4,60	1,50 – 4,40 2,00 – 4,60	1,50 – 4,40 2,00 – 4,80
3. **Festgeld 50.000 €** - auf 1 – 2 Monate - auf 3 - 6 Monate	2,00 – 4,40 2,00 –4,60	2,00 – 4,40 2,00 – 4,60	2,00 – 4,40 2,00 –4,80
4. **Spareinlagen** Kündigungsfrist: - 3 Monate - 1 Jahr	0,50 – 4,40 1,00 – 5,00	0,50 – 4,40 1,00 – 5,05	0,50 – 4,40 1,00 – 5,35

Quelle: LSW Lexikon, Haufe Verlag

VII. Zinssätze (Oktober November Dezember 2008)

1. Sollzinsen (I) 13

Sollzinsen (I)			
	Oktober 2008	November 2008	Dezember 2008
1. **Kontokorrentkredit** - 20.000-50.000 EUR - 100.000 EUR und mehr	6,50 - 9,00 6,00 - 8,50	6,50 - 9,50 6,50 - 8,50	6,50 - 9,50 6,50 - 8,50
2. **Überziehungen** auf Lohn- und Gehaltskonto	12,75 - 19,75	12,75 - 19,75	12,75 - 19,75
3. **Dispositionskredit**, **Verfügungskredit** auf Lohn- und Gehaltskonto, **variabler Ratenkredit**	9,50 – 16,50	9,50 – 16,50	9,50 -16,50
4. **Avalkredite** - Kleine Bürgschaften - Große Bürgschaften	2,00 - 4,00 1,50 - 3,00	2,00 - 4,00 1,50 - 3,00	2,00 - 4,00 1,50 - 3,00

Quelle: LSW Lexikon, Haufe Verlag

2. Sollzinsen (II) 14

Sollzinsen (II)			
	Oktober 2008	November 2008	Dezember 2008
1. **Ratenkredit** bis unter 10.000 EUR - 36 Monate - 60 Monate **Ratenkredit** ab 10.000 EUR - 36 Monate - 60 Monate	**5,99 - 15,50** **5,99 – 14,00** **5,99 - 14,50** **5,99 - 13,75**	**5,99 - 15,50** **5,99 – 14,00** **5,99 - 14,50** **5,99 - 13,75**	**5,99 – 15,50** **5,99 – 14,00** **5,99 - 14,50** **5,99 - 13,75**
2. **Hypothekendarlehen** erstrangig auf Wohngrundstücke - Festzins auf 5 Jahre - Festzins auf 10 Jahre - Festzins auf 15 Jahre **Gewerbliche Hypothekendarlehen**	**4,70 – 5,55** **4,85 – 5,58** **5,06 – 5,70** **mind. 1/4 % mehr**	**4,49 – 5,48** **4,65 – 5,53** **4,85 – 5,45** **mind. 1/4 % mehr**	**3,71 – 5,05** **4,13 – 5,12** **4,33 – 5,22** **mind. 1/4 % mehr**

Quelle: LSW Lexikon, Haufe Verlag

15 3. Habenzinsen

Habenzinsen	Oktober 2008	November 2008	Dezember 2008
1. Kontokorrent-guthaben	0,50 – 3,50	0,50 – 3,50	0,50 – 3,50
2. Festgeld 25.000 € - auf 1 – 2 Monate - auf 3 - 6 Monate	1,50 – 4,40 2,00 – 5,00	1,50 – 4,80 2,00 – 5,00	1,50 – 4,80 2,00 – 5,00
3. Festgeld 50.000 € - auf 1 – 2 Monate - auf 3 - 6 Monate	2,00 – 4,40 2,00 – 5,00	2,00 – 4,80 2,00 –5,00	2,00 – 4,80 2,00 – 5,00
4. Spareinlagen Kündigungsfrist: - 3 Monate - 1 Jahr	0,50 – 4,40 1,00 – 5,35	0,50 – 4,80 1,00 – 5,35	0,50 – 4,80 1,00 – 5,35

Quelle: LSW Lexikon, Haufe Verlag

B. Verzugszinsen

Entwicklung der Verzugszinsen

Gültig ab	Basiszins (§ 247 Abs. 2 BGB)	Verzugszinsen zwischen Unternehmen (§ 288 Abs. 2 BGB)	Verzugszinsen gegenüber Verbrauchern (§ 288 Abs. 1 BGB)
1.1.2009	1,62 %	9,62 %	6,62 %
1.7.2008	3,19 %	11,19 %	8,19 %
1.1.2008	3,32 %	11,32 %	8,32 %
1.7.2007	3,19 %	11,19 %	8,19 %
1.1.2007	2,70 %	10,70 %	7,70 %
1.7.2006	1,95 %	9,95 %	6,95 %
1.1.2006	1,37 %	9,37 %	6,37 %
1.7.2005	1,17 %	9,17 %	6,17 %

C. Beitragsbemessungsgrenzen 2009

(Sozialversicherungs-Rechengrößenverordnung, BR-Drucks. 761/08, 17.10.2008)

Euro	Kranken- und Pflegeversicherung		Renten- und Arbeitslosenversicherung	
Entgeltszahlungs-zeitraum	Bundesrepublik		West	Ost
Beitragsbemessungsgrenzen				
Monat	3.675,00		5.400,00	4.550,00
Kalendertag	122,50		180,00	151,67
Jahr	44.100,00		64.800,00	54.600,00
Pflichtversicherungsgrenze für gesetzliche KV	normale	besondere[1]		
	48.600,00	44.100,00		
Bezugsgrößen				
Monat	2.520,00[2]		2.520,00	2.135,00
Jahr	30.240,00[3]		30.240,00	25.620,00
Beitragssätze				
KV (einheitlich)	15,5 %[4] (ermäßigt: 14,9 %)			
PV	1,95 % (Kinderlose: 2,20 %)			
Höchstbetrag	126,00[5]			
RV			19,9 %	
ALV			2,8 %	

Alle Angaben in Euro.

D. Lohnsteuerrechtliche Behandlung von unentgeltlichen oder verbilligten Mahlzeiten der Arbeitnehmer ab Kalenderjahr 2009

(BMF-Schreiben vom 12.12.2008, IV C 5 – S 2334/08/10005, BStBl. I 2008, 1075; § 8 EStG)

Mahlzeiten, die arbeitstäglich **unentgeltlich oder verbilligt** an die Arbeitnehmer abgegeben 16
werden, sind mit dem anteiligen amtlichen Sachbezugswert nach der Verordnung über die sozialversicherungsrechtliche Beurteilung von Zuwendungen des Arbeitgebers als Arbeitsentgelt zu bewerten. Dasselbe gilt für Mahlzeiten zur üblichen Beköstigung anlässlich oder während einer Auswärtstätigkeit oder im Rahmen einer doppelten Haushaltsführung. Die **Sachbezugswerte ab Kalenderjahr 2009** sind festgesetzt worden.[6]

1 Private Krankenversicherung am 31.12.2002 wegen Überschreitens der Jahresarbeitsentgeltgrenze 2002.
2 Quelle: www.aok-business.de.
3 Quelle: www.aok-business.de.
4 Quelle: www.aok-business.de.
5 Quelle: www.aok-business.de.
6 Erste Verordnung zur Änderung der Sozialversicherungsentgeltverordnung vom 18. November 2008, BGBl. I 2008, 2220.

Hiernach beträgt der Wert für Mahlzeiten, die ab Kalenderjahr 2009 gewährt werden:

Mahlzeit	Wert ab Kalenderjahr 2009
Frühstück	1,53 €
Mittagessen	2,73 €
Abendessen	2,73 €

E. Umzugskosten (seit dem 1.1.2008)

(BMF-Schreiben vom 16.12.2008, IV C 5 – S 2353/08/10007, BStBl. I 2008, 1076; § 9 EStG)

17 Für die steuerrechtliche Anerkennung von Umzugskosten[7] sind die folgenden Beträge festgelegt worden:

Aufwand	Höhe		
	1.1.2008	1.1.2009	1.7.2009
Umzugsbedingte Unterrichtskosten	1.473 €	1.514 €	1.584 €
sonstige Umzugsauslagen			
a) für Verheiratete	1.171 €	1.204 €	1.256 €
b) für Ledige	585 €	602 €	628 €

7 R 9.9 Abs. 2 LStR.

§ 13 Vorläufigkeitsvermerke

VZ 2008

A. Liste der Vorläufigkeitsvermerke

Die aktuellen Vorläufigkeitsvermerke können Sie abrufen unter 1

- www.zeitstaerken.de

  oder

- www.gwv-fachverlage.de.

VZ 2009

B. Automatischer Vorläufigkeitsvermerk bei BFH-Verfahren

(Steuerbürokratieabbaugesetz, BGBl. I 2008, 2850 ff., § 165 AO)

Eine vorläufige Steuerfestsetzung ist nicht nur möglich, wenn die Vereinbarkeit der Rechtsnorm mit höherrangigem Europa- oder Verfassungsrecht vom EuGH, BVerfG oder einem obersten Bundesgericht geprüft wird, sondern auch wenn Sachverhalte in ihrer einfachgesetzlichen steuerrechtlichen Behandlung strittig sind (= **Vorläufigkeit bei einfachgesetzlicher Rechtsfrage**).[1] 2

Indiz für diese strittigen Sachverhalte sind ein oder mehrere anhängige Musterverfahren beim BFH. Die **Anwendung des Vorläufigkeitsvermerks** ist (aber) wie bisher[2] durch BMF-Schreiben oder gleich lautenden Ländeerlassen mitzuteilen (= Veröffentlichung).[3] Damit ist eine „verlängerte Vorläufigkeitsliste" zu führen und stetig zu aktualisieren.

Hinweis:

Allerdings gilt zu beachten, dass

- *ein Einspruchsverfahren - mit Wirkung auf die gesamte Steuerfestsetzung - dann nur noch auf die Sachverhalte angewendet werden kann, welche nicht in der „verlängerten Vorläufigkeitsliste" erfasst worden sind.*

1 § 165 Abs. 1 Satz 2 Nr. 4 AO "...4. die Auslegung eines Steuergesetzes Gegenstand eines Verfahrens bei dem Bundesfinanzhof ist."

2 § 165 Abs. 1 Satz 2 Nr. 3 AO.

3 „Damit soll gewährleistet werden, dass die neue Regelung bundeseinheitlich und auch nur in „Massen-Fällen" angewandt wird." vgl. BR-Drucks 547/08 vom 8.8.2008, Steuerbürokratieabbaugesetz, Begründung, zu Nr. 3 (§ 165), zu Buchst. a (Abs. 1 Satz 2 Nr. 4 neu), 37.

- *eine Teileinspruchsentscheidung bei „auf der Liste stehendem Sachverhalt" __nicht__ erlassen werden kann.*[4/5]

3 Das **Ende der Ungewissheit** in den Fällen des anhängigen BFH-Verfahrens liegt vor, sobald feststeht, dass die Grundsätze der BFH-Entscheidung über den entschiedenen Einzelfall hinaus allgemein anzuwenden sind.[6]

4 FG Niedersachsen vom 12.12.2007, 7 K 249/07, Lexinform: 5006503, nrkr.; *Revision*: BFH Az. III R 39/08; *so auch*: FinMin Niedersachsen vom 28.7.2008, S 0625 - 28 - 33 11, Lexinform: 5231542.

5 Die Teileinspruchsentscheidung ist dann *nicht* sachdienlich (§ 367 Abs. 2a AO) und damit rechtswidrig, muss aber trotzdem mit Klage angefochten werden.

6 § 165 Abs. 2 Satz 3 AO.

§ 14 Formularservice

A. Einleitung

Aufgrund einiger Änderungen u. a. durch das Jahressteuergesetz 2008, Unternehmenssteuerreformgesetz 2008 und das Familienleistungsgesetz, haben sich Änderungen in den Einkommensteuerformularen für das Jahr 2008 ergeben. 1

Die wichtigsten Änderungen sind im Folgenden zusammengefasst.

B. Steuerpflicht / Steuertarif / Sonderausgaben / außergewöhnliche Belastungen

I. Mantelbogen ESt 1A – unbeschränkt Steuerpflichtige 2

32	**Gewerbebetrieb**	lt. **Anlage G**	für steuerpflichtige Person (bei Ehegatten: Ehemann)	lt. **Anlage G** für Ehefrau
33	**Selbständige Arbeit**	lt. **Anlage S**	für steuerpflichtige Person (bei Ehegatten: Ehemann)	lt. **Anlage S** für Ehefrau

Die Anlage GSE wurde durch die Anlagen G für Gewerbebetrieb und S für selbstständige Arbeit ersetzt.

75	Steuerfreie Arbeitgeberzuschüsse zur Kranken- und Pflegeversicherung lt. Nr. 24 der Lohnsteuerbescheinigung	64	,-	65	,-

Die steuerfreien Arbeitgeberzuschüsse zur Kranken- und Pflegeversicherung laut Nr. 24 der Lohnsteuerbescheinigung sind gesondert auf dem Mantelbogen unter den Sonderausgaben einzutragen.

Haushaltsnahe Beschäftigungsverhältnisse, Dienstleistungen und Handwerkerleistungen	18
Steuerermäßigung bei Aufwendungen für haushaltsnahe Beschäftigungsverhältnisse	

Der Zusatz „im Inland" bei den haushaltsnahen Beschäftigungsverhältnissen ist aufgrund der „Europäisierung" im Rahmen des Jahressteuergesetzes 2008 weggefallen.

	Steuerermäßigung bei Aufwendungen für die Inanspruchnahme von		Aufwendungen (abzüglich Erstattungen) EUR
110	haushaltsnahen Dienstleistungen	210	,-
111	Pflege- und Betreuungsleistungen	213	,-
112	Handwerkerleistungen für Renovierungs-, Erhaltungs- und Modernisierungsmaßnahmen	214	,-

Die Angabe: „Die Rechnung des Dienstleisters und der Nachweis über die Zahlungen auf das Konto des Erbringers der Leistung sind beigefügt", ist weggefallen. Die Belege über die haushaltsnahen Aufwendungen müssen nicht mehr mit der Einkommensteuererklärung beim Finanzamt eingereicht werden. Erst nach Aufforderung des Finanzamts sind die Belege im Rahmen der Mitwirkungspflicht einzureichen.

3

II. Mantelbogen ESt 1C – beschränkt Steuerpflichtige

	Haushaltsnahe Beschäftigungsverhältnisse, Dienstleistungen und Handwerkerleistungen				18
	Steuerermäßigung bei Aufwendungen für haushaltsnahe Beschäftigungsverhältnisse				
61	Aufwendungen für geringfügige Beschäftigungen im Privathaushalt - sog. Mini-Jobs - (Bescheinigung der Deutschen Rentenversicherung-Knappschaft Bahn-See bitte beifügen)	vom 200	bis 201	202	EUR ,–
62	Art der Tätigkeit				
63	Aufwendungen für sozialversicherungspflichtige Beschäftigungen im Privathaushalt	vom 205	bis 206	207	EUR ,–
64	Art der Tätigkeit				
	Steuerermäßigung bei Aufwendungen für die Inanspruchnahme von				Aufwendungen (abzüglich Erstattungen) EUR
65	haushaltsnahen Dienstleistungen			210	,–
66	Pflege- und Betreuungsleistungen			213	,–
67	Handwerkerleistungen für Renovierungs-, Erhaltungs- und Modernisierungsmaßnahmen			214	,–

Der Bereich der haushaltsnahen Beschäftigungsverhältnissen, Dienstleistungen und Handwerkerleistungen wurde in den Mantelbogen der ESt1C aufgenommen.

68	**Nur bei Eintragungen in den Zeilen 61 bis 67:** Es bestand ganzjährig ein gemeinsamer Haushalt mit einer anderen beschränkt steuerpflichtigen Person	Name, Vorname, Geburtsdatum

Somit besteht auch die Verpflichtung zur Angabe der Person, mit der im Veranlagungszeitraum ein gemeinsamer Haushalt geführt wurde

4

III. Mantelbogen ESt 1V – vereinfachte Erklärung

	Haushaltsnahe Dienstleistungen und Handwerkerleistungen	
	Steuerermäßigung bei Aufwendungen für die Inanspruchnahme von	
49	haushaltsnahen Dienstleistungen	210
50	Pflege- und Betreuungsleistungen	213
	Handwerkerleistungen für Renovierungs-, Erhaltungs- und Modernisierungsmaßnahmen	

52	**Nur bei Alleinstehenden und Eintragungen in den Zeilen 49 bis 51:** Es bestand ganzjährig ein gemeinsamer Haushalt mit einer anderen allein stehenden Person	Name, Vorname, Geburtsdatum

14

Auch für die vereinfachte Erklärung wurde der Bereich der haushaltsnahen Dienstleistungen und Handwerkerleistungen wurde in den Mantelbogen der ESt1V aufgenommen.

IV. Anlage Kind 5

10 Der andere Elternteil lebte im Ausland 37

Zukünftig ist der Zeitraum anzugeben, zu welchen der andere Elternteil im Ausland lebte.

31 Ich beantrage den vollen Kinderfreibetrag und den vollen Freibetrag für den Betreuungs- und Erziehungs- oder Ausbildungsbedarf, weil der andere Elternteil seine Unterhaltsverpflichtung nicht zu mindestens 75% erfüllt hat

Durch die Aufnahme der Zeile 10 in der Anlage Kind, ist diese Angabe bei der „Übertragung des Kinderfreibetrags/des Freibetrags für den Betreuungs- und Erziehungs- oder Ausbildungsbedarf" weggefallen.

Schulgeld

an eine Privatschule (Bezeichnung der Schule) Betrag EUR

44 24 ,-

Die Beschränkung des Schuldgeldabzugs „an eine Ersatz- oder allgemein bildende Ergänzungsschule wurde aufgegeben und durch die Privatschule ersetzt.

V. Anlage U 6

-keine Änderungen-

VI. Anlage Unterhalt 7

Bei Unterhaltsempfängern im Ausland:

34 Von der Heimatbehörde und der unterhaltenen Person bestätigte Unterhaltserklärung über die Bedürftigkeit ist beigefügt. 1 = Ja 2 = Nein

Hier wurde der Wortlaut „und der unterhaltenen Person" hinzugefügt, sodass jetzt auch die unterhaltene Person die Unterhaltserklärungen unterzeichnen muss.

VII. Anlage FW 8

-keine Änderungen-

9 VIII. Anlage AV

6 Besoldung, Amtsbezüge, Einnahmen beurlaubter Beamter und Versorgungsbezüge wegen Dienstunfähigkeit in **2007**
(Ein Eintrag ist nur erforderlich, wenn Sie eine Einwilligung gegenüber der zuständigen Stelle abgegeben haben.) 101/301 ,-

Im Rahmen des Eigenheimrentengesetzes wurden auch Bezieher von Versorgungsbezügen wegen Dienstunfähigkeit in den Kreis der Förderberechtigten aufgenommen, wenn die Förderberechtigung vor der Dienstunfähigkeit vorlag. Somit sind diese Bezüge anzugeben.

9 Jahres-(brutto)betrag der Rente wegen voller Erwerbsminderung oder Erwerbsunfähigkeit in **2007** 109/309 ,-

Ebenso in den Förderberechtigtenkreis aufgenommen wurden Bezieher von Renten wegen voller Erwerbsminderung oder Erwerbsunfähigkeit, die vor der Erwerbsunfähigkeit bereits förderberechtigt waren.

Bei Zusammenveranlagung:
14 Die **Anlage AV** und die **Anbieterbescheinigung(en)** meines Ehegatten sind beigefügt.

Die Bescheinigung des Arbeitgebers, dass der Ehegatte mittelbar begünstigt ist, ist ebenfalls der Erklärung beizufügen.

10 IX. Anlage VL

-keine Änderungen-

C. Gewinneinkünfte

I. Anlage G

11

Die neue Anlage G ersetzt zusammen mit der Anlage S die bisherige Anlage GSE.

2008

Anlage G
zur Einkommensteuererklärung
zur Erklärung zur gesonderten Feststellung

Jeder Ehegatte mit Einkünften aus Gewerbebetrieb hat eine eigene Anlage G abzugeben.

Bei Bruttoeinnahmen ab 17 500 € ist für jeden Betrieb, soweit keine Bilanz erstellt wird, zusätzlich eine Anlage EÜR abzugeben.

Stpfl. / Ehemann — Ehefrau

Zeile		Kz.	EUR
1	Name		
2	Vorname		
3	**Steuernummer**		
	Einkünfte aus Gewerbebetrieb		
	Gewinn (ohne die Beträge in den Zeilen 31, 34, 38, 40, 41 und 44; bei ausländischen Einkünften: Anlage AUS beachten)		44
	als Einzelunternehmer (Art des Gewerbes, bei Verpachtung: Art des vom Pächter betriebenen Gewerbes)		EUR
4	1. Betrieb	10/11	, –
5	2. Betrieb	62/63	, –
6	Weitere Betriebe	12/13	, –
7	lt. gesonderter Feststellung (Betriebsfinanzamt und Steuernummer)	58/59	, –
	als Mitunternehmer (Gesellschaft, Finanzamt und Steuernummer)		
8	1.	14/15	, –
9	2.	16/17	, –
10	3.	18/19	, –
11	4.	20/21	, –
12	Gesellschaften / Gemeinschaften / ähnliche Modelle i. S. d. § 15 b EStG		, –
13	In den Zeilen 4 bis 11 und 44 enthaltener steuerpflichtiger Teil der Einkünfte, für die das **Halbeinkünfteverfahren** gilt – Berechnung auf besonderem Blatt –	24/25	, –
14	In den Zeilen 4 bis 11 und 44 enthaltener steuerpflichtiger Teil der Einkünfte aus der Veräußerung an eine REIT-AG oder einen Vor-REIT	26/27	, –
15	Für den in den Zeilen 4 bis 11 und 34 enthaltenen Gewinn beantrage ich die Begünstigung nach § 34 a EStG. Beigefügte **Anlage(n) 34 a**		Anzahl
	Zusätzliche Angaben bei Steuerermäßigung nach § 35 EStG		EUR
16	Für 2008 festzusetzender (anteiliger) Gewerbesteuer-Messbetrag i. S. d. § 35 EStG des Betriebs / des Mitunternehmeranteils lt. Zeile (ohne Gewerbesteuer-Messbetrag, der auf nach § 5 a Abs. 1 EStG ermittelten Gewinn oder Gewinn i. S. d. § 18 Abs. 3 UmwStG entfällt) – Berechnung auf besonderem Blatt –	64/65	,
17	Für 2008 tatsächlich zu zahlende Gewerbesteuer, die auf den Gewerbesteuer-Messbetrag lt. Zeile 16 entfällt – Berechnung auf besonderem Blatt –	66/67	,
18	Für 2008 festzusetzender (anteiliger) Gewerbesteuer-Messbetrag i. S. d. § 35 EStG des Betriebs / des Mitunternehmeranteils lt. Zeile (ohne Gewerbesteuer-Messbetrag, der auf nach § 5 a Abs. 1 EStG ermittelten Gewinn oder Gewinn i. S. d. § 18 Abs. 3 UmwStG entfällt) – Berechnung auf besonderem Blatt –	68/69	,
19	Für 2008 tatsächlich zu zahlende Gewerbesteuer, die auf den Gewerbesteuer-Messbetrag lt. Zeile 18 entfällt – Berechnung auf besonderem Blatt –	70/71	,
20	Summe aller weiteren für 2008 festzusetzenden (anteiligen) Gewerbesteuer-Messbeträge i. S. d. § 35 EStG der Betriebe / der Mitunternehmeranteile lt. den Zeilen 4 bis 11 und 44 (ohne Gewerbesteuer-Messbeträge, die auf nach § 5 a Abs. 1 EStG ermittelte Gewinne oder Gewinne i. S. d. § 18 Abs. 3 UmwStG entfallen) – Berechnung auf besonderem Blatt –	85/86	,
21	Summe aller weiteren für 2008 tatsächlich zu zahlenden Gewerbesteuern, die auf die Gewerbesteuer-Messbeträge lt. Zeile 20 entfallen – Berechnung auf besonderem Blatt –	81/82	,
22	Summe der Höchstbeträge nach § 35 EStG aus Unterbeteiligungen – Berechnung auf besonderem Blatt –	74/75	,
23	Summe der positiven Einkünfte aus Land- und Forstwirtschaft		, –
24	Summe der positiven Einkünfte aus Gewerbebetrieb		, –
25	Summe der positiven Einkünfte aus selbständiger Arbeit		, –
26	Summe der positiven Einkünfte aus nichtselbständiger Arbeit		, –
27	Summe der positiven Einkünfte aus Kapitalvermögen		, –
28	Summe der positiven Einkünfte aus Vermietung und Verpachtung		, –
29	Summe der positiven sonstigen Einkünfte		, –
30	Summe der Zeilen 23 bis 29	72/73	, –

2008AnlG231NET — Aug. 2008 — 2008AnlG231NET

14

Steuernummer

45

Veräußerungsgewinn vor Abzug etwaiger Freibeträge

bei Veräußerung / Aufgabe
- eines **ganzen Betriebs,** eines **Teilbetriebs,** eines ganzen **Mitunternehmeranteils** (§ 16 EStG),
- eines **einbringungsgeborenen Anteils** an einer Kapitalgesellschaft (§ 21 UmwStG i. d. am 21.05.2003 geltenden Fassung) oder
- in gesetzlich gleichgestellten Fällen, z. B. Wegzug in das Ausland

Zeile		Kz	EUR
31	Veräußerungsgewinn, für den der **Freibetrag nach § 16 Abs. 4 EStG** wegen dauernder Berufsunfähigkeit oder Vollendung des 55. Lebensjahres **beantragt** wird. Für nach dem 31.12.1995 erfolgte Veräußerungen / Aufgaben wurde der Freibetrag nach § 16 Abs. 4 EStG bei keiner Einkunftsart in Anspruch genommen.	24/25	, –
32	In Zeile 31 enthaltener steuerpflichtiger Teil, für den das **Halbeinkünfteverfahren** gilt	32/33	, –
33	In Zeile 31 enthaltener Veräußerungsgewinn, für den der **ermäßigte Steuersatz** des § 34 Abs. 3 EStG wegen dauernder Berufsunfähigkeit oder Vollendung des 55. Lebensjahres beantragt wird	34/35	, –
34	Veräußerungsgewinne, für die der **Freibetrag nach § 16 Abs. 4 EStG nicht beantragt** wird oder **nicht zu gewähren** ist	30/31	, –
35	In Zeile 34 enthaltener steuerpflichtiger Teil, für den das **Halbeinkünfteverfahren** gilt	36/37	, –
36	In Zeile 34 enthaltener Veräußerungsgewinn, für den der **ermäßigte Steuersatz** des § 34 Abs. 3 EStG wegen dauernder Berufsunfähigkeit oder Vollendung des 55. Lebensjahres beantragt wird	38/39	, –
37	In Zeile 36 enthaltener steuerpflichtiger Teil, für den das **Halbeinkünfteverfahren** gilt	40/41	, –
38	Veräußerungsverlust nach § 16 EStG	22/23	, –
39	In Zeile 38 enthaltener steuerpflichtiger Teil, für den das **Halbeinkünfteverfahren** gilt	44/45	, –
40	Veräußerungsgewinn bei Veräußerung von Anteilen an Kapitalgesellschaften nach § 17 EStG, § 6 AStG, § 13 UmwStG und in gesetzlich gleichgestellten Fällen	28/29	, –
41	Veräußerungsverluste bei Veräußerung von Anteilen an Kapitalgesellschaften nach § 17 EStG, § 13 UmwStG und in gesetzlich gleichgestellten Fällen	26/27	, –
42	**Zu den Zeilen 31 bis 37:** Erwerber ist eine Gesellschaft, an der die veräußernde Person oder ein Angehöriger beteiligt ist (Erläuterungen auf besonderem Blatt)		

Sonstiges

Zeile		Kz	EUR
43	In den Zeilen 4 bis 12 enthaltene begünstigte sonstige Gewinne i. S. d. § 34 Abs. 2 Nr. 2 bis 5 EStG	55/56	, –
44	Zuzurechnendes Einkommen der Organgesellschaft (Gesellschaft, Finanzamt und Steuernummer)	66/67	, –
45	Saldo aus **Entnahmen und Einlagen** i. S. d. § 4 Abs. 4 a EStG im Wirtschaftsjahr **(bei mehreren Betrieben Erläuterungen auf besonderem Blatt)**		, –
46	**Schuldzinsen** aus der Finanzierung von Anschaffungs- / Herstellungskosten von Wirtschaftsgütern des **Anlagevermögens**		, –
47	Summe der in 2008 in Anspruch genommenen Investitionsabzugsbeträge nach § 7 g Abs. 1 EStG		, –
48	Summe der in 2008 nach § 7 g Abs. 2 EStG hinzugerechneten Investitionsabzugsbeträge **– Erläuterungen auf besonderem Blatt –**		, –
49	Anteile an Kapitalgesellschaften, Bezugsrechte sind 2008 übertragen worden (Einzelangaben auf besonderem Blatt)		

Zeile		außer Ansatz gelassene Verluste	enthaltene ungekürzte Gewinne	verrechnete Verluste aus anderen Jahren
50	**Gewerbliche Tierzucht / -haltung:** In den Zeilen 4 bis 12, 31, 34 und 38	€	€	€
51	Die nach Maßgabe des § 10 d Abs. 1 EStG in 2007 vorzunehmende Verrechnung nicht ausgeglichener negativer Einkünfte 2008 aus Zeile 50 soll wie folgt begrenzt werden:			€
52	**Gewerbliche Termingeschäfte:** In den Zeilen 4 bis 12, 31, 34 und 38	€	€	€
53	Die nach Maßgabe des § 10 d Abs. 1 EStG in 2007 vorzunehmende Verrechnung nicht ausgeglichener negativer Einkünfte 2008 aus Zeile 52 soll wie folgt begrenzt werden:			€
54	**Verluste aus Beteiligungen** an einer REIT-AG, anderen REIT-Körperschaften, -Personenvereinigungen oder -Vermögensmassen: In den Zeilen 4 bis 12, 31, 34 und 38	€	€	€
55	Die nach Maßgabe des § 10 d Abs. 1 EStG in 2007 vorzunehmende Verrechnung nicht ausgeglichener negativer Einkünfte 2008 aus Zeile 54 soll wie folgt begrenzt werden:			€

2008AnlG232NET 2008AnlG232NET

14

II. Anlage S 12

Die neue Anlage G ersetzt zusammen mit der Anlage S die bisherige Anlage GSE.

2008

Anlage S
zur Einkommensteuererklärung
zur Erklärung zur gesonderten Feststellung
Jeder Ehegatte mit Einkünften aus selbständiger Arbeit hat eine eigene Anlage S abzugeben.
Stpfl. / Ehemann Ehefrau

1 Name
2 Vorname
3 **Steuernummer**

Bei Bruttoeinnahmen ab 17 500 € ist für jede Tätigkeit, soweit keine Bilanz erstellt wird, zusätzlich eine Anlage EÜR abzugeben.

Einkünfte aus selbständiger Arbeit

Gewinn (ohne Veräußerungsgewinne in den Zeilen 14 und 17; bei ausländischen Einkünften: Anlage AUS beachten) 22

Zeile		Kz	EUR
4	aus freiberuflicher Tätigkeit (genaue Berufsbezeichnung oder Tätigkeit)	12/13	, –
5	lt. gesonderter Feststellung (Finanzamt und Steuernummer)	68/59	, –
6	aus Beteiligung (Gesellschaft, Finanzamt und Steuernummer) 1. Beteiligung	16/17	, –
7	aus allen weiteren Beteiligungen	18/19	, –
8	aus Gesellschaften / Gemeinschaften / ähnlichen Modellen i. S. d. § 15 b EStG		, –
9	aus sonstiger selbständiger Arbeit (z. B. als Aufsichtsratsmitglied)	20/21	, –
10	aus allen weiteren Tätigkeiten (genau bezeichnen)	22/23	, –
11	In den Zeilen 4 bis 7, 9 und 10 enthaltener steuerpflichtiger Teil der Einkünfte, für die das **Halbeinkünfteverfahren** gilt – **Berechnung auf besonderem Blatt** –	62/63	, –
12	Leistungsvergütungen als Beteiligter einer Wagniskapitalgesellschaft (§ 18 Abs. 1 Nr. 4 EStG) (Gesellschaft, Finanzamt und Steuernummer)	46/47	, –
13	Für den in den Zeilen 4 bis 7 und 17 enthaltenen Gewinn beantrage ich die Begünstigung nach § 34 a EStG. Beigefügte **Anlage(n) 34 a**		Anzahl

Veräußerungsgewinn **vor Abzug etwaiger Freibeträge bei Veräußerung / Aufgabe** eines **ganzen Betriebs**, eines **Teilbetriebs**, eines ganzen **Mitunternehmeranteils** (§ 16 EStG)

Zeile		Kz	EUR
14	Veräußerungsgewinn, für den der **Freibetrag nach § 16 Abs. 4 EStG** wegen dauernder Berufsunfähigkeit oder Vollendung des 55. Lebensjahres **beantragt** wird. Für nach dem 31.12.1995 erfolgte Veräußerungen / Aufgaben wurde der Freibetrag nach § 16 Abs. 4 EStG bei keiner Einkunftsart in Anspruch genommen.	24/25	, –
15	In Zeile 14 enthaltener steuerpflichtiger Teil, für den das **Halbeinkünfteverfahren** gilt	52/53	, –
16	In Zeile 14 enthaltener Veräußerungsgewinn, für den der **ermäßigte Steuersatz** des § 34 Abs. 3 EStG wegen dauernder Berufsunfähigkeit oder Vollendung des 55. Lebensjahres beantragt wird	54/55	, –
17	Veräußerungsgewinne, für die der **Freibetrag nach § 16 Abs. 4 EStG nicht beantragt** wird oder **nicht zu gewähren** ist	28/29	, –
18	In Zeile 17 enthaltener steuerpflichtiger Teil, für den das **Halbeinkünfteverfahren** gilt	56/57	, –
19	In Zeile 17 enthaltener Veräußerungsgewinn, für den der **ermäßigte Steuersatz** des § 34 Abs. 3 EStG wegen dauernder Berufsunfähigkeit oder Vollendung des 55. Lebensjahres beantragt wird	64/65	, –
20	In Zeile 19 enthaltener steuerpflichtiger Teil, für den das **Halbeinkünfteverfahren** gilt	66/67	, –
21	**Zu den Zeilen 14 bis 20:** Erwerber ist eine Gesellschaft, an der die veräußernde Person oder ein Angehöriger beteiligt ist (Erläuterungen auf besonderem Blatt)		

2008AnlS221NET – Aug. 2008 – **2008AnlS221NET**

14

Steuernummer

Sonstiges

		EUR
31	In den Zeilen 4 bis 10 enthaltene begünstigte sonstige Gewinne i. S. d. § 34 Abs. 2 Nr. 2 bis 4 EStG 50/51	,—
32	Saldo aus **Entnahmen und Einlagen** i. S. d. § 4 Abs. 4 a EStG im Wirtschaftsjahr **(bei mehreren Betrieben Erläuterungen auf besonderem Blatt)**	,—
33	**Schuldzinsen** aus der Finanzierung von Anschaffungs- / Herstellungskosten von Wirtschaftsgütern des **Anlagevermögens**	,—
34	Summe der in 2008 in Anspruch genommenen Investitionsabzugsbeträge nach § 7 g Abs. 1 EStG	,—
35	Summe der in 2008 nach § 7 g Abs. 2 EStG hinzugerechneten Investitionsabzugsbeträge **– Erläuterungen auf besonderem Blatt –**	,—

Einnahmen aus der nebenberuflichen Tätigkeit als

		Gesamtbetrag	davon als steuerfrei behandelt	Rest enthalten in Zeile(n)
36		€	€	

13 # III. Anlage L

25	Summe der in 2008 oder im Wj. 2008 / 2009 in Anspruch genommenen Investitionsabzugsbeträge nach § 7 g Abs. 1 EStG	,—
26	Summe der in 2008 oder im Wj. 2008 / 2009 nach § 7 g Abs. 2 EStG hinzugerechneten Investitionsabzugsbeträge **– Erläuterungen auf besonderem Blatt –**	,—

Mit dem Veranlagungsjahr 2008 trat der Investitionsabzugsbetrag[1] in Kraft, in der Anlage L ist er ebenfalls zu erklären.

14 # IV. Anlage Forstwirtschaft

-keine Änderungen-

15 # V. Anlage Weinbau

-keine Änderungen-

1 § 7g Abs. 1 EStG.

VI. Anlage 34a

16

Für die Inanspruchnahme der Sondertarifierung[2] der nicht entnommenen Gewinne ist die Anlage 34a auszufüllen.

2008

1	Name		**Anlage 34 a**
2	Vorname		zur Einkommensteuererklärung
3	**Steuernummer**	Lfd. Nr. der Anlage	zur Erklärung zur gesonderten Feststellung
		Für jeden Betrieb / für jeden Mitunternehmeranteil ist eine eigene Anlage 34 a abzugeben.	Stpfl. / Ehemann — Ehefrau
	Begünstigung des nicht entnommenen Gewinns (§ 34 a EStG)		20 / 30
4	Einkunftsart	11	1 = Land- und Forstwirtschaft, 2 = Gewerbebetrieb, 3 = Selbständige Arbeit
5	Betriebsbezeichnung	10	

Begünstigungsbetrag

Bei Mitunternehmern ist in den nachfolgenden Zeilen jeweils der auf den Mitunternehmer entfallende Betrag anzugeben.

			EUR
6	Gewinn nach § 4 Abs. 1 Satz 1 oder § 5 EStG (bei Land- und Forstwirten: Gewinn des Veranlagungszeitraums)	20	,–
7	Gewinn aus der Veräußerung / Aufgabe eines Teilbetriebs, für den der Freibetrag nach § 16 Abs. 4 EStG nicht beantragt wird oder nicht zu gewähren ist (in Zeile 34 der Anlage G, in Zeile 17 der Anlage L oder in Zeile 17 der Anlage S enthalten) und übrige außerordentliche Einkünfte i. S. d. § 34 Abs. 1 EStG (in Zeile 6 enthalten)	21	,–
8	Gewinn aus der Veräußerung / Aufgabe eines Teilbetriebs, für den § 16 Abs. 4 oder § 34 Abs. 3 EStG in Anspruch genommen wird (in Zeile 6 enthalten)	22	,–
9	Leistungsvergütungen i. S. d. § 18 Abs. 1 Nr. 4 EStG (in Zeile 6 enthalten)	23	,–
0	Entnahmen des Wirtschaftsjahrs (bei Land- und Forstwirten: im Veranlagungszeitraum)	24	,–
1	Einlagen des Wirtschaftsjahrs (bei Land- und Forstwirten: im Veranlagungszeitraum)	25	,–
2	**Nur auszufüllen, wenn der Vordruck als Anlage zur Einkommensteuererklärung beigefügt wird.** Von dem nicht entnommenen Gewinn soll folgender Betrag ermäßigt besteuert werden	26	,–
3	Steuerpflichtiger Gewinn (einschl. Veräußerungsgewinn vor Abzug des Freibetrags nach § 16 Abs. 4 EStG)	27	,–

2008Anl34a211NET – Aug. 2008 – **2008Anl34a211NET**

2 § 34a EStG.

14

17 VII. Anlage EÜR

5	Im Kalenderjahr / Wirtschaftsjahr wurde der Betrieb veräußert oder aufgegeben	111	Ja = 1

Es wurde die Abfrage der Betriebsveräußerung in die Anlage EÜR aufgenommen.

31	Herabsetzungsbeträge nach § 7g Abs. 2 EStG	138

Seit dem Wirtschaftsjahr 2007 kann der Investitionsabzugsbetrag gebildet werden. Bei Auflösung des Betrages aufgrund der Anschaffung des Wirtschaftsgutes, ist der in Anspruch genommene mögliche Herabsetzungsbetrag[3] anzugeben.

33	Auflösung Sammelposten nach § 6 Abs. 2a EStG	137

Der jährliche Auflösungsbetrag (typisierend über fünf Jahre) der Sammelposten ist separat anzugeben.

62	zuzüglich – Hinzurechnung der Investitionsabzugsbeträge nach § 7g Abs. 2 EStG	188 +

Bei der Auflösung des Investitionsabzugsbetrages – bei Anschaffung des Wirtschaftsgutes oder spätestens nach drei Jahren - ist bei der „Ermittlung des Gewinns“ gebildete Investitionsabzugsbetrag hinzuzurechnen.

18 VIII. Anlagenverzeichnis zur Anlage EÜR

21	Sammelposten	430	431	432	434 (Übertrag in Zeile 33 der Anlage EÜR)	435

Die gebildeten Sammelposten sind im Anlagenverzeichnis zur Anlage EÜR anzugeben.

19 IX. Berechnung der nicht abzugsfähigen Schuldzinsen zur Anlage EÜR

-keine Änderungen-

3 § 7g Abs. 2 EStG.

D. Überschusseinkünfte

I. Anlage N 20

33	Aufgrund des vorgenannten Dienstverhältnisses / der Tätigkeit bestand **eine** Anwartschaft auf Altersversorgung.	Ja	Nein

Durch die Erweiterung der in der Zeile 34 wurden die bisherigen Aufzählungen getrennt von einander aufgeführt.

34	Die Anwartschaft auf Altersversorgung wurde ganz oder teilweise ohne eigene Beitragsleistungen erworben. (Bei Vorstandsmitgliedern / GmbH-Gesellschafter-Geschäftsführern: Falls nein, bitte geeignete Unterlagen beifügen.)	Ja	Nein

Die Angabe zu den Vorstandsmitgliedern / GmbH-Gesellschafter-Geschäftsführern wurde den „Ergänzenden Angabe zu den Vorsorgeaufwendungen" beigefügt.

Die Auswahl der „steuerfreie Beiträge zu einer betrieblichen Altersvorsorge wurde dafür gestrichen.

	Pauschbeträge für Mehraufwendungen für Verpflegung					
	Bei einer Auswärtstätigkeit im Inland:	Zahl der Tage		EUR		
61	Abwesenheit von mindestens 8 Std.		× 6 € =	,—		
		Zahl der Tage				
62	Abwesenheit von mindestens 14 Std.		× 12 € = +	,—		
		Zahl der Tage				
63	Abwesenheit von 24 Std.		× 24 € = +	,—		EUR
64	Bei einer Auswärtstätigkeit im Ausland (Berechnung lt. beigefügtem Blatt):		+	,—	▶ 54	,—

Aufgrund der Änderung der Reisekosten im Rahmen der Lohnsteuerrichtlinien 2008 ist die Unterscheidung zwischen Dienstreise, Einsatzwechseltätigkeit und Fahrtätigkeit zugunsten der Auswärtstätigkeit weggefallen.

II. Anlage KAP 21

-keine Änderungen-

III. Anlage AUS 22

-keine Änderungen-

IV. Anlage V 23

-keine Änderungen-

24
V. Anlage SO

-keine Änderungen-

25
VI. Anlage R

34	Maßgebendes Kalenderjahr des Versorgungsbeginns	524		574	
		Monat	Monat	Monat	Monat
35	**Bei unterjähriger Zahlung:** Erster und letzter Monat, für den Versorgungsbezüge gezahlt wurden	522	– 523	572	– 573

In der Anlage R wurde bei den Angaben zu einem Pensionsfonds der „Beginn" durch das maßgebendes Kalenderjahr ersetzt. Die Angabe zum „Ende des Versorgungsbezugs" wurde durch die Zeile 35 ersetzt, wo die Angaben zum ersten und letzten Monat der Zahlung einzutragen sind.

Stichwortverzeichnis

fette Zahlen = Paragraph
andere Zahlen = Randnummer

9783834915863